JORGE MANUEL COUTINHO DE ABREU
Professor da Faculdade de Direito de Coimbra

CURSO DE DIREITO COMERCIAL

Vol. II

DAS SOCIEDADES

4.ª EDIÇÃO

ALMEDINA

CURSO DE DIREITO COMERCIAL
VOL. II – (DAS SOCIEDADES)

AUTOR
JORGE MANUEL COUTINHO DE ABREU

EDITOR
EDIÇÕES ALMEDINA, SA
Rua Fernandes Tomás nºs 76, 78, 80
3000-167 Coimbra
Tel.: 239 851 904
Fax: 239 851 901
www.almedina.net
editora@almedina.net

PRÉ-IMPRESSÃO I IMPRESSÃO I ACABAMENTO
G.C. – GRÁFICA DE COIMBRA, LDA.
Palheira – Assafarge
3001-453 Coimbra
producao@graficadecoimbra.pt

Novembro, 2011

DEPÓSITO LEGAL
336084/11

Os dados e as opiniões inseridos na presente publicação
são da exclusiva responsabilidade do(s) seu(s) autor(es).

Toda a reprodução desta obra, por fotocópia ou outro qualquer
processo, sem prévia autorização escrita do Editor, é ilícita
e passível de procedimento judicial contra o infractor.

Biblioteca Nacional de Portugal – Catalogação na Publicação

ABREU, Jorge Manuel Coutinho de, 1955-

Curso de direito comercial. – 4ª ed. - v. – (Manuais universitários)
2º v.: Das sociedades. - p. - ISBN 978-972-40-4708-9

CDU 347
    378

NOTA PRÉVIA À 4.ª EDIÇÃO

Esta 4.ª edição apresenta como novidade principal o cap. VI, sobre capital e património sociais, lucros, reservas e perdas. O projecto anunciado na 1.ª edição fica, finalmente, concluído no essencial.

No mais, várias leis entretanto publicadas obrigaram a alterações pontuais em dezenas de páginas. Actualizações bibliográficas várias ficam para próxima edição. Mas chamo aqui e agora atenção para o Código das Sociedades Comerciais em Comentário *(três de sete volumes foram já publicados).*

Coimbra, 17 de Outubro de 2011

NOTA PRÉVIA À 3.ª EDIÇÃO

A 2.ª edição do vol. II do Curso de direito comercial, *de 2007 (com uma reimpressão em 2008), fez o seu caminho.*

É tempo, agora, para a 3.ª edição. Que acrescenta percursos. O (novo) capítulo VII preenche mais de cento e sessenta páginas.

No resto, com um retoque aqui e ali, o livro mantém-se idêntico (ainda sem actualizações bibliográficas, salvo num ponto ou noutro).

Coimbra, 31 de Janeiro de 2009

NOTAS PRÉVIAS À 2.ª EDIÇÃO

O vol. II do Curso de direito comercial *apareceu em 1.ª edição no ano de 2002 e foi reimpresso quatro vezes (duas em 2003, uma em 2004 e outra em 2005).*

Era esperável (esperava eu, antes dos demais) que a 2.ª edição contivesse páginas dos anunciados VI e VII capítulos. Ainda não é desta vez. Não houve tempo para isso.

Na verdade, tenho materiais suficientes para, em alguns meses (e sem escrever ao metro nem ao quilo), construir (parte d') aqueles capítulos. Mas as recentes reformas do direito das sociedades (mormente a operada pelo DL 76-A/2006, de 29 de Março) e os interesses dos meus alunos (destinatários primeiros deste livro) obstaram a mais adiamentos.

O 2.º semestre do presente ano lectivo está prestes a começar e a parte do direito das sociedades começou a ser leccionada já no final do 1.º semestre. Ora, as reformas legislativas impunham rápida actualização da 1.ª edição, para facultar aos estudantes apoio seguro.

Assim, nesta edição fiz essencialmente trabalho de actualização legislativa. Só o citado DL 76-A/2006 alterou centenas de artigos (do CSC e não apenas)... Não actualizei referências bibliográficas, excepto num ponto ou noutro (designadamente no n.º 2. 2. 3. 1. do cap. V, sobre "interesse social" — fruto de escrito entretanto aprontado para publicação).

Contudo, ao leitor benevolente recordarei ainda que publiquei recentemente Governação das sociedades comerciais *e espero publicar em breve um livrinho acerca da responsabilidade civil dos administradores; boa parte do que seria o cap. VII deste livro fica assim preenchida...*

Coimbra, 8 de Fevereiro de 2007

NOTAS PRÉVIAS (à 1.ª edição)

O programa da parte II da disciplina de Direito Comercial que venho regendo contém sete capítulos. Este livro apresenta cinco (com algumas remissões, aliás, para os dois ausentes). Sou o primeiro a lamentar o défice. Penso, contudo, justificável a presente edição.

O vol. I deste Curso *apareceu em 1998, foi reimpresso em 1999 e reapareceu em 2.ª edição em 2000. O imperativo de não ficar pelo vol. I e de em prazo côngruo publicar o II obrigou a trabalho intenso. É tempo de sacudir a pressão e respirar (mais) outros ares.*

A estrita concisão que (creio) este vol. continua a respeitar não conseguiu impedir um cap. V bem mais comprido do que o previsto (alguns n.ᵒˢ nele incluídos não têm sido leccionados). Feitas as contas, não me pareceu de menos mais de 400 páginas para umas lições impressas. (Nem me pareceu de mais submeter umas tantas pobres árvores-papel à invasão de palavras).

Parte do que vai neste livro apareceu já em fascículos (o cap. I em 2000, os primeiros quatro caps. em 2001). Circularam principalmente entre os estudantes. Creio valer agora a pena dar a conhecer a público mais largo o resultado de labor de investigação e de escrita com mais de dois anos.

O facto de a escrita deste vol. ter decorrido no tempo ainda agora assinalado explica a não citação de uma ou outra obra que, não fora isso, apareceria já nesta 1.ª edição. Não obstante, actualizei referências legislativas e bibliográficas que apareciam nos referidos fascículos.

Aos que me auxiliaram com sugestões e, sobretudo, na revisão das provas tipográficas (seja-me permitido destacar Elisabete Ramos e Alexandre Soveral Martins, que prontamente se deram ao trabalho de ler todo o texto) expresso o meu profundo reconhecimento.

Coimbra, 20 de Dezembro de 2001

ABREVIATURAS

A.	– Autor
Ac.	– Acórdão
ACE	– Agrupamento complementar de empresas
AcP	– Archiv für die Civilistische Praxis
AEIE	– Agrupamento europeu de interesse económico
AktG	– Aktiengesetz
BFD	– Boletim da Faculdade de Direito (Coimbra)
BGB	– Bürgerlicher Gesetzbuch
BMJ	– Boletim do Ministério da Justiça
CAM	– Código das Associações Mutualistas
CCiv.	– Código Civil
CCom.	– Código Comercial
CCoop.	– Código Cooperativo
CEE	– Comunidade Económica Europeia
Cfr.	– Confira
CI	– Contratto e Impresa
CIMT	– Código do Imposto Municipal sobre as Transmissões Onerosas de Imóveis.
CIRC	– Código do Imposto sobre o Rendimento das Pessoas Colectivas
CIRE	– Código da Insolvência e da Recuperação de Empresas
CIRS	– Código do Imposto sobre o Rendimento das Pessoas Singulares
Cit.	– Citado(a)
CJ	– Colectânea de Jurisprudência
CJ(ASTJ)	– Colectânea de Jurisprudência (Acórdãos do Supremo Tribunal de Justiça)
CVM	– Código dos Valores Mobiliários
CNot.	– Código do Notariado
CP	– Código Penal

CPC	– Código de Processo Civil
CRCom.	– Código do Registo Comercial
CRP	– Constituição da República Portuguesa
CSC	– Código das Sociedades Comerciais
CT	– Código do Trabalho
DJ	– Direito e Justiça
DL	– Decreto-Lei
DSR	– Direito das Sociedades em Revista
DR	– Diário da República
E.i.r.l.	– Estabelecimento individual de responsabilidade limitada
ED	– Enciclopedia del Diritto
EP	– Empresa pública
EPE	– Entidade Pública Empresarial
GC	– Giurisprudenza Commerciale
GmbHG	– Gesetz betreffend die Gesellschaften mit beschränkter Haftung
GRL	– Gazeta da Relação de Lisboa
JOCE	– Jornal Oficial das Comunidades Europeias (ou Journal officiel des Communautés européennes)
JZ	– Juristenzeitung
L	– Lei
LGT	– Lei Geral Tributária
LSA	– Ley de Sociedades Anónimas (Texto refundido de 1989)
LSRL	– Ley de Sociedades de Responsabilidad Limitada (1995)
NJW	– Neue Juristische Wochenschrift
NRDC	– Nuova Rivista di Diritto Commerciale, Diritto dell'Economia, Diritto Sociale
Ob.	– Obra
P. ex.	– Por exemplo
POC	– Plano Oficial de Contabilidade (DL 410/89, de 21 de Novembro, alterado)
Polis	– Enciclopédia Verbo da Sociedade e do Estado
R	– Regulamento (CEE)
RC	– Tribunal da Relação de Coimbra
RDC	– Rivista del Diritto Commerciale
RDCiv.	– Rivista di Diritto Civile
RDE	– Revista de Direito e Economia
RDES	– Revista de Direito e de Estudos Sociais
RdS	– Revista de Derecho de Sociedades
RDS	– Recueil Dalloz Sirey
RE	– Tribunal da Relação de Évora

RFDUL	– Revista da Faculdade de Direito da Universidade de Lisboa
RGIC	– Regime Geral das Instituições de Crédito e Sociedades Financeiras (DL 298/92, de 31 de Dezembro, alterado)
RGIT	– Regime Geral das Infracções Tributárias (L 15 / 2001, de 5 de Junho)
RIDE	– Revue Internationale de Droit Economique
RL	– Tribunal da Relação de Lisboa
RLJ	– Revista de Legislação e de Jurisprudência
RN	– Revista do Notariado
ROA	– Revista da Ordem dos Advogados
RP	– Tribunal da Relação do Porto
RPADL	– Regime Jurídico dos Procedimentos Administrativos de Dissolução e de Liquidação de Entidades Comerciais (aprovado pelo DL 76-A/2006, de 29 de Março)
RPPC	– Revista Portuguesa de Ciência Criminal
RRNPC	– Regime do Registo Nacional de Pessoas Colectivas (aprovado pelo DL 129/98, de 13 de Maio)
RS	– Rivista delle Società
RSEE	– Regime do Sector Empresarial do Estado (DL 558/99, de 17 de Dezembro)
RSEL	– Regime jurídico do Sector Empresarial Local (L 53-F/2006, de 29 de Dezembro)
RSoc.	– Revue des Sociétés
RTDC	– Revue Trimestrielle de Droit Commercial (et de Droit Économique – depois de 1980)
SI	– Scientia Iuridica
SNC	– Sistema de Normalização Contabilística (aprovado pelo DL 158/2009, de 13 de Julho)
STJ	– Supremo Tribunal de Justiça
Tb.	– Também
TFUE	– Tratado sobre o Funcionamento da União Europeia
TLR	– Tulane Law Review
V. g.	– *Verbi gratia* (p. ex.)
V.	– Veja
ZGR	– Zeitschrift für Unternehmens-und Gesellschaftsrecht
ZHR	– Zeitschrift für das gesamte Handelsrecht und Konkursrecht (ou Wirtschaftsrecht em vez de Konkursrecht)

Parte II

DAS SOCIEDADES

PART C

Capítulo I

NOÇÃO DE SOCIEDADE E FIGURAS AFINS

1. Sociedade enquanto acto jurídico e enquanto entidade

O vocábulo "sociedade" é utilizado na linguagem jurídica para designar actos jurídicos e entidades. Assim, por exemplo, o art. 980.º do CCiv. – primeiro artigo de um capítulo epigrafado "Sociedade" – oferece-nos uma noção de *contrato de sociedade*; no CSC aparece a sociedade primária e dominantemente como *entidade* (ente, sujeito, realidade subjectiva). Também na doutrina se assinala a polissemia, falando-se (em modos de maior ou menor contraposição) da sociedade como contrato e como colectividade [1], contrato e entidade [2], negócio jurídico e pessoa jurídica [3], negócio e ente [4], contrato e instituição [5].

---

[1] V. L. CUNHA GONÇALVES, *Comentário ao código comercial português*, vol. I, Empreza Editora J. B., Lisboa, 1914, pp. 195-196, JOSÉ TAVARES, *Sociedades e empresas comerciais*, 2.ª ed., Coimbra Editora, Coimbra, 1924, pp. 19-20.

[2] V. V. G. LOBO XAVIER, *Sociedades comerciais (Lições aos alunos de Direito Comercial do 4.º ano jurídico)*, ed. copiogr., Coimbra, 1987, pp. 3-4.

[3] L. BRITO CORREIA, *Direito comercial*, 2.º vol., AAFDL, Lisboa, 1989, p. 5.

[4] V. V. BUONOCORE, *in* V. BUONOCORE (a cura di), *Manuale di diritto commerciale*, 2.ª ed., G. Giappichelli Editore, Torino, 1999, p. 108.

[5] É clássica em França a contraposição das teses contratual e institucional sobre a "natureza" da sociedade. Modernamente, a ideia da *société-institution* ganhou novos moldes com a doutrina da sociedade como técnica de organização da empresa, e a ideia da *société-contrat* ganhou

Como deflui da epígrafe deste n.º 1, preferimos falar de sociedade-acto jurídico (em vez de contrato ou negócio), porquanto existem actos constitutivos de sociedades sem natureza contratual (*v. g.*, negócios unilaterais constituintes de sociedades unipessoais) e sem natureza negocial (*v. g.*, decreto-lei constituinte de sociedade anónima de capitais públicos) [6]. E preferimos dizer sociedade-entidade (em vez de colectividade, pessoa jurídica ou instituição), dada a existência de sociedades unipessoais e de sociedades sem personalidade jurídica (temas a desenvolver mais tarde).

É pois legítimo falar de sociedade-acto jurídico e de sociedade-entidade. Impõem-se, porém, algumas precisões. Entre acto jurídico constituinte e entidade societária há uma íntima ligação: o acto faz nascer a entidade, esta assenta geneticamente nele e por ele é em boa medida disciplinada. Mas, por outro lado, há um considerável desprendimento da sociedade-entidade relativamente ao acto constitutivo: afora o facto de a organização e funcionamento internos da sociedade serem em larga medida independentes do acto de constituição (sendo directamente regidos pela legislação societária), ela é novo sujeito (distinto do(s) sócio(s)) que por si actua e se relaciona com outros sujeitos (não sendo, no essencial, tais actuação e relações da criatura disciplinadas pelo acto criador...). De todo o modo, estudaremos as sociedades

---

novo alento com o influxo de recentes concepções norte-americanas da sociedade como rede de contratos. Contudo, vai ganhando peso a tese "mista" sobre a natureza da sociedade – contrato e instituição. V. por todos J.-P. BERTREL, *Liberté contractuelle et sociétés – Essai d'une théorie du "juste milieu" en droit des sociétés*, RTDC, 1996, pp. 611, ss.. Sobre as aludidas perspectivas americanas, v., p. ex., F. H. EASTERBROOK/D. R. FISCHEL, *L'economia delle società per azioni – Un'analisi strutturale*, trad., Giuffrè, Milano, 1996, pp. 18, ss. [v. tb. J. M. COUTINHO DE ABREU, *Da empresarialidade – As empresas no direito*, Almedina, Coimbra, 1996 (reimpr. 1999), p. 259, ns. (675)-(677)].

[6] V. *infra*, n.º 2. 1. do cap. III. É certo, porém, que o contrato é não só o tradicional acto de constituição de sociedades mas também (ainda hoje) o acto-regra.

comerciais principalmente na perspectiva da sociedade-
-entidade (perspectiva que é também, ficou já dito, a
do CSC).

O CSC, diploma regulador básico das sociedades comerciais (e das sociedades civis de tipo ou forma comercial), diz no n.º 2 do art. 1.º que "são sociedades comerciais aquelas que tenham por objecto a prática de actos de comércio e adoptem o tipo de sociedade em nome colectivo, de sociedade por quotas, de sociedade anónima, de sociedade em comandita simples ou de sociedade em comandita por acções". Diz-nos, portanto, o Código quando é *comercial* uma sociedade, não nos diz o que é uma *sociedade;* pressupõe portanto o género sociedade, de que a sociedade comercial é espécie, pressupõe uma noção genérica de sociedade.

Esta noção deve *começar* por buscar-se no art. 980.º do CCiv. (direito privado comum e subsidiário – v. art. 2.º do CSC) [7]. *Mas não podemos ficar por aí.* Principalmente por serem hoje admitidas (inclusive no CSC) sociedades que não assentam em contratos ou negócios jurídicos pluripessoais.

2. Os elementos ou notas essenciais da noção genérica de sociedade

O art. 980.º do CCiv. define o "contrato de sociedade" como "aquele em que duas ou mais pessoas se obrigam a contribuir com bens ou serviços para o exercício em comum de certa actividade económica, que não seja de mera fruição, a fim de repartirem os lucros resultantes dessa actividade". Retiram-se desta definição os seguintes elementos da noção

---

[7] Cfr. tb. o n.º 4 do preâmbulo do DL 262/86, de 2 de Setembro, que aprovou o CSC.

(civilista) de sociedade enquanto entidade: a) a associação ou agrupamento de pessoas; b) o fundo patrimonial; c) o objecto (exercício em comum de certa actividade económica que não seja de mera fruição); d) o fim (obtenção de lucros para serem repartidos pelos associados) [8].

Emprestemos então algum desenvolvimento a estes elementos e vejamos em que medida eles subsistem ou não numa noção de sociedade abrangente tanto das sociedades civis como das sociedades comerciais.

2. 1. Sujeito ou agrupamento de sujeitos (sócios)

A sociedade começa por ser uma entidade composta, em regra, por dois ou mais sujeitos (normalmente pessoas, singulares ou colectivas [9]). Tal regra está prevista não apenas no CCiv. (art. 980.º) mas também no CSC (art. 7.º).

Há, todavia, excepções; indiferente às razões da lexicografia, o direito vem admitindo (por cá e em outros países) não só *sociedades supervenientemente unipessoais* (sociedades reduzidas a um único sócio, embora hajam sido constituídas por dois ou mais) – fenómeno já antigo –, mas também *sociedades originariamente unipessoais* (sociedades constituídas por um só sujeito) – fenómeno bem mais recente [10].

A unipessoalidade superveniente (em regra transitória) é admitida quer pelo CCiv. (art. 1007.º, d)) quer pelo CSC (arts. 142.º, 1, a), 270.º-A, 2, 464.º, 3). A unipessoalidade originária não está prevista no CCiv., mas prevê-a o CSC para as sociedades por quotas e anónimas – o art. 270.º-A, 1 (introduzido pelo DL 257 / 96, de 31 de Dezembro), permite que uma pessoa singular ou colectiva constitua uma "socie-

---

[8] Cfr. tb. LOBO XAVIER, *ob. cit.*, pp. 7-8.
[9] V. *infra* n.º 2. 1. do cap. III.
[10] V. COUTINHO DE ABREU, *ob. cit.*, pp. 135, ss..

dade unipessoal por quotas", o art. 488.º, 1, permite que uma sociedade por quotas, anónima ou em comandita por acções (cfr. art. 481.º, 1) constitua "uma sociedade anónima de cujas acções ela seja inicialmente a única titular".

Por outra via, o Estado tem também a possibilidade de, através de lei ou decreto-lei, criar sociedades unipessoais de capitais públicos (derrogando, portanto, o regime estabelecido no CCiv. e no CSC – aprovados por decretos-leis).

2. 2. Substrato patrimonial

Qualquer sociedade exige um património próprio. Esse património é *inicialmente* constituído ao menos pelos direitos correspondentes às obrigações de entrada – todo o sócio é obrigado a entrar com bens para a sociedade (cfr. CCiv., arts. 980.º, 983.º, 1, CSC, art. 20.º, a)). Veremos mais tarde (n°. 2. 2. 1. do cap. V) que as entradas em sociedade comercial (entradas em dinheiro, em outros bens susceptíveis de penhora, em indústria ou serviços) não têm de ser realizadas no momento inicial da sociedade [11]. Ainda quando as obrigações de entrada não sejam realizadas ou cumpridas nesse momento, já existe património social, já existem os direitos correspondentes a essas obrigações. Quando a sociedade nasça com entradas coevamente efectuadas, o património social é composto (exclusiva ou parcialmente) por esses bens (ou, dizendo de outra maneira, pelos direitos relativos a esses bens). *Depois,* à medida que vai correndo a vida da sociedade, o património social vai-se alterando com a entrada e saída de outros direitos ou bens e de obrigações pecuniariamente avaliáveis [12].

---

[11] O mesmo se diga com respeito às sociedades civis simples (ainda que aqui faltem diversas regras aplicáveis às sociedades comerciais).

[12] Sobre o património social, v. *infra,* cap. VI.

2. 3. Objecto da sociedade

O sujeito-sócio ou o agrupamento de sujeitos-sócios utilizam, total ou parcialmente, a base ou substrato patrimonial para o exercício de certa actividade económica. Nisto consiste o objecto da sociedade. Dizendo com maior precisão, *o objecto social é a actividade económica* que o sócio ou os sócios se propõem exercer mediante a sociedade (ou propõem que a sociedade exerça).

"Actividade económica". Não é fácil dizer o que seja. Tanto na economia como no direito aparece o económico entendido de vários modos [13].

Se se fala do económico, ter-se-á de falar do não-económico. Podemos na verdade distinguir na vida social o domínio da economia e os domínios não-económicos – da cultura, da política, da religião, etc. Diremos então que o domínio ou campo da economia é preenchido pela *produção* (nos sectores primário, secundário e terciário) *de bens materiais e imateriais ou serviços que exige ou implica o uso e a troca de bens*. Os domínios ou campos não económicos não são – globalmente considerados – preenchidos da mesma maneira; não obstante, também estes campos apresentam *aspectos* ou dimensões económicos: quando a prestação dos respectivos serviços acarrete o uso e a troca de bens (materiais ou imateriais) [14].

É recorrente na doutrina a ideia de que as actividades culturais, desportivas, recreativas, políticas, religiosas, etc., por não pertencerem ao círculo das actividades económicas, não podem ser objecto das sociedades, podendo sê-lo das

---

[13] V. J. M. COUTINHO DE ABREU, *Definição de empresa pública*, Coimbra, 1990, pp. 106-120.

[14] Aproximei-me uma vez mais do entendimento de M. GODELIER, *Rationalité et irrationalité en économie*, F. Maspero, Paris, 1968 – cfr. a minha *últ. ob. cit., loc. cit.*.

associações (15). Mas ainda agora vimos que no círculo do não-económico se podem verificar aspectos económicos. Por conseguinte, estas dimensões económicas de actividades (globalmente consideradas) não económicas podem ser exploradas mediante sociedades (v. g., as actividades teatrais ou musicais podem ser objecto de sociedades).

Diz-se também que a actividade económica societária "significa que dela deve resultar um lucro patrimonial" (16). É verdade que a actividade-objecto das sociedades possibilitará em regra lucros (17). Não significa isto, porém, que toda a actividade não lucrativa tenha de ser, do ponto de vista jurídico, não-económica. Nem está excluído, por outro lado, que o objecto das associações possa ser económico e até lucrativo – só que, no caso das associações de regime geral, o lucro não é repartível pelos associados (art. 157.º do CCiv.).

A "*actividade* económica" supõe uma série ou sucessão de actos. As sociedades, quer civis (art. 980.º do CCiv.) quer comerciais (arts. 1.º, 2, 3, 11º, 2, 3, 6, do CSC), exercem ou propõem-se exercer actividades. Por conseguinte, não são sociedades as chamadas sociedades ocasionais, os grupos de sujeitos constituídos para a realização de um único acto simples (v. g., para a compra de um bilhete de lotaria nacional, para concurso a uma extracção do totoloto) (18). Aliás, as

---

(15) Cfr., p. ex., PINTO FURTADO, *Curso de direito das sociedades*, 4.ª ed., Almedina, Coimbra, 2001, p. 107, LOBO XAVIER, *ob. cit.*, p. 12, BUONOCORE, *ob. cit.*, p. 129 (tenha-se em conta que o art. 980.º do CCiv. seguiu muito de perto os arts. 2247 e 2248 do *Codice Civile*).

(16) PIRES DE LIMA / ANTUNES VARELA, *Código Civil anotado*, vol. II, 4.ª ed., Coimbra Editora, Coimbra, 1997, p. 286.

(17) V. *infra*, n.º 2. 4.

(18) No mesmo sentido, v. BRITO CORREIA, *ob. cit.*, pp. 18-19, J. OLIVEIRA ASCENSÃO, *Direito comercial*, vol. IV – *Sociedades comerciais*, Lisboa, 1993, p. 15, G. FERRI, *Manuale di diritto commerciale*, 10.ª ed. (a cura di C. ANGELICI / G. B. FERRI), reimpr., Utet, Torino, 1999, p. 244, F. GALGANO, *Diritto commerciale, 2 – Le società*, Zanichelli, Bologna, ed. 1996/97, p. 5 (este A. refere também como sociedades ocasionais agru-

"sociedades" *ocasionais* não colocam os problemas que o direito societário considera e regula: os relativos à criação e administração de um fundo comum, os relativos à organização jurídica do ente societário ([19]).([20])

Segundo o art. 980.º do CCiv., a actividade económica objecto das sociedades não pode ser de "mera fruição". Quer dizer, as sociedades não podem ter por objecto actividades de simples desfrute, de mera percepção dos frutos – naturais ou civis – de bens ([21]). Analisemos algumas hipóteses clarificadoras e reveladoras da importância do ponto.

a) *A* morre e *B* e *C,* seus filhos, herdam uma quinta e uma padaria (que aos mesmos ficam a pertencer em compropriedade). aa) B e C acordam em arrendar a quinta e locar a padaria. Nestes casos propõem-se *B* e *C* exercer actividade de mera fruição, de aproveitamento dos frutos civis das empresas comuns; não constituem, portanto, qualquer sociedade. ab) *B* e *C* acordam em explorar eles próprios cada uma das empresas. Significa isto que constituem duas sociedades, uma civil (agrícola), outra comercial – cada um deles se obriga a contribuir com as respectivas quotas nas comunhões para o exercício em comum de determinadas activida-

---

pamentos – verdadeiras sociedades – que não se limitam ao cumprimento de um só acto); diversamente, v. PINTO FURTADO, *ob. cit.*, pp. 114, ss..

A talhe de foice, diga-se que também não é de sociedade – por falta de exercício de "actividade económica" – o contrato pelo qual várias pessoas se comprometem a jogar em conjunto semanalmente no totoloto, totobola, etc.; é antes um contrato de associação atípico – Ac. da RL de 18/5/2000, CJ, 2000, t. III, p. 91.

([19]) FERRI, *ob. e loc. cits.*

([20]) Convém notar ainda que existem actos singulares que, pela sua complexidade, implicam o exercício de uma actividade (p. ex, uma empreitada para a construção de um edifício). Tais actos podem, pois, constituir objecto de sociedades.

([21]) Sobre a noção de frutos naturais e civis de uma coisa, v., além do art. 212.º do CCiv., MANUEL DE ANDRADE, *Teoria geral da relação jurídica,* vol. I, 3.ª reimpr., Almedina, Coimbra, 1972, pp. 268, ss..

des económicas que não são de mera fruição, a fim de repartirem os lucros resultantes dessas actividades. Esta conclusão não é infirmada ainda quando *B* e *C* não tenham consciência de que os seus acordos significam a constituição de sociedades, ou não queiram mesmo "transformar" a situação de compropriedade em situação societária, ou não tenham formalizado devidamente tais acordos (cfr. arts. 981.º e 1408.º, 3, do CCiv., e art. 7.º, 1, do CSC) [22]. Estando reunidas todas as notas caracterizadoras da (do contrato de) sociedade, sociedade temos.

b) *E* e *F* compram um restaurante a *G*. ba) *E* e *F* compraram o restaurante (que lhes pareceu barato), a fim de, logo que possível, o venderem (com ganho, claro). Entre o momento da compra e o da venda mediaram dois meses, período em que *E* e *F*, para preservarem o valor do restaurante, o exploraram (tendo para isso contratado um "gerente de comércio"). Nesse entretempo, pertenceu a empresa a *E* e *F* em compropriedade ou em sociedade? Parece dever falar-se aqui de simples compropriedade. O que essencialmente *E* e *F* fizeram (e quiseram fazer) foi comprar uma empresa para revender e vender uma empresa que haviam adquirido com esse intuito (cfr. art. 463.º, n.ᵒˢ 1.º e 3.º, do CCom.). A exploração do restaurante entretanto ocorrida, apesar de não representar uma actividade de mera fruição, não apresenta a consistência necessária para poder dizer-se que *E* e *F* arriscaram bens para o exercício em comum de uma actividade económico-lucrativa. bb) *E* e *F* decidiram comprar a *G* o restaurante a fim de o explorarem, e para isso cada um entrou com determinada importância em dinheiro. Feita a compra, começaram logo a explorá-lo. Apesar de não ter havido qualquer explícito contrato de sociedade, existe sociedade ou são *E* e *F* simples comproprietários da empresa

---

[22] Sobre as consequências da inobservância da forma, v. *infra* no cap. III.

comercial? Deve afirmar-se a existência de sociedade – *mutatis mutandis,* valem aqui as considerações feitas a propósito da hipótese ab).

A distinção entre *compropriedade* e *sociedade* importa consideráveis diferenças de regime. Por exemplo: em regra, todo o comproprietário tem direito de exigir a divisão da coisa comum (art. 1412.º do CCiv.), não competindo aos sócios direito semelhante; em regra, qualquer comproprietário tem o direito de servir-se da coisa comum (art. 1406.º do CCiv.), o que, também em regra, se não verifica nas sociedades; a coisa em compropriedade não é um património autónomo, separado do património dos comproprietários (as quotas destes na coisa comum respondem por quaisquer dívidas dos mesmos), ao contrário do que se verifica nas sociedades, inclusive nas sociedades civis simples (arts. 997.º, 999.º e 1000.º do CCiv.) e nas sociedades comerciais antes de cumprida a forma legal (art. 36.º, 2, do CSC) [23].

c) *H* pretende comprar um prédio para arrendar. Para enquadrar tais operações, propõe-se constituir uma sociedade unipessoal por quotas (cfr. art. 270.º-A do CSC). Poderá fazê-lo? Não, pois a actividade projectada é de mera fruição.

d) Os irmãos *I* e *J* e sua mãe *L* sucedem a *M*. Por qualquer razão, os herdeiros não estabelecem nenhum acordo sobre o destino da herança, que integra um estabelecimento comercial. *L,* cabeça-de-casal, administra a herança (indivisa) e continua, portanto, a exploração do estabelecimento. Há sociedade ou comunhão sucessória? Apesar de no caso ser legítimo falar-se de exercício de actividade económica que não é de mera fruição (imputável a vários sujeitos), certo é que os herdeiros não acordaram, não contrataram pôr as suas quotas hereditárias ao serviço daquele exercício.

---

[23] V. tb. LOBO XAVIER, *ob. cit.*, pp. 17, ss.. Acerca da autonomia patrimonial das sociedades, v. *infra,* sobretudo n.º 2. 1. do cap. IV.

Teremos pois uma *comunhão hereditária* não regulável pelo direito societário (24).

Se ficássemos por aqui, diríamos que não pode haver sociedade para o exercício de actividade (exclusivamente) de mera fruição. Mas há que trazer para a luz do direito societário uma figura que tem estado no (na penumbra do) direito fiscal: a *"sociedade de simples administração de bens"*.

Esta sociedade, com alguma tradição entre nós (25), é agora definida no art. 6.º, 4, b), do CIRC: "a sociedade que limita a sua actividade à administração de bens ou valores mantidos como reserva ou para fruição ou à compra de prédios para a habitação dos seus sócios [sociedade de simples administração de bens propriamente dita], bem como aquela que conjuntamente exerça outras actividades e cujos proveitos relativos a esses bens, valores ou prédios atinjam, na média dos últimos três anos, mais de 50% da média, durante o mesmo período, da totalidade dos seus proveitos".

Ora, já se vê que algumas destas sociedades podem ter como objecto exclusivo actividades de *mera fruição – v. g.*, sociedade constituída por familiares que entram com quatro prédios urbanos a fim de ela os administrar-conservar e arrendar – ou de *mero gozo de simples vantagens* proporcionadas pelos bens sociais – *v. g.*, sociedade constituída para comprar prédios destinados à habitação dos seus sócios. As sociedades destes exemplos *não* são qualificáveis como *civis* (a isto se opõe o art. 980.º do CCiv.); mas também *não* são quali-

---

(24) Era a casos como o hipotizado que se aplicaria o art. 41.º do RRNPC, entretanto revogado (recorde-se o seu n.º 1: "As heranças indivisas, quando se comportem, na sua actividade, com características de permanência e relevância económica, podem adoptar uma firma ou denominação.").

(25) V., designadamente, o art. 94.º, § 2.º, do Código do Imposto Complementar, aprovado pelo DL 45399, de 30/11/1963 (entretanto revogado).

ficáveis como *comerciais* (não têm por objecto a prática de actos de comércio). Porém, são "sociedades": assim as qualifica legislação nacional. Quer isto dizer que a construção de um conceito geral de sociedade tem de contar com elas.

Adiante-se ainda que as sociedades de simples administração de bens que não tenham por objecto a prática de actos de comércio (como as dos exemplos há pouco dados) podem adoptar tipos comerciais (art. 1º, 4, do CSC)([26]).

Por fim, para evitar equívocos: não são de "mera fruição", nem de "simples" administração de bens variadas *sociedades comerciais* dedicadas à "administração" ou "gestão", etc. de bens. É ver, por exemplo, o art. 11.º, 6, do CSC, o DL 495/88, de 30 de Dezembro (SGPS), o DL 135/91, de 4 de Abril (SGII), o DL 163/94, de 4 de Junho (sociedades gestoras de patrimónios), o DL 72/95, de 15 de Abril (sociedades de locação financeira), o DL 60/2002, de 20 de Março (fundos de investimento imobiliário e respectivas sociedades gestoras). ([27])

A actividade económica (objecto social) deve ser "certa" ou determinada – é o que diz o art. 980.º do CCiv. e resulta do art. 11.º, 2, do CSC. Contudo, esta (sub-)nota não é essencial para o conceito de sociedade. Da falta de especificação do objecto social no acto constituinte ou no estatuto derivam por certo consequências, mas não passam pela não qualificação como sociedade da entidade ([28]).

Diz também o art. 980.º do CCiv. que a actividade económico-societária há-de ser exercida "em comum" pelos sócios. Claro que não é assim nas sociedades unipessoais.

([26]) No mesmo sentido, R. PINTO DUARTE, *Escritos sobre direito das sociedades,* Coimbra Editora, Coimbra, 2008, pp. 31-32.

([27]) Com desenvolvimentos, J. PINTO FURTADO, *Comentário ao Código das Sociedades Comerciais (Artigos 1.º a 19)*, Almedina, Coimbra, 2009, pp. 78, ss..

([28]) V. *infra,* n.º 2. 2. do cap. III.

Mesmo para as sociedades pluripessoais, a expressão não será a mais adequada. Está bem, pode dizer-se que os sócios – embora através da sociedade – exercem em comum uma actividade. Será, no entanto, mais correcto dizer ser a própria sociedade que exerce a actividade; tenha ou não personalidade jurídica, a sociedade é entidade ou sujeito distinto dos sócios ([29]).

Ainda assim, acrescentaremos que o "exercício em comum" não significa que os sócios (exceptuados os de indústria) hão-de intervir directamente na actividade social. Significa apenas que os sócios poderão participar na condução (directa, ou indirecta – nomeadamente através da designação dos titulares do órgão de administração) ou, ao menos, no controlo dessa actividade (direitos de informação, de impugnação de deliberações sociais, de acção de responsabilidade contra administradores, etc.) ([30]).

2. 4. Fim da sociedade

De acordo com o art. 980.º do CCiv., o fim ou escopo da sociedade é *a obtenção,* através do exercício da actividade--objecto social, *de lucros e a sua repartição pelos sócios.* O fim social não se basta, assim, com a persecução de lucros, exige ainda a intenção de os dividir pelos sócios; para utilizar expressões habituais nos autores italianos, não é suficiente o "lucro objectivo", é também necessário o "lucro subjectivo".

Apesar de o signo "lucro" ser polissémico no direito ([31]), e de havermos de contar no direito societário com diversas

---

[29] V. *infra,* n.º 2. 1. do cap. IV.
[30] V. LOBO XAVIER, *ob. cit.,* p. 13.
[31] V. COUTINHO DE ABREU, *Da empresarialidade* cit., pp. 178, ss..

modalidades ou espécies de lucro (³²), poderemos acordar (tendo em vista aquela norma do CCiv.) nesta genérica noção do mesmo: *é um ganho traduzível num incremento do património da sociedade*. Tal ganho, por ser um valor patrimonial distribuível, há-de formar-se no património social (daí será depois transferido para o património dos sócios). Contrapõe-se por conseguinte o lucro às *vantagens económicas produzíveis directamente no património dos sujeitos agrupados* em entidades associativas (*lato sensu)* e às *economias* (eliminação ou redução de despesas) que os associados visam obter participando em actividades daquele género (³³).

Este fim lucrativo vale também para as sociedades comerciais (basicamente) disciplinadas pelo CSC? Sim. Nada no Código aponta em sentido diferente. Pelo contrário, normas várias confortam aquela resposta. É ver, por exemplo, além do art. 2.º, os arts. 6.º, 1, 2 e 3 (capacidade jurídica da sociedade delimitada pelo fim lucrativo), 10.º, 5, a) (da denominação das sociedades não podem fazer parte expressões que possam induzir em erro quanto à caracterização jurídica da sociedade, designadamente expressões correntemente usadas na designação de pessoas colectivas sem finalidade lucrativa), 21.º, 1, a) (todo o sócio tem direito a quinhoar nos lucros), 22.º (participação nos lucros), 31.º (deliberação de distribuição de lucros), 217.º e 294.º (direito aos lucros de exercício nas sociedades por quotas e anónimas, respectivamente).

(³²) V. *infra*, n.º 4 do cap. VI.

(³³) Apresentando idêntica noção de lucro social, v. por todos A. FERRER CORREIA, *Lições de direito comercial*, vol. II (c / colab. de V. LOBO XAVIER, M. HENRIQUE MESQUITA, J. M. SAMPAIO CABRAL e ANTÓNIO A. CAEIRO), ed. copiogr., Coimbra, 1968, p. 9, e LOBO XAVIER, *ob. cit.*, pp. 23-24. Diferentemente, defendendo uma noção ampla de lucro social (que inclui as economias ou poupanças de despesas), PINTO FURTADO, *ob. cit.*, pp. 139, ss. (com quem concorda M. PUPO CORREIA, *Direito comercial*, 7.ª ed., Ediforum, Lisboa, 2001, p. 400).

As sociedades comerciais (e civis de tipo comercial) propõem-se obter lucros; estes lucros são lucros "das sociedades", formam-se nelas, são incremento dos seus patrimónios, destinando-se a ser depois "divididos", "distribuídos" ou "repartidos" pelos sócios ([34]).

Sendo o escopo ou intuito lucrativo (entendido nos termos expostos) o fim das sociedades (reguladas basicamente no CCiv. ou no CSC) ([35]), distinguem-se elas claramente tanto das *associações* (contrapostas às sociedades pluripessoais) como das *fundações* (contrapostas às sociedades unipessoais ([36])) de regime geral (arts. 157.º, ss., 195.º, ss., do CCiv.). As associações e as fundações podem não exercer actividades económicas. Mas também podem exercê-las – podendo mesmo explorar empresas ([37]). Destas actividades podem resultar lucros (objectivos), não podem é ser distri-

---

([34]) No mesmo sentido, v. LOBO XAVIER, *ob. cit.*, pp. 30, ss., OLIVEIRA ASCENSÃO, *ob. cit.*, pp. 31-32.

Deve entretanto avançar-se com uma precisão: em vez de fim de obtenção de lucros para "repartição" ("divisão" ou "distribuição") pelos sócios, deve falar-se no fim de obtenção de lucros para atribuição ao(s) sócio(s) – apesar de o paradigma no CCiv. e no CSC (com menos propriedade neste) ser o das sociedades pluripessoais, não pode ser ignorada a realidade das sociedades unipessoais.

([35]) É frequente afirmar-se que o fim lucrativo não é *o* fim da sociedade, sendo antes um dos fins sociais, o mediato (ou último); o outro fim, o imediato (ou fim-meio), seria o exercício de uma actividade económica que não é de mera fruição (que designámos objecto social) – v., p. ex., PINTO FURTADO, *ob. cit.*, pp. 136, ss., OLIVEIRA ASCENSÃO, *ob. cit.*, pp. 24-25. Preferimos autonomizar claramente objecto e fim social. Não só por a lei ter adoptado idêntica terminologia (v., p. ex., CCiv., arts. 980.º e 1007.º, c), CSC, arts. 1.º,1, 2 e 3, 6.º,1, 2, 3 e 4, 9.º,1, d), 10.º, 1, 5, a), 11.º, 29.º, 2, 42.º, 1, b), c)) mas também porque ela liga consequências jurídicas distintas a um e a outro (são assuntos para ir tratando; v. para já os arts. citados).

([36]) Não quer isto significar que as sociedades unipessoais se distingam das fundações (ainda quando instituídas por um só sujeito) apenas pelo fim. Além e antes do mais, estas sociedades são entidades de substrato (também) pessoal, não são, como as fundações, entidades de substrato institucional ou patrimonial.

([37]) Cfr. COUTINHO DE ABREU, *últ. ob. cit.*, pp. 163-164.

buídos pelos associados ou atribuídos ao fundador (falha o lucro subjectivo).

Também por falta de escopo lucrativo se distinguem das sociedades as cooperativas e os agrupamentos complementares de empresas. A estas entidades de tipo associativo ou corporativo dedicaremos logo algumas linhas (*infra*, n.º 4). ([38])

O escopo lucrativo enquanto elemento essencial do conceito genérico de sociedade é afirmado tradicional e dominantemente nos direitos latinos. Tem sido assim, na verdade, em Espanha (cfr. o art. 1665 do *Código Civil*, de 1889, e o art. 116 do *Código de Comercio*, de 1885) ([39]) e na Itália (cfr. o art. 2247 do *Codice Civile*, de 1942) ([40]). Era também assim em França; porém, o art. 1832 do *Code Civil*, depois das alterações introduzidas em 1978 e 1985, passou a apresentar em alternativa duas possíveis finalidades da sociedade: "partager le bénéfice", "profiter de l'économie".

É outra a situação em outros países. Na Alemanha, as sociedades correspondentes às nossas sociedades civis e commerciais podem ser constituídas para qualquer fim lícito – económico-lucrativo, económico não-lucrativo, ideal, de utilidade geral... ([41]) São explícitos o § 705 do BGB, de 1896 (os sócios obrigam-se através do contrato de sociedade a alcan-

---

([38]) Antes da publicação do CCoop. de 1980 e do CSC – quando, portanto, as cooperativas estavam ainda reguladas como sociedades no CCom. – e antes da publicação da legislação sobre os ACE, FERRER CORREIA, *ob. cit.*, pp. 15, ss., qualificava as entidades deste tipo como sociedades comerciais; admitia assim, no quadro destas sociedades, uma noção ampla de fim social (equivalente ao escopo da realização de "proveito económico dos sócios por qualquer modo que seja"). No mesmo sentido ia o n.º 3 do art. 1.º do *Anteprojecto de lei das sociedades comerciais – Parte geral*, I, Coimbra, 1973, do mesmo Autor e de ANTÓNIO A. CAEIRO. Mas é bem outra a realidade normativa vigente.

([39]) Indicando e criticando doutrina contrária, v. por todos F. VICENT CHULIÁ, *Compendio crítico de derecho mercantil*, t. I, vol. 1.º, 3.ª ed., José M.ª Bosch, Barcelona, 1991, pp. 294, ss..

([40]) Às teses propugnando a superação do fim lucrativo referir-nos--emos após este excurso.

([41]) V. por todos KARSTEN SCHMIDT, *Gesellschaftsrecht*, 3. Aufl., C. Heymanns Verlag, Köln, Berlin, Bonn, München, 1997, pp. 59, ss..

çar "um fim comum") e o § 1 da GmbHG, de 1892 (podem ser criadas sociedades de responsabilidade limitada para "qualquer fim legalmente permitido"). No Reino Unido, as *partnerships* (sem personalidade jurídica) têm, nos termos da sec. 1 do *Partnership Act* de 1890, escopo lucrativo [42]; entre as *companies,* as *limited by guarantee* são usadas principalmente para fins de educação e caridade [43]. Nos EUA, as *partnerships* têm também, nos termos da lei, escopo lucrativo; quanto às *corporations*, dado que as leis societárias estaduais não se referem directamente aos fins prosseguíveis, admitem-se as *nonprofit corporations* (todavia, quando os respectivos estatutos não estabeleçam outros fins, entende a doutrina e a jurisprudência que elas têm fim lucrativo) [44].

O escopo lucrativo é, entre nós, *elemento indefectível* do conceito de sociedade? Atendendo a fenómenos normativos relativamente recentes, não se imporá a conclusão de que tal finalidade é tão-só regra (admitindo excepções)? Analisemos.

Imagine-se que duas ou mais pessoas celebram um contrato que designam de constituição de uma sociedade por quotas. A actividade indicada como objecto é essencialmente deficitária; ou o escopo declarado não é a consecução de lucros para distribuir pelos associados. Apesar disto, o contrato é celebrado por escrito e é registado. Posto que a falta de escopo lucrativo não consta do elenco taxativo de causas de nulidade presente no art. 42.º, 1, do CSC, dir-se-ia que tal contrato é válido e que estamos perante uma sociedade por quotas sem fim lucrativo [45]. Contudo, parece mais

---

[42] Cfr. PALMER'S *Company Law,* 25th ed., Sweet & Maxwell, London, 1992-1998, p. 1042.

[43] V. FARRAR'S *Company Law,* 3rd ed., Butterworths, London, Dublin, Edinburgh, 1991, p. 44.

[44] V. R. C. CLARK, *Corporate Law,* Little, Brown and Co., Boston, Toronto, 1986, pp. 5, 16-18, 675, ss..

[45] Assim discorria em Itália, tendo em vista o art. 2332 do *C. Civile* (depois das alterações introduzidas em 1969, por força da 1.ª Directiva em

apropriado situar hipóteses destas no campo da *qualificação* dos contratos, não no campo das *invalidades* negociais. Faltando um elemento essencial do contrato de sociedade regulado no CSC, não deve falar-se desse contrato; em vez de sociedade temos um contrato de associação ([46]).

Dissemos há pouco que o fim lucrativo é característica essencial também das *sociedades unipessoais* constituídas nos termos do CSC (devendo no entanto adaptar-se a terminologia do Código, fundada no paradigma contratual). Mas poderá retorquir-se: o intuito lucrativo é afirmado legalmente para a sociedade assente em contrato, para a sociedade que implica exercício em comum de actividade e "repartição","distribuição" ou "divisão" dos lucros dela resultantes; por conseguinte, a sociedade unipessoal, porque não baseada em contrato, não tem de visar lucros atribuíveis ao sócio único ([47]). Não me parece fundado o argumento. Embora o modelo seja a sociedade pluripessoal baseada em contrato, daí decorrendo a terminologia usual, não poderá dizer-se que a sociedade unipessoal rompe no essencial com a sociedade-matriz, que ela prescinde das notas essenciais desta. Não poderá dizer-se, por exemplo, que as normas dos arts. 2.º, 6.º, 1, 2, 3, 10.º, 5, a), do CSC se não aplicam directa e literalmente às sociedades unipessoais. O fim lucrativo não é algo que "pressuponha a pluralidade de sócios" (cfr. art. 270.º-G). ([48])

---

matéria de sociedades), G. SANTINI, *Tramonto dello scopo lucrativo nelle società di capitali*, RDCiv., 1973, P. I, pp. 159, ss..

([46]) V. neste sentido GALGANO, *ob. cit.*, p. 18.

([47]) Nesta linha, v. o discurso de A. ROSSI, *S. r. l. unipersonale e "tramonto dello scopo lucrativo"*, GC, 1997, P. I, pp. 115, ss..

([48]) Uma sociedade anónima unipessoal constituída nos termos do art. 488.º do CSC pode, em concreto, ser instrumentalizada pela sociedade dominante de modo a não conseguir lucros a esta atribuíveis (cfr. arts. 491.º e 503.º). Não quer isto dizer, todavia, que a sociedade dominada não tenha, em abstracto ou em geral, intuito lucrativo.

Revela-se mais complexa a situação respeitante às tradicionalmente denominadas *sociedades de capitais públicos* (com um único sócio-entidade pública ou com vários sócios-entidades públicas) e *sociedades de economia mista* (com sócios públicos e sócios privados) (⁴⁹). Esquematicamente:

a) Sociedades de economia mista. aa) De participação pública minoritária. Estas sociedades, quer por se constituírem (em regra) nos termos do CCiv. ou do CSC, quer por terem (dominantes) sócios privados – que arriscam capital para lucrar –, hão-de ter fim lucrativo. ab) De participação pública maioritária. Em princípio, nestas entidades, dada a sua natureza societária e (sobretudo) a existência de sócios privados (que, enquanto tais, não praticam o mecenato...), o fim lucrativo (não equivalente à maximização do lucro) não poderá ser anulado pelos interesses públicos de que são portadores os (dominantes) sócios públicos. É verdade que algumas destas sociedades podem ter de exercer

---

(⁴⁹) V. COUTINHO DE ABREU, *Da empresarialidade* cit., pp. 154-159.
Actualmente, de acordo com o art. 3.º do RSEE (Regime do Sector Empresarial do Estado: DL 558/99, de 17 de Dezembro), as sociedades de capitais públicos de que sejam sócios únicos o Estado ou outras entidades públicas estaduais ou que associem só ou em maioria (relativamente a outros entes públicos) o Estado e/ou outras entidades públicas estaduais, bem como as sociedades de economia mista em que o Estado e/ou outras entidades públicas estaduais detenham a maioria das participações sociais são consideradas empresas públicas (a outra espécie do género empresa pública estadual é constituída pelas "entidades públicas empresariais", que sucedem às velhas "empresas públicas" reguladas pelo agora revogado DL 260/76, de 8 de Abril). Por sua vez, de acordo com o RSEL (Regime jurídico do Sector Empresarial Local: L 53-F/2006, de 29 de Dezembro), as "empresas municipais, intermunicipais e metropolitanas" compreendem, além das "entidades empresariais locais" – de natureza institucional, não societária –, sociedades. Estas podem ser também de capitais públicos ou de economia mista: a entidade pública local (município, associação de municípios, ou área metropolitana de Lisboa ou do Porto) é sócia única, ou associa-se a outra ou outras entidades públicas locais e/ou outras entidades públicas (devendo, neste caso, ser maioritária a participação público-local); as entidades públicas locais associam-se a entidades não públicas (privadas, designadamente), ficando aquelas com participação social dominante.

actividades deficitárias (v. RSEE, arts. 19.º, ss., RSEL, arts. 20.º, 3, 23.º, 2). Porém, em casos tais, as "indemnizações compensatórias" ou outras comparticipações públicas não devem repor ou prever simplesmente o equilíbrio custos-receitas, há que retribuir o capital privado investido.

b) Sociedades de capitais públicos. ba) Constituídas nos termos do CSC ou do CCiv.. Por norma, dado terem de respeitar as notas nocionais de sociedade presentes naqueles diplomas, estas sociedades têm escopo lucrativo. Contudo, quando tenham de exercer actividades deficitárias, os interesses públicos podem determinar uma sistemática actuação sem finalidades lucrativas. bb) Constituídas por lei ou outro meio jurídico-público permitido legalmente. Em tais hipóteses, pode o acto constituinte, derrogando a genérica noção legal de sociedade, estabelecer logo de modo explícito ou implícito a exclusão de intuito lucrativo. E, mais ou menos contestavelmente, o legislador tem feito uso desta possibilidade [50]. Para casos destes é apropriado falar-se da "neutralidade" da "forma" sociedade (a sociedade como instrumento para fins lucrativos e não lucrativos).

2. 5. Sujeição a perdas

Em vez de lucrarem, o sócio ou os sócios podem perder; podem não recuperar (total ou parcialmente), quando saiam da sociedade ou esta se extinga, o valor das entradas e de

---

[50] V., p. ex., os DL 65 / 89, de 1 de Março ("Centro Cultural de Belém, Sociedade de Gestão e Investimento Imobiliário – S. G. I. I., S. A."), 145 / 92, de 21 de Julho ("Lisboa 94 – Sociedade Promotora de Lisboa Capital Europeia da Cultura, S. A."), 418-B / 98, de 31 de Dezembro ("Porto 2001, S. A."), 98-A / 99, de 26 de Março ("Portugal 2000, S. A."). V. mais em J. M. COUTINHO DE ABREU, *Privatização de empresas públicas e empresarialização pública,* in IDET, Miscelâneas n.º 3, Almedina, Coimbra, 2004, pp. 64, ss..

outras prestações feitas à mesma. Nenhum sócio pode ser isentado deste risco. ([51])
A sujeição a perdas não consta do art. 980.º do CCiv.. Não obstante, a noção genérica de sociedade deve integrar este elemento, que se extrai facilmente tanto do art. 994.º do CCiv. como do art. 22.º, 3, do CSC (proibição do pacto leonino) ([52]). ([53])

2. 6. Síntese

A noção genérica de sociedade (abrangente das diversas espécies societárias) pode agora ser apresentada: *sociedade é a entidade que, composta por um ou mais sujeitos (sócio(s)), tem um património autónomo para o exercício de actividade económica, a fim de (em regra) obter lucros e atribuí-los ao(s) sócio(s) – ficando este(s), todavia, sujeito(s) a perdas.*

3. Sociedade e empresa

Deparamos frequentemente com formulações idênticas ou semelhantes a estas: a sociedade é forma (ou forma jurídica) de empresa; a sociedade é forma (ou técnica) jurídica de organização da empresa; a sociedade é organização jurí-

---

([51]) V. *infra,* n.º 5. 2. do cap. VI.

([52]) V. tb. LOBO XAVIER, *ob. cit.*, pp. 26-27.

([53]) Sobretudo em França, a chamada *affectio societatis* seria também elemento do conceito de sociedade. Todavia, afora o facto de tal locução latina ter que ver somente com sociedades pluripessoais e de ter múltiplos e mais ou menos imprecisos significados (sobre este ponto, v. por todos Y. GUYON, *Droit des affaires,* t. 1, 6ᵉ éd., Economica, Paris, 1990, pp. 122, ss.), este pretenso elemento parece nada acrescentar ao que deflui já dos elementos acima analisados. V. tb. JOSÉ TAVARES, *ob. cit.*, pp. 22-23, LOBO XAVIER, *ob. cit.*, pp. 27-28, BRITO CORREIA, *ob. cit.*, pp. 69-70.

dica da empresa; a sociedade é uma empresa; empresa e sociedade relacionam-se como matéria e forma ([54]).

Tais formulações têm algo de verdadeiro e possuem uma carga sugestiva positiva. Reflectem, com efeito, a estreita ligação entre sociedade e empresa ([55]): uma sociedade é em regra constituída para a exploração de uma empresa; estruturas orgânicas de direcção e controlo daquela são-no também desta; vicissitudes várias afectam simultaneamente uma e outra. Mas são formulações *insuficientes e não inteiramente correctas*. Porquanto:

a) Há *sociedades a que não correspondem empresas* (em sentido objectivo). É o caso, por exemplo, de muitas sociedades (unipessoais ou pluripessoais) de profissionais liberais e de artesãos ([56]).

([54]) V., entre outros, J. G. PINTO COELHO, *Lições de direito comercial – Obrigações mercantis em geral, obrigações mercantis em especial (sociedades comerciais)*, Fascículo I, C. E. Martins Souto, Lisboa, 1946, p. 176, V. G. LOBO XAVIER, *Anulação de deliberação social e deliberações conexas*, Atlântida, Coimbra, 1976, pp. 242, n. (116), 289, e (mais restritivamente) *Sociedades comerciais* cit., p. 29, A. PEREIRA DE ALMEIDA, *Sociedades comerciais*, 2.ª ed., Coimbra Editora, Coimbra, 1999, pp. 13, ss., J. PAILLUSSEAU, *La société anonyme – Technique d'organisation de l'entreprise*, Sirey, Paris, 1967, pp. 4, ss., P. DIDIER, *Droit commercial*, 2 – *L'entreprise en sociéte*, PUF, Paris, 1993, p. 29, U. BÄLZ, *Einheit und Vielheit im Konzern*, FS Ludwig Raiser, Mohr, Tübingen, 1974, pp. 327-328, W. SCHILLING, *Rechtsform und Unternehmen – Ein Beitrag zum Verhältnis von Gesellschafts- und Unternehmensrecht*, FS Konrad Duden, Beck, München, 1977, pp. 546-547, 551, W. FLUME, *Unternehmen und juristiche Person*, FS Günther Beitzke, de Gruyter, Berlin, New York, 1979, pp. 56-57, VICENT CHULIÁ, *ob. cit.*, p. 298, GALGANO, *ob. cit.*, p. 3. Para precisar mais o pensamento de alguns destes autores, v. tb. COUTINHO DE ABREU, *Da empresarialidade...*, pp. 214, ss..

([55]) Não deixe de notar-se, entretanto, que nem todos os autores citados utilizam "empresa" no mesmo sentido. No confronto sociedade--empresa importa atender principalmente à acepção de empresa em sentido objectivo (pouco relevam as acepções de empresa em sentido subjectivo, da empresa como actividade mais ou menos desestruturada, etc.).

([56]) Cfr. a minha *últ. ob. cit.*, pp. 92, ss., 98, ss., ou os n.os 3. 1. 3. 3. e 3. 1. 3. 4. do cap. III do vol. I deste *Curso*.

b) As empresas têm *conteúdos e formas próprios* (que estudámos já), distintos dos conteúdos e formas das sociedades (que há pouco começámos a ver).

c) A sociedade, embora signifique também ordenação da empresa (os órgãos sociais determinam a estruturação da empresa, planificam, dirigem e controlam o processo produtivo através dela actuado), além de ordenação patrimonial (fixação da fronteira entre as esferas patrimoniais de sócio(s) e sociedade e das responsabilidades respectivas), é primariamente organização de sujeitos (determinação dos direitos e deveres do(s) sócio(s), da estrutura orgânico-social, etc.) [57]. Quer dizer, a sociedade é, em boa medida, organização da empresa (quando exista) –, mas não só: *é organização que transcende a empresa.* Por seu lado, a empresa (no direito societário mas não só) é primordialmente organização objectivo-instrumental da sociedade-sujeito, organização normalmente não composta ou integrada pelo(s) sujeito(s) sócio(s) [58].

d) O exercício da actividade empresarial para que é constituída a sociedade é normalmente posterior a essa constituição *(a sociedade precede a empresa).* Pode, porém, acontecer ao invés (*v. g.*, alguém, proprietário de uma empresa, entra com ela para a sociedade constituída para a explorar) – *a empresa também pode preceder a sociedade.*

e) *O património da sociedade,* mesmo depois de formada a respectiva empresa (ou empresas), *não é idêntico ao património empresarial.* Ainda que se considere tão-só o conjunto dos bens do activo social, é normal que o património da

---

[57] Cfr. H. WIEDEMANN, *Gesellschaftsrecht – Ein Lehrbuch des Unternehmens- und Verbandsrechts,* B. I, Beck, München, 1980, pp. 16, ss., a propósito do objecto do direito das sociedades.

[58] E, repare-se, a organização empresarial de certa sociedade pode ficar essencialmente imutável apesar da transformação dessa sociedade em outra (de tipo diverso).

sociedade compreenda bens e valores não afectados à empresa (que não são elementos desta). ([59])

f) A sociedade, como outros empresários, pode efectuar negócios tendo por objecto a respectiva empresa (vendendo--a, locando-a, etc.) – relação *sujeito-objecto separáveis*.

g) *A sociedade pode sobreviver à sua empresa* (ou empresas) – *v. g.*, em caso de dissolução, a sociedade mantém-se até ao final da liquidação, podendo verificar-se antes desse termo a extinção da empresa. Tal como *pode extinguir-se antes dela* – *v. g.*, num processo de liquidação da sociedade é a empresa alienada, continuando na titularidade do adquirente. ([60])

4. Sociedade e figuras (mais ou menos) afins

4. 1. Cooperativas

O movimento cooperativo europeu teve as primeiras experiências (falhadas) na Escócia da segunda metade do séc. XVIII e afirmou-se em meados do séc. XIX na Inglaterra (sobretudo com cooperativas de consumo ([61])), em França

---

([59]) Defendendo também a não confundibilidade do património social com o património da empresa (ou a empresa), v., p. ex., L. MOSSA, *Trattato del nuovo diritto commerciale secondo il codice civile de 1942*, II, Cedam, Padova, 1951, p. 70, e A. FERRER CORREIA, *Lições de direito comercial*, vol. I (c/colab. de M. HENRIQUE MESQUITA e ANTÓNIO A. CAEIRO), ed. copiogr., Coimbra, 1973, p. 225. Afirmando a identidade ou coincidência patrimonial, v., p. ex., BARBOSA DE MAGALHÃES, *Do estabelecimento comercial – Estudo de direito privado*, Ática, Lisboa, 1951, p. 122, e KARSTEN SCHMIDT, *Handelsrecht*, 4. Aufl., Heymanns Verlag, Köln, Berlin, Bonn, München, 1994, p. 83.

([60]) Para mais, sobretudo para a análise crítica de "teorias da identidade" germânicas, v. COUTINHO DE ABREU, *Da empresarialidade* cit., pp. 217, ss..

([61]) Papel fundamental teve a "Rochdale Society of Equitables Pioneers" (criada em 1844), não só pelo êxito económico que conseguiu,

(onde se destacaram as cooperativas operárias de produção) e na Alemanha (com as cooperativas de crédito). Nesta primeira fase, o movimento – alimentado fundamentalmente (sobretudo em Inglaterra e França) por ideias de defesa dos sectores populares economicamente mais débeis contra certas consequências da revolução industrial capitalista – começou por não ter cobertura legal específica. O *Industrial and Provident Societies Act* inglês viu a luz do dia em 1852, o legislador francês incluiu na lei de 24 de Julho de 1867 um título III sobre *Dispositions particulières aux sociétés à capital variable* e a Alemanha (pese embora a precedente lei prussiana de 27 de Março de 1867) tem desde 1 de Maio de 1889 a *Gesetz betreffend die Erwerbs-und Wirtschaftsgenossenschaften* [62].

Em Portugal a lei precedeu as cooperativas. A lei, inspirada principalmente no projecto da citada lei francesa, apareceu em 2 de Julho de 1867; as primeiras cooperativas foram constituídas em 1871 [63]. A partir de 1888, a disciplina básica das cooperativas passou a constar do Código Comercial (daquele ano, recorde-se), que tinha no título II do livro II um capítulo V intitulado "Disposições especiais às sociedades cooperativas". Tal disciplina perdurou até à entrada em vigor do primeiro Código Cooperativo, aprovado pelo DL 454/80, de 9 de Outubro. Este código foi substituído pelo vigente Código Cooperativo, aprovado pela L 51 / 96, de 7 de Setembro (mas não são muito significativas as alterações) [64].

---

mas também pelo facto de ter reunido no seu estatuto as várias regras que ainda hoje inspiram os chamados princípios cooperativos.

[62] Acerca da evolução do movimento cooperativo, v., p. ex., J. M. SÉRVULO CORREIA, *O sector cooperativo português – Ensaio de uma análise de conjunto*, BMJ n.º 196 (1970), pp. 32, ss., e R. DABORMIDA, *Le legislazioni cooperative nei paesi della Comunità Europea*, RDC, 1989, pp.451, ss.

[63] V. SÉRVULO CORREIA, *ob. cit.*, pp. 60, ss..

[64] Sobre a evolução da legislação cooperativa em Portugal, v. RUI NAMORADO, *Introdução ao direito cooperativo*, Almedina, Coimbra, 2000, pp. 35, ss..

Nos termos do n.º 1 do art. 2.º do CCoop., "as cooperativas são pessoas colectivas autónomas, de livre constituição, de capital e composição variáveis, que, através da cooperação e entreajuda dos seus membros, com obediência aos princípios cooperativos, visam, sem fins lucrativos, a satisfação das necessidades e aspirações económicas, sociais ou culturais daqueles".

Os "princípios cooperativos" estão formulados no art. 3.º tal como os formulou a Aliança Cooperativa Internacional, por último, no congresso de Manchester comemorativo do centenário desta organização (1995). São eles: *adesão voluntária e livre* ([65]); *gestão democrática pelos membros* (ressaltando a regra "um membro, um voto" nas cooperativas de primeiro grau); *participação económica dos membros* (sendo de destacar a eventual e limitada remuneração dos títulos de capital e a distribuição dos excedentes pelos cooperadores na proporção das suas transacções com a cooperativa); *autonomia e independência* (as cooperativas hão-de ser controladas pelos seus membros, não por entidades externas); *educação, formação e informação* (dos membros mas não só); *intercooperação* (das cooperativas entre si); *interesse pela comunidade*.

"É permitido às cooperativas associarem-se com outras pessoas colectivas de natureza cooperativa ou não cooperativa, desde que daí não resulte perda da sua autonomia". Mas "não podem adoptar a forma cooperativa as pessoas colectivas resultantes da associação de cooperativas com pessoas colectivas de fins lucrativos" (art. 8.º, 1 e 3).

Em 25 de Abril de 1974 havia 950 cooperativas; nas vésperas do 1.º CCoop., o número mais que triplicara (v. o n.º 6 do preâmbulo do DL 454/80); em 31/12/98 estavam em actividade 2878 cooperativas (v. Anuário Comercial do Sector Cooperativo 1999/2000, editado pelo INSCOOP); e 3109 em 31/12/2009 (www.inscoop.pt).

([65]) Sobre a problemática suscitada pelo tradicionalmente designado princípio da porta aberta, v. COUTINHO DE ABREU, *Da empresarialidade* cit., pp. 167-170.

São *órgãos* das cooperativas a assembleia geral (órgão supremo, sendo as suas deliberações vinculativas para os restantes órgãos e para os cooperadores), a direcção (que administra e representa a cooperativa) e o conselho fiscal (órgão de controlo e fiscalização); todos estes órgãos são *compostos exclusivamente por cooperadores* (arts. 39.º, ss.).

Os *excedentes anuais líquidos* – exceptuados os provenientes de operações realizadas com terceiros (não-cooperadores) –, depois do eventual pagamento de juros pelos títulos de capital e da afectação às diversas reservas (são obrigatórias a reserva legal e a reserva para educação e formação cooperativas – insusceptíveis de qualquer tipo de repartição entre os cooperadores), podem "retornar" aos cooperadores (arts. 69.º, ss.).

Note-se ainda, neste pequeno percurso pelo CCoop., que "é *nula a transformação* de uma cooperativa em qualquer tipo de sociedade comercial, sendo também feridos de nulidade os actos que procurem contrariar ou iludir esta proibição legal" (art. 80.º) ([66]).

Por mais de um século foram as cooperativas legalmente qualificadas de sociedades (embora especiais) ([67]). Deixou de ser assim com o CCoop. de 1980 e o de 1996 (e legislação complementar). Não diz expressamente o Código que as cooperativas não são sociedades. Mas aponta claramente para aí. E como *não-sociedades* devem na verdade ser consideradas.

A noção estabelecida no acima transcrito n.º 1 do art. 2.º diz a propósito o suficiente. As cooperativas são "pessoas

---

([66]) O Código anterior nada dizia sobre o ponto. Mas já então se devia defender a ilicitude da transformação de cooperativas em sociedades – v. COUTINHO DE ABREU, *ob. cit.*, pp. 184-186.

([67]) Nem sempre, porém, com a concordância da doutrina. ALBERTO LUÍS, *Natureza jurídica das cooperativas em Portugal,* ROA, 1966, pp. 172-173, preferia qualificá-las como associações.

colectivas autónomas" (não diz serem sociedades ou associações, etc.). De "capital e composição variáveis", assim se permitindo a fácil e rápida entrada e saída de cooperadores e as correspondentes mutações do capital (bem diverso é o regime societário quanto à entrada e saída de sócios na generalidade das sociedades e quanto às alterações do capital). O fim das cooperativas tanto pode ser a satisfação das necessidades económicas como das necessidades "sociais" ou culturais (ou de todas em conjunto) dos cooperadores – e "sem fins lucrativos" ([68]) (fundamentalmente diferente é a realidade societária). A organização e o funcionamento das cooperativas obedecem aos "princípios cooperativos", que se afastam em muitos pontos da disciplina das sociedades. Uma outra norma (entre outras) sintomática da natureza não societária das cooperativas e que vale a pena recordar aqui é a do art. 80.º, acima transcrito (ilicitude da transformação de cooperativas em sociedades). ([69]) ([70])

([68]) Tratei já com considerável desenvolvimento da questão do escopo não lucrativo das cooperativas em *Da empresarialidade* cit., pp. 170-183, e no vol. I do *Curso*, n.º 3. 2. 3. do cap. III. Relembro agora algumas conclusões. Os excedentes anuais resultantes de operações da cooperativa com os cooperadores não são verdadeiros lucros (objectivos), significando antes, no essencial, um valor "provisoriamente" pago a mais pelos cooperadores à cooperativa ou pago a menos pela cooperativa aos cooperadores. Os mesmos excedentes, quando distribuídos ou "retornados" aos cooperadores, não são verdadeiros lucros (subjectivos), significando antes uma economia ou poupança (cooperativas de consumo), ou o equivalente do valor do trabalho prestado pelos cooperadores (cooperativas de produção), ou um complemento das vantagens económicas já obtidas aquando da realização das operações. Os excedentes gerados em operações da cooperativa com terceiros são lucros (objectivos); mas porque não são distribuíveis pelos cooperadores, ainda aqui se não deve falar de escopo lucrativo (não há lucro subjectivo).

([69]) Entendendo também que as cooperativas não são sociedades, v. LOBO XAVIER, *Sociedades...*, pp. 24-25, 38-40, BRITO CORREIA, *ob. cit.*, pp. 62, ss., OLIVEIRA ASCENSÃO, *ob. cit.*, p. 31, RUI NAMORADO, *As cooperativas – empresas que são associações*, ed. copiogr., FEUC, 1999, pp. 54 , ss.

Em sentido oposto manifestaram-se – já depois do CCoop. de 1980 – PINTO FURTADO, *ob. cit.*, pp. 146, ss., A. MENEZES CORDEIRO, *Direito da economia*, 1.º vol., AAFDL, Lisboa, 1986, p. 319 (as cooperativas são

4. 2. ACEs e AEIE

O legislador português desenhou a figura dos agrupamentos complementares de empresas (ACE – L 4 / 73, de 4 de Junho, e DL 430 / 73, de 25 de Agosto) tendo à vista o modelo francês dos *groupements d'intérêt économique* (Ord. 67-821, de 23 de Setembro de 1967).

"As pessoas singulares ou colectivas e as sociedades podem agrupar-se, sem prejuízo da sua personalidade jurí-

---

"sociedades comerciais"; mas o A. manifesta dúvidas em *Da responsabilidade civil dos administradores das sociedades comerciais*, Lex, Lisboa, 1997, p. 56, n. (38)), PUPO CORREIA, *ob. cit.*, pp. 401-402.

([70]) O panorama no direito estrangeiro é variegado. Na Grã-Bretanha, as cooperativas são qualificadas como tipos especiais de organização empresarial, distintas das *partnerships* e das *corporations*. Tradicionalmente, são organizadas como *industrial and provident societies* (disciplinadas pelos correspondentes *Acts;* recorde-se o *Act* de 1852). Mas podem adoptar outras formas, inclusive a da *company limited by shares*. V. PALMER'S *Company Law* cit., pp. 1064, 1069-1070. Em França, a lei geral da cooperação (de 10 de Setembro de 1947) qualifica as cooperativas como sociedades. Antes da reforma de 1978 do *Code Civil*, a jurisprudência dominante considerava-as, não obstante, associações. Todavia, com aquela reforma, recorde-se, o art. 1832 estabeleceu como fim possível da sociedade e proporcionar aos sócios uma "economia". Logo, aquela qualificação "já não está em contradição (...) com a definição do contrato de sociedade" (J. HAMEL/G. LAGARDE/A. JAUFFRET, *Droit commercial*, t. I, 2ᵉ éd., 2ᵉ vol., Dalloz, Paris, 1980, p. 652). Na Alemanha, o conceito de sociedade é notavelmente amplo, abarcando, além das sociedades correspondentes às nossas sociedades civis e comerciais, várias entidades de tipo associativo (v., p. ex., A. KRAFT/P. KREUTZ, *Gesellschaftsrecht*, 10. Aufl., Luchterhand, Neuwied, 1997, pp. 1, ss.). Entram também nesse conceito as cooperativas (e a citada GenG de 1889 define-as como *Gesellschaften*). Contudo, a doutrina, quando questiona a "natureza jurídica" delas, vê-as como especiais "associações económicas" (v., p. ex., E. H. MEYER/G. MEULENBERGH/ /V. BEUTHIEN, *Genossenschaftsgesetz*, 12. Aufl., Beck, München, 1983, p. 6, e SCHMIDT, *Gesellschaftsrecht* cit., p. 1263). Na Itália, apesar de a lei falar de "sociedades cooperativas" (*C. Civile*, arts. 2511, ss.), não faltam autores negando-lhes carácter societário (sobre a questão v., p. ex., com amplas referências bibliográficas, P. VERRUCOLI, *Cooperative (Imprese)*, ED, X, 1962, pp. 560, ss.). Em Espanha, tanto a anterior lei geral das cooperativas (de 1987) como a actual (de 1999) falam de "sociedades cooperativas". Mas há quem não lhes reconheça natureza societária (VICENT CHULIÁ, *ob. cit.*, vol. 2.º, pp. 1020-1021).

dica, a fim de melhorar as condições de exercício ou de resultado das suas actividades económicas. / As entidades assim constituídas são designadas por agrupamentos complementares de empresas" (L 4 / 73, base I).

Nos termos da lei, parece que os membros do ACE devem ser empresas em sentido subjectivo a que correspondam empresas em sentido objectivo; os agrupados devem ser sujeitos que explorem (ou se proponham explorar) empresas. É o que resulta da designação "agrupamento complementar de *empresas*", dos n.ºs 2 e 3 da base II da lei (*"empresas agrupadas"*) e do art. 11.º, 2, do DL 430/73 ("A transmissão, entre vivos ou por morte, da parte de cada agrupado só pode verificar-se juntamente com a transmis-são do respectivo *estabelecimento ou empresa"*). Não obstante, será razoável interpretar (extensivamente) "empresa" de modo a abarcar *sujeitos empresários e não-empresários,* sujeitos que exercem actividades económicas através de empresas em sentido (objectivo e) próprio ou sem elas; por exemplo, artesãos não empresários devem poder participar em ACEs ([71]).

A actividade-objecto do ACE há-de ser não só *diversa* mas também *auxiliar ou complementar* das actividades exercidas pelos agrupados (cfr. base I, 1, da L 4 / 73, arts. 9.º e 13.º, a), do DL 430 / 73). Tal actividade é dirigida a melhorar as condições de exercício ou de resultado das actividades dos membros, *não* podendo o ACE ter por *fim principal a realização e partilha de lucros* (base II, 1, da L, arts. 15.º, 16.º, 1, b), do DL); um escopo *acessório* de realização de lucros – derivados de operações do ACE com terceiros – e sua partilha pelos membros será lícito somente quando autorizado expressamente no contrato constitutivo do

---

([71]) Conforta esta interpretação o facto de os AEIE poderem ter membros não empresários e, em certas circunstâncias, poderem transformar-se em ACEs (v. *infra*).

agrupamento (art. 1.º do DL). ([72]) Assim, por exemplo, duas empresas de produção de têxteis constituem um ACE para comprarem em conjunto matérias-primas a transformar nos respectivos estabelecimentos fabris, ou para venderem em conjunto os produtos finais, ou para prospectar mercados, ou publicitar os seus produtos. Em qualquer caso, não visa o ACE lucrar à custa dos seus próprios membros; visa é proporcionar matérias-primas mais baratas (tendencialmente a preço de custo), ou possibilitar que os membros vendam mais e / ou mais caro. O ACE é instrumento para os agrupados, no essencial, realizarem economias ou conseguirem vantagens económicas directamente produzíveis no património de cada um deles.

Os ACE adquirem personalidade jurídica com a inscrição do contrato de constituição no registo comercial (base IV da L).

Têm um órgão deliberativo-interno (tendo cada agrupado um voto, em regra – art. 7.º do DL) e um órgão de administração (art. 6.º do DL), podem ter, e em certos casos têm de ter, um órgão de fiscalização (base V da L, art. 8.º, 2, do DL).

Os agrupados respondem em regra solidariamente (embora subsidiariamente) pelas dívidas do ACE (base II, 2 e 3, da L).

O direito subsidiariamente aplicável é o das sociedades em nome colectivo (art. 20.º do DL). ([73])

Deve entender-se que os ACE *não são sociedades*. Ao contrário destas, são entidades essencialmente, repita--se, sem fins lucrativos. A própria lei supõe essa natureza não societária. Designadamente no art. 4.º do DL 430 / 73

([72]) Neste quadro de objecto e fim, compreendem-se melhor as limitações à capacidade dos ACE estabelecidas no art. 5.º do DL.

([73]) Para uma análise mais desenvolvida da legislação dos ACE, v. J. A. PINTO RIBEIRO/R. PINTO DUARTE, *Dos agrupamentos complementares de empresas,* Centro de Estudos Fiscais, Lisboa, 1980.

("para fins de registo, o agrupamento é *equiparado* às sociedades comerciais"; mesmo para estes efeitos, portanto, não há identidade) e no art. 21.º do mesmo diploma (sociedades e associações constituídas antes do DL para objectivos análogos aos dos ACE podem transformar-se nestes; os ACE não podem transformar-se em sociedades). São pois os ACE, tal como as cooperativas, entidades de tipo associativo que se situam entre as associações de regime geral e (mais proximamente) as sociedades. (74) (75)

Os agrupamentos europeus de interesse económico (AEIE), basicamente regulados no R (CEE) 2137 / 85 do Conselho, de 25 de Julho de 1985, representam em boa medida a europeização dos G. I. E. franceses (e são, portanto, parentes dos nossos ACE).

Os traços caracterizadores há pouco apontados revelam-se semelhantemente nos AEIE.

"O objectivo do agrupamento é facilitar ou desenvolver a actividade económica dos seus membros, melhorar ou aumentar os resultados desta actividade; não é seu objectivo realizar lucros para si próprio". (Nem sequer se admite acessoriamente fim lucrativo). Acrescenta o 2.º parágrafo do n.º 1 do art. 3.º do Regulamento: "A sua actividade deve estar

---

(74) Defendem também que os ACE não são sociedades LOBO XAVIER, *ob. cit.*, pp. 24-25, 40, ss., BRITO CORREIA, *ob. cit.*, pp. 66, ss., OLIVEIRA ASCENSÃO, *ob. cit.*, p. 31. Qualificando estes agrupamentos como sociedades, v. PINTO FURTADO, *ob. cit.*, pp. 157, ss., PUPO CORREIA, *ob. cit.*, p. 402.

(75) Entende-se dominantemente em França que os G. I. E. não são sociedades – v. G. RIPERT / R. ROBLOT / M. GERMAIN / L. VOGEL, *Traité de droit commercial*, t. 1, 17ᵉ éd., L. G. D. J, Paris, 1998, p. 1498. Em Espanha, parece resultar da lei 12/1991, de 29 de Abril, a natureza societária da *agrupación de interés económico;* e essa natureza é afirmada pela generalidade da doutrina – v., p. ex., F. SÁNCHEZ CALERO, *Instituciones de derecho mercantil*, I, 21.ª ed., McGraw-Hill, Madrid, etc., 1998, pp. 217, 577-578 (VICENT CHULIÁ, *ob. cit.*, pp. 995-996, defende que a AIE não é sociedade em sentido estrito, qualificando-a no entanto como "sociedade colectiva especial").

ligada à actividade económica dos seus membros e apenas pode constituir um complemento a esta última".

Os membros do agrupamento – que não têm de ser empresários – podem ser de muito variada natureza (art. 4.º, 1). Mas – e aqui está um traço distintivo essencial do agrupamento *europeu* – o AEIE há-de ser composto por pelo menos dois sujeitos que tenham a administração central ou exerçam a actividade principal em Estados-membros *diferentes* (art. 4.º, 2). A sede de um AEIE há-de também localizar-se na Comunidade (arts. 12.º, 13.º).

Órgãos necessários do agrupamento são o colégio dos membros e a gerência (com um ou mais gerentes) – art. 16.º, 1. Em regra, cada membro dispõe de um voto (art. 17.º, 1).

Pelas dívidas do agrupamento respondem ilimitada e solidariamente (embora subsidiariamente) os seus membros (art. 24.º).

Um AEIE com sede estatutária em Portugal adquire personalidade jurídica com o registo do contrato constitutivo (DL 148 / 90, de 9 de Maio, art. 1.º); pode transformar-se em ACE quando deixe de satisfazer certas condições previstas no R 2137 (designadamente no citado art. 4.º, 2) – art. 11.º, 2, do DL; aplicam-se-lhe subsidiariamente as normas legais aplicáveis aos ACE (art. 12.º do DL).

Por razões idênticas ou similares às aduzidas para negar natureza societária aos ACE, também os AEIE *não são qualificáveis como sociedades* ([76]). ([77])

([76]) Apontando no mesmo sentido, v. o quinto "considerando" do preâmbulo do Regulamento.
Os AEIE com sede na Alemanha são aí por lei considerados sociedades comerciais, aplicando-se-lhes subsidiariamente o direito aplicável às *offene Handelsgesellschaften* (OHG – correspondentes às nossas sociedades comerciais em nome colectivo) – v., p. ex., KRAFT/KREUTZ, *ob. cit.*, p. 255.

([77]) Em 31/12/2010 estavam inscritos no "ficheiro central de pessoas colectivas", organizado pelo Registo Nacional de Pessoas Colectivas

4. 3. Consórcios

O consórcio, da família dos *contractual joint ventures*, originariamente delimitados na jurisprudência norte-americana do séc. XIX ([78]), é definível, de acordo com os arts. 1.º e 2.º do DL 231 / 81, de 28 de Julho, como o contrato pelo qual duas ou mais entidades (singulares ou colectivas) que exerçam actividades económicas se obrigam a, de forma concertada, realizar certas actividades ou efectuar determinadas contribuições a fim de possibilitar a realização de actos materiais ou jurídicos preparatórios de uma actividade, a execução de certo empreendimento, o fornecimento a terceiros de bens iguais ou complementares produzidos por cada um dos consorciados, a pesquisa ou exploração de recursos naturais, ou a produção de bens que possam ser repartidos em espécie entre os consorciados ([79]). Assim, por exemplo, é de consórcio o contrato pelo qual duas sociedades de construção civil se obrigam, para a abertura de uma estrada, a realizar, de forma concertada (harmonizada ou complementar) trabalhos de terraplenagem, uma, e trabalhos de alcatroamento, a outra.

(v. RRNPC, aprovado pelo DL 129/98, de 13 de Maio, arts. 1.º, 2.º, 4.º, ss.), 805 ACE e 26 AEIE.

([78]) V. A. ASTOLFI, *Il contratto internazionale di "joint venture"*, RS, 1977, pp. 809, ss..

([79]) Como partes do consórcio fala a lei de "pessoas singulares ou colectivas". Mas, aqui como em muitos outros casos em que a lei recorre a tais expressões, deve interpretar-se extensivamente "pessoas colectivas", de maneira a incluir entidades colectivas não personalizadas mas capazes de contratar (*v. g.*, sociedades civis simples, sociedades comerciais não registadas); convergentemente, v. RAÚL VENTURA, *Primeiras notas sobre o contrato de consórcio,* ROA, 1981, p. 633 (nesse estudo encontrará o leitor um comentário, artigo por artigo, do DL 231 / 81; pode ver-se também P. A. SOUSA VASCONCELOS, *O contrato de consórcio no âmbito dos contratos de cooperação entre empresas,* Coimbra Editora, Coimbra, 1999).

Para as espécies de "contribuição" que um ou mais consorciados podem efectuar, v. o n.º 2 do art. 4.º.

O consórcio diz-se "interno" quando as actividades ou os bens são fornecidos a um dos consorciados pelo(s) outro(s) e só aquele estabelece relações com terceiros, ou quando as actividades ou os bens são fornecidos a terceiros por cada um dos consorciados sem expressa invocação dessa qualidade (art. 5.º, 1). E diz-se "externo" quando as actividades ou os bens são directamente fornecidos a terceiros por cada um dos membros do consórcio e com expressa invocação dessa qualidade (art. 5.º, 2).

O contrato de consórcio externo pode prever a criação de um "conselho de orientação e fiscalização" composto por todos os consorciados (art. 7.º) e deve prever e designar de entre os consorciados um "chefe do consórcio", a quem compete exercer funções internas (organização e promoção da cooperação entre as partes do consórcio) e externas (de representação, mediante procuração) – arts. 12.º-14.º. Podem as partes do consórcio "fazer-se designar, juntando todos os seus nomes, firmas ou denominações sociais, com o aditamento 'Consórcio de ...' ou '... em consórcio' (...)"– art. 15.º, 1.

Nos consórcios externos (bem como nos internos da segunda sub-modalidade – cfr. art. 5.º, 1, b)), cada um dos consorciados percebe em princípio directamente os valores que lhe forem devidos pelos terceiros (para os quais se executou empreendimento ou a quem foram fornecidos bens), ou adquire directamente os produtos resultantes das actividades previstas nas als. d) e e) do art. 2.º (arts. 16.º e 17.º). Nos consórcios internos da primeira sub-modalidade (só um dos consorciados estabelece relações com terceiros) pode ser convencionada a participação dos consorciados que não operam com terceiros nos lucros e / ou perdas derivados da actividade do consorciado que estabelece as relações com os terceiros (art. 18.º).

É proibida a constituição de "fundos comuns" em qualquer consórcio; nos externos, as importâncias entregues ao respectivo chefe pelos outros membros ou por ele retidas com autorização deles consideram-se fornecidas nos termos e para os efeitos do art. 1167.º, a) do CCiv. (: "o mandante é obrigado a fornecer ao mandatário os meios necessários à execução do mandato, se outra coisa não foi convencionada") – art. 20.º.

O consórcio *não é espécie do contrato de sociedade;* do contrato de consórcio não nasce uma entidade (societária ou de outro tipo) ([80]). Na verdade, não há no consórcio fundo patrimonial comum que suporte actividade comum; não há exercício em comum de uma actividade económica, havendo sim actividades ou contribuições individuais (de cada consorciado), embora realizadas de forma concertada; não havendo actividade exercida em comum, impossível é um lucro correspondente e comum – podem é os consorciados, individualmente, obter lucros das respectivas actividades individualmente exercidas no quadro do consórcio (e, na hipótese prevista no art. 18.º, participar nos lucros por um deles obtidos) ([81]).

4. 4. Associações em participação

Regulada durante quase cem anos no CCom. (arts. 224.º-229.º) sob a designação "conta em participação", a associação em participação é hoje disciplinada no cap. II do DL 231 / 81, de 28 de Julho (arts. 21.º-31.º).

([80]) Defendendo que os consórcios são associações que têm por fim o lucro económico dos membros, v. MANUEL A. PITA, *Contrato de consórcio,* RDES, 1988, pp. 221, 231, ss..

([81]) No mesmo sentido, v. RAÚL VENTURA, *ob. cit.*, pp. 641, ss.. Também não qualificam o consórcio como sociedade BRITO CORREIA, *ob. cit.*, pp. 20, ss., MANUEL PITA, *ob. cit.,* pp. 201, ss., SOUSA VASCONCELOS, *ob. cit.*, pp. 66, ss.. Em termos dubitativos, PINTO FURTADO, *ob. cit.*, pp. 121, ss., reporta a natureza jurídica do consórcio à figura da sociedade.

É um contrato pelo qual um ou mais sujeitos se associam a uma actividade económica exercida por outro sujeito (associante), ficando o(s) primeiro(s) a participar nos lucros ou nos lucros e perdas que desse exercício resultarem para o segundo (cfr. arts. 21.º, 1, 22.º, 1). O associado deve prestar ou obrigar-se a prestar uma contribuição de natureza patrimonial (dinheiro, transmissão da propriedade, uso ou fruição de bens, transmissão de créditos, assunção de dívidas do associante, prestação de serviços, etc. [82]); quando a contribuição "consista na constituição de um direito ou na sua transmissão, deve ingressar no património do associante" (art. 24.º, 1) [83]. O associado fica sempre com o direito de participar nos lucros derivados da actividade económica do associante; se outra coisa não resultar do contrato, participará ele também nas perdas, em regra até ao limite da sua contribuição (v. arts. 21.º, 2, 23.º, 2, 25.º).

A actividade económica em causa é do associante, é ele que a exerce autonomamente, é ele que se relaciona e responsabiliza com e perante terceiros. Apesar de algumas limitações. Assim, não pode o associante, "sem consentimento do associado, fazer cessar ou suspender o funcionamento da empresa, substituir o objecto desta ou alterar a forma jurídica da sua exploração"; deve o associante "prestar ao associado as informações justificadas pela natureza e pelo objecto do contrato"; pode o contrato estipular que, sob pena de responsabilidade civil, "determinados actos de gestão não devam ser praticados pelo associante sem prévia audiência ou consentimento do associado" (art. 26.º, 1, b), d), 2, 3). Por

---

[82] V. RAÚL VENTURA, *Associação em participação (Anteprojecto)*, BMJ n.º 189 (1969), pp. 123, ss..

[83] Mas pode a contribuição do associado ser dispensada no contrato quando ele participe nas perdas (art. 24.º, 2).

outro lado, deve o associante prestar contas ao associado (art. 31.º) (84).

A associação em participação tem, no rectângulo luso e fora dele, antecedentes muito velhos. Entroncando (tal como a sociedade em comandita) na *commenda*, foi na época medieval e pós-medieval geralmente considerada sociedade – sociedade "secreta", "anónima", "silenciosa" ou oculta *(compagnia secreta, société anonyme, stille Gesellschaft)*, dado não se revelar ao público, revelando-se tão-só o sócio "ostensivo" e ficando na sombra o sócio "oculto". Alguns códigos comerciais oitocentistas continuaram a referir-se-lhe como sociedade – *sociedad accidental* (código espanhol de 1829), sociedade "momentanea e anonyma" (código português de 1833, parte I, livro II, título XII, secção V – epigrafada "Da associação em conta de participação"), "sociedade em conta de participação, acidental, momentânea ou anónima" (código brasileiro de 1850, art. 325.º), *stille Gesellschaft* (HGB alemão de 1897, §§ 230, ss.) (85). Actualmente, as *sociétés en participation,* apesar de não terem personalidade jurídica nem estarem submetidas a obrigações de publicidade, continuam a ser qualificadas pela larga maioria da doutrina francesa como sociedades (86); é pacífica na Alemanha a qualificação como sociedade da *stille Gesellschaft* (sociedade considerada "interna", por não aparecer como tal no tráfico

---

(84) Mas estas contas não são elaboradas nem aprovadas pelo associado. Apenas quando o associante as não apresente ou o associado se não conforme com as apresentadas, poderá ser utilizado o processo especial de prestação de contas regulado nos arts. 1014.º, ss. do CPC (art. 31.º, 4).

(85) Sobre as origens e a evolução da figura, v. por todos L. FERNÁNDEZ DE LA GÁNDARA, *Las cuentas en participación: Un ensayo de caracterización dogmática y funcional,* in Estudios de derecho mercantil – Homenage al Professor Justino F. Duque, vol. I, Universidad de Valladolid, 1998, pp. 259, ss..

(86) V., p. ex., GUYON, *ob. cit.*, pp. 515, ss..

jurídico) (⁸⁷). Não assim em outros países. Por exemplo, na Itália não é sociedade a *associazione in partecipazione* (⁸⁸); em Espanha, a jurisprudência e a doutrina maioritária negam natureza societária às *cuentas en participación* (⁸⁹). Entre nós, na vigência dos arts. 224.º-229.º do CCom., a doutrina e a jurisprudência estavam muito divididas quanto à qualificação das contas em participação como sociedades (⁹⁰). Hoje (como ontem – as associações em participação mantêm fisionomia similar à das contas em participação) *deve negar-se carácter societário às associações em participação*. São contratos que não originam novas entidades; a actividade económica a que os sujeitos se "associam" não é exercida em comum, é exercida essencialmente pelos "associantes"; as contribuições dos "associados" integram-se normalmente no património dos "associantes", não há património comum nem autónomo. (⁹¹)

5. Notas específicas da noção de sociedade comercial

Curámos até aqui da noção genérica de sociedade. Sabemos já que o género sociedade se desdobra fundamental-

---

(⁸⁷) V., p. ex., SCHMIDT, *ob. cit.*, pp. 178, 1284, ss..

(⁸⁸) V., p. ex., GALGANO, *ob. cit.*, pp. 20, ss..

(⁸⁹) V. FERNÁNDEZ DE LA GÁNDARA, *ob. cit.*, pp. 264, 270, ss. (o A. está entre os minoritários).

(⁹⁰) V. numerosas referências em RAÚL VENTURA, *últ. ob. cit.*, pp. 79, ss..

(⁹¹) Os autores que mais recentemente se têm ocupado do assunto chegam a idêntica conclusão – v. PINTO FURTADO, *ob. cit.*, pp. 85, ss., BRITO CORREIA, *ob. cit.*, pp. 20-21, PUPO CORREIA, *ob. cit.*, p. 398.

Acrescente-se, a terminar, ser no mínimo equívoca a expressão *"associação* em participação": quer porque não se cria qualquer entidade que integre associante e associado(s), quer porque "associação" conota em geral finalidades não lucrativas.

mente em duas espécies: sociedade civil e sociedade comercial. Segundo o n.º 2 do art. 1.º do CSC, é comercial a sociedade que respeite dois requisitos: tenha por objecto a prática de actos de comércio *(objecto comercial);* adopte um dos tipos aí previstos – em nome colectivo, por quotas, anónima, em comandita simples, em comandita por acções *(tipo ou forma comercial).* ([92])

Manteve-se, assim, a solução consagrada no CCom.. Dizia o seu art. 104.º: "São condições essenciais para que uma sociedade se considere comercial: / 1.º Que tenha por objecto praticar um ou mais actos de comércio; / 2.º Que se constitua em harmonia com os preceitos deste código" (estes "preceitos" referiam-se – ou também se referiam – à adopção de um dos tipos ou espécies societários previstos nessa lei). Não consagrou o CSC, pois, a comercialidade societária meramente *formal,* a qualificação como comercial de toda e qualquer sociedade que adopte um dos tipos previstos na lei como mercantis. Afastou-se, portanto, de várias leis estrangeiras ([93]), bem como de um anteprojecto português de lei das sociedades comerciais ([94]).

([92]) Dos actos de comércio tratámos já no cap. I do vol. I do *Curso.* Dos tipos societários iremos tratando (para um quadro geral, v. o próximo capítulo).

([93]) *V. g.,* nos termos do 2.º parágrafo do art. 1.º da lei francesa das sociedades comerciais (de 1966) – v. agora o art. L. 210-1 do *Code de Commerce* –, são comerciais, independentemente do objecto, "as sociedades em nome colectivo, as sociedades em comandita simples, as sociedades de responsabilidade limitada e as sociedades por acções" (todavia, ainda nos termos do 1.º parágrafo desse artigo, o carácter comercial de uma sociedade pode também ser determinado pelo seu objecto; mas este critério é de importância muito limitada – v. RIPERT/ROBLOT/GERMAIN/VOGEL, *ob. cit.,* p. 912). Na Alemanha, as sociedades correspondentes às nossas sociedades em nome colectivo e em comandita simples têm de ter objecto comercial; as sociedades por quotas, anónimas e em comandita por acções são comerciais independentemente de o objecto ser ou não comercial (cfr., p. ex., KRAFT / KREUTZ, *ob. cit.,* pp. 6-7). Vigora actualmente também em Espanha o critério da forma – as sociedades que adoptem um dos tipos regulados nas leis mercantis são comerciais (v. SÁNCHEZ CALERO, *ob. cit.,*

Parece decorrer do n.º 2 do art. 1.º do CSC que os dois assinalados requisitos (objecto comercial, forma comercial) são, ambos, essenciais para qualificar de comercial uma sociedade. Não obstante, deve entender-se que *só o primeiro requisito (o do objecto) é essencial*. Uma sociedade que tem por objecto a prática de actos de comércio, ainda quando não adopte um dos referidos tipos, é sociedade comercial – apesar de irregularmente constituída quando falte essa adopção. Uma sociedade com objecto mercantil *deve* adoptar, e *só pode* adoptar, um dos tipos de sociedades comerciais (n.º 3 do art. 1.º). Não o adoptando, não poderá dizer-se que tem forma civil ou que é sociedade civil. Se é verdade que as sociedades com objecto não comercial podem adoptar formas comerciais (n.º 4 do art. 1.º), já as sociedades com objecto mercantil – comerciais – não têm nem podem ter forma civil. A falta de adopção de um tipo societário mercantil por sociedade tendo por objecto a prática de actos de comércio acarreta com certeza consequências, variáveis de caso para caso, mas consequências determinadas pela lei societária aplicável às sociedades comerciais ([95]).

---

pp. 218-219). Sistema análogo ao nosso permanece em Itália – v. art. 2249 do *C. Civile* e, p. ex., GALGANO, *ob. cit.*, pp. 41, ss..

([94]) FERRER CORREIA / ANTÓNIO CAEIRO, *Anteprojecto* cit., pp. 5, ss..
Sobre as razões que levaram o legislador a manter a orientação tradicional, v. o n.º 4 do preâmbulo do decreto-lei que aprovou o CSC.

([95]) V. CSC, arts. 9.º, 1, b), c), 36.º, 2, e seguintes, e *infra,* cap. III.
Diferentemente, defendendo ser civil a sociedade com objecto comercial mas que não adoptou forma comercial, v. OLIVEIRA ASCENSÃO, *ob. cit.*, pp. 20, ss..
Na vigência do art. 104.º do CCom. (de cuja letra parecia decorrer ainda mais a essencialidade dos dois requisitos), a generalidade da doutrina e da jurisprudência defendia serem comerciais as sociedades com objecto mercantil mas sem forma comercial (mas não são hoje idênticas as consequências da falta de forma) – v., p. ex., JOSÉ TAVARES, *ob. cit.*, pp. 214-215, J. FERNANDES VAZ, *Lições de direito commercial* (coligidas por A. Pinto Gouveia), Typ. Minerva Central, Coimbra, 1907, pp. 315-316, GUILHERME MOREIRA, *Lições de direito commercial* (coligidas por A. F. Carneiro Pacheco), Minerva Central, Coimbra, 1909, pp. 81, ss., ADRIANO ANTHERO, *Comentário ao código commercial portuguez,* vol. I, Typ. "Artes

6. Sociedades civis simples e sociedades civis de tipo comercial

São civis as sociedades com objecto civil ou não comercial, as sociedades que não tenham por objecto a prática de actos de comércio, o exercício de uma actividade mercantil. Por exemplo, são civis as sociedades agrícolas, as sociedades de artesãos que (no quadro societário) exercem actividades artesanais, as sociedades de profissionais liberais para o exercício das respectivas actividades ([96]).

Para que sejam civis, as sociedades hão-de ter *exclusivamente* por objecto uma actividade não comercial – é o que resulta dos n.ᵒˢ 3 e 4 do art. 1.º do CSC. Consequentemente, por exemplo, uma sociedade que explora uma empresa agrícola (objecto civil) e, além disso, se dedica à comercialização de sementes adquiridas a terceiros é sociedade comercial (o seu objecto desdobra-se em actividades não comerciais e comerciais).

As sociedades civis podem ser de duas espécies: sociedades civis simples e sociedades civis de tipo ou forma comercial. As primeiras são disciplinadas fundamentalmente pelo CCiv. (arts. 980.º, ss.) ([97]). As segundas são sociedades que, embora civis, adoptam um dos tipos de sociedades comer-

---

& Letras", Porto, 1913, p. 189, CUNHA GONÇALVES, *ob. cit.*, p. 204, BARBOSA DE MAGALHÃES, *Sociedades comerciais irregulares*, GRL, ano 47 (1934), pp. 324, ss. (com mais indicações bibliográficas).

([96]) Cfr. o vol. I deste *Curso*, n.º 3. do cap. II e n.º 3. 1. 3. do cap. III.
Registe-se, entretanto, o recente DL 41 / 2001, de 9 de Fevereiro (aprova o estatuto do artesão e da unidade produtiva artesanal), cujo art. 12.º define ("para efeitos do presente diploma") *à tort et à travers* "unidade produtiva artesanal" como "toda e qualquer unidade económica (...), designadamente sob as formas de empresário em nome individual, *estabelecimento individual de responsabilidade limitada,* cooperativa, sociedade unipessoal ou sociedade *comercial* (...)".

([97]) Algumas (sub-)espécies de sociedades civis simples têm disciplina legal suplementar – é o caso, p. ex., das sociedades de advogados (v. *infra*).

ciais, sendo-lhes por isso aplicável o CSC (n.º 4 do art. 1.º do CSC) (⁹⁸).

Em regra, as sociedades civis podem adoptar (ou não) qualquer tipo societário mercantil (n.º 4 do art. 1.º do CSC) (⁹⁹). Mas há excepções. Por um lado, algumas sociedades *não podem adoptar* nenhum dos tipos de sociedades comerciais – é o caso das sociedades de advogados (DL 229/2004, de 10 de Dezembro, arts. 1.º, 2, 2.º, 10.º, 1, 2). Por outro lado, outras sociedades civis *apenas podem adoptar certo ou certos tipos* – é o caso das "sociedades de agricultura de grupo", "agrupamentos de produção agrícola", "agrupamentos complementares da exploração agrícola" e "empresas familiares agrícolas reconhecidas", tudo sociedades agrícolas (especiais) que têm de ter o tipo de sociedade por quotas (DL 336/89, de 4 de Outubro, alterado pelos DL 339/90, de 30 de Outubro e 382/93, de 18 de Novembro, arts. 1.º, 12.º, 13.º, 12.º-A) (¹⁰⁰). Por outro lado ainda, determinadas sociedades civis, podendo embora perfilhar qualquer tipo comercial, *não podem deixar de adoptar um desses tipos* – é o caso das sociedades de administradores da insolvência (DL 54/2004, de 18 de Março, art. 3.º). (¹⁰¹)

(⁹⁸) Similares disposições se encontravam no art. 106.º do CCom. e no § único do art. 1.º da lei das sociedades por quotas (de 1901). Tal como então se entendia, também agora se deve entender que as sociedades civis de tipo comercial, não obstante serem reguladas pela lei societária mercantil, não são comerciantes (cfr. vol. I do *Curso,* n.º 2. 2. 1. do cap. II).

(⁹⁹) Dadas as grandes semelhanças entre a sociedade civil simples e a sociedade em nome colectivo, é muito pouco provável que este tipo seja escolhido para sociedades civis. O normal será a adopção dos tipos sociedade por quotas e sociedade anónima (ambas permitindo a responsabilidade limitada dos sócios).

(¹⁰⁰) As "normais" sociedades agrícolas podem adoptar qualquer forma societária mercantil.

(¹⁰¹) No DR de 2 de Abril de 1998 encontra-se o DL 82/98, regulador das sociedades gestoras de empresas. O seu art. 2.º (digno de figurar num DR do 1.º de Abril) reza assim: "As sociedades gestoras de empresas podem assumir a natureza de sociedades comerciais ou de sociedades civis sob forma comercial". Como se a "natureza" destas sociedades pudesse por

As sociedades civis que mais e maiores problemas têm suscitado são as *sociedades de profissionais liberais* (para o exercício das respectivas actividades profissional-liberais).

Defendem alguns autores que as sociedades de profissionais liberais só podem ser sociedades civis sem forma comercial, ou sociedades (civis) em nome colectivo, não podendo, portanto, adoptar outros tipos societário-mercantis. Só naquelas sociedades, argumenta-se, são admitidas entradas ou contribuições de indústria – e os sócios das sociedades de profissionais hão-de ser "sócios de indústria", hão-de exercer no quadro societário as suas actividades profissional-liberais ([102]). Exceptuados os casos em que a lei estabeleça diferentemente (como no citado DL 229/2004, para as sociedades de advogados), a tese que devemos defender é outra: a da *possibilidade de adopção de qualquer tipo societário comercial*. Primeiro, porque as sociedades de tipo comercial em que as entradas de indústria não são permitidas (sociedades por quotas, anónimas e, quanto aos sócios comanditários, em comandita – arts. 202.º, 1, 277.º, 1, 468.º do CSC) dispõem de meios para assegurar a colaboração profissional dos sócios, sendo de destacar as "obrigações de prestações acessórias" (arts. 209.º, 287.º, 478.º). Segundo, porque a própria lei já admitiu sociedades de profissionais sem forma comercial e sem qualquer sócio de indústria ([103]), e vem admitindo que sociedades de profissionais optem por qualquer tipo societário ([104]). ([105])

---

elas ser escolhida! (Tendo em conta o que dissemos já a propósito da generalidade das empresas de serviços – vol. I do *Curso,* n.º 3. 1. do cap. I –, estas sociedades devem ser qualificadas de comerciais.).

([102]) V. PINTO FURTADO, *ob. cit.,* pp. 108, ss., e L. COUTO GONÇALVES, *Sociedades profissionais,* SI, 1990, p. 165, SI, 1991, pp. 168, ss.

([103]) Cfr. COUTINHO DE ABREU, *Da empresarialidade* cit., pp. 108-109.

([104]) Muito claro a este respeito é o n.º 2 do art. 94.º do DL 487/99, de 16 de Novembro, diploma regulamentador dos revisores oficiais de contas.

([105]) Defendendo também que as sociedades de profissionais liberais podem adoptar tipos sociais mercantis, v. PAULO LEAL, *Sociedades de pro-*

Podem ser *sócios* de uma sociedade cujo objecto seja o exercício de determinada actividade profissional-liberal sujeitos não habilitados a esse exercício, *sujeitos não-profissionais liberais dessa especialidade?* Em princípio não. Designadamente quando em causa estiver profissão regulamentável e controlada por associação pública ("ordem", "câmara", etc.). Em casos destes, as actividades liberais só podem ser exercidas por quem tenha título profissional bastante ([106]). Assim sendo, é de entender que as sociedades que tenham por objecto uma dessas actividades somente podem ter sócios possuidores do respectivo título profissional ([107]). De acordo com este princípio está o diploma regulador das sociedades de advogados (DL 229/2004, arts. 1.º, 2, 5.º, 1). Mas desviou-se dele o diploma regulador das sociedades de revisores oficiais de contas (nos arts. 96.º e 97.º, o DL 487/99 admite, embora em estreitos limites, sócios não revisores oficiais) ([108]).

São lícitas as sociedades *pluriprofissionais,* onde colaboram profissionais liberais de distintas categorias? Há que distinguir. Imagine-se que dois advogados, dois economistas

---

fissionais liberais, RDES, 1990, pp. 97-98, 112-113, ALBINO MATOS, *Constituição de sociedades,* 4.ª ed., Almedina, Coimbra, 1998, p. 66, n. (119).

([106]) V., p. ex., arts. 61.º, ss. do Estatuto da Ordem dos Advogados (aprovado pela L 15/2005, de 26 de Janeiro), arts. 3.º, ss. do Estatuto da Ordem dos Engenheiros (aprovado pelo DL 119/92, de 30 de Junho), art. 42.º do Estatuto da Ordem dos Arquitectos (aprovado pelo DL 176/98, de 3 de Julho).

([107]) V. no mesmo sentido COUTO GONÇALVES, *ob. cit.*, 1991, p. 168, PAULO LEAL, *ob. cit.*, pp. 108-109.

([108]) Não obstante, repito, o princípio é o indicado; somente serão admitidos os desvios traçados pelo legislador.

Não se confundam as hipóteses em análise (sociedades cujo objecto exclusivo consiste no exercício de actividade profissional-liberal) com as respeitantes a sociedades com objecto complexo que, ao lado de actos de diversa natureza, inclui a prática de actos próprios de certa actividade liberal. Estas sociedades (como as que exploram, p. ex., casas de saúde) são comerciais e delas podem ser sócios profissionais liberais e/ou não profissionais liberais (cfr. COUTINHO DE ABREU, *ob. cit.*, p. 104, n. (245)).

e dois engenheiros pretendem constituir uma sociedade para prestar serviços a empresas. Se o grupo desses serviços se decompõe em sub-grupos, cada um integrando actos próprios de cada categoria dos profissionais interessados (a pretendida sociedade propõe-se prestar, de modo relativamente autonomizado, serviços de procuradoria e consultoria jurídicas, serviços de economia e de engenharia), não é lícita a constituição da sociedade – teríamos exercício "em comum" de actividades que competem exclusivamente a profissionais de determinada categoria. Se o grupo daqueles serviços não é decomponível nos termos referidos, apresentando-se antes como conjunto de prestações complexas, cada uma das quais, exigindo embora o concurso dos diversos profissionais, não pode dizer-se específica do advogado, do engenheiro ou do economista (pense-se, *v. g.*, em estudos sobre a organização e reestruturação de empresas), então já é lícita a constituição da sociedade ([109]).

As sociedades de profissionais liberais que possam adoptar tipos comerciais podem ser sociedades *unipessoais por quotas* (art. 270.º-A do CSC)? Salvo quando outra coisa resulte da lei ([110]), não vejo como não admitir tal possibilidade.

Os problemas expostos (bem como outros – *v. g.*, os respeitantes à conjugação da responsabilidade disciplinar e civil dos sócios com a responsabilidade das sociedades, à composição das denominações, à transmissão das participações sociais, às retribuições por conta dos lucros, à supervisão das sociedades pelas respectivas associações públicas)

([109]) Em sentido convergente, v. COUTO GONÇALVES, *ob. cit.*, 1990, p. 169, PAULO LEAL, *ob. cit.*, pp. 110-111.
Pelo menos em alguns casos do tipo hipotizado nem sequer repugna qualificar de mercantil o objecto social (cfr. nota anterior).

([110]) Como resulta, p. ex., do DL 487/99, sobretudo do art. 119.º, 3 e 4, para as sociedades de revisores oficiais de contas.

aconselhariam uma intervenção do legislador, de modo a termos lei geral sobre as sociedades dedicadas ao exercício de actividades profissional-liberais (lei eventualmente complementada por leis especificamente dirigidas a algumas destas actividades).

Assim não vem julgando o legislador, porém. Até há pouco, além de faltar lei geral, havia três diplomas reguladores de sociedades de profissionais liberais: DL 513-Q/79, de 26 de Dezembro (sociedades de advogados), DL 513-F1/79, de 27 de Dezembro (sociedades de despachantes oficiais) e DL 422-A/93, de 30 de Dezembro (sociedades de revisores oficiais de contas). Os DL 513-Q/79 e 422-A/93 foram revogados-substituídos pelos citados DL 229/2004 e 487/99, respectivamente. Mas o normativo respeitante às sociedades de despachantes foi revogado pelo DL 445/99, de 3 de Novembro, que não estabelece qualquer disciplina específica para tais sociedades. E o legislador justifica-se no preâmbulo deste decreto-lei: não faz sentido manter o referido normativo, "dado ferir a liberdade de constituição de sociedades sob qualquer tipo permitido por lei, preceito que tem sido considerado em outros estatutos recentes de associações públicas"... ([111])

> Em outros países o legislador tem tido outra visão da problemática.
> Em França, a lei 90-1258 de 31 de Dezembro (de 1990) instituiu as "sociedades de exercício liberal", que podem adoptar um de três tipos: de responsabilidade limitada (correspondente à nossa sociedade por quotas), anónima e em comandita por acções. Podem ter sócios não profissionais liberais, mas os sócios profissionais liberais devem ter a maioria do capital, dos votos e da administração. Apesar de

---

([111]) Com efeito, diz-se, p. ex., no art. 44.º, b), do Estatuto da Ordem dos Arquitectos que "a profissão de arquitecto pode ser exercida como sócio, administrador ou gerente de uma sociedade de profissionais com actividade no domínio da arquitectura"...

o ponto ser discutido, parece serem admitidas sociedades unipessoais. Admitidas são também as sociedades para o exercício em comum de diversas profissões liberais – mas uma sociedade destas não pode praticar os actos próprios de determinada profissão senão por intermédio de um dos seus sócios habilitados para tal. Cada sócio responde ilimitadamente pelos actos profissionais que pratica, respondendo solidariamente com ele a sociedade. ([112])

Por lei de 25 de Julho de 1994, o legislador alemão introduziu pela primeira vez no séc. XX uma nova forma de sociedade: a *Partnerschaftsgesellschaft,* utilizável por profissionais liberais (e só eles) para o exercício em comum (não são admitidas sociedades unipessoais) das suas profissões. É uma sociedade que está entre a sociedade de direito civil e a *offene Gesellschaft,* não é sociedade comercial nem tem personalidade jurídica. A *PartG* pode em princípio ser pluriprofissional. Os sócios respondem solidariamente para com os credores sociais; mas a responsabilidade por danos causados por defeituoso exercício profissional pode, por acordo com os terceiros, recair somente no sócio ou sócios que tenham praticado (ou dirigido e fiscalizado) os actos ilícitos. ([113])

([112]) Sobre a lei, v., entre outros, RIPERT/ROBLOT/GERMAIN /VOGEL, *ob. cit.*, pp. 1515, ss..

([113]) Sobre a lei, v., entre outros, KRAFT / KREUTZ, *ob. cit.*, pp. 245, ss., e K. SCHMIDT, *Gesellschaftsrecht,* cit., pp. 1875, ss..

Capítulo II

TIPOS DE SOCIEDADES COMERCIAIS

1. Para a compreensão da tipicidade societária

Logo no art. 1.º fala o CSC de "tipos" societários (n.ᵒˢ 2, 3 e 4). As sociedades comerciais oferecem-se na lei em ou como tipos. E fala a doutrina ainda de outros tipos de sociedade; aos tipos legais juntam-se os tipos doutrinais.

Mas que significa "tipo"? Também aqui se não pode já aspirar à univocidade. O signo tem-se revelado polissémico tanto na linguagem jurídica geral como na linguagem do direito das sociedades ([1]).

Uma das vias mais recorrentes para aceder à compreensão dos tipos passa pelo confronto conceito / tipo. Um conceito em sentido estrito é definível mediante a indicação de todas as notas distintivas que o compõem; um fenómeno é subsumido a um conceito "só quando e sempre que" todas as notas caracterizadoras deste se verifiquem naquele. Por sua vez, um tipo descreve-se (não se define) através da indicação, que não tem de ser exaustiva, de notas características, umas eventualmente imprescindíveis, outras meramente indiciárias ou sintomáticas; um fenómeno, para ser ordenado ou corresponder a um tipo, não precisa de conter todas

---

([1]) V. por todos A. KOLLER, *Grundfragen einer Typuslehre in Gesellschaftsrecht,* Universitätsverlag, Freiburg, Schweiz, 1967, pp. 30, ss., 45, ss..

as notas características com que este é descrito. O tipo é, pois, não só mais aberto mas também mais concreto que o conceito. (²)

Podemos dizer, por conseguinte, que os tipos societários são modelos ou formas diferenciados de regulação de relações (entre sócios, entre sócio(s) e sociedade, entre uns e outra com terceiros) não determinados conceitual-abstractamente, mas antes por conjuntos abertos de notas características (imprescindíveis umas, outras não). Aproximam-se estes tipos dos conceitos em sentido estrito pelo facto de naqueles haver notas essenciais (*v.g.*, não responsabilidade dos sócios de sociedades anónimas perante os credores sociais); e afastam--se pelo facto de tais tipos (como quaisquer outros) conterem notas prescindíveis e por permitirem que correspondentes sociedades concretas contenham notas atípicas. (³)

2. Caracterização geral dos tipos legais societários

Nos arts. 175.º, 197.º, 271.º e 465.º pretende aparentemente o CSC caracterizar os diversos tipos societários; a

---

(²) Acerca da distinção conceito-tipo, v., entre outros (e com indicações bibliográficas), K. LARENZ, *Metodologia da ciência do direito,* trad., 2.ª ed., F.C.Gulbenkian, Lisboa, 1989, pp. 255, ss, 561, ss., J. OLIVEIRA ASCENSÃO, *A tipicidade dos direitos reais,* Lisboa, 1968, pp. 34, ss., P. PAIS DE VASCONCELOS, *Contratos atípicos,* Almedina, Coimbra, 1995, pp. 24, ss., R. PINTO DUARTE, *Tipicidade e atipicidade dos contratos,* Almedina, Coimbra, 2000, pp. 96, ss..

(³) Se é apropriado falar de "conceito" genérico de sociedade (mas, dada a formulação a que cheguei – *supra,* n.º 2. 6. do cap. I –, parece preferível falar de "noção" genérica de sociedade...), já é inapropriado referirmo-nos a conceitos ou definições de espécies societárias comerciais. Por outro lado, sendo embora a tipicidade afirmada também no domínio dos contratos, não parece que o contrato de sociedade definido no art. 980.º do CCiv. seja, em rigor, um "tipo" contratual (é um conceito). Apesar de alguma doutrina se referir a tipos abertos e fechados (mas não serão os tipos sempre abertos, não fixados conceitualmente?); sobre eles, v., entre nós, OLIVEIRA ASCENSÃO, *ob. cit.,* pp. 61, ss., e PAIS DE VASCONCELOS, *ob. cit.,* p. 56 (v. tb. LARENZ, *ob. cit.,* p. 567).

epígrafe daqueles três primeiros artigos é mesmo "características" (a epígrafe do art. 465.º é, inopinadamente, "noção"). De acordo com tais preceitos, a caracterização dos tipos faz-se em primeiro lugar através da delimitação da responsabilidade dos sócios (todos os citados arts. a ela se referem), aparecendo depois a referência às espécies de participações sociais (que não aparece, todavia, no art. 175.º; e o art. 465.º refere-se ainda à possibilidade de certas sociedades serem sócias de sociedades em comandita).

Contudo, não parece que as notas relativas às aludidas matérias sejam suficientes para caracterizar ou descrever os tipos societários. Recorreremos, portanto, a essas e outras (não exaustivas) notas caracterizadoras. E de modo sucinto, pois estas matérias serão objecto de desenvolvimentos em outros capítulos.

2. 1. Responsabilidade dos sócios perante a sociedade e perante os credores sociais

Responsabilidade dos sócios perante a sociedade. a) Nas sociedades em *nome colectivo* cada sócio responde *pela respectiva entrada,* responsabiliza-se pelo cumprimento ou realização da entrada a que se obrigue (entrada em dinheiro, em espécie e / ou em indústria ([4])) – art. 175.º, 1. No entanto, quando algum sócio entre com bens em espécie e os mesmos não sejam verificados e avaliados nos termos do art. 28.º, têm os sócios de assumir expressamente no contrato social responsabilidade solidária pelo valor que atribuam aos mesmos bens (art. 179.º).

b) Nas sociedades por quotas cada sócio responde não apenas pela própria entrada (em dinheiro e / ou em espécie) mas também (nas sociedades pluripessoais), solidariamente com o(s) outro(s) sócio(s), por todas as entradas conven-

---

([4]) Sobre as obrigações de entrada v. *infra*, n.º 2. 2. 1. do cap. V.

cionadas no contrato social (art. 197.º, 1). (⁵) Um ou mais sócios podem ainda ficar obrigados perante a sociedade a prestações acessórias e suplementares (arts. 197.º, 2, 209.º, 210.º, ss.).

c) Nas sociedades *anónimas* responde cada sócio *pela sua entrada* (em dinheiro e/ou em espécie). Dizendo de outra maneira, "cada sócio limita a sua responsabilidade ao valor das acções que subscreveu" (art. 271.º). O referido "valor das acções" é o valor por que foram postas à subscrição, que não pode ser inferior mas pode ser superior ao valor nominal das mesmas ou, no caso de acções sem valor nominal, ao "valor de emissão" (arts. 25.º, 1, 2, 3, 295.º, 2, a), 3, a), 298.º). Pode no entanto o estatuto social impor que um ou mais sócios fiquem obrigados a prestações acessórias (art. 287.º).

d) Nas sociedades em *comandita simples* e nas sociedades em *comandita por acções* tanto os sócios comanditados como os sócios comanditários respondem perante elas somente *pelas respectivas entradas* (em dinheiro, em espécie e/ou em indústria quanto aos comanditados, em dinheiro e/ou em espécie quanto aos comanditários) – arts. 465.º, 1, 474.º, 478.º.

Depois disto, que é o principal, deve acrescentar-se que alguns sócios de sociedades dos diversos tipos poderão ter de responder para com elas, solidariamente com membros do órgão de administração ou de fiscalização, nos termos

---

(⁵) Diz-se às vezes que os sócios respondem pela realização das respectivas "quotas" e, dada a referida responsabilidade solidária, pela realização do "capital social" (L. BRITO CORREIA, *Direito comercial*, 2.º vol. – *Sociedades comerciais*, AAFDL, Lisboa, 1989, p. 97, J. OLIVEIRA ASCENSÃO, *Direito comercial*, vol. IV – *Sociedades comerciais*, Lisboa, 1993, p. 41). É um dito não inteiramente exacto. Na verdade, o valor das entradas, podendo embora ser idêntico ao valor nominal das quotas, pode também ser superior (não deverá é ser inferior) – art. 25.º, 1; consequentemente, resultando o capital social da soma dos valores nominais das quotas (v. *infra,* n.º 1. do cap. VI), também o somatório dos valores das entradas pode ser superior ao capital social. Ao que os sócios estão obrigados, repita-se, é à realização das entradas.

do art. 83.º; e o sócio-sociedade por quotas, anónima ou em comandita por acções em relação de grupo (de domínio total ou de subordinação) responderá nos termos dos arts. 491.º e 502.º.

Responsabilidade dos sócios perante os credores sociais.

a) Os sócios de sociedade em *nome colectivo* respondem pelas obrigações sociais (pecuniárias) *subsidiariamente em relação à sociedade e solidariamente entre si* (art. 175.º, 1). Porque a responsabilidade é subsidiária, os credores da sociedade só podem exigir o pagamento aos sócios depois de excutido o património social [6]. Porque a responsabilidade é solidária, têm os credores sociais o direito de exigir de qualquer sócio o pagamento das dívidas por inteiro. [7] [8]

b) A *regra* nas sociedades *por quotas* é os sócios *não responderem pelas obrigações sociais*; pelas dívidas da sociedade só ela, com o seu património, responde – art. 197.º, 3. Mas este preceito salvaguarda as hipóteses previstas no art. 198.º. Assim, pode estabelecer-se no estatuto social que um ou mais sócios respondem também, limitadamente ("até determinado montante"), perante os credores sociais; o estatuto estabelecerá também se esta responsabilidade é solidária com a da sociedade, ou subsidiária relativamente a ela e a efectivar apenas na fase da liquidação da mesma sociedade; estabelecendo-se a responsabilidade solidária, o

---

[6] Mas pode antes disso algum sócio cumprir obrigações da sociedade; e se o fizer a fim de evitar que contra a sociedade seja intentada execução, tem o sócio direito de regresso (também) contra os outros sócios – art. 175.º, 4.

[7] Depois de excutido o património social em processo de execução movido apenas contra a sociedade, pode o insatisfeito credor exequente requerer, no mesmo processo, execução contra qualquer sócio (art. 828.º, 5, do CPC) – sem necessidade, portanto, de separadas acções declarativas de condenação e acções executivas contra eles.

[8] Sobre a medida do direito de regresso do sócio que cumpre, quando deva, obrigações sociais, v. o n.º 3 do art. 175.º.

sócio que pagar dívidas sociais tem, salvo disposição estatutária em contrário, direito de regresso contra a sociedade pela totalidade do que houver pago. ([9])

c) Os sócios de sociedade *anónima não respondem* perante os credores sociais. Pelas obrigações da sociedade só ela se responsabiliza. Como resulta do art. 271.º, e ficou já dito, os sócios responsabilizam-se somente pelas respectivas entradas.

d) Nas sociedades em *comandita simples* e nas sociedades em *comandita por acções* há que distinguir entre as duas categorias de sócios: os *comanditados* e os *comanditários*. Os primeiros respondem pelas dívidas sociais nos mesmos termos que os sócios das sociedades em nome colectivo (respondem subsidiariamente em relação à sociedade e solidariamente entre si), os segundos não se responsabilizam para com os credores sociais (art. 465.º, 1).

O panorama traçado é alterado quando ocorrem certas situações. Com respeito a todos os tipos societários, quando seja declarada em situação de insolvência uma sociedade reduzida a um único sócio, este responde ilimitadamente e a título principal (não subsidiária mas solidariamente com a sociedade) pelas obrigações sociais contraídas no período posterior à concentração das participações sociais, "contanto que se prove que nesse período não foram observados os preceitos da lei que estabelecem a afectação do património da sociedade ao cumprimento das respectivas obrigações" (n.º 1 do art. 84.º; v. tb. o n.º 2). Por outra banda, nas sociedades em relação de grupo, a sócia-sociedade (por quotas, anónima ou em comandita por acções) totalmente dominante ou directora é responsável para com os credores da sociedade dominada ou subordinada nos termos dos arts. 491.º e 501.º).

([9]) O regime do art. 198.º inspirou-se em parte na disciplina da *company limited by guarantee* britânica – cfr. RAÚL VENTURA, *Sociedades por quotas,* vol. I, Almedina, Coimbra, 1987, pp. 55 ss..

2. 2. Estrutura organizatória ([10])

As sociedades actuam através de órgãos, isto é, através de centros institucionalizados de poderes funcionais a exercer por pessoa ou pessoas com o objectivo de formar e/ou exprimir vontade juridicamente imputável às sociedades([11]).

Interessa aqui especialmente a distinção dos órgãos sociais segundo a competência: órgãos de formação de vontade ou deliberativos-internos (tomam decisões expressando a vontade social, mas quase nunca a manifestam para o exterior – não tratam com terceiros), órgãos de administração e representação (gerem as actividades sociais e representam as sociedades perante terceiros, a quem fazem e de quem recebem declarações de vontade) e órgãos de fiscalização ou controlo (fiscalizam sobretudo a actuação dos membros do órgão de administração).

a) *As sociedades de qualquer tipo têm um órgão deliberativo-interno*, composto pelo sócio único (nas sociedades unipessoais) ou pelos sócios em conjunto (pela colectividade ou globalidade dos sócios) – cfr., *v. g.*, arts. 53.º, ss., 189.º, 246.º, ss., 270.º-E, 373.º, ss., 472.º. Este órgão é habitualmente designado "assembleia geral". Mas, em rigor, uma assembleia geral é uma reunião de sócios. Ora, afora a impropriedade de se falar de assembleia geral nas sociedades unipessoais (pelo menos em algumas delas), o facto é que os sócios podem deliberar fora de assembleia (arts. 54.º, 1, 189.º, 1, 247.º, 373.º, 1, 472.º, 1). Por conseguinte, deve falar-se ou de sócio(s) ou de órgão deliberativo-interno (ou de formação de vontade).

([10]) V. *infra*, cap. VII.

([11]) Esta noção de órgão social está próxima da de órgão de pessoa colectiva fornecida por MARCELLO CAETANO, *Manual de direito administrativo*, 10.ª ed. (revista e actualizada por D. Freitas do Amaral), t. I, Coimbra Editora, 1973, p. 204.

b) Órgão igualmente necessário para todas as sociedades é o *de administração e representação*.

Este órgão é (legalmente) designado *gerência* nas sociedades em *nome colectivo*. Em regra, são gerentes todos os sócios (art. 191.º, 1) – o que se compreende, dada a responsabilidade ilimitada de cada um deles perante os credores sociais. Só assim não será quando o contrato social determine diversamente e quanto a sócios-entidades colectivas (art. 191.º, 1 e 3). Não-sócios podem ser gerentes somente quando os sócios os designem por deliberação unânime (art. 191.º, 2).

Gerência se chama também o órgão em referência nas sociedades *por quotas*. É composta por um ou mais gerentes, pessoas singulares com capacidade jurídica plena que podem ser sócias ou não (art. 252.º, 1).

Nas sociedades *anónimas* é possível optar-se por um *conselho de administração* ou por um *conselho de administração executivo* (art. 278.º, 1); porém, nas sociedades com estrutura tradicional ou com estrutura de tipo germânico cujo capital não exceda 200 000 euros, pode o estatuto prever, em vez do conselho, *um só administrador* (arts. 278.º, 2, 390.º, 2, 424.º, 2) – nas sociedades de estrutura monística o órgão é sempre plural (conselho): art. 278.º, 1, b), 5. Os administradores não têm de ser sócios (arts. 390.º, 3, 425.º, 6); mas têm de ser pessoas singulares com capacidade jurídica plena (art. 390.º, 3, 4, 425.º, 6, d), 8), salvo se integrarem a comissão de auditoria (nas sociedades de estrutura monística): art. 423.º-B, 6.

Gerência se chama ainda o órgão de administração e representação nas sociedades em *comandita* (simples ou por acções). Salvo quando o contrato social permita atribuir a gerência (também) a sócios comanditários (pessoas singulares), só os sócios comanditados (de responsabilidade ilimitada para com os credores sociais), pessoas singulares, podem ser gerentes (arts. 470.º, 1, 474.º, 478.º). É ainda possível que o contrato social autorize a gerência a "delegar os seus poderes em sócio comanditário ou em pessoa estranha à sociedade" (art. 470.º, 2).

c) *O órgão de fiscalização não existe* (como órgão típico) *nalgumas sociedades, pode existir noutras, e tem de existir em outras*.

Não existe nas sociedades em *nome colectivo* e nas sociedades em *comandita simples* (os sócios, enquanto tais – com largos direitos de informação – ou enquanto gerentes, fiscalizam directamente a actuação da gerência).

As sociedades *por quotas podem* ter sempre (como órgão estatutariamente previsto) um *conselho fiscal* ou um *fiscal único* (arts. 262.º, 1, 413.º, 1, a)). Quando ultrapassem determinada dimensão, devem ter conselho fiscal ou fiscal único, a menos que designem revisor oficial de contas para proceder à revisão legal das contas (art. 262.º, 2, 3). Um dos membros efectivos do conselho fiscal, bem como o fiscal único, devem ser revisores oficiais de contas ou sociedades de revisores oficiais de contas e não podem (tal como o revisor designado) ser sócios; os restantes membros do conselho fiscal podem ser ou não sócios e, salvo quando sejam sociedades de advogados ou de revisores oficiais de contas, devem ser pessoas singulares com capacidade jurídica plena (arts. 262.º, 1, 5, 414.º, 1, 2, 3).

As sociedades *anónimas* devem ter sempre órgão(s) de fiscalização. As de estrutura organizatória *tradicional*, a par do conselho de administração (ou do administrador único), têm *fiscal único* (que deve ser ROC – revisor oficial de contas, pessoa singular ou sociedade, não sócio) ou *conselho fiscal* (que incluirá um ROC não sócio) — arts. 278.º, 1, a), 2, 413.º, 1, a), 4, 414.º, 1, 2; ou *conselho fiscal* (que não tem de incluir ROC) e (separado) *ROC* (arts. 413.º, 1, b), 4, 414.º, 2) – estes dois órgãos de fiscalização (conselho fiscal e ROC) são obrigatórios em certas sociedades (arts. 278.º, 3, 413.º, 2, a)). As sociedades que adoptem estrutura organizatória *de tipo germânico* devem ter, a par do conselho de administração executivo (ou do administrador único), *conselho geral e de supervisão* (composto por pessoas singulares com capacidade jurídica plena, sócios e/ou não sócios) e *ROC* (não sócio) – arts. 278.º, 1, c), 434.º, 446.º. As sociedades de estrutura *monística* (introduzida pelo DL 76-A/2006, de 29 de Março) têm *comissão de auditoria* (integrada no conselho de administração e composta por pelo menos três administradores) e *ROC* – arts. 278.º, 1, b), 423.º-B, 446.º.

Designamos "tradicional" a primeira modalidade de estrutura da administração e fiscalização (conselho de administração/conselho fiscal, basicamente), por ela corresponder à (única) estrutura organizatória que até ao CSC há muito vigorava entre nós (v. a lei de 22 de Junho de 1867, arts. 13.º, ss., e o CCom., arts. 171.º, ss.). "De tipo germânico" falamos quanto à segunda modalidade (conselho de administração executivo/conselho geral e de supervisão/ROC), pois se assemelha à (única) estrutura de administração e fiscalização há muito vigente na Alemanha para as sociedades (homólogas das nossas) anónimas *(Vorstand / Aufsichtsrat)* [12]. E falamos de estrutura "monística" a propósito da terceira modalidade (conselho de administração, compreendendo comissão de auditoria, e ROC), porque, apesar de comportar três órgãos, se aproxima do tradicionalmente apelidado (no estrangeiro) sistema monístico (próprio dos países anglo-saxónicos e predominante na maioria dos países europeus).

No entanto, muitas vezes entre nós, a primeira modalidade é designada estrutura "monista" ou "latina", chamando-se "dualista" à segunda e "anglo-saxónica" à terceira. É terminologia menos apropriada para o ordenamento português. [13]

---

[12] Cfr., p. ex., MARCUS LUTTER, *Il sistema del Consiglio di sorveglianza nel diritto societario tedesco,* RS, 1988, pp. 95, ss..

[13] V. J. M. COUTINHO DE ABREU, *Governação das sociedades comerciais,* Almedina, Coimbra, 2006, pp. 33, ss..

As sociedades em *comandita por acções* terão normalmente *conselho fiscal* ou *fiscal único*, sendo-lhes aplicáveis as correspondentes normas das sociedades anónimas (arts. 478.º, 413.º, ss.).

2. 3. Transmissão de participações sociais ([14])

Participação social ("parte", "quota", "acção") é definível como conjunto unitário de direitos e obrigações actuais e potenciais do sócio ([15]). Em traços rápidos, descreveremos agora o quadro geral do regime da transmissão por morte e entre vivos das participações sociais – regime determinado pela maior ou menor ligação dos sócios às respectivas sociedades.

Transmissão por morte. a) Nas sociedades em *nome colectivo,* ocorrendo o falecimento de um sócio, se o contrato social não determinar diversamente (*v. g.*, impondo a dissolução da sociedade ou a liquidação da parte do sócio falecido), podem os sócios supérstites optar por uma de três vias: continuação da sociedade com o sucessor ou sucessores do falecido, quando estes nisso consintam expressamente (a proposta dos sócios sobrevivos e o consentimento dos sucessores hão-de verificar-se dentro dos noventa dias posteriores à data em que aqueles tomaram conhecimento da morte do sócio); dissolução da sociedade (deliberada e comunicada aos sucessores dentro do prazo há pouco referido); liquidação da parte do sócio falecido, com pagamento aos sucessores deste do respectivo valor (se no referido prazo nenhuma daquelas duas vias for escolhida, a liquidação da parte impor-se-á). Este regime, que decorre do art. 184.º, 1 e 2, acautela em primeira linha os interesses dos sócios supérstites – não se

---

([14]) V. *infra*, n.º 3. 2. do cap. V.
([15]) V. *infra*, n.ºˢ 1. e 2. do cap. V.

lhes impõe a entrada de estranhos na sociedade (os novos sócios também são, em princípio, gerentes – art. 191.º, 1 – e são responsáveis perante os credores sociais – art. 175.º, 1, 2) nem a continuação da sociedade (o sócio falecido podia ter papel considerado essencial). Mas acautela também os interesses dos sucessores do sócio falecido – não se lhes pode impor a entrada na sociedade (onde ficariam com responsabilidade ilimitada pelas dívidas sociais).

b) Por força do n.º 2 do art. 469.º, idêntico regime é aplicável quando ocorra a morte de um sócio *comanditado* (de sociedade em comandita simples ou em comandita por acções).

c) Falecendo um sócio de uma sociedade *por quotas,* a regra é a da transmissão da respectiva quota para os sucessores. Mas pode o contrato social estabelecer que a quota não se transmitirá (a título definitivo) para os sucessores do falecido, bem como condicionar a transmissão a certos requisitos (art. 225.º, 1). Quando, por força de cláusulas de proibição ou de condicionamento, a quota não deva ser transmitida para os sucessores do sócio falecido, deve a sociedade amortizá-la (cfr. arts. 232.º, ss.), adquiri-la (cfr. art. 220.º) ou fazê-la adquirir por sócio ou por terceiro; se nenhuma destas medidas for efectivada nos noventa dias subsequentes ao conhecimento por gerente da morte do sócio, a quota considera-se definitivamente transmitida para os sucessores – art. 225.º, 2. Pode também o contrato social condicionar a transmissão (a título definitivo) da quota à vontade dos próprios sucessores (art. 226.º).

d) Idêntico regime se aplica à transmissão por morte da parte de sócio *comanditário* de sociedade em *comandita simples* (art. 475.º).

e) Nas sociedades *anónimas,* bem como nas sociedades em *comandita por acções* – mas tão-somente com respeito aos sócios *comanditários* –, as participações sociais são "acções" (arts. 271.º, 465.º, 3). Pois bem, a transmissão *mortis causa* de acções rege-se, em regra, pelo direito comum das sucessões (arts. 2024.º, ss. do CCiv.).

Transmissão entre vivos. a) Um sócio de sociedade em *nome colectivo* só pode transmitir a sua parte social (a título oneroso ou gratuito, e para sócios ou não-sócios) com o expresso consentimento dos restantes sócios (art. 182.º, 1) ([16]). Assim se defende o interesse dos restantes sócios em manter na sociedade um consócio de responsabilidade ilimitada e (por princípio) gerente e, eventualmente, em impedir a entrada na sociedade de sujeitos indesejados.

b) A transmissão voluntária (ou "cessão") de quotas relativamente a sociedades *por quotas* é em regra livre quando realizada entre cônjuges, entre ascendentes e descendentes ou entre sócios (art. 228.º, 2, 2.ª parte). Fora destes casos, em regra também, a cessão de quotas só é eficaz para com a sociedade quando por esta seja consentida. ([17]) O consentimento é em princípio dado por deliberação dos sócios que, por norma, não exige unanimidade, bastando-se com a maioria dos votos emitidos (arts. 230.º, 2, 5, 6, 250.º, 3) ([18]). Contudo, aquelas regras podem ser derrogadas pelo estatuto social, que tanto pode reforçar o relativo fechamento (resultante de tais regras dispositivas) da sociedade por quotas como abri-la mais à possibilidade de saídas e entradas de sócios. Com efeito, pode o estatuto proibir a cessão de

---

([16]) Não consentindo algum sócio, deve entender-se que a cessão da parte é ineficaz relativamente a todos os sócios e à sociedade (v. art. 55.º, aplicável directamente quando o consentimento seja prestado através de deliberação dos sócios, aplicável analogicamente nos outros casos).

([17]) A transmissão de quotas por determinação judicial não depende do consentimento da sociedade (art. 239.º, 2).

([18]) A cessão de quota torna-se livre quando a deliberação sobre o pedido de consentimento não seja tomada em certo tempo (art. 230.º, 4), bem como quando à deliberação de recusa de consentimento não se sucederem outros factos (art. 231.º, 2, 3).

quotas, exigir o consentimento da sociedade para todas ou algumas das cessões em regra livres, condicionar o consentimento social a determinados requisitos; mas pode também dispensar o consentimento da sociedade para todas ou certas cessões (art. 229.º, 1, 2, 3, 5).

c) À transmissão das partes dos sócios *comanditários* das sociedades em *comandita simples* é aplicável o regime da transmissão de quotas das sociedades por quotas (art. 475.º).

d) Nas sociedades *anónimas* (as mais abertas, em geral, à entrada e saída de sócios), as *acções ao portador* são livremente transmissíveis. No respeitante às *acções nominativas,* pode o estatuto estabelecer limitações à sua transmissão – subordinando-a ao consentimento da sociedade (a conceder ou a recusar através de deliberação dos sócios, em regra) ou a determinados requisitos, subjectivos e / ou objectivos, que estejam de acordo com o interesse social, ou atribuindo um direito de preferência aos outros accionistas (arts. 328.º, 1, 2, 329.º, 1) ([19]).

e) À transmissão das acções dos sócios *comanditários* (das sociedades em *comandita por acções*) aplica-se a disciplina que vale para as sociedades anónimas (art. 478.º).

f) A eficácia da transmissão das partes sociais dos sócios *comanditados* (de sociedades em comandita simples ou por acções) exige, salvo disposição contratual diversa, deliberação autorizante dos sócios (art. 469.º, 1).

2. 4. Número mínimo de sócios

Para a constituição de sociedades comerciais (ou civis de tipo comercial) nos termos do CSC, o n.º 2 do art. 7.º parece

---

([19]) As cláusulas subordinando a transmissão de acções nominativas ao consentimento da sociedade ou a outros requisitos são inoponíveis em processo executivo ou de liquidação de patrimónios (art. 328.º, 5).

pretender apresentar uma regra e respectivas excepções quanto ao número mínimo de sujeitos constituintes. Diz com efeito o preceito: "O número mínimo de partes de um contrato de sociedade é de dois, excepto quando a lei exija número superior ou permita que a sociedade seja constituída por uma só pessoa". Ora, além de ser pouco curial excepcionar o número mínimo de partes de um *contrato* com a possibilidade de constituição de uma sociedade por *uma só pessoa* (não havendo lugar então para falar de contrato), a pretensa regra do mínimo de dois revela-se excepção com respeito à maior parte dos tipos societários.

Na constituição de sociedade em *nome colectivo* ou em *comandita simples*, é verdade, exige-se, pelo menos, a participação de *dois* sujeitos. Mas já não nas sociedades dos outros tipos. A sociedade *por quotas* pode ser consttuída por *um* único sujeito (sociedade por quotas unipessoal) – art. 270.º-A, 1. As sociedades *anónimas,* afora a possibilidade de serem constituídas por apenas *uma* outra sociedade (por quotas, anónima ou em comandita por acções) – arts. 481.º, 1, e 488.º, 1 – ou por *dois* sócios (devendo neste caso um deles ser o Estado, entidade pública empresarial ou outra entidade a ele equiparada por lei para o efeito, que ficará a deter a maioria das acções – art. 273.º, 2 ([20])), têm em regra de ser constituídas pelo menos por *cinco* sócios (art. 273.º, 1). E as sociedades em *comandita por acções* não podem constituir-se com menos de *seis* sócios (pelo menos um comanditado e cinco comanditários) – arts. 465.º, 1, 479.º.

([20]) Para a substituição de "empresas públicas" constante do preceito por "entidades públicas empresariais", v. o RSEE, art. 40.º, 2. Para as entidades equiparadas ao Estado pelo CSC, v. o art. 545.º deste diploma (entretanto, a "IPE – Investimentos e Participações do Estado, S. A." passou a designar-se "IPE – Investimentos e Participações Empresariais, S. A.", deixou, por força do art. 5.º do DL 406 / 90, de 26 de Dezembro, de ser equiparada ao Estado, e foi dissolvida em 2002).

Durante a vida das sociedades devem os referidos números mínimos de sócios ser respeitados, sob pena de possível dissolução (art. 142.º, 1, a), 3).

O CSC não estabelece número máximo de sócios para qualquer tipo societário. ([21])

2. 5. Capital social ([22])

O capital social é, em geral, uma cifra representativa da soma dos valores nominais das participações sociais fundadas em entradas em dinheiro e/ou em espécie ([23]). Estas entradas devem ter um valor idêntico ou superior ao valor atribuído àquelas participações (partes, quotas ou acções) – art. 25.º, 1, 2.

As sociedades em nome colectivo constituídas por sócios que entrem somente com a sua indústria ou trabalho não têm capital social (arts. 9.º, 1, f), 178.º, 1). Todas as outras sociedades têm capital (nominal). O CSC fixa o capital social mínimo com que as sociedades anónimas e em comandita por acções hão-de ser constituídas: 50 000 euros (arts. 276.º, 5, 478.º). Até há pouco tempo fixava em 5 000 euros o capital social mínimo das sociedades por quotas. Mas, por força do DL 33/2011, de 7 de Março, deixou de prescrever valor mínimo fixo. O capital social é agora livremente fixado pelos sócios – a partir de 1 euro (sociedades unipessoais), 2 euros (sociedades com dois sócios), etc. (arts. 201.º, 219.º, 3). Para

---

([21]) Na França e na Bélgica as sociedades de responsabilidade limitada (homólogas das nossas sociedades por quotas) não podem ter, em princípio, mais de cinquenta sócios; no Luxemburgo o número máximo é de quarenta (cfr. G. RIPERT/R. ROBLOT/M. GERMAIN/L. VOGEL, *Traité de droit commercial*, t. 1, 17ᵉ éd., L. G. D. J, Paris, 1998, pp. 973-974).

([22]) V. *infra*, n.ᵒˢ 1., 2. e 3. do cap. VI.

([23]) Para as sociedades com acções sem valor nominal é outra a noção (v. *infra*, n.º 1 do cap. VI).

as sociedades em nome colectivo e em comandita simples também não está fixado qualquer valor mínimo do capital.

3. Tipos doutrinais societários

Além dos tipos legais de sociedades (oferecidos pelas normas da lei), devemos referir ainda os tipos doutrinais, os modelos de sociedades construídos pela doutrina para melhor compreender os tipos legais e enquadrar sob diversos pontos de vista as concretas sociedades.

É tradicional entre nós a distinção entre "sociedades de pessoas" e "sociedades de capitais" [24].

As primeiras são *em grande medida dependentes da individualidade dos sócios*, o *intuitus personæ* é manifesto. Assim, são suas principais características: a responsabilidade dos sócios pelas dívidas sociais; a impossibilidade ou dificuldade de os sócios mudarem (a transmissão das participações sociais exige o consentimento dos sócios); o grande peso dos sócios nas deliberações sociais e na gestão das sociedades (em regra, a cada sócio, independentemente do valor

---

[24] V., entre outros, JOSÉ TAVARES, *Sociedades e empresas comerciais*, 2.ª ed., Coimbra Editora, Coimbra, 1924, pp. 207, ss., ANTÓNIO CAEIRO, *A exclusão estatutária do direito de voto nas sociedades por quotas*, in *Temas de direito das sociedades*, Almedina, Coimbra, 1984, pp. 18, ss., e *As sociedades de pessoas no Código das Sociedades Comerciais*, separata do n.º especial do BFD – Estudos em homenagem ao Prof. Doutor Eduardo Correia –, Coimbra, 1988, pp. 5, ss., BRITO CORREIA, *ob. cit.*, pp. 94, ss..

A distinção que por cá se faz corresponde em larga medida à que também tradicionalmente é feita noutros países, *v. g.*, em França *(sociétés de personnes / sociétés de capitaux)* – v., p. ex., RIPERT/ROBLOT/GERMAIN/ VOGEL, *ob. cit.*, p. 914 –, na Itália *(società di persone / società di capitali)* – v., p. ex., V. BUONOCORE, in *Manuale di diritto commerciale* (a cura di V. Buonocore), 2.ª ed., G. Giappichelli Editore, Torino, 1999, pp. 150, ss. – e na Alemanha *(Personengesellschaften / Körperschaften* ou, menos apropriadamente, *Personalgesellschaften / Kapitalgesellschaften)*– v., p. ex., H. WIEDEMANN, *Gesellschaftsrecht*, Beck, München, 1980, pp. 89, ss., 101.

da respectiva participação, pertence um voto, várias deliberações de mudança significativa dos estatutos sociais devem, por via de regra, ser tomadas por unanimidade, todos os sócios são normalmente membros do órgão de administração); a necessidade de a firma social conter o nome ou firma de sócio(s); o dever de os sócios não concorrerem com as respectivas sociedades, salvo consentimento de todos os outros sócios; o direito alargado de cada sócio à informação sobre a vida da sociedade. Arquétipo da sociedade de pessoas, facilmente se vê, é a sociedade em *nome colectivo*.

As sociedades de capitais *assentam principalmente nas contribuições patrimoniais dos sócios,* a individualidade deles e a sua participação pessoal na vida social pouco contam. São, pois, suas características mais marcantes: a não responsabilidade dos sócios pelas dívidas sociais; a fácil mudança ou substituição dos sócios (livre transmissão e penhorabilidade das participações sociais); o peso dos sócios nas deliberações sociais e na gestão das sociedades é determinado pela importância das respectivas participações de capital (os votos são atribuídos em função do valor das participações, o princípio maioritário é regra praticamente sem excepções na tomada das deliberações, a maioria capitalística determina a composição dos órgãos de administração, que podem ter membros não-sócios); a firma social não tem de ter qualquer nome ou firma de sócio(s) e é normalmente firma-denominação; os sócios-não administradores podem concorrer com as respectivas sociedades; o direito à informação, nalgumas das suas modalidades, não é atribuído a todos os sócios (mas apenas a quem possuir participações de certo montante). Também facilmente se vê que a sociedade *anónima* é o protótipo das sociedades de capitais.

Não é fácil integrar nesta tipologia (sociedades de pessoas / sociedades de capitais) os tipos legais "normais" (configurados pelas normas imperativas e supletivas) das sociedades *por quotas* e em *comandita* simples e por acções. É verdade que, por exemplo, na Alemanha, Itália e Espanha as sociedades por quotas e em comandita por acções são qualificadas pela generalidade da doutrina como sociedades de capitais, sendo consideradas de pessoas as sociedades em comandita simples ([25]). Entre nós, há quem situe as sociedades por quotas (com o desenho oferecido pelo CSC) no quadro das sociedades de pessoas ([26]) e quem as coloque entre as sociedade de capitais ([27]). Contudo, em rigor, estes tipos (legais) societários não correspondem nem às sociedades de pessoas nem às sociedades de capitais, pois combinam importantes notas características tanto de umas como de outras ([28]). Mas deve acrescentar-se que as notas personalísticas prevalecem nas sociedades em comandita simples, prevalecendo as capitalísticas nas sociedades em comandita por acções. Por sua vez, o tipo legal sociedade por quotas revela sem dúvida características personalísticas (acentuadas com o CSC) – os sócios são solidariamente responsáveis por todas as entradas (art. 197.º, 1), a cessão de quotas exige o consentimento da sociedade (embora não de todos os sócios – art. 228.º, 2), na venda ou adjudicação judicial de quota têm preferência em primeiro lugar os sócios e, depois, a sociedade ou pessoa por ela designada (art. 239.º, 5), os sócios gozam de amplos direitos de informação (arts. 214.º, ss.), as deliberações dos sócios vinculam a gerência também em

---

([25]) V., p. ex., WIEDEMANN, *ob. e loc. cits.*, BUONOCORE, *ob. cit.*, p. 151, F. SÁNCHEZ CALERO, *Instituciones de derecho mercantil*, I, 21.ª ed., McGraw-Hill, Madrid, etc., 1998, p. 220.

([26]) ANTÓNIO CAEIRO, *As sociedades...*, pp. 11-12. Menos categóricos (embora no mesmo sentido) mostram-se V. G. LOBO XAVIER, *Relatório sobre o programa, os conteúdos e os métodos de ensino de uma disciplina de Direito Comercial (Curso complementar)*, separata do vol. LXII do BFD, Coimbra, 1986, pp. 23-24 (o CSC "partiu de um modelo personalístico"), e RAÚL VENTURA, *ob. cit.*, pp. 37-38 (o CSC "caminhou no sentido da pessoalidade das sociedades por quotas").

([27]) BRITO CORREIA, *ob. cit.*, p. 95.

([28]) Com respeito às sociedades por quotas, entendia semelhantemente JOSÉ TAVARES, *ob. cit.*, pp. 208-209.

matéria de administração (art. 259.°). Todavia, são igualmente visíveis características capitalísticas – em regra, só o património social responde para com os credores pelas dívidas da sociedade (art. 197.°, 1), os votos são atribuídos em função do valor das quotas (art. 250.°, 1), vigora o princípio maioritário (capitalístico) na tomada das deliberações (art. 250.°, 3), embora se exijam maiorias qualificadas para certos efeitos (arts. 265.°, 1, 3, 270.°, 1), os gerentes podem não ser sócios (art. 252.°, 1).

De todo o modo, importa reafirmá-lo aqui, as concretas e singulares sociedades não têm de corresponder ponto por ponto aos tipos de que curamos. As alternativas abertas pelas normas legais dispositivas (cfr. art. 9.°, 3) podem conduzir à introdução de uma ou outra característica capitalística em sociedade tipicamente de pessoas, à introdução de uma ou outra característica personalística em sociedade tipicamente de capitais, e até à conformação como de pessoas ou de capitais de sociedade cujo tipo legal não permite, em abstracto, enquadrá-la em qualquer desses tipos. Assim, uma sociedade em nome colectivo (sociedade de pessoas) pode ser administrada e representada por um (único) gerente não-sócio designado no contrato social (art. 191.°, 1 e 2); uma sociedade anónima (sociedade de capitais) pode limitar estatutariamente a transmissão de acções (art. 328.°); uma sociedade por quotas constituída por duas pessoas e cujo estatuto estabeleça que ambos os sócios respondem solidariamente até certo montante pelas dívidas sociais (art. 198.°), a quota de cada sócio tem igual valor, as quotas não se transmitirão nem por morte nem entre vivos (arts. 225.°, 229.°, 1), a sociedade poderá amortizar quotas em caso de penhora (art. 239.°, 2) e que ambos os sócios são gerentes (art. 252.°, 2, 3) – é uma sociedade de pessoas.

Um outro grupo de tipos doutrinais contrapõe as "sociedades abertas" às "sociedades fechadas".

As primeiras são principalmente sociedades *anónimas* e em *comandita por acções* (já típico-legalmente abertas ao público, portanto) *especialmente* abertas aos mercados de capitais, designadamente aos mercados de bolsa, onde colocam acções e onde os investidores e os sócios adquirem e alienam acções ([29]). São sociedades de substrato pessoal em geral muito amplo, com muitas e muito disseminadas acções, potenciando que pequeno número de accionistas ("accionistas empresários"), muitas vezes com muito menos de metade das acções, formem estáveis "grupos de controlo" ("capital dirigente", contraposto ao "capital de poupança" – accionistas "poupadores", "ocasionais" e "especuladores", que adquirem acções para participarem na divisão dos lucros anuais e/ou ganharem com o aumento do seu valor entre o momento da compra e o da venda, pouco ou nada participando na vida societária).

As sociedades *fechadas* são também sobretudo sociedades *por acções* que, sendo embora típico-legalmente abertas, são compostas por *um só* accionista (sociedades-filhas) ou por *reduzido número* de sócios, muitas vezes unidos por laços de confiança ou familiares, e que, consequentemente, apresentam com frequência cláusulas estatutárias limitando a transmissibilidade das acções ([30]).

A tipologia doutrinal, para lá dos ganhos taxinómico-didácticos, releva para a interpretação e integração da lei e dos

---

([29]) Cfr. WIEDEMANN, *ob. cit.*, pp. 121, ss., SÁNCHEZ CALERO, *ob. cit.*, pp. 281-282.
O recente CVM adoptou também a expressão "sociedade aberta" para designar abreviadamente a "sociedade com o capital aberto ao investimento do público" (art. 13.°; v. tb. o art. 7.° do DL 486/99, de 13 de Novembro, que aprovou o Código).

([30]) Cfr. tb. SÁNCHEZ CALERO, *ob. cit.*, p. 281. Para as típicas sociedades familiares (fechadas), que se observam também entre as sociedades por quotas, v. WIEDEMANN, *ob. cit.*, pp. 118, ss..

estatutos sociais (sobretudo no domínio das regras respeitantes às relações entre sócios e entre sócios e sociedade) ([31]).

4. Taxatividade dos tipos legais de sociedades

As sociedades com objecto comercial constituídas nos termos do CSC devem adoptar – e só podem adoptar – *um dos tipos enumerados* no n.º 2 do art. 1.º; as sociedades com objecto civil que queiram adoptar um tipo societário mercantil e sujeitar-se, em consequência, ao CSC quanto à constituição, organização e funcionamento também só podem adoptar *um dos tipos* nesse preceito mencionados. Quer dizer, vigora neste domínio o princípio da *taxatividade* ou do *numerus clausus* dos tipos legais de sociedades comerciais; o Código permite apenas sociedades de certos tipos. ([32])

As sociedades comerciais *não podem*, pois, *deixar de adoptar um dos tipos previstos na lei* ([33]). *Nem podem ser atípicas,* isto é, adoptarem uma regulamentação (estatutária) incompatível com qualquer tipo legal ou com o tipo legal assinalado nos estatutos sociais (*v. g.*, introduzindo cláusulas que contrariem características imprescindíveis do tipo em causa, conjugando notas essenciais distintivas de dois ou mais tipos). ([34])

([31]) V. *infra*, n.º 5. do cap. III.

([32]) Isto não obsta a que o Estado, por lei ou decreto-lei, crie singulares sociedades comerciais que não correspondam a qualquer tipo previsto no CSC. Nem obsta a que o mesmo Estado, pelas mesmas vias mas em termos gerais e abstractos, crie novos tipos societários a que certas sociedades se hão-de submeter – era o caso, parece, das empresas municipais e intermunicipais de capitais públicos e de capitais maioritariamente públicos reguladas pela LEMI –v. J. M. COUTINHO DE ABREU, *Sobre as novas empresas públicas,* sep. do BFD (Volume Comemorativo), 2002, pp. 11, ss..

([33]) Para exemplos de sociedades comerciais sem adopção de tipo, v. *supra*, cap. I, n.º 2. 3., *sub* a) e b).

([34]) Na doutrina de língua alemã fala-se muitas vezes de liberdade de tipos, mistura de tipos, sociedades atípicas, etc. Mas há que ter em aten-

A taxatividade dos tipos legais societários impõe uma *limitação à liberdade negocial:* o sujeito ou os sujeitos que queiram constituir uma sociedade comercial (ou civil com forma comercial) têm de optar por um dos tipos previstos na lei. E nalguns casos é-lhes mesmo imposto certo ou certos tipos: as sociedades unipessoais devem ser por quotas ou anónimas (arts. 270.º-A, 488.º); as sociedades com certo objecto só podem ser por quotas ou anónimas – *v. g.*, sociedades gestoras de participações sociais (DL 495/88, de 30 de Dezembro, art. 2.º, 1), agências de câmbios (DL 3/94, de 11 de Janeiro, art. 2.º, a)), sociedades mediadoras do mercado monetário e do mercado de câmbios (DL 110/94, de 28 de

---

ção a distinção que aí se faz entre, por um lado, as "formas (legais) de sociedade" *(Gesellschaftformen)* e, por outro lado, os "tipos de sociedade" *(Gesellschaftstypen).* Para as primeiras (que correspondem, *grosso modo,* aos nossos tipos legais societários) é afirmado o princípio do *numerus clausus.* Já não assim para os *Gesellschaftstypen*, que poderemos fazer corresponder aos tipos normais e reais tidos em vista pelo legislador quando ditou as "formas de sociedade" e/ou que se revelam na prática sócio-jurídica. Sobre o assunto, v., entre muitos outros, KOLLER, *ob. cit.*, pp. 47, ss., 85, ss., 96, ss., 113, ss., WIEDEMANN, *ob. cit.*, pp. 73, ss., 88, ss., KARSTEN SCHMIDT, *Gesellschaftsrecht,* 3. Aufl., C. Heymans Verlag, Köln, Berlin, Bonn, München, 1997, pp. 51, ss., 101, ss., P. SPADA, *La tipicità delle società,* Cedam, Padova, 1974, pp. 20, ss., n. (33), L. FERNÁNDEZ DE LA GÁNDARA, *La atipicidad en derecho de sociedades,* Pórtico, Zaragoza, 1977, pp. 219, ss., 235, ss..

O exemplo mais significativo na Alemanha de sociedade atípica é a "GmbH & Co. KG": sociedade em comandita simples tendo como sócio comanditado uma sociedade por quotas (podendo os sócios desta ser sócios comanditários daquela) – v., p. ex., A. KRAFT/P. KREUTZ, *Gesellschaftsrecht,* 10. Aufl., Luchterhand, Neuwied, 1997, pp. 10-11, 228, ss.. Acrescente-se, a talho de foice, que esta figura (cuja licitude foi durante bastante tempo questionada na Alemanha) é expressamente admitida no CSC (art. 465.º, 2: "Uma sociedade por quotas ou uma sociedade anónima podem ser sócios comanditados."); v., a propósito, FERNANDO OLAVO / GIL MIRANDA, *Sociedade em comandita – Notas justificativas,* BMJ n.º 223 (1973), pp. 21, ss.. (Já agora, diga-se ainda que a jurisprudência italiana – contrariando a doutrina dominante – continua a defender a ilicitude da participação de sociedades de capitais em sociedades de pessoas – cfr., p. ex., G. E. COLOMBO, *La partecipazione di società di capitali ad una società di persone,* RS, 1998, pp. 1513, ss.).

Abril, art. 1.º, 2); outras sociedades com determinado objecto apenas podem ser anónimas – *v. g.*, sociedades de desenvolvimento regional (DL 25/91, de 11 de Janeiro, art. 2.º, 1), sociedades de gestão e investimento imobiliário (DL 135/91, de 4 de Abril, art. 2.º, 1), sociedades administradoras de compras em grupo (DL 237/91, de 2 de Julho, art. 6.º, 1), sociedades de capital de risco (DL 319/2002, de 28 de Dezembro, art. 6.º, 1), sociedades gestoras de patrimónios (DL 163/94, de 4 de Junho, art. 1.º, 1), sociedades de investimento, de locação financeira, de *factoring*, e financeiras para aquisições a crédito (DLs 260/94, de 22 de Outubro, 72/95, de 15 de Abril, 171/95, de 18 de Julho, 206/95, de 14 de Agosto, todos remetendo para o RGIC, art. 14.º, 1, b)), sociedades gestoras de fundos de investimento imobiliário (art. 7.º do RJFII, aprovado pelo DL 60/2002, de 20 de Março), sociedades seguradoras (DL 94-B/98, de 17 de Abril, art. 7.º, 1, a)), sociedades desportivas (DL 67/97, de 3 de Abril, art. 2.º ([35])).

Ainda assim, têm os sujeitos *considerável liberdade de conformação do regime* das sociedades de cada um dos tipos: nos espaços não ocupados por lei e nos espaços ocupados por lei dispositiva há lugar para *cláusulas atípicas* (cláusulas que, respeitando o núcleo essencial do tipo, se desviam num ou noutro aspecto das típicas características do tipo) ([36]). Por exemplo, é possível estipular no estatuto de uma sociedade

---

([35]) No preâmbulo deste decreto-lei, é dito que "as sociedades desportivas são um tipo novo de sociedades". Mas não é assim. Estas sociedades apresentam as características típicas da "comum" sociedade anónima. Porém, dado o específico objecto, têm um regime com algumas especialidades – mas que nem apaga nem supera ou transforma o tipo sociedade anónima. São sociedades (do tipo) anónimas "especiais" (sobre as SAD, v. RICARDO CANDEIAS, *Personalização de equipa e transformação de clube em sociedade anónima desportiva,* Coimbra Editora, Coimbra, 2000). Sociedades por quotas ou anónimas *especiais* são também as restantes sociedades mencionadas (em atenção ao específico objecto, requerem certa forma e disciplina suplementar).

([36]) Cfr. KRAFT / KREUTZ, *ob. cit.*, pp. 10-11.

por quotas que determinado sócio responderá até certo montante perante credores sociais (art. 198.º) ou que tal sociedade terá um "conselho consultivo" cuja competência não colida com a de qualquer órgão necessário. Mas já não será lícito estipular que os sócios de determinada sociedade por quotas responderão ilimitadamente pelas perdas sociais, ou que tal sociedade terá (em vez de gerência) um "conselho de administração" (com regras de organização, funcionamento e competência idênticas às previstas na lei para as sociedades anónimas) ([37]), ou que as participações de certa sociedade por quotas serão "acções" tituladas. As cláusulas atípicas que contrariem notas essenciais do tipo escolhido serão nulas (podendo tal nulidade parcial determinar a invalidade de todo o negócio), a menos que se conclua que essas e outras cláusulas configuram uma sociedade de tipo diverso do nomeado pelos sócios ([38]).

Justifica-se a taxatividade dos tipos legais de sociedades por *razões de segurança jurídica:* os credores sociais, o público em geral e até os sócios (sobretudo das sociedades de massas), mesmo desconhecendo os estatutos sociais, podem confiar que as sociedades de certo tipo não podem deixar de obedecer a determinado quadro regulativo; nas suas relações (actuais ou potenciais) com as sociedades, tais sujeitos sabem com que podem contar ([39]).

5. Apontamento histórico

A sociedade em *comandita simples,* embora com possíveis antecedentes em civilizações da antiguidade (Babilónia,

---

([37]) Cfr. o Ac. do STJ de 5/3/92, BMJ n.º 415 (1992), pp. 666, ss..

([38]) Cfr. F. GALGANO, *Diritto commerciale,* 2 – *Le società,* ed. 1996/97, Zanichelli, Bologna, p. 2.

([39]) Cfr., p. ex., KOLLER, *ob. cit.,* p. 98.

Grécia, Roma) ([40]), parece ter sido forjada, com a configuração que no essencial ainda hoje apresenta, na Itália medieval ([41]). A sociedade em *comandita por acções* surgiu bastante mais tarde, no séc. XVII ([42]).

Entre nós, dizia-se no art. 580 do Código de 1833 que "a chamada sociedade em commandita" era "parceria", não "sociedade mercantil". Como tipos de sociedades comerciais foram recebidas no Código de 1888 (art. 199.º, ss.) a sociedade em comandita simples e a (até então ignorada) sociedade em comandita por acções.

A avaliar por alguns números disponíveis, as sociedades em comandita portuguesas nunca tiveram grande expressão: 43 no ano de 1939, 41 em 1940, 25 em 1947, 24 em 1950, 16 em 1954, 13 em 1959, 7 em 1964, 5 em 1969, 4 em 1980, 7 em 1988, 22 em 1999, 29 em 2004, 59 em 2010 ([43]).

A sociedade em *nome colectivo* remonta à *compagnia* medievo-italiana, regulada pelo *ius mercatorum* (afastado, portanto, do esquema da *societas* do direito romano), e que

---

([40]) V. R. SZRAMKIEWICZ, *Histoire du droit des affaires,* Montchrestien, Paris, 1989, pp. 21, 26, 39, ss..

([41]) Cfr. n.º 1. 1. 1. da *Introdução* ao vol. I deste *Curso* e SZRAMKIEWICZ, *ob. cit.,* pp. 66-67.

([42]) V. *últ. A. e ob. cits.,* pp. 162-163.

([43]) Cfr. FERNADO OLAVO/GIL MIRANDA, *ob. cit.,* BMJ n.º 221 (1972), p. 12 (para os anos de 1939 a 1969), RAÚL VENTURA, *ob. cit.,* p. 17 (ano de 1980), ANTÓNIO CAEIRO, *As sociedades de pessoas...,* p. 13 (ano de 1988); os números relativos ao ano de 1999 (até 31/11) forneceu-mos gentilmente o RNPC; os relativos ao ano de 2004 (até 31/12) foram colhidos em *www.gplp.mj.pt*; os de 2010 estão disponíveis em *www.siej.dgpj.mj.pt*.

É de notar o facto de o número ter sido quadruplicado entre 1988 e 2004 e dobrado de então para cá (facto mais notável quanto é certo o constante decréscimo registado até 1980). Uma das razões pode ser apresentar-se a sociedade em comandita por acções dificilmente atingível por OPAs (ofertas públicas de aquisição de acções) hostis (v. sobretudo os arts. 470.º, 471.º e 472.º, 2, do CSC) – cfr. J.-P. BERTREL, *Liberté contractuelle et sociétés,* RTDC, 1996, pp. 603, ss..

já então apresentava as típicas características que ainda hoje naquela se descobrem (⁴⁴).

Por influência de Pothier e Savary, que diziam fazerem os sócios da *société générale* (designação adoptada na *ordonnance* de 1673) o comércio *sous leur nom collectif*, passou este tipo a designar-se *société en nom collectif* a partir do *Code* de 1807 (⁴⁵). O nosso Código de 1833 chamava-lhe "sociedade ordinaria, ou em nome collectivo, ou com firma" (art. 548). "Sociedade em nome colectivo" foi o nome consagrado no Código de 1888 (arts. 151.º, ss.). (⁴⁶)

Fazendo (não inteira) fé nos números, este tipo societário tem revelado pouco peso na sociedade portuguesa moderna (tal como noutros países), tendo decaído sobretudo nas três últimas décadas: 2 566 sociedades no ano de 1939, 2 595 em 1940, 2 607 em 1947, 2 689 em 1950, 4 616 em 1954, 3 753 em 1959, 3 366 em 1964, 2 341 em 1969, 3 272 em 1980, 742 em 1988, 680 em 1999, 657 em 2004.

Bem mais complexa tem sido a evolução da sociedade *anónima*.

Apesar de alguns vislumbrarem a sua origem nas *societates publicanorum* do direito romano e/ou em "incunábulos" medievais (como a genovesa *Casa di San Giorgio*), parece mais avisado o parecer dos que (e são a grande maioria) ligam geneticamente este tipo societário às companhias coloniais seiscentistas e setecentistas (⁴⁷). Nestas compa-

---

(⁴⁴) Cfr. F. GALGANO, *Storia del diritto commerciale*, il Mulino, Bologna, 2.ª ed., 1980, pp. 47, ss..

(⁴⁵) Cfr. RIPERT/ROBLOT/GERMAIN/VOGEL, *ob. cit.*, p. 918.

(⁴⁶) Também em Itália se chama *società in nome collettivo*; *sociedad colectiva* lhe chamam em Espanha.

(⁴⁷) V. por todos RUI M. F. MARCOS, *As companhias pombalinas – Contributo para a história das sociedades por acções em Portugal*, Almedina, Coimbra, 1997, pp. 16, ss.. Com outra opinião, v. C. DUCOULOUX-FAVARD,

nhias (*rectius*, nalgumas delas), constituídas (todas) por acto soberano, conjugaram-se pela primeira vez duas características que continuam a marcar o tipo sociedade anónima: limitação da responsabilidade de todos os sócios (responsáveis somente perante a companhia pelas respectivas entradas) e divisão do capital social em acções ([48]).

Ao lado das companhias coloniais (de cariz em grande medida jurídico-público), o capitalismo do séc. XVIII fez nascer (por obra da prática, não por via legislativa específica) as sociedades anónimas propriamente ditas (de natureza jurídico-privada) ([49]). Que foram acolhidas e reguladas nos códigos de oitocentos. Em primeiro lugar no *Code* de 1807, exactamente com o nome de *sociétés anonymes* ([50]).

Durante a maior parte do séc. XIX vigorou na generalidade dos ordenamentos o "sistema da concessão": a criação de sociedades anónimas dependia de autorização administrativa (discricionária). O desenvolvimento do libera-

---

L'histoire des grandes sociétés en Allemagne, en France et en Italie, RIDC, 1992, p. 850.

([48]) GALGANO, *últ. ob. cit.*, p. 62. A assinalada responsabilidade limitada não era apanágio em todas as companhias do referido arco temporal (tal responsabilidade só se generalizou – ainda que sem cobertura de leis gerais – com as sociedades por acções do séc. XVIII) – v. RUI MARCOS, *ob. cit.*, pp. 557, ss., SZRAMKIEWICZ, *ob. cit.*, pp. 161-162, ss.. Por outro lado, o termo "acção" (para título de sociedade) parece ter aparecido pela primeira vez na Holanda em 1606, tendo demorado a chegar a Portugal (e outros países) cerca de um século (cfr. RUI MARCOS, *ob. cit.*, pp. 609, ss.).

([49]) Relativamente à França, v. SZRAMKIEWICZ, *ob. cit.*, pp. 160, ss..

([50]) No código português de 1833, a sociedade anónima era ainda designada "companhia" (art. 538). A designação actual (copiada da francesa) foi introduzida pela lei de 22 de Junho de 1867 (lei das "sociedades anonymas") –"*sociedade anonyma, porque não é conhecida por firma, designação ou nome algum dos associados, senão e unicamente pela indicação da empreza mercantil, que faz o objecto da sua especial industria*" (DIOGO P. FORJAZ DE SAMPAIO PIMENTEL, *Annotações ou synthese annotada do Codigo do Commercio*, t. II, Imprensa da Universidade, Coimbra, 1875, pp. 17-18. V. tb. J. FERREIRA BORGES, *Diccionario juridico-commercial*, Lisboa, 1839, p. 108. "Sociedad anónima" é também o nome consagrado legalmente em Espanha. Na Alemanha e na Itália preferiu-se "sociedade por acções" *(Aktiengesellschaft, società per azioni)*.

lismo conduziu à extinção de tal sistema em 1844, na Inglaterra [51], em 1867 em Portugal e na França [52], em 1869 na Espanha, em 1870 na Alemanha, em 1873 na Bélgica, em 1882 na Itália [53].

Autores do séc. XIX tentaram mostrar as analogias entre a democracia política e a democracia económico-accionista existente (ou que deveria existir) nas sociedades anónimas, assentes na "soberania" dos sócios (da assembleia dos sócios) [54]. E no séc. XX continuou a falar-se de modelo democrático por referência à sociedade anónima oitocentista, contraposto ao modelo autocrático (*rectius,* plutocrático ou oligárquico) desenhado em novecentos, falando-se ainda de (ou da necessidade de) democratização das sociedades anónimas, etc. [55]. Parece-me *inapropriado falar-se de democracia nas sociedades anónimas.* Com efeito, como falar dela quando o princípio da subordinação da minoria à maioria se traduz na subordinação dos sócios minoritários em *acções-capital* aos sócios maioritários em *acções-capital?* Como falar dela quando cada sócio tem, não um voto, mas os *votos correspondentes ao valor das acções* de que é titular? A sociedade anónima, quer nos tempos de origem quer nos de oitocentos, novecentos, etc., é uma instituição essencialmente não democrática, é uma instituição

---

[51] V. PALMER'S *Company Law,* 25th ed., Sweet & Maxwell, London, 1992-1998, pp. 1012, ss. (a propósito do *Joint Stock Companies Act 1844* e, também com interesse, do *Limited Liability Act 1855* e do *Joint Stock Companies Act 1856).*

[52] Leis, respectivamente, de 22 de Junho e de 24 de Julho. Mas talvez a nossa lei tenha sido inspirada no projecto da lei francesa (cfr. *supra,* n.º 4. 1. do cap. I, a propósito da lei portuguesa sobre cooperativas, também inspirada no mesmo projecto)...

[53] Para estes dados, v., p. ex., J. J. TAVARES DE MEDEIROS, *Comentario da lei das sociedades anonymas,* Livr. Ferreira, Lisboa, 1886, pp. 27, ss., e RIPERT/ROBLOT/GERMAIN/VOGEL, *ob. cit.,* p. 1035.

[54] Cfr. GALGANO, *Storia..,* pp. 128, ss., SZRAMKIEWICZ, *ob. cit.,* p. 318.

[55] Cfr., p. ex., M. NOGUEIRA SERENS, *Notas sobre a sociedade anónima,* 2.ª ed., Coimbra Editora, Coimbra, 1997, pp. 9, ss., 18.

plutocrático-oligárquica (⁵⁶). Ainda que rapidamente, vejamos um pouco mais de perto.

Nas companhias coloniais de seiscentos e setecentos (holandesas, francesas, portuguesas...), o sistema era oligárquico: o poder residia no órgão de administração, de que não podiam fazer parte muitos (a larga maioria) dos sócios, com os membros designados apenas por alguns sócios (os de maior participação capitalística) e (às vezes) pelo monarca, com largos poderes para dirigir a sociedade, sem controlo relevante da assembleia dos sócios, onde, aliás, nem todos os associados tinham assento (⁵⁷). É certo que para as companhias coloniais inglesas dos primeiros tempos é legítimo falar-se de estrutura democrática: a soberania societária pertencia à assembleia dos sócios, cada um com direito a um voto. Todavia, afora o facto se explicar pela restrita base accionista (podiam ser sócios tão-só grandes burgueses e aristocratas), certo é também que a partir de finais do séc. XVII (com o alargamento do substrato pessoal) caminharam as companhias no sentido da oligarquia (⁵⁸).

Lentamente (e de modo não linear, considerando quer os diversos países em conjunto, quer cada um deles), a omnipotência dos administradores vai-se desvanecendo. Primeiro, um grupo de accionistas (capitalisticamente) mais importantes da sociedade é constituído para fiscalizar a actuação dos administradores e cooperar com eles na tomada de decisões. Depois, isso mesmo passa a ser efectuado nas assembleias

---

(⁵⁶) V. tb. J. M. COUTINHO DE ABREU, *Do abuso de direito – Ensaio de um critério em direito civil e nas deliberações sociais,* Almedina, Coimbra, 1983 (reimpr. 1999, 2006), p. 116.

Não quer isto dizer que a específica natureza da sociedade anónima careça de legitimição. Só que não assenta em uma (interna) legitimidade democrática...

(⁵⁷) V. GALGANO, *ob. cit.,* pp. 115, ss., RUI MARCOS, *ob. cit.,* pp. 63, ss., 142, ss., 167, ss., 590, ss., 685, ss., 758, ss..

(⁵⁸) V. *últs. AA.* e *obs. cits.,* pp. 118-119, e 59-60, 82-83, respectivamente.

gerais (nas quais continuam a poder participar somente os accionistas com determinado número mínimo de acções) — é assim, generalizadamente, no séc. XVIII ([59]). Importa notar ainda que naqueles tempos dominavam sistemas de votos "graduados" (não a regra uma acção/um voto): os sócios tinham um voto por x acções, mais um voto por um conjunto de acções entre um número mínimo e um máximo, etc., até determinado limite de votos (menos que proporcional ao número das acções) ([60]).

A maioria das leis comerciais do séc. XIX aceitou essas práticas e consagrou o princípio da "soberania" das assembleias de sócios: estas podiam deliberar sobre tudo o pertinente à vida societária, elegiam e destituiam livremente os administradores, que, mesmo em matérias de gestão, estavam vinculados às directivas e ordens deliberadas pelos sócios ([61]). No que ao poder de voto diz respeito, continuaram a dominar as escalas de votos graduados ([62]). Perduraram na Europa praticamente durante todo o século. Mas não nos EUA, onde desapareceram em meados da centúria, substituídas pela regra uma acção/um voto — assim se potenciando o controlo das sociedades (e da administração) por um ou poucos accionistas poderosos (sendo o número de

---

([59]) V. ALBERTO VIGHI, *Notize storiche sugli amministratori ed i sindaci delle società per azioni anteriori al codice di commercio francese*, RS, 1969, pp. 686, ss. (o texto foi primeiramente publicado em 1898).

([60]) V.COLLEEN A. DUNLAVY, *Corporate governance in late 19th--century Europe and the U. S. The case of shareholder voting rights*, em HOPT/KANDA/ROE/WYMEERSCH/PRIGGE, *Comparative corporate governance*, Oxford Un. Press, 1998, pp. 13-14.

([61]) Cfr. GALGANO, *ob. cit.*, pp. 125, ss.. Entre nós, a propósito dos arts. 26.º e 27.º da Lei de 22 de Junho de 1867, escrevia TAVARES DE MEDEIROS, *ob. cit.*, p. 160, que eles "não delimitam os podêres da assemblêa geral, porque esta resume em si toda a soberania em conformidade com o fim a que a sociedade se propõe".

([62]) V. DUNLAVY, *ob. cit.*, pp. 17, ss.. A A. analisa as experiências dos EUA, Inglaterra, França e Alemanha. Relativamente a Portugal, v. o apontamento de TAVARES DE MEDEIROS, *ob. cit.*, pp. 165-166.

acções necessário para o domínio tanto menor quanto maior o número de accionistas dispersos e absentistas) [63].

Na idade adulta do capitalismo, o poder (inclusivo e exclusivo) do dinheiro determinou o recentrar do poder societário no órgão de administração.

Primeiro nos EUA, onde logo na segunda metade do séc. XIX várias leis estaduais foram outorgando maior liberdade e mais competências aos administradores em detrimento das assembleias gerais [64]. Perguntar-se-á agora: mas porquê esta deslocação de poderes para o órgão administrativo, quando os accionistas mais poderosos, alcançado o regime de um voto por cada acção, já dominavam a assembleia e, directa ou indirectamente, aquele órgão? O poder não se cansa de mais e ilimitados poderes... Subtraindo à assembleia competências em matéria de gestão, o capital de comando da sociedade evita a discussão no colégio dos sócios acerca das políticas empresariais por ele determinadas, impede perguntas e censuras dos minoritários [65]. Entretanto, quando aparecem (no séc. XX, parece) algumas grandes sociedades sem grupos de accionistas de controlo, dada a enorme disseminação das acções, a divisão dos poderes societários está já consolidada.

Depois foi a vez de os países europeus, no séc. XX, deixarem cair o princípio da soberania da assembleia dos sócios e atribuirem o papel principal ao órgão administrativo. Marco legislativo importante foi a *Aktiengesetz*

---

[63] V. DUNLAVY, *ob. cit.*, pp. 27, ss.. Para um quadro caracterizador das relações de poder societário assente sobretudo na distribuição dos direitos de voto — mais democráticas (eu preferiria dizer menos plutocráticas), mais plutocráticas e mais tecnocráticas —, v. *ibid.*, p. 15.

[64] G. GUERRA MARTÍN, *El gobierno de las sociedades cotizadas estadounidenses*, Aranzadi, Cizur Menor, 2003, p. 50.

[65] V. FRANCESCO GALGANO, *Le istituzioni dell'economia capitalistica — Società per azioni, Stato e classi sociali*, 2.ª ed., Zanichelli, Bologna, 1980, pp. 123-124.

alemã de 1937, que acentuou o *Führerprinzip* (fortalecimento da Direcção em face do *Aufsichtsrat* ou conselho de vigilância e da assembleia geral, e fortalecimento do presidente da direcção – havendo diferentes opiniões entre os directores, competia ao presidente decidir) [66]. A ideia não era nazi (tinha antecedentes no direito estado-unidense e em várias propostas alemãs), mas adequava-se bem à economia autoritária nacional-socialista e apoiava a aliança entre grande capital e ditadura [67]. Perimida a aliança, restou (na Alemanha e fora dela) o grande capital e o "modelo" consagrado em 37.

Claro que muita coisa tem mudado (e deve continuar a mudar) na organização e funcionamento das sociedades anónimas. Todavia, mais que de "democratização" destas sociedades, deverá falar-se em "desoligarquização"...

E quanto a números destas sociedades (especialmente adequadas para as grandes empresas) em Portugal: 494 no ano de 1939, 490 em 1940, 537 em 1947, 583 em 1950, 614 em 1954, 661 em 1959, 935 em 1964, 1 664 em 1969, 1 993 em 1980, 3 288 em 1988, 17 757 em 1999, 26 014 em 2004, 31 375 em 2010.

O tipo sociedade *por quotas* (mais precisamente "sociedade com responsabilidade limitada") foi criado pelo legislador alemão em 1892 (*Gesetz betreffend die Gesellschaften mit beschränkter Haftung* de 20 de Abril de 1892). Desancorado então em qualquer tipo real correspondente, o novo tipo legal foi pensado sobretudo para a exploração de médias empresas (para as quais a forma sociedade anónima se revelava custosa e complexa) [68].

---

[66] V. JAN VON HEIN, *Vom Vorstandsvorsitzenden zum CEO?*, ZHR, 2002, pp. 474-478.

[67] V. WIEDEMANN, *ob. cit.*, p. 30.

[68] V., p. ex., WIEDEMANN, *ob. cit.*, p. 28.

Portugal foi o primeiro país a seguir o exemplo alemão, introduzindo com lei de 11 de Abril de 1901 a "sociedade por quotas de responsabilidade limitada". Muitos outros países fizeram depois o mesmo [69].

Este tipo societário alcançou grande importância na prática de numerosos países. Eis os números respeitantes a Portugal: 8 206 no ano de 1939, 8 728 em 1949, 15 479 em 1947, 17 783 em 1950, 18 848 em 1954, 21 407 em s1959, 23 549 em 1964, 30 965 em 1969, 54 747 em 1980, 139 894 em 1988, 388 517 em 1999, 534 337 (incluindo 45 123 unipessoais) em 2004, 505 049 (incluindo 90 476 unipessoais).

---

[69] V. indicações em RIPERT / ROBLOT / GERMAIN / VOGEL, ob. cit., pp. 966-967.

Diz-se às vezes que o tipo legal em causa já existia antes da citada lei alemã, nomeadamente no *Companies Act* de 1862, que havia criado a *company limited by guarantee* (v. tb. o relatório ministerial que acompanhou a proposta da nossa lei de 1901 – publicado em A. AZEVEDO SOUTO, *Lei das sociedades por quotas anotada*, 7.ª ed., Coimbra Editora, Coimbra, 1972, p. 271). Mas, bem vistas as coisas, trata-se de dois tipos distintos. E é certo que tanto Portugal como muitos outros países se inspiraram no tipo germânico.

Ainda uma nótula sobre o nome do tipo. Na generalidade dos países consagrou-se a designação "sociedade de responsabilidade limitada" *(société à responsabilité limitée, società a responsabilità limitata, sociedad de responsabilidad limitada)*. O CSC eliminou "de responsabilidade limitada", ficando apenas "sociedade por quotas". Pelo menos uma vantagem esta designação tem: não há sociedades de responsabilidade limitada (todas as sociedades respondem ilimitadamente com o seu património pelas obrigações sociais); responsabilidade limitada (*rectius*, irresponsabilidade) perante os credores sociais têm sim os (ou alguns) sócios de algumas sociedades.

Capítulo III

CONSTITUIÇÃO DAS SOCIEDADES COMERCIAIS

1. A constituição de sociedades como processo

A constituição ou formação das sociedades comerciais (e das sociedades civis de tipo comercial), qualquer que seja o modo pelo qual se realize (basicamente jurídico-privado, ou basicamente jurídico-público), analisa-se num processo, numa série de actos e formalidades. Vejamos rapidamente, deixando para os próximos números os desenvolvimentos.

O CSC regula alguns modos de constituição.

O processo normal de constituição de sociedades aí previsto desdobra-se em três actos principais: contrato de sociedade (sujeito a forma especial ([1])); registo (definitivo) do contrato; publicação do contrato.

([1]) Diz o n.º 1 do art. 7.º do CSC, na redacção dada pelos DL 76-A/2006, de 29 de Março, e 247-B/2008, de 30 de Dezembro: "O contrato de sociedade deve ser reduzido a escrito e as assinaturas dos seus subscritores devem ser reconhecidas presencialmente, salvo se forma mais solene for exigida para a transmissão dos bens com que os sócios entram para a sociedade, devendo, neste caso, o contrato revestir essa forma, sem prejuízo do disposto em lei especial". Antes, a forma obrigatória era a escritura pública. Precisamente, um dos objectivos do DL de 2006 foi tornar facultativa esta forma solene para variados actos relativos às sociedades.

Para o reconhecimento presencial referido no art. 7.º, 1, do CSC são competentes, além dos notários (CCiv., art. 375.º, CNot., arts. 153.º, ss.), também câmaras de comércio e indústria, os conservadores, os oficiais de registo, os advogados e os solicitadores – art. 38.º do DL 76-A/2006 (v. tb. a Portaria 657-B/2006, de 29 de Junho).

Inovadoramente, o art. 18.º do Código permite o acrescento de um marco no caminho da constituição das sociedades (exceptuadas aquelas em que haja entradas em espécie ou em cujo acto constituinte se preveja a aquisição de certos bens e as sociedades por acções constituídas com apelo a subscrição pública): o *registo prévio* do contrato de sociedade. Assim, os principais momentos serão o contrato social, o registo prévio, a formalização do contrato [o escrito com as assinaturas reconhecidas ou a (facultativa) escritura pública devem reproduzir os "precisos termos do projecto previamente registado"], o registo definitivo (conversão do registo prévio em definitivo), a publicação. [2]

A constituição de (pluripessoais) sociedades *anónimas* e de sociedades *em comandita por acções* (cfr. art. 478.º) pode também efectuar-se "com apelo a *subscrição pública*" (arts. 279.º, ss.; v. também o CVM, arts. 13.º, 1, a), 108.º, ss., 168.º). Os passos mais significativos neste percurso formativo são os seguintes: elaboração pelo(s) promotor(es) do "projecto completo de contrato de sociedade"; registo provisório do mesmo; elaboração pelo(s) promotor(es), assistido(s) por intermediário financeiro, do programa da oferta de acções à subscrição pública; lançamento da oferta pública de subscrição por via de anúncio publicado; subscrição de acções por destinatários da oferta [3]; assembleia (de promotor(es) e subscritores) constitutiva; celebração do contrato

---

[2] Apoiando a inovação, v. ANTÓNIO CAEIRO, *A parte geral do Código das Sociedades Comerciais,* sep. do n.º especial do BFD – "Estudos em homenagem ao Prof. Doutor Afonso Rodrigues Queiró", Coimbra, 1988, p. 18, L. BRITO CORREIA, *Direito comercial,* 2.º vol. – *Sociedades comerciais,* AAFDL, Lisboa, 1989, pp. 178-179, e J. OLIVEIRA ASCENSÃO, *Direito comercial,* vol. IV – *Sociedades comerciais,* Lisboa, 1993, pp. 169-170. Justamente crítico, v. ALBINO MATOS, *Constituição de sociedades,* 5.ª ed., Almedina, Coimbra, 2001, pp. 114-115.

[3] Para estes efeitos, a subscrição de acções é definível como a declaração através da qual um ou mais sujeitos se obrigam a adquirir uma ou mais acções (a emitir posteriormente) e a pagar o respectivo valor.

social; registo definitivo (conversão do registo provisório em definitivo); publicação. (⁴)

Sabemos já que o CSC permite a constituição de sociedades por quotas e anónimas *unipessoais* (arts. 270.º-A, 488.º). Ressaltam nos pertinentes processos formativos: acto constituinte com a natureza de negócio jurídico unilateral, que deve revestir a forma exigida no art. 7.º, 1 (v. os arts. 270.º-G e 488.º, 2); registo (definitivo) do acto constituinte; publicação do acto constituinte.

Diz o art. 7.º, 4, do CSC: "A constituição de sociedade por fusão, cisão ou transformação de outras sociedades rege-se pelas respectivas disposições desta lei" (v. também o art. 5.º, *in fine*). Esta matéria (disciplinada nos arts. 97.º, ss., 118.º, ss., e 130.º, ss.) será estudada em outras ocasiões. Deixarei no entanto já aqui um alinhavo.

Na fusão só há que falar em constituição a propósito da fusão por constituição de nova sociedade (não a propósito da fusão por incorporação). Também ela se realiza por um processo: projecto de fusão; registo do projecto e informação de sócios e credores; deliberações nas assembleias gerais; celebração do contrato de sociedade; registo da fusão; publicação.

Na cisão há criação de nova(s) sociedade(s) nos casos de cisão simples, cisão-dissolução e cisão-fusão – neste caso, nas modalidades de cisão-destaque-constituição de nova(s) sociedade(s) e de cisão-dissolução-constituição de novas

---

(⁴) Dada a grande complexidade e os custos deste processo constitutivo, é muito rara a sua utilização (cá e lá fora, em países onde processo análogo está previsto). Tanto mais quanto é certo poderem as finalidades de tal procedimento (consecução de elevado capital social através da participação de muitos aforradores-investidores) ser atingidas por outros meios proporcionados pelo "processo normal" – designadamente o aumento do capital deliberado pelo órgão de administração, de acordo com autorização estabelecida no contrato de sociedade (art. 456.º), ou a forte participação no contrato social de entidades financeiras que procurarão depois vender acções a clientes seus. Cfr., p. ex., FRANCESCO GALGANO, *Diritto commerciale, 2 – Le società*, Zanichelli, Bologna, ed. 1996/97, p. 170, e F. SÁNCHEZ CALERO, *Instituciones de derecho mercantil*, I, 21.ª ed., McGraw Hill, Madrid, etc., 1998, p. 298.

sociedades. Analisando o processo de cisão: projecto de cisão; registo do projecto e informação de sócios e credores; deliberação ou deliberações sobre o projecto; celebração do acto constituinte; registo; publicação.

Apenas na transformação "extintiva" se verifica constituição de nova sociedade, não na transformação "formal" (a sociedade transformada continua, embora sob tipo societário diverso). Processo de transformação: relatório justificativo da transformação; deliberações para a transformação; registo; publicação.

É também possível sociedades comerciais serem constituídas *em termos diversos dos regulados no CSC*.

Através de *lei* ou (sobretudo) de *decreto-lei*, o Estado tem constituído várias sociedades anónimas. Nuns casos, os actos legislativos "transformam" empresas públicas (agora designadas "entidades públicas empresariais") em sociedades [5] de que o Estado fica sendo (temporária ou indefinidamente) o único sócio [6]. Noutros casos, o substrato patrimonial das sociedades não resulta de (pré-existentes) empresas e o Estado ora fica único sócio [7], ora associado a outras entidades públicas [8]. Pois bem, pode o Estado juntar-se pelo menos a quatro sujeitos ou, em certas situações, a outro apenas, a fim de constituírem – por contrato e nos termos do CSC – uma sociedade anónima (v. arts. 7.º, 1, 2, 273.º). Mas

---

[5] A "transformação" deve operar-se através de decreto-lei – v. art. 4.º da L 11/90, de 5 de Abril (lei das reprivatizações) e art. 33.º do RSEE.

[6] V., p. ex., DL 7/91, de 8 de Janeiro (EDP), DL 312/91, de 17 de Agosto (TAP), DL 87/92, de 14 de Maio (CTT), DL 151/92, de 21 de Julho (ENATUR), L 21/92, de 14 de Agosto (RTP), DL 287/93, de 20 de Agosto (CGD), DL 2/94, de 10 de Janeiro (RDP), DL 404/98, de 18 de Dezembro (ANA), DL 170/99, de 19 de Maio (INCM).

[7] V., p. ex., DL 65/89, de 1 de Março (Centro Cultural de Belém), DL 98-A/99, de 26 de Março (Portugal 2000), DL 82/2000, de 11 de Maio (Portugal Global).

[8] V., p. ex., DL 145/92, de 21 de Julho (Lisboa 94), DL 109/98, de 24 de Abril (NAER), DL 418-B/98, de 31 de Dezembro (Porto 2001).

não pode o Estado, através de negócio jurídico unilateral, constituir uma sociedade anónima unipessoal (segundo o CSC, art. 488.º, somente certas sociedades podem constituir sociedades anónimas unipessoais). Nem deve o Estado juntar-se a outrem para a constituição – por via contratual – de sociedade anónima cujo estatuto contenha cláusulas incompatíveis com normas imperativas do CSC. Por conseguinte, bem tem andado o legislador quando constitui por lei ou decreto-lei as referidas sociedades anónimas – o regime consagrado no CSC, aprovado por decreto-lei, só pode ser *derrogado* por actos normativos com idêntica força (lei ou decreto-lei). ([9])

([9]) Opina diferentemente J. PINTO FURTADO, *Curso de direito das sociedades*, 4.ª ed., Almedina, Coimbra, 2001, pp. 68-70. Para o A., quando "se trate de constituir uma figura já tipizada, por exemplo, uma *sociedade do Código das Sociedades Comerciais*, o acto [estadual] criador apresentar-se-nos-á como um verdadeiro *acto administrativo*", "susceptível de ser emitido por mero *despacho ministerial* ou por uma *resolução* do Conselho de Ministros". Não pode ser. Ainda que se entendesse ser o acto estadual constituinte de uma sociedade comercial (prevista no CSC) um acto administrativo, haveria o mesmo, pelas razões acima invocadas, de revestir a forma de lei ou de decreto-lei (e é, na verdade, possível a existência de actos administrativos sob estas formas – cfr. CRP, art. 268.º, 4), a não ser que se estribasse em lei habilitante – o princípio da legalidade não pode ser postergado (v. art. 266.º, 2, da CRP, art. 3.º, 1, do CPA; por comodidade, remeto também para o meu livro *Sobre os regulamentos administrativos e o princípio da legalidade,* Almedina, Coimbra, 1987, pp. 130, ss.). Mas nem sequer é de qualificar como acto administrativo o acto estadual constituinte de uma sociedade comercial. Com efeito, este acto não se limita a criar a sociedade. Faz mais – estabelece o "estatuto" da mesma. E o grosso dos preceitos estatutários apresenta carácter abstracto e geral (não concreto e individual, próprio dos actos administrativos); cfr., para questão diversa mas com paralelismos, J. M. COUTINHO DE ABREU, *Definição de empresa pública*, Coimbra, 1990, pp. 98, ss., onde igualmente se remete para *Sobre os regulamentos...*, pp. 22-39, a propósito de actos gerais, individuais, abstractos e concretos.

PINTO FURTADO, no início da p. 66 da 3.ª ed. da *ob. cit.* (Almedina, Coimbra, 2000), fazia a seguinte afirmação: "A este respeito, já se tem defendido que a criação de sociedades pelo Estado deverá revestir a forma de *lei* ou *decreto-lei* revogatórios do regime geral". Em nota (n. (39)), citava como autores dessa defesa BRITO CORREIA (*ob. cit.*, p. 12) e COUTINHO DE ABREU (*Definição...*, p. 169, n. (411)). E prosseguia em texto criticando a

A constituição de sociedades por lei ou decreto-lei implica também um processo. Com efeito, a aprovação destes actos legislativos exige determinados procedimentos (CRP, arts. 116.º, 167.º, 168.º, 200.º), eles têm de ser promulgados pelo Presidente da República, sob pena de inexistência jurídica (arts. 134.º, b), 136.º, 137.º), a promulgação carece de referenda do Governo, igualmente sob pena de inexistência jurídica (art. 140.º), e têm de ser publicados no Diário da República, sob pena de ineficácia jurídica (art. 119.º, 1, c), 2).

De acordo com o CIRE, o *saneamento por transmissão* previsto em "plano de insolvência" visa a constituição de uma ou mais sociedades (que podem ser comerciais ou civis de tipo comercial) para a exploração de um ou mais estabelecimentos adquiridos à massa insolvente ([10]). São estes os principais momentos da constituição: apresentação da proposta de plano de insolvência contendo, em anexo, os estatutos da sociedade; deliberação tomada em assembleia dos credores aprovando a proposta; homologação judicial do plano; registo da constituição da sociedade; publicação.

Tendo presente o art. 8.º do RSEL, a constituição de *empresas (societárias) municipais, intermunicipais e metropolitanas* processa-se deste modo: deliberação da assembleia municipal, intermunicipal ou metropolitana autorizando o município, a associação de municípios ou a área metropolitana a

---

ideia da "revogação do regime geral, regime jurídico que permanece intacto e continua naturalmente em vigor". Afirmação deveras surpreendente! No local citado, na parte que para aqui mais interessa, digo eu: "Mas é óbvio que o Estado pode, mediante decretos-leis ou leis, constituir sociedades unipessoais – *derrogando,* portanto, o regime geral do CSC (aprovado por decreto-lei)". (O sublinhado foi acrescentado agora). "Derrogar" ("derrogatório", etc.) é bem diferente de "revogar" ("revogatório", etc.): não há homofonia, nem homografia, nem homonímia, nem sinonímia (para não sair do direito societário, basta ver o n.º 3 do art. 9.º do CSC). (E Brito Correia também escreve "derrogatório"...). No entanto, na 4.ª ed. da *ob. cit.*, p. 68, PINTO FURTADO modificou em parte o texto e fez um esclarecimento na n. (39).

([10]) Cfr. o n.º 4. do cap. III do vol. I deste *Curso.*

constituírem ou a participarem na constituição das respectivas empresas; acto constituinte (contrato ou negócio jurídico unilateral) reduzido a escrito, salvo se for exigida forma mais solene para a transmissão dos bens objecto de entradas em espécie; registo; publicação.

Em 2005 e 2006, para simplificar e tornar mais célere a constituição de sociedades (unipessoais ou pluripessoais) por quotas ou anónimas, o legislador introduziu o "regime especial de constituição imediata de sociedades" (*"empresa na hora"*) – DL 111/2005, de 8 de Julho – e o "regime especial de constituição *on line* de sociedades" (*"empresa on-line"*) – DL 125/2006, de 29 de Junho (ambos os DL foram alterados, por último, pelo DL 33/2011, de 7 de Março).

O primeiro "regime especial" (agora não aplicável somente às sociedades anónimas europeias – DL 111/2005, arts. 1.º e 2.º) pressupõe: (a) opção por estatuto de modelo previamente aprovado (art. 3.º, 1, a)); se houver entradas de bens sujeitos a registo, estes devem estar registados definitivamente em nome de quem entra para a sociedade com os mesmos (art. 3.º, 1, b)); (b) opção por firma social previamente criada e reservada a favor do Estado (arts. 3.º, 3, b), 15.º), ou escolhida antes ou no início do procedimento de constituição da sociedade e aceite pelo serviço de registo no posto de atendimento (art. 3.º, 3, a)), ou escolhida antes e constante de certificado de admissibilidade de firma (art. 3.º, 3, c)). O procedimento de constituição, conduzido por serviço do registo comercial (art. 4.º), deve ser iniciado e concluído no mesmo dia (art. 5.º). Salientamos, nesse procedimento, estes momentos: preenchimento do estatuto social, em documento particular, de acordo com o modelo previamente escolhido (arts. 6.º, 1, 8.º, 1, d), e)); registo do acto constituinte (art. 8.º, 1, g)); depois, no prazo de vinte e quatro horas, o serviço competente promove, entre outras coisas, a publicação do acto constituinte (art. 13.º, 1, a)).

O procedimento de constituição de "empresa *on line*" (não aplicável quando haja entradas com bens cuja transmissão exige forma mais solene do que a forma escrita, nem à sociedade anónima europeia – DL 125/2006, art. 2.º) desenrola-se em sítio na Internet (art. 1.º) ([11]); é dirigido pelo RNPC ou, eventualmente, por outras conservatórias do registo comercial (art. 3.º). Os interessados na constituição da sociedade, directamente ou por intermédio de advogados, solicitadores ou notários, e com os meios de certificação exigidos (arts. 5.º, 7.º, 9.º), transmitem *on line* os estatutos sociais (de modelo previamente aprovado ou não) – art. 6.º, 1, c); o serviço competente regista o acto constituinte (art. 12.º, 2, a)) e promove a respectiva publicação (art. 12.º, 3, d)).

Não obstante tudo quanto acaba de ser dito, à ideia da constituição das sociedades comerciais como processo poderia contrapor-se estoutra: na generalidade dos casos, a sociedade é constituída através de um único acto (o acto "constituinte" ou, menos apropriadamente, "constitutivo"). Por exemplo, celebrando-se um contrato de sociedade, pode logo dizer-se existente ou "constituída" a sociedade-entidade; operando-se a reunião de todas as notas caracterizadoras de uma (de um contrato de) sociedade, a sociedade nasce ([12]).

Objectarão alguns que a sociedade comercial só existe a partir do registo definitivo – só então adquire personalidade jurídica; antes disso (dirá parte desses autores) poderá falar-se (à maneira alemã) de "pré-sociedade" ou "sociedade em formação", não de sociedade comercial propriamente dita ([13]). Aliás, não diz o CSC, no art. 5.º, que as sociedades

---

([11]) O endereço é: *www. empresaonline. pt* (v. a Portaria 657-C/2006, de 29 de Junho).

([12]) Cfr. *supra*, n.ºˢ 2. e 5. do cap. I.

([13]) Nesta linha, v., p. ex., A. FERRER CORREIA/ANTÓNIO A. CAEIRO, *Anteprojecto de lei das sociedades comerciais – Parte geral*, Coimbra, 1973, p. 44, M. NOGUEIRA SERENS, *Notas sobre a sociedade anónima*, 2.ª ed,

gozam de personalidade jurídica e *existem como tais* a partir da data do registo definitivo do contrato pelo qual se constituem?... Por conseguinte, a sociedade comercial forma-se por via de um processo (o registo é precedido de vários actos e formalidades).

Repito, a sociedade existe antes do registo; e tem subjectividade e pode actuar antes do registo (vê-lo-emos melhor mais tarde). A partir da data do registo definitivo as sociedades passam a gozar de personalidade jurídica e "existem como tais", isto é, como pessoas jurídicas ou colectivas ([14]). E o próprio art. 5.º do CSC não deixa de referir-se, recordemos, ao "registo definitivo do *contrato pelo qual se constituem*" as sociedades... ([15])

Contudo, é certo que, segundo o plano legislativo, as sociedades comerciais devem possuir personalidade jurídica e a sua existência e caracterização devem ser plenamente eficazes. Ora, para que se verifique esta perfeita ou acabada constituição não basta um acto, são necessários mais (na hipótese acima aludida, além do contrato, pelo menos mais o registo e a publicação). É, pois, legítimo falar de processo de constituição.

Coimbra Editora, Coimbra, 1997, pp. 23, 25; em Itália, a doutrina largamente dominante entende que as sociedades de capitais nascem com a inscrição no registo das empresas – v., entre muitos outros, GALGANO, *ob. cit.*, p. 172, e F. FERRARA jr / F. CORSI, *Gli imprenditori e le società*, 11.ª ed., Giuffrè, Milano, 1999, p. 401 (para mais referências, v. I. CHIEFFI, *La s.r.l. unipersonale in formazione,* RDC, 1996, pp. 658, ss., n. (19)).

([14]) Vários autores alemães (p. ex., A. KRAFT / P. KREUTZ, *Gesellschaftsrecht*, 10. Aufl., Luchterhand, Neuwied, 1997, pp. 35, 283, KARSTEN SCHMIDT, *Gesellschaftsrecht*, 3. Aufl., Heymanns, München, 1997, pp. 306-307) fazem idêntica interpretação de semelhantes enunciados normativos presentes na AKtG (§ 41 (1)) e na GmbHG (§ 11 (1)). Mas não devia o legislador português ter seguido este exemplo normativo germânico...

([15]) Mas não deveria referir-se apenas ao "contrato"... V. ainda o art. 274.º – já há sócios propriamente ditos (e sociedade) antes do registo (cfr. art. 304.º, 3).

2. Acto constituinte

2. 1. Espécies. Sujeitos

O normal acto constituinte das sociedades é um *contrato* (e o CSC fala inúmeras vezes de contrato de sociedade – arts. 3.º, 4, 5.º, 7.º, 1, 2, 9.º, 15.º, 1, 16.º, 1, 18.º, 1, 5, 19.º, etc., etc. ([16])). Durante muito tempo foi largamente controvertida a natureza do acto jurídico-privado plurissubjectivo constituinte de sociedades ([17]). É hoje muito menor a controvérsia, e reconhece-se geralmente a natureza contratual de tal acto ([18]). Trata-se, porém, de um contrato de *fim comum* (a obtenção de lucros distribuíveis pelos sócios) e de *organização* (o negócio faz nascer uma entidade estruturada orgânico-funcionalmente), não de um contrato comutativo (como é, *v. g.*, a compra e venda) ([19]).

([16]) O Código fala até de mais em contrato – tanto mais quanto é certo que já na sua versão originária consagrava a possibilidade de constituição de sociedades através de negócio jurídico unilateral (*maxime* no art. 488.º).

([17]) Sobre as diversas teses (anti-contratualistas, eclécticas, contratualistas), v., entre nós e por todos, A. FERRER CORREIA (c/ colab. de V. LOBO XAVIER, M. HENRIQUE MESQUITA, J. M. SAMPAIO CABRAL e ANTÓNIO A. CAEIRO), *Lições de direito comercial*, vol. II – *Sociedades comerciais (Doutrina geral)*, ed. copiogr., Coimbra, 1968, pp. 39, ss..

([18]) Na Alemanha está superada a tese de O. Gierke do "acto colectivo" (v., p. ex., KRAFT/KREUTZ, *ob. cit.*, pp. 7, n. (7), 28-29), na Itália quase não há mais disputa sobre a natureza contratual do acto constitutivo (v., p. ex., GALGANO, *ob. cit.*, p. 161, n. (1)). Contudo, a moderna doutrina civilista francesa retoma a tese do "acto colectivo" (cfr. G. RIPERT/R. ROBLOT/ M. GERMAIN/L. VOGEL, *Traité de droit commercial*, t. 1, 17ᵉ éd., L. G. D. J, 1998, p. 804 – inserida numa secção intitulada "Formation du contrat de société"). Entre nós, divergindo da generalidade dos autores, OLIVEIRA ASCENSÃO, *ob. cit.*, pp. 254, ss., considera o acto constitutivo como acto unilateral a que pode acrescer um contrato.

([19]) Em idênticos termos, v. FERRER CORREIA, *ob. cit.*, pp. 51, ss.. Na Alemanha acentua-se a ideia do "contrato de organização" (v., p. ex., H. WIEDEMANN, *Gesellschaftsrecht*, I, Beck, München, 1980, pp. 159, ss, KRAFT/KREUTZ,*ob. e loc. cits.*, SCHMIDT, *ob. cit.*, pp. 79, ss.).

Na formação de sociedades com apelo a subscrição pública não há propriamente um acto constituinte; há dois, embora interdependentes e complementares: *o contrato* (de sociedade) formado (progressivamente) pelas declarações do(s) promotor(es)-subscritor(es) e dos subscritores, *e a deliberação da assembleia constitutiva*. Aquele contrato, existente embora antes da deliberação, precisa dela para produzir os normais efeitos de um contrato constituinte de uma sociedade (ela funciona como condição suspensiva do contrato social) [20]. A deliberação não é um contrato (é ou pode ser tomada por maioria dos votos – art. 281.º, 5, 6 [21]) e não é ainda deliberação dos sócios propriamente ditos (a sociedade fica constituída somente depois da deliberação) – já vigora, é certo, a regra da maioria, mas os votos não são atribuídos em função das acções subscritas, cabe a cada promotor e a cada subscritor um voto (art. 281.º, 4) [22].

O acto constituinte das sociedades unipessoais *ab initio* é um *negócio jurídico unilateral* – negócio "de organização", também (já não, naturalmente, "de fim comum").

Na fusão por constituição de nova sociedade, o acto constituinte apresenta natureza contratual (contrato de fusão celebrado pelas sociedades fundidas, representadas pelos respectivos órgãos de administração).

O acto de cisão (-constituição) é contrato nos casos de cisão-fusão e é negócio unilateral nos casos de cisão simples e de cisão-dissolução.

---

[20] Cfr. FERRARA/CORSI, *ob cit.*, pp. 405-406, e GALGANO, *ob. cit.*, pp. 169-170. Algo diversamente, v. OLIVEIRA ASCENSÃO, *ob. cit.*, p. 186.

[21] E porque o contrato social foi já formado – com a adesão de todos os subscritores –, apenas por unanimidade pode o mesmo ser alterado na assembleia constitutiva (art. 281.º, 8).

[22] Se a deliberação for tomada pela maioria exigida, também os subscritores que votaram contra, se abstiveram ou não votaram ficam sendo sócios – as suas declarações de adesão ao contrato social já foram dadas e vinculam-nos (em oposto sentido, v. OLIVEIRA ASCENSÃO, *ob. cit.*, p. 192).

O acto constituinte de sociedade resultante de transformação extintiva tem igualmente natureza de negócio jurídico unilateral.

Nas sociedades constituídas por decreto-lei ou lei, o acto constituinte é o respectivo *acto legislativo* (juridicamente existente).

Quanto às sociedades resultantes de "saneamento por transmissão", deve ver-se na *decisão judicial homologatória* do plano de insolvência o acto constituinte (cfr. os arts. 199.º e 217.º, 3, a), do CIRE).

Entre os sujeitos que podem constituir ou participar na constituição de sociedades, mencionaremos em primeiro lugar as *pessoas singulares*. Podem ser sócios as pessoas humanas *com capacidade* de exercício. Mas também as *incapazes* (menores não emancipados, interditos, inabilitados). Para o efeito, devem os menores ser representados pelos pais ou por tutor (CCiv., art. 124.º). Como representantes dos filhos, podem os pais entrar em sociedade por quotas ou anónima sem autorização do Ministério Público; para entrar em sociedade em nome colectivo ou em comandita simples e por acções já é exigida tal autorização (art. 1889.º, 1, d), do CCiv. e art. 2.º, 1, b), do DL 272/2001, de 13 de Outubro). O tutor, como representante de menor, necessita de autorização do Ministério Público para entrar em qualquer sociedade (art. 1938.º, 1, a), b), d), do CCiv. e art. 2.º, 1, b), do DL 272/2001). Excepcionalmente, o menor com dezasseis ou dezassete anos tem capacidade para entrar em sociedade: quando para isso disponha de bens adquiridos por trabalho seu e a sua responsabilidade fique limitada à realização da respectiva entrada (só então arriscará apenas aqueles bens) – cfr. art. 127.º, 1, a), do CCiv.. Os interditos devem ser representados por tutor. Como representante do pupilo, necessita o tutor de autorização do Ministério Público para entrar em qualquer sociedade (art. 1938.º, 1, a), b), d), do CCiv. e art. 2.º, 1, b), do DL 272 / 2001), salvo quando a tutela recaia no pai ou na mãe – aplicando-se então o previsto no tambémjá citado art. 1889.º, 1, d), por força do art. 144.º. Por sua vez, para que os inabilitados possam validamente entrar em sociedade é necessária autorização do curador-assistente (passível de ser suprida) quando a entrada implique ou possa vir a implicar disposição de bens do inabilitado (art. 153.º do CCiv. e art. 2.º, 1, a), do DL 272 / 2001).

O art. 1714.º do CCiv., depois de fixar não ser em regra permitido aos *cônjuges* alterar as convenções antenupciais nem o regime de bens resultante da lei (n.º 1) e de esclarecer serem abrangidos por essa proibição os contratos de sociedade entre os cônjuges não separados judicialmente de pessoas e bens (n.º 2), afirma no n.º 3: "É lícita, contudo, a participação dos dois cônjuges na mesma sociedade de capitais (...)". Muito se discutiu a aplicação deste preceito (sobretudo) às sociedades por quotas [23]. O CSC, no art. 8.º, 1, dirimiu essa e outras questões. Prescreve ele: "É permitida a constituição de sociedades entre cônjuges, bem como a participação destes em sociedades, desde que só um deles assuma responsabilidade ilimitada". Portanto, podem os cônjuges (só eles, como únicas partes) constituir sociedades por quotas ou em comandita simples; e podem eles participar (como sócios) em sociedades por quotas, anónimas, em comandita simples ou por acções – desde que sejam ambos comanditários ou só um deles seja comanditado. Não podem, pois, ambos os cônjuges ser sócios de uma mesma sociedade em nome colectivo. [24]

---

[23] V. por todos ANTÓNIO CAEIRO, *Sobre a participação dos cônjuges em sociedades por quotas,* sep. do n.º especial do BFD – "Estudos em homenagem ao Prof. Doutor António de Arruda Ferrer Correia" –, Coimbra, 1986.

[24] É de notar já aqui o seguinte. Uma participação social (ou mais – mas isto não nos interessa agora) pode pertencer em comunhão a ambos os cônjuges, por mor do regime matrimonial de bens (comunhão de adquiridos, comunhão geral). Isso não significa necessariamente, porém, que

Também as *pessoas colectivas privadas* podem ser sujeitos dos actos constituintes de sociedades.

É o caso das *sociedades* comerciais e civis de tipo comercial – vejam-se, entre muitos outros, os arts. 6.º, 1, 11.º, 4, 5, 6, 270.º-A, 1 (²⁵), 481.º, ss. do CSC. Aliás, segundo o Código,

---

ambos devam ser considerados sócios em relação à sociedade em causa. Se os cônjuges participam na constituição da sociedade adquirindo (em conjunto) uma única participação social, ou se a participação se integra em momento posterior na comunhão conjugal por ambos os cônjuges (p. ex., ambos compraram uma quota, aos dois foi legada uma quota), então são ambos sócios e a participação em comunhão fica sujeita ao regime (societário) da "contitularidade" de participação (v. CSC, arts. 7.º, 3, 222.º, ss., 303.º) – v. tb. *infra,* n.º 3. 1. do cap. V. Se só um dos cônjuges participa na celebração do contrato de sociedade, ou se a participação social se integra posteriormente na comunhão conjugal apenas por um deles, então só esse é considerado sócio e a participação social não é disciplinada segundo o regime da contitularidade (v. art. 8.º, 2).

(²⁵) Nos termos do n.º 2 do art. 270.º-C, uma sociedade por quotas não pode ter como sócio único uma sociedade unipessoal por quotas (e no n.º 1 determina-se que uma pessoa singular só pode ser sócia de uma única sociedade unipessoal por quotas). Usou assim o legislador português, em 1996, a faculdade concedida pelo art. 2.º, 2, da 12.ª Directiva sobre direito das sociedades (Directiva 89/667/CEE, de 21 de Dezembro de 1989): "Enquanto se aguarda uma coordenação das disposições nacionais em matéria de direito dos grupos, as legislações dos Estados-membros podem prever disposições especiais ou sanções aplicáveis:/a) Quando uma pessoa singular for o sócio único de várias sociedades, / ou / b) Quando uma sociedade unipessoal ou qualquer pessoa colectiva for o sócio único de uma sociedade". Mas não devia ter usado, nos termos em que o fez, de tal faculdade. Repare-se que a Directiva permite as aludidas possibilidades por não existir ainda harmonização em matéria de direito dos grupos. Ora, Portugal possui já um direito codificado dos grupos societários (CSC, arts. 488.º, ss.) suficientemente tutelador das sociedades dominadas e dos seus credores. Impunha-se, pois, que tanto às sociedades pluripessoais dos diversos tipos como às sociedades unipessoais anónimas e *por quotas* fosse possibilitada a constituição de uma ou mais sociedades unipessoais por quotas e, por outro lado, fosse imposto a *todas* as sociedade em relação de domínio total o regime previsto nos aludidos arts. 488.º ss. (para propostas divergentes desta, v. ALBINO MATOS, *ob. cit.*, p. 37). [Também a proibição constante do n.º 1 do art. 270.º-C parece pouco razoável. Além de não ser difícil contornar essa proibição – v., *últ. A., ob.* e *loc. cits.* –, os perigos advenientes de uma excessiva atomização ou repartição do património das pessoas singulares podem ser evitados por outros meios, incluindo os próprios do direito dos grupos. (Outros legisladores, designadamente o francês de 1985 – que terá influenciado o legislador portu-

nalguns actos constituintes intervêm exclusivamente sociedades: na fusão (art. 97.º, 1), na cisão (art. 118.º, 1), na transformação (art. 130.º), na constituição de sociedade anónima unipessoal (art. 488.º).

É também o caso das *cooperativas* (CCoop., arts. 8.º, 1, 3, 9.º) e dos *agrupamentos europeus de interesse económico* (Regulamento 2137/85, art. 3.º, 2, b), 2.ª parte) ([26]).

O caso das *associações* e *fundações* é menos evidente. Poucas normas se referem especificamente à questão – mencione-se o CAM, de cujos arts. 55.º, d), e 56.º, 2, resulta a licitude de as associações mutualistas adquirirem (limitadamente embora) "acções", e o DL 67/97, de 3 de Abril, permitindo que clubes desportivos-associações participem na constituição de sociedades anónimas desportivas. Mas temos a regra geral do n.º 1 do art. 160.º do CCiv.: "A capacidade das pessoas colectivas abrange todos os direitos e obrigações necessários ou convenientes à prossecução dos seus fins". Por conseguinte, quando não haja específica lei a proibi-lo (cfr. n.º 2 do art. 160.º), podem as associações e fundações participar na constituição de (ou constituir – cfr. art. 270º-A, 1, do CSC) sociedades sempre que tal se mostre necessário ou conveniente à prossecução dos seus fins (*v. g.*, os lucros que se espera obter podem revelar-se necessários ou convenientes para desenvolver a actividade directamente dirigida à realização dos fins próprios da associação ou fundação) ([27]). ([28])

---

guês –, ditaram proibição idêntica. Mas tal proibição foi suprimida em França por lei de 11 de Fevereiro de 1994...).]

([26]) Já o DL 430/73, no art. 5.º, b), prescreve que os agrupamentos complementares de empresas não têm capacidade para participar em sociedades civis ou comerciais.

([27]) Por analogia, devem ainda ser respeitadas as normas dos n.os 4 e 5 do art. 11.º do CSC – cfr. PINTO FURTADO, *ob. cit.*, p. 190, e ALBINO MATOS, *ob. cit.*, p. 47 (o A., na n. (66), exclui a aplicação do n.º 4 – *ibid.* n.º 3, por gralha –, dada "a divergência radical e necessária entre o objecto da sociedade, por um lado, e o da associação ou fundação, por outro". Todavia, embora raramente, também o n.º 4 tem aplicação – imagine-se uma associação de promoção de teatro gerindo correspondente empresa de espectáculos públicos e uma sociedade explorando uma empresa teatral...).

(28) O art. 5.º do DL 215-C/75, de 30 de Abril (lei das associações patronais), depois de no n.º 1 dizer que compete às associações patronais, suas uniões, federações e confederações, entre outras coisas, "prestar serviços aos seus associados ou criar instituições para esse efeito", dizia no n.º 2: "Os organismos referidos no número anterior, sem prejuízo do disposto na alínea b), não podem dedicar-se à produção ou comercialização de bens ou serviços ou de qualquer modo intervir no mercado" (v. agora, no CT, as normas correspondentes do art. 443.º, 1, b), 3). Discutiu-se já nos nossos tribunais a licitude da participação de associações com estatuto de associações patronais (ou também com este estatuto – cfr. art. 16.º do referido DL e J. M. COUTINHO DE ABREU, *A empresa e o empregador em direito do trabalho,* sep. do n.º especial do BFD – "Estudos em homenagem ao Prof. Doutor José Joaquim Teixeira Ribeiro" –, Coimbra, 1982, pp. 27-28) em sociedades. No caso julgado pela RL em Ac. de 9/6/96 (CJ, 1996, III, p. 111) estava em causa uma alteração introduzida em 1990 no estatuto da CIP – Confederação da Indústria Portuguesa, segundo a qual poderá esta associação patronal "constituir ou fazer parte de quaisquer sociedades, qualquer que seja a sua forma ou natureza, no país ou no estrangeiro, cuja actividade possa contribuir para uma mais eficaz prossecução dos fins da Confederação". No caso decidido pelo Ac. do STJ de 15/10/96 (RLJ, ano 130.º, 1996-1997, pp. 202, ss., com anotação concordante de M. HENRIQUE MESQUITA, *ibid.*, pp. 210, ss.) questionava-se a participação da Associação Nacional das Farmácias na constituição de duas sociedades: a Farmindústria – Sociedade de Medicamentos, S. A. (tendo a ANF subscrito 48% das acções) e a Farmatrading – Produtos Farmacêuticos, Lda (a ANF ficou com uma quota correspondente a 50% do capital social, tendo o outro sócio – uma sociedade por acções alemã – ficado com outra quota de valor idêntico). Tanto a Relação como o Supremo entenderam serem lícitas as referidas eventuais e reais participações das associações patronais em sociedades: as associações não exercem, nem directa nem indirectamente, actividade de produção ou comercialização – quem a exerce são as sociedades em que elas participam; a participação das associações em sociedades com objecto conexionado com a actividade dos empregadores associados significa que elas prestam a estes por essa via serviços, devendo entender-se que as "instituições" incluídas na al. b) do n.º 1 do art. 5.º do DL 215-C/75 abrangem as sociedades. Não posso concordar com este arrazoado. Pode questionar-se a bondade do estatuído no n.º 2 do art. 5.º do DL (embora se possa dizer, entre outras coisas, que ele visa prevenir falseamentos da concorrência, evitar favorecimento dos associados e pressões para a inscrição dos empregadores nas associações, evitar favorecimentos de certos empresários). Mas a verdade é que ela existe (não deixa de ser significativo que o DL 215-B/75, do mesmo dia 30 de Abril – lei sindical – não preveja no art. 4.º análoga estatuição; v. agora o art. 477.º do CT, igualmente sem estatuição análoga). Ora, se não se

Às *pessoas colectivas públicas* está também aberta a possibilidade de constituírem ou participarem na constituição de sociedades.

Vimos já que o *Estado* pode participar na constituição de sociedades, quer o acto constituinte seja de natureza privada, quer seja de natureza pública (na constituição por lei ou decreto-lei, o Estado, através dos seus órgãos, é o único autor possível do acto constituinte).

As pessoas colectivas públicas de tipo institucional ou, dizendo de outra maneira, as *entidades públicas estaduais* (serviços personalizados, fundações públicas, estabelecimentos públicos, entidades públicas empresariais) têm direito de participar em actos constituintes de sociedades quando as respectivas atribuições e competências conferidas por lei o permitam. Admitindo em termos genéricos a possibilidade de participação, veja-se o RSEE, arts. 1.º, 2, 2.º, 1, 2, 3.º, 1, 6.º, 10.º, 2, 3; especificamente para as entidades públicas empresariais, vejam-se os arts. 25.º, 2, 27.º, 2, do mesmo diploma [29]. Note-se, no entanto, o disposto no art. 37.º

---

adoptar uma (tradicional) concepção absolutista-formalista da personalidade jurídica, não será difícil ver que uma associação exerce de modo indirecto actividades empresariais (ou "de produção ou comercialização") quando possui participações de controlo (exclusivo ou conjunto) em sociedades explorando empresas (cfr. COUTINHO DE ABREU, *Da empresarialidade – As empresas no direito,* Almedina, Coimbra, 1996 (reimpr. 1999), pp. 163-164, 205, ss.); e "intervém no mercado" quando participa – ainda que em posição minoritária – em sociedades (intervém logo no mercado das participações sociais...). É certo, as associações patronais podem prestar serviços aos associados e criar instituições para esse efeito (al. b) do n.º 1 do art. 5.º). Mas devem tais serviços ser interpretados estritamente: actividades que satisfazem imediatamente, de modo directo ou indirecto, necessidades dos associados enquanto empregadores – p. ex., divulgação jurídica pertinente, assistência técnica, cursos de organização e deontologia. Para a prestação de tais serviços é possível criar "instituições" próprias, inclusive sociedades. Constituir ou participar em sociedades actuando fora do círculo assim subjectiva e objectivamente delimitado é que não (tais participações serão nulas – cfr. art. 294.º do CCiv.).

[29] Excepcionalmente, certas entidades públicas empresariais seguradoras poderão constituir sozinhas, por negócio jurídico unilateral, socie-

do RSEE: "A participação do Estado ou de outras entidades públicas estaduais na constituição de sociedades ou na aquisição de partes do capital está sujeita a autorização do Ministro das Finanças, excepto nas aquisições que decorram de dação em cumprimento, doação, renúncia ou abandono". E note-se o mais recente (e mais restritivo) art. 13.º, 1, da L 3/2004, de 15 de Janeiro (lei quadro dos institutos públicos): "Os institutos públicos não podem criar entes de direito privado ou participar na sua criação nem adquirir participações em tais entidades, excepto quando esteja previsto na lei ou nos estatutos e se mostrar imprescindível para a prossecução das respectivas atribuições, casos em que é necessária a autorização prévia dos Ministros das Finanças e da tutela, anualmente renovada" (v. também o art. 41.º, 5, b), 7) – não vale, porém, regime idêntico para os institutos que exerçam actividades de gestão financeira de fundos (art. 13.º, 2).

Sujeitos possíveis de actos constituintes de sociedades são também as *regiões autónomas* (v., v. g., a CRP, art. 227.º, 1, h), o CSC, arts. 273.º, 2, 545.º, o RSEE, arts. 5.º, 6.º), os *municípios* e *associações de municípios* (v. sobretudo o RSEL).

Além das pessoas singulares e das pessoas colectivas, poderão *entidades colectivas sem personalidade jurídica* – designadamente sociedades civis e sociedades comerciais sem registo definitivo – constituir ou participar na constituição de sociedades comerciais?

A muitos parecerá despropositada a questão. "Obviamente, só pode ser parte num contrato de sociedade quem tenha *personalidade jurídica*" ([30]). Não sendo embora óbvia uma resposta afirmativa à interrogação, também não se me antolha óbvia uma resposta negativa. Defendo, porém, dever responder-se afirmativamente. Tais entidades têm suficiente

---

dades *anónimas* unipessoais (v. DL 387/89, de 9 de Novembro, e tenham--se em conta os arts. 23.º, 2, e 40.º, 2, do RSEE).

([30]) BRITO CORREIA, *ob. cit.*, p. 128.

capacidade de gozo e de exercício de direitos para o efeito. Bastará, por ora, olhar para os arts. 996.º ss. (tomando ainda em devida conta os arts. 157.º e 160.º) do CCiv. – com respeito às sociedades civis –, e para os arts. 36º, 2, e 38.º, ss., do CSC – com relação às sociedades comerciais. ([31])

2. 2. Conteúdo

Os actos constituintes regidos pelo CSC (valendo porém o mesmo, no essencial, para os restantes actos constituintes) hão-de conter certas menções e podem conter outras (não obrigatórias ou facultativas).

O art. 9.º do CSC fixa uma lista das *menções obrigatórias gerais* (para a generalidade das sociedades, seja qual for o tipo). Antes de passar à análise dessa lista, importa fazer um esclarecimento terminológico. O referido artigo (bem como muitos outros do Código) fala de contrato – na epígrafe ("elementos do contrato") e nos seus três números. Dado que as sociedades não são constituídas somente por contrato, é mais correcto falar de acto constituinte. Ou de estatuto (apesar de este vocábulo denotar um pouco menos que aquela expressão ([32])). Curiosamente, a lei de 22 de Junho de 1867 (sobre sociedades anónimas) falava de "estatutos" (arts. 4.º, ss.); e de "título constituinte" (onde se fariam menções de que tratamos) falava o CCom. (art. 114.º). E já então na prática se utilizavam em geral sinonimamente "contrato social", "pacto social" e "estatutos" (no plural, normal-

---

([31]) Confortam em boa medida esta opinião as dominantes opiniões na Alemanha e na Itália sobre idêntica problemática – v., p. ex., KRAFT/ /KREUTZ, *ob. cit.*, pp. 30-31, e V. BUONOCORE, in *Manuale di diritto commerciale* (a cura di V. Buonocore), 2.ª ed., Giappichelli, Torino, 1999, p. 119. Apontando na mesma direcção parece estar a 2.ª Directiva em matéria de sociedades (Directiva 77/91/CEE, de 13 de Dezembro de 1976), no art. 3.º, i).

([32]) Cfr., p. ex., COUTINHO DE ABREU, *Sobre os regulamentos...*, pp. 95, ss., *maxime* 104-105.

mente) (³³). (³⁴) Entretanto, com as alterações introduzidas pelo DL 76-A/2006, o CSC passou a utilizar também "estatutos" como sinónimo de contrato social ou, mais latamente, de acto constituinte (v., por exemplo, os arts. 288.º, 4, 289.º, 4, 377.º, 5, f), 384.º, 9, 393.º, 1, 413.º, 4, 423º-B, 2, 424.º, 1).

Analisemos então o que, segundo o art. 9.º, deve constar do acto constituinte.

a) "Os *nomes* ou *firmas* de todos os sócios *fundadores* e os outros dados de identificação destes". A identificação dos sócios pessoas singulares faz-se indicando o nome completo, estado (sendo a pessoa casada, deve mencionar-se também o nome completo do cônjuge, bem como o regime matrimonial de bens), naturalidade e residência habitual (cfr. o CNot., arts. 46.º, 1, c), 47.º, 1, a)). As sociedades comerciais (e civis de tipo comercial) sócias são identificadas, tanto quanto possível, através das indicações referidas no art. 171.º, 1, 2, do CSC (CNot., art. 46.º, 1, c)). As demais entidades colectivas sócias são identificadas pelas respectivas denominações, sedes e números de identificação de pessoa colectiva (CNot., art. 46.º, 1, c)).

b) "O *tipo* de sociedade". Disto tratámos já nos capítulos anteriores.

(³³) Cfr. J. J. TAVARES DE MEDEIROS, *Commentario da lei das sociedades anonymas,* Livr. Ferreira, Lisboa, 1886, pp. 58-59, RAÚL VENTURA, *Alterações do contrato de sociedade,* Almedina, Coimbra, 1986, pp. 30, ss..

(³⁴) O CCiv., a propósito das associações (arts. 167.º, ss.), distingue "acto de constituição" e "estatutos". Segundo o CCoop. (art. 13.º), a escritura pública de constituição de cooperativas deve conter, além de outras menções, "os estatutos". As sociedades constituídas por acto legislativo têm os seus "estatutos" numa segunda parte (normalmente em "anexo") das respectivas leis ou decretos-leis. Anote-se ainda que as directivas comunitárias em matéria de direito das sociedades referem às vezes o acto constitutivo e / ou os estatutos (p. ex., 1.ª Directiva, art. 2.º, 1, a), 2.ª Directiva, art. 2.º), certamente por nalguns países se exigirem dois distintos documentos (é assim no Reino Unido, onde a formação das *companies* exige o *memorandum of association* e os *articles of association* – cfr. PALMER'S *Company Law,* 25ᵗʰ ed., Sweet & Maxwell, London, 1992-1998, pp. 2065, ss.).

c) "A *firma* da sociedade". Também já tratámos desta matéria no vol. I do *Curso*.

d) "O *objecto* da sociedade". Ficou dito atrás (cap. I, n.ᵒˢ 2. 3., 5. e 6.) alguma coisa sobre o objecto social. Sublinhemos agora que ele deve ser estatutariamente determinado, especificado; não são lícitas as indicações latamente genéricas das actividades prosseguíveis pela sociedade (*v. g.*, "qualquer actividade não proibida por lei", "qualquer actividade comercial ou industrial"). É o que se deduz da letra da lei de índole geral (art. 11.º, 2; para o caso da constituição de sociedades por subscrição pública veja-se, bem mais preciso, o art. 279.º, 5) e se justifica pela tutela de interesses vários (dos sócios, administradores, terceiros). Na verdade, devem os sócios conhecer a actividade em que arriscam capitais ou trabalho, certas obrigações de não concorrência de sócios e administradores são delimitadas pelo objecto (arts. 180.º, 254.º, 398.º, 3, 4), os órgãos sociais (nomeadamente os de administração e representação) têm o dever de nada fazerem fora do círculo delimitado pelo objecto social (art. 6.º, 4; v. também os arts. 192.º, 2, 3, 4, 260.º, 1, 2, 3, 409.º, 1, 2, 3), várias causas de dissolução das sociedades têm que ver com o objecto (arts. 141.º, 1, c), d), 142.º, 1, b), c), d)). Além disso, é sabido que a natureza comercial ou civil das sociedades é determinada pelo objecto (art. 1.º). A falta de determinação do objecto provoca a nulidade do acto constituinte ainda não registado (art. 41.º do CSC e art. 280.º do CCiv.).

e) "A *sede* da sociedade". Sede social ou estatutária (pois é desta que se trata, da sede constante do acto constituinte ou estatuto) é o lugar concretamente definido onde a sociedade se considera situada para a generalidade dos efeitos jurídicos em que a localização seja relevante ([35]). Tendo o

---

([35]) V. art. 12.º, 1, do CSC e RAÚL VENTURA, *A sede da sociedade, no direito interno e no direito internacional português,* SI, 1977, p. 344.

local de ser "concretamente definido", é preciso que se mencione, consoante os casos, o nome do lugar e / ou a freguesia e o concelho, ou o nome da localidade, rua, número de polícia e do andar ou equivalente, freguesia e concelho. Alguns dos efeitos para que releva a sede: no quadro do direito dos sócios à informação, podem eles consultar documentos societários na sede social (arts. 181.º, 1, 214.º, 1, 263.º, 1, 288.º, 1, 289.º, 1, 2); as assembleias gerais efectuam-se em princípio na sede social (art. 377.º, 6, a), e, para ele remetendo directa ou indirectamente, arts. 189.º, 1, 248.º, 1, 474.º, 478.º); a competência territorial dos tribunais quanto a questões respeitantes às sociedades é determinada às vezes pela sede estatutária (CPC, arts. 65.º, 1, a), 2, 65.º-A, b), c)).

Distinta da sede estatutária é a "*sede principal e efectiva da administração*" da sociedade, isto é, o lugar onde são tomadas e mandadas executar as decisões de gestão societária (onde, dizendo de outra maneira, funciona o órgão de administração e de representação). É pela sede da administração que, segundo o art. 3.º, 1, do CSC, se determina a *lei (ou estatuto) pessoal das sociedades* – a lei que regula a capacidade delas, a constituição, funcionamento e competência dos órgãos, os modos de aquisição e perda da qualidade de sócio, os direitos e obrigações dos sócios, a responsabilidade das sociedades e dos titulares dos órgãos perante terceiros, a transformação, dissolução e extinção das sociedades (art. 33.º, 2, do CCiv.). Assim, por exemplo, uma sociedade constituída e com actividade em Portugal mas com a sede efectiva no estrangeiro tem como lei pessoal não a portuguesa (essencialmente contida no CSC) mas a do respectivo Estado estrangeiro. Todavia, se tal sociedade tiver a sede estatutária no nosso país não pode "opor a terceiros a sua sujeição a lei diferente da lei portuguesa" (art. 3.º, 1, 2.ª parte). Por sua vez, uma sociedade constituída e com sede estatutária no estrangeiro mas com sede da administração (originariamente ou em consequência de transferência) em Portugal tem como lei pessoal a portuguesa, e deve tal sociedade conformar com a nossa lei o respectivo estatuto (cfr. art. 3.º, 2, 3). ([36])

O quadro do art. 3.º do CSC sofre alterações quando entre em jogo o "direito de estabelecimento" (arts. 49.º, ss. do TFUE) de sociedades "constituídas em conformidade com a legislação de um Estado-Membro e que tenham a sua sede social, administração central ou estabelecimento principal na União" (art. 54.º).

Com referência ao art. 3.º, 1, 1.ª parte: uma sociedade constituída em um Estado-membro (que não o nosso) com sede efectiva ou real em Portugal terá de ser aqui tratada como sociedade com estatuto pessoal determinado pelo Estado da constituição (aplica-se, pois, o critério da constituição, não o da sede efectiva) – cfr., do TJCE, os acs. "Centros" (9/3/1999), "Uberseering" (5/11/2002) e "Inspire Art" (30/9/2003).

Com referência ao art. 3.º, 2, 3: uma sociedade constituída em um Estado-membro e que transfira a sua sede efectiva para Portugal mantém a personalidade jurídica, se a lei daquele Estado nisso convier (ela pode impedir a manuten-

---

([36]) A transferência de sede efectiva de Portugal para o estrangeiro é também possível (art. 3.º, 4, 5). Mas levanta algumas perplexidades o n.º 5 do art. 3.º. Com efeito, diz ele que a "deliberação" de transferência da sede efectiva "deve obedecer aos requisitos para as alterações do contrato de sociedade", e exige um *quorum* deliberativo especialmente qualificado (prescrevendo ainda o direito de exoneração dos sócios que não tenham votado a favor da deliberação). Ora, uma alteração dos estatutos sociais importa sempre uma modificação ou supressão de alguma das suas cláusulas e/ou a introdução de nova cláusula (art. 85.º, 1). E a sede mencionada nos estatutos é a sede... estatutária, não a efectiva, a cláusula do acto constituinte respeitante à sede é alterada quando se altera a sede estatutária. É legítimo supor que a sede efectiva tem normalmente a mesma localização da sede estatutária e que, portanto, a transferência daquela implica a desta – mas não é necessariamente assim... (Os dizeres do n.º 5 do art. 3.º do CSC foram influenciados pelos do n.º 5 do art. 3.º do Projecto do Código das Sociedades, publicado no BMJ n.º 327. Só que no *Projecto* tratava-se da transferência da sede *estatutária* – e era esta sede o critério da lei pessoal das sociedades ...).

ção da "mesma" personalidade jurídica em casos de transferência – acs. "Daily Mail", de 27/9/1988, e, por último, "Cartesio", de 16/12/2008), mas não tem de conformar com a lei portuguesa o respectivo estatuto – mantém-se como sociedade de direito daquele Estado da constituição (cfr. os acs. "Uberseering" e "Inspire Art").

Com referência ao art. 3.º, 4, 5: uma sociedade constituída em Portugal e aqui com sede efectiva pode transferi-la para outro Estado-membro, mantendo-se aí como sociedade de direito português, independentemente de a lei desse país nisso convir ou não (cfr. os dois acs. por último citados) ([37]). ([38])

Diferente do estatuto ou lei pessoal das sociedades é a *nacionalidade* delas (relevante em matéria de direito dos estrangeiros e de protecção diplomática). Não obstante, é ideia consensual valer entre nós o mesmo critério tanto para determinar a lei pessoal como para atribuir a nacionalidade: o critério da sede real ou efectiva (da administração) ([39]).

([37]) Para comentários aos acs. do TJCE citados (com excepção do ac. "Cartesio"), v. por todos M. ÂNGELA C. BENTO SOARES, *A liberdade de estabelecimento das sociedades na União Europeia,* TI, 2003, p. 283, *O acórdão Inspire Art Ltd: Novo incentivo jurisprudencial à mobilidade das sociedades na União Europeia,* TI, 2004, *A transferência internacional da sede social no âmbito comunitário,* em IDET, *Temas societários,* Almedina, Coimbra, 2006, p. 45.

([38]) Sobre as sociedades sem sede efectiva e – deve acrescentar-se – sem sede estatutária em Portugal que aqui desejem exercer actividade, v. o art. 4.º; acerca deste preceito, v. as crónicas de ANTÓNIO CAEIRO e de R. M. MOURA RAMOS publicadas na RDE, 1987, pp. 333 ss., L. LIMA PINHEIRO, *Direito internacional privado – Parte especial (Direito de conflitos),* Almedina, Coimbra, 1999, pp. 98 ss., e, a propósito da (in)compatibilidade do mesmo com o direito de estabelecimento das sociedades "comunitárias", RUI DIAS, *As sociedades no comércio internacional,* em IDET, Miscelâneas n.º 5, Almedina, Coimbra, 2008, p. 81.

([39]) Sobre a questão da nacionalidade (e lei pessoal) das sociedades v. ainda as monografias de M. A. FERNANDES COSTA, *Da nacionalidade das sociedades comerciais,* BFD (supl. XXVII), Coimbra, 1984, pp. 1, ss., A. MARQUES DOS SANTOS, *Algumas reflexões sobre a nacionalidade das sociedades em direito internacional privado e em direito internacional público,* BFD, n.º especial – "Estudos em homenagem ao Prof. Doutor A.

Um último apontamento para as "formas locais de representação" das sociedades, algo relacionadas com as sedes. Segundo o n.º 1 do art. 13.º, pode a sociedade, sem necessidade de autorização estatutária (mas também sem prejuízo de o estatuto o proibir ou limitar), "criar sucursais, agências, delegações ou outras formas locais de representação, no território nacional ou no estrangeiro". Esta criação depende, salvo dispensa estatutária, de deliberação dos sócios (n.º 2). Os signos sucursal, agência e delegação têm sido entendidos sinonimamente (sobretudo os dois primeiros) tanto na *praxis* como nas leis (v. CPC, art. 7.º, RGIC, art. 13.º, n.ºs 5.º e 6.º, DL 94-B/98, de 17 de Abril – sobre condições de acesso e de exercício da actividade seguradora –, art. 2.º, 1, c)) [40]. Ora, as sucursais (ou agências e delegações) são partes de empresas ou estabelecimentos, caracterizáveis nos termos já atrás expostos (n.º 3. 1. 1. 3. do cap. III do vol. I do *Curso*). Podem pertencer a pessoas singulares ou a entidades colectivas. Pertencendo a sociedades, estas exercem actividades "localmente" através delas e são propriamente "representadas" (embora não necessária nem normalmente de modo orgânico) nesse exercício por quem está à frente das sucursais (pelos "gerentes" destas) [41]. Nas "outras formas locais de representação" temos representações societárias diferentes das sucursais propriamente

---

Ferrer-Correia", 1986, pp. 279, ss., J. GRANDINO RODAS, *Sociedade comercial e Estado,* UNESP/Saraiva, São Paulo, 1995.

[40] O art. 7.º do CPC inclui ainda, entre as sucursais, agências e delegações, as "filiais". No entanto, estas têm aparecido, e bem, na legislação como entidades colectivas (sociedades, sobretudo) dominadas (totalmente ou não) por outras entidades (-mães), não se confundindo, pois, com as sucursais, agências e delegações, desprovidas de subjectividade jurídica (v. CSC, art. 508.º-A, 3, RGIC, art. 13.º, n.º 1.º, DL 94-B/98, art. 3.º, 4; na mesma linha se situa a 11.ª Directiva em matéria de sociedades – Directiva 89/666/CEE, de 21 de Dezembro de 1989, sobre publicidade das sucursais: v. sobretudo o 6.º "considerando" do preâmbulo e o art. 2.º, 1, e)); com diverso parecer, PINTO FURTADO, *ob. cit.*, p. 299.

[41] Com diversa perspectiva, *últ. A.* e *ob. cits.*, pp. 298-299, 301.

ditas, *v. g.* "escritórios de representação" (cfr. RGIC, arts. 62.º, ss.).

f) "O *capital social*, salvo nas sociedades em nome colectivo em que todos os sócios contribuam apenas com a sua indústria". Disto voltaremos a falar no cap. VI.

g) "A *quota* de capital e a natureza da *entrada* de cada sócio, bem como os *pagamentos* efectuados por conta de cada quota". Esta alínea reproduz quase integralmente a al. c) do n.º 1 do art. 9.º de um anteprojecto sobre *sociedades por quotas* [42] (não constava do *Projecto*). Também por isso ela suscita algumas dificuldades interpretativas. A "quota de capital" parece significar participação social correspondente a entrada em dinheiro e/ou em espécie e cujo valor nominal consta do estatuto – exceptuadas, agora, as sociedades com acções sem valor nominal (cfr. art. 272.º, a)). A "natureza" das entradas terá que ver com todas as espécies admitidas (em dinheiro, espécie ou indústria) – no citado anteprojecto estavam em causa apenas as entradas em dinheiro ou em espécie (não eram aí admitidas entradas em indústria, tal como não são admitidas pelo CSC para as sociedades por quotas – art. 202.º, 1). Os *"pagamentos* efectuados por conta de cada quota" terão que ver somente com a realização das entradas (e não propriamente das "quotas") em dinheiro (e só a realização destas entradas pode ser parcialmente diferida [43]). A indicação da quota e da entrada "de cada sócio" fundador será praticamente inviável com respeito à maior parte das sociedades por acções constituídas com apelo a subscrição pública; deve aqui exigir-se a referida indicação quanto aos promotores (cfr. art. 279.º, 2, 3) e aos subscritores que entrem com bens diferentes de dinheiro (cfr. art. 283.º, 1).

---

[42] A. FERRER CORREIA/LOBO XAVIER/M. ÂNGELA COELHO/ANTÓNIO A. CAEIRO, *Sociedade por quotas de responsabilidade limitada (Anteprojecto de lei – 2.ª redacção e exposição de motivos)*, RDE, 1977, pp. 153, ss..

[43] V. *infra*, n.º 2. 2. 1. do cap. V.

h) "Consistindo a *entrada* em bens diferentes de dinheiro, a *descrição* destes e a especificação dos respectivos *valores*". Respeita às entradas em espécie e em indústria (⁴⁴).

i) "Quando o *exercício anual* for diferente do ano civil, a data do respectivo encerramento, a qual deve coincidir com o último dia do mês de calendário, sem prejuízo do previsto no artigo 7.º do Código do Imposto sobre o Rendimento das Pessoas Colectivas".

Apesar de não previstas no art. 9.º, há certas situações que, quando ocorram, *devem também ser mencionadas* nos estatutos das sociedades.

É o caso das *vantagens especiais* concedidas a sócios conexionadas com a constituição da sociedade (premiando designadamente a iniciativa de tais sócios quanto à formação da sociedade) e das *despesas de constituição* (derivadas, v. g., de projectos de viabilidade económica, da publicação de anúncios e programas) que a sociedade deve pagar a sócios ou a terceiros. Diz o art. 16.º no n.º 1: "Devem exarar-se no contrato de sociedade, com indicação dos respectivos beneficiários, as vantagens concedidas a sócios em conexão com a constituição da sociedade, bem como o montante global por esta devido a sócios ou terceiros, a título de indemnização ou de retribuição de serviços prestados durante essa fase, exceptuados os emolumentos e as taxas de serviços oficiais e os honorários de profissionais em regime de actividade liberal". (⁴⁵) E acrescenta o n.º 2: "A falta de cumprimento do disposto no número anterior torna esses direitos e acordos ineficazes para com a sociedade, sem prejuízo de even-

---

(⁴⁴) Quanto à avaliação das entradas em espécie, v. *infra,* no local indicado na nota anterior. V. ainda o n.º 2 do art. 9.º.

(⁴⁵) Para a fixação da espécie e limites das vantagens especiais atribuíveis aos promotores de sociedades por acções constituídas com apelo a subscrição pública, v. o art. 279.º, 8.

tuais direitos contra os fundadores". (⁴⁶) É estranha a excepção consagrada na parte final do n.º 1 (introduzida pelo DL 280/87, de 8 de Julho, que recuperou idêntica excepção constante do art. 16.º, 1, do *Projecto*), sobretudo no respeitante aos "honorários de profissionais em regime de actividade liberal" (*v. g.*, do economista que realiza um estudo sobre as potencialidades da projectada sociedade, do advogado que redige a minuta do contrato social). Na verdade, pode interessar aos terceiros conhecer (através de consulta do registo) a consistência patrimonial das sociedades (de capitais, sobretudo) na fase do arranque – e a imagem dessa consistência (ou da correspondência capital-património) pode resultar desvirtuada pela não menção das referidas despesas (o problema é menor quanto aos "emolumentos e taxas de serviços oficiais", porque fixadas legalmente e calculáveis não muito dificilmente). Por outro lado, essa excepção viola – com relação às sociedades anónimas – o preceito da al. j) do art. 3.º da 2.ª Directiva...

Por sua vez, os *"direitos especiais"* de sócios só existem quando previstos no contrato social (art. 24.º, 1) (⁴⁷).

Às menções obrigatórias gerais há que acrescentar as *menções obrigatórias específicas* (valem para cada um dos tipos societários).

Para as sociedades *em nome colectivo*, o art. 176.º, 1, prevê em três alíneas outras tantas menções. É uma disposição quase (se não totalmente) inútil. A al. a) nada adianta ao dito nas als. g) e h) do n.º 1 do art. 9.º; a menção da al. c) já está prevista na (mais ampla) al. g) do n.º 1 do art. 9.º; a al. b) ("o valor atribuído à indústria com que os sócios contribuam, para o efeito da repartição de lucros e

---

(⁴⁶) V. tb. o art. 19.º, 4.

(⁴⁷) Sobre os direitos especiais (com os quais se não confundem as "vantagens especiais" há pouco referidas) v. *infra*, n.º 1. 1. do cap. V.

perdas") diz na 1.ª parte o dito já na al. h) do n.º 1 do art. 9.º, e a sua 2.ª parte não tem de constar do contrato (atribuindo-se neste um certo valor a entrada em indústria, já se sabe que esse valor será referência para efeitos de repartição de lucros e de perdas).

Para as sociedades *por quotas* apresenta o art. 199.º duas alíneas. Desnecessária é a al. a). O que nela se diz resulta já das als. a) e g) do n.º 1 do art. 9.º. A al. b), depois da alteração introduzida pelo DL 33/2011, deixou de ser inútil. Diz ela que o estatuto deve mencionar "o montante das entradas realizadas por cada sócio no momento do acto constitutivo ou a realizar até ao termo do primeiro exercício económico, que não pode ser inferior ao valor nominal mínimo da quota fixado por lei, bem como o montante das entradas diferidas".

Do estatuto das sociedades *anónimas* devem especialmente constar, nos termos do art. 272.º, o número das acções e, sendo o caso, o respectivo valor nominal; as condições particulares, se as houver, a que fica sujeita a transmissão de acções; as categorias de acções que porventura sejam criadas, com indicação expressa do número de acções e dos direitos atribuídos a cada categoria; se as acções são nominativas ou ao portador e as regras para as suas eventuais conversões; o montante do capital realizado e os prazos de realização do capital apenas subscrito; a autorização, se for dada, para a emissão de obrigações; a estrutura adoptada para a administração e fiscalização da sociedade.

Para as sociedades *em comandita* regem os arts. 466.º (devem ser indicados distintamente os sócios comanditários e os sócios comanditados, deve especificar-se se a sociedade é em comandita simples ou em comandita por acções) e 472.º, 2 (o contrato deve regular, em função do capital, a atribuição dos votos aos sócios). No estatuto das sociedades *em comandita por acções* devem figurar ainda as menções prescritas no art. 272.º para as sociedades anónimas (exceptuada a presente na al. g)) – vale aqui a remissão do art. 478.º

Problema que interessa particularmente para as sociedades anónimas é este: devem os estatutos mencionar obrigatoriamente o *número dos administradores,* ou podem eles, por exemplo, mencionar um número mínimo e um número máximo de membros do conselho de administração, remetendo para deliberações dos sócios a fixação do número exacto? Resulta da letra da lei – art. 390.º, 1 ("O conselho de administração é composto pelo *número* de administradores *fixado* no contrato de sociedade") e 2 ("O contrato de sociedade pode dispor que a sociedade tenha *um só administrador* (...)") e art. 424.º, 1 ("O conselho de administração executivo (...) é composto pelo *número* de administradores *fixado* nos estatutos") – dever constar do estatuto um só número. A mais deste argumento literal, importa não olvidar que, em regra (supletiva), estas sociedades ficam vinculadas pelos negócios jurídicos concluídos (ou ratificados) pela maioria dos membros do órgão de representação (arts. 408.º, 1, 431.º, 3) – interessa, pois, aos terceiros poder conhecer qual o preciso número de tais membros. ([48])

Nos estatutos sociais há lugar não só para as menções obrigatórias mas também para *menções facultativas*. Além de espaços não ocupados por lei poderem ser preenchidos por cláusulas estatutárias, é a própria lei que em certos casos habilita os estatutos a estabelecerem determinada disciplina, permitindo inclusive às vezes que tal disciplina se afaste da prevista – supletivamente – nela.

([48]) No mesmo sentido, v. L. BRITO CORREIA, *Os administradores de sociedades anónimas,* Almedina, Coimbra, 1993, pp. 256-257, A. SOVERAL MARTINS, *Os poderes de representação dos administradores de sociedades anónimas,* Coimbra Editora, Coimbra, 1998, pp. 100-103; em oposto sentido, v. ALBINO MATOS, *ob. cit.,* p. 251.

Exemplos (entre muitos outros) de *normas legais habilitantes mas não dispositivas* ou supletivas: para as *sociedades em geral* – arts. 27.º, 3 (o contrato social pode estabelecer penalidades para a falta de cumprimento das obrigações de entrada), 146.º, 5 (os estatutos podem regulamentar a liquidação da sociedade em tudo quanto não esteja disposto nos arts. que àquele se seguem), 148.º (o estatuto pode determinar a transmissão do património global da sociedade dissolvida para algum ou alguns sócios); para as sociedades *em nome colectivo* – arts. 185.º (direito de exoneração dos sócios nos casos previstos no contrato), 186.º, 1 (possibilidade de exclusão de sócios nos casos previstos no contrato); para as sociedades *por quotas* – arts. 198.º, 1 (é lícito estipular no contrato a responsabilidade directa de sócios para com credores sociais), 209.º, 1 (pode o contrato impor a sócios obrigações de prestações acessórias), 210.º (pode o contrato permitir que se delibere exigir aos sócios prestações suplementares), 225.º, 1, 226.º, 1 (regulamentação pelo estatuto da transmissão de quotas por morte), 232.º, 1 (amortização de quotas permitida pelo contrato social), 240.º, 1 (direito de exoneração dos sócios em casos previstos no contrato), 241.º, 1 (exclusão de sócios em casos previstos no contrato), 246.º, 1 (pode o estatuto indicar actos sujeitos a deliberação dos sócios); para as sociedades *anónimas* – arts. 287.º, 1 (o contrato social pode impor a accionistas a obrigação de efectuarem prestações acessórias), 328.º, 2 (o estatuto pode estabelecer certas limitações à transmissão de acções nominativas), 391.º, 2, 392.º, 1, 6, 10 (regras especiais de eleição de administradores previstas no acto constituinte), 456.º, 1, 2 (autorização estatutária para o órgão de administração poder decidir aumentos do capital social por entradas em dinheiro).

Antes de apresentar alguns (também entre muitos outros) exemplos de *normas habilitantes dispositivas*, gastemos umas linhas para as caracterizar. Diz o n.º 3 do art. 9.º: "Os preceitos dispositivos desta lei só podem ser derrogados pelo contrato de sociedade, a não ser que este expressamente admita a derrogação por deliberação dos sócios". Quer isto dizer que as normas não imperativas do CSC (normas dispositivas ou supletivas) se aplicam às sociedades excepto quando os *actos contituintes* (ou estatutos) societários derroguem, desapliquem tais normas estabelecendo diverso regime, ou quando *deliberações* dos sócios procedam a tal derrogação – sendo certo que as deliberações sociais poderão derrogar normas legais dispositivas somente se para isso houver expressa autorização estatutária ([49]). Devemos acrescentar uma nota mais. Não é certo que "só" através do acto constituinte ou de deliberações por ele autorizadas possam ser derrogados os preceitos dispositivos do CSC. A derrogação pode efectivar-se através de deliberações quando a *lei* o admita – v., *v. g.*, os arts. 151.º, 1, 191.º, 2, 217.º, 1, 294.º, 1.

Vamos então aos exemplos de normas habilitantes dispositivas: para as *sociedades em geral* – arts. 15.º (a duração da sociedade pode ser fixada, através de termo certo ou incerto, no acto constituinte; nada se dizendo, durará a sociedade por tempo indeterminado), 22.º, 1 (o contrato

---

([49]) Era diferente (e porventura mais razoável) a versão originária do n.º 3 do art. 9.º (coincidente, no essencial, com o disposto no n.º 2 do art. 9.º do *Projecto;* a versão actual foi introduzida pelo DL 280/87): "Os preceitos dispositivos desta lei só podem ser derrogados pelo contrato de sociedade, a não ser que *esta* [lei] expressamente admita a derrogação por deliberação dos sócios". RAÚL VENTURA, *Sociedades por quotas,* vol. III, Almedina, Coimbra, 1991, p. 107, pensava haver gralha na versão actual, devendo, onde está "este" (contrato de sociedade), ler-se "ela" (a lei), como estava no *Projecto* (concordando com o Prof. Ventura, J. PINTO FURTADO, *Deliberações dos sócios,* Almedina, Coimbra, 1993, p. 375, n. (367)). Nada aponta, porém, para a existência de "gralha" – cfr. ALBINO MATOS, *ob. cit.*, pp. 25-26, ANTÓNIO CAEIRO, *As modificações ao Código das Sociedades Comerciais,* in AA.VV., *Ab uno ad omnes – 75 anos da Coimbra Editora (1920-1995),* Coimbra Editora, Coimbra, 1998, pp. 372-373.

social pode estabelecer que a participação dos sócios nos lucros e nas perdas se não fará na proporção dos valores nominais das respectivas participações sociais), 26.º, 3 (o acto constituinte pode em certos casos prever o diferimento da realização das entradas em dinheiro), 151.º, 1 (é possível estabelecer no estatuto que os membros da administração não serão liquidatários da sociedade dissolvida); para as sociedade *em nome colectivo* – arts. 178.º, 2 (o contrato de sociedade pode fazer responder, nas relações internas, pelas perdas sociais os sócios de indústria), 190.º, 1 (é possível estipular-se no contrato um critério de atribuição dos votos diverso do "a cada sócio um voto"), 194.º, 1 (pode o estatuto não exigir a unanimidade para se deliberar sobre alterações do contrato); para as sociedades *por quotas* – arts. 217.º, 1 (o contrato social pode permitir que se distribua pelos sócios menos de metade dos lucros de exercício distribuíveis), 229.º, 2 (pode o contrato dispensar o consentimento da sociedade com relação a certas transmissões de quotas), 235.º, 1, 2 (cláusulas estatutárias sobre a determinação da contrapartida da amortização de quotas e modos de pagamento); para as sociedades *anónimas* – arts. 294.º, 1 (pode o contrato social permitir a distribuição pelos sócios de menos de metade dos lucros de exercício distribuíveis), 395.º, 1, 2 (o estatuto pode estabelecer que a assembleia geral que eleger os membros do conselho de administração designe o respectivo presidente).

2. 3. Regime das relações societárias anteriores à celebração do contrato de sociedade

Vimos há pouco (n.º 2. 1.) que a "celebração" de acto constituinte (contrato ou negócio unilateral) de sociedade se basta hoje, em regra, com a mera forma escrita, devendo as assinaturas dos subscritores ser reconhecidas presencialmente (⁵⁰). A escritura pública só é exigida quando seja necessária para a transmissão dos bens com que os sócios entram para a sociedade. Fora destes casos, a celebração do acto constituinte pode ser efectuada por escritura pública, mas não tem de sê-lo. (⁵¹)

Concluído um contrato de sociedade comercial – e antes mesmo de lhe ser dada forma legal (*v. g.*, não foi reduzido a escrito, há escrito mas as assinaturas não foram reconhecidas, a necessária escritura pública não foi lavrada) –, pode acontecer que os sócios realizem logo negócios em nome dela (*v. g.*, arrendamento de um imóvel, contratação de trabalhadores, compra de máquinas, negócios exigidos pela exploração de empresa com que um sócio entrou). E isto pode acontecer, porque os sócios ignoram a exigência da forma legal, porque entendem que a urgência dos negócios não admite espera, etc. A lei não proíbe uma tal prática. Nem o facto de o contrato social sem forma legal ser considerado nulo (art. 41.º, 1, do CSC e art. 220.º do CCiv., art. 42.º, 1, e), do CSC) inviabiliza a aludida actuação – o regime desta "nulidade" é especial, bem diverso do regime geral aplicável aos negócios jurídicos (⁵²).

Contudo, sem a forma exigida (para já não falar do registo) a sociedade não está perfeitamente constituída, está em situação irregular (⁵³). É pois preciso disciplinar a vida

---

(⁵⁰) Na constituição *on line* de sociedades (DL 125/2006), os documentos escritos e/ou as assinaturas autógrafas podem ser substituídos por documentos e assinaturas electrónicos.

(⁵¹) Não está sujeita às formas referidas a constituição de sociedades em "plano de insolvência" nem, evidentemente, em decreto-lei ou lei.

(⁵²) V. *infra*, n.º 6. deste capítulo.

(⁵³) Nada impede que, para este e outros casos, se fale de "sociedade irregular". Apesar da larga controvérsia que, noutro contexto (antes do CSC, a propósito do art. 107.º do CCom.), durante dezenas de anos, aquela expressão alimentou. Talvez por isso tenha tentado o CSC evitar o uso dessa expressão (tentativa não plenamente conseguida: v. o art. 174.º, 1, e)).

societária nessa situação – parecendo lógico não poder valer disciplina idêntica à vigente para as sociedades perfeitamente constituídas. A isso dá resposta o n.º 2 do art. 36.º: "Se for acordada a constituição de uma sociedade comercial, mas, *antes da celebração do contrato de sociedade,* os sócios *iniciarem a sua actividade,* são aplicáveis às relações estabelecidas entre eles e com terceiros as *disposições sobre sociedades civis*".

Assim, nas "relações internas" (relações entre sócios, entre sócios e sociedade) aplicam-se sobretudo os arts. 983.º, ss. do CCiv. (entradas, administração, direito de informação dos sócios, obrigação de não concorrência dos sócios, divisão de lucros, cessão de quotas, etc.) e os arts. 1001.º, ss. do mesmo diploma (morte, exoneração, exclusão de sócios). Nas "relações externas" são principalmente aplicáveis os arts. 996.º, ss. do CCiv. (representação, responsabilidade pelas obrigações sociais – em regra respondem a sociedade e, pessoal e solidariamente mas a título subsidiário, os sócios –, impenhorabilidade das quotas sociais, etc.).

O n.º 2 do art. 36.º ([54]), ao remeter para as disposições sobre as sociedades civis, não deve ser interpretado de modo a qualificarem-se como sociedades civis as sociedades com objecto comercial mas sem o contrato celebrado pela forma legal ([55]). Repita-se: verificando-se todas as notas do con-

---

([54]) Este enunciado normativo é muito semelhante ao do art. 5.º do já citado *Anteprojecto de lei das sociedades comerciais.* Os seus autores (FERRER CORREIA/ANTÓNIO CAEIRO) dizem ter seguido a solução da doutrina suíça (v. *ibid.*, p. 28). Que pouco difere da alemã: a *Vorgründungsgesellschaft* (sociedade pré-constituição) é as mais das vezes sociedade civil (BGB-G), podendo ser OHG (correspondente à nossa sociedade comercial em nome colectivo) quando explore empresa mercantil – v., p. ex., KRAFT/KREUTZ, *ob. cit.*, p. 37.

([55]) A. FERRER CORREIA, *A sociedade por quotas de responsabilidade limitada segundo o Código das Sociedades Comerciais,* in *Temas de direito comercial e direito internacional privado,* Almedina, Coimbra, 1989, p. 139, entende que estas sociedades não são comerciais, qualificando-as como civis. Por sua vez, PINTO FURTADO, *Curso...*, p. 209, defende

trato de sociedade comercial, a sociedade é comercial; uma sociedade com objecto comercial não pode ser civil; dizer que a *x* se aplica o regime de *y* não faz de *x*... *y*; aliás, apesar da remissão do art. 36.º, 2, não deixam de aplicar-se às sociedades com objecto comercial mas sem forma legal *outras normas do CSC* – por exemplo, as dos arts. 41.º e 52.º.

O art. 36.º tem um outro número (o n.º 1), que diz o seguinte: "Se dois ou mais indivíduos, quer pelo uso de uma firma comum quer por qualquer outro meio, criarem a falsa aparência de que existe entre eles um contrato de sociedade responderão solidária e ilimitadamente pelas obrigações contraídas nesses termos por qualquer deles".

Em casos tais ([56]), não existindo contrato de sociedade, inexiste sociedade (não há actividade nem património comuns, etc.) ([57]). Mas porque há uma aparente sociedade, a tutela da confiança de terceiros impõe a solução da responsabilidade solidária e ilimitada dos aparentes sócios. Só que compreende-se mal a colocação da norma numa secção intitulada "Regime da *sociedade* antes do registo. Invalidade do *contrato*" e num artigo epigrafado "Relações [entre *sócios,* entre sócios e *sociedade,* entre sócios e socie-

---

que o art. 36.º, 2, configura a hipótese como uma invalidade do contrato, por vício de forma, e opera a conversão da sociedade comercial de facto em sociedade sob forma civil. No sentido do que vai em texto, v. o Ac. do STJ de 27/6/2000, CJ (ASTJ), 2000, t. II, p. 129.

([56]) "Suponhamos, por exemplo, que o engenheiro director de uma empresa fabril, propriedade de um comerciante singular, permite a certa altura que o estabelecimento passe a ser gerido doravante sob uma firma que inclua o seu nome. Tanto basta para que se crie a aparência de que existe aí uma sociedade em nome colectivo. Tal não foi, porém, a intenção das partes. O único escopo por elas visado foi tornar patente aos olhos de todos o facto real da ligação do técnico à empresa, em ordem a fazê-la aproveitar mais amplamente da reputação profissional daquele" (FERRER CORREIA/ANTÓNIO CAEIRO, *ob. cit.*, pp. 172-173; na p. 174 propuseram os AA. um enunciado muito semelhante ao recebido no art. 36.º, 1).

([57]) Não obstante, PINTO FURTADO, *últ. ob. cit.*, pp. 208-209, defende que a sociedade aparente, tal como a contemplada no art. 36.º, 2, é uma "sociedade do Código Civil".

dade e terceiros] anteriores à celebração do *contrato de sociedade*"...

2. 4. Regime das relações internas depois da celebração do acto constituinte e antes do registo

Neste domínio rege o art. 37.º. No período compreendido entre a celebração do acto constituinte (não apenas do contrato social, ao invés do dito no art.) e o seu registo definitivo, são aplicáveis às relações internas (relações entre os sócios e entre o(s) sócio(s) e a sociedade – o art. refere somente "relações entre os sócios"...) ([58]), "com as necessárias adaptações" (muito poucas serão...), as *regras estabelecidas no estatuto e no CSC,* "salvo aquelas que pressuponham o contrato [*rectius,* o acto constituinte] definitivamente registado" (n.º 1 do art. 37.º) ([59]).

Apesar da falta do registo, o regime das relações internas nesta fase é em princípio, portanto, o aplicável depois de registado o acto constituinte, é praticamente o mesmo que vigora quando a sociedade está perfeitamente constituída.

([58]) Explicitando de outra maneira, podemos dizer que as relações internas se referem à organização e funcionamento sociais sem projecção relativamente a terceiros, abrangendo matérias como, por exemplo, a dos direitos e obrigações dos sócios (entradas, participação nas deliberações, participação nos lucros, etc.), a das espécies de órgãos e modo do seu funcionamento.

([59]) Com ressalva, porventura, do estabelecido no n.º 2 do art. 37.º, não é nada fácil descobrir quais as regras que (no âmbito das relações internas) pressupõem o acto constituinte definitivamente registado. Não servem de exemplo as mencionadas por BRITO CORREIA, *Direito comercial...,* p. 189: arts. 5.º (que nos diz que a sociedade goza de personalidade depois do registo), 6.º (sobre a capacidade de gozo das sociedades – isto tem mais que ver com relações externas e, por outro lado e como depois veremos, a sociedade tem capacidade de gozo antes do registo), 19.º (tem essencialmente que ver com relações externas), 28.º, 6 (a publicidade do relatório aí referido também não tem que ver com o domínio em causa), "etc." (não sei o que o etc. – que muito jeito faz às vezes – denota aqui).

Porém, o n.º 2 do art. 37.º apresenta *duas excepções:* "Seja qual for o tipo de sociedade visado pelos contraentes, a transmissão por acto entre vivos das participações sociais e as modificações do contrato social requerem sempre o consentimento unânime dos sócios". [60] Porquê estas excepções?

Poder-se-á pensar que na fase de que tratamos ressalta ainda o contrato (em detrimento da "instituição sociedade", cujo regime especial não é ainda aplicável); por conseguinte, nomeadamente no respeitante às "modificações do contrato", este deve continuar sujeito ao direito comum dos contratos (art. 406.º, 1, do CCiv.: o contrato só pode modificar-se por *mútuo consentimento* dos contraentes ou nos casos admitidos na lei) [61]. É ideia com um leve travo a conceitualismo e que não (me) convence da bondade da solução legal. A sociedade-entidade (embora não pessoa) existe já e pode actuar (arts. 38.º, ss.; antes mesmo da "celebração" do contrato, vimo-lo há pouco, pode actuar também). E, por exemplo, porque hão-de poder os sócios de uma sociedade por quotas deliberar por simples maioria a destituição de um gerente designado no contrato e a eleição de um outro (por força do art. 37.º, 1, são já aplicáveis as regras dos arts. 246.º, 1, d), 250.º, 3, 252.º, 2, 257.º, 1) e não poder alterar a firma da sociedade através de deliberação tomada com a maioria qualificada exigida pelo art. 265.º, 1 (exigindo-se antes a unanimidade nos termos do art. 37.º, 2)?

Compreende-se melhor a outra excepção (a respeitante à transmissão das participações sociais). Com efeito, a generalidade dos sócios (incluindo os de responsabilidade limitada)

---

[60] Para as regras do CSC sobre a transmissão por acto entre vivos das participações sociais, recorde-se o que ficou dito *supra,* no n.º 2. 3. do cap. II. Sobre as modificações do contrato social, que quase nunca exigem unanimidade dos sócios, v. arts. 194.º, 265.º, 386.º, 3, 4, 476.º.

[61] Assim, A. FERRER CORREIA, *A sociedade por quotas de responsabilidade limitada nos projectos do futuro código das sociedades comerciais,* in *Temas...,* pp. 89-90, e NOGUEIRA SERENS, *ob. cit.,* pp. 26-27.

pode ter de responder ilimitada e solidariamente por obrigações sociais antes do registo (v. o n.º seguinte). Não é, pois, indiferente para os sócios a substituição de um ou alguns deles, pela via da transmissão das participações, por outros (já sócios ou, sobretudo, até então não sócios) – a unanimidade protege interesses (dignos de tutela) dos sócios actuais [62].

2. 5. Regime das relações das sociedades com terceiros depois da celebração do acto constituinte e antes do registo

Sobre esta matéria apresenta o CSC três arts. (38.º-40.º), um para as sociedades em nome colectivo, outro para as sociedades em comandita simples e um outro para as sociedades por quotas, anónimas e em comandita por acções.

No período em consideração (período compreendido entre a celebração do acto constituinte e o seu registo definitivo [63]), pelos negócios [64] realizados em nome de uma sociedade *em nome colectivo,* com o acordo de todos os sócios [65], respondem solidária e ilimitadamente todos esses

---

[62] Convergentemente, v. BRITO CORREIA, *últ. ob. e loc. cits.*, e NOGUEIRA SERENS, *ob. cit.*, p. 26.

[63] Todos os citados arts. se referem apenas a "contrato de sociedade". Mas nada impede a aplicação do regime do art. 40.º às sociedades unipessoais (por quotas e anónimas) – v. tb. os arts. 270.º-G e 488.º, 2. Por outro lado, as sociedades resultantes de "saneamento por transmissão" submeter-se-ão também, no período compreendido entre a sentença homologatória do plano de insolvênvia e o registo, aos arts. 38.º-40.º. Note-se ainda que é praticamente inverosímil a aplicação do art. 40.º às "empresas na hora" e a muitas "empresas *on line*" (o período compreendido entre o acto constituinte e o registo não será para o efeito significativo) – o que é bom, já se vê...

[64] Os três arts. falam somente de "negócios". Deve no entanto interpretar-se extensivamente o signo, de acordo, aliás, com o art. 7.º da 1.ª Directiva (aplicável às sociedades por acções e por quotas), que fala de "actos".

[65] Este consentimento presume-se.

sócios (art. 38.º, 1); pelos negócios não autorizados por todos os sócios respondem pessoal e solidariamente os que os realizaram e os sócios que os tenham autorizado (n.º 2). Pelos negócios realizados em nome de uma sociedade *em comandita simples,* com o acordo de todos os sócios comanditados ([66]), respondem todos eles, pessoal e solidariamente (art. 39.º, 1); à mesma responsabilidade fica sujeito o sócio comanditário que consinta no começo das actividades sociais, salvo se provar que o credor conhecia essa sua qualidade (n.º 2); pelos negócios não autorizados por todos os sócios comanditados respondem pessoal e solidariamente quem os tenha realizado e os sócios comanditados que os tenham autorizado (n.º 3). ([67]) Pelos negócios realizadosem nome de uma sociedade *por quotas, anónima* ou *em comandita por acções* respondem ilimitada e solidariamente todos os que no negócio agirem em representação dela, bem como os sócios que tais negócios autorizarem; os restantes sócios respondem até às importâncias das entradas a que se obrigaram, acrescidas das importâncias que tenham recebido a título de lucros ou de distribuição de reservas (art. 40.º, 1). ([68])

A interpretação destes preceitos levanta alguns problemas complexos. Comecemos por este: *além dos sócios e pessoas indicados nos arts. 38.º-40.º, também as sociedades*

([66]) O consentimento destes sócios também se presume.

([67]) Os arts. 38.º e 39.º têm um n.º final (3 e 4, respectivamente) do seguinte teor: as cláusulas do contrato que atribuam a representação apenas a alguns dos sócios (nas sociedades em comandita simples, a alguns dos sócios comanditados) ou que limitem os respectivos poderes de representação não são oponíveis a terceiros, salvo provando-se que estes as conheciam ao tempo da celebração dos seus contratos.

([68]) Acrescenta o n.º 2: "Cessa o disposto no número precedente se os negócios forem expressamente condicionados ao registo da sociedade e à assunção [v. art. 19.º] por esta dos respectivos efeitos".

respondem com os respectivos patrimónios (⁶⁹) *pelos negócios realizados em seu nome?*

Vários argumentos se podem apontar num sentido e noutro.

a) Antes do registo *a sociedade ainda não existe,* ou (o que para alguns é praticamente o mesmo) ainda não existe como pessoa jurídica (⁷⁰), não havendo ainda, consequentemente, um património *social* propriamente dito. Logo, a sociedade ("pré-sociedade", *Vorgesellschaft,* "sociedade em formação") *não responde* (⁷¹).

Contra-argumentação: Ainda que sem personalidade jurídica, *a sociedade-ente,* repita-se uma vez mais, *já existe.* Tem um *património próprio,* constituído pelo menos por créditos correspectivos das obrigações de entrada e/ou pelos bens resultantes das obrigações de entrada já realizadas (⁷²). *Pode participar no tráfico jurídico* – aí estão os arts. 38.º-40.º a comprová-lo (⁷³). E tem, pois, subjectividade-capacidade

---

(⁶⁹) Note-se que na fase pós-celebração do acto constituinte pelo menos parte das entradas deve estar já realizada – v. arts. 26.º, 202.º, 2, 3, 277.º, 2, 3.

(⁷⁰) V. indicações bibliográficas *supra,* na n. (13).

(⁷¹) É a posição dominante em Itália (cfr. art. 2331 do *Codice Civile*) – recordem-se as indicações fornecidas por CHIEFFI, *ob. cit.,* pp. 658, ss.. Entre nós, antes do CSC e a propósito das sociedades de capitais, FERRER CORREIA/ANTÓNIO CAEIRO, *ob. cit.,* p. 44, são muito claros: se, antes do registo, se permite a realização de certos negócios em nome da sociedade em formação, "força é que alguém responda (algum sujeito diferente da sociedade, que ainda não existe) pelo cumprimento das obrigações emergentes de tais negócios".

(⁷² Bens de que a sociedade já é titular – v. GIUSEPPE B. PORTALE, *Conferimenti in natura ed effettività del capitale nella "società per azioni in formazione",* RS, 1994, pp. 1, ss., 41, 58, ss..

(⁷³) Não foi assim durante muito tempo. Enquanto imperou o "sistema da concessão" (cfr. *supra,* n.º 5. do cap. II), vigorou naturalmente o princípio da proibição de intervenção no tráfico antes da concessão da autorização administrativa; quem, contra a proibição, interviesse em nome da sociedade ficava sujeito (também a título de "pena") a responsabilidade pessoal (a sociedade não respondia) – v. K. SCHMIDT, *ob. cit.,* p. 308. Mesmo depois de perimido tal sistema, manteve-se nalguns orde-

suficiente para ser sujeito de direitos e obrigações – *v. g.*, além dos direitos relativos às entradas, a sociedade, por intermédio dos seus "representantes", tem o dever de pedir o registo (CRCom., arts. 15.º, 1, 2, 17.º, 1, 2, 29.º, 1), os negócios são realizados "em nome" ou "em representação" da sociedade (arts. 38.º-40.º), a sociedade tem personalidade judiciária (art. 6.º, d), do CPC) [74]. Poderá, portanto, a sociedade obrigar-se e responder pelas suas obrigações.

b) Nos arts. 38.º-40.º *nada se diz* sobre a responsabilidade das sociedades, devendo pois entender-se responderem exclusivamente os sujeitos aí mencionados [75].

Contra-argumento: O silêncio da lei não significa aqui exclusão de responsabilidade social. Pois *se a sociedade já responde antes da celebração do contrato social (e registo)* – art. 36.º, 2 –, *por identidade ou* (melhor) *maioria de razão ela responderá depois dessa celebração* [76]. [77]

---

namentos a proibição de intervenção no mercado antes do registo. É exemplo disso o art. 5.º da nossa lei de 1867 sobre sociedades anónimas: "Nenhuma sociedade anonyma póde dar começo ás suas operações sem a publicação dos seus estatutos nos termos do artigo 35". Enquanto isto não fosse feito, as transacções dos directores com terceiros teriam carácter puramente particular: "elles [os directores] portanto, não a companhia, são responsaveis por estes actos unicamente seus" – DIOGO P. FORJAZ DE SAMPAIO PIMENTEL, *Annotações ou synthese annotada do Código do Commercio,* t. II, Imprensa da Universidade, Coimbra, 1875, p. 46.

[74] V. tb. JOÃO LABAREDA, *Sociedades irregulares – Algumas reflexões,* in FDUCL/CEJ, *Novas perspectivas do direito comercial,* Almedina, Coimbra, 1988, pp. 191, ss..

[75] O n.º 2 do art. 15 da LSA espanhola (versão de 1989) responsabiliza expressamente (também) a sociedade por certos actos e contratos.

[76] Neste sentido, v. JOÃO LABAREDA, *ob. cit.*, pp. 194, ss., 198, OLIVEIRA ASCENSÃO, *ob. cit.*, p. 146, J. P. FAZENDA MARTINS, *Os efeitos do registo e das publicações obrigatórias na constituição das sociedades comerciais,* Lex, Lisboa, 1994, p. 65, A. PEREIRA DE ALMEIDA, *Sociedades comerciais,* 2.ª ed., Coimbra Editora, Coimbra, 1999, pp. 181-182.

[77] Maria Ângela Coelho (em ensino oral) e Paulo de Tarso Domingues, que também defendem a responsabilidade da sociedade, fazem apelo aos trabalhos preparatórios do Código, nomeadamente ao art. 18.º do citado anteprojecto de lei das sociedades por quotas (de FERRER CORREIA/LOBO XAVIER/M. ÂNGELA COELHO/ANTÓNIO CAEIRO). Dado que, dizem aqueles

c) O fundo patrimonial constituído antes do registo *não pode ser onerado* com as obrigações emergentes dos negócios realizados em nome da sociedade, pois só assim se garantirá que a sociedade nasça (no registo) com um *património correspondente ao capital nominal;* o património não deve poder ser diminuído antes do registo, deve ser preservado de modo a ter naquele momento valor idêntico ao do capital social ([78]).

Contra-argumentos: Preocupa-se com certeza a lei com as entradas dos sócios (sua existência, valor, realização) e com a correspondência entre património e capital sociais (o património inicial, constituído pelas entradas, há-de ter valor idêntico, porventura superior, não inferior, ao valor do capital). O valor das participações sociais não pode exceder o valor das entradas correspondentes (art. 25.º); as entradas dos sócios devem ser realizadas "até ao momento da celebração" do acto constituinte, sem prejuízo de possível diferimento da realização de parte das entradas em dinheiro (arts. 26.º, 199.º, b), 277.º, 2); os sócios devem declarar no acto constituinte, sob sua responsabilidade, algo sobre a realização das respectivas entradas em dinheiro (arts. 202.º, 4, 277.º, 4). O cumprimento de tudo isto deve ser controlado pelo conservador de registo comercial (e também, antes, pelo notário, quando o acto constituinte haja sido celebrado com

---

AA., a irresponsabilidade do património social era defendida nos trabalhos preparatórios, então o legislador do CSC, se tivesse querido aceitar essa solução, tê-la-ia consagrado inequivocamente; logo, o silêncio legislativo revela rejeição daquela solução – v. P. TARSO DOMINGUES, *O regime jurídico das sociedades de capitais em formação*, in FDUP, *Estudos em comemoração dos cinco anos (1995-2000) da Faculdade de Direito da Universidade do Porto,* Coimbra Editora, Coimbra, 2001, pp. 985, ss..). Não é exactamente assim. No n.º 2 do art. 18.º do *Anteprojecto* fazia-se responder também o património social. Por sua vez, nos arts. 7.º, 1, 8.º, 1, 9.º, 2, do *Anteprojecto* de FERRER CORREIA / ANTÓNIO CAEIRO igualmente se responsabilizavam as sociedades.

([78]) NOGUEIRA SERENS, *ob. cit.*, pp. 29-30 (referindo-se às sociedades de capitais).

escritura pública). O controlo não se estende, porém, às posteriores variações do património social (em confronto com o capital nominal). Assim, se uma sociedade intervém no mercado antes do registo – *no exercício de uma faculdade que a lei lhe concede* – e se responsabiliza por essa intervenção, pode à data do registo o património social valer tanto, mais, ou menos que o capital. *Nada disto, porém, põe em causa as regras da efectiva formação do capital,* nem compete ao conservador verificar se na data do registo o património vale menos que o capital. Além disso, sabem os terceiros que a actividade social anterior ao registo pode ocasionar diminuições (bem como acréscimos) patrimoniais e sabem que outras regras tuteladoras dos seus interesses já nessa fase vigoram (*v. g.*, as regras sobre a conservação do capital – arts. 31.º, ss. – e sobre a responsabilidade civil dos administradores – arts. 71.º, ss.). O nosso actual direito *não consagra,* portanto, *a proibição de pré-endividamento* ou oneração do património social (*Vorbelastungsverbot*) ([79]).

d) O art. 19.º do CSC prescreve que a sociedade "assume" com o registo diversos direitos e obrigações, e que pode "assumir" outros posteriormente ao registo. Ora, a *"assunção"* significará que a sociedade não era antes do registo sujeito de tais obrigações (cfr. art. 595.º do CCiv.), por elas não podendo (então) responder.

Contra-argumento: A "assunção" prevista no art. 19.º *não significa aí transmissão de direitos e obrigações para a sociedade.* Os direitos e obrigações assumidos com ou depois do

---

([79]) O princípio da *Vorbelastungsverbot* (que não se impunha, contudo, aos "negócios necessários" à perfeita constituição da sociedade) foi durante largas dezenas de anos aceite na Alemanha e deixou alguns sinais nos anteprojectos portugueses que temos citado (e que manifestamente influenciaram SERENS – v. *ob. cit.*, p. 29). Também na Alemanha está esse princípio superado (marco fundamental, a nível jurisprudencial, é a sentença do BGH de 9/3/1981 – v. NJW, 1981, pp. 1373-1377); sobre a questão, v., entre muitos outros, SCHMIDT, *ob. cit.*, pp. 308, ss., e PORTALE, *ob. cit.*, pp. 12, ss..

registo *continuam e consolidam-se* na sociedade, ela é agora (em regra) a única responsável pelas obrigações contraídas antes do registo ([80]); há "identidade" da sociedade antes e depois do registo ([81]).

Apontemos outros argumentos em defesa da tese da responsabilidade das sociedades pelos negócios de que cuidamos.

e) Seria contraditório poderem as sociedades ter *lucros próprios* (cfr. arts. 40.º, 1, *in fine,* e 37.º, 1) sem, correspondentemente, se responsabilizarem pelos *custos* ou passivo que é preciso tomar em conta para se avaliar da consecução e montante dos lucros.

f) A responsabilidade dos sócios indicados na parte final do art. 40.º, 1 – *"até às importâncias das entradas* a que se obrigaram" – vai também no sentido da responsabilidade do património social ([82]). Se tal for exigido pelos credores, os sócios que ainda não realizaram (parcial ou totalmente) as suas entradas ([83]) (já exigíveis ou não) devem realizá-las, devem transferir para a sociedade os respectivos bens. Fica assim a sociedade-responsável com (mais) meios para cumprir as obrigações.

g) Os negócios são realizados *"em nome" da sociedade.* Natural, portanto, que os *terceiros* participantes nesses negócios confiem ser o património social garante dos seus créditos, nada aconselhando que se defraude essa confiança ([84]).

([80]) V. *infra,* n.º 3. 2.

([81]) A *Identitätsthese* (são idênticas a *Vorgesellschaft* e a sociedade-pessoa jurídica) é dominantemente defendida na Alemanha – cfr. KRAFT/KREUTZ, *ob. cit.*, pp. 40-41, SCHMIDT, *ob. cit.*, pp. 310, ss..

([82]) Assim entendem também M. ÂNGELA COELHO e P. TARSO DOMINGUES (v. deste a *ob. e loc. cits.*).

([83]) Mais explícito, neste sentido, era o n.º 2 do art. 46.º do *Projecto* ("... até às importâncias das entradas a que se obrigaram *e ainda não efectuaram*").

([84]) Cfr. JOÃO LABAREDA, *ob. cit.*, pp. 194, ss..

Porém, dado não haver ainda registo – do que resulta alguma *insegurança* no comércio jurídico (os terceiros não dispõem do instrumento talhado para o acesso fácil e seguro ao conhecimento da situação patrimonial e pessoal da sociedade) –, impõe a lei a responsabilidade de sócios e/ou de quem actua em nome da sociedade [85]. [86] É uma responsabilidade que *deve acrescer* – não substituir ou impedir – à responsabilidade da sociedade; *a tutela dos credores exige o reforço* da responsabilidade, não a sua diminuição.

Concluindo: *também as sociedades respondem pelos actos em seu nome realizados no período compreendido entre a celebração do acto constituinte e o seu registo definitivo*. Com *dois limites,* todavia: 1) As sociedades não respondem por obrigações que não podem "assumir" depois do registo (se não podem ser responsabilizadas por certas obrigações depois do registo, dever-se-á entender que também antes dele é impossível a responsabilização pelas mesmas obrigações). Segundo o n.º 4 do art. 19.º, essas obrigações são as derivadas de negócios jurídicos não mencionados no acto constituinte e que versem sobre vantagens especiais, despesas de constituição [87], entradas em espécie ou aquisições de bens [88]. 2) Exceptuados os casos em que haja autorização

---

[85] Cfr. SCHMIDT, *ob. cit.*, p. 1025, PORTALE, *ob. cit.*, p. 56 (citando Oppo).

Os que agem em nome da sociedade serão normalmente membros do órgão de administração e representação (sócios ou não). Mas podem ser sócios não-membros desse órgão ("administradores de facto"); todavia, o ponto é entre nós praticamente irrelevante – estes sócios-agentes têm a mesma responsabilidade dos sócios autorizantes da actuação.

[86] Pode dizer-se que a responsabilização de quem actua em nome da sociedade e a dos sócios que autorizam cumpre ainda a função de estímulo ou pressão para que seja promovido o registo com a maior celeridade possível – cfr. FERRER CORREIA/LOBO XAVIER/M. ÂNGELA COELHO/ANTÓNIO CAEIRO, *Sociedades por quotas*..., pp. 171-172, SCHMIDT, *ob. e loc. cits.*.

[87] Para umas e outras recordem-se os n.ºs 1 e, sobretudo, 2 do art. 16.º.

[88] É algo intrigante, aqui, esta parelha. A disposição correspondente à do n.º 4 do art. 19.º é no *Projecto* a do n.º 2 do art. 20.º – que não menciona as obrigações derivadas de negócios jurídicos que versem sobre

dos sócios, parte do património social das sociedades por acções – o dinheiro das entradas depositado em instituição de crédito – não pode ser mobilizada (excepto por via judicial) para pagar a credores: é o que resulta dos arts. 277.º, 5, b), 478.º.

Outro problema é este: *os sócios e os que actuam em nome da sociedade,* solidariamente responsáveis (entre si) nos termos dos arts. 38.º, 1 e 2, 39.º, 1, 2 e 3, e 40.º, 1, 1.ª parte, *respondem solidariamente também com as respectivas sociedades?*

Deve responder-se *afirmativamente.* Impor-se-á aqui a analogia com o disposto no art. 36.º, 2, remetendo para o art. 997.º, 1 e 2 do CCiv.. Cada um daqueles sujeitos, bem como a sociedade, respondem pela prestação integral e esta a todos libera (art. 512.º, 1, do CCiv.). No entanto, esta soli-

---

entradas em espécie ou aquisições de bens. Onde tal menção aparece é no n.º 4 do art. 30.º do *Anteprojecto* de FERRER CORREIA/LOBO XAVIER/ÂNGELA COELHO/ANTÓNIO CAEIRO (o n.º 4 do art. 19.º reproduz quase integralmente aquele n.º 4), com a seguinte justificação: "A disposição do n.º 4 corresponde a uma consequência necessária do preceituado nos artigos 12.º e 13.º deste Anteprojecto". Este art. 13.º trata efectivamente das "entradas em espécie e aquisição de bens". Mas com algumas divergências relativamente ao estabelecido no CSC (arts. 9.º, 2, 25.º, 28.º, 29.º). Tentemos, contudo, alcançar o sentido da parte final do n.º 4 do art. 19.º. Em relação às entradas em espécie, poderá dar-se o caso de alguém entrar para a sociedade com um bem valendo mais que a correspondente participação social, acordando por isso os sócios na obrigação de a sociedade pagar certa importância a quem entrou com o referido bem (cfr. art. 28.º, 3, d), *in fine* – apesar da infeliz redacção); ora, tal obrigação não pode ser assumida pela sociedade se não estiver mencionada no contrato social – art. 19.º, 4. No respeitante às "aquisições de bens", há que interpretar restritivamente o preceito, de maneira a evitar colisões com o previsto quer no art. 29.º quer no n.º 1 do art. 19.º (p. ex., as obrigações derivadas da aquisição de bens exigida pela exploração de um estabelecimento com que um sócio entrou – al. b) do n.º 1 do art. 19.º – são assumidas pela sociedade ainda quando os respectivos negócios jurídicos não estejam mencionados no contrato social).

dariedade não funciona plenamente ([89]), pois, ainda segundo aquelas normas, os referidos sócios e actuantes em nome da sociedade são responsáveis *subsidiários* – podem, quando demandados, exigir a prévia excussão do património social ([90]). ([91])

Um outro problema: os sócios referidos na 2.ª parte do n.º 1 do art. 40.º – *sócios que não agem nos negócios (em representação da sociedade) nem os autorizam – respondem solidariamente com os que actuam em nome da sociedade e com os sócios que autorizam tal actuação?*

A resposta deve ser *negativa*. ([92]) Além de a responsabilidade desses sócios ser *limitada* ("até às importâncias das entradas a que se obrigaram, acrescidas das importâncias que tenham recebido a título de lucros ou de distribuição de reservas"), o que em geral casa mal com o regime da solidariedade, a ideia que subjaz a tal responsabilidade será a de permitir aos credores fazerem-se pagar também com bens que *ainda não entraram na sociedade* (mas de que ela é credora: bens de entradas ainda não realizadas) ou que *dela saíram* (lucros e reservas); ideia próxima, portanto, da sub-rogação

---

([89]) Cfr. Pires de Lima/Antunes Varela, *Código Civil anotado*, vol. II, 4.ª ed., Coimbra Editora, Coimbra, 1997, p. 309.

([90]) Convergentemente, v. João Labareda, *ob. cit.*, pp. 196-198.

([91]) M. Ângela Coelho e P. Tarso Domingues (v. deste A. a *ob. cit.*, pp. 986, ss.) fundam a solidariedade no art. 100.º do CCom.. Não me parece a melhor fundamentação. Por um lado, a responsabilidade em causa pode não derivar de actos de comércio (v. tb. Domingues, *ob. cit.*, p. 986, n. (66)); por outro lado, a regra da solidariedade do art. 100.º permite que se estipule diverso regime; por outro lado ainda, o § único do art. 100.º seria frequentemente aplicado (muitos sócios e administradores não são comerciantes e os actos sociais, ainda que comerciais relativamente à sociedade, não são mercantis em relação àqueles).

([92]) Opina contrariamente Brito Correia, *ob. cit.*, p. 191, "pelo facto de a lei não dizer o contrário, colocar o preceito na sequência da regra anterior, que estabelece a solidariedade, e por ser esta a regra no direito comercial".

dos credores à sociedade presente no art. 30.º, 1. Compreende-se, pois, que a 2.ª parte do n.º 1 do art. 40.º – ao contrário do que faz a 1.ª parte – não preveja a solidariedade. (⁹³)

3. Registo do acto constituinte

3. 1. Aspectos da disciplina geral do registo

Os *actos constituintes* das sociedades comerciais e civis de tipo comercial (não somente os contratos sociais, apesar de a lei, também a este propósito, se referir às vezes apenas a eles) *devem ser inscritos no registo comercial* (CSC, art. 18.º, 5, CRCom., art. 3.º, 1, a); v. também os arts. 111.º, 120.º, 270.º-G e 488.º, 2, do CSC, e o art. 3.º, 1, r), do CRCom.). (⁹⁴)

Têm *legitimidade* para pedir o registo os membros do órgão de administração e representação da sociedade e todas

---

(⁹³) Negando também a solidariedade questionada, v. ELISABETE RAMOS, *Constituição das sociedades comerciais,* in AA.VV., *Estudos de direito das sociedades* (coord. de COUTINHO DE ABREU), 4.ª ed., Almedina, Coimbra, 2001, pp. 46-47, e P. TARSO DOMINGUES, *ob. cit.*, p. 993.

(⁹⁴) A constituição das sociedades formadas através de processos não regulados (total ou parcialmente) pelo CSC deve também ser inscrita no registo comercial. Assim, por exemplo, para as sociedades constituídas pela via do "saneamento por transmissão", v. o art. 217.º, 3, a), do CIRE; para as empresas (societárias) municipais, intermunicipais e metropolitanas, v. os arts. 6.º e 8.º, 5, do RSEL. As sociedades criadas por *decreto-lei* ou *lei* devem ser consideradas plenamente constituídas a partir da data da entrada em vigor do diploma criador (publicado no DR) – elas têm personalidade jurídica e produzem efeitos relativamente a terceiros independentemente do registo; todavia, deve também ser registada a respectiva constituição (diversos factos verificáveis durante a vida de tais sociedades estão sujeitos a registo, e este não poderá realizar-se sem que esteja registada a constituição – v. art. 61.º, 1, do CRCom.); este entendimento revela-se também em diversos actos legislativos – v., p. ex., os DL 312/91 (TAP), art. 6.º, 2, 151/92 (ENATUR), art. 4.º, 3, 87/92 (CTT), art. 6.º, 2, 287/93 (CGD), art. 2.º, 2, 2/94 (RDP), art. 11.º, 1, 404/98 (ANA), art. 11.º, 2, 170/99 (INCM), art. 6.º, 2, 98-A/99 (Portugal 2000), arts. 1.º, 4.º.

as demais pessoas que nisso tenham interesse (designadamente sócios) – CRCom., art. 29.º, 1 –, directamente ou por representante (art. 30.º). O pedido deve ser feito no *prazo* de dois meses a contar da data do título de constituição da sociedade (art. 15.º, 2).

Até 31 de Dezembro de 2006, de acordo com o art. 25.º do CRCom. e os arts. 43.º e 46.º do DL 76-A/2006, o pedido de registo devia ser apresentado na conservatória em cuja área estivesse situada a sede estatutária da sociedade ou, quando esta estivesse no estrangeiro, a sede principal e efectiva da administração. Porém, aquele DL, pelo art. 61.º, c), revogou o art. 25.º do CRCom., e pelo art. 33.º alterou o art. 28.º do DL 87/2001, de 17 de Março. Agora, os actos de registo podem ser efectuados em qualquer conservatória de registo comercial, independentemente da sua localização geográfica.

Deve o pedido de registo ([95]) ser acompanhado pelo documento que legalmente comprove a constituição da sociedade (escrito com assinatura(s) reconhecida(s) ou documento de forma mais solene) – CRCom., art. 32.º – e deve o certificado de admissibilidade da firma ser verificado (RRNPC, arts. 56.º, 1, b), 51.º, 1, 55.º, 1, b), 2); nos casos de sociedades cuja constituição dependa de autorização administrativa (*v. g.*, instituições de crédito e sociedades financeiras –v. RGIC, arts. 16.º, ss., 175.º ss.), é preciso também apresentar o documento comprovativo da autorização, salvo se o acto constituinte for titulado por escritura pública que o mencione (CRCom., art. 35.º, 1).

"A *viabilidade do pedido de registo* a efectuar por transcrição ([96]) deve ser apreciada em face das disposições legais

---

([95]) Que pode agora ser promovido também por via electrónica (art. 45.º, 1, do CRCom.), através do sítio na Internet com o endereço www.empresaonline.pt – v. a Portaria 1416-A/ /2006, de 19 de Dezembro.

([96]) O registo da constituição de sociedade é efectuado por transcrição, não por depósito – v. o art. 53.º-A do CRCom..

aplicáveis, dos documentos apresentados (...), verificando-se especialmente a legitimidade dos interessados, a regularidade formal dos títulos e a validade dos actos neles contidos" (CRCom., art. 47.º). Note-se, entretanto, a propósito do controlo relativo à validade do acto constituinte (bem como de outros actos), que o registo só deve ser recusado "quando for *manifesta* a *nulidade* do facto" (art. 48.º, 1, d))...

Não havendo motivo legal de recusa do registo (v. art. 48.º), deve o mesmo ser efectuado no prazo de dez dias ou, se o apresentante requerer urgência, no prazo máximo de um dia útil (art. 54.º, 1, 2).

Porque o registo do acto constituinte de sociedade é *obrigatório* (art. 15.º, 1), o incumprimento de tal obrigação sujeita as sociedades à aplicação de coimas (art. 17.º). [97] [98]

3. 2. Efeitos do registo

As sociedades *adquirem personalidade jurídica* com o registo definitivo do acto constituinte (contrato ou negócio jurídico unilateral constituinte de sociedade unipessoal, nomeadamente) – é o que resulta do art. 5.º do CSC (v. também os arts. 270.º-G e 488.º, 2). [99] Pode, pois, falar-se aqui

---

[97] Nem tudo o que ficou dito neste n.º é aplicável ao registo do acto constituinte de todas as sociedades. Tenha-se em vista, designadamente, o regime da "empresa na hora" e da "empresa *on line*" (*supra,* n.º 1).

[98] Ao contrário do sugerido nos arts. 202.º, 5, c), e 277.º, 5, c), do CSC [cfr. arts. 223.º, 3, e 278.º, 3, do *Projecto;* claros a este respeito eram os citados anteprojectos de 1973 (arts. 11.º, 2, 12.º, 1) e de 1977 (art. 21.º)], não se descortina no Código a obrigação ou possibilidade de a sociedade ser liquidada por incumprimento do dever de registo (v., em parcial divergência, BRITO CORREIA, *ob. cit.*, p. 193, e n. (70D)).

[99] O art. 5.º ressalva o disposto quanto à constituição de sociedades por fusão, cisão ou transformação de outras. Mas também as sociedades resultantes de fusão ou cisão adquirem personalidade jurídica com o registo (arts. 112.º, 120.º); o mesmo se deve entender quanto às sociedades resultantes de transformação extintiva e de transformação de sociedades civis simples.

de registo constitutivo: com o significado de a sociedade só com o registo adquirir personalidade jurídica, não podendo esta (nem o regime que por lei lhe anda associado) ser invocada tanto nas relações sociais internas como nas relações externas antes de efectuado o registo definitivo do acto constituinte. Falando a este propósito de eficácia constitutiva do registo não pretendemos, portanto, significar que sem ele não produz o acto constituinte quaisquer efeitos – vimos nas páginas anteriores que a sociedade existe antes do registo e que lhe são aplicáveis numerosas disposições legais (e estatutárias) de natureza societária (inclusive numerosas disposições aplicáveis às sociedades perfeita ou plenamente formadas) ([100]).

Outra importante consequência do registo consiste na "assunção" *ipso jure* pela sociedade de direitos e obrigações decorrentes de actos em nome dela realizados antes do registo e na *possibilidade de assunção* por ela de outros direitos e obrigações decorrentes de negócios jurídicos igualmente em nome dela realizados antes do registo.

Com o registo definitivo do acto constituinte, a sociedade, nos termos do n.º 1 do art. 19.º do CSC, *"assume de pleno direito" (automaticamente):*

a) Os direitos e (sobretudo) obrigações respeitantes a *vantagens especiais* concedidas a sócios em conexão com a constituição da sociedade mencionadas no acto constituinte e respeitantes a *despesas de constituição* referidas (também) no n.º 1 do art. 16.º (tais despesas, exceptuados os emolumentos e as taxas de serviços oficiais e os honorários de profissionais em regime de actividade liberal, têm igual-

---

Relativamente às sociedades constituídas por acto legislativo, cfr. *supra*, n. (94).

([100]) Em oposta posição, BRITO CORREIA, *ob. cit.*, pp. 174-175, deduz do art. 5.º que o registo do contrato social é requisito de validade e de existência do acto constitutivo da sociedade.

mente de estar inscritas no acto constituinte para que a assunção de pleno direito se dê);

b) Os direitos e obrigações resultantes da *exploração de estabelecimento* objecto de entrada de sócio(s) ou que tenha sido adquirido por conta da sociedade em execução de cláusula do acto constituinte ([101]);

c) Os direitos e obrigações emergentes de *negócios jurídicos* concluídos *antes* da celebração do acto constituinte e que *neste sejam especificados e expressamente ratificados;*

d) Os direitos e obrigações decorrentes de *negócios jurídicos* celebrados pelos gerentes ou administradores ao abrigo de *autorização* dada por todos os sócios *no acto de constituição.*

Os direitos e obrigações decorrentes de actos realizados em nome da sociedade antes do registo mas não previstos nas quatro alíneas do n.º 1 do art. 19.º não são por ela assumidos automaticamente (com o registo, por força da lei). Mas pode ela, nos termos do n.º 2 do mesmo art., *assumi-los "mediante decisão da administração,* que deve ser comunicada à contraparte nos 90 dias posteriores ao registo". ([102]) Não deixa de ser algo estranho que a lei atribua a competência para aquela decisão à administração (com membro(s) sempre ou quase sempre com responsabilidade nos termos dos arts. 38.º-40.º) ([103]). Ainda assim, dever-se-á entender que não podem participar na tomada de decisão de assunção os membros do órgão (plural) de administração que tenham

---

([101]) No art. 19.º, 1, b), fala-se em exploração "normal" de estabelecimento. Não pode, todavia, o adjectivo significar que só são assumidos automaticamente os direitos e obrigações decorrentes de actos de exploração do estabelecimento conservativos do seu estado no momento da entrada na sociedade (estão também incluídos os actos de desenvolvimento da empresa).

([102]) Sabemos já (v. *supra,* n.º 2. 5.) que as obrigações previstas no n.º 4 do art. 19.º não são nem podem ser assumidas pela sociedade.

([103]) Em França, a correspondente decisão de *reprise* compete à assembleia dos sócios (cfr. RIPERT/ROBLOT/GERMAIN/VOGEL, *ob. cit.,* pp. 829-830).

intervindo nos negócios jurídicos em causa, dado existir conflito de interesse entre eles e a sociedade – aplicar-se-á, directamente umas vezes, analogicamente outras, o disposto no art. 410.º, 6. ([104])

A assunção pela sociedade dos actos realizados antes do registo (assunção automática ou por decisão da administração) *"retrotrai* os seus efeitos à data da respectiva celebração e *libera* as pessoas indicadas no artigo 40.º da responsabilidade aí prevista, a não ser que por lei estas continuem responsáveis" (n.º 3 do art. 19.º) ([105]). Por conseguinte, se algum dos sujeitos liberados da referida responsabilidade tiver cumprido alguma obrigação social contraída antes do registo terá o direito de exigir da sociedade o equivalente daquilo que prestou ([106]).

Com base na parte final do n.º 3 do art. 19.º ("a não ser que por lei estas continuem responsáveis"), defendem alguns autores a ideia que poderemos designar (na esteira da doutrina alemã posterior à citada decisão do tribunal federal de 9/3/81) "responsabilidade pela diferença" (*Differenzhaftung, Vorbelastunghaftung* ou *Unterbilanzhaftung*): se, por força da assunção dos negócios pela sociedade, o património social for no momento do registo inferior ao capital social, então os

---

([104]) V., a propósito, o n.º 3 do art. 30.º do citado *Anteprojecto* de FERRER CORREIA/LOBO XAVIER/ÂNGELA COELHO/ANTÓNIO CAEIRO: "O acto a que alude o número anterior [assunção pela sociedade] é da competência dos gerentes, estando, porém, impedido de nele participar aquele que tiver intervindo nos negócios jurídicos em causa. Se, porém, houver um único gerente e este se achar nas condições referidas, a matéria depende de deliberação dos sócios".

([105]) A menção ao art. 40.º deve ser interpretada extensivamente, de modo a abranger os casos (raros) em que, nos termos dos arts. 38.º, 2, e 39.º, 3, gerentes não sócios sejam responsáveis.

([106]) Convergentemente, PAULO DE TARSO DOMINGUES, *ob. cit.*, pp. 996-997.
Por sua vez, se tiver sido a sociedade a cumprir alguma obrigação por ela não assumida com ou após o registo, ficará ela então credora dos sujeitos responsáveis segundo os arts. 38.º-40.º.

sujeitos indicados no art. 40.º continuarão responsáveis na medida da diferença entre o valor do património social líquido e o valor do capital social (assim se garantiria a integridade do capital no momento da aquisição da personalidade jurídica) ([107]).

Não posso concordar. Já foi dito atrás alguma coisa. Recordemos: cabe ao conservador do registo comercial o controlo relativo às entradas e à cobertura do capital social pelo património inicial, não lhe cabendo, porém, controlar posteriores variações do património social; a sociedade pode actuar antes do registo, ficando portanto sujeita ao risco de perder mas podendo também lucrar – e os terceiros sabem (ou devem saber) disso; o regime do CSC sobre conservação do capital, responsabilidade civil dos membros do órgão de administração, etc. aplica-se também antes do registo. Por outro lado: qual a "lei" (assim se expressa o n.º 3 do art. 19.º) consagrando a dita responsabilidade pela diferença? ([108]) Por outro lado ainda: os sujeitos que, nos termos do n.º 3 do art. 19.º, "continuem responsáveis" continuam responsáveis perante terceiros (os mencionados defensores da citada ideia dão a entender, tal como se entende, aliás, na Alemanha, que a responsabilidade pela diferença é responsabilidade para com a sociedade...).

O sentido da parte final do n.º 3 do art. 19.º é outro. Respeitando a sujeitos ligados a sociedades por quotas, anónimas e em comandita por acções (art. 40.º), ela é aplicável nomeadamente a sócios de sociedades por quotas que, nos

---

([107]) Assim, NOGUEIRA SERENS, *ob. cit.*, pp. 30-31, e P. TARSO DOMINGUES, *ob. cit.*, pp. 986, ss. [este A., porém, além de não aceitar a ideia (inexacta, na verdade) de que o art. 19.º diferenciaria negócios necessários/negócios não necessários (ideia presente, isso sim, nos anteprojectos de 1973 e de 1977), não abraça a tese da responsabilidade pela diferença com inteira convicção (v. *ibid.* sobretudo pp. 990-991, n. (81))].

([108]) Não vigora entre nós qualquer preceito idêntico ao do n.º 4 do art. 15 da lei de sociedades anónimas espanhola (onde se consagra aquela responsabilidade)...

termos estatutários permitidos por "lei" (art. 198.º), respondam directamente para com os credores sociais; a sócios comanditados das sociedades em comandita por acções – por "lei" (art. 465.º, 1), eles respondem subsidiariamente em relação às sociedades e solidariamente entre si; a sócios-sociedades totalmente dominantes ou directoras (v. arts. 488.º-491.º, 493.º, ss., 501.º). ([109])

Outra consequência do registo é o especial regime das invalidades relativas ao acto constituinte. Disso trataremos daqui a pouco, no n.º 6. ([110])

4. Publicação do acto constituinte

A fim de potenciar a publicidade dos actos constituintes das sociedades (publicidade visada já pelo registo – v. arts. 73.º, ss., do CRCom.), facilitando o acesso dos interessados (principalmente terceiros que queiram com elas estabelecer relações jurídicas) ao conhecimento do que se contém em tais actos, manda a lei (art. 166.º do CSC, art. 70.º, 1, a), do CRCom.) que os mesmos, quando respeitem a sociedades *por quotas, anónimas* ou *em comandita por acções,* sejam publicados. ([111])

([109]) Também (mas não só) pelo que acaba de ser dito – não vigência, entre nós, da "responsabilidade pela diferença" –, é exagerado o asserto de PORTALE, *ob. cit.*, p. 24: as máximas retiradas da decisão do BGH de 9/3/81 e alguns dos princípios propostos pelos autores alemães foram codificados no CSC.

([110]) Para outros efeitos do registo, v. o n.º 6. 3. 2. do cap. II do vol. I do *Curso*.

([111]) V. tb. o art. 2.º, 1, a), da 1.ª Directiva. Estranhamente (pese embora o facto de esta Directiva se aplicar apenas às sociedades dos citados tipos), não impõe a lei portuguesa a publicação dos actos constituintes das sociedades em nome colectivo e em comandita simples.

Até há pouco tempo, o acto constituinte devia ser publicado no *Diário da República* ou, tratando-se de sociedade com sede em região autónoma, na respectiva folha oficial; além disso, o acto constituinte das sociedades *por quotas* e *anónimas* devia ainda ser publicado, por extracto, *num jornal* da localidade da sede social ou da região respectiva. Porém, o DL 111/2005, pelos arts. 17.º e 19.º, alterou o n.º 1 do art. 167.º do CSC e o n.º 2 do art. 70.º do CRCom.. E o art. 61.º, b), do DL 76-A/2006 revogou o n.º 2 do art. 167.º do CSC. Assim, as publicações obrigatórias são feitas agora "em sítio na Internet de acesso público, regulado por portaria do Ministro da Justiça, no qual a informação objecto de publicidade possa ser acedida, designadamente por ordem cronológica" (art. 167.º, 1, do CSC e art. 70.º, 2, do CRCom.) [112]. E deixa de haver publicações (obrigatórias) em jornal da localidade da sede social ou de região autónoma.

As publicações obrigatórias do acto constituinte são *promovidas* não pela sociedade mas pela *conservatória* onde o registo foi efectuado (embora as despesas sejam suportadas pela sociedade) – art. 71.º do CRCom..

A publicação obrigatória do acto constituinte é *condição de eficácia* ou oponibilidade do mesmo a terceiros – "a sociedade não pode opor a terceiros actos cuja publicação seja obrigatória sem que esta esteja efectuada, salvo se a sociedade provar que o acto está registado e que o terceiro tem conhecimento dele" (n.º 2 do art. 168.º do CSC) [113]. Suponha-se que no estatuto (já registado mas não publicado) de uma sociedade por quotas se estabelece que, falecendo um sócio, a respectiva quota não se transmitirá aos sucessores (cfr. art. 225.º, 1, do CSC); faleceu entretanto um sócio que

---

[112] V. tb. a Portaria 590-A/2005, de 14 de Julho (o endereço electrónico do sítio referido é, segundo o art. 1.º, 1: *www.mj.gov.pt/publicacoes*).

[113] V. tb. art. 3.º, 5, da 1.ª Directiva.

deixou em testamento a sua quota na sociedade a uma amiga; pretende a sociedade amortizar a quota sem ou contra a vontade da legatária (cfr. art. 225.º, 2); mas, dada a não publicação do estatuto, não poderá a sociedade fazer valer contra a legatária-terceiro a referida cláusula (e proceder consequentemente à amortização da quota) – salvo provando que ela conhecia o acto constituinte já registado.

Imagine-se agora que a mesma sociedade por quotas realiza alguns negócios no período compreendido entre o registo definitivo do contrato social e a publicação do mesmo (ou até dezasseis dias após a publicação – v. art. 168.º, 3 ([114])). Poderão os respectivos credores, invocando não lhes ser oponível o contrato de sociedade e a regra do n.º 3 do art. 197.º, fazer responder também os sujeitos indicados no art. 40.º, 1? Deve responder-se com uma negativa: os referidos sujeitos respondem por negócios sociais realizados antes do registo, aplicando-se depois disso as regras ditadas pelo Código para as sociedades regularmente constituídas – é o que decorre dos arts. 40.º, 1, e 19.º, 1, 2 e 3 (para já não falar do facto de a inoponibilidade prevista no n.º 2 do art. 168.º valer para a sociedade, não para os sócios e administradores) ([115]).

5. Interpretação e integração dos estatutos

Os estatutos (ou actos constituintes) das sociedades, com excepção dos que revestem a forma de actos legislativos ou judiciais, são negócios jurídicos (unilaterais ou contratos), expressivos de ordenação baseada na vontade dos sócios fundadores (e, quando seja caso disso, dos sócios participantes

---

([114]) V. tb. art. 3.º, 5, da 1.ª Directiva.

([115]) V., no mesmo sentido, PAULO DE TARSO DOMINGUES, *ob. cit.*, pp. 997, ss..

nas alterações estatutárias). São, no entanto, sabemos já, negócios jurídicos de organização, relevando não apenas para os sócios iniciais mas também para futuros sócios e terceiros; contêm várias disposições de carácter geral (aplicáveis a número indeterminado e indeterminável de sujeitos) e abstracto (aplicáveis a número indeterminado e indeterminável de casos) – dizendo com outras palavras, contêm cláusulas de natureza "normativa".

Consoante é acentuado mais (ou exclusivamente) o carácter jurídico-negocial ou o carácter jurídico-normativo dos estatutos, assim se tem defendido para a interpretação dos actos constituintes a aplicação ora dos princípios interpretativos dos negócios jurídicos, ora dos princípios de interpretação da lei ou acto equiparado ([116]). Entre nós, tendo presente idênticas representações, ou (sobretudo) atendendo aos interesses de terceiros e futuros sócios, têm alguns acórdãos e autores defendido uma interpretação (unitária) "objectiva" dos estatutos: não há que buscar a vontade real dos sujeitos do acto constituinte, para a fixação do sentido das cláusulas não deve atender-se a elementos estranhos ou extrínsecos ao estatuto (v. g., negociações preliminares) ([117]).

Pois bem, porque são *negócios jurídicos,* conformados pela autónoma vontade dos sócios (no quadro da lei, embora), os estatutos devem em geral ser interpretados de acordo com

---

([116]) Sobre estas (e intermédias) posições, v., p. ex., A. KRAFT, em *Kölner Kommentar zum Aktiengesetz,* Band 1, 2. Aufl., Heymanns, Köln, Berlin, Bonn, München, 1988, *§ 23,* pp. 308 ss..

([117]) M. J. ALMEIDA COSTA/M. HENRIQUE MESQUITA, *Natureza imperativa do artigo 184.º do Código Comercial. Elementos atendíveis na interpretação de cláusulas estatutárias,* RDES, 1970, pp. 50 ss., A. VAZ SERRA, *Anotação ao Ac. do STJ de 24/10/69,* RLJ, ano 103.º (1970-1971), pp. 522, ss. (diversamente em *Anotação ao Ac. do STJ de 6/6/78,* RLJ, ano 112º, 1979-1980, pp. 22 ss.). Para mais indicações jurisprudenciais, v. ANTÓNIO CAEIRO, *Destituição do gerente designado no pacto social,* in *Temas de direito das sociedades,* Almedina, Coimbra, 1984, pp. 409, ss. (nas pp. 394-395 são indicados acórdãos com orientação diferente).

as orientações dos arts. 236.º-238.º do CCiv.. Há que proceder, contudo, a *diferenciações* impostas pela diversidade das cláusulas estatutárias.

Na interpretação das cláusulas de organização e funcionamento social relevantes também para *futuros sócios* (que não participaram no acto constituinte) e *terceiros* – cláusulas ou disposições "normativas" (*v. g.*, relativas às menções obrigatórias do estatuto e ao modo de exercício dos poderes de representação da sociedade) – esfumam-se os elementos interpretativos de índole subjectiva. Aqui são muito pouco atendíveis as circunstâncias exteriores ao estatuto utilizáveis para perquirir a vontade real ou o sentido "normal" das declarações (aferidas por declaratário normal conhecedor de tais circunstâncias) dos sócios fundadores (cfr. arts. 236.º, 238.º, 2). Aplicável, no essencial, é um método (mais) "objectivo", de forma a descobrir-se a vontade dos sócios tal como se revela (objectivada) no acto constituinte, no *texto* das cláusulas estatutárias em causa e no *contexto* (estatutário) – cfr. arts. 238.º, 1, e 9.º, 2, do CCiv. ([118]) ([119]). A interpretação objectiva das cláusulas em questão justifica-se outrossim pelo facto (já nosso conhecido) de as mesmas deverem constar de escrito e/ou do registo – forma e formalidade que visam tutelar também interesses de terceiros (a forma estatutária opõe-se à vali-

---

([118]) As regras do CCiv. acerca da interpretação (arts. 236.º-238.º) são cunhadas pelo "objectivismo". Mas não desatendem a certa perspectiva subjectivista. Designadamente, mandam atender, em algumas circunstâncias, à vontade real dos declarantes (arts. 236.º, 2, 238.º, 2). Vontade pesquisável sobretudo fora dos comportamentos declarativos propriamente ditos. Compreende-se, pois, que falemos no texto de um método (mais) objectivo: não atende, no fundamental, à vontade real não denotada nos estatutos, nem ao sentido das declarações deduzível de circunstâncias não reflectidas estatutariamente.

([119]) Tal como vale para a interpretação das leis (art. 9.º, 1), também aqui se deve atender não só às circunstâncias em que o estatuto foi elaborado mas também às condições específicas do tempo em que é aplicado.

dade de um sentido sem correspondência no texto dos estatutos – cfr. parte final do n.º 2 do art. 238.º).

Na interpretação das cláusulas estatutárias que regulam as *relações de um ou mais sócios entre si ou com a sociedade* (v. g., em matéria de direitos especiais, participação nos lucros, liquidação da sociedade por transmissão global do património, exoneração e exclusão de sócios, obrigações de prestações acessórias, amortização de quotas, distribuição de lucros de exercício, designação de gerentes) devem ser observadas as regras aplicáveis à interpretação dos negócios jurídicos em geral (arts. 236.º-238.º).

A referida diferenciação vale para as sociedades de capitais e para as sociedades de pessoas. Todavia, porque nestas últimas é rara a mudança de sócios e raramente haverá que fazer apelo aos interesses dos futuros sócios, haverá nelas maior espaço para a consideração das vontades, representações e interesses dos diversos sócios. ([120])

De acordo com o art. 239.º do CCiv., as lacunas dos estatutos devem em primeira linha ser preenchidas através dos *preceitos dispositivos do CSC* (cfr. também o art. 9.º, 3, deste Código); inexistindo ou sendo eles insuficientes, recorrer-se--á à *vontade hipotética ou conjectural dos sócios,* ou aos *princípios da boa fé* quando estes imponham solução diversa da decorrente daquela vontade (dado o dinamismo da vida societária e o carácter "normativo" de muitos espaços estatutários, natural será que os ditames da boa fé prevaleçam mais vezes nestes negócios).

([120]) Sobre a interpretação das cláusulas estatutárias, convergindo em boa medida na diferenciação referida, v., entre outros, WIEDEMANN, *ob. cit.,* pp. 165 ss., KRAFT, *ob. cit.,* pp. 310 ss., e, entre nós, ANTÓNIO CAEIRO, *últ. ob. cit.,* pp. 387, ss., V. G. LOBO XAVIER, *Anulação de deliberação social e deliberações conexas,* Atlântida, Coimbra, 1976, pp. 564, ss., n. (31). Para um estudo desenvolvido (e de reconstrução) da problemática, v. HUGO DUARTE FONSECA, *Sobre a interpretação do contrato de sociedade nas sociedades por quotas,* Coimbra Editora, Coimbra, 2008.

6. Invalidades do acto constituinte

6. 1. Vícios do acto

É preciso atender a dois períodos: antes e depois do registo definitivo do acto constituinte (negocial) ([121]).

Antes do registo, a invalidade do contrato (ou do negócio jurídico unilateral) de sociedade "rege-se pelas disposições aplicáveis aos negócios jurídicos nulos ou anuláveis, sem prejuízo do disposto no artigo 52.º'" (CSC, art. 41.º, 1). ([122]) Remetemos, pois, para o que já foi estudado em outras cadeiras, nomeadamente na Teoria Geral do Direito Civil, acerca das invalidades negociais.

Depois do registo o quadro é bem diferente. Cumprindo o prescrito no n.º 2 do art. 11.º da 1.ª Directiva, o n.º 1 do art. 42.º consagra a taxatividade das causas de invalidade do acto constituinte das sociedades *por quotas, anónimas* ou *em comandita por acções.* O acto "só pode ser declarado nulo ([123]) por algum dos seguintes vícios:

a) Falta do mínimo de dois sócios fundadores ([124]), salvo quando a lei permita a constituição da sociedade por uma só pessoa ([125]);

([121]) Esta distinção da nossa lei não parece ter arrimo na 1.ª Directiva (arts. 11.º e 12.º).

([122]) Sobre a ressalva do art. 52.º, v. *infra,* n.º 6. 3.

([123]) Deve interpretar-se extensivamente esta referência à nulidade, de modo a abranger qualquer invalidade – cfr. o último parágrafo do art. 11.º da 1.ª Directiva: "Fora destes casos de invalidade, as sociedades não podem ser declaradas nulas, nem ficam sujeitas a qualquer outra causa de inexistência, de nulidade absoluta, de nulidade relativa ou de anulabilidade".

([124]) Não é de considerar fundador o que age *sob* nome alheio (alguém que subscreve o documento usando o nome de outrem), o que age *em* nome alheio sem poderes de representação (exibição de procurações falsas ou não portadoras de poderes bastantes) e o que actua sob coacção absoluta – v. FERRER CORREIA/ANTÓNIO CAEIRO, *ob. cit.,* p. 121.

b) Falta de menção da firma, da sede (^{126}), do objecto ou do capital da sociedade, bem como do valor da entrada de algum sócio ou de prestações realizadas por conta desta (^{127});

c) Menção de um objecto ilícito ou contrário à ordem pública (^{128});

d) Falta de cumprimento dos preceitos legais que exigem a liberação mínima do capital social (^{129});

e) Não ter sido observada a forma legalmente exigida para o contrato de sociedade". (^{130})

As sociedades *em nome colectivo* e *em comandita simples* estão sujeitas a estas causas de nulidade mas não só. Nos termos do art. 43.º, 1 e 2, são fundamentos de invalidade do contrato de sociedade, além dos vícios do título constitutivo – isto é, os mencionados no n.º 1 do art. 42.º e a falta de menção do nome ou firma de algum dos sócios de responsabilidade ilimitada (^{131}) –, as causas gerais de invalidade dos

---

(^{125}) Não há nulidade, portanto, quando uma sociedade anónima que devesse ser constituída por cinco sócios ou uma sociedade em comandita por acções (que exige um mínimo de seis sócios fundadores) tenham sido constituídas apenas por dois sujeitos. Poderá haver, porém, dissolução– art. 142.º, 1, a).

(^{126}) A referência à falta de menção da sede viola o art. 11.º da 1.ª Directiva, onde não aparece idêntica referência...

(^{127}) Acerca da parte final deste preceito recorde-se o dito *supra,* no n.º 2. 2., a propósito da al. g) do n.º 1 do art. 9.º.

(^{128}) A "ilicitude" do objecto cobre as hipóteses abrangidas pelo n.º 1 do art. 280.º do CCiv. e a ofensa aos bons costumes prevista no n.º 2 desse mesmo art. – v. RAÚL VENTURA, *Adaptação do direito português à 1.ª Directiva do Conselho da Comunidade Económica Europeia sobre direito das sociedades,* in "Documentação e Direito Comparado", Lisboa, 1981, p. 187, a propósito da al. b) do n.º 2 do art. 11.º da Directiva.

(^{129}) V. arts. 201.º, 202.º, 2, 276.º, 3, 277.º, 2, 478.º.

(^{130} Tendo em conta o controlo da legalidade dos actos constituintes das sociedades que às conservatórias de registo comercial compete, não será fácil que depois do registo se verifique alguma das enunciadas causas de nulidade.

(^{131}) Diz PINTO FURTADO, *ob. cit.*, p. 215, que a qualificação pelo CSC desta falta de menção como vício do acto constitutivo é "incon-

negócios jurídicos segundo a lei civil (¹³²). Assim, por exemplo, também é nulo o contrato de sociedade de um destes tipos quando simulado (¹³³).

Independentemente do tipo societário, podem alguns vícios do acto constituinte ser *sanados*. Segundo os arts. 42.º, 2, e 43.º, 3, são sanáveis por deliberação dos sócios, tomada nos termos estabelecidos para as deliberações sobre alteração do contrato social (v. arts. 194.º, 1, 265.º, 1, 386.º, 3, 4, 476.º) (¹³⁴), os vícios decorrentes de falta ou nulidade da firma e da sede da sociedade, bem como do valor da entrada de algum sócio e das prestações realizadas por conta dela (¹³⁵). (¹³⁶)

---

testável violação do direito comunitário (cfr. art. 11 da 1.ª Directiva)". Não é assim, pela simples razão de a 1.ª Directiva não ser aplicável às sociedades em nome colectivo e em comandita simples (v. art. 1.º).

(¹³²) Não vejo razões suficientes para este alargamento das causas de invalidade do contrato constituinte das sociedades em causa. Mas v. os motivos apontados por FERRER CORREIA/ANTÓNIO CAEIRO, *ob. cit.*, pp. 118-119.

(¹³³) Sobre a problemática da simulação nas sociedades comerciais, v. A. FERRER CORREIA, *Sociedades fictícias e unipessoais*, Atlântida, Coimbra, 1948, pp. 17, ss.; mais recentemente, v., entre outros, M. CIAN, *Società di mero godimento tra azione in simulazione e* Durchgriff, GC, 1998, pp. 452/II, ss..

(¹³⁴) Nas sociedades unipessoais a sanação opera-se por decisão do sócio único.

(¹³⁵) Relativamente às sociedades em nome colectivo e em comandita simples, o n.º 3 do art. 43.º acrescenta ainda os vícios resultantes de falta ou nulidade do objecto e [quando exista] do capital da sociedade. Porquê a não previsão da sanabilidade destes vícios também no n.º 2 do art. 42.º?... (O *Anteprojecto* de FERRER CORREIA/ANTÓNIO CAEIRO – art. 18.º, 3 – previa tal sanabilidade.).

(¹³⁶) Os citados preceitos não se referem à possibilidade de sanação do vício consistente na falta de forma legal (até porque se referem somente a vícios sanáveis por deliberação dos sócios). Todavia, tendo sobretudo em conta o disposto nos arts. 172.º e 173.º, 1 e 2, deve concluir-se ser esse vício sanável (no mesmo sentido, v. OLIVEIRA ASCENSÃO, *ob. cit.*, p. 232, e ALBINO MATOS, *ob. cit.*, pp. 128-129, n. (245)).

Outros desvios importantes ao regime geral da nulidade dos negócios jurídicos (art. 286.º do CCiv.) têm que ver com a "acção de declaração de nulidade" do acto constituinte das sociedades de qualquer tipo registadas. Têm *legitimidade* para propor a acção os membros dos órgãos de administração e representação ou de fiscalização, qualquer sócio, "qualquer terceiro que tenha um interesse relevante e sério na procedência da acção" (credores sociais em casos excepcionais, credores de certos sócios ([137])) e o Ministério Público – art. 44.º, 1 e 2, do CSC. O *prazo* para a propositura da acção é de três anos a contar do registo (n.º 1 do art. 44.º); mas o Ministério Público pode intentá-la a todo o tempo (n.º 2 do art. 44.º). De todo o modo, quando o vício seja sanável, a acção não pode ser proposta antes de decorridos noventa dias sobre a interpelação à sociedade para saná-lo (n.º 1 do art. 44.º) ([138]).

Diga-se ainda que, antes ou depois do registo, o *Ministério Público* tem o dever de requerer – sem dependência de acção declarativa – a *liquidação judicial* da sociedade (se liquidação não tiver sido iniciada pelos sócios ou não estiver terminada no prazo legal) quando o contrato social não tenha sido celebrado na forma legal ou quando o objecto social seja originariamente ou se tenha tornado ilícito ou contrário à ordem pública (art. 172.º). Antes, porém, de requerer a liquidação deve o MP notificar por ofício a sociedade ou os sócios para, em prazo razoável, regularizarem a situação adveniente da falta de forma legal (situação que pode ainda ser regularizada até ao trânsito em julgado da sentença proferida na acção proposta pelo MP) – art. 173.º.

([137]) V. FERRER CORREIA/ANTÓNIO CAEIRO, *ob. cit.*, pp. 154-155.

([138]) O disposto no n.º 3 do art. 44.º visa também a possível sanação de vícios.

6. 2. Vícios parciais e invalidade do acto

Analisámos no n.º anterior vícios do acto constituinte (global e unitariamente considerado) ou de partes suas mas que afectam imediatamente todo o acto. Vejamos agora vícios de partes do acto constituinte que só a elas afectam ou que afectam todo o acto mas somente quando ocorram determinadas circunstâncias.

Antes do registo do contrato de sociedade, a invalidade das singulares declarações negociais rege-se pelas disposições da lei civil aplicáveis às declarações nulas ou anuláveis (n.º 1 do art. 41.º do CSC). Porém, apenas a invalidade decorrente de *incapacidade* é oponível tanto à sociedade como a terceiros, isto é, o incapaz pode exigir da sociedade o que a ela tenha prestado (antes de mais a título de entrada) e pode eximir-se da eventual responsabilidade perante credores sociais; a invalidade resultante de *vício de vontade* ou de *usura* só à sociedade é oponível, quer dizer, o enganado, coagido ou vítima de usura não pode eximir-se a eventual responsabilidade perante credores sociais (contraída antes da anulação da declaração), podendo embora exigir da sociedade o que a ela tenha prestado e o que tenha desembolsado para pagar dívidas sociais (cfr. o n.º 2 do art. 41.º).

A nulidade ou anulação de uma das declarações negociais não determina a invalidade do contrato social, salvo quando se mostre que este não teria sido concluído sem a parte viciada (art. 292.º do CCiv.). Não sendo possível a redução, terá o contrato inválido os efeitos previstos no art. 52.º do CSC.

Depois do registo do contrato de sociedade há consideráveis desvios ao regime da lei civil para as declarações negociais viciadas. Também agora temos de distinguir entre as sociedades *por quotas, anónimas* ou *em comandita por acções* e as restantes.

Nas primeiras "o erro, o dolo, a coacção e a usura podem ser invocados como justa causa de *exoneração* pelo sócio atingido ou prejudicado, desde que se verifiquem as circunstâncias, incluindo o tempo, de que, segundo a lei civil, resultaria a sua relevância para efeitos de anulação do negócio jurídico" (art. 45.°, 1). Por conseguinte, a participação do sócio enganado, coagido ou vítima de usura não pode ser anulada, nem anulado, por isso, pode ser o contrato; ele tem é o direito de se exonerar, de sair da sociedade e receber o valor real da participação social, calculado com referência à data da declaração da intenção de se exonerar (v. designadamente o art. 240.°) ([139]).

Em consonância com a lei civil e denotando uma vez mais especial protecção dos incapazes, diz o n.° 2 do art. 45.° que, nas mesmas sociedades (por quotas e por acções), a *incapacidade* de um dos contraentes torna o negócio jurídico *anulável* relativamente ao incapaz. Anulada a declaração de incapaz, tem ele o direito de reaver o que prestou e não pode ser obrigado a completar a sua entrada (art. 47.°). Determinará tal anulação parcial a anulação de todo o contrato social quando, de acordo com o art. 292.° do CCiv., a redução se mostre impossível? Dado o número fechado de causas de invalidade fixado no n.° 1 do art. 42.°, responderei negativamente (aliás, não será por acaso que no n.° 2 do art. 45.°, ao invés do que sucede no art. 46.°, se não faz qualquer menção ao art. 292.° do CCiv.) ([140]). Mas suponha-se que uma sociedade anónima (registada) foi constituída por duas pessoas singulares (cfr. art. 42.°, 1, a)). Sendo uma delas incapaz, a anulação da respectiva declaração não provocará a nulidade do contrato social, nos termos da alínea a) no n.° 1 do art. 42.° (falta do mínimo de dois sócios fundadores)?

([139]) Sobre a exoneração de sócios v. *infra*, n.° 5. do cap. V.

([140]) Respondendo afirmativamente, v. OLIVEIRA ASCENSÃO, *ob. cit.*, pp. 241-242.

À primeira vista parece que sim. Dada a retroactividade da anulação (art. 289.º, 1, do CCiv.), a sociedade terá sido constituída por um só fundador. Todavia, atendendo à distinção que se faz no art. 11.º, 2, da 1.ª Directiva entre a hipótese da "incapacidade de *todos* os sócios fundadores" (al. e)) e a da falta do mínimo de dois sócios fundadores (al. f)), e atendendo à tutela dos interesses dos sócios e de terceiros que inspira o regime das nulidades do acto constituinte, parece-me que a referida anulação não põe em causa todo o contrato nos termos da al. a) do n.º 1 do art. 42.º ([141]).

Nas sociedades *em nome colectivo* e *em comandita simples*, o regime é, no essencial, idêntico ao previsto no CCiv.. Nos termos do art. 46.º "o erro, o dolo, a coacção, a usura e a incapacidade determinam a anulabilidade do contrato em relação ao contraente incapaz ou ao que sofreu o vício da vontade ou a usura; no entanto, o negócio poderá ser anulado quanto a todos os sócios, se, tendo em conta o critério formulado no artigo 292.º do Código Civil, não for possível a sua redução às participações dos outros". O sócio que obtiver a anulação da sua declaração "tem o direito de reaver o que prestou e não pode ser obrigado a completar a sua entrada"; contudo (aqui está uma especialidade), "se a anulação se fundar em vício da vontade ou usura, não ficará liberto, em face de terceiros, da responsabilidade que por lei lhe competir quanto às obrigações da sociedade anteriores ao registo da acção ou da sentença" (art. 47.º).

Com respeito a todas as sociedades, os arts. 49.º-51.º (de inspiração francesa – v. art. 365 da lei de 1966 sobre as sociedades comerciais, agora art. L. 235-6 do *Code de Commerce*) visam potenciar a certeza jurídica e/ou a sanação dos vícios

---

([141]) Interpretando diversamente os citados preceitos da 1.ª Directiva, RAÚL VENTURA, *últ. ob. cit.*, p. 190. Solução também diversa da defendida por mim resultava do art. 39.º, 2, e) do *Projecto*.

resultantes de erro, dolo, coacção, usura e incapacidade. Basta lê-los (mas deve o estudante/estudioso lê-los...).

Aludamos, por fim, a *cláusulas* do acto constituinte que, por serem proibidas por lei, são nulas (antes ou depois do registo), embora não determinem a nulidade de todo o acto, devendo antes ser consideradas não escritas e, nalguns casos, substituídas pelas correspondentes normas legais dispositivas ou imperativas. Para exemplos, veja-se o disposto nos arts. 22.º, 3 e 4, 74.º, 1, 408.º, 3.

6. 3. Consequências da invalidade do acto

Os efeitos da invalidade do acto constituinte de sociedade são muito diversos dos efeitos da invalidade dos negócios jurídicos em geral (recorde-se, com relação a estes, o n.º 1 do art. 289.º do CCiv.: "Tanto a declaração de nulidade como a anulação do negócio têm efeito retroactivo, devendo ser restituído tudo o que tiver sido prestado ou, se a restituição em espécie não for possível, o valor correspondente").

Na verdade, o art. 52.º do CSC (aplicável às sociedades de qualquer tipo, registadas ou não) diz no n.º 1: "A declaração de nulidade e a anulação do contrato [ou do negócio jurídico unilateral] de sociedade determinam a *entrada da sociedade em liquidação,* nos termos do artigo 165.º, devendo este efeito ser mencionado na sentença". [142]
E acrescenta no n.º 2: "A *eficácia* dos negócios jurídicos concluídos *anteriormente* em nome da sociedade não é afectada pela declaração de nulidade ou anulação do contrato

---

[142] É assim cumprido o prescrito no n.º 2 do art. 12.º da 1.ª Directiva ("A invalidade provocará a liquidação da sociedade, da mesma forma que a dissolução"). Inopinadamente, PINTO FURTADO, *ob. cit.*, p. 215, escreve que o n.º 1 do art. 52.º não parece estar em consonância com o direito comunitário.

social". ([143]) Prescreve ainda o art. que, com excepção dos sócios cuja *incapacidade* tenha sido a causa da anulação do acto constituinte ou que a venham depois opor por via de excepção, a invalidade do acto constituinte não exime os sócios do *dever de realizar ou completar as suas entradas nem* tão-pouco *os exonera da responsabilidade* pessoal e solidária perante terceiros que, segundo a lei, eventualmente lhes incumba (n.os 4 e 5) ([144]).

Resulta com suficiente nitidez do quadro traçado no art. 52.º (sob a orientação do comunitário art. 12.º...) que a sociedade cujo acto constituinte tenha sido declarado nulo ou anulado *é tratada (quase sempre) como válida sociedade* – quer antes quer depois da decisão judicial de nulidade ou da anulação. Antes da decisão, o acto constituinte e a sociedade nele assente produziram, tanto nas relações internas como nas relações externas, os efeitos normais dos válidos actos constituintes e das sociedades válidas ([145]). Depois da decisão, o acto constituinte e a sociedade continuam a produzir, com poucas alterações (v. arts. 52.º, 5, e 165.º), os normais efeitos produzíveis pelas válidas sociedades em fase

---

([143]) "No entanto [ressalva o n.º 3 do mesmo art.], se a nulidade proceder de simulação, de ilicitude do objecto ou de violação da ordem pública ou ofensa dos bons costumes, o disposto no número anterior só aproveita a terceiros de boa fé".

O preceito do n.º 2 do art. 52.º concorda com o do n.º 3 do art. 12.º da 1.ª Directiva ("A invalidade [da sociedade] não afecta, por si mesma, a validade das obrigações contraídas pela sociedade ou para com ela, sem prejuízo dos efeitos do estado de liquidação"). Mas, como se vê, não concorda inteiramente – "eficácia dos negócios jurídicos" não é exactamente o mesmo que "validade das obrigações" (estas podem ter ou não fonte negocial). Há, pois, que interpretar o n.º 2 do art. 52.º de acordo com o n.º 3 do art. 12.º da Directiva.

([144]) Deve entender-se, de acordo com o estabelecido no n.º 5 do art. 12.º da 1.ª Directiva, que a realização das entradas ainda não cumpridas só será exigível quando tal seja necessário para o cumprimento das obrigações da sociedade (v. tb. o art. 153.º, 3, do CSC).

([145]) Com excepção do previsto no n.º 3 do art. 52.º – sem apoio, aliás, no art. 12.º da 1.ª Directiva...

de liquidação (¹⁴⁶). Repare-se, uma sociedade na situação de liquidação mantém-se viva, mantendo inclusive a personalidade jurídica que tivesse já adquirido (art. 146.º, 2). Embora se altere em alguma medida o seu modo de vida. Mantém, é certo, o órgão sócio ou colectividade dos sócios (arts. 146.º, 2, 5, 149.º, 1, 150.º, 2, etc.), bem como o órgão de fiscalização (arts. 146.º, 2, 151.º, 3, 4, 155.º, 2); mas o órgão de administração e representação não subsiste, sendo substituído por órgão de liquidação (cfr. arts. 151.º, 1, 152.º). Por outro lado, a actividade social é dirigida aos fins da liquidação – daí as limitações quanto à continuação da mesma (art. 152.º, 2, a), 3, a), d), e)) (¹⁴⁷). A sociedade só é considerada extinta no momento do registo do encerramento da liquidação (¹⁴⁸).

Em suma, *as chamadas (pela lei) causas de "invalidade" do acto constituinte de sociedade são verdadeiras causas de liquidação de sociedade,* não se trata aqui de invalidades propriamente ditas (¹⁴⁹); *os chamados efeitos da invalidade do acto constituinte são verdadeiros efeitos da entrada de sociedade em liquidação judicialmente decidida.*

As especificidades da disciplina de que demos conta neste n.º 6. justificam-se fundamentalmente por *interesses dos sócios* (que querem as sociedades o mais possível actuantes)

(¹⁴⁶) Não é, portanto, inteiramente correcto dizer-se, como bastas vezes se diz, que a invalidade do acto constituinte de sociedade funciona ou produz efeitos *ex nunc*.

(¹⁴⁷) Não é este o lugar para tratar do processo de liquidação (extrajudicial). Indicarei, no entanto, as principais operações em que ele se analisa: 1) quando não esteja autorizado a continuar a actividade social anterior, deve o liquidatário ultimar os negócios pendentes (art. 152.º, 3, a)); 2) cumprimento das obrigações sociais (arts. 152.º, 3, b), 154.º, 153.º, 1); 3) cobrança dos créditos sociais (arts. 152.º, 3, c), 153.º, 2, 3); 4) redução a dinheiro do activo residual (art. 152.º, 3, d)); 5) partilha do activo restante pelos sócios (arts. 152.º, 3, e), 156.º, 159.º).

(¹⁴⁸) Mas o "regresso à actividade" pode verificar-se antes disso (art. 161.º).

(¹⁴⁹) Isto, claro, tendo em vista o significado da nulidade e da anulabilidade em direito civil (e não só).

e de terceiros (que não querem ver postas em causa as suas relações, actuais ou potenciais, com as sociedades) ([150]).

7. Acordos parassociais

Suponha-se que alguns sócios de uma sociedade anónima acordam num ou mais destes pontos: votar (uniformemente) em certas pessoas ou em pessoas indicadas por determinados sócios para membros do conselho de administração; não vender as respectivas acções a terceiros durante certo período; atribuir um direito de preferência na aquisição das acções (ao portador) a favor dos participantes no acordo; vender, ou não vender, as respectivas acções a determinado autor de uma oferta pública de aquisição de acções. Eis alguns exemplos de "acordos parassociais": *contratos celebrados entre todos ou alguns sócios (ou entre sócios e terceiros* ([151])), *produtores de efeitos atinentes à posição jurídica dos pactuantes sócios (enquanto tais) e, eventualmente, atinentes também a outros pactuantes (terceiros) e à vida societária, mas que não vinculam a própria sociedade.*

Na medida em que podem influenciar a vida societária e intervir na delimitação de direitos e obrigações de sócios, os acordos parassociais têm algumas *conexões* com os estatutos sociais. Mas são fenómenos *distintos* (o "parassocial" não é "social"). Certa regulamentação deve constar dos estatutos (v. *supra,* n.º 2. 2.), não havendo aí lugar para os pactos

---

([150]) Cfr. tb. o preâmbulo da 1.ª Directiva, considerandos 2.º, 5.º e 6.º.

([151]) P. ex., certos sócios obrigam-se a votar favoravelmente um aumento do capital social, comprometendo-se o contratante não-sócio, uma sociedade bancária, a financiar desde logo a sociedade. Apesar de o art. 17.º do CSC se referir somente a acordos entre sócios, devem ser admitidos como "parassociais" os acordos em que intervenham também terceiros, aplicando-se-lhes por analogia o mesmo art. 17.º (v. MARIA DA GRAÇA TRIGO, *Os acordos parassociais sobre o exercício do direito de voto,* Universidade Católica Editora, Lisboa, 1998, p. 147).

parassociais; algumas das matérias que podem ser reguladas pelo contrato social podem também ser objecto de contrato parassocial (*v. g.*, autorização para cessão de quotas, direito de preferência na alienação de participações sociais) – mas, como daqui a pouco sublinharemos, com diversa eficácia; outras matérias que podem ser (em parte) disciplinadas pelo estatuto social estão fora do campo de acção dos acordos parassociais – é o caso da regulação da conduta de titulares de órgãos de administração ou de fiscalização (n.º 2 do art. 17.º). Vimos já que o acto constituinte social está sujeito a forma especial, deve ser registado e, normalmente, publicado; para os acordos parassociais vale o princípio da liberdade de forma (art. 219.º do CCiv.) e não é em geral exigido qualquer registo ou publicação ([152]). Quanto a outros aspectos (alterações e extinção do contrato, invalidades, etc.), enquanto os acordos parassociais estão em regra sujeitos à disciplina comum (civil) dos contratos, os actos constituintes de sociedades estão principalmente sujeitos à específica disciplina do CSC. Contudo, importa sobretudo acentuar a diversidade quanto à *eficácia:* o estatuto social vincula a sociedade (os seus órgãos) e os sócios e é oponível a terceiros; os acordos parassociais produzem efeitos tão-só entre os intervenientes, são inoponíveis à sociedade, e o seu incumprimento não se reflecte societariamente ("com base neles não podem ser impugnados actos da sociedade ou dos sócios para com a sociedade", nos dizeres da parte final do n.º 1 do art. 17.º) – *v. g.*, não pode ser impugnada uma deliberação social de eleição de gerentes com o fundamento de um dos sócios não ter votado nas pessoas em que, nos termos de acordo parassocial, se obrigara a votar; não pode a sociedade

---

([152]) Mas v. o CVM, art. 19.º (publicação pela CMVM, a quem devem ser comunicados, de certos acordos parassociais), e o RGIC, arts. 111.º e 196.º (registo, embora não comercial, de acordos parassociais de voto entre sócios de instituições de crédito ou de sociedades financeiras).

deixar de reconhecer como sócio o comprador de acções, apesar de o vendedor ter violado o dever parassocial de não vender nesse período. ([153])

Durante muito tempo (sobretudo nos países latinos) foi por muitos contestada a admissibilidade dos acordos parassociais, em especial dos acordos de voto ([154]). Entre nós, o CSC, no art. 17.º, inverteu a orientação que vinha sendo seguida pela jurisprudência e boa parte da doutrina, e admitiu expressamente os acordos parassociais. Mas estabeleceu alguns limites.

Assim, são de considerar (total ou parcialmente) *nulos os acordos parassociais* que violem ou defraudem a lei (*v. g.*, que violem a proibição do pacto leonino – cfr. art. 22.º, 3 –, ou que obriguem alguns sócios a votar no sentido determinado por um sócio impedido de votar – cfr. arts. 251.º, 384.º, 6) ou conduzam à tomada de deliberações nulas ou anuláveis (cfr. art. 17.º, 1) ([155]), bem como os que visem permitir dar instruções aos membros dos órgãos de administração e de fiscalização (fora do quadro em que elas possam ser legítimas, isto é, fora da via deliberativo-social – v., *v. g.*, o art. 259.º) – cfr. art. 17.º, 2.

([153]) As sanções para o incumprimento dos (válidos e eficazes) acordos parassociais são outras, nomeadamente a obrigação de indemnizar, cujo montante é frequentemente fixado em cláusula penal (sobre o problema das sanções, v. M. GRAÇA TRIGO, *ob. cit.*, pp. 201, ss.).

([154]) Descrevendo a experiência de vários países, v. M. LEITE SANTOS, *Contratos parassociais e acordos de voto nas sociedades anónimas,* Cosmos, Lisboa, 1996, pp. 97 ss., GRAÇA TRIGO, *ob. cit.*, pp. 45, ss.. Para uma síntese da argumentação a favor e contra a admissibilidade dos acordos de voto, v. V. G. LOBO XAVIER, *A validade dos sindicatos de voto no direito português constituído e constituendo,* ROA, 1985, pp. 643, ss..

([155]) Para uma perspectiva geral, v., p. ex., SCHMIDT, *ob. cit.*, p. 618, e H.-G. KOPPENSTEINER, *GmbH-Gesetz Kommentar,* 2. Aufl., Orac, Wien, 1999, p. 415. Para alguns desenvolvimentos, v. RAÚL VENTURA, *Acordos de voto; algumas questões depois do Código das Sociedades Comerciais,* in *Estudos vários sobre sociedades anónimas,* Almedina, Coimbra, 1992, pp. 82, ss., e GRAÇA TRIGO, *ob. cit.*, pp. 177, ss..

Especificamente para os *acordos de voto*, o n.º 3 do art. 17.º, reproduzindo quase integralmente o art. 35 da proposta de 5.ª Directiva em matéria de direito das sociedades ([156]) (inspirado, por sua vez, nos §§ 136(2) e 405(3), 6. e 7., da AktG alemã de 1965), prevê três hipóteses de *nulidade*.

a) São nulos os acordos pelos quais um ou mais sócios se obriguem a votar "seguindo sempre as instruções da sociedade ou de um dos seus órgãos". As instruções "da sociedade" podem ser dadas por ela através do órgão de representação, de mandatário ou procurador (cfr. arts. 252.º, 6, 391.º, 7) ([157]). Os "órgãos" sociais indicados no acordo para darem instruções poderão ser o órgão de administração e representação ou os de fiscalização. Sendo indicado o primeiro, ou ele aparece propriamente como órgão, logo como "representante" da sociedade, reconduzindo-se então o caso à hipótese das instruções "da sociedade", ou aparece sem essa veste, concretizando-se então a hipótese das instruções "de um dos órgãos" ([158]). Sendo indicado algum órgão de fiscalização (conselho fiscal ou fiscal único, conselho geral e de supervisão, revisor oficial de contas), claro que as instruções não serão da sociedade (que não pode para o efeito ser por ele representada), mas sim dos membros (todos ou maioria) do órgão designado. A cominação da nulidade assenta na ideia da repartição de competências entre os vários órgãos sociais, não sendo pois

---

([156]) Na versão originária (v. JOCE n.º C131, de 13/12/72), mantida na 1.ª modificação da proposta (v. JOCE n.º C240, de 9/9/83); na modificação seguinte (v. JOCE n.º C7, de 11/1/91), o art. 35 sofreu ligeiras alterações (mantidas na 3.ª modificação, publicada no JOCE n.º C321, de 12/12/91).

([157]) Cfr. tb. HÜFFER, *Aktiengesetz*, 3. Aufl., Beck, München, 1997, p. 620.

([158]) Neste caso a indicação reportar-se-á à totalidade ou à maioria dos membros do órgão; está fora do campo de aplicação da hipótese a vinculação do voto às instruções de um ou mais sujeitos titulares do órgão de administração mas sem peso suficiente para determinar as deliberações nele tomadas (cfr. *últ. A., ob. e loc. cits.*).

lícito que o órgão deliberativo-interno seja comandado por outros ([159]).

b) Pelo mesmo fundamento, são nulos os acordos pelos quais um ou mais sócios se obrigam a votar "aprovando sempre as propostas feitas por estes" [órgãos sociais].

c) Nulos são ainda os acordos pelos quais um ou mais sócios se obrigam a exercer o direito de voto ou a abster-se de o exercer (não participando na votação ou abstendo-se em sentido próprio) "em contrapartida de vantagens especiais" (vantagens, patrimoniais ou não, que caibam apenas aos sócios que se obrigaram a votar em determinado sentido ou a não votar, e que estão em imediata ou mediata relação causal com tal vinculação). ([160]) Proíbe-se assim a tradicionalmente designada "venda do voto" para satisfação de interesses extra-sociais.

([159]) Também por isso mal se justifica (mas v. RAÚL VENTURA, últ. ob. cit., pp. 73-74) o "sempre" da al. a) do n.º 3 do art. 17.º (bem como da al. b)) – "sempre" presente no art. 35 da proposta de 5.ª Directiva mas já não no § 136 da AktG. Haverá que interpretar (teleologicamente) o preceito (e a al. b)) de modo a sujeitar à nulidade também acordos de voto dirigidos a concretas situações. P. ex., não será nulo o acordo obrigando alguns sócios a votar o relatório de gestão e contas do corrente exercício (ainda não elaborados) seguindo as instruções do conselho de administração da sociedade?...

([160]) A cópia (em tradução) do art. 35 da citada proposta de Directiva foi de tal modo fiel que não deu para ver a contradição entre a parte final da estatuição do n.º 3 do art. 17.º ("um sócio se obriga a votar") e parte da al. c) do mesmo n.º ("ou abstendo-se de" exercer o direito de voto); a 2.ª modificação da proposta remediou o lapso...

Capítulo IV

DA PERSONALIDADE E CAPACIDADE DAS SOCIEDADES COMERCIAIS

1. Aquisição da personalidade jurídica

Vimos nos capítulos anteriores que, formado o substrato societário (composto pelos elementos pessoal – um ou mais sujeitos –, patrimonial – resultante da obrigação ou obrigações de entrada –, e teleológico – propósito de desenvolver determinada actividade económica para, em regra, atribuir ao(s) sócio(s) os correspondentes lucros) e cumpridos outros requisitos (designadamente, a forma especial e o registo definitivo do acto constituinte), a lei atribui personalidade jurídica às sociedades comerciais (e civis de tipo comercial).

Para as sociedades constituídas de acordo (total ou parcial) com o CSC, o preceito do art. 5.º é terminante: as sociedades gozam de *personalidade a partir da data do registo definitivo do acto constituinte* ([1]). Assim, todas as sociedades

---

([1]) O preceito é expressivo do chamado (tradicionalmente) reconhecimento normativo condicionado – contraposto ao reconhecimento por concessão, ao sistema de personalização por acto individual da Administração. (Mas é algo impróprio falar-se de "reconhecimento" normativo– v. L. A. CARVALHO FERNANDES, *Teoria geral do direito civil,* I, 3.ª ed., UCE, Lisboa, 2001, p. 436, J. OLIVEIRA ASCENSÃO, *Direito civil – Teoria geral,* vol. I, 2.ª ed., Coimbra Editora, Coimbra, 2000, p. 249.).

comerciais (e civis de tipo comercial) têm personalidade jurídica ou colectiva (²); e todas a têm a partir do registo definitivo do acto constituinte (³). (⁴)

(²) Antes do CSC, e em tempos já bem recuados, nem todos afirmavam a personalidade colectiva para todas as sociedades comerciais. GUILHERME MOREIRA, *Da personalidade collectiva*, RLJ, ano 41.º (1908-1909), pp. 19, ss., 50, ss., 226, ss., 290, ano 42.º (1909-1910), p. 259, defendeu não serem pessoas jurídicas as sociedades em nome colectivo, em comandita simples e por quotas. Em linha discursiva diversa (própria das chamadas doutrinas negatórias da personalidade colectiva), J. F. AZEVEDO E SILVA, *Estudos de direito commercial*, Biblioteca da Revista de Direito, Lisboa, 1906, pp. 49, ss., *maxime* 89, ss., 95, ss., 106, ss., defendeu que nenhuma sociedade comercial é verdadeiramente pessoa (colectiva).

Nem todos os ordenamentos jurídicos estrangeiros atribuem personalidade a todas as sociedades comerciais. P. ex., entende-se dominantemente na Alemanha e na Itália que as homólogas das nossas sociedades em nome colectivo e em comandita simples não gozam de personalidade jurídica – v. por todos, respectivamente, A. KRAFT / P. KREUTZ, *Gesellschaftsrecht*, 10. Aufl., Luchterhand, Neuwied, 1997, pp. 5, 29, ss., e F. GALGANO, *Diritto commerciale – Le società*, Zanichelli, Bologna, ed. 1996 / 97, pp. 33, ss..

(³) Antes do CSC, o momento decisivo era em geral o da escritura pública (cfr. o n.º 7 do preâmbulo do DL que aprovou o CSC; mas talvez se devesse entender diferentemente quanto às sociedades por quotas – cfr. A. FERRER CORREIA, *A sociedade por quotas de responsabilidade limitada segundo o CSC*, in *Temas de direito comercial e direito internacional privado*, Almedina, Coimbra, 1989, pp. 136-137).

Não obstante a norma do citado art. 5.º, há quem considere que as sociedades comerciais têm personalidade jurídica antes mesmo do registo (e antes até da escritura pública): J. OLIVEIRA ASCENSÃO, *Direito comercial*, vol. IV – *Sociedades comerciais*, Lisboa, 1993, pp. 170, ss., J. P. FAZENDA MARTINS, *Os efeitos do registo e das publicações obrigatórias na constituição das sociedades comerciais*, Lex, Lisboa, 1994, pp. 14, ss. (voltaremos ao assunto).

(⁴) Parece ser uma tendência generalizada nas leis estrangeiras fazer coincidir a inscrição das sociedades no registo com a aquisição da personalidade jurídica – v., p. ex., as alemãs GmbHG, § 11(1), e AktG, § 41(1), o *Codice Civile* italiano, art. 2331, o *Code de Commerce* francês, art. L. 210-6, e as espanholas LSA, art. 7(1), e LSRL, art. 11(1).

Note-se ainda que certas entidades colectivas não societárias mas afins adquirem igualmente a personalidade jurídica com a inscrição dos actos constituintes no registo comercial: cooperativas (CCoop., art. 16.º), ACEs (L 4/73, base IV), AEIE (DL 148/90, art. 1.º).

O art. 5.º do CSC salvaguarda na parte final o "disposto quanto à constituição de sociedades por fusão, cisão ou transformação de outras".

Deve contudo entender-se que as (novas) sociedades resultantes de fusão ou de cisão também adquirem personalidade com o registo respectivo (cfr. arts. 112.º, 120.º).

O mesmo se deve entender quanto às sociedades civis de tipo comercial resultantes da transformação de sociedades civis simples (cfr. art. 130.º, 2, 6).

Por sua vez, na transformação "formal" de sociedades comerciais (ou civis de tipo comercial) a personalidade mantém-se apesar da mudança do tipo (cfr. art. 130.º, 3). E na transformação "extintiva" também não haverá solução de continuidade quanto à personalidade – com o registo apenas ganhará eficácia perante terceiros a mudança do tipo (cfr. art. 130.º, 3, 5).

2. Sentido e limites da personalidade jurídica das sociedades comerciais

2. 1. Questionando a importância da personalidade jurídica

Não exigem os nossos propósitos uma exposição sistematizada e crítica das diversas teorias" que se têm cansado em sondar a "natureza jurídica" ou a "essência" da personalidade colectiva ou jurídica. Até porque, por um lado, isso já foi feito (de modo menos ou mais requentado) muitas vezes (e o leitor tomou já conhecimento disso em outras ocasiões)[5];

---

[5] Não obstante, indicarei sobre as variadas "teorias" [a da "ficção", atribuída em primeiro lugar (e passe o eventual equívoco daquela designação) a SAVIGNY (v. o *Traité de droit romain,* trad., t. II, F. Didot, Paris, 1841, pp. 234, 237-239), a da "pessoa colectiva real" (de que é maior representante O. GIERKE (v., p. ex., *Die Genossenschaftstheorie und die deutsche Rechtsprechung,* Weidmannsche Verl., Berlin / G. Olms Verl., Hildesheim, 1963, reimpr. da ed. de 1887, pp. 22, ss.), a da "personificação de fim", que entronca em ENNECCERUS (v. L. ENNECCERUS / H. C.

por outro lado, tais teorias têm-se revelado inconsequentes na determinação e aplicação do direito respeitante às pessoas colectivas (este direito é determinado através de normas positivas e da prática jurídica, independentemente das "teorias") (⁶); por outro lado ainda, e sem menosprezar alguns notáveis contributos, as "teorias" não se têm revelado "essenciais" para a descoberta da "essência" da personalidade colectiva...

Em grande medida descomprometida com a luta das "teorias", domina hoje na doutrina a compreensão "técnico-jurídica" da pessoa colectiva (⁷). Produto da técnica jurídica, abstraindo em grande medida de considerações ético-jurídicas e político-gerais, não baseando nos substratos metajurídicos o seu específico modo de ser, a personalidade colectiva aparece como expediente utilizável por muitas e diferenciadas organizações (institucionais, fundacionais, associativas, societárias), através do qual a ordem jurídica atribui às mesmas a *qualidade de sujeitos de direito, de autónomos centros de imputação de efeitos jurídicos*. (⁸)

NIPPERDEY, *Allgemeiner Teil des bürgerlichen Rechts,* 15. Aufl., I, Mohr, Tübingen, 1959, p. 610, em nota), etc., etc.] as exposições de F. RITTNER, *Die werdende juristische Person – Untersuchungen zum Gesellschafts-und Unternehmensrecht,* Mohr, Tübingen, 1973, pp. 180, ss., W. FLUME, *Allgemeiner Teil des bürgerlichen Rechts,* I. Band, 2. Teil – *Die juristische Person,* Springer, Berlin, Heidelberg, etc., 1983, pp. 15, ss., W. HADDING, in SOERGEL, *Kommentar zum Bürgerlichen Gesetzbuch,* 12. Aufl., Band 1, W. Kohlhammer, Stuttgart, Berlin, etc., 1988, *Vor § 21,* pp. 159-169, A. MENEZES CORDEIRO, *O levantamento da personalidade colectiva no direito civil e comercial,* Almedina, Coimbra, 2000, pp. 23, ss..

(⁶) V. FLUME, *ob. cit.,* p. 24, CL. OTT, in *Kommentar zum Bürgerlichen Gesetzbuch* (Reihe Alternativekommentare), Band 1, Luchterhand, Neuwied, Darmstadt, 1987, *Vor § 21,* p. 103.

(⁷) Cfr., p. ex., OTT, *ob. cit.,* p. 104.

(⁸) Não se ignora o comprometimento ético e (sobretudo) político na luta das "teorias", principalmente no séc. XIX – o ideário social-liberal de Gierke informador da teoria da personalidade real das associações impôs-se justamente através da consagração legal da liberdade de

Construção técnico-jurídica com o assinalado conteúdo significativo mínimo (autónoma subjectividade jurídica), a personalidade colectiva não é, pois, ficção (as pessoas jurídicas não são tratadas "como se" fossem homens); é realidade – não realidade social-antropomórfica, mas realidade jurídica, criação (recente) do direito ([9]). E sem a carga ético-axiológica que a personalidade das pessoas humanas ou singulares encerra – é por isso ajustado dizer-se que, enquanto esta personalidade nos aparece em boa medida como do "dado", já a personalidade colectiva é do "construído" ([10]); ajustado sendo ainda defender-se que a personalidade colectiva, porque fundada dominantemente em critérios de "oportunidade"

---

associação (v., p. ex., H. WIEDEMANN, *Gesellschaftsrecht*, Band I, Beck, München, 1980, p. 194, OTT, *ob. cit.*, p. 104, K. SCHMIDT, *Gesellschaftsrecht*, 3. Aufl., Heymanns, Köln, Berlin, etc., 1997, p. 197, P. DIDIER, *Droit commercial*, 2, PUF, Paris, 1993, p. 52); não se ignora também que a dimensão política da problemática das pessoas colectivas tem hoje que ver sobretudo com as espécies e extensão do controlo jurídico de tais entidades (v. OTT, *ob. cit.*, pp. 104-105); nem tão-pouco se ignora a função ideológica da personalidade jurídica (tenho-a sublinhado e voltarei daqui a pouco ao ponto). Mas nada disto, parece-me, põe em causa a concepção "técnico-jurídica" da personalidade colectiva, o seu conteúdo significativo essencial – nem é decisivo para ilustrar a "natureza jurídica" das pessoas colectivas.

([9]) Cfr. tb., p. ex., F. FERRARA, *Le persone giuridiche*, Utet, Torino, 1938, p. 35, MANUEL DE ANDRADE, *Teoria geral da relação jurídica*, vol. I, 3.ª reimpr., Almedina, Coimbra, 1972, pp. 49-50, J. DIAS MARQUES, *Teoria geral do direito civil*, vol. I, Coimbra Editora, Coimbra, 1958, pp. 172-173, 176.

Recorde-se que a expressão "pessoa jurídica" (equivalente a "pessoa colectiva") se generalizou na linguagem doutrinária (primeiro) e legislativa (depois) somente no séc. XIX (cfr. H. COING, in J. VON STAUDINGERS *Kommentar zum Bürgerlichen Gesetzbuch*, J. Schweitzer, Berlin, 1980, *Einleitung zu §§ 21-89*, p. 319, F. GALGANO, *Le istituzioni dell'economia capitalistica – Società per azioni, Stato e classi sociali*, 2.ª ed., Zanichelli, Bologna, 1980, p. 83).

([10]) Cfr. R. DAVID, *Rapport général*, in *La personnalité morale et ses limites*, LGDJ, Paris, 1960, p. 6. Fala das pessoas colectivas como um "real construído" J. FARIA COSTA, *A responsabilidade jurídico-penal da empresa e dos seus órgãos*, RPCC, 1992, p. 555.

(funcional, política, ideológica...), é susceptível de ser mais ou menos estendida, limitada ou fraccionada (¹¹). (¹²)

(¹¹) Cfr. FERRARA, *ob. cit.*, pp. 35-36, ANDRADE, *ob. cit.*, pp. 52-53, DAVID, *ob. e loc. cits.*.

(¹²) MENEZES CORDEIRO, *ob. cit.*, p. 64, n. (200), citando uma obra minha (*Da empresarialidade – As empresas no direito,* Almedina, Coimbra, 1996, pp. 198-199), coloca-me entre numerosos outros autores portugueses defensores do "realismo jurídico" ("quase doutrina oficial em (...) Portugal" – *ibid.*, p. 62) em matéria de personalidade colectiva. Mas acrescenta que eu refiro, "embora, mais adiante, a necessidade de não absolutizar a noção" (de pessoa colectiva). Pese embora a ressalva, é uma leitura desfocada. É verdade que defendo na *ob. cit.* (cujo discurso largamente retomei nas linhas anteriores e voltarei a retomar em linhas que se seguirão) ser a personalidade colectiva "realidade jurídica, criação (recente) do direito" expressiva de "autónoma subjectividade (de separação da esfera jurídica da pessoa colectiva da de outras pessoas – membros ou não daquela)". Se isto é "realismo jurídico", convicto "realista" sou [e a larga maioria da doutrina moderna, estrangeira e nacional, será, *hoc sensu,* realista; situam-se mais ou menos fora deste realismo certas concepções normativistas (Kelsen, etc.) e analíticas (Hart, Ascarelli, D'Alexandro, Galgano, etc.), segundo as quais os ditos direitos e deveres da pessoa colectiva são, na realidade, direitos e deveres dos membros (enquanto tais) dela (v. por todos o clássico ensaio de GALGANO, *Struttura logica e contenuto normativo del concetto di persona giuridica,* RDCiv., 1965, P. I, pp. 553, ss.)]. Todavia, é também verdade que o escrito nas pp. 197, ss. da minha *ob. cit.* (e já antes, ainda que menos elaborada e desenvolvidamente, no meu primeiro livro – *Do abuso de direito,* Almedina, Coimbra, 1983, pp. 111, ss.) visa sobretudo contrariar as tradicionais tendências (largamente dominantes entre nós) para a "absolutização" da personalidade colectiva, contrapondo-lhes uma concepção relativizadora e substancialista (há outras subjectividades colectivas, a personalidade colectiva tem fraca função normativa, há que atender ao substrato pessoal-patrimonial, há que revelar a função ideológica da personalidade jurídica, etc. – v. tb. *infra*). Não é por acaso que as citadas pp. 197 ss. de *Da empresarialiadde* se encontram em dois n.ᵒˢ exactamente epigrafados "Desvalorização sistemático-relativa da personalidade colectiva" e "Desconsideração da personalidade colectiva"...

Entretanto, interessará dizer algo mais sobre o que diz MENEZES CORDEIRO em *O levantamento...*, pp. 65, ss.. Depois de afirmar a necessidade de se abandonar o "realismo" jurídico ("fórmula vazia"), o tecnicismo e o agnosticismo, e de se manter "acesa a chama da Ciência do Direito"; após apontar algumas tendências recentes e acentuar o filão analítico e normativista; depois de reafirmar ser a ideia de pessoa, singular ou colectiva, uma comunicação normativa (geneticamente ligada à Moral), propõe (p. 73): "Em Direito, pessoa é, pois, sempre, um centro de imputação de normas jurídicas. A pessoa é singular, quando esse centro corresponda a

Mais importante, contudo, é indagar o sentido-função, o porquê-e-para quê da personalidade colectiva (das sociedades, sobretudo, que são as entidades que aqui mais nos preocupam).

É da tradição dizer-se que tal personalidade pressupõe a existência de interesses comuns ou colectivos: estes interesses são condição, se não suficiente, pelo menos necessária para a personalização (a pessoa colectiva é um meio simples e eficaz para prover aos interesses colectivos e – acrescenta--se às vezes – permanentes) ([13]).

Por outro lado, afirma-se habitualmente que as pessoas colectivas têm certos "atributos" ou importam determinadas "consequências". Assim, enquanto unitários sujeitos de direitos e deveres, elas têm nome (firma ou denominação), sede, autonomia patrimonial (os elementos patrimoniais

---

um ser humano; é colectiva – na terminologia portuguesa – em todos os outros casos. (...) A definição apresentada é sistemática, técnica e funcional" e, "ainda, unitária". A fechar (p. 74), não deixa de salientar que a referência a uma *"pessoa* colectiva" envolve também "representações ético--normativas, determinantes na aplicação de normas e princípios". Não cabendo aqui desenvolvidos comentários, deixo apenas umas poucas interrogações: 1) Apesar da forte (mas velhinha) tonalidade normativista (-kelseniana), o "centro de imputação de normas jurídicas" distingue-se em quê do realista "autónomo centro de imputação de efeitos jurídicos"? 2) Todo o "centro [colectivo] de imputação de normas jurídicas" (*v. g.*, uma sociedade comercial antes do registo definitivo do acto constituinte) é "pessoa colectiva"? 3) "Unir" em "pessoa" tanto a pessoa humana como a pessoa colectiva não é uma das manifestações da "absolutização" do conceito de pessoa colectiva? 4) Tal concepção "unitária", pretendendo envolver "representações ético-normativas", não se traduzirá antes em deseticização da pessoa humana? (Lembro AZEVEDO E SILVA, *ob. cit.*, p. 58: "Personificou-se tudo (...). Somente se despersonificou o homem"). 5) Uma "organização de moradores", uma associação ambiental constituída por documento particular (tudo não-pessoas) evocam menos representações ético-normativas do que uma sociedade por quotas unipessoal ou pluripessoal registada?...

([13]) V., p. ex., GUILHERME MOREIRA, *Da personalidade...*, RLJ, ano 40º (1907/1908), pp. 434, 450, FERRARA, *ob. cit.*, p. 5, ANDRADE, *ob. cit.*, pp. 46, ss., M. BASILE / A. FALZEA, *Persona giuridica,* ED, XXXIII, 1983, p. 266, CARVALHO FERNANDES, *ob. cit.*, pp. 440, ss..

activos das pessoas colectivas respondem apenas pelas dívidas delas, apenas eles respondendo em certos casos – autonomia patrimonial perfeita –, respondendo também o património dos respectivos membros em outros casos – autonomia patrimonial imperfeita), órgãos, capacidade de gozo e de exercício de direitos; são as sociedades-pessoas as titulares dos correspondentes patrimónios sociais, não os sócios, titulares, isso sim, de "participações sociais", geneticamente ligadas a "entradas" em sociedade que se resolvem em transmissões e aquisições... ([14])

Contudo: 1) A existência de *interesses comuns ou colectivos,* além de *não ser condição suficiente* da pessoa colectiva (interesses comuns são prosseguíveis por entidades colectivas-não pessoas), *não é condição necessária* para a personalização: as sociedades unipessoais (por quotas ou anónimas, designadamente) são (por norma) pessoas colectivas ou jurídicas que visam prover a interesses individuais, privativos dos sócios-únicos (pessoas humanas, muitas vezes) – *maxime* interesses relativos à limitação de responsabilidade.

2) Embora os ditos *atributos e consequências* sejam característicos das pessoas colectivas, *nenhum* deles, porém, *é exclusivo delas.* Entes não personalizados, como as sociedades comerciais antes do registo definitivo, os têm ou podem ter. Têm *firma* (cfr. CCom., arts. 13.º, n.º 2.º, 18.º, n.º 1.º, CSC, art. 9.º, 1, c)), têm *sede* (cfr. CSC, art. 9.º, 1, e),

---

([14]) São muitos os autores que se referem ora a uns ora a outros dos mencionados atributos ou consequências (e ainda a outros, por vezes). V. por todos J. G. PINTO COELHO, *Lições de direito comercial – Obrigações mercantis em geral, obrigações mercantis em especial (sociedades comerciais),* Fascículo I, C. E. Martins Souto, Lisboa, 1946, pp. 197, ss., A. FERRER CORREIA (c/ colab. de V. LOBO XAVIER, M. HENRIQUE MESQUITA, J. M. SAMPAIO CABRAL, ANTÓNIO A. CAEIRO), *Lições de direito comercial,* vol. II – *Sociedades comerciais,* ed. copiogr., Coimbra, 1968, pp. 91, ss., A. PEREIRA DE ALMEIDA, *Sociedades comerciais,* 2.ª ed., Coimbra Editora, Coimbra, 1999, p. 28.

CIRC, art. 2.º, 1, b), 2), têm *autonomia patrimonial,* ainda que imperfeita (v. o art. 36.º, 2, do CSC, remetendo para os arts. 997.º, 999º e 1000º do CCiv., e os n.ᵒˢ 2. 3. e 2. 5. do cap. anterior), têm *órgãos* (cfr. CSC, arts. 36.º, 2 – remetendo para os arts. 985.º, ss., do CCiv. –, 37.º, 1, 38.º-40.º) e, realce-se, *capacidade de gozo e de exercício de direitos:* capacidade para adquirir direitos e assumir obrigações reconhecida em termos gerais (v. CSC, arts. 36º, 2, 38º-40.º, 174º, 1, e)) e em termos mais específicos (v. CPC, arts. 5.º, 1, 6.º, d), 9.º, 22.º – personalidade e capacidade judiciárias –, LGT, arts. 15.º, 16.º, 2, 3, 18.º, 3, CIRC, art. 2.º, 1, b), 2 – personalidade e capacidade tributárias –, DL 433 / 82, de 27 de Outubro, art. 7.º, DL 28 / 84, de 20 de Janeiro, arts. 2.º, 3, 3.º, RGIT, aprovado pela L 15 / 2001, de 5 de Junho, art. 7.º, 1, CVM, art. 401.º, 1, 2 – responsabilidade contra-ordenacional e/ou criminal de sociedades sem personalidade jurídica, designadamente por infracções contra a economia e contra a saúde pública, por infracções tributárias e por ilícitos de mera ordenação social respeitantes a instrumentos financeiros, etc.) ([15]); consequentemente, deve dizer-se que a sociedade comercial antes do registo é já *titular do respectivo património social* (constituído pelas entradas dos sócios e pelos direitos e obrigações resultantes da actividade social) – mais do que (co-)titularidade em "comunhão" ou "mão comum" dos sócios, teremos uma nova unidade (também) subjectiva ([16]).

([15]) V. tb. *supra,* cap. III, n.º 2. 5., sob a).

([16]) Ao contrário do que por cá muitas vezes transparece, a natureza da "mão comum" *(Gesamthand)* é bem controversa por terras germânicas (onde germinou). A questão fundamental é esta: "é a mão comum um património separado dos titulares em mão comum ou é ela própria titular jurídico?" Para as "teorias" tradicionais é apenas património separado pertencente a titulares ligados de modo especial. Para as "teorias" mais modernas (influenciadas decisivamente por W. Flume e P. Ulmer) é, pelo menos com relação a algumas "comunhões de mão comum" (nomeada-

Por conseguinte, é muitas vezes pouco nítida a fronteira que separa as pessoas colectivas de certas não-pessoas colectivas ([17]); e algumas das necessidades que com aquelas se pretende satisfazer podem com estas ser também satisfeitas ([18]). É de afirmar então a *subjectividade jurídica* de grupos sociais e de outros entes organizados mas desprovidos de personalidade colectiva; infirmando a doutrina tradicional, deve negar-se que os sujeitos de direitos e deveres ou de relações jurídicas têm de ser pessoas, *há que negar a identidade sujeitos de direito-pessoas (singulares e colectivas)*. Em suma, a *personalidade colectiva*, enquanto conceito expressivo de autónoma subjectividade, *não deve ser absolutizada*.

Manifestações de "absolutização" do conceito de pessoa colectiva não têm faltado entre nós (mas não só). Recordemos algumas (de destacados autores). A "sociedade [civil] é, portanto, uma *pessoa jurídica,* porque do contrário não poderia ter direitos nem obrigações" ([19]). A personalidade jurídica "é algo de absoluto, em si insusceptível de medida, de qualificação e, portanto, de adjectivação regional. Ou se tem aquela possibilidade ou se não tem, ou se é pessoa jurídica ou não se é: se se é é-se sempre, não só em certos

---

mente algumas sociedades não personalizadas), sujeito de direito. V., por todos, K. SCHMIDT, *ob. cit.*, pp. 203, ss..

([17]) Lá fora, no mesmo sentido, v., p. ex., DAVID, *ob. cit.*, p. 7, e U. DROBNIG, *Nature et limites de la personnalité morale en droit allemand,* in *La personnalité morale et ses limites* cit., p. 30.

([18]) Também uma perspectiva diacrónica do problema confirma a asserção. Na verdade, no direito romano, apesar da ausência de um conceito de *persona iuridica,* corporações havia com capacidade para adquirir direitos e assumir obrigações, com autonomia patrimonial e capacidade processual para demandarem e serem demandadas (v. por todos A. SANTOS JUSTO, *A "fictio iuris" no direito romano,* Coimbra, 1988, pp. 585-596).

([19]) JOSÉ TAVARES, *Sociedades e empresas comerciais,* 2.ª ed., Coimbra Editora, Coimbra, 1924, p. 195. Sobre a questão da personalidade jurídica das sociedades civis simples, v. o excurso no final do presente n.º.

ramos do Direito ou tipo de relações mas em todo o domínio jurídico" [20]. "Se a pessoa colectiva é de tipo associativo ou corporativo, só a personificação permite uma actuação unificada que dispensa a intervenção de todos os membros" [21]. "Mas também não se vê como, sem ilogismo jurídico, se possa admitir uma situação de capacidade de gozo sem haver personalidade jurídica, pois a atribuição, de um só direito que seja, a certa entidade, envolve, imediatamente, o elemento caracterizador da pessoa" [22]. Sendo uma sociedade comercial antes mesmo do registo um centro autónomo de imputação jurídica, então "a personalidade jurídica já existe antes do registo" [23]. Não são comerciantes as sociedades comerciais sem personalidade jurídica [24]. A sociedade comercial não existe (ao menos enquanto sujeito) antes da aquisição da personalidade pelo registo [25].

Mas, perguntar-se-á, aquela relativização do conceito de pessoa colectiva não redundará em prática inutilidade do mesmo? Nem tanto.

Tal conceito não deixa de desempenhar *papel normativo*. Dado o seu conteúdo significativo mínimo (autónoma subjectividade jurídica), ele há-de poder auxiliar em tarefas de interpretação, integração e aplicação do direito. E o signo "pessoa colectiva" é seguramente um útil "instrumento semântico"-normativo: a sua presença nos enunciados legislativos, jurisprudenciais e doutrinais dispensa a fastidiosa

---

[20] A. BRAZ TEIXEIRA, *Princípios de direito fiscal,* 3.ª ed., Almedina, Coimbra, 1985, p. 179.

[21] OLIVEIRA ASCENSÃO, *Direito civil...*, p. 217.

[22] CARVALHO FERNANDES, *ob. cit.*, p. 521 (citando também Paulo Cunha).

[23] OLIVEIRA ASCENSÃO, *Direito comercial...*, pp. 170, ss..

[24] Além dos AA. citados nas notas (108)-(110) do cap. II do vol. I do *Curso,* v. J. H. PINTO FURTADO, *Curso de direito das sociedades,* 4.ª ed., Almedina, Coimbra, 2001, p. 266.

[25] Relembre-se a transcrição de FERRER CORREIA / ANTÓNIO CAEIRO feita *supra,* na n. (72) do cap. anterior.

enumeração das múltiplas espécies de pessoas colectivas; e a referência nos enunciados às "pessoas colectivas" significará, em princípio, não valer ela para entidades desprovidas de personalidade jurídica [26]. Por outro lado, a personalidade serve para consolidar ou tornar (mais) perfeita a subjectividade das entidades colectivas – com relevo para o domínio da autonomia patrimonial das sociedades comerciais. Com efeito, e como vimos, a autonomia patrimonial perfeita das sociedades por quotas e anónimas (que significa também a "responsabilidade limitada" dos respectivos sócios) só se afirma depois da aquisição da personalidade. Apesar de, também a este propósito, não podermos deixar de marcar a *fraca função normativa* do conceito de pessoa colectiva: a disciplina societária aplicável na fase pós-aquisição da personalidade é fundamentalmente determinada pela lei, não essencialmente deduzível daquele conceito (*v. g.*, poderia o legislador atribuir a personalidade às sociedades em momento anterior ou posterior ao registo do acto constituinte e consagrar a autonomia patrimonial perfeita somente a partir do registo) [27].

O conceito de pessoa colectiva desempenha ainda uma *função ideológica* (ideológico-persuasiva e ideológico-ocultadora). Ilustremo-la com o benefício da responsabilidade limitada dos sócios. Este benefício é anterior à introdução do conceito de pessoa colectiva [28]. Não é, pois, o (posterior)

---

[26] Mas este princípio sofre consideráveis desvios – v. exemplos em COUTINHO DE ABREU, *Da empresarialidade*..., p. 204, n. (528).

[27] De forma mais radical, GALGANO, *Le istituzioni*..., p. 83: "... hoje abre caminho a convicção de que, embora inserido na linguagem legislativa, [o conceito de pessoa jurídica] não está destinado a cumprir específica função normativa. O dizer-se que uma sociedade por acções – tal como uma associação ou uma fundação ou o próprio Estado – é uma 'pessoa jurídica' não acrescenta à sua condição jurídica nada que não possa já inferir-se das normas legais que a regulam".

[28] V. *supra*, n.º 5. do cap. II, a propósito das companhias coloniais de seiscentos e setecentos.

reconhecimento legislativo da sociedade anónima como pessoa jurídica o fundamento da limitação da responsabilidade dos sócios. A personalidade é "só uma justificação teórica, e uma justificação dada *a posteriori*". Mas uma justificação não casual: é consequência da necessidade de a classe empresarial dominante ver consagrada como "natural" a limitação da responsabilidade. Graças ao conceito de pessoa jurídica, a responsabilidade limitada pode passar a ver-se já não como "privilégio", já não como "excepção ao princípio geral da ilimitada responsabilidade patrimonial do devedor. Transforma-se, ela própria, em aplicação do princípio geral: torna-se possível argumentar que, numa sociedade por acções, o sócio não responde pelas obrigações sociais com o próprio património pela 'natural' razão de que se trata de obrigações de outrem, ou seja, pela mesma natural razão pela qual o senhor A não responde pelas obrigações do senhor B" ([29]). ([30])

> Saber se as *sociedades civis simples* têm ou não personalidade jurídica é uma *vexata quæstio*.
> A tese *negatória* é defendida, entre outros, por C. A. Mota Pinto, *Teoria geral do direito civil*, 3.ª ed., 2.ª reimpr., Coimbra Editora, Coimbra, 1988, pp. 294-295, Pires de Lima / Antunes Varela, *Código Civil anotado*, vol. II, 4.ª ed., Coimbra Editora, Coimbra, 1997, pp. 287-288, Pinto Furtado, *ob. cit.*, pp. 254, ss., Raúl Ventura, *Fusão, cisão, transformação de sociedades,* Almedina, Coimbra, 1990, pp. 458, ss..
> Respondem *afirmativamente* à questão J. Castro Mendes, *Direito civil – Teoria geral,* I vol., reimpr., AAFDL, Lisboa,

---

([29]) Segui de perto GALGANO, *últ. ob. cit.*, p. 84 (deste A. são as transcrições).

([30]) Para ilustrar a função mais especificamente ideológico-ocultadora, remeto para *Da empresarialidade...*, pp. 196-197 – aí encontrará o leitor belos trechos d'*As vinhas da ira* do escritor Steinbeck (bem mais belos do que os produzíveis por um escrevente de Direito)...

1988, pp. 281, ss. (mas apenas para as sociedades constituídas por escritura pública com as especificações exigidas no art. 167.º do CCiv. – cfr. art. 158.º), Oliveira Ascensão, *Direito civil...*, pp. 309, ss. (para as sociedades que dêem origem à estruturação de empresas), Carvalho Fernandes, *ob. cit.*, pp. 504, ss. (para as sociedades constituídas e organizadas segundo os arts. 158.º, 1, e 167.º do CCiv.), P. Pais de Vasconcelos, *Teoria geral do direito civil*, vol. I, Lex, Lisboa, 1999, pp. 118, ss. (todas as sociedades civis que correspondam ao tipo legal dos arts. 980.º, ss. do CCiv. têm personalidade). ([31])

Os autores da resposta afirmativa relevam a autonomia patrimonial e a subjectividade que vários arts. do CCiv. (997.º-1000.º, 1007.º, d), 1010.º, 1014.º-1016º) atribuem às sociedades civis.

No entanto, parecem *mais fortes os argumentos* que *a favor da tese negatória* têm sido e podem ser avançados. O CCiv. não trata das sociedades civis simples no capítulo dedicado às "pessoas colectivas", mas sim num capítulo de um título dedicado aos "contratos em especial". Ainda que se admita poder o "reconhecimento normativo" das pessoas colectivas ser implícito, não deixa de ser notável o facto de a lei atribuir explicitamente personalidade jurídica a diversas entidades de tipo corporativo (recordem-se os arts. 158.º do CCiv., 5.º do CSC, 16.º do CCoop., 1.º do DL 148 / 90, e a base IV da L 4 / 73) e nunca atribuí-la de modo expresso às sociedades civis reguladas pelo CCiv.. Aquela atribuição explícita de personalidade pressupõe sempre o controlo de autoridade

---

([31]) Na Alemanha domina largamente a tese da não personalidade das sociedades de direito civil; mas THOMAS RAISER, *Gesamthand und juristische Person im Licht des neuen Umwandlungsrechts,* AcP, 1994, pp. 495, ss., encontrando apoio exactamente na *Umwandlungsgesetz* de 1994, defende tese contrária. A concepção dominante em Itália é também a de as "sociedades simples" não serem personalizadas (v. p. ex., GALGANO, *Diritto...*, pp. 33, ss.). Não assim em França (segundo o art. 1842 do *Code Civil,* na redacção introduzida em 1978, também as sociedades civis gozam de personalidade após o registo). Para a Espanha, onde as respostas são também variadas, v., p. ex., J. M. EIZAGUIRRE, *La subjectivación de las sociedades de personas,* RdS n.º 14, 2000, pp. 85, ss..

pública (notário e/ou conservador), e o contrato constituinte de sociedade civil não exige tal controlo (art. 981.º do CCiv.) – sendo algo contraditório admitir a personalidade das sociedades civis com o contrato reduzido a escritura pública e negá-la às restantes (o regime é idêntico). Ainda o CCiv., além de nunca afirmar de modo expresso a personalidade das sociedades civis, apresenta normas que seriam desnecessárias e incongruentes caso fosse suposta a personalidade – v. sobretudo os arts. 995.º, 2 (a cessão de quotas está sujeita à forma exigida para a transmissão dos bens da sociedade) e 1000.º (inadmissibilidade de várias compensações). Sendo embora certo que as pessoas colectivas têm autonomia patrimonial, é igualmente certo que entidades colectivas não personificadas a podem ter – v. p. ex., os arts. 196.º e 198.º, 1 e 2, do CCiv. ("associações sem personalidade jurídica"). Mostrámos já também que a subjectividade jurídica não exige nem se confunde com a personalidade. Acrescente-se ainda que são várias as leis que tratam as sociedades civis simples como entidades sem personalidade – por exemplo, o CSC, arts. 36.º, 2 (sociedades comerciais não personalizadas ficam sujeitas a disciplina das sociedades civis) e 130.º, 2, 3, 6 (a sociedade de tipo comercial – personalizada – "sucede" sempre à sociedade civil simples que naquela se transforme, quer nos casos de transformação "formal" quer nos casos de transformação "extintiva"); o CPC, art. 6.º, c) (extensão da personalidade judiciária a entidades sem personalidade jurídica, no caso "as sociedades civis"); o CIRC, art. 2.º, 1, b), 2; o CIMT, art. 2.º, 5, e) e f); o CIRE, art. 2.º, 1, a), d).

De todo o modo, importará sobretudo acentuar que também esta *vexata quæstio* revela o que vimos dizendo sobre *a desvalorização e a fraca função normativa da personalidade colectiva* (o que esta permite permitido pode ser por lei a entidades sem personalidade, a disciplina das entidades colectivas é basicamente determinada por lei, não se deduz da sua qualificação como pessoas colectivas ou não-pessoas colectivas). Com efeito, o que é que muda quando se considera a sociedade civil simples pessoa colectiva ou, ao invés, não pessoa colectiva?

2. 2. Desconsideração da personalidade colectiva (e da subjectividade jurídica)

2. 2. 1. Quadro geral

Reveladora também de uma perspectivação não absolutizadora da personalidade jurídica é a figura que se vem designando "desconsideração da personalidade colectiva".

As sociedades-pessoas jurídicas são, dissemo-lo já, autónomos sujeitos de direito; estão "separadas" dos seus membros (sócios) – outros autónomos sujeitos de direito. Todavia, essa separação não deve obnubilar-nos. A sociedade não vive por si e para si, antes existe por e para o(s) sócio(s); destes é ela instrumento (há pois estreita ligação entre uma e outros). Por outro lado, o património da sociedade não está ao serviço de interesses da pessoa jurídica "em si", mas sim do(s) sócio(s). Ora, é esta *substancialista* consideração da personalidade colectiva que abre vias para a "desconsideração" da mesma num ou noutro caso; é o tomar em conta do substrato pessoal e/ou patrimonial da sociedade que induz, por vezes, a "levantar o véu" da personalidade, a derrogar o chamado "princípio da separação" *(Trennungsprinzip)*.

Podemos então definir a desconsideração da personalidade colectiva das sociedades como a *derrogação ou não observância da autonomia jurídico-subjectiva e/ou patrimonial das sociedades em face dos respectivos sócios*. ([32]) Tal

---

([32]) O fenómeno começou por ser designado nos EUA (país onde primeiro surgiu) "piercing the veil"; mas outras expressões são usadas no direito anglo-saxónico, nomeadamente "lifting the corporate veil", "disregard of the legal entity" (cfr., p. ex., PH. I. BLUMBERG, *Amerikanisches Konzernrecht*, trad., ZGR, 1991, p. 335 e P. VERRUCOLI, *Il superamento della personalità giuridica delle società di capitali nella* common law *e nella* civil law, Giuffrè, Milano, 1964, pp. 1-2). Na Alemanha (onde a problemática ganhou maior consistência teórica) a expressão preferida é *"Durchgriff durch die juristische Person"* (próxima da inglesa "piercing the veil") – cfr., p. ex., WIEDEMANN, *ob. cit.*, p. 218. Entre nós tem-se preferido "desconsideração da personalidade jurídica" (correspondente a "dis-

desconsideração legitimar-se-á através do recurso a *operadores jurídicos* como, nomeadamente (e consoante os casos), a *interpretação teleológica* de disposições legais e negociais e o *abuso de direito* – apoiados por uma concepção *substancialista* da personalidade colectiva (não absolutizadora do "princípio da separação"). É, assim, uma construção metódica constituída por dois pilares principais (o abuso do direito e a interpretação teleológica), mais ou menos tradicionais, e uma base (menos tradicional e enraizada) que os apoia e potencia – a concepção substancialista, não formalista nem absolutizadora da personalidade colectiva (não há fronteira intransponível entre sociedade e sócios). [33]

---

regard of the legal entity"). MENEZES CORDEIRO, *ob. cit.*, pp. 102-103, fixou-se na "fórmula" "levantamento da personalidade colectiva" (correspondente, por sua vez, a "lifting the corporate veil"), porquanto "desconsideração", além de deselegante, seria uma "fórmula anglo-saxónica afastada das nossas tradições", e teria "um inequívoco sabor pejorativo". Bom, decisivo nestas coisas é dizer o que se quer dizer com as palavras, é atribuir-lhes o significado; por outro lado, atendendo à "mensagem" que se vem emitindo com a expressão "desconsideração da personalidade colectiva", não creio que o "signo" "desconsideração" denote ou conote qualquer deselegância ou sabor pejorativo quanto ao "referente", que, para lá do mais, nem sequer é pessoa humana ("desconsiderar", aqui, não é "palavra empregada em mau sentido", depreciativamente)... Por sua vez, *"levantamento* ["acto ou efeito de levantar(-se) ou de amotinar(-se); elevação; crescimento; revolta"; etc.] da personalidade jurídica", afora estar ainda mais próxima de expressão "anglo-saxónica", não me parece mais feliz (embora possa dar azo a mais "piadas de caserna" – apesar de o direito não rir...).

[33] Tudo reforçado pelo facto de também algumas normas legais acolherem soluções "desconsiderantes" (auxiliando, por isso, na tarefa de superar a personalidade jurídica pelo menos em alguns casos). É ver, p. ex., o CSC, arts. 84.º (responsabilidade do sócio único em casos de insolvência da sociedade), 180.º, 4, 254.º, 3, 477.º (considera-se que certos sócios ou administradores concorrem com as respectivas sociedades quando tenham participação correspondente a 20% ou mais no capital ou nos lucros de outras sociedades), o CIMT, art. 2.º, 2, d) (para efeitos do imposto municipal sobre as transmissões onerosas de imóveis, considera-se transmissão de bens imóveis "a aquisição de partes sociais ou de quotas nas sociedades em nome colectivo, em comandita simples ou por quotas, quando tais sociedades possuam bens imóveis, e quando por aquela aquisição, por amortização ou quaisquer outros factos, algum dos sócios

Para concretizar de modo sistemático o método da desconsideração da personalidade jurídica, convém distinguir dois "grupos de casos": o grupo de casos de *imputação* (*Zurechnungsdurchgriff*) – determinados *conhecimentos, qualidades ou comportamentos de sócios são referidos ou imputados à sociedade e vice-versa* – e o grupo dos casos de *responsabilidade* (*Haftungsdurchgriff*) – *a regra da responsabilidade limitada* (ou da não responsabilidade por dívidas sociais) que beneficia certos sócios (de sociedades por quotas e anónimas, nomeadamente) *é quebrada*.([34])

Se, além da *perspectiva substancialista* da personalidade colectiva, o operador *interpretação teleológica* domina no grupo de casos de imputação, já no grupo de casos de responsabilidade é dominante o *abuso do direito*: os sócios perdem o benefício da "responsabilidade limitada", respondendo perante os credores sociais, quando utilizem o "instituto" sociedade-pessoa colectiva (em princípio com autonomia patrimonial perfeita) *não (ou não tanto) para satisfazer interesses de que ele é instrumento, mas para desrespeitar interesses dos credores da sociedade*; ou, em formulação mais próxima do art. 334.º do CCiv., quando excedam os limites impostos pelo fim social ou económico do direito de constituir e fazer funcionar (ou não) sociedade.

---

fique a dispor de, pelo menos, 75% do capital social, ou o número de sócios se reduza a dois, sendo marido e mulher, casados no regime de comunhão geral de bens ou de adquiridos"), a L 11 / 90, de 5 de Abril (lei-quadro das privatizações), art. 13.º, 4 (para efeitos de limitações quanto ao número de acções que podem ser adquiridas em processos de reprivatização, "consideram-se como a mesma entidade duas ou mais entidades que tenham entre si relações de simples participação ou relações de participação recíprocas de valor superior a 50% do capital social de uma delas ou que sejam dominadas por um mesmo accionista").

([34]) Sobre a evolução das concepções relativas à desconsideração da personalidade colectiva e a compreensão dos grupos de casos (lá fora e por cá), v. por todos COUTINHO DE ABREU, *Da empresarialidade...*, pp. 206, ss., e, mais desenvolvidamente, M. FÁTIMA RIBEIRO, *A tutela dos credores da sociedade por quotas e a "desconsideração da personalidade jurídica"*, Almedina, Coimbra, 2009, pp. 76, ss..

2. 2. 2. Casos de imputação

a) Uma pessoa que, por efeito de um trespasse, fica *obrigada* (explícita ou implicitamente) *a não concorrer* durante certo tempo com o trespassário viola tal obrigação quando constitui uma sociedade unipessoal com objecto idêntico ou similar ao do estabelecimento alienado, ou quando entra em sociedade concorrente do trespassário, nela passando a exercer funções de administração ou ficando a deter posição maioritária (afastada a máscara pessoal-societária, vê-se o sócio a concorrer com o trespassário).

b) A *venda da totalidade ou maioria das participações sociais* feita por um sócio ou grupo de sócios a um ou mais sujeitos (coligados) não se identifica com (não é a mesma coisa que) a venda da empresa social. Todavia, *para certos efeitos, aquela venda é equiparável a esta*, devendo aplicar-se o regime da venda das empresas em sentido objectivo à venda da totalidade ou da maioria das participações sociais. É assim, designadamente, para efeitos de aplicação da disciplina da *venda de bens onerados e de coisas defeituosas* (arts. 905.º, ss. e 913.º, ss. do CCiv.) e para efeitos da aplicação do regime da *obrigação implícita de não concorrência* [35]. Ora, esta solução é dogmaticamente enquadrável também na figura da desconsideração da personalidade colectiva – a interpretação teleológica do contrato de compra e venda de participações sociais, apoiada por um entendimento substancialista da personalidade jurídica, permite atribuir ao sócio ou sócios vendedores a venda de um bem (a empresa social) que somente à sociedade competiria efectuar. [36]

---

[35] Desenvolvidamente, COUTINHO DE ABREU, *ob. cit.*, pp. 342, ss..
[36] Em boa medida neste sentido, v. o Ac. da RP de 17/2/2000, CJ, 2000, I, p. 220.

c) O art. 877.º do CCiv. proíbe, sob pena de anulabilidade, a *venda a filhos ou netos* sem o consentimento dos outros filhos ou netos. Pois bem, é anulável a venda de um estabelecimento feita pelos pais a uma sociedade constituída por um ou mais filhos sem que os restantes filhos consintam nessa venda (levantado o véu da personalidade societária, vêem-se os filhos a adquirir, indirectamente embora, dos pais) ([37]).

d) A *nulidade ou anulação* de certos negócios jurídicos são *inoponíveis a terceiros de boa fé* (art. 291.º do CCiv.); as *excepções extra-cartulares são inoponíveis aos portadores mediatos e de boa fé* das letras de câmbio (art. 17.º da LULL). Ora, dada a ligação íntima entre sociedade e sócio-único, não pode este, quando adquira daquela, invocar legitimamente as referidas inoponibilidades com base na boa fé.

e) Em certas situações de *conflito de interesses,* estão os *sócios impedidos de exercer o direito de voto* (CSC, arts. 251.º, 384.º, 6). Sendo determinado sujeito e a sociedade que ele domina sócios de outra sociedade, o impedimento de voto que recaia sobre o primeiro estender-se-á à segunda e vice-versa.

2. 2. 3. Casos de responsabilidade

a) *Descapitalização provocada (por sócios).* Imagine-se uma sociedade de "responsabilidade limitada" que tem *problemas de liquidez* (ou tê-los-á previsivelmente a curto prazo); os sócios (também administradores ou não, ou sendo alguns administradores e outros não) *deslocam a produção* (ou boa parte dela) *para sociedade nova* (com objecto idêntico ou similar) por eles constituída (intentando um "começar de novo" com mais saber e sem grilhetas, a velha sociedade "já

([37]) V. o Ac. da RP de 13/5/93, CJ, 1993, III, p. 199.

não dá nada") *ou para sociedade já existente e de que eles são sócios*; a primeira sociedade *cessa a actividade* ou *diminui-a grandemente* e a breve trecho fica exangue, impossibilitada de cumprir obrigações para com terceiros ([38]).

Deve neste caso ser afirmada a *desconsideração da personalidade jurídica* da primeira sociedade, ser derrogada ou não observada a regra da autonomia do património social (único a responder perante os credores da pessoa colectiva) em face dos (separados) patrimónios dos sócios, e fazer responder estes (subsidiariamente) perante os credores sociais.

Verificou-se *abuso da personalidade colectiva*. Para limitar a aversão ao risco e promover investimentos, a ordem jurídica atribui o benefício da "responsabilidade limitada" aos sujeitos que queiram exercer actividade económica por intermédio de sociedade. Mas não lhes permite a utilização da sociedade como instrumento de inflicção de danos aos credores. Estando uma sociedade em crise (actual ou iminente), os sócios não têm o dever de a recapitalizar. Podem, por exemplo, dissolvê-la; e podem os administradores ter mesmo o dever de requerer a declaração de insolvência. Mas não é permitido aos sócios agravar ou espoletar a crise descapitalizando a sociedade, liquidando-a "a frio" ou inanindo-a em detrimento dos credores sociais. Menos ainda quando eles continuam a mesma actividade em outra sociedade; quando, em vez de (re)investirem na sociedade em crise, investem noutra e descapitalizam (mais) a primeira, desacautelando direitos e interesses dos credores desta.

([38]) Em casos deste tipo são frequentes as transmissões gratuitas de bens das "velhas" sociedades para as "novas"; o que dá responsabilidade dos administradores (também) para com os credores sociais (art. 78.º, 1) – tenha ou não havido prévia deliberação dos sócios (deliberação nula: arts. 56º, 1, d), e 6º, 1). Mas isso não é essencial para a caracterização da "descapitalização provocada". A talhe de foice (e contra equívocos de vária doutrina e jurisprudência): pela via da desconsideração da personalidade jurídica são responsabilizados sócios (enquanto tais), não administradores (sócios ou não).

Havendo abuso do direito (abuso institucional), há *ilícito*. Se houver também (como na hipótese apresentada) *culpa* dos sócios (dolo ou negligência), *dano* para os credores e *nexo de causalidade* entre ele e o comportamento ilícito e culposo, temos os pressupostos para responsabilizar os sócios para com os credores sociais – apesar de ser a sociedade a devedora e pese embora o "princípio da separação" (derrogado). [39] [40]

Os casos aqui designados de descapitalização provocada são afins dos casos chamados na Alemanha (na jurisprudência e na doutrina) de *Existenzvernichtung* [aniquilamento da existência (de sociedade)] [41].

A responsabilidade dos sócios por *Existenzvernichtung* tem sido variamente caracterizada na jurisprudência do BGH (Tribunal Federal) – e mais ainda na doutrina. Entre Setembro de 2001 (ac. "Bremer Vulkan", de 17/9/2001) e Julho de 2007 (ac. "Trihotel", de 16/7/2007), foi considerada, com apoio de grande parte da doutrina, *Durchgriffshaftung* (responsabilidade externa dos sócios – perante os credores sociais); depois (a partir do ac. "Trihotel"), passou a ser vista, com apoio também de grande parte da doutrina, como responsabilidade (interna) dos sócios perante a sociedade com base no § 826 do BGB (dano causado dolosamente de modo contrário aos bons costumes).

---

[39] Sobre a responsabilidade civil por comportamento abusivo (com os demais pressupostos), bastará ver COUTINHO DE ABREU, *Do abuso de direito –Ensaio de um critério em direito civil e nas deliberações sociais,* Almedina, Coimbra, 1983, (reimpr. 1999, 2006), pp. 76-77 e bibliografia aí indicada.

[40] Para análise de casos jurisprudenciais integráveis na descapitalização provocada, v. COUTINHO DE ABREU, *Diálogos com a jurisprudência, II – Responsabilidade dos administradores para com credores sociais e desconsideração da personalidade jurídica,* DSR, 3, 2010, pp. 49, ss..

[41] Mas alguns destes casos não cabem na nossa descapitalização provocada (designadamente por serem abrangidos pelo art. 6º do CSC). Para indicações bibliográficas (alemãs) acerca do que de seguida se diz em texto, COUTINHO DE ABREU, *últ. ob. cit.,* pp. 58-59.

A doutrina portuguesa costuma importar da Alemanha (muitas vezes acriticamente) soluções jurídicas. Não se recomenda a importação do "produto Trihotel". Que, aliás, também não convence vários autores germânicos. Critica-se, por exemplo, a estreiteza do dolo (ainda que tão-só eventual) exigido pelo § 826 do BGB; releva-se que os sócios visam às vezes prejudicar principalmente os credores sociais, não a sociedade (e reflexamente os credores), justificando-se por isso uma responsabilidade externa (directa para com os credores). Não obstante, haverá entre nós a tentação de invocar o *abuso do direito por violação dos bons costumes* (art. 334.º do CCiv.). O que, apesar da indeterminação dos "bons costumes", não teria o inconveniente de se exigir dolo. Mas, repito, prefiro (no quadro do art. 334.º) a ideia do *abuso institucional* (com apoio na parte final daquela norma) – *associada à derrogação da autonomia patrimonial da sociedade devedora* (ao património social junta-se o património dos sócios para satisfação dos credores da sociedade).

Antes do ac. "Trihotel", vários autores fundavam a responsabilidade dos sócios – perante a sociedade (responsabilidade interna) – por "aniquilamento da existência" no desrespeito do dever de lealdade dos sócios para com a sociedade; depois daquele acórdão, continuam alguns invocando (também) tal dever para o efeito.

E, na verdade, nos casos de "descapitalização provocada" é *violado o dever de lealdade* – o dever que impõe que cada sócio não actue de modo incompatível com o interesse social ou com interesses de outros sócios relacionados com a sociedade ([42]). Consequentemente, os sócios desleais podem ter de responder perante a sociedade (responsabilidade interna).

Ainda assim, penso ser nestes casos preferível responsabilizar os sócios perante os credores sociais pela via da desconsideração da personalidade colectiva. Utilizando esta

---

([42]) Sobre o dever de lealdade dos sócios, v. *infra*, n.º 2. 2. 3. do cap. V.

de forma abusiva, os sócios (quase sempre dolosamente) causam danos mais relevantemente aos credores sociais. Devem estes, pois, ter a possibilidade de accionar directamente aqueles.

Depois, seria muitas vezes inverosímil que a sociedade (pelos administradores respectivos) ou qualquer sócio intentasse acção de responsabilidade contra os sócios desleais a favor da sociedade.

Admitamos, contudo, a possibilidade de os credores sociais, ante a inércia da sociedade e dos sócios, exercerem em acção sub-rogatória contra os sócios o direito de indemnização daquela (v. art. 606.º do CCiv.) ([43]). Os credores fariam entrar bens na sociedade – que os sócios não querem ou não podem reactivar – para depois aí os agredirem. Mas não será isto escusadamente complexo e custoso?...

b) *Mistura de patrimónios*. A e B, casados, únicos sócios de uma sociedade por quotas, comportam-se habitualmente como se o património social fosse património comum do casal: frequentemente, *circulam bens de um para outro* (sobretudo do primeiro para o segundo), *sem registos* contabilísticos ou com registos *insuficientes*, tornando-se inviável distinguir com rigor os patrimónios dos sócios e da sociedade e controlar a observância das regras relativas à conservação do capital social.

Caindo a sociedade em situação de insolvência, não poderão os sócios opor aos credores sociais a responsabilidade limitada (perante a sociedade) e irresponsabilidade pelas dívidas societárias. Porque desrespeitaram o "princípio da separação", não há que observar a autonomia patrimonial da sociedade; responderão perante os credores. ([44])

([43]) V., em geral, FÁTIMA RIBEIRO, *ob. cit.*, pp. 622, ss..

([44]) Para indicações bibliográficas estrangeiras sobre casos deste tipo, bem como sobre os expostos *infra* (sob c)), COUTINHO DE ABREU, *Diálogos...*, pp. 61-62.

c) *Subcapitalização material manifesta*. Diz-se em estado de subcapitalização *material* a sociedade que não dispõe de capitais próprios (fundamentalmente constituídos pelos bens correspondentes ao capital social e às reservas) suficientes para o exercício da respectiva actividade ([45]), e esta insuficiência nem sequer é suprida por empréstimos dos sócios. A subcapitalização material é *manifesta ou qualificada* quando evidente, facilmente reconhecível pelos sócios. Pode ser *originária* – a desproporção anormal entre o capital social e as exigências da actividade que os sócios se propõem desenvolver por meio da sociedade é evidente logo quando esta nasce –, ou *superveniente* – a falta de capitais próprios manifesta-se em momento posterior, decorrente, por exemplo, de perdas graves ou de ampliação da actividade social.

Podem os sócios, com certeza, actuar por intermédio de sociedade que lhes proporciona um risco limitado (o risco de perder o valor das entradas, mas não o risco de responder pelas dívidas sociais), transferindo boa parte do risco negocial para terceiros. Porém, a limitação desse risco não deve ir ao ponto de a actividade social poder gerar benefícios só ou sobretudo para os sócios e gerar prejuízos principalmente para os credores sociais; a partilha dos riscos societários tem a sua medida, não podem os sócios alijar desproporcionadamente os seus em detrimento de terceiros.

Assim, deve admitir-se que os sócios *abusam da personalidade colectiva* de sociedade quando a introduzem no comércio jurídico, ou a mantêm nele, apesar de sofrer de manifesta subcapitalização material. Se a sociedade, *porque subcapitalizada*, cai em situação de *insolvência*, pela via da desconsideração da personalidade jurídica serão os sócios chamados a responder (subsidiária mas) ilimitadamente

---

([45]) Tendo em conta a natureza e dimensão da actividade, bem como os riscos associados – obrigações contratuais inevitáveis, obrigações extracontratuais eventuais.

perante os credores sociais. *Todos os sócios, em princípio*, se a subcapitalização for *originária* ou inicial (sendo esta manifesta, a culpa – um dos pressupostos da responsabilidade – atingirá todos os sócios fundadores); ou o sócio ou os sócios *controladores* (com poder de voto para poder deliberar aumento do capital ou a dissolução da sociedade), se a subcapitalização for *superveniente*. ([46])

Mas nem todos aceitam aquela via. Pois se a lei exige aos sócios, para beneficiarem da responsabilidade limitada, que dotem a sociedade simplesmente com o capital mínimo, sem exigir adequação do capital relativamente ao objecto social, como responsabilizar os sócios perante os credores sociais?... ([47]) Todavia, a questão *não é de legalidade estrita*. A observância da exigência legal do capital social mínimo (muito baixo para muitíssimos casos) não impede o *abuso* da personalidade colectiva. Em prejuízo dos credores, não da própria sociedade (ou da comunidade dos sócios). Pelo que a possível responsabilidade dos sócios é para com os credores, não para com a sociedade (é responsabilidade *externa*).

([46]) Admitindo também, entre nós, a desconsideração da personalidade jurídica em casos de subcapitalização material qualificada, P. TARSO DOMINGUES, *Variações sobre o capital social,* Almedina, Coimbra, 2009, pp. 389 ss..

([47]) Por cá, neste sentido, A. MOTA PINTO, *Do contrato de suprimento – O financiamento da sociedade entre capital próprio e capital alheio*, Almedina, Coimbra, 2002, pp. 127-128 (nas pp. 128, ss., o A. aponta para a responsabilidade de sócios para com a sociedade por violação culposa de dever geral de financiamento ordenado da sociedade; conclui na p. 131: "Eis, pois, a solução que me parece justa e, dogmaticamente, adequada para os casos mais graves de subcapitalização material: a responsabilidade contratual do sócio pelo não financiamento da sociedade. Uma solução que, embora acolha a novidade do *Durchgriff*, o consegue ajustar na procura dos resultados mais adequados ao caso."), FÁTIMA RIBEIRO, *ob. cit.*, pp. 234, ss., 640 [na p. 212, n. (205), a A. considera que a admissão legal de sociedades sem capital mínimo (ou quase) – fenómeno que vai alastrando por vários países – inviabiliza a responsabilidade por subcapitalização. Mas talvez se deva apontar em sentido oposto – v. p. ex. TARSO DOMINGUES, *ob. cit.*, p. 171.]; também R. PINTO DUARTE, *A subcapitalização das sociedades no direito comercial*, Fisco n.º 76/77 (1996), p. 63, considerava não ser fácil nem muito prudente sustentar a desconsideração da personalidade jurídica.

Acrescente-se, contudo, que não devem beneficiar da referida responsabilidade os credores voluntários (ou contratuais) "fortes" (designadamente, grandes fornecedores ou financiadores) que conheciam a situação de subcapitalização e/ou assumiram, com escopo especulativo, os riscos (quando podiam não contratar, ou exigir garantias de um ou mais sócios) ([48]).

2. 2. 4. Notas finais

Como resulta da própria designação, a problemática da desconsideração é habitualmente referida à personalidade jurídica. Todavia, vimos que sociedades sem personalidade têm também subjectividade jurídica. Pois bem, todos ou quase todos os exemplos de desconsideração da personalidade apontados podem igualmente ser referidos a sociedades não personalizadas. Há lugar também, portanto, para a *"desconsideração da subjectividade jurídica"*.

Apesar das críticas de que vem sendo alvo (défices "dogmáticos", de nitidez, certeza e segurança, etc.), a figura da desconsideração da personalidade colectiva (e da subjectividade jurídica) revela-se *muito capaz de contrariar algumas disfunções das sociedades perpetradas por sócios*.

3. Capacidade jurídica das sociedades

3. 1. Delimitação da capacidade pelo fim social

O problema da capacidade jurídica (ou de gozo de direitos) das sociedades – o problema da medida dos direitos e

---

([48]) Não assim, portanto, para os credores involuntários, nem para os "fracos" (com pequeno poder negocial, sem possibilidade de exigirem garantias suplementares).

obrigações de que as sociedades podem ser titulares – pode receber (e tem recebido, segundo os tempos e os espaços) respostas variadas ([49]).

No séc. XIX (enquanto dominou o "sistema da concessão") prevaleceu a ideia de circunscrever a capacidade das sociedades aos actos previstos nos estatutos. Nalguns países (*v. g.*, na Alemanha e na Itália ([50])) domina há muito a ideia da capacidade jurídica geral das sociedades: estas podem ser titulares de todos os direitos e obrigações que não sejam incompatíveis com a sua natureza não humana e que não sejam expressamente proibidos por lei. No direito anglo--saxónico impôs-se a *"ultra vires* doctrine": um acto praticado por uma companhia fora do objecto estatutário é nulo, não podendo sequer ser ratificado pelos sócios, mesmo que unanimemente ([51]). Uma outra possibilidade é a capacidade das sociedades ser balizada pelo escopo lucrativo que às mesmas se reconheça – *é esta a solução do actual direito português.*

Não é difícil verificar que o sistema da capacidade jurídica geral protege mais a segurança e a rapidez do comércio jurídico – os terceiros que queiram negociar com as sociedades não têm de investigar se os negócios serão ou não compatíveis com o objecto ou com o fim social (ou com outros limites fixados estatutariamente). Por sua vez, os sistemas da capacidade específica, limitada ou funcional tutelam mais os interesses dos sócios (sobretudo dos minoritários) e – quando os limites sejam fixados pelo fim lucrativo – dos

---

([49]) Para o quadro geral de algumas dessas respostas, v. G. CASELLI, *Oggeto sociale e atti ultra vires,* Cedam, Padova, 1970, pp. 124, ss..

([50]) Cfr., respectivamente, K. SCHMIDT, *ob. cit.*, pp. 221, ss., e CASELLI, *ob. cit.*, pp. 129, ss..

([51]) V., p. ex., PALMER'S *Company Law,* 25th ed., Sweet & Maxwell, London, 1992-1998, p. 2117. No entanto, por força do direito comunitário, a capacidade das *companies* deixou no Reino Unido de ser delimitada de acordo com a referida doutrina – v. *ibid.*, pp. 2120, ss..

credores sociais (estes podem pôr em causa actos das sociedades que provoquem a diminuição dos patrimónios que garantem os seus créditos).

Vejamos então o que diz o CSC a propósito. Sob a epígrafe "capacidade", prescreve o art. 6.º, 1: "A capacidade da sociedade compreende os direitos e as obrigações necessários ou convenientes à prossecução do seu fim, exceptuados aqueles que lhe sejam vedados por lei ou sejam inseparáveis da personalidade singular". (52) Por conseguinte, exceptuados os direitos e obrigações vedados por lei (*v. g.*, os direitos de uso e habitação, que a nossa lei – arts. 1484.º, ss. do CCiv. – reserva para as pessoas humanas) (53) e os inseparáveis, pela "natureza das coisas", da personalidade singular (*v. g.*, os direitos familiares fundados no casamento ou na adopção), entram na capacidade jurídica das sociedades todos os direitos e obrigações que se revelem, à partida, indispensáveis ou úteis à consecução do seu fim (tal como o art. 160.º do CCiv. para as pessoas colectivas privadas em geral, também o art. 6.º do CSC consagra o chamado "princípio da especialidade") (54). Vimos já (*supra,* n.º 2. 4. do cap. I) que o "fim"

---

(52) Embora este art. se siga a outro epigrafado "personalidade", esgotando ambos um capítulo intitulado "personalidade e capacidade", não se segue daí – como em páginas anteriores ficou demonstrado – que a capacidade jurídica tenha que ver somente com sociedades personalizadas.

(53) Além dos limites legais gerais (oponíveis a todas as sociedades), convém notar a existência de limites legais específicos. P. ex., o art. 8.º do RGIC estabelece que só as instituições de crédito e determinadas outras entidades podem exercer a actividade de recepção do público de depósitos ou outros fundos reembolsáveis para utilização por conta própria (n.ºs 1 e 3), e que só as instituições de crédito e as sociedades financeiras podem exercer, a título profissional, certas actividades referidas em várias alíneas do n.º 1 do art. 4.º (n.º 2). Assim, as sociedades não mencionadas nesse preceito não têm capacidade jurídica para a prática dos referidos actos e actividades.

(54) Apesar de aparentemente contraditarem este princípio, também as obrigações resultantes de responsabilidade civil estão compreendidas

social é *o escopo lucrativo, o intuito de obter lucros para atribuí-los ao(s) sócio(s)*. Que este é o sentido do "fim" das sociedades previstos no n.º 1 do art. 6.º confirmam-no os n.ºs 2, 3 e 4 do mesmo art.: em princípio, a concessão de liberalidades e de garantias reais ou pessoais (gratuitas) a dívidas de outras entidades contraria o fim social (n.ºs 2 e 3); o objecto social não limita a capacidade (n.º 4) ([55]). ([56]) Consequentemente, *os actos gratuitos, os actos pelos quais uma sociedade dá a outrem uma prestação ou vantagem sem contrapartida* ([57]) *estão em regra* – porque não necessários nem convenientes à prossecução do fim social, porque contrários mesmo a este fim – *fora da capacidade societária* ([58]).

Os actos estranhos à capacidade societária, contrários ao fim lucrativo (*v. g.*, doações, comodatos, mútuos gratuitos, prestação gratuita de garantias), são *nulos* ([59]). A norma do n.º 1 do art. 6.º é uma norma *imperativa,* tuteladora sobretudo dos interesses dos credores sociais e dos sócios; não pode ser derrogada por vontade (ainda que unânime) dos sócios, quer nos estatutos quer em deliberações (cfr. art. 9.º, 3). Se uma sociedade, através do órgão representativo, pratica um desses actos, pode a respectiva nulidade (cfr. art. 2.º do CSC e art. 294.º do CCiv.) ser invocada a todo o tempo por

---

na capacidade das sociedades (art. 6.º, 5); sobre esta problemática, v. por todos MANUEL DE ANDRADE, *ob. cit.*, pp. 131, ss..

([55]) Em sentido contrário, sublinhando o objecto ou "fim imediato", v. PEDRO DE ALBUQUERQUE, *Da prestação de garantias por sociedades comerciais a dívidas de outras entidades,* ROA, 1997, pp. 100, ss..

([56]) Dissemos também no local há pouco recordado (n.º 2. 4. do cap. I) que algumas sociedades de capitais públicos (sobretudo as criadas por lei) não têm fins lucrativos. Ainda assim se lhes aplicam as limitações à capacidade de que vamos tratar.

([57]) Cfr. MANUEL DE ANDRADE, *ob. cit.*, vol. II, pp. 54, ss..

([58]) V. tb. C. OSÓRIO DE CASTRO, *De novo sobre a prestação de garantias por sociedades a dívidas de outras entidades: luzes e sombras,* ROA, 1998, pp. 840, 843.

([59]) No mesmo sentido, v. MOTA PINTO, *ob. cit.*, pp. 318-319; diversamente, v. OLIVEIRA ASCENSÃO, *Direito Civil...*, pp. 266, ss..

qualquer interessado – sócios e credores sociais, designadamente –, podendo ainda ser declarada oficiosamente pelo tribunal (art. 286.º do CCiv.) ([60]); se uma deliberação dos sócios ou do órgão de administração autoriza a prática de algum desses actos, ela é nula também (arts. 56.º, 1, d), 411.º, 1, c), do CSC).

Contudo, há que acrescentar não bastar a simples gratuitidade dos actos para colocá-los fora da capacidade e dentro da nulidade. *Actos gratuitos podem entrar na capacidade societária,* as sociedades podem validamente praticá-los quando eles se revelam *necessários* ou, ao menos, *convenientes à consecução de lucros.* Imagine-se que a sociedade *A* subscreve uma letra de câmbio de favor para possibilitar que a sociedade *B* seja financiada por um banco ([61]), ou que aquela sociedade empresta (sem juros) dinheiro à segunda; a sociedade *B* é um cliente importante de *A* e a sua sobrevivência perigaria se a sociedade *A* não a auxiliasse praticando um daqueles actos (gratuitos); ora, concordar-se-á em que tais actos são úteis, se não mesmo necessários, à prossecução do fim lucrativo da sociedade *A* ([62]).

A matéria da (in)capacidade das sociedades não deve ser confundida com a da (não) vinculação das mesmas; as limi-

---

([60]) Nem sempre o CCiv. fere de nulidade os actos praticados por quem não tenha capacidade jurídica negocial: o testamento feito por incapaz é nulo (arts. 2189.º e 2190.º), mas já são anuláveis o casamento em que participe incapaz (arts. 1601.º, a), b), e 1631.º, a)) e a perfilhação feita por incapaz (arts. 1850.º, 1, e 1861.º, 1). De todo o modo, ressalvados os casos (como os dois por último apontados) em que outra solução resulte da lei, os negócios celebrados contra disposição legal de carácter imperativo são nulos – art. 294.º.

([61]) Sobre as "letras de favor", v. A. FERRER CORREIA (c/colab. de PAULO M. SENDIN, J. M. SAMPAIO CABRAL, ANTÓNIO A. CAEIRO e M. ÂNGELA COELHO), *Lições de direito comercial,* vol. III – *Letra de câmbio,* ed. copiogr., Universidade de Coimbra, 1975, pp. 49, ss..

([62]) Especificamente sobre a validade de certas liberalidades e garantias gratuitas, v. *infra,* n.º 3. 3.

tações à capacidade não se identificam com as limitações ao poder representativo dos órgãos de administração e representação (⁶³). Figuremos dois círculos concêntricos mas com perímetros desiguais. O círculo maior há-de referir-se à (medida da) capacidade. A sociedade, através de um ou outro órgão, através de um ou mais órgãos poderá fazer tudo aquilo que, com relevo interno ou externo, se contenha no interior deste círculo; nada poderá fazer, sob pena de nulidade, que vá para lá do círculo da capacidade. Dentro dele está o círculo (dos poderes) de vinculação. A sociedade, através do órgão representativo (agora apenas este órgão está imediatamente em causa), não se liga, obriga ou vincula perante terceiros (agora somente as relações externas estão em jogo) por actos fora do círculo da capacidade jurídica (actos nulos); o círculo da vinculação não pode estar fora do da capacidade, tem de estar dentro e há-de ocupar um espaço mais restrito (respeitante tão-só às "relações externas"). Por outro lado, o menor perímetro do círculo da vinculação é imposto também pelo facto de a sociedade não ficar obrigada por todo e qualquer acto com relevo externo para cuja prática ela tenha capacidade – os poderes de vinculação do órgão representativo são limitados por disposições legais e, nalguns casos, por disposições do contrato social (cfr. arts. 192.º, 2, 260.º, 1, 409.º, 1). Diga-se ainda que um acto que não "vincula" a sociedade é, em geral, um acto *ineficaz* em

---

(⁶³) Com oposta perspectiva (o art. 6.º tem que ver sobretudo com o problema da vinculação, não com o da (in)capacidade jurídica, devendo o mesmo art. articular-se designadamente com os arts. 260.º, 1, e 409.º, 1 – ambos epigrafados "vinculação da sociedade"), v. PEDRO DE ALBUQUERQUE, *ob. cit.*, *passim* [na esteira de OLIVEIRA ASCENSÃO, *últ. ob. cit.*, pp. 263, ss. (mas este A. não defende as mesmas consequências – v. *ibid.*, p. 268) e de PAIS DE VASCONCELOS, *ob. cit.*, pp. 106, ss.. Criticando a solução do art. 6.º, 1, 2 e 3, mas sem chegar à referida confusão ou identificação, v. A. CARDOSO GUEDES, *A limitação dos poderes dos administradores das sociedades anónimas operada pelo objecto social no novo Código das Sociedades Comerciais*, RDE, 1987, pp. 135, ss.].

relação a ela; um acto fora da "capacidade jurídica" da sociedade é, repita-se, um acto *nulo*. (64)

3. 2. O objecto social não limita a capacidade

Antes do CSC não era claro se o objecto social limitava ou não a capacidade jurídica das sociedades (65). Claramente em sentido negativo temos agora o n.º 4 do art. 6.º do Código: "As cláusulas contratuais [*rectius*, estatutárias] e as deliberações sociais que fixem à sociedade determinado objecto ou proíbam a prática de certos actos *não limitam a capacidade da sociedade,* mas constituem os órgãos da sociedade no dever de não excederem esse objecto ou de não praticarem esses actos". (66)

Um acto social excede ou é alheio ao objecto da respectiva sociedade quando, atendendo ao momento da sua prática, se revele inservível para a realização da(s) actividade(s) que a sociedade pode, nos termos do estatuto (cfr. art. 11.º, 2), exercer; quando entre o primeiro e o segundo não exista uma *relação de potencial instrumentalidade (de meio-fim)* (67).

Assim, por exemplo, não é nula a compra de uma empresa de fabrico de tapetes para automóveis feita por uma sociedade dedicada ao comércio por grosso de artigos domésticos, nem a compra pela mesma sociedade de um prédio urbano para ser arrendado por curtos períodos a terceiros e (por

---

(64) Sobre a problemática da vinculação das sociedades v. ainda, além do que a seguir se dirá, o n.º 2 da secção II do cap. VII.

(65) Cfr. RAÚL VENTURA, *Objecto da sociedade e actos ultra vires*, ROA, 1980, pp. 40, ss., L. BRITO CORREIA, *Parecer sobre a capacidade de gozo das sociedades anónimas e os poderes dos seus administradores*, ROA, 1997, p. 760, e n. (27).

(66) O que está de acordo com o art. 9.º, 1, 1.º parágr., da 1.ª Directiva em matéria de sociedades (Dir. 68/151/CEE, de 19 / 3 / 68).

(67) Cfr. CASELLI, *ob. cit.*, p. 103.

preços mais baixos) a sócios. Apesar de tais negócios estarem fora do objecto social, a sociedade tem capacidade para os realizar – eles não contrariam o fim social.

Todavia, não é debalde que as sociedades hão-de ter determinado objecto estatutário [68]. Logo da parte final do n.º 4 do art. 6.º resulta o dever de os órgãos sociais não excederem o objecto. A violação deste dever acarreta (ou pode acarretar) sanções (diferentes da nulidade). Para certos efeitos, temos de distinguir entre sociedades em nome colectivo e em comandita simples, por um lado, e sociedades por quotas, anónimas e em comandita por acções, por outro.

Nas *sociedades do primeiro grupo,* os gerentes não têm "competência", têm "falta de poderes" de representação para a prática de actos fora dos limites do objecto social (art. 192.º, 2 e 3). Em consequência, os actos alheios ao objecto serão *ineficazes* relativamente à sociedade (cfr. art. 268.º, 1, do CCiv.); só não será assim se tais actos forem ratificados por unânime deliberação, expressa ou tácita, dos sócios (n.º 3 do art. 192.º) [69]. [70]

Diferentemente, nas *sociedades por quotas, anónimas e em comandita por acções* têm em regra os gerentes ou administradores os poderes de representação suficientes para as *vincularem* por actos alheios ao objecto social (arts. 260.º, 1, 409.º, 1; cfr. tb. os arts. 431.º, 3, e 478.º) [71]. Só assim não é

---

[68] Recorde-se o escrito *supra,* no cap. III, n.º 2. 2., sob d).

[69] A ineficácia dos negócios pode ser invocada também pelos terceiros neles intervenientes – mas desde que provem que ignoravam a ultrapassagem do objecto pelos gerentes (cfr. o n.º 4 do art. 192.º).

[70] As referidas deliberações, porque violam uma disposição do contrato social (a respeitante ao objecto), são anuláveis (art. 58.º, 1, a)). No entanto, tendo essas deliberações de ser unânimes, a anulabilidade não pode praticamente ser arguida (cfr. art. 59.º, 1).

[71] É uma disciplina que, tutelando especialmente os interesses de terceiros, está em devida concordância com a estabelecida no art. 9.º, 1, 1.º parágr., da 1.ª Directiva – aplicável às sociedades deste tipo.

– a sociedade não ficará vinculada por actos alheios ao objecto social, estes serão ineficazes relativamente a ela – quando se verifique o previsto no n.º 2 dos arts. 260.º e 409.º ([72]): "A sociedade pode, no entanto, opor a terceiros as limitações de poderes resultantes do seu objecto social, se provar que o terceiro sabia ou não podia ignorar, tendo em conta as circunstâncias, que o acto praticado não respeitava essa cláusula e se, entretanto, a sociedade o não assumiu, por deliberação expressa ou tácita dos sócios" ("accionistas", em vez de "sócios", no art. 409.º). ([73]) Quer dizer, a sociedade pode (é uma faculdade, e dela apenas, não dos terceiros) invocar a *ineficácia* (em relação a ela) dos actos que ultrapassem os limites do objecto social somente quando se verifiquem *duas condições* (uma positiva, outra negativa): prova, feita pela sociedade, de que o terceiro sabia, ou tinha de ou devia saber ("não podia ignorar"), tendo em conta as circunstâncias (*v. g.*, aquando do negócio o administrador fez a "apresentação" da sociedade, nela incluindo o objecto social, o terceiro era cônjuge do gerente, o terceiro havia sido gerente ou quadro superior da sociedade), que o acto excedia o objecto social ([74]); não assunção do acto pelos sócios, entretanto, através de deliberação ([75]).

([72]) Que fazem uso da faculdade concedida pelo 2.º parágr. do n.º 1 do art. 9.º da 1.ª Directiva.

([73]) Este preceito, consagrando uma excepção à regra constante do n.º 1 dos citados arts., não é bastante para afirmar – como afirmam CARDOSO GUEDES, *ob. cit.*, pp. 150-151, 154, e C. OSÓRIO DE CASTRO, *Da prestação de garantias por sociedades a dívidas de outras entidades,* ROA, 1996, p. 573 – que a administração destas sociedades tem "falta de poderes de representação" para (em nome delas) praticar (quaisquer) actos estranhos ao objecto social. Em boa medida no sentido do defendido em texto, v. A. SOVERAL MARTINS, *Os poderes de representação dos administradores de sociedades anónimas,* Coimbra Editora, Coimbra, 1998, pp. 290, ss..

([74]) A publicidade legal dada ao estatuto da sociedade, embora releve, não é suficiente para fazer a prova – n.º 3 dos arts. 260.º e 409.º.

([75]) Também estas deliberações são anuláveis (art. 58.º, 1, a)). Mas não têm de ser unânimes (bastam-se com a maioria simples dos votos

Outras possíveis sanções por prática de actos estranhos ao objecto social (agora aplicáveis independentemente do tipo societário) são a responsabilidade civil de membros da administração para com a sociedade (arts. 6.º, 4, 64.º e 72.º) e a destituição com justa causa de membros da administração (arts. 6.º, 4, 64.º, e 191.º, 4-7, 257.º, 403.º, 430.º, 471.º) [76].

Ainda a propósito do objecto, importa ter também em conta os n.ºs 4 e 5 do art. 11.º ("objecto") do CSC. Segundo o n.º 4, pode uma sociedade (através do respectivo órgão de administração e representação), sem necessidade de autorização estatutária ou deliberação dos sócios, adquirir participações (ainda que de controlo ou domínio) em sociedades de responsabilidade limitada (sociedades por quotas, anónimas e, quando a sociedade adquirente fique sócia comanditária, em comandita) cujo objecto seja igual (total ou, no caso de objecto(s) complexo(s), parcialmente) ao que a sociedade vem efectivamente exercendo (dentro dos limites permitidos pela cláusula estatutária relativa ao objecto); não será assim, contudo, se o estatuto dispuser diversamente (*v. g.*, proibindo a aquisição, limitando-a a certos valores, ou impondo prévia deliberação dos sócios). Há, todavia, uma especialidade de regime quando a sociedade adquirente seja uma sociedade por quotas: se o estatuto não dispuser diversamente, compete aos sócios deliberar sobre "a subscrição ou aquisição de participações noutras sociedades" (art. 246.º, 2, d)). Em todos estes casos considera a lei, portanto, não implicar a aquisição das participações uma ultrapassagem do objecto social (o estatuto social não precisa de prever na cláusula do objecto a referida possibilidade).

---

emitidos). Se nem o órgão de fiscalização nem algum sócio que não tenha votado favoravelmente a assunção do acto arguirem a anulabilidade no (curto) prazo devido (art. 59.º, 1, 2), fica o vício sanado.

[76] Trataremos destas matérias no cap. VII.

Por sua vez, segundo o n.º 5 do art. 11.º, somente quando o estatuto o autorize, livre ou condicionalmente (v. g., fixando o tipo ou o objecto das sociedades em que é possível participar, estabelecendo a necessidade de prévia deliberação dos sócios – cláusula desnecessária para as sociedades por quotas, vimo-lo há pouco), pode uma sociedade adquirir participações como sócia de responsabilidade ilimitada (sócia de sociedade em nome colectivo ou sócia comanditada) ou participações em sociedades com objecto diferente do que ela vem exercendo, em sociedades reguladas por leis especiais [77] e em agrupamentos complementares de empresas [78].

Suponha-se agora que o estatuto de uma sociedade proíbe a aquisição de participações em sociedades de responsabilidade limitada com o mesmo objecto (cfr. n.º 4 do art 11.º), e não prevê a aquisição de participações em sociedades com objecto diferente, etc. (cfr. n.º 5 do art. 11.º); apesar disso, a sociedade adquire participações em sociedades com idêntico e diverso objecto. Estas aquisições *não são nulas* – a sociedade tem capacidade para as realizar (art. 6.º, 1 e 4) [79]. O que elas são é alheias ao objecto social (delimitado também negativamente na primeira hipótese). Por conseguinte, aplica-se igualmente aqui o que acima vimos: as aquisições são ineficazes se a sociedade adquirente for em nome colectivo ou em comandita simples (art. 192.º), são em regra eficazes se a sociedade adquirente for por quotas, anónima ou em comandita por acções (arts. 260.º, 1, 2, 3, 409.º, 1, 2, 3) [80].

---

[77] V. exemplos *supra*, no n.º 4. do cap. II.

[78] A esta lista devem ser acrescentados os AEIE – cfr. art. 12.º do DL 148 / 90, de 9 de Maio.

[79] Opostamente, com referência ao n.º 5 do art. 11.º, entendendo que "a aquisição das participações depende de disposição contratual, sem a qual a sociedade não tem capacidade para tanto", v. RAÚL VENTURA, *Sociedades por quotas*, vol. III, Almedina, Coimbra, 1991, p. 135.

[80] V. no mesmo sentido SOVERAL MARTINS, *ob. cit.*, pp. 335, n. (629), 337, n. (633).

3. 3. Liberalidades e garantias concedidas por sociedades a terceiros – o princípio da incapacidade e as excepções

Vimos há pouco, no n.º 3. 1., que os actos gratuitos se situam em regra fora da capacidade jurídica das sociedades. Mas acrescentámos também que há excepções. Com efeito, se é verdade que os negócios gratuitos supõem o espírito de liberalidade ([81]), é igualmente verdade que esse espírito não se confunde com o ânimo ou escopo altruísta, desinteressado; *liberalidades existem com fim interessado* ou interesseiro ([82]) – e estas são em geral compatíveis com o fim lucrativo das sociedades, *entram na capacidade* delas (exemplificámos já, recorde-se, com a subscrição de uma letra de favor e com um mútuo gratuito).

O art. 6.º do CSC tem um n.º específico para as *liberalidades* (n.º 2): "As liberalidades que possam ser consideradas *usuais,* segundo as circunstâncias da época e as condições da própria sociedade, não são havidas como contrárias ao fim desta". É uma norma essencialmente dirigida a *doações* ([83]). Nem todas as liberalidades ou actos gratuitos são doações

---

([81]) V. Manuel de Andrade, *ob. cit.*, p. 56.

([82]) V. *últ A., ob. e loc. cits.*, e Pires de Lima / Antunes Varela, *ob. cit.*, pp. 239, 240: "A *liberalidade* implica, em regra, a ideia de *generosidade* ou *espontaneidade,* oposta à de *necessidade* ou de *dever".* "Não deve confundir-se, porém, espírito de liberalidade com ânimo altruísta ou fim desinteressado". Certas atribuições patrimoniais não deixam de ser autênticas doações (de cujo conceito o espírito de liberalidade é nota essencial) "pelo simples facto de serem realizadas com *fim* ou *motivo interesseiro* e não com o ânimo *altruísta,* que caracteriza geralmente as atribuições de carácter gratuito".

([83]) V. tb. Pedro de Albuquerque, *ob. cit.*, p. 111. Contra, v. Osório de Castro, *Da prestação...*, p. 579, *De novo...*, pp. 840, e 840-841, n. (38) (às liberalidades previstas no n.º 2 do art. 6.º falta "o espírito de liberalidade [sic], pelo que justamente não são doações"; as doações altruístas serão válidas se se verificar o requisito do "justificado interesse próprio da sociedade" previsto no n.º 3 do art. 6.º).

(*v. g.*, não são doações o mútuo gratuito, o comodato, a prestação gratuita de penhor). Mas as liberalidades-não doações, mostrámo-lo já, podem não ser nulas, podem entrar no círculo da capacidade das sociedades mesmo quando não sejam "consideradas usuais" – não é necessário recorrer ao n.º 2 do art. 6.º. Este preceito já é necessário, porém, para considerar válidas, não contrárias ao fim social certas doações. Toda a doação requer, além do espírito de liberalidade, uma atribuição patrimonial ao donatário sem correspectivo, de que resulta (imediatamente) uma diminuição do património do devedor (art. 940.º, 1, do CCiv.). Ora, há *doações* feitas habitualmente por sociedades com finalidade (ou também com finalidade) *interesseira,* para promover as vendas dos seus produtos, melhorar a produtividade, acreditar o nome e imagem, pagar menos impostos – pense-se, por exemplo, nos brindes a clientes, nas gratificações a trabalhadores (cfr. art. 941.º do CCiv.), nos donativos (publicitados) de apoio a iniciativas culturais ou desportivas, nos donativos de "mecenato" (v. os arts. 61.º, ss. do Estatuto dos Benefícios Fiscais, republicado pelo DL 108 / 2008, de 26 de Junho). Tendo em vista os tempos que correm, todas estas doações, quando a situação patrimonial das sociedades as permita, hão-de ser "consideradas usuais"; entram, pois, no campo de aplicação do n.º 2 do art. 6.º. Não obstante, mesmo sem esta norma, elas incluir-se-iam na capacidade societária – mostram-se "convenientes" à prossecução do fim social (n.º 1 do art. 6.º). Onde se revela a *plena utilidade* do n.º 2 do art. 6.º é no campo das *doações feitas com espírito altruísta*. A sociedade anónima *x*, financeiramente próspera, doa (anonimamente) 100 000 euros para apoio a refugiados da guerra em certo país; apesar de a doação não promover a consecução de lucros pela sociedade, ela, de acordo com o art. 6.º, 2, não deve ser havida como contrária ao fim social.

Fora das hipóteses previstas nos n.os 1 e 2 do art. 6.º, repise-se, as doações são nulas (as sociedades não têm capacidade para realizá-las). Quer as doações que se traduzem em *transmissão de direitos* para os donatários, quer as que se traduzem, *v. g.*, em *assunção de dívidas* de terceiros (arts. 595.º, ss. do CCiv.) ([84]) ou em *remissão de dívidas* de terceiros (art. 863.º, 2 do CCiv.) ([85]).

"Considera-se contrária ao fim da sociedade a *prestação de garantias* reais [penhor, hipoteca, consignação de rendimentos, certas espécies de caução] ou pessoais [fiança, aval] *a dívidas de outras entidades*" – 1.ª parte do n.º 3 do art. 6.º. A prestação de garantias prevista neste n.º é a efectuada a título *gratuito;* é nestes casos que em regra é contrariado o fim social (lucrativo), não quando haja algum correspectivo ([86]).

Mas a norma do mesmo n.º 3 adianta *duas excepções* à regra da incapacidade da sociedade para prestar garantias gratuitas a dívidas de terceiras entidades: haver "justificado interesse próprio da sociedade garante", ou encontrar-se a sociedade garante "em relação de domínio ou de grupo" com o devedor (outra sociedade, normalmente). São excepções também em consonância com o disposto no n.º 1 do art. 6.º – nesses casos a prestação de garantias mostrar-se-á (à partida, atendendo ao momento da prática do acto) neces-

---

([84]) V. o Ac. do STJ de 22 / 4 / 97, CJ (ASTJ), 1997, t. II, p. 60 (mas a assunção de dívida em questão foi considerada válida por não se ter provado que era gratuita). Sobre o caso também se pronunciaram, além de BRITO CORREIA, *ob. cit.*, pp. 739, ss., M. HENRIQUE MESQUITA, *Parecer,* ROA, 1997, pp. 721, ss., e L. A. CARVALHO FERNANDES / P. O. PITTA E CUNHA, *Assunção de dívida alheia. Capacidade de gozo das sociedades anónimas, qualificação de negócio jurídico,* ROA, 1997, pp. 693, ss..

([85]) Um caso destes foi o julgado em Ac. da RP de 19 / 12 / 96, CJ, 1996, t. V, p. 222. Mas o acórdão, confundindo distintas questões – capacidade e vinculação, fim social e objecto social, etc. –, considerou válida e eficaz a remissão de dívida *sub judice.*

([86]) Cfr. OSÓRIO DE CASTRO, *Da prestação...*, p. 580, Ac. da RP de 20 / 5 / 99, CJ, 1999, t. III, p. 189, Ac. da RL de 27 / 1 / 2000, CJ, 2000, t. I, p. 100 (dois bons arestos nesta matéria – apesar de, também aqui, mal acompanhados por outros acórdãos a que aludiremos em breve).

sária ou conveniente à prossecução do escopo lucrativo da sociedade.

A prestação de garantia é justificada pelo *interesse próprio da sociedade garante* quando ela se mostre objectivamente apta para satisfazer o desejo de todo o sócio enquanto tal de obter lucros através dessa mesma sociedade. Por exemplo, a sociedade de construção civil *A* tem capacidade para constituir uma hipoteca em favor do banco *B*, destinada a garantir uma dívida contraída junto deste pelo empreiteiro *C*, quando sem essa hipoteca não obteria *C* o crédito bancário indispensável para se apetrechar e se tornar num útil subempreiteiro de *A* em várias obras. Note-se, o justificado interesse tem de ser da sociedade garante ou, dizendo de outra maneira, do sócio ou sócios (interesse comum) enquanto tais, enquanto sócios dessa sociedade. A sociedade não pode prestar garantias para satisfazer interesses extra-sociais dos sócios, interesses destes enquanto não-sócios (*v. g.*, enquanto sócios de outra sociedade). A sociedade *D*, constituída pelos sócios *x, y* e *z*, não tem capacidade para constituir um penhor que garanta uma dívida da sociedade *E* só porque esta é constituída pelos mesmos sócios. O interesse da sociedade *D* (ou o interesse comum de *x, y* e *z* enquanto sócios nessa sociedade) é um, o interesse da sociedade *E* (ou o interesse comum de *x, y* e *z* enquanto sócios nesta sociedade) é outro; o que é bom para a primeira não tem de ser bom para a segunda e vice-versa. E relembre-se que a disciplina da (in)capacidade das sociedades tutela também, e fortemente, os interesses dos credores sociais. Fazer perigar o património de *D* para avantajar *x, y* e *z* na sociedade *E* desacautela os interesses dos credores de *D*[87].

---

[87] V. neste sentido o citado Ac. da RL de 27 / 1 / 2000. Em sentido oposto, v. o Ac. da RP de 13 / 4 / 99, CJ, 1999, t. III, p. 193 [a sociedade *F*, constituída por *x*, com uma quota correspondente a 99% do capital, e por *y*, sua filha, deu um prédio em hipoteca a um banco para garantir uma dívida da sociedade *G*, constituída por *x* e seu cônjuge *z*. Decidiu o acórdão

Se a sociedade garante (ou outro interessado, por exemplo um sócio ou um credor social) invocar a nulidade da garantia, não é a ela que cabe o ónus de alegar e provar a inexistência de justificado interesse próprio. É o credor da entidade cuja dívida foi garantida que deve provar, se quiser ver reconhecida a validade da garantia, que se verifica a excepção prevista na 2.ª parte do n.º 3 do art. 6.º, isto é, que a sociedade garante tinha justificado interesse próprio na prestação da garantia ([88]). Não bastando para esta prova o facto de a sociedade garante haver declarado expressamente, aquando da constituição da garantia, ter interesse em garantir a dívida ([89]).

Passemos à *segunda excepção* prevista no n.º 3 do art. 6.º: "se se tratar de sociedade *em relação de domínio ou de grupo*". Segundo uma interpretação, a sociedade *H* tem sempre capacidade para prestar garantias a dívidas da sociedade *I* quando ambas se encontrem em relação de domínio

---

que havia justificado interesse da sociedade garante *F* por, entre outras razões, o sócio maioritário de *F* ser também sócio-gerente de *G*, que necessitava urgentemente do empréstimo bancário... (Diz ainda o aresto que as sociedades *F* e *G* estavam "em situação de domínio e de grupo [sic], pois pertenciam [sic] ambas as sociedades, com maioria do capital, à mesma pessoa". Mas o facto de uma pessoa singular ser sócio dominante de duas sociedades não legitima, só por si, a afirmação de que ambas se encontram em relação de domínio – v. art. 486.º – ou em relação de grupo – v. arts. 488.º, 489.º, 492.º, 493.º...)].

([88]) Neste sentido, v. OSÓRIO DE CASTRO, *De novo...*, pp. 846-847, Acs. da RP de 20/5/99, da RL de 27/1/2000, da RC de 17/10/2000, CJ, 2000, t. IV, p. 37. Diferentemente, PEDRO DE ALBUQUERQUE, *ob. cit.*, pp. 133, ss., Acs. do STJ de 21/9/2000, CJ (ASTJ), 2000, t. III, p. 36, da RE de 5/2/04, CJ, 2004, t. I, p. 249.

([89]) V. tb. JOÃO LABAREDA, *Nota sobre a prestação de garantias por sociedades comerciais a dívidas de outras entidades,* in *Direito societário português – Algumas questões,* Quid Juris, Lisboa, 1998, pp. 187-188; diversamente, v. o Ac. da RP de 13/4/99. Quando ocorra um tal facto, haverá, sim, possível responsabilização dos membros da administração da sociedade garante por "culpa na formação dos contratos" (art. 227.º do CCiv; v. tb. o n.º 5 do art. 6.º do CSC) – cfr. OSÓRIO DE CASTRO, *Da prestação...*, p. 592.

ou de grupo, independentemente de se saber se *H* é a dominante ou a dependente (v. art. 486.º), a totalmente dominante ou a totalmente dependente, a directora ou a subordinada (v. arts. 488.º, ss.). A lei (art. 6.º, 3) não distingue nem há razões para o intérprete distinguir. Há em qualquer caso "grupo" de sociedades ("grupo de facto" quando as sociedades estejam "em relação de domínio", "grupo de direito" quando estejam "em relação de grupo") e, portanto, solidariedade de interesses; há um "interesse de grupo" que possibilita que *H*, seja qual for a sua posição, preste garantias a dívidas de *I* [90].

Parece-me uma interpretação *simplista*. Existem diferenças notáveis entre as sociedades em relação de grupo e as sociedades em relação de domínio (sendo apropriado apenas com respeito àquelas, de acordo com a sistemática do CSC, falar de "grupo de sociedades" ou "grupo de empresas" – apesar de, agora de acordo com a "ideologia dos grupos", acalentada pela "ideologia da globalização", se ter tornado trivial falar de grupo de empresas a propósito de uma qualquer relação de domínio ou menos ainda que isso...).

Nos *grupos de domínio total* e nos *de subordinação,* as sociedades dominantes e as directoras têm "o direito de dar instruções vinculantes" à administração das sociedades dependentes e das subordinadas; e tais instruções podem mesmo ser "desvantajosas" para as dependentes e subordinadas – desde que sirvam os interesses das dominantes ou directoras, ou os interesses das outras sociedades dos respectivos grupos (cfr. arts. 491º e 503º). Assim sendo, facilmente se adivinham os possíveis prejuízos impostos às sociedades dependentes e subordinadas, aos sócios minoritários das subordinadas e aos credores de umas e outras. Ora, para minorar ou evitar tais prejuízos, estatui o CSC algumas con-

---

[90] Nesta linha, v. PEDRO DE ALBUQUERQUE, *ob. cit.*, pp. 136, ss., JOÃO LABAREDA, *ob. cit.*, pp. 178, ss..

trapartidas. Cumpre destacar a "garantia de lucros" para os sócios minoritários das sociedades subordinadas (art. 500.º) e a responsabilidade das sociedades dominantes e das directoras para com os credores das sociedades dependentes e das subordinadas e para com estas mesmas sociedades (arts. 491º, 501º e 502º).

É bem diversa a disciplina das sociedades *em relação de domínio* (a nossa lei, desviando-se da inspiradora AktG alemã de 1965, não estabelece para elas uma disciplina típica dos "grupos"). O excepcional regime previsto para as sociedades em relação de grupo (há pouco sintetizado) não vale para sociedades em relação de domínio. Nem são de monta as especialidades que para estas estabeleceu a lei (e são praticamente irrelevantes para a questão em análise).

É *no mínimo duvidoso* que, a respeito das sociedades em relação de grupo ou (mais duvidoso ainda) em relação de domínio, se deva falar de *"interesse do grupo"* para significar um *interesse próprio do grupo, comum a todas as sociedades que dele fazem parte e prevalecendo sobre o interesse de cada uma delas* ([91]). Poderá considerar-se legítimo o emprego de "interesse do grupo" enquanto (simplificadora) locução-resumo – significando "os interesses da sociedade directora [ou totalmente dominante] ou das outras sociedades do grupo" justificadores do sacrifício dos interesses da sociedade subordinada (ou totalmente dominada): art. 503º, 2, do CSC. Não me parece legítimo o seu emprego para significar um interesse comum a todas as sociedades do grupo, interesse pelo qual se deveria pautar o comportamento dos órgãos de cada uma delas. Um *grupo de sociedades* (não paritário) baseia-se, *não numa coordenação para fins comuns, mas numa subordinação para fins (fundamentalmente)*

([91]) Mas é comum a perspectiva oposta – v. indicações em COUTINHO DE ABREU, *Da empresarialidade...*, pp. 268-269, n. (704).

unilaterais (92). A sociedade directora tem o direito de denegar o interesse social das subordinadas, se com isso forem satisfeitos lícitos *interesses dela própria* ou (caso existam) *de outras sociedades do grupo*. E é por destes interesses não comungarem as sociedades sacrificadas que se impõe uma tutela especial dos sócios minoritários e credores das mesmas. Por outro lado, a assembleia geral (ou o conjunto dos sócios) – quanto às matérias da sua competência exclusiva –, e os órgãos de administração (quando não instruídos pela directora (93)) das sociedades subordinadas não têm o direito (nem o dever) de se guiarem por qualquer "interesse do grupo" (quer seja entendido como interesse comum a todas as sociedades-membros, quer como interesse da directora ou de outras sociedades do grupo), com sacrifício do interesse próprio das sociedades de que são órgãos; têm antes o dever de não actuarem em desconformidade com esse interesse próprio. Relativamente às sociedades em *relação de domínio,* justifica-se ainda menos falar de "interesse do grupo" (em qualquer das suas acepções). *Nem as sociedades dominantes têm o direito de sacrificar o interesse das dependentes, nem estas têm o direito (ou o dever) de se guiarem por finalidades extra-sociais (das dominantes ou de outrem).*

Ora, o n.º 3 do art. 6.º, ao permitir que uma sociedade preste garantias (gratuitas) a dívidas de outra sociedade que com aquela esteja em relação de domínio ou de grupo, há-de fazê-lo com fundamento na ideia de que a sociedade garante não descura com isso o seu próprio interesse e o interesse dos seus credores (dispensando então a lei a necessidade de

---

(92) Cfr. E. REHBINDER, *Konzernaußenrecht und allgemeines Privatrecht – Eine rechtsvergleichende Untersuchung nach deutschem und amerikanischem Recht,* Gehlen, Bad Homburg v. d. H., Berlin, Zürich, 1969, p. 78.

(93) Recorde-se que a sociedade directora tem o direito de dar instruções vinculantes somente "à administração da sociedade subordinada" (em matérias de gestão) – art. 503.º, 1.

se provar o "justificado interesse próprio da sociedade garante" para a afirmação da validade da garantia). Mas, já se vê, esta ideia não vale para toda e qualquer sociedade garante em relação de domínio ou de grupo, independentemente da sua posição nessas relações.

Vale, nas relações de domínio, para a sociedade dominante, não para a dependente ([94]). Em maior ou menor medida, a dominante, enquanto sócia da dependente, tem sempre interesse no bom andamento da segunda; é lícito, pois, que ela garanta dívidas desta. Não assim com respeito à sociedade dependente. O interesse desta e o dos seus credores não se compaginam necessariamente com o da dominante. A salvaguarda daqueles interesses não permite que a sociedade *H* garanta gratuitamente dívidas da sociedade *I* só porque esta tem uma participação naquela correspondente, por exemplo, a 60% do capital social. A prestação de garantia poderia fazer perigar a situação de *H;* e se, por falta da prestação de garantia, ficar em perigo a sobrevivência de *I,* isso não se repercute por norma em *H* (no limite, a participação de *I* passará para outro sujeito).

Por sua vez, aquela ideia *vale também, nas relações de grupo, para as sociedades totalmente dominantes ou directoras* – elas dirigem (também) no seu interesse as sociedades totalmente dominadas ou subordinadas, pelo que lhes é lícito prestar garantias a dívidas destas. *Mas já não vale necessariamente para as sociedades totalmente dominadas ou subordinadas.* Nos casos em que estas não recebam instruções vinculantes para garantirem dívidas das sociedades dominantes ou directoras (hipótese pouco provável), não é o simples facto de se encontrarem em relação de grupo que lhes atribui capacidade para prestar as

---

([94]) Convergentemente, v. OSÓRIO DE CASTRO, *De novo...,* pp. 854-855.

garantias. (⁹⁵) Em suma, *deve a parte final do n.º 3 do art. 6.º ser interpretada restritivo-teleologicamente.*

Contudo, importa ainda acrescentar que uma sociedade dependente a que não se reconheça, pelo simples facto de estar em relação de domínio ou de grupo, a referida capacidade pode ser considerada capaz de garantir (gratuitamente) dívidas da sociedade dominante ou directora se se provar haver "justificado *interesse próprio* da sociedade garante" (funciona aqui a primeira excepção do n.º 3 do art. 6.º, não a segunda). Imagine-se que *I*, com uma participação correspondente a 60% do capital de *H,* é um fornecedor imprescindível de matéria-prima da sociedade garante *H...*

As liberalidades e as garantias permitidas nos termos dos n.ᵒˢ 1, 2 e 3 do art. 6.º revelar-se-ão muitas vezes *estranhas ao objecto social*. Implicará isso a aplicação dos arts.6.º, 4, e 192.º, 2, 3, 4, 260.º, 2, 3, ou 409.º, 2, 3? Não parece. Embora aqueles três n.ᵒˢ do art. 6.º tenham que ver com a capacidade jurídica das sociedades, a sua aplicação prejudicará a aplicação das normas relativas ao objecto. (⁹⁶)

4. Capacidade de exercício ou de agir das sociedades

As sociedades têm capacidade de agir ou de exercício de direitos, têm aptidão para actuar juridicamente, exercendo direitos e cumprindo obrigações directa e permanentemente

---

(⁹⁵) Nas sociedades em relação de grupo paritário (art. 492.º), dada a "direcção unitária e comum", qualquer das sociedades poderá garantir dívidas da(s) outra(s).

(⁹⁶) O Ac. do STJ de 27/1/93, CJ (ASTJ), 1993, t. I. p. 81, a propósito de uma fiança, atendeu somente ao problema do objecto, não se preocupando com o da capacidade...

(através de órgãos) ou indirecta e pontualmente (através de representantes voluntários).

Elas são capazes de querer e actuar, de formar vontade e de manifestá-la para o exterior. Fazem-no, é certo, através de órgãos – relevando aqui especialmente os órgãos de administração e *representação* ([97]). Mas estes órgãos (ou os seus titulares) não são propriamente representantes (legais ou voluntários) das sociedades. O que os liga a estas não é um nexo de representação, é antes um nexo de organicidade; os órgãos são parte componente das sociedades, a vontade e os actos daqueles são a vontade e os actos destas, a estas são os mesmos referidos ou imputados ([98]).

Porém, as sociedades não actuam apenas através dos órgãos de representação. Podem fazê-lo através de representantes voluntários (por elas nomeados), *v. g.* mandatários incumbidos da celebração de certos contratos, advogados para as representarem em tribunal. Esta possibilidade está mesmo prevista para as sociedades por quotas no art. 252.º, 6, e para as sociedades anónimas no art. 391.º, 7 (aplicável às sociedades em comandita por acções por força do art. 478.º) ([99]).

([97]) V. *supra*, n. 2. 2. do cap. II.

([98]) Fala-se correntemente de representação das sociedades pelos respectivos órgãos, mas para significar a dita "representação orgânica".

([99]) Aplicar-se-á por analogia o disposto naqueles dois preceitos às sociedades em nome colectivo e em comandita simples – cfr. tb. A. SOVERAL MARTINS, *Da personalidade e capacidade jurídicas das sociedades comerciais,* in AA.VV., *Estudos de direito das sociedades* (sob a coord. de J. M. COUTINHO DE ABREU), 4.ª ed., Almedina, Coimbra, 2001, p. 89, n. (53).

Capítulo V

DAS PARTICIPAÇÕES SOCIAIS

1. Noções introdutórias

A participação social é definível como o *conjunto unitário de direitos e obrigações actuais e potenciais do sócio* (enquanto tal).

O titular de uma participação social respeitante a determinada sociedade é sócio dessa (nessa) sociedade. A aquisição de participação social (e da correspondente qualidade de sócio) pode ser *originária* (efectivada na constituição da sociedade ou em aumento de capital) ou *derivada* (em resultado de transmissão *mortis causa* ou entre vivos de participação social, ou de aquisição em processo de fusão por incorporação ou de cisão-fusão-incorporação).

1. 1. Classificação dos direitos. Direitos especiais

Entre os *direitos* (em sentido amplo entendidos, como depois se verá) componentes da participação social contam-se não apenas os indicados no art. 21.º do CSC (epigrafado "direitos dos sócios") – quinhoar nos lucros, participar nas deliberações dos sócios, obter informações sobre a vida da sociedade, ser designado para os órgãos de administração e de fiscalização –, mas ainda, por exemplo, direitos de acção judicial de sócio (*v.g.*, direito de impugnação de deliberações anuláveis – art. 59.º –, direito de requerer inquérito judicial por falta de apresentação das contas – art. 67.º –, direito de propor acção social de responsabilidade contra membros da administração – art. 77.º), direito de preferência nos aumentos de capital por novas entradas em dinheiro (nas sociedades por quotas e anónimas – arts. 266.º, 458.º, ss.), direito de exoneração em certas circunstâncias (*v. g.*, arts. 3.º, 5, 137.º, 161.º, 5), direito à quota de liquidação (art. 156.º) ([1]).

Estes direitos podem ser classificados segundo diversos critérios. Apontamos dois: o da função e o da titularidade.

De acordo com a *função,* é possível distinguir *direitos de participação* (nas deliberações sociais e em órgãos de administração e de fiscalização), *direitos patrimoniais* (direito de quinhoar nos lucros, direito de preferência, direito à quota de liquidação) e *direitos de controlo* (direito de informação, direitos de acção judicial) ([2]).

([1]) Se os poderes ou faculdades contidos nalguns destes direitos (nomeadamente no direito à informação em algumas das suas modalidades e/ou em certas sociedades) podem ser sempre exercidos, já os contidos em outros direitos (a maioria) somente são exercitáveis em determinados momentos da vida da sociedade ou quando se verifiquem certas situações. Por isso falamos de "direitos (...) actuais e potenciais", *grosso modo* correspondentes a "direitos abstractos e concretos", de que falam muitos autores (v., com indicações bibliográficas, V. G. LOBO XAVIER, *Anulação de deliberação social e deliberações conexas,* Atlântida Editora, Coimbra, 1976, pp. 177-178; algo diferentemente, v. RAÚL VENTURA, *Reflexões sobre direitos de sócios,* CJ, 1984, t. II, pp. 7, ss.).

([2]) Cfr., sem inteira coincidência, H. WIEDEMANN, *Gesellschaftsrecht – Ein Lehrbuch des Unternehmens-und Verbandsrecht,* Band I, Beck, München, 1980, p. 366, e KARSTEN SCHMIDT, *Gesellschaftsrecht,* 3. Aufl., Heymanns, Köln, Berlin, Bonn, München, 1997, pp. 557, ss.. Entre nós (e não só) a distinção muitas vezes feita é entre direitos administrativos (ou políticos) e direitos patrimoniais. Mas a terminologia para o primeiro elemento da distinção parece pouco feliz: afora as conotações com domínios do direito público, os direitos em referência não têm que ver somente com a administração das sociedades; "direitos administrativos" dever-se-á a uma imprecisa tradução de *Mitverwaltungsrechte* (direitos de co-administração). Diga-se ainda que os direitos de participação e de controlo são também – indirectamente, embora – patrimoniais, são instrumentos para os sócios obterem, em última instância, resultados pecuniários (cfr. tb. C. OSÓRIO DE CASTRO, *Valores mobiliários: conceito e espécies,* UCP Editora, Porto, 1996, pp. 81 – citando Raúl Ventura – e 81-82, n. (31)). Mas quando,

De acordo com a *titularidade*, distinguem-se direitos gerais e direitos especiais. *Gerais são os que pertencem, em regra, a todos os sócios da mesma sociedade*, ainda que em medida diversa. Assim, por exemplo, todos os sócios de uma sociedade anónima têm os direitos mencionados no art. 21.º; mas quinhoam nos lucros normalmente segundo a proporção dos valores das respectivas participações sociais (art. 22.º, 1), só quem tenha determinado montante de acções tem direito a certas informações (arts. 288.º, 1, 291.º, 1), o número de votos de cada sócio depende do número de acções que possua. E dizemos que os direitos gerais pertencem "em regra" a todos os sócios, por haver casos (excepcionais) em que um ou mais sócios estão arredados de algum deles. Por exemplo, os titulares de acções preferenciais sem voto não têm, enquanto tais, o direito de votar nas deliberações gerais dos sócios (art. 341.º).

Especiais são os direitos atribuídos no contrato social a certo(s) sócio(s) ou a sócios titulares de acções de certa categoria conferindo-lhe(s) uma posição privilegiada que não pode em princípio ser suprimida ou limitada sem o consentimento dos respectivos titulares.

Variados podem ser (sobretudo nas sociedades por quotas) os direitos especiais. Em regra (supletiva), os sócios participam nos lucros de exercício e no saldo de liquidação segundo a proporção dos valores das respectivas participações sociais (arts. 22.º, 1, 156.º, 4). É possível, porém, estabelecer-se no contrato social que um ou mais sócios (ou os sócios titulares de acções de certa categoria, nas sociedades anónimas – art. 24.º, 4) *quinhoem mais que proporcionalmente em tais lucros e saldo* (cfr., além dos citados arts. 22.º e 156.º, o art. 302.º, 1). O contrato constituinte de uma

---

p. ex., o art. 24.º, 3, se refere a direitos "de natureza patrimonial" estão em causa apenas direitos directamente patrimoniais, "direitos patrimoniais" a que a classificação adoptada se reporta.

sociedade por quotas atribui um direito especial a um sócio quando lhe *permite ceder a quota sem necessidade de consentimento da sociedade* (mantendo-se esta necessidade para a cessão de outras quotas) – cfr. os arts. 228.º, 2, 229.º, 2. Cada sócio de sociedade por quotas tem, em regra, um voto por cada cêntimo do valor nominal da quota (art. 250.º, 1). É, no entanto, permitido que o contrato social atribua a um sócio (ou mais), como direito especial, *dois votos por cada cêntimo do valor nominal da quota ou quotas* desse sócio, desde que o valor nominal dessa(s) quota(s) não corresponda a mais de 20% do capital social (art. 250.º, 2) [3]. Especial é também o direito de um sócio, por força de cláusula do contrato de sociedade por quotas, *designar gerente sem que todos os sócios votem nessa escolha* (cfr. o art. 83.º, 1). Mencionemos, por último, o *direito especial à gerência* (em sociedades por quotas). Existe um tal direito quando, por exemplo, uma cláusula do estatuto social estabelece que um sócio tem o direito de ser gerente por toda a sua vida, ou enquanto for sócio, ou enquanto durar a sociedade, ou que só poderá ser destituído da gerência havendo justa causa [4]. A cláusula consagrando um direito especial à gerência não pode ser suprimida nem alterada por deliberação social sem o

---

[3] Para as sociedades anónimas está expressamente proibido o voto plural (voto duplo, etc. por cada acção ou grupo de acções a que os estatutos façam corresponder um voto – art. 384.º, 1, 2, a)): n.º 5 do art. 384.º. Mas o art. 531.º salvaguarda os direito de voto plural legalmente constituídos antes da entrada em vigor do Código.

Sobre as vantagens e inconvenientes das acções com voto plural, v. J. G. PINTO COELHO, *Estudo sobre as acções de sociedades anónimas,* Coimbra, 1957 (sep. da RLJ, anos 88.º-89.º, n.ºs 3056-3093), pp. 146, ss., A. P. S. VAZ SERRA, *Assembleia geral,* BMJ n.º 197 (1970), pp. 102, ss.; sobre a experiência destas acções em vários ordenamentos jurídicos, v. E. M. LUCAS COELHO, *Direito de voto dos accionistas nas assembleias gerais das sociedades anónimas,* Rei dos Livros, Lisboa, 1987, pp. 58, ss..

[4] Cfr. ANTÓNIO CAEIRO, *Temas de direito das sociedades,* Almedina, Coimbra, 1984, p. 163 (citando doutrina alemã). Claro que bastará também uma cláusula afirmando ter o sócio um "direito especial à gerência".

consentimento do sócio-gerente (arts. 24.º, 5, 257.º, 3, 1.ª parte); por outro lado, o sócio-gerente só pode ser (suspenso e) destituído (com a consequente supressão da cláusula) judicialmente (em acção proposta pela sociedade com base em deliberação dos sócios) e desde que haja justa causa para tal (art. 257.º, 3, 2.ª parte) – é bem diferente o regime da destituição dos gerentes sem direito especial: estes podem ser destituídos a todo o tempo, haja ou não justa causa, por deliberação dos sócios (art. 257.º, 1 e 2; v., porém, o n.º 5). A simples designação de gerente(s) no contrato de sociedade significa a atribuição de um direito especial à gerência? Deve responder-se negativamente ([5]). A designação de gerentes no contrato social é um modo alternativo da eleição posterior por deliberação dos sócios (que não tem de ser unânime, porém) – art. 252.º, 2. Os sócios podem optar por uma ou outra via, e optam muitas vezes pela designação no contrato por razões de simplicidade, rapidez e economia. Por conseguinte, a simples cláusula estatutária de nomeação de sócio como gerente não significa a atribuição de um direito especial à gerência; ele não fica com o privilégio de só poder ser destituído por justa causa e judicialmente. ([6]) Uma

---

([5]) V. tb. ANTÓNIO CAEIRO, *ob. cit.*, p. 168 (citando ainda a experiência alemã) e, entre outros arestos portugueses, o Ac. da RP de 11/6/92, CJ, 1992, t. III, p. 307, e o Ac. do STJ de 12/6/96, CJ (ASTJ), 1996, t. II, pp. 131-132.

([6]) É também pacífico que o sócio de sociedade anónima designado administrador no contrato social não fica por isso com direito especial à administração (cfr. os arts. 391.º, 1, 403.º, 1).

Acrescente-se ainda, agora num outro plano, que o sócio designado gerente no contrato social mas sem direito especial à gerência pode desta ser destituído por deliberação simplesmente maioritária. Isto é, não se exige a maioria qualificada exigida nos processos de alteração do contrato de sociedade (cfr. o art. 265.º, 1). Porquanto uma tal deliberação visa destituir um gerente que, embora nomeado no pacto social, poderia ter sido eleito por deliberação dos sócios, não visa directa e autonomamente alterar uma cláusula contratual (e a cláusula de nomeação de gerente é modificável por processo diverso do da alteração do acto constituinte). Convergentemente, v. ANTÓNIO CAEIRO, *ob. cit.*, pp. 206, ss..

questão mais: uma cláusula do contrato de sociedade por quotas segundo a qual esta ficará obrigada pela assinatura de dois dos três sócios-gerentes, uma das quais terá sempre de ser a do gerente A, significará a atribuição de um direito especial à gerência ao sócio A? Não necessariamente ([7]). Pode muito bem resultar da interpretação do contrato social que tal cláusula atribui, sim, um direito especial ao sócio-gerente A (o privilégio, que os outros dois não têm, de a sua participação em certos actos não poder ser dispensada), mas não um direito especial à gerência, que o proteja da possibilidade de ser destituído, com ou sem justa causa, por deliberação dos sócios ([8]).

Os direitos especiais têm de ser consagrados, recorde-se, no contrato de sociedade (art. 24.º, 1). Sem cláusula estatutária correspondente eles não existem ou, dizendo de outro modo, eles são ineficazes em relação à sociedade (ainda quando todos os sócios tenham acordado na sua criação). *E é possível criar direitos especiais para um ou alguns sócios por alteração do contrato social* (introduzindo nova cláusula – cfr. o art. 85.º, 1)? Dir-se-á: é possível se a alteração contratual for votada por unanimidade ([9]) – assim exige o *princípio da igualdade de tratamento dos sócios* ([10]). Falemos um pouco deste princípio. A ideia de que os sócios em circunstâncias

---

([7]) Afirmam tal direito os acórdãos citados *supra,* na n. (5).

([8]) Não havendo direito especial à gerência e sendo o gerente destituído, considera-se caduca a citada cláusula – art. 253.º, 3.

([9]) Note-se que, salvo nas sociedades em nome colectivo, as alterações do contrato social não exigem em regra a unanimidade (embora exijam maiorias qualificadas) – v. os arts. 194.º, 1, 265.º, 1, 386.º, 3 e 4, 476.º.

([10]) RAÚL VENTURA, *Sociedades por quotas,* vol. III, Almedina, Coimbra, 1991, p. 16. Na mesma linha, v. o Ac. da RC de 5/7/94, CJ, 1994, t. IV, p. 19; próximo dela, v. L. BRITO CORREIA, *Direito comercial,* 2.º vol. – *Sociedades comerciais,* AAFDL, Lisboa, 1989, p. 330. Em contrário, defendendo não ser necessária a unanimidade, v. P. OLAVO CUNHA, *Os direitos especiais nas sociedades anónimas: as acções privilegiadas,* Almedina, Coimbra, 1993, pp. 183, ss..

idênticas devem ser tratados de modo idêntico, não devendo haver discriminações arbitrárias (objectivamente não justificadas), é há muito aceite no direito das sociedades, independentemente de consagração legal expressa [11]. O princípio da igualdade de tratamento dos sócios está presente em várias normas do CSC. Umas vezes de maneira implícita – *v. g.*, nos arts. 22.º, 1 (em regra, os sócios participam nos lucros e nas perdas da sociedade na proporção dos valores das respectivas participações sociais), 58.º, 1, b) (anulabilidade das deliberações abusivas), 190.º, 1 (em regra, a cada sócio de sociedade em nome colectivo pertence um voto), 203.º, 2 (em regra, as prestações por conta das entradas diferidas dos diferentes sócios devem ser simultâneas e representar fracções iguais do respectivo montante), 231.º, 4 (deliberando a sociedade a recusa de consentimento para cessão de quota e a aquisição da mesma, o direito de adquiri--la é atribuído aos sócios que declarem no momento da deliberação pretendê-la, proporcionalmente às quotas que então possuam), 250.º, 1 (em regra, conta-se um voto por cada cêntimo do valor nominal da quota), 384.º, 1 (em regra, a cada acção corresponde um voto). Outras vezes de maneira explícita – *v. g.*, nos arts. 213.º, 4 (a restituição das prestações suplementares deve respeitar a igualdade entre os sócios), 321.º (as aquisições e as alienações de acções próprias devem respeitar o "princípio do igual tratamento dos accionistas"), 344.º, 2 (na conversão de acções ordinárias em acções preferenciais sem voto há-de respeitar-se o "princípio da igualdade de tratamento" dos sócios), 346.º, 3 (nos casos de amortização de acções sem redução do capital, o reem-

---

[11] O fundamento desta ideia reitora foi sendo buscado no imperativo da lealdade societária, na existência de poder distributivo nas sociedades, no entendimento da sociedade como relação comunitária, em suma no princípio da justiça distributiva – v. M. LUTTER/W. ZÖLLNER, in *Kölner Kommentar zum Aktiengesetz,* Band 1, 2. Aufl., Heymanns, Köln, Berlin, Bonn, München, 1988, *§ 53a,* p. 577.

bolso parcial do valor nominal deve ser feito por igual relativamente a todas as acções). Uma deliberação dos sócios (ou outro acto social – mas interessam-nos agora somente as deliberações dos sócios) viola o princípio da igualdade de tratamento quando dela resulte um tratamento (formal ou materialmente) desigual de um ou mais sócios relativamente a outro(s) sem que para tanto exista justificação objectiva – a diferenciação revela-se arbitrária, não fundada no interesse social (interesse comum a todos os sócios) ([12]). Ora bem, pode acontecer que uma *deliberação tomada por maioria qualificada introduza no contrato uma cláusula conferindo direito especial apenas a um ou a alguns sócios – e sem qualquer violação do princípio do igual tratamento,* exactamente porque o interesse social impõe ou recomenda essa alteração estatutária. Suponha-se que uma sociedade por quotas passa por fase crítica, necessitando de forte injecção de capital e de um gerente altamente qualificado. *X*, não sócio, satisfaz ambas as necessidades, mas só entrará na sociedade se ficar com direito especial à gerência ou com direito avantajado aos lucros. A maioria bastante dos sócios delibera o aumento do capital para admitir *X* como sócio (não participando no aumento qualquer sócio actual – v. os arts. 87.º, 1, g), 2, 266.º, 4, 460.º, 2, 4) e a atribuição a *X* de direito especial à gerência. Apesar de não ter havido unanimidade, a cláusula do direito especial foi validamente introduzida no estatuto dado o desigual tratamento ser justificado pelo interesse social. Por outro lado, a própria lei admite que as sociedades anónimas emitam, depois da constituição, acções de categorias especiais – algumas das quais podem atribuir direitos especiais –, sem que seja necessária a unanimidade dos votos e sem que todos os sócios tenham de ou possam subscrevê-las (cfr. os arts. 386.º, 3, 4, 458.º, 4,

---

([12]) V. LUTTER/ZÖLLNER, *ob. cit.*, pp. 578, ss..

460.º, 2). Por outro lado ainda, as deliberações que criem direitos especiais por alteração do contrato mas violando o princípio do igual tratamento são anuláveis (art. 58.º, 1, a) ou b)) ([13]); por conseguinte, se os sujeitos legitimados para a acção de anulação (nomeadamente os sócios que não tenham votado a favor da alteração) não impugnarem as deliberações no curto prazo previsto na lei (art. 59.º), fica o vício sanado.

Pode um direito especial ser atribuído a todos os sócios da mesma sociedade? À primeira vista dir-se-ia que não – o que é especial não pode ser simultaneamente geral, a posição privilegiada conferida pelo direito especial há-de pertencer a um ou a alguns sócios com exclusão dos restantes. Todavia, é possível ligar a especialidade ou privilégio não ao número restrito dos possíveis titulares do direito mas à maior protecção de que goza o direito. Assim, se é verdade não fazer sentido atribuir alguns direitos especiais (*v. g.*, o direito de voto duplo) a todos os sócios, já faz sentido a atribuição de outros. É o caso do direito especial à gerência. O facto de todos os sócios serem gerentes com direito especial garante a cada um deles que a respectiva cláusula contratual não pode ser eliminada ou modificada sem o seu consentimento ou que a destituição sem ou contra a sua vontade só pode efectivar-se judicialmente e com base em justa causa. ([14])

([13]) Cfr. J. M. COUTINHO DE ABREU, *Do abuso de direito – Ensaio de um critério em direito civil e nas deliberações sociais,* Almedina, Coimbra, 1983 (reimpr. 1999, 2006), pp. 153, ss..

([14]) Afirmando igualmente a possibilidade aceite no texto, v. A. VAZ SERRA, *Anotação ao Ac. do STJ de 23/4/74,* RLJ, ano 108.º (1975-1976), pp. 175-176, e *Anotação ao Ac. do STJ de 14/12/78,* RLJ, ano 112.º (1979-1980), p. 173 (concordando com o Ac. – v. *ibid.*, p. 171), PIRES DE LIMA/ANTUNES VARELA, *Código Civil anotado,* vol. II, 4.ª ed., Coimbra Editora, Coimbra, 1997, p. 291, RAÚL VENTURA, *últ. ob. cit.*, pp. 17-18, J. H. PINTO FURTADO, *Curso de direito das sociedades,* 4.ª ed., Almedina, Coimbra, 2001, pp. 233, ss. Contra, v. OLAVO CUNHA, *ob. cit.*, pp. 24-25.

"Os direitos especiais não podem ser suprimidos ou coarctados sem o consentimento do respectivo titular, salvo regra legal [v. os arts. 257.º, 3, 531.º, 2] ou estipulação contratual expressa [v. o art. 345.º] em contrário" (n.º 5 do art. 24.º). O consentimento pode ser dado na deliberação que suprime ou limita o direito especial – mediante voto favorável – ou fora dela (de forma expressa ou tácita); porém, nas sociedades anónimas o consentimento não é dado por cada um dos titulares mas sim por deliberação tomada (por maioria qualificada) em assembleia especial dos accionistas titulares das acções privilegiadas (arts. 24.º, 6, 389.º, 2). Sem o consentimento, a deliberação que suprima ou coarcte direitos especiais é ineficaz (art. 55.º).

Vê-se pelos exemplos acima dados que os direitos especiais podem ser de participação, patrimoniais ou de controlo. Seja qual for a sua natureza, eles são em regra intransmissíveis nas sociedades em nome colectivo (art. 24.º, 2), são, nas sociedades por quotas, em regra transmissíveis os de natureza patrimonial e intransmissíveis os restantes (art. 24.º, 3), e transmitem-se nas sociedades anónimas com as respectivas acções (art. 24.º, 4).

Embora os direitos especiais se traduzam em vantagens para os sócios seus titulares, *eles não se confundem com as vantagens ("especiais") concedidas a sócios pelo seu papel na fundação da sociedade* (cfr. os arts. 16.º, 19.º, 4): estas são concedidas no contrato social inicial exactamente para premiar a actividade por eles desenvolvida "em conexão com a constituição da sociedade", os direitos especiais são atribuídos no contrato inicial ou alterado por causa ou não do papel de sócios no arranque da sociedade; as vantagens são concedidas a sócios individualmente determinados e nomeados, os direitos especiais nas sociedades anónimas são atribuídos a

---

Acrescente-se ainda ser possível que todos os sócios de sociedade anónima tenham acções privilegiadas (cfr., p. ex., o art. 458.º, 4).

categorias de acções; os titulares das vantagens especiais continuam seus titulares ainda quando deixem de ser sócios, os direitos especiais pertencem sempre a sócios (se um sócio deixa de o ser, o respectivo direito especial ou se extingue ou se transmite para outro sócio – cfr. o art. 24.º, 2, 3 e 4); as deliberações que violem vantagens especiais (direitos de crédito) são nulas (art. 56.º, 1, c) ou d)), as que violem direitos especiais são ineficazes (art. 55.º).

Têm às vezes os sócios direitos perante a sociedade que não devem ser considerados integrantes das participações sociais, porquanto estão fora do raio de influência jurídica da sociedade (o poder societário não pode privar os sócios deles), submetendo-se antes às regras gerais do direito civil, incluindo as que permitem aos respectivos titulares a sua livre disponibilidade. Falamos dos *direitos de crédito que, embora radicando na socialidade, dela se autonomizam* (*v. g.*, direito a lucros de exercício cuja distribuição foi já validamente deliberada) e dos *direitos de crédito ou reais derivados de negócios jurídicos* (compra e venda, comodato, prestação de serviços, etc.) celebrados entre sociedade e sócios (enquanto terceiros – nesses negócios poderiam ter participado, com idênticos efeitos, não-sócios) [15].

1. 2. Obrigações

Entre as *obrigações* (também em sentido amplo entendidas) integrantes da participação social contam-se as indicadas no art. 20.º (epigrafado "obrigações dos sócios"): todo o sócio é obrigado a entrar para a sociedade com bens susceptíveis de penhora ou, nos tipos de sociedades em que tal seja permitido,

---

[15] Sobre os direitos de crédito dos sócios enquanto tais e os direitos dos sócios enquanto terceiros *(Dritt-und Gläubigerrechte)*, v. WIEDEMANN, *ob. cit.*, pp. 390, ss..

com indústria ([16]) e a quinhoar nas perdas. Mas há outras obrigações. Independentemente do tipo societário, todos os sócios têm também o dever de actuar de maneira compatível com o interesse social ([17]) e o dever de respeitar o estatuto e lei societários (sob pena de, no limite, poderem ser excluídos da sociedade – v. os arts. 186.º, 241.º-242.º). Vimos acima, no n.º 2. 1. do cap. II, que alguns sócios podem ter de responder perante a sociedade para lá das próprias entradas e perante os credores sociais. Por outro lado, o estatuto social pode impor a todos ou a alguns sócios "obrigações de prestações acessórias" (arts. 209.º e 287.º, visando directamente as sociedades por quotas e anónimas, respectivamente) e pode permitir que os sócios deliberem que lhes sejam exigidas "prestações suplementares" (arts. 210.º, ss., para as sociedades por quotas). Diga-se ainda, finalizando a exemplificação, que os sócios de sociedades em nome colectivo e os sócios comanditados estão em princípio obrigados a não concorrer com as respectivas sociedades (arts. 180.º, 477.º).

1. 3. Unidade da participação social

Na definição proposta no início deste n.º começa por dizer-se que a participação social é conjunto *unitário* de direitos e obrigações. Mas nem todos concebem unitariamente as participações sociais. A ideia da unidade seria mesmo contrariada por preceitos do direito português: arts. 999.º do CCiv. e 183.º do CSC (o credor particular de sócio de sociedade civil simples ou de sociedade em nome colectivo pode executar o direito deste aos lucros e à quota

---

([16]) Esta obrigação de entrada (com bens susceptíveis de penhora ou com indústria) existe para quem adquire originariamente a qualidade de sócio (no início da sociedade ou em momento posterior), não para quem adquire de outrem (sócio ou sociedade) participação social (pela qual paga ou não, consoante os casos).

([17]) V. *infra*, n.º 2. 2. 3.

de liquidação) (¹⁸). Contudo, reafirmamos que a ideia da unidade prevalece. A participação social não é mero agregado atomístico de direitos e obrigações. É, ela própria, bem jurídico autónomo, com disciplina específica e distinta da que resultaria do somatório das disciplinas dos seus diversos componentes. Na verdade, a participação social é objecto unitário de direitos reais – veja-se logo o art. 23.º do CSC (usufruto e penhor de participações). E é objecto unitário de negócios translativos – recordem-se os arts. 182.º, 228.º, 328.º, 469.º, 1, 475.º (devendo acrescentar-se não serem autonomamente transferíveis nem a generalidade dos direitos componentes da participação social – os direitos de participação, os direitos de controlo, alguns direitos patrimoniais (¹⁹) – nem as obrigações nela integradas). É ainda, nas suas espécies mais numerosas e importantes (quotas e acções), objecto autónomo de execução – v. o art. 239.º do CSC (²⁰) e os arts. 821.º, 1, 857.º, 861.º-A, 12, 862.º do CPC.

(¹⁸) Assim RAÚL VENTURA, *Reflexões...*, pp. 10 ss. (o A. fala do art. 188.º do *Projecto* do CSC, correspondente ao citado art. 183.º – o estudo é anterior ao Código). Na mesma linha, M. LEITE SANTOS, *Contratos parassociais e acordos de voto nas sociedades anónimas*, Cosmos, Lisboa, 1996, p. 200, acrescentando ainda outros arts. do CSC: 239.º (execução de quota), 267.º (possibilidade de o sócio de sociedade por quotas alienar o direito de participar em aumento de capital), 458.º, 3 (possibilidade de o accionista alienar os direitos de subscrição de novas acções em aumento de capital). Diferentemente, v. P. PAIS DE VASCONCELOS, *Direitos destacáveis – O problema da unidade e pluralidade do direito social como direito subjectivo*, in AA. VV. (IVM), *Direito dos valores mobiliários*, vol. I, Coimbra Editora, Coimbra, 1999, pp. 169, ss..

(¹⁹) São algo equívocas as expressões "cedência do direito aos lucros", "cedência da quota de liquidação" e outras similares. Geralmente, elas significam a transmissão de direito de crédito relativo a lucros ou outros bens cuja distribuição foi já (ou se espera seja) deliberada – direito que não se confunde com o direito aos lucros e à quota de liquidação componente da participação ou que, considerando que um tem a ver com o outro, não o esgota (sobre a compreensão do direito a quinhoar nos lucros e no saldo de liquidação, v. *infra*, n.º 4. 4. do cap. VI).

(²⁰) Este art. conforta, pois, a tese da unidade, não a da pluralidade atomística (cfr. *supra*, n. (18)).

Por outro lado, a execução do direito aos lucros e à quota de liquidação prevista nos citados arts. 999.º do CCiv. e 183.º do CSC não afasta completamente o sócio do exercício das faculdades contidas nos referidos direitos (nomeadamente, o sócio continua com o direito de participar nas deliberações relativas às propostas de aplicação dos resultados de exercício e ao projecto de partilha do activo de liquidação).

Sobre a "natureza jurídica" das participações sociais já muito, "naturalmente", se disse: entre outras, contam-se as teses da relação ou direito real, direito de crédito (ou feixe de créditos), expectativa jurídica (ou feixe de expectativas jurídicas), estatuto pessoal, bem imaterial objecto de direito absoluto, direito corporativo ou direito à qualidade de sócio, posição contratual, relação jurídica complexa, direito subjectivo complexo [21]. Sem necessidade de engrossar a lista, sempre adiantaremos que parece apropriado ver a participação social como *unitária posição jurídica (feita de direitos e obrigações) do sócio (enquanto tal)*. Posição de um sujeito situado num dos pólos da relação jurídica que permanentemente o liga à sociedade (e, por via desta, eventualmente a outros sócios) [22]. Posição jurídica que normalmente (exceptuando, nomeadamente, o caso das sociedades unipessoais *ab initio*) será posição contratual [23].

---

[21] V., p. ex., BRITO CORREIA, *ob. cit.*, pp. 289, ss., e O. CAGNASSO/M. IRRERA, *Il trasferimento della partecipazione di controllo nelle società di capitali*, G. Giappichelli, Torino, 1992, pp. 38 ss. (especificamente para as participações nas sociedades por quotas).

[22] Será preferível, portanto, ver na participação social não tanto (toda) a relação de sociedade mas a posição do sócio nessa relação.

[23] Parece ser esta (posição contratual do sócio) a qualificação dominante entre nós – v. RAÚL VENTURA, *Sociedades por quotas*, vol. I, Almedina, Coimbra, 1987, pp. 572, ss., BRITO CORREIA, *ob. cit.*, p. 291, PINTO FURTADO, *ob. cit.*, p. 221 (mas v. A. PEREIRA DE ALMEIDA, *Sociedades comerciais*, 2.ª ed., Coimbra Editora, Coimbra, 1999, pp. 42-43). Está bastante divulgada também em Itália – v. CAGNASSO/IRRERA, *ob. e loc. cits.*, sobretudo p. 42, e F. GALGANO, *Diritto commerciale – Le società*,

1. 4. Partes, quotas, acções

O CSC emprega genericamente "participação social" para significar a posição jurídica do sócio (v. g., nos arts. 23.º, 37.º, 2, 51.º, 1, 92.º, 94.º, 1, 4, 97.º, 5, 129.º, 2, 140.º). Mas utiliza designações específicas para os diversos tipos societários: "parte" (ou "parte social") para as sociedades em nome colectivo (v. g., arts. 176.º, 2, 182.º, 183.º, 184.º, 7) e para as sociedades em comandita simples ou – com relação aos sócios comanditados – por acções (v.g., arts. 465.º, 3, 469.º, 475.º), "quota" para as sociedades por quotas (v. g., arts. 219.º, ss.), "acção" para as sociedades anónimas (v. g., arts. 298.º, ss.) e em comandita por acções – com relação aos sócios comanditários (art. 465.º, 3).

"Acção" (societária) é vocábulo polissémico. Tradicionalmente apresenta a doutrina portuguesa [24] *três acepções de acção:* fracção em que se divide o capital social, participação social, documento (em papel) ou título que incorpora a socialidade [25]. Estas acepções ou perspectivas estão também presentes no CSC. Por exemplo, a acção-fracção do capital aparece no art. 271.º (na sociedade anónima "o capital é dividido em acções") [26], a acção-participação social nos arts. 272.º, c) (do estatuto social devem constar as categorias de acções

---

Zanichelli, Bologna, ed. 1996/97, p. 133 (para as acções). Na Alemanha vêm entendendo alguns autores que a *Mitgliedschaft* (socialidade) é simultaneamente relação jurídica e (ponto mais controvertido) direito subjectivo – v., p. ex., M. LUTTER, *Theorie der Mitgliedschaft,* AcP, 1980, pp. 97, ss., e K. SCHMIDT, *ob. cit.,* p. 549 (entre nós, falando também de direito subjectivo complexo, v. PAIS DE VASCONCELOS, *ob. cit.,* p. 170).

[24] Mas também outras doutrinas – sobretudo e em primeiro lugar a alemã (v., p. ex., A. KRAFT/P. KREUTZ, *Gesellschaftsrecht,* 10. Aufl., Luchterhand, Neuwied, 1997, pp. 290-291).

[25] V. por todos L. CUNHA GONÇALVES, *Comentário ao Código Comercial português,* vol. II, Empreza Editora J. B., Lisboa, 1914, p. 379, e V. G. LOBO XAVIER, *Acção,* II – *Direito comercial,* Polis, 1, 1983, col. 63.

[26] A talhe de foice, note-se que também a "quota" apresenta idêntica acepção no art. 197.º, 1.

que porventura sejam criadas), 276.º, 1 (acções com ou sem valor nominal), 302.º (categorias de acções), 303.º (contitularidade de acção), e a acção-título nos arts. 274.º, 304.º (títulos de acções provisórios e definitivos).

É necessário, no entanto, precisar alguns pontos. Não é rigoroso dizer-se que o capital social está dividido em acções ou que a acção é fracção do capital – "a fracção em que idealmente se divide o capital social é o *valor* (...) da acção e não propriamente esta mesma" (27). As acções (-participações sociais e fracções do capital) devem ser representadas. Mas a representação não se confina hoje aos títulos-documentos em papel. Também entre nós (desde o DL 229-D/88, de 4 de Julho, já revogado) há que contar (e cada vez mais) com as acções *escriturais* – representadas por "registos em conta" (feitos em suporte informático) (28). As acções (bem como as obrigações, os títulos de participação, as unidades de participação em instituições de investimento colectivo, entre outros) são *valores mobiliários:* direitos ou posições jurídicas representados por registos em conta ou por documentos em papel, que são emitidos em conjuntos homogéneos e se transmitem segundo regras próprias (29). Ora, "os valores mobiliários são escriturais ou titulados, consoante sejam representados por registos em conta ou por documentos em

---

(27) LOBO XAVIER, *últ. ob. e loc. cits.*.

(28) Sobre a evolução da chamada desmaterialização dos títulos (no estrangeiro e em Portugal), v. C. FERREIRA DE ALMEIDA, *Desmaterialização dos títulos de crédito: valores mobiliários escriturais,* RB n.º 26, 1993, pp. 23 ss., AMADEU J. FERREIRA, *Valores mobiliários escriturais – Um novo modo de representação e circulação de direitos,* Almedina, Coimbra, 1997, pp. 69 ss., J. OLIVEIRA ASCENSÃO, *Valor mobiliário e título de crédito,* in AA. VV., *Direito dos valores mobiliários* cit., pp. 27, ss..

(29) Para a noção de valor mobiliário, v., além dos arts. 1.º e 39.º, ss. do CVM, FERREIRA DE ALMEIDA, *ob. cit.*, p. 28, OSÓRIO DE CASTRO, *ob. cit.*, p. 59, AMADEU FERREIRA, *ob. cit.*, pp. 39, ss., OLIVEIRA ASCENSÃO, *ob. cit.*, p. 33, e *O actual conceito de valor mobiliário,* in AA.VV. (IVM), *Direito dos valores mobiliários,* vol. III, Coimbra Editora, Coimbra, 2001, p. 60.

papel; estes são, neste Código, designados também por títulos" (art. 46.º, 1, do CVM). Por conseguinte, a tradicional perspectiva da acção-título revela-se hoje imperfeita – as acções não têm de ser tituladas, podem ser escriturais. (30) Mais dois pontos devem ser focados. Primeiro (respeitante às acções tituladas): a cada título não tem de corresponder uma só acção(-participação) – os títulos podem representar mais do que uma acção (art. 98.º do CVM). Segundo: nas sociedades por acções, a participação social não implica forçosamente uma ou mais acções tituladas ou escriturais. Na verdade, "a qualidade de sócio surge com a celebração do contrato [não só...] de sociedade ou com o aumento do capital, não dependendo da emissão e entrega do título de acção ou, tratando-se de acções escriturais, da inscrição na conta de registo individualizado" (art. 274.º do CSC). (31) A acção-

---

(30) Ao contrário das acções, sublinhe-se, nem as "partes sociais" nem as "quotas" são representáveis por títulos (CSC, arts. 176.º, 2, 219.º, 7) ou por registos em conta.

Entende-se dominantemente que as acções-títulos são "títulos de crédito" (ou uma espécie dos títulos de crédito, os "títulos de participação"), embora sem alguns dos caracteres destes títulos (elas manteriam a autonomia, mas já não a literalidade nem a abstracção) – v., p. ex., PINTO COELHO, ob. cit., pp. 4, ss., A. P. S. VAZ SERRA, Acções nominativas e acções ao portador, BMJ n.º 176 (1968), pp. 35, ss., LOBO XAVIER, últ. ob. cit., cols. 66-67, OLIVEIRA ASCENSÃO, Valor mobiliário..., pp. 37-38; para a Itália, v. indicações em CAGNASSO/IRRERA, ob. cit., pp. 22, ss.. Dada a ausência nas acções tituladas de caracteres típicos dos títulos de crédito e a (recente) autonomização da figura dos valores mobiliários, talvez se deva entender não filiar aquelas acções nesses títulos (separando os títulos de créditos dos valores mobiliários, v. J. PINTO FURTADO, Títulos de crédito – Letra, livrança, cheque, Almedina, Coimbra, 2000, pp. 11, ss.).

(31) Os títulos definitivos das acções devem ser entregues aos accionistas nos seis meses seguintes ao registo definitivo do acto constituinte da sociedade ou do aumento do capital (CSC, art. 304.º, 3). "Antes da emissão dos títulos definitivos, pode a sociedade entregar ao accionista um título provisório nominativo" (art. 304.º, 1). Por sua vez, "os valores mobiliários escriturais constituem-se por registo em contas individualizadas abertas junto das entidades registadoras" (CVM, art. 73.º, 1). Os títulos (provisórios ou definitivos) das acções (tituladas) só podem ser entregues depois do registo definitivo do acto social constituinte, e as inscrições das acções

-participação (e parte do capital) precede, portanto, a acção--título ou a acção escritural; a sociedade e, logo, o(s) sócio(s), vimo-lo mais de uma vez, existem a partir do acto constituinte, as participações sociais enquanto complexos de direitos e obrigações dos sócios não podem deixar de existir também a partir desse momento ([32]).

Querendo juntar as diversas perspectivas de acção, diremos que ela é *participação social, cujo valor é fracção do capital social, e que normalmente será representada por título ou escrituralmente.*

1. 5. Valores das participações

As partes sociais e as quotas têm um *valor nominal* (valor atribuído nos estatutos) – arts. 9.º, 1, g), 176.º, 1, b), c), 199.º, a). Até recentemente, também as acções tinham de ter valor nominal. O DL 49/2010, de 19 de Maio, passou a admitir acções sem valor nominal. Estas acções têm "*valor de emissão*" (art. 25.º, 2, 3, do CSC), que é calculado dividindo o capital social pelo número total das acções.

O valor nominal mínimo das quotas é de 1 euro (art. 219.º, 3). Todas as acções de uma mesma sociedade representam a mesma fracção do capital social, não podendo o valor nominal ou o de emissão ser inferior a 1 cêntimo (art. 276.º, 3, 4.).

Além do valor nominal, ou do valor de emissão (acções), as participações sociais têm outros valores.

O *valor de subscrição* é o valor das entradas correspondentes às participações sociais. Pode ser igual ou superior ao valor nominal (subscrição ao par ou acima do par), não pode ser inferior (abaixo do par) – cfr. arts. 25.º, 1, 298.º, 1.

(escriturais) em contas individualizadas também só depois daquele registo podem ser efectuadas.

([32]) Em divergência parcial (as acções, como posições de socialidade, surgem apenas com o registo do contrato de sociedade), v. OSÓRIO DE CASTRO, *ob. cit.*, pp. 74, ss..

Também o valor de subscrição das acções sem valor nominal não pode ser inferior ao respectivo valor de emissão (arts. 25.º, 2, 298.º, 1).

O *valor contabilístico* (histórico) tem em conta o valor do património social líquido (ou capital próprio). Consoante este seja igual, superior ou inferior ao capital social, assim o valor contabilístico das participações sociais será igual, superior ou inferior ao valor nominal (ou ao valor de emissão das acções sem valor nominal) das mesmas.

O *valor comercial* ou de transacção (cotação, para as acções admitidas à negociação em mercado regulamentado – v. o art. 225.º do CVM) é o preço por que se transmitem ou podem transmitir as participações sociais (dependendo tal preço de circunstâncias várias – *v. g.*, valor do património social líquido, valor de aviamento da empresa social, importância da participação em causa relativamente ao conjunto das participações, dimensão da oferta e da procura). [33]

1. 6. Divisíveis as partes e quotas, indivisíveis as acções

Quando se constitui uma sociedade por quotas fica a pertencer a cada sócio apenas uma quota (de igual ou diverso valor nominal) – art. 219.º, 1. Depois, dadas certas circunstâncias, podem duas ou mais quotas pertencer ao mesmo sócio: "Em caso de divisão de quotas ou de aumento do capital, a cada sócio só pode caber uma nova quota. Na última hipótese, todavia, podem ser atribuídas ao sócio

---

[33] Para mais, v. ALEXANDRE SOVERAL MARTINS, *Cláusulas do contrato de sociedade que limitam a transmissibilidade das acções*, Almedina, Coimbra, 2006, pp. 477, ss., PEDRO LOBO XAVIER, *A avaliação de sociedades comerciais num processo de fusão*, RDES, 2009, n.os 3-4, pp. 157, ss..

tantas quotas quantas as que já possuía" (art. 219.º, 2). (³⁴)
Por outro lado, podem os sócios adquirir mais quotas por via
sucessória ou por outras vias (cfr. os arts. 225.º, ss., 231.º, 4,
232.º, 5, 239.º, 5). Apesar de o Código ser menos claro a propósito das sociedades em nome colectivo e em comandita,
parece dever afirmar-se também a unicidade da parte de
cada sócio aquando da constituição da sociedade (cfr. o
art. 176.º, 1, c)). E podem igualmente os sócios adquirir depois
por vias diversas mais partes (v., para um caso particular, o
art. 187.º, 2). Por sua vez, cada accionista terá uma acção ou
(e assim será normalmente) várias acções.

De acordo com o n.º 1 do art. 221.º, uma quota (nas sociedades por quotas) pode ser *dividida* mediante amortização
parcial (v. os arts. 233.º, 5, 238°), transmissão parcelada ou
parcial (a quota é fraccionada em duas ou mais quotas,
transmitindo-se todas elas ou todas menos uma para
outrem, respectivamente), partilha ou divisão entre contitulares. Contrariando a letra desse n.º 1 – "uma quota *só* pode
ser dividida" nos referidos casos –, o próprio art. 221.º, no
n.º 8, acrescenta que uma quota pode também ser dividida
mediante deliberação da sociedade, tomada nos termos do
art. 204.º, 2 (perda de parte da quota de sócio remisso); e a
lei prevê outras hipóteses de divisão nos arts. 205.º, 2 (venda
a dois ou mais sócios da quota perdida pelo sócio remisso
para a sociedade) e 231.º, 4 (aquisição por dois ou mais
sócios de quota para cuja cessão a sociedade recusou o consentimento). Diz ainda o n.º 1 do art. 221.º, na parte final,
que cada uma das partes resultantes da divisão deve ter um
valor nominal de harmonia com o disposto no art. 219.º, 3
(o valor nominal não pode ser inferior a 1 euro). O contrato
social pode proibir as divisões previstas no n.º 1 do art. 221.º,

---

(³⁴) Os aumentos de capital não importam necessariamente novas
quotas para os sócios que neles participam – cfr. os arts. 92.º, 4, 266.º, 3.

"contanto que da proibição não resulte impedimento à partilha ou divisão entre contitulares por período superior a cinco anos" (n.º 3 do art. 221.º). Na maioria das hipóteses de divisão de quotas é exigida deliberação dos sócios. É assim nos casos de amortização parcial (arts. 234.º, 238.º) e nos casos previstos nos arts. 204.º, 2 (v. também o art. 221.º, 8), 205.º, 2, 231.º, 4 ([35]). A divisão de quota em virtude de partilha ou divisão entre contitulares é em regra livre, não necessita do consentimento da sociedade (dado por deliberação dos sócios); só não é assim se o estatuto social exigir o consentimento – que não poderá ser recusado depois de corridos cinco anos desde a constituição da contitularidade (cfr. o art. 221.º, 3) ([36]). Por sua vez, para a divisão de quota mediante transmissão parcelada ou parcial exige em regra a lei, sob pena de ineficácia, o consentimento da sociedade, dado por deliberação dos sócios (art. 221.º, 4, 6). Não é, todavia, exigido quando isso resulte do contrato social (art. 221.º, 4) ou quando a divisão da quota resulte de transmissão parcial ou parcelada para cônjuge, ascendentes ou descendentes, ou sócios (art. 221.º, 5). Quando necessária, a deliberação de consentimento basta-se também com a maioria simples dos votos emitidos (cfr., por um lado, os arts. 221.º, 6, 246.º, 1, b), 250.º, 3, e, por outro lado, os arts. 246.º, 1, h), 265.º, 1).

Se a quota é divisível em determinados casos ([37]), já "a acção é *indivisível*" (n.º 6 do art. 276.º). Quer isto dizer que

---

([35]) Exceptuados os casos de divisão segundo a al. b) do n.º 2 do art. 205.º, as deliberações consideram-se em regra tomadas se obtiverem a maioria dos votos emitidos (cfr. o art. 250.º, 3).

([36]) Cfr. tb. RAÚL VENTURA, *Sociedades por quotas* cit., vol. I, p. 465.

([37]) Apesar do (quase) silêncio da lei, não se excluem hipóteses de divisão de "parte social", nomeadamente em virtude de transmissão parcial ou parcelada ou de divisão ou partilha entre contitulares (cfr., para esta última hipótese, o art. 184.º, 3).

uma acção, em qualquer das suas acepções, não é fraccionável – uma acção de 1 000 não é divisível em duas de 500, a acção-título não é incorporável em dois títulos, a acção escritural não é desdobrável de modo a aparecerem duas no registo em conta, os direitos e obrigações integrantes da acção-participação social não podem ser transmitidos nem onerados atomisticamente ([38]).

1. 7. Unidade e pluralidade de participações

Um sócio que tenha mais de uma parte social, quota ou acção tem uma ou várias participações sociais? À pergunta (quase sempre feita a propósito das acções) tem-se respondido com as teses que poderemos designar pluralista, unitarista e (com diferentes matizes) intermédias – respectivamente, há várias participações sociais (cada acção é autónoma), há uma só participação (as várias acções são quotas ou unidades de medida de uma participação única), há unidade e pluralidade de participações (consoante os problemas em causa e as perspectivas) ([39]).

([38]) Para a Alemanha (onde o § 8(3) da AktG contém preceito idêntico ao do art. 276.º, 6, do CSC), v., em sentido análogo, p. ex. A. KRAFT, in *Kölner Kommentar...*, § 8, p. 85.

([39]) Para a Itália (onde mais se tem discutido a questão), v., por todos, com indicações bastantes, M. STELLA RICHTER JR., *"Collegamento" e "raggruppamento" delle azioni di società*, RDC, 1991, pp. 386, ss., 448, ss.. Entre nós, LOBO XAVIER, *Acção* cit., col. 64, fala da autonomia de cada acção-participação – autonomia limitada, porém; EVARISTO F. MENDES, *A transmissibilidade das acções*, vol. I, ed. copiogr., Lisboa, 1989, pp. 101-102, afirma que o accionista tem tantas participações sociais quantas as fracções de capital que subscreva – mas adianta que as participações não se confundem com a posição jurídica global do sócio; OLAVO CUNHA, *ob. cit.*, p. 6, entende que o accionista assume "tantas 'posições de sócio' como o número de acções que possui"; N. M. PINHEIRO TORRES, *Da transmissão de participações sociais não tituladas*, UCP Editora, Porto, 1999, pp. 33-34, defende que o accionista tem uma única participação social (a autonomia da acção só existe relativamente ao direito de transmissão).

Parece-me haver nas situações em questão *unidade e pluralidade* de participações – mas *sobrelevando o uno ao plural,* reduzindo-se o múltiplo à unidade na maioria dos casos. É certo: pode um sócio ter quotas "independentes" (no dizer, algo exagerado, do n.º 4 do art. 219.º) – embora normalmente unificáveis; às quotas ou às acções correspondem às vezes direitos e obrigações diversos (cfr. os arts. 219.º, 4, 299.º, 2, 302.º); cada parte, quota ou acção pode ser objecto autónomo de direitos (*v. g.*, penhor e usufruto), de transmissão, etc. Mas também parece ser verdade que a referida autonomia é tão-só relativa. Vendo realisticamente as coisas, o que mais importa (ao sócio e aos outros) é a posição global que uma ou mais partes, quotas ou acções proporcionam ao titular – quais os direitos e obrigações, qual a medida desses direitos e obrigações. Um accionista, por exemplo, participa nos lucros segundo o número das acções (art. 22.º, 1), tem direito, se tiver determinado montante de acções, a certas informações (arts. 288.º, 291.º), a requerer a convocação de assembleias gerais (art. 375.º, 2) e a inclusão de assuntos na ordem do dia (art. 378.º, 2), tem os votos de acordo com o número de acções (art. 384.º, 1, 2), pode propor acções sociais de responsabilidade contra administradores se possuir certo número de acções (art. 77.º). Em todas estas situações releva é o montante global das acções, o conjunto delas identifica-se com uma global ou unitária participação social. Por outro lado, a própria lei retira nalguns casos qualquer autonomia relativa às diversas partes, quotas ou acções de um sócio. Diz o n.º 1 do art. 385.º: "Um accionista que disponha de mais de um voto não pode fraccionar os seus votos para votar em sentidos diversos sobre a mesma proposta ou para deixar de votar com todas as suas acções providas de direito de voto". E esta regra da "unidade de voto" é aplicável às sociedades de qualquer tipo (v. os arts. 189.º, 1, 248.º, 1, 474.º, 478.º).

1. 8. Modalidades de acções

Terminamos este n.º 1. com uma análise a traços largos de modalidades de acções.

As acções podem ser, vimos já, *escriturais* ou *tituladas*. Sejam tituladas ou escriturais, elas são *nominativas* ou *ao portador*. São nominativas quando a sociedade emitente tem a faculdade de conhecer a todo o tempo a identidade dos titulares (art. 52.º, 1, do CVM) – a identificação dos titulares consta dos registos em conta a que a sociedade tem acesso (cfr. os arts. 61.º, ss., 85.º, 1, c), do CVM) ou dos títulos (art. 97.º, 1, c), 3, do CVM). As acções ao portador não permitem que a sociedade emitente conheça a todo o momento a identidade dos titulares (art. 52.º, 1, do CVM). As acções de uma sociedade podem em regra ser nominativas e/ou ao portador (art. 299.º, 1, do CSC). Mas é por vezes necessário ou conveniente que a sociedade possa conhecer a todo o tempo os titulares (40). Impõe por isso o n.º 2 do art. 299.º do CSC que as acções sejam nominativas: enquanto não estiverem integralmente liberadas (v. os arts. 285.º-286.º); quando, segundo o contrato de sociedade, não puderem ser transmitidas sem o consentimento da sociedade ou houver alguma outra restrição à sua transmissibilidade (v. o art. 328.º); quando se tratar de acções cujo titular esteja obrigado, segundo o contrato de sociedade, a efectuar prestações acessórias à sociedade (v. o art. 287.º).

Podem ser diversos os direitos inerentes às acções emitidas pela mesma sociedade (art. 302.º, 1). Quando se verifique tal diversidade, haverá duas ou mais *categorias de acções* – integrando-se na mesma categoria as acções que compreendem direitos iguais (art. 302.º, 2; v. também o art. 45.º do CVM). Teremos então, normalmente, acções

---

(40) V. VAZ SERRA, *Acções...*, pp. 18, ss..

ordinárias e acções *especiais* (acções de uma "categoria especial" ou de várias categorias especiais). Ordinárias são as que compreendem os direitos previstos na lei para as acções em geral. São especiais as acções que compreendem mais, ou menos, ou mais e menos direitos do que os legalmente estabelecidos para as acções em geral.

As primeiras *(acções privilegiadas)* conferem direitos especiais em sentido próprio – por exemplo, atribuem o direito a quinhoar nos lucros de exercício e/ou no saldo de liquidação mais que proporcionalmente ao seu valor, ou atribuem o direito de vetar a eleição de certo número de administradores (art. 391.º, 2).

Exemplo das segundas (atribuem menos direitos – *acções diminuídas* [41]) são as *acções de fruição* – atribuem menos direitos patrimoniais do que as acções ordinárias, mais concretamente conferem um direito "diferido" a participar nos lucros de exercício e no saldo de liquidação (art. 346.º, 4) [42].

Há ainda, como se disse, acções (geralmente confundidas com as acções privilegiadas) que compreendem simultaneamente mais e menos direitos do que os conferidos pelas acções ordinárias. É o caso das *acções preferenciais sem voto*. Conhecidas há bastante tempo em vários ordenamentos estrangeiros [43], estas acções, reguladas nos arts. 341.º-344.º do CSC (não estavam previstas no *Projecto*), são instrumento talhado para a sociedade aumentar os capitais

---

[41] Adoptando esta terminologia, v. OLAVO CUNHA, *ob. cit.*, pp. 100, 144-145.

[42] Quanto aos restantes direitos, deve entender-se serem idênticos aos conferidos pelas acções ordinárias – v. neste sentido RAÚL VENTURA, *Estudos vários sobre sociedades anónimas,* Almedina, Coimbra, 1992, p. 489. Contra, quanto ao direito de voto nas assembleias gerais, v. PINTO FURTADO, *Curso...*, p. 316. Sobre a origem das acções de fruição, v. PINTO COELHO, *ob. cit.*, pp. 87, ss..

[43] V. ANTÓNIO CAEIRO, *ob. cit.*, pp. 134, ss..

próprios, para alguns sócios (desinteressados ou impossibilitados de participar activamente na vida da sociedade) investirem poupanças, e para outros sócios (com direito de voto, nomeadamente os do grupo de controlo) manterem no essencial o poder societário ([44]). Segundo o n.º 1 do art. 341.º, uma sociedade só pode emitir acções preferenciais sem voto até ao montante representativo de metade do seu capital. Pretende-se deste modo evitar que, mediante a criação de muitas acções sem voto, um pequeno grupo de sócios (com direito de voto) assegure, com um investimento relativamente baixo, o domínio da sociedade ([45]). O carácter "preferencial" destas acções está em elas conferirem "direito a um dividendo prioritário, não inferior a 5% do respectivo valor (...) e ao reembolso prioritário do seu valor (...) na liquidação da sociedade" (n.º 2 do art. 341.º). ([46]) Em contrapartida, o

---

([44]) V. tb., p. ex., J. J. VIEIRA PERES, Acções preferenciais sem voto, RDES, 1988, pp. 333, ss..

([45]) VAZ SERRA, Assembleia geral cit., p. 105, n. (36), citando Würdinger (o n.º 2 do art. 53.º do anteprojecto de Vaz Serra corresponde ao n.º 1 do art. 341.º do CSC).

([46]) É de entender que o concreto direito ao dividendo prioritário nasce logo que se verifique, com a aprovação das contas anuais, haver lucros de exercício distribuíveis, isto é, ele existe sem deliberação de aplicação dos resultados ou contra uma deliberação de aplicação dos resultados que o contrarie (cfr., além do n.º 2 do art. 341.º, os arts. 342.º, 1, 2, e 31.º, 1) – v., no mesmo sentido, OLAVO CUNHA, ob. cit., pp. 159-160, F. CASSIANO DOS SANTOS, A posição do accionista face aos lucros de balanço – O direito do accionista ao dividendo no Código das Sociedades Comerciais, Coimbra Editora, Coimbra, 1996, pp. 102-103, OSÓRIO DE CASTRO, ob. cit., p. 108 (menos afirmativo); em sentido diverso, v. RAÚL VENTURA, últ. ob. cit., p. 432. Atribuído o dividendo prioritário, se restarem lucros distribuíveis e se forem distribuídos serão eles afectados em primeiro lugar ao pagamento de um dividendo às acções ordinárias (desconsideremos agora outras possíveis categorias) igual (se possível) ao que coube às acções sem voto; o restante (se houver) será distribuído igualitariamente por todas as acções (neste sentido, v. VIEIRA PERES, ob. cit., pp. 364, ss., maxime 371-372, RAÚL VENTURA, ob. cit., p. 438, OSÓRIO DE CASTRO, ob. cit., pp. 106-107, J. OLIVEIRA ASCENSÃO, As acções, in AA.VV., Direito dos valores mobiliários, vol. II, Coimbra Editora, Coimbra, 2000, pp. 72-73; diferentemente, v. JOÃO LABAREDA, Das acções das sociedades anónimas,

carácter "diminuído" destas acções está na privação do direito de voto (em assembleias gerais ou em deliberações unânimes por escrito) ([47]). Contudo, verificando-se o previsto no n.º 3 do art. 342.º, elas passam a conferir o direito de voto nos mesmos termos que as acções ordinárias ([48]). Exceptuado o direito de voto, as acções preferenciais sem voto conferem, além dos referidos direitos prioritários, "todos os direitos inerentes às acções ordinárias" (art. 341.º, 3) ([49]). ([50])

Uma nota mais para finalizar: entre as acções relativas a uma sociedade pode, ainda que raramente, não contar-se qualquer acção ordinária, haver somente acções de duas ou mais categorias especiais (*v. g.*, umas acções conferem direito especial aos lucros de exercício, as outras acções conferem direito especial ao saldo de liquidação) ([51]).

AAFDL, Lisboa, 1988, p. 59, OLAVO CUNHA, *ob. cit.*, p. 159, PEREIRA DE ALMEIDA, *ob. cit.*, p. 253).

([47]) Os titulares de acções preferenciais sem voto ou de outras acções especiais podem votar nas assembleias especiais – v. o art. 389.º.

([48]) Por isso se diz às vezes que as acções preferenciais sem voto possuem um direito de voto "condicionado" (BAUMBACH/HUECK, citados por VENTURA, *ob. cit.*, p. 434) ou "latente" (WIEDEMANN, *ob. cit.*, p. 367).

([49]) Incluindo os direitos de requerer a convocação de assembleia geral (art. 375.º, 2) e a inclusão de assuntos na ordem do dia (art. 378.º, 1) – v. RAÚL VENTURA, *ob. cit.*, p. 436 (contra, v. VIEIRA PERES, *ob. cit.*, pp. 356-357) –, e o direito de fazer propostas nas assembleias gerais (cfr. os arts. 379.º, 2, 3, 343.º) – contra, v. RAÚL VENTURA, *ob. cit.*, p. 437.

([50]) O CSC disciplina ainda, no art. 345.º, as acções preferenciais remíveis. No fundo, porém, elas reconduzem-se a outras categorias de "acções que beneficiem de algum privilégio patrimonial" (acrescendo embora a possibilidade ou a obrigação – autorizadas estatutariamente – de serem remidas). Acerca delas, v. RAÚL VENTURA, *ob. cit.*, pp. 454, ss., OLAVO CUNHA, *ob. cit.*, pp. 201, ss., OSÓRIO DE CASTRO, *ob. cit.*, pp. 110, ss..

([51]) No mesmo sentido, v. A. SOVERAL MARTINS/ELISABETE RAMOS, *As participações sociais*, in AA. VV., *Estudos de direito das sociedades* (coord. de J. M. COUTINHO DE ABREU), 4.ª ed., Almedina, Coimbra, 2001, pp. 99-100; com discursos divergentes (também entre eles), v. OLAVO CUNHA, *ob. cit.*, pp. 145-146, e OSÓRIO DE CASTRO, *ob. cit.*, pp. 90, ss..

2. Principais direitos e obrigações em que se desdobram as participações sociais

2. 1. Direitos

2. 1. 1. Direito de quinhoar nos lucros (remissão)

No elenco dos direitos dos sócios previsto no art. 21.º do CSC aparece em primeiro lugar o direito a quinhoar nos lucros. Dado que a matéria dos lucros será tratada no capítulo seguinte, aí (n.º 4. 4.) nos ocuparemos também da compreensão deste direito.

2. 1. 2. Direito de participar nas deliberações dos sócios

Todo o sócio tem direito "a participar nas deliberações de sócios, sem prejuízo das restrições previstas na lei" (art. 21.º, 1, b)).

2. 1. 2. 1. Noção e formas de deliberação

As deliberações de sócios são decisões tomadas pelo órgão social de formação de vontade – o sócio único [52] ou a colectividade dos sócios – *e juridicamente imputáveis à sociedade.* [53]

Estas deliberações "só podem ser tomadas por alguma das formas admitidas por lei para cada tipo de sociedade" (art. 53.º, 1, que assim consagra o *numerus clausus* das

---

[52] Talvez com maior rigor terminológico, dir-se-á que o sócio único não "delibera" mas "decide" (v. tb. o art. 270.º-E, 2).

[53] Para outras noções, v. L. BRITO CORREIA, *Direito comercial*, 3.º vol. – *Deliberações dos sócios,* AAFDL, Lisboa, 1989, p. 117, J. H. PINTO FURTADO, *Deliberações dos sócios,* Almedina, Coimbra, 1993, p. 49.

formas de deliberação dos sócios). Prevê o Código *quatro espécies ou formas de deliberação:* deliberações em assembleia geral convocada, deliberações em assembleia universal, deliberações unânimes por escrito e deliberações tomadas por voto escrito. Nas sociedades em nome colectivo e por quotas todas estas formas são possíveis (arts. 54.º, 1, 189.º, 1, 247.º, 1); nas sociedades anónimas e em comandita estão excluídas as deliberações tomadas por voto escrito (arts. 54.º, 1, 373.º, 1, 472.º, 1) [54].

As deliberações são tomadas as mais das vezes em assembleia – em reunião dos sócios. Tradicionalmente, a reunião acontece em um lugar determinado (é, aliás, o sentido comum de "reunião": encontro de várias pessoas num mesmo lugar e ao mesmo tempo). Porém, as modernas técnicas de comunicação vêm permitindo reuniões "virtuais". Com a reforma de 2006 (DL 76-A/2006, de 29 de Março), o CSC consagrou a possibilidade das assembleias virtuais. "Salvo disposição em contrário no contrato de sociedade", as assembleias podem ser efectuadas "através de meios telemáticos, devendo a sociedade assegurar a autenticidade das declarações e a segurança das comunicações, procedendo ao registo do seu conteúdo e dos respectivos intervenientes" (art. 377.º, 6, b), aplicável por remissões várias às sociedades de outros tipos) [55]. As mais das vezes também, as deliberações são adoptadas *em assembleia geral convocada,* isto é, com prévio chamamento dos sócios (através de "convocató-

---

[54] Os accionistas titulares de acções de categoria especial, além de deliberarem em assembleias "especiais", convocadas ou universais (a elas se aplicando o regime das assembleias gerais – v. o art. 389.º, 1, prevendo directamente apenas as assembleias convocadas), poderão também tomar deliberações unânimes por escrito.

[55] Sobre isto e, mais em geral, acerca da utilização dos meios telemáticos no funcionamento das sociedades, v. J. M. COUTINHO DE ABREU, *Governação das sociedades comerciais,* Almedina, Coimbra, 2006, pp. 18, ss..

ria") para a reunião (real ou virtual) ([56]). Todavia, é também possível os sócios deliberarem validamente em assembleias gerais não convocadas (sem chamamento de todos ou algum sócio) ou irregularmente convocadas (*v. g.*, sem observância da forma exigida para a convocatória ou do prazo mínimo que deve mediar entre ela e a reunião). Assim será quando tais assembleias "sem observância de formalidades prévias" sejam *universais:* todos os sócios (com direito a participar nas assembleias) estão presentes (ou representados); todos eles manifestam a vontade de que o seu ajuntamento se transforme em assembleia – que "a assembleia se constitua"; todos eles manifestam a vontade de deliberar sobre determinado(s) assunto(s) em tal assembleia (art. 54.º, 1) ([57]).

Adoptadas fora de assembleia geral de sócios (caracterizada não só pela reunião de sócios mas também por certas regras de funcionamento) são as *deliberações unânimes por escrito*. Verificando-se urgência para a tomada de uma decisão (urgência não compatível com a convocação de assembleia), a impossibilidade ou inconveniência de assembleia (com ou sem convocação) ou outras circunstâncias, e verificando-se ainda a concordância de todos os sócios quanto a certa proposta, basta que a correspondente deliberação seja registada em documento(s) escrito(s) ([58]) assinado(s) por todos os sócios (ou representantes – n.º 3 do art. 54.º) ([59]). ([60])

([56]) V. mais desenvolvidamente *infra,* cap. VII.

([57]) Resulta do n.º 2 do art. 54.º que se aplicam às assembleias universais os preceitos legais e contratuais relativos ao funcionamento das assembleias (regularmente) convocadas.

([58]) Documento particular, inclusive o livro de actas, ou mesmo documento autêntico – v. PINTO FURTADO, *últ. ob. cit.*, pp. 201, ss..

([59]) As assinaturas podem efectuar-se no mesmo lugar e tempo, no mesmo lugar mas em tempos diferentes, ou em diferentes lugares e tempos.

Tomadas também fora de assembleia geral são as *deliberações por voto escrito*. São permitidas somente, recorde-se, nas sociedades por quotas e em nome colectivo, e mesmo aí a lei proíbe-as nalguns casos (v. os arts. 247.º, 2, 8, 100.º, 2, 6, 120.º); e pode o contrato social proibi-las para todas ou algumas hipóteses (art. 247.º, 2). O procedimento deliberativo está regulado nos n.ᵒˢ 2 a 7 do art. 247.º: carta registada enviada por gerente(s) aos sócios perguntando se todos estão de acordo em que se delibere por voto escrito sobre determinado(s) assunto(s); concordando todos (expressamente ou não) com essa forma de deliberação, será enviada a todos os sócios pelo(s) gerente(s) a proposta (ou propostas) de deliberação, acompanhada pelos elementos necessários para a esclarecer e pela fixação do prazo (não inferior a dez dias) para o envio dos votos; os votos enviados (são possíveis as abstenções) devem manifestar a aprovação ou rejeição da proposta tal qual; será lavrada acta pelo(s) gerente(s) donde constem as fases mais significativas do procedimento deliberativo e de que se tirarão cópias para enviar aos sócios; a deliberação (positiva ou negativa, consoante se tenha ou não verificado a maioria exigida nos termos gerais pela lei ou estatuto) "considera-se tomada no dia em que for recebida a última resposta ou no fim do prazo marcado, caso algum sócio não responda" [61].

Importa não confundir as deliberações por voto escrito com os *votos por correspondência* [62]. Aquelas são formas de deliberação, caracterizadas nos termos acabados de ver, os

---

[60] Os referidos documentos escritos e assinaturas podem ser substituídos por documentos e assinaturas electrónicos – art. 4.º-A do CSC e DL 290-D/99, de 2 de Agosto.

[61] Neste procedimento deliberativo é também possível a utilização de meios telemáticos (cfr. a nota anterior).

[62] Para um exemplo de confusão, v. o Ac. do STJ de 14/12/95, CJ (ASTJ), 1995, t. III, p. 167.

votos por correspondência são formas de votação em deliberação tomada em assembleia geral ("real", não virtual) convocada – há reunião de sócios, mas alguns, estando ausentes, emitem o voto por escrito (por carta, fax, etc.) ou por correio electrónico, que será computado na assembleia juntamente com os votos aí emitidos.

Antes do CSC discutiu-se a licitude de cláusulas estatutárias admitindo o voto por correspondência. Era afirmada a nulidade de tais cláusulas com respeito às sociedades anónimas; a (pouca) doutrina e jurisprudência dividia-se no respeitante às sociedades por quotas [63].

Antes da reforma de 2006, perante a omissão do CSC quanto aos votos por correspondência nas assembleias gerais – onde os ausentes podem fazer-se representar –, era bem defensável a inadmissibilidade dos mesmos [64]. Não era assim, porém (desde o ano 2000), para as sociedades abertas (sociedades por acções com o capital aberto ao investimento do público), por força do CVM. Nos termos do n.º 1 do art. 22.º, "nas assembleias gerais das sociedades abertas, o direito de voto sobre matérias que constem da convocatória pode ser exercido por correspondência"; os estatutos sociais podem limitar mas não eliminar essa possibilidade (n.º 2). [65]

Actualmente, de acordo com o n.º 9 do art. 384.º do CSC – n.º introduzido pelo DL 76-A/2006 –, os estatutos das sociedades por acções, se não proibirem o voto por correspondência (mas v. o citado art. 22.º do CVM), devem regular o seu exercício (v. também o art. 377.º, 5, f)).

---

[63] V. LOBO XAVIER, *Anulação...*, pp. 468-469, n. (109a).

[64] Neste sentido, v. RAÚL VENTURA, *Sociedades por quotas,* vol. II, Almedina, Coimbra, 1989, p. 176, PINTO FURTADO, *ob. cit.*, p. 110.

[65] Onde a admissibilidade do voto por correspondência tem alguma tradição é nas cooperativas – v., p. ex., o art. 49.º do CCoop. de 1980 e o art. 52.º do Código actual.

Sobre o voto por correspondência nas sociedades por acções em França e na Itália, v., respectivamente, G. RIPERT/R. ROBLOT/M. GERMAIN/L. VOGEL, *Traité de droit commercial,* t. 1, 17e éd., L.G.D.J, Paris, 1998, pp. 1144-1145, e P. MONTALENTI, *Corporate governance: la tutela delle minoranze nella riforma delle società quotate,* GC, 1998, I, pp. 345-346.

Também a "natureza jurídica" das deliberações dos sócios tem sido discutida (não podia deixar de ser assim – a "natureza jurídica" é sempre campo fértil para a inventiva, tantas vezes inconsequente, dos que se ocupam do jurídico...) ([66]). Parece-me que as deliberações dos sócios são, em regra, *negócios jurídicos:* actos jurídicos constituídos por uma ou mais declarações de vontade (votos), com vista à produção de certos efeitos sancionados pela ordem jurídica ([67]). ([68]) "Em regra", porquanto há deliberações que não merecem essa qualificação (não constituem, modificam ou extinguem relações ou posições jurídicas). É o caso de muitos dos chamados votos de louvor, de confiança, de protesto, de pesar, etc. ([69]) Sendo negócios jurídicos, aplicam-se às deli-

---

([66]) V., p. ex., BRITO CORREIA, *últ. ob. cit.*, pp. 98, ss. (regista nada menos do que nove teses), PINTO FURTADO, *ob. cit.*, pp. 37, ss., E. M. LUCAS COELHO, *A formação das deliberações sociais – Assembleia geral das sociedades anónimas,* Coimbra Editora, Coimbra, 1994, pp. 204, ss..

([67]) O entendimento das deliberações como negócios jurídicos é largamente dominante na Alemanha – v., p. ex., WIEDEMANN, *ob. cit.*, p. 179, e K. SCHMIDT, *ob. cit.*, p. 442. Também entre nós parece dominar – v. LOBO XAVIER, *ob. cit.*, pp. 554-555, n. (14), que indica outros autores, LUCAS COELHO, *últ. ob. cit.*, pp. 210-211. BRITO CORREIA, *ob. cit.*, p. 117, fala de "categoria própria", mas aceita que as deliberações podem ser negócios jurídicos; J. OLIVEIRA ASCENSÃO, *Direito comercial,* vol. IV – *Sociedades comerciais,* Lisboa, 1993, pp. 309-310, escreve que a deliberação é acto colegial (acto unilateral), subespécie do acto colectivo, mas que pode ser também negócio jurídico. Divergindo mais, PINTO FURTADO, *ob. cit.*, p. 54 ("Preferimos, portanto, ver na *deliberação constituída por uma declaração unilateral de vontade plurissubjectiva* uma categoria jurídica *sui generis,* não um *negócio jurídico".).*

([68]) Ao dizer que a deliberação pode resultar de apenas uma declaração de vontade, procuro não desatender às hipóteses de, mesmo nas sociedades pluripessoais, um só sócio votar certa ou certas propostas – p. ex., numa deliberação por voto escrito somente um sócio envia o voto, numa assembleia geral convocada somente um sócio comparece (entende-se dominantemente que a assembleia geral pode funcionar com um sócio apenas – v. por todos LOBO XAVIER, *ob. cit.*, pp. 206-207) ou, comparecendo dois, um vota a favor de proposta e o outro abstém-se (v. o art. 386.º, 1, *in fine).*

([69]) Mas não de todos. Cfr. LOBO XAVIER, *ob. cit.*, p. 560, n. (20), e COUTINHO DE ABREU, *Do abuso...,* p. 142, n. (333).

berações muitas das regras do direito comum àqueles aplicáveis. Mas não podem ignorar-se as especialidades, principalmente as constantes dos arts. 55.º-62.º do CSC.

2. 1. 2. 2. Participação plena nas deliberações. Direito de voto

A participação (a que os sócios têm direito) nas deliberações pode ser plena ou limitada (a própria al. b) do n.º 1 do art. 21.º ressalva as possíveis restrições a esse direito).

A *participação plena* do sócio nas deliberações compreende, além do direito de *estar presente* (real ou virtualmente) *nas assembleias* e de nelas *discutir* os assuntos sobre que se deliberará (caso das deliberações tomadas em assembleia, convocada ou universal) ou do direito a *ser consultado* sobre a tomada de deliberações por voto escrito, o *direito de votar* as propostas (em assembleia ou fora dela, consoante os casos).

O *direito de voto* (ou de votar) é o poder que o sócio tem de participar na tomada de deliberações através da emissão de votos – declarações de vontade que formam ou contribuem para formar as deliberações ([70]). A influência de cada sócio na formação das deliberações é determinada pelo seu "poder de voto" ([71]) – dependente, por sua vez, do número de votos que lhe caiba e do peso relativo dos mesmos na totalidade dos votos (dele e dos consócios). Vejamos então os critérios de atribuição dos votos.

([70]) Para a noção de direito de voto, v. tb. W. ZÖLLNER, *Die Schranken mitgliedschaftlicher Stimmrechtsmacht bei den privatrechtlichen Personenverbänden,* Beck, München, Berlin, 1963, p. 11, e SCHMIDT, *ob. cit.,* p. 605. Para a configuração do voto como declaração de vontade (perspectiva hoje largamente dominante em diversos países, incluindo o nosso), v. por todos, com amplas referências bibliográficas, LOBO XAVIER, *ob. cit.,* pp. 583, ss., ns. (59)-(61), e LUCAS COELHO, *últ. ob. cit.,* pp. 160, ss..

([71]) Cfr. ZÖLLNER, *ob. cit.,* p. 1.

Rege o *princípio personalístico ou democrático* nas sociedades em nome colectivo, impõe-se o *princípio capitalístico ou proporcional* nas restantes. Com efeito, nas sociedades em nome colectivo "a cada sócio pertence um voto, salvo se outro critério for determinado no contrato de sociedade, sem, contudo, o direito de voto poder ser suprimido" (art. 190.º, 1) ([72]). Nas sociedades por quotas cada sócio tem, em regra, um voto por cada cêntimo do valor nominal da sua quota (art. 250.º, 1). Derrogando a regra, pode o contrato social atribuir a algum sócio, como direito especial, voto duplo (art. 250.º, 2). Não são possíveis outras derrogações (a lei não as prevê – v. também o art. 21.º, 1, b)); não é, pois, possível a exclusão estatutária do direito de voto ([73]). Nas sociedades anónimas cada sócio tem, em regra, um voto por cada acção que possua (art. 384.º, 1). Todavia, nos termos do n.º 2 do art. 384.º, pode o contrato social: a) "fazer corresponder um só voto a um certo número de acções, contanto que sejam abrangidas todas as acções emitidas pela sociedade e fique cabendo um voto, pelo menos, a cada 1000 euros de capital" (podendo resultar de tal cláusula, já se vê, que um ou mais sócios fiquem sem direito de voto – mas v. o art. 379.º, 5) ([74]); b) "estabelecer que não sejam contados votos acima de certo número, quando emitidos por um só accionista, em nome próprio ou também como representante de outro" (mas v. o art. 386.º, 5) ([75]). Nas sociedades em

---

([72]) Para os sócios de indústria (que, em regra, terão também, cada um, um voto), v. o n.º 2 do art. 190.º.

([73]) V. tb. RAÚL VENTURA, *últ. ob. cit.*, pp. 225-226; antes do CSC, admitindo a possibilidade dessa exclusão, v. ANTÓNIO CAEIRO, *ob. cit.*, pp. 99, ss..

([74]) Vimos já que também os titulares de acções preferenciais sem voto não gozam (enquanto tais) do direito de voto (nas deliberações "gerais").

([75]) Esta limitação de votos pode ser estabelecida para todas as acções ou para as acções de uma ou mais categorias, mas não para accionistas determinados – n.º 3 do art. 384.º (v., porém, o art. 60.º do DL 76-A/2006).

comandita deve o estatuto regular, também em função do valor nominal das participações sociais, a atribuição de votos aos sócios, não podendo, porém, o conjunto dos sócios comanditados ter menos de metade dos votos atribuídos ao conjunto dos sócios comanditários (art. 472.º, 2) ([76]).

Contudo, há circunstâncias em que os sócios, tendo embora direito de voto, estão *impedidos de o exercer* (não podendo, então, participar plenamente nas deliberações). É assim nas situações de conflito de interesses entre sócio e sociedade (arts. 251.º, 384.º, 6); quando um accionista esteja em mora na realização de entrada em dinheiro (art. 384.º, 4); nas situações previstas nos arts. 485.º, 3, 487.º, 2, do CSC e 192.º do CVM ([77]). Os casos de *conflitos de interesses* merecem algumas linhas mais.

O Código contém dois artigos fundamentais nesta matéria: o 251.º, aplicável directamente às sociedades por quotas e, por remissão dos arts. 189.º, 1, e 474.º, às sociedades em nome colectivo e em comandita simples, e o 384.º, 6 e 7, aplicável directamente às sociedades anónimas e, por remissão do art. 478.º, às sociedades em comandita por acções.

O art. 251.º, no n.º 1, começa por dizer que "o sócio não pode votar nem por si, nem por representante, nem em representação de outrem, quando, relativamente à matéria da deliberação, se encontre em situação de conflito de interesses com a sociedade". Afirmada a regra geral, continua com a enumeração – exemplificativa ("designadamente") – dos casos em que se considera haver conflito de interesses.

As limitações de voto são muitas vezes previstas como medidas de defesa (embora não infrangível) contra OPA hostis.

([76]) Ao voto dos sócios de indústria aplica-se o disposto no art. 190.º, 2 (para os sócios de indústria nas sociedades em nome colectivo) – art. 472.º, 3.

([77]) O direito de voto inerente às quotas e acções próprias fica também suspenso (arts. 220.º, 4, 324.º, 1, a)). Mas a sociedade titular de participações dela própria não é, em rigor, sócia de si mesma...

É assim quando a deliberação recaia sobre: a) "Liberação de uma obrigação ou responsabilidade própria do sócio, quer nessa qualidade quer como gerente ou membro do órgão de fiscalização"; b) "Litígio sobre pretensão da sociedade contra o sócio ou deste contra aquela, em qualquer das qualidades referidas na alínea anterior, tanto antes como depois do recurso a tribunal"; c) "Perda pelo sócio de parte da sua quota, na hipótese prevista no artigo 204.º, n.º 2" (a perda de toda a quota do sócio remisso cabe na alínea seguinte); d) "Exclusão do sócio" (v. o art. 241.º, 1); e) Consentimento para o sócio-gerente poder exercer actividade concorrente com a da sociedade (v. o art. 254.º, 1); f) Destituição de sócio da gerência ou do órgão de fiscalização por justa causa (os gerentes destituídos sem justa causa – art. 257.º – não estão impedidos de votar; os membros do órgão de fiscalização só podem ser destituídos havendo justa causa – arts. 262.º, 1, 419.º, 1); g) "Qualquer relação, estabelecida ou a estabelecer, entre a sociedade e o sócio estranha ao contrato de sociedade" (não é estranha ao contrato social, v. g., a relação resultante da eleição de sócio para a gerência – o sócio pode, portanto, votar em tal eleição).

Por sua vez, o n.º 6 do art. 384.º, não inspirado na mesma técnica (cláusula geral e enumeração de hipóteses), prescreve que "um accionista não pode votar, nem por si, nem por representante, nem em representação de outrem, quando a lei expressamente o proíba [v. os arts. 28.º, 1, 367.º, 2] e ainda quando a deliberação incida sobre" as matérias indicadas nas suas quatro alíneas. As als. a), b), c) e d) são idênticas às als. a), b), f) e g) do art. 251.º. Não prevê o n.º 6 do art. 384.º algo correspondente ao previsto nas alíneas c), d) e e) do art. 251.º. O art. 384.º, ao invés do art. 251.º, não explicita que as hipóteses constantes das suas quatro alíneas são outras tantas hipóteses de "conflito de interesses". Não obstante, esta ideia está subjacente a todas elas, essas hipóteses configuram casos em que há *divergência* entre o interesse (objectivamente avaliado) do sócio e o interesse (objectivamente avaliado também) da sociedade, interessando, portanto, *ao sócio uma deliberação orientada em determinado sentido e à sociedade uma deliberação orientada em sentido diverso* ([78]). Ambos os arts. visam, pois, *neutralizar o perigo* da tomada de deliberações contrárias ao interesse social por influência do voto de sócio portador de interesse divergente.

O disposto nas als. do n.º 1 do art. 251.º e no n.º 6 do art. 384.º "não pode ser preterido no contrato de sociedade" (n.º 2 do art. 251.º e n.º 7 do art. 384.º). *Mas pode o estatuto social prever mais situações de conflito de interesses impedindo o voto?* É preciso distinguir ([79]).

A enumeração do n.º 1 do art. 251.º é exemplificativa. Consequentemente, outros casos de (efectivo) conflito de interesses podem ser acrescentados no contrato social. Devemos, contudo, ser algo restritivos quanto a esta possibilidade. Na verdade, a regra é poderem os sócios exercer o direito de voto, as restrições são excepcionais e têm de estar previstas na lei (art. 21.º, 1, b)); por outro lado, há que não olvidar a possibilidade de a anulabilidade ferir deliberações aptas a favorecer especialmente algum sócio (em detrimento de outros), apesar de esse sócio, porque não foi considerado em situação de conflito de interesses, ter votado (v. o art. 58.º, 1, b)). Assim, é de defender que, em princípio, não se verificam situações de conflito de interesses relevantes para impedir o voto quanto às deliberações cujo objecto se encontra previsto no Código (designadamente no art. 246.º) mas

---

([78]) V. G. MINERVINI, *Sulla tutela dell'"interesse sociale" nella disciplina delle deliberazioni assembleari e di consiglio*, RDCiv., 1956, p. 321. Sobre o interesse social (ou da sociedade), v. *infra*, n.º 2. 2. 3. 1.

([79]) Com uma resposta unitária e afirmativa, BRITO CORREIA, *ob. cit.*, p. 165.

não no art. 251.º (o silêncio da lei neste preceito deve relevar, na dúvida, a favor do voto) ([80]). Por exemplo, poderá o sócio votar em deliberação sobre o consentimento para a cessão de quota sua (arts. 228.º, 2, 246.º, 1, b)) ([81]), em deliberação de aprovação do relatório de gestão e das contas do exercício por ele, enquanto gerente, apresentados (arts. 65.º, 246.º, 1, e)), em deliberação fixando a sua remuneração de gerente (art. 255.º) ([82]). Contudo, o "princípio" sofre desvios. Nomeadamente em casos de amortização de quotas (art. 246.º, 1, b)) – v. g., o sócio estará impedido de votar nos casos previstos na parte final do n.º 2 do art. 239.º e no n.º 2 do art. 241.º (aqui em ligação estreita com a exclusão – relembre-se a al. d) do n.º 1 do art. 251.º).

Olhemos de novo para o n.º 6 do art. 384.º. Aparentemente, ele consagra um elenco taxativo de impedimentos de voto por conflito de interesses. Todavia, não vemos razões para não aplicar analogicamente alguns preceitos legais directamente aplicáveis às sociedades por quotas (e que podem constar, portanto, nos estatutos das sociedades por acções). Um exemplo: também os administradores não podem, sem autorização da assembleia geral, exercer actividade concorrente com a da sociedade (art. 398.º, 3); logo, por analogia com o estabelecido na al. e) do n.º 1 do art. 251.º, não pode o sócio-administrador votar na deliberação respeitante a esse consentimento.

([80]) Esta perspectiva está muito próxima da de RAÚL VENTURA, ob. cit., pp. 285, ss. (mas as suas conclusões são ainda mais restritivas – v. ibid., pp. 286, 288).

([81]) Solução contrária é a do art. 52 (1) da lei espanhola sobre sociedades de responsabilidade limitada (de 1995).

([82]) Para estes e outros exemplos que, antes do CSC, dividiram a jurisprudência e a doutrina, v., p. ex., ANTÓNIO CAEIRO, ob. cit., pp. 143, ss., BRITO CORREIA, ob. cit., pp. 154, ss., RAÚL VENTURA, ob. cit., pp. 278, ss..

O regime dos impedimentos de voto por conflito de interesses *é aplicável às sociedades unipessoais?* Parece que não ([83]). Antes de mais, deve reconhecer-se que algumas situações de conflito previstas na lei não relevam nestas sociedades – o sócio único não decidirá sobre a perda de parte da sua quota, a sua exclusão, o consentimento para concorrer ou a sua destituição por justa causa de algum órgão social. Nas restantes situações, ainda que se não negue a possibilidade de conflito de interesses entre o sócio único e a sociedade (divergência de interesses do sócio fora da sociedade e do sócio enquanto tal), a aplicação daquele regime inviabilizaria que o sócio tomasse decisões sobre determinadas matérias – e não vejo justificação para interditar às sociedades unipessoais domínios em que as sociedades pluripessoais podem decidir. Por outro lado, é bom não esquecer que aquele regime visa prevenir o risco da tomada de deliberações contrárias ao interesse social (não visa primariamente impedir eventuais prejuízos para terceiros). Mas não impede que os sócios não impedidos de votar (nas sociedades pluripessoais) votem no sentido da satisfação dos interesses dos sócios impedidos. Ora, quer nas sociedades pluripessoais quer nas unipessoais, é possível atacar deliberações cujo conteúdo se revele contrário ao interesse social (v. os arts. 56.º, 1, d), 58.º, 1, b)). Por sua vez, se é verdade que as decisões do sócio único favorecendo os seus interesses extra-sociais podem causar prejuízos (indirectos) a terceiros (credores, sobretudo), é também um dado que estes dispõem de meios de defesa – *v. g.*, a impugnação pauliana (arts. 610.º, ss. do CCiv.), a responsabilização de administrador (sócio ou não – art. 78.º) e do sócio único

---

([83]) A resposta negativa está generalizada na doutrina e jurisprudência alemãs – v., p. ex., U. HÜFFER, *Aktiengesetz*, 3. Aufl., Beck, München, 1997, p. 614, H.-G. KOPPENSTEINER, *GmbH-Gesetz Kommentar*, 2. Aufl., Orac, Wien, 1999, p. 419. Entre nós, com idêntica resposta, RAÚL VENTURA, *ob. cit.*, p. 294.

(arts. 83.º e 84.º – relativo, este último a sociedades supervenientemente unipessoais).

Mutatis mutandis, o arrazoado a respeito das sociedades unipessoais serve para afirmar que o regime dos impedimentos de voto por conflito de interesses também *não é aplicável quando todos os sócios de uma sociedade (pluripessoal) estejam em situação de igual conflito de interesses com a sociedade* (a divergência, *a priori,* entre os interesses extra-sociais e sociais dos sócios não poderá impedir a tomada de deliberações) ([84]).

Com respeito às associações, diz o n.º 1 do art. 176.º do CCiv.: "O associado não pode votar, por si ou como representante de outrem, nas matérias em que haja conflito de interesses entre a associação e ele, seu cônjuge, ascendentes ou descendentes". Será de entender que também *o sócio não pode votar quando haja conflito de interesses entre a sociedade e o cônjuge, ascendentes ou descendentes daquele?* Não parece ([85]). O CSC diz somente que o sócio não pode votar "nem por si, nem por representante, nem em representação de outrem" quando ele mesmo esteja em situação de conflito de interesses com a sociedade; a regra, que admite excepções mas que devem ser determináveis com segurança, é, repita-se, poderem os sócios exercer o direito de voto; logo, deve defender-se que o interesse conflituante com o da sociedade é um interesse directo ou imediato do sócio ([86]). Por outro lado, há muitas sociedades estreitamente "familiares" – e a experiência demonstra que mesmo aí não são raros os votos

---

([84]) Com idêntica conclusão, v. *AA.* e *locs. cits.* na nota anterior.

([85]) A resposta negativa é largamente dominante na doutrina germânica – cfr. KOPPENSTEINER, *ob. cit.*, p. 420. Entre nós, concordando com "a doutrina alemã", v. RAÚL VENTURA, *ob. cit.*, p. 291; aplicando o mesmo entendimento a propósito de uma deliberação relativa à destituição da gerência do cônjuge de um sócio, v. o Ac. do STJ de 28/9/95, BMJ n.º 449 (1995), p. 338.

([86]) Cfr. tb. o Ac. do STJ de 12/6/96, CJ (ASTJ), 1996, t. II, p. 127.

divergentes. Por outro lado ainda, não se olvide a possibilidade de sindicar com o instrumento do abuso de direito o conteúdo das deliberações capazes de suscitar os problemas em questão (problemas directamente ligados não ao conteúdo mas ao processo de formação das deliberações) – cfr. o art. 58.º, 1, b).

Encontrando-se um sócio numa situação concretamente caracterizada pelas notas que, segundo a lei ou o contrato social, caracterizam uma situação de conflito de interesses impeditiva do exercício do direito de voto, *deve ele não votar*. Se, porém, revelar o propósito de votar, deve o presidente da (ou da mesa da) assembleia adverti-lo de que não pode fazê-lo; se, ainda assim, ele persistir no seu propósito e emitir o voto, deve o presidente não computá-lo ([87]). Quando o presidente não exerça o seu poder-dever, o voto emitido pelo sócio impedido de votar (e computado) é *nulo* – as normas dos arts. 251.º e 384.º, 6, são imperativas (cfr. os arts. 294.º e 295.º do CCiv.); o órgão de fiscalização ou qualquer sócio que não tenha votado no sentido que fez vencimento podem impugnar a respectiva deliberação e o tribunal *anulá-la-á* se verificar que a maioria necessária não seria conseguida sem os votos nulos (indevidamente contados – vício de procedimento) – v. os arts. 58.º, 1, a), e 59.º, 1 e 2 (v. também o art. 176.º, 2, do CCiv.).

2. 1. 2. 3. Participação limitada

Os sócios sem direito de voto ou impedidos de votar, não tendo embora direito de participar plenamente, têm direito de *participação limitada* nas deliberações tomadas em assembleia geral ([88]).

([87]) Convergentemente, v. BRITO CORREIA, *ob. cit.*, pp. 164-165.

([88]) O problema da participação limitada não se põe no tocante às outras formas de deliberação – nas deliberações unânimes por escrito

Nas sociedades em nome colectivo, por quotas e em comandita simples todos os sócios têm direito de estar presentes nas assembleias gerais e de participar na discussão dos assuntos indicados na ordem do dia (para as sociedades por quotas diz o art. 248.º, 5: "Nenhum sócio pode ser privado, nem sequer por disposição do contrato, de participar na assembleia, ainda que esteja impedido de exercer o direito de voto" [89]) [90].

Nas sociedades anónimas e em comandita por acções os sócios com direito de voto mas impedidos de o exercer podem assistir às assembleias gerais e participar nos debates (a única restrição ao direito de participação nas deliberações está na suspensão do direito de voto – cfr. o art. 21.º, 1, b)). Os sócios sem direito de voto têm em regra as mesmas possibilidades; não será assim se o contrato social determinar o contrário (art. 379.º, 2). De todo o modo, não pode o estatuto impedir que os titulares de acções preferenciais sem voto sejam representados por um deles, tendo o representante direito de estar presente nas assembleias e de aí discutir os assuntos sobre que se deliberará (arts. 343.º, 379.º, 3). Por outro lado, o estatuto social também não pode impedir que, quando exija a posse de certo número de acções para se ter um voto (art. 384.º, 2, a)), os accionistas possuidores de menor número de acções se agrupem de forma a completarem o número exigido ou um número superior e se façam representar por um dos agrupados (art. 379.º, 5) – par-

---

todos têm de votar; as deliberações por voto escrito não podem ser tomadas quando algum sócio esteja impedido de votar (art. 247.º, 8).

[89] O art. 189.º, 1, remete também para este preceito; v. ainda o art. 474.º.

[90] Também, portanto, os sócios impedidos de votar por conflito de interesses (nestas e, adiante-se já, nas restantes sociedades) podem participar no debate sobre os assuntos constantes da ordem do dia, incluindo aqueles relativamente aos quais se verifica o conflito; contra, PINTO FURTADO, *Deliberações...*, p. 97.

ticipando então plenamente o representante nas deliberações. ([91])

2. 1. 2. 4. Representação voluntária de sócios

O direito de participação nas deliberações não tem de ser exercido pelos próprios sócios ([92]). Eles podem exercê-lo através de *representantes voluntários* – quer se trate de deliberações tomadas em assembleia geral quer de deliberações unânimes por escrito ([93]) (a representação voluntária só não é permitida nas deliberações por voto escrito – art. 249.º, 1).

Quais os possíveis representantes? Nas sociedades em nome colectivo e em comandita simples (as mais personalísticas) o sócio só pode fazer-se representar pelo seu cônjuge, por ascendente ou descendente ou por outro sócio (art. 189.º, 4). Nas sociedades por quotas a solução é a mesma, salvo se o estatuto permitir expressamente outros representantes (além daqueles) – art. 249.º, 5. Nas sociedades anónimas e em comandita por acções o accionista pode fazer-se representar por qualquer sujeito (art. 380.º, 1).

([91]) Este direito de agrupamento tem história longa. Estava previsto no CCom., no (originário) § 4.º do art. 183.º. O VISCONDE DE CARNAXIDE, autor da proposta para a introdução daquele §, sublinha o carácter inovador de tal disposição "na legislação de sociedades anonymas da Europa" – v., deste A., *Sociedades anonymas – Estudo theorico e pratico de direito interno e comparado,* F. França Amado, Coimbra, 1913, pp. 379, ss.. No entanto, aquele direito aparecia já nos estatutos das companhias pombalinas – v. RUI M. F. MARCOS, *As companhias pombalinas – Contributo para a história das sociedades por acções em Portugal,* Almedina, Coimbra, 1997, pp. 686, ss..

([92]) Ou seus representantes legais (caso sejam incapazes) ou orgânicos (caso sejam entidades colectivas).

([93]) Todavia, o representante de sócio só pode votar em deliberações unânimes por escrito e em deliberações tomadas em assembleias universais se para o efeito estiver expressamente autorizado (art. 54.º, 3; v. tb. o n.º 2 do art. 249.º).

Instrumento de representação é geralmente a procuração. Que pode ser conferida para várias deliberações (cfr. o art. 249.º, 3). Quando conferida para determinada assembleia, basta que revista a forma de carta (em papel ou em suporte electrónico) dirigida à sociedade (art. 189.º, 4) ou ao presidente da (mesa da) assembleia (arts. 249.º, 4, 380.º, 2).

É sabido que em muitas sociedades anónimas é forte o absentismo de accionistas ("ocasionais", não "empresários") nas assembleias gerais. Isso vem permitindo que singulares accionistas ou grupos de accionistas influenciem ou controlem a vida societária sem necessidade de possuírem a maioria das acções. Isso tem também potenciado que, através de numerosas procurações dos absentistas, o poder de voto se reforce e concentre em poucas mãos; por outro lado, porque tradicionalmente as procurações eram "em branco", os beneficiários das mesmas usavam esse poder de voto como bem entendiam – os representados nem determinavam nem conheciam o sentido dos seus votos. Ora, legislações modernas têm tentado corrigir algo ([94]). Nelas se inclui o CSC. No art. 381.º, manifestamente tributário do art. 28 da Proposta de 5.ª Directiva em matéria de sociedades (de 1972, com modificações de 1983), diz-se que, nos casos em que alguém solicita representação de mais de cinco accionistas para votar em assembleia geral ([95]), a representação é concedida somente para assembleia determinada (n.º 1, a)); a concessão de representação é revogável, importando revogação a presença do representado na assembleia (al. b)); o pedido de representação deve conter, pelo menos: "a especificação da

---

([94]) V., p. ex., os §§ 128 e 135 da AktG alemã e o art. 2372 do *Codice Civile* (com a redacção introduzida em 1974); sobre a experiência norte-americana, v. R. PERNA, *Mito e realtà della democrazia societaria. Il proxy voting nelle* public companies *statunitensi*, GC, 1995, pp. 537, ss..

([95]) Não há limites (mas devia haver, à semelhança do disposto no art. 2372 do *C. Civile)* quanto ao número das representações.

assembleia, pela indicação do lugar, dia, hora da reunião e ordem do dia; as indicações sobre consultas de documentos por accionistas; a indicação precisa da pessoa ou pessoas que são oferecidas como representantes; o sentido em que o representante exercerá o voto na falta de instruções do representado ([96]); a menção de que, caso surjam circunstâncias imprevistas, o representante votará no sentido que julgue satisfazer melhor os interesses do representado" (al. c) ([97]). ([98]) Diz ainda o art. 381.º (para os mesmos casos) que nem a sociedade (através, naturalmente, do órgão representativo), nem os membros do conselho fiscal, do conselho geral e de supervisão ou da comissão de auditoria, nem os respectivos ROC podem solicitar representações (n.º 2).

Em virtude da composição do substrato pessoal das sociedades que não sejam por acções, é pouco provável a ocorrência dos pressupostos da disciplina do art. 381.º. Não obstante, quando ocorram, deverá a norma ser aplicada, com as devidas adaptações (neste sentido concorrem também os diversos preceitos remissivos – arts. 189.º, 1, 248.º, 1, 474.º) ([99]).

2. 1. 3. Direito à informação

2. 1. 3. 1. Informação e direitos à informação

Estatui o art. 21.º, 1, c), que todo o sócio tem direito a obter informações sobre a vida da sociedade, nos termos

---

([96]) O accionista solicitado pode, na verdade, dar instruções quanto ao voto; mas o solicitante, se não concordar com as instruções, pode não aceitar a representação, devendo então comunicar urgentemente a recusa ao accionista solicitado (n.º 4 do art. 381.º).

([97]) Verificando-se a última hipótese, deve o representante comunicar urgentemente ao representado, com as devidas explicações, o sentido do voto (n.º 5 do art. 381.º).

([98]) O art. 23.º do CVM estabelece exigências suplementares quando a sociedade seja "aberta".

([99]) V. tb. Raúl Ventura, *ob. cit.*, p. 216.

da lei (v. os arts. 181.º, 214.º-216.º, 288.º-292.º, 474.º, 478.º, 480.º) e do contrato social.

Uma informação é uma mensagem comunicável (por escrito, oralmente, etc.). Para construir uma mensagem (tendo por referente um facto, um objecto, uma ideia) e possibilitar a sua comunicabilidade é preciso seleccionar signos (linguísticos ou outros) inteligíveis e conjugá-los de modo que resulte uma forma ou formulação compreensível por outrem. Nem o simples facto, objecto ou ideia, nem a percepção do facto ou objecto ou a concepção da ideia são informação. Esta exige que os dados captados (colhidos) ou concebidos sejam formulados (se lhes dê forma possibilitadora da comunicação). Autor da informação é, pois, quem torna comunicáveis os dados por si colhidos ou concebidos; receptor da informação é quem acede ao meio pelo qual ela é transmitida (podendo o emitente ser ou não o autor da informação). [100]

O direito à informação dos sócios pode, segundo a lei, manifestar-se por três modos: como *direito à informação em sentido estrito* – poder de o sócio fazer perguntas à sociedade (ao órgão de administração, normalmente) sobre a vida social e de exigir que ela responda verdadeira, completa e elucidativamente; como *direito de consulta* – poder de o sócio exigir à sociedade (ao órgão de administração) a exibição dos livros de escrituração e de outros documentos sociais para serem examinados; como *direito de inspecção* – poder de o sócio exigir à sociedade (ao órgão de administração) o necessário para que vistorie os bens sociais. Já se vê que a sociedade, no cumprimento do seu dever, nem sempre comunica informação com o significado exposto no parágrafo anterior. Ela é autora e emitente de informação em sentido próprio

---

[100] Estas linhas são tributárias de PIERRE CATALA, *Ébauche d'une théorie juridique de l'information,* RDS, Chron., 1984, pp. 97, ss. (*maxime* p. 98).

quando satisfaz o direito de informação em sentido estrito e de consulta do sócio; não assim quando possibilita o exercício do direito de inspecção – aqui é o sócio que, com a colheita de dados permitida pela vistoria, criará a informação em sentido próprio.

É frequente dizer-se que o direito à informação dos sócios é um direito *instrumental ou acessório* de outros direitos sociais, designadamente do de participação nas deliberações ([101]). Este dito, que conota alguma diminuição ou condicionamento daquele direito, não é inteiramente exacto. Às vezes, é verdade, o direito à informação é atribuído na medida em que se mostre necessário para o exercício de outro direito social – é o caso, *v. g.*, do direito à informação em assembleia geral (cfr. o art. 290.º 1). Outras vezes, porém, tem o sócio direito a ser informado independentemente dos fins a que possa destinar a informação (respeitem ou não a outros direitos sociais). Por exemplo, todo o sócio de sociedade em nome colectivo ou por quotas tem em princípio direito a, quando o requeira, ser informado sobre o andamento de certos negócios sociais ou a consultar os documentos de prestação de contas relativos a diversos exercícios; o saber veiculado pelas informações recebidas pode ser utilizado pelo sócio para decidir nada fazer em consequência ou fazer algo do mais diversificado (*v. g.*, vender a quota, transmitir a informação a outros sócios, admoestar o gerente ou propor acção judicial para a sua destituição, requerer a convocação de assembleia geral). Quer dizer, o direito à informação, globalmente compreendido, vale por si, integra-se a título principal na participação social. As sociedades são constituídas (também) por sócios, que nelas arriscam capitais e que através delas exercem (ou participam no exercício de) actividades económicas. Natural, portanto, que se lhes

---

([101]) V., p. ex., RAÚL VENTURA, *Sociedades por quotas* cit., vol. I, p. 278, BRITO CORREIA, *ob. cit.*, 2.º vol., p. 317.

permita informação necessária a uma adequada fiscalização geral do funcionamento societário ([102]). ([103])

O *direito à informação em sentido estrito* pode ser exercido *fora das assembleias gerais ou nelas*. No primeiro caso, têm os sócios o poder de exigir do órgão de administração informação "verdadeira, completa e elucidativa" sobre a "gestão da sociedade" ou "assuntos sociais" (arts. 181.º, 1, 214.º, 1, 291.º, 1) – sobre, por exemplo, negócios realizados pela sociedade, abertura ou encerramento de estabelecimentos ou secções sociais, relações de cooperação com outras empresas, relações com sociedades coligadas, resultados de pareceres económicos, jurídicos ou financeiros solicitados pela sociedade, actuação de membros de órgãos sociais em determinadas circunstâncias ([104]). Titular deste direito é qualquer sócio nas sociedades em nome colectivo, por quotas, em comandita simples e – quanto aos sócio comandita-

---

([102]) Natural é também, por outro lado, que o direito à informação seja tanto mais intenso quanto mais personalísticas sejam as sociedades.

([103]) Antes de prosseguir, convém anotar que as sociedades (todas nuns casos, algumas noutros) estão obrigadas, por força directa da lei, a publicitar certos factos que a elas respeitam – pense-se nas obrigações de registo comercial e de publicação (CRCom., arts. 3.º, 70.º) ou nas obrigações de comunicação a certas entidades e de publicação previstas no CVM (arts. 7.º, ss., 17.º, 134.º, ss., 244.º, ss.). Estas obrigações de informação não se confundem com os deveres das sociedades correspectivos dos direitos dos sócios à informação. Estes deveres existem somente quando os sócios exerçam o seu direito, quando eles requeiram a informação; aquelas obrigações são impostas para tutela de interesses de sócios e não sócios, os deveres correspectivos do direito à informação servem interesses dos sócios. Acrescente-se ainda que alguns sócios, além do direito à informação societária, têm também especiais obrigações de comunicar informação às respectivas sociedades – tenha-se em vista, p. ex., o disposto nos arts. 448.º, 484.º e 490.º, 1, do CSC e no art. 16.º do CVM.

([104]) As informações pedidas podem respeitar a actos pretéritos, presentes ou cuja prática seja esperada. Quanto aos últimos, porém, acrescenta a lei (excessivamente restritiva, parece-me): quando eles sejam susceptíveis de fazer incorrer o seu autor em responsabilidade (arts. 181.º, 2, 214.º, 3, 291.º, 3).

dos – por acções (arts. 181.º, 1, 214.º, 1, 474.º, 480.º). Não assim nas sociedades anónimas e (quanto aos sócios comanditários) em comandita por acções. De acordo com o n.º 1 do art. 291.º, só os "accionistas [um ou mais – agrupados] cujas acções atinjam 10% do capital social podem solicitar, por escrito, ao conselho de administração ou ao conselho de administração executivo que lhes sejam prestadas, também por escrito ([105]), informações sobre assuntos sociais". ([106])

Nas assembleias gerais das sociedades de qualquer tipo todo o sócio que nelas participe pode requerer que lhe sejam prestadas (pelo órgão social que para tal esteja habilitado) informações verdadeiras, completas e elucidativas que lhe permitam formar opinião fundamentada sobre os assuntos sujeitos a deliberação (cabendo nestes assuntos relações com sociedades coligadas). É o que resulta do art. 290.º, 1 e 2, aplicável directamente às sociedades anónimas e por remissão de vários preceitos às sociedades dos outros tipos (arts. 189.º, 1, 214.º, 7, 474.º, 478.º). Explicite-se um ponto: também os sócios sem direito de voto ou impedidos de o exercer têm direito a ser informados em assembleia geral quando nela possam participar e participem. Também eles têm direito a "formar opinião fundamentada sobre os assuntos sujeitos a deliberação", pois podem intervir na discus-

---

([105]) Nas restantes sociedades pode a informação ser solicitada oralmente; e a informação só tem de ser prestada por escrito quando tal forma tenha sido requerida (parte final do n.º 1 dos arts. 181.º e 214.º).

([106]) "Direito *colectivo* à informação" é a epígrafe do art. 291.º. Inapropriada. Pois o direito previsto no art. não compete somente a grupos de sócios (um sócio que tenha 10% das acções tem o direito). Nem compete a qualquer órgão social (de direito colectivo à informação – pertencente ao órgão colectividade dos sócios – se poderia falar a propósito da al. e) do n.º 1 do art. 422.º). A crítica não é abalada pelo facto de que "as informações prestadas, voluntariamente ou por decisão judicial, ficarão à disposição de todos os outros accionistas, na sede da sociedade" (n.º 7 do art. 291.º).

são desses assuntos e reagir contra as deliberações sobre eles tomadas. ([107])

O *direito de consulta* de documentos sociais (para fins indeterminados ou para preparação da tomada de deliberações) é amplamente admitido nas sociedades em nome colectivo, por quotas, em comandita simples e (quanto aos sócios comanditados) por acções (arts. 181.º, 1 e 3, 214.º, 1, 2 e 4, 474.º, 480.º). Na verdade, nas sociedades destes tipos devem os gerentes facultar "a qualquer sócio" a consulta, na sede social, da "escrituração, livros e documentos" sociais ([108]). O sócio pode fazer-se assistir de um revisor oficial de contas ou de outro perito (*v. g.*, contabilista, economista, advogado) e tirar cópias dos documentos a consultar nos termos previstos no art. 576.º do CCiv.. Segundo o n.º 3 do art. 181.º e o n.º 4 do art. 214.º, a consulta "deve ser feita pessoalmente pelo sócio" (assistido ou não de um perito). É uma solução algo estranha. É razoável que se previna o risco de da exibição de documentos sociais a estranhos – representantes dos sócios – resultarem prejuízos para a sociedade. Todavia, é certo que o sócio pode ser assistido por perito – normalmente não sócio; o sócio pode fazer-se representar na tomada de deliberações por não sócios (arts. 189.º, 4, 249.º, 5) – e alguns documentos consultáveis são objecto de deliberação; nas sociedades anónimas pode a consulta ser feita pelo accionista "ou por pessoa que possa representá-lo na assembleia geral" (art. 288.º, 3). De todo o modo, atendendo ao acabado de expor e ao facto de estar em jogo a tutela do interesse social, dos interesses comuns aos sócios – interesses de que eles poderão dispor –, deve entender-se que aquelas normas

---

([107]) Com opinião oposta, v. C. M. PINHEIRO TORRES, *O direito à informação nas sociedades comerciais,* Almedina, Coimbra, 1998, pp. 187, 196 e n. (272).

([108]) V. ainda, para as sociedades por quotas, o art. 263.º, 1.

(n.º 3 do art. 181,º e n.º 4 do art. 214.º) não são imperativas, podendo portanto o contrato social permitir a consulta a representantes (sócios ou não) dos sócios ([109]).

O Código é bastante mais restritivo em relação às sociedades anónimas e em comandita por acções (quanto aos sócios comanditários) – arts. 288.º, 289.º, 478.º. Os documentos consultáveis são somente os enumerados nas alíneas do n.º 1 do art. 288.º, nas alíneas do n.º 1 e no n.º 2 do art. 289.º (não é, pois, consultável tudo o que repeita a "escrituração, livros e documentos" sociais). Por outro lado, se qualquer sócio pode consultar os documentos contendo "informações preparatórias da assembleia geral" mencionados no art. 289.º (de que transcrevi a epígrafe) ([110]), já não é assim no que toca aos documentos previstos no art. 288.º. Com efeito, começa assim o n.º 1: "Qualquer accionista que possua acções correspondentes a, pelo menos, 1% do capital social pode consultar, desde que alegue motivo justificado, na sede da sociedade". Esta redacção, que faz da epígrafe do artigo ("direito *mínimo* de informação") uma *blague,* foi introduzida pelo DL 280/87, de 8 de Julho. Na versão originária todo o accionista tinha o referido direito de consulta – e sem que precisasse de alegar "motivo justificado". Não aplaudo a alteração. Primeiro, por defender que a informação enquanto instrumento de saber e de poder deve estar à disposição do maior número possível de sócios que queiram participar conscientemente na vida social (e os minoritários poucos meios mais têm para o fazer). Segundo, porque os documentos enumerados no art. 288.º são pouco relevantes

---

([109]) Com conclusão idêntica, v. RAÚL VENTURA, *últ. ob. cit.*, p. 291.

([110]) Estes documentos devem ser enviados, no prazo de oito dias: através de carta, aos titulares de acções correspondentes a, pelo menos, 1% do capital social que o requeiram; através de correio electrónico, se a sociedade não divulgar tais documentos no seu sítio na Internet (v. o n.º 4 do art. 289.º), a qualquer accionista que o requeira – art. 289.º, 3.

– e alguns deles têm até de ser publicados (designadamente os mencionados na al. a) – v. os arts. 70.º e 70.º-A do CSC e os arts. 3.º, 1, n), e 70.º, 1, a), do CRCom.). Não obstante, pergunta-se: as acções correspondentes a, pelo menos, 1% do capital social têm de ser possuídas por um só accionista, ou podem vários sócios agrupar-se de maneira a atingirem aquela percentagem e acederem assim (representados por um deles) ao direito de consulta? A letra da lei aponta para a primeira alternativa. Mas se a razão da lei é impedir a devassa da vida societária e a chicana por parte de inúmeros sócios com reduzidos interesses na sociedade [111], então há-de aceitar-se como boa a segunda alternativa: os titulares (em conjunto) de parte das acções considerada significativa devem poder, representados por um deles, consultar os ditos documentos [112]. Por sua vez, deve interpretar-se muito latamente o "motivo justificado" referido no n.º 1 do art. 288.º. O simples desejo de os sócios conhecerem o que vai sucedendo na "sua" sociedade (na sociedade de que fazem parte e onde, além do mais, têm interesses nada insignificantes) é motivo bastante para a consulta. [113] [114]

---

[111] Rezam as crónicas terem sido esses os motivos invocados pelos defensores da alteração do art. 288.º.

[112] V. neste sentido João LABAREDA, *Das acções...*, pp. 180, ss., RAÚL VENTURA, *Novos estudos sobre sociedades anónimas e sociedades em nome colectivo*, Almedina, Coimbra, 1994, pp. 134-135; contra, v. PINHEIRO TORRES, *ob. cit.*, pp. 191-192.

[113] Não diz o art. 289.º o que diz o art. 288.º, 3, sobre representação de accionista, assistência de perito e faculdades previstas no art. 576.º do CCiv.. Mas também à consulta de documentos para preparação de assembleia geral se aplica o prescrito no citado n.º 3 – por analogia ou até (sobretudo no que toca à representação) por maioria de razão.

[114] Tendo um sócio (em sociedade de qualquer tipo) direito de consultar documentos, não pode ele, invocando o direito à informação em sentido estrito, exigir à administração que lhe comunique elementos constantes desses mesmos documentos. Para um exemplo da distinção, v. o Ac. da RP de 17/1/2000, CJ, 2000, t. I, p. 184.

O *direito de inspecção* dos bens sociais está regulado no art. 181.º (n.º 4, em primeira linha) para as sociedades em nome colectivo (aplicável também às sociedades em comandita simples – art. 474.º – e, no respeitante aos sócios comanditados, em comandita por acções – art. 480.º) e, em termos semelhantes, no art. 214.º (n.º 5, em primeiro lugar) para as sociedades por quotas. Compete em princípio a qualquer sócio. No exame dos bens pode o sócio (ou quem o represente [115]) fazer-se assistir de um revisor oficial de contas ou de outro perito, bem como fotografar ou usar outros meios destinados à reprodução das coisas, desde que a reprodução se mostre necessária e se lhe não oponha motivo grave alegado pelos gerentes.

Nos arts. 288.º, ss. (direito à informação nas sociedades por acções) não se faz qualquer menção ao direito de inspecção de accionistas. Dado este silêncio (contrastante com o disposto nos arts. 181.º e 214.º), o carácter eminentemente capitalístico destas sociedades e as perturbações que para elas poderiam advir de muito numerosas pretensões inspectivas (contam-se muitas vezes por milhares os sócios), deve entender-se que os accionistas não têm, em regra, este direito (poderão saber algo acerca dos bens sociais exercendo os direitos de informação em sentido estrito e de consulta) [116]. Contudo, não está vedada a possibilidade de o contrato social prever e regulamentar o direito de inspecção dos accionistas.

O n.º 2 do art. 214.º (para as sociedades por quotas) permite que o estatuto social regulamente o direito à

---

[115] Vale aqui o que dissemos acima, a propósito da possibilidade de o sócio se fazer representar no exercício do direito de consulta.

[116] No mesmo sentido, v. PINHEIRO TORRES, *ob. cit.*, pp. 124-125; diversamente, quanto a algumas hipóteses, v. JOÃO LABAREDA, *ob. cit.*, pp. 186-187.

informação (em qualquer das suas manifestações: direito à informação em sentido estrito, direito de consulta, direito de inspecção ([117])) – quer quanto ao procedimento (estabelecendo, *v. g.*, o horário das consultas ou o prazo para as respostas dos gerentes) quer quanto ao âmbito ou conteúdo (estabelecendo, *v. g.*, quais as informações que podem ou não podem ser comunicadas). O Código nada dispõe sobre o ponto para os restantes tipos societários. Mas também nada obsta à aplicação por analogia do n.º 2 do art. 214.º às sociedades desses outros tipos ([118]). Embora, é claro, não possam ser derrogadas normas imperativas. Por exemplo, não poderá o estatuto de uma sociedade anónima proibir a consulta de algum dos documentos mencionados nos arts. 288.º e 289.º, ou fixar as épocas em que o direito consagrado no art. 291.º pode ser exercido.

O direito à informação pode ser regulamentado nos estatutos sociais, mas "contanto que não seja impedido o seu exercício efectivo ou injustificadamente limitado o seu âmbito; designadamente, não pode ser excluído esse direito quando, para o seu exercício, for invocada suspeita de práticas susceptíveis de fazerem incorrer o seu autor em responsabilidade, nos termos da lei, ou quando a consulta tiver por fim julgar da exactidão dos documentos de prestação de contas ou habilitar o sócio a votar em assembleia geral já convocada" (n.º 2 do art. 214.º) ([119]).

([117]) O citado n.º 2, na sequência do n.º 1, explicita as duas primeiras manifestações; o n.º 5, relativo ao direito de inspecção, remete também para o n.º 2.

([118]) No mesmo sentido, a propósito das sociedades anónimas, v. JOÃO LABAREDA, *ob. cit.*, pp. 187-188.

([119]) Para exemplos de cláusulas estatutárias ilícitas (nulas), por fixarem prazos demasiado longos para os gerentes responderem, v. o Ac. do STJ de 13/4/94, CJ (ASTJ), 1994, t. II, p. 28.

2. 1. 3. 2. Administradores-sócios e direito à informação

Os titulares dos órgãos de administração (gerentes, administradores) *gozam, quando sejam sócios, do direito à informação atribuído por lei aos sócios*? A questão, praticamente discutida tão-só quanto aos sócios-gerentes das sociedades por quotas, tem dividido a doutrina e a jurisprudência ([120]).

Parece-me que os membros da administração *não gozam* de tal direito. Por lei, são eles que devem comunicar ou possibilitar informação aos sócios. Por outro lado, no exercício das funções de administração e representação das sociedades, eles devem observar deveres de cuidado, revelando o conhecimento da activitdde da sociedade adequado às suas funções e empregando neste âmbito a diligência de um gestor criterioso e ordenado (art. 64.º, 1, a)). Para aquele ou este efeito, é claro que os administradores hão-de produzir informação. Mas mais: quando o órgão seja plural, cada um dos administradores tem o direito de receber dos outros informação, bem como o dever de comunicar aos outros informação ([121]) – só assim podem participar devidamente nas deliberações do órgão administrativo, na gestão e representação da sociedade, e comunicar aos sócios a informação exigida.

([120]) Respondendo negativamente, v. RAÚL VENTURA, *Sociedades por quotas* cit., vol. I, p. 286, PINHEIRO TORRES, *ob. cit.*, pp. 176, ss. (cita Abílio Neto em sentido contrário), Acs. do STJ de 23/5/96 (com um voto de vencido), CJ (ASTJ), 1996, t. II, p. 88, e de 1/7 97, BMJ n.º 469 (1997), p. 570. Afirmando o direito à informação dos sócios para os sócios gerentes, v. ANTÓNIO CAEIRO, *As sociedades de pessoas no Código das Sociedades Comerciais*, sep. do n.º especial do BFD – "Estudos em homenagem ao Prof. Doutor Eduardo Correia" –, Coimbra, 1988, p. 47 (sublinhando a história do preceito do art. 214.º), Ac. da RL de 2/12/92, CJ, 1992, t. V, p. 129, Ac. do STJ de 10/7/97, CJ (ASTJ), 1997, t. II, p. 167.

([121]) Inclusive – ou ainda mais – quando algum ou alguns deles tenham delegação de poderes de gestão (cfr. o art. 407.º).

Quer dizer, cada membro da administração – enquanto tal (não enquanto sócio) – tem direito à informação, quer por poder aceder directamente a ela ou às suas fontes (tem direito de consultar livremente os documentos sociais, de entrar nas instalações da sociedade, de auscultar trabalhadores e prestadores de serviços, de participar nas deliberações do órgão, de intervir nos negócios sociais), quer por poder exigir dos restantes membros qualquer informação respeitante à sociedade.

E se algum gerente ou administrador for impedido de exercer este direito à informação? Não poderá requerer inquérito judicial à sociedade (mecanismo ao dispor dos sócios a quem seja recusada informação – v. *infra*). Mas pode, isso sim, requerer "investidura judicial" no cargo social (arts. 1500.º e 1501.º do CPC) ([122]).

2. 1. 3. 3. Recusa de informação. Utilização ilícita de informação

Casos há em que os membros do órgão de administração (ou de outros órgãos, em assembleia geral) *podem-devem recusar a informação* solicitada por sócios.

Às informações em assembleia geral de sociedade de qualquer tipo é aplicável o n.º 2 do art. 290.º. A recusa da informação só é lícita quando a prestação da mesma pudesse ocasionar "grave prejuízo à sociedade ou a outra sociedade com ela coligada ou violação de segredo imposto por lei". O prejuízo, além de (objectivamente) grave, há-de respeitar à sociedade em questão ou a sociedades com ela coligadas ([123]); não releva, por exemplo, o prejuízo para os membros do órgão de administração. A relação entre a prestação da

---

([122]) V. o citado Ac. do STJ de 1/7/97.

([123]) Sobre as sociedades coligadas, v. os arts. 481.º, ss..

informação e o prejuízo não é de necessidade, é de possibilidade (séria) ou probabilidade (forte). A recusa é lícita quando, num juízo empresarial razoável ([124]), se conclua que a comunicação da informação é apta ou idónea para causar prejuízos ([125]). Por sua vez, o "segredo imposto por lei" abrange as informações não publicitadas e que por lei não podem ser comunicadas pela sociedade. É o caso dos segredos de Estado e de várias espécies de segredo profissional. Assim, por exemplo, não pode a administração de uma sociedade bancária revelar aos sócios o nome ou as contas de depósito dos clientes do banco (cfr. o art. 78.º do RGIC) ([126]), não pode a administração de uma sociedade anónima comunicar aos sócios "informação privilegiada" (cfr. o art. 378.º do CVM e o art. 449.º do CSC).

Sobre a recusa lícita de informações pedidas fora de assembleia geral contém o CSC apenas os arts. 215.º, 1 (no título III – sociedades por quotas), 288.º, 1, e 291.º, 4 e 5 (no título IV – sociedades anónimas). Mas o art. 215.º é aplicável analogicamente nas sociedades em nome colectivo, em comandita simples e (quanto aos sócios comanditados) por acções; os outros dois arts. são aplicáveis analogicamente nas sociedades em comandita por acções no tocante aos sócios comanditários.

Diz o n.º 1 do art. 215.º: "Salvo disposição diversa do contrato de sociedade, lícita nos termos do artigo 214.º, n.º 2,

---

([124]) A AktG, no § 131(3), 1, diz *nach vernünftiger kaufmännischen Beurteilung* (segundo juízo comercial razoável).

([125]) V. tb., com indicações bibliográficas, HÜFFER, *ob. cit.*, pp. 573-574.

([126]) Mas é claro que a administração de uma sociedade, bancária ou não, já pode informar (e deve, quando isso seja necessário ou conveniente para o sócio formar opinião fundamentada acerca de assunto sujeito a deliberação) sobre as contas de depósito e seus movimentos da sociedade nos diversos bancos – a lei não impõe aqui qualquer segredo.

a informação, a consulta ou a inspecção só podem ser recusadas pelos gerentes quando for de recear que o sócio as utilize para fins estranhos à sociedade e com prejuízo desta e, bem assim, quando a prestação ocasionar violação de segredo imposto por lei no interesse de terceiros". O receio há-de ser objectivamente fundado (não releva a eventual susceptibilidade timorata ou fóbica dos gerentes). Existirá receio legitimador da recusa quando, atendendo à natureza da informação pedida e à situação do sócio requerente na sociedade e fora dela, haja forte probabilidade de a mesma informação ser utilizada para fins diferentes dos licitamente prosseguíveis pelos sócios na ou através da sociedade, daí resultando (não negligenciável) prejuízo para esta. Por exemplo, um sócio é concorrente da sociedade e pretende consultar os documentos sociais donde constam as listas nominativas de clientes, as condições de pagamento oferecidas por fornecedores e os preços de venda praticados pela sociedade ([127]). ([128])

Nas sociedades anónimas não é lícito recusar a consulta dos documentos previstos nos n.ºs 1 e 2 do art. 289.º (para preparação de assembleia geral). E a consulta dos documentos referidos no art. 288.º só será recusável quando o sócio não "alegue motivo justificado" ([129]). Por sua vez, a propósito do direito "colectivo" à informação, diz o n.º 4 do art. 291.º que a informação pedida só pode ser recusada: "quando for de recear que o accionista a utilize para fins estranhos à sociedade e com prejuízo desta ou de

---

([127]) V. o Ac. da RP de 5/1/99, CJ, 1999, t. I, p. 177 – demasiado generoso, todavia (o sócio requerente da informação era concorrente da sociedade e, entre outros documentos, pretendia consultar também as "listas de clientes com cobranças difíceis ou duvidosas"...).

([128]) Sobre o "segredo imposto por lei", apesar do acrescento "no interesse de terceiros", vale o dito acima a propósito do art. 290.º, 2.

([129]) Sobre o (injustificado) "motivo justificado" também algo já ficou dito atrás.

algum accionista" (¹³⁰); "quando a divulgação, embora sem os fins referidos na alínea anterior [acabada de transcrever], seja susceptível de prejudicar relevantemente a sociedade ou os accionistas" (¹³¹); "quando ocasione violação de segredo imposto por lei".

A recusa ilícita de informações em assembleia geral é causa de *anulabilidade* das respectivas deliberações (art. 290.°, 3) (¹³²). (¹³³) São também anuláveis as deliberações que não tenham sido precedidas de certas informações (cfr., *v. g.*, os arts. 214.°, 2, *in fine,* e 5, 263.°, 1, 289.°), sobretudo por não ter sido proporcionada a consulta de documentos sociais – é o que decorre do art. 58.°, 1, a) e (mais explicitamente) c) (conjugada com a al. b) do n.° 4 do mesmo art.).

Os gerentes ou administradores que recusem ilicitamente informação ou prestem informação falsa, incompleta ou não elucidativa violam um dever legal. Se esse comportamento (culposo) causar danos à sociedade e/ou a sócio, eles incorrerem em *responsabilidade civil* nos termos dos arts. 72.°, ss. e 79.°. E incorrem em *responsabilidade penal* nos termos dos arts. 518.° e 519.°.

(¹³⁰) Quanto ao receio, etc., remeto para o escrito há pouco acerca do art. 215.°, 1. Não deixa de ser estranha a referência ao prejuízo "de algum accionista" (sem paralelo, aliás, nas restantes sociedades). Havendo prejuízo da sociedade, há prejuízo (comum) dos accionistas. Porventura, serve a referência para proteger accionistas que, devido às suas relações negociais ou (outras) jurídicas com a sociedade, seriam prejudicados (sem prejuízo para a sociedade) ou especialmente prejudicados (com relação aos restantes sócios) com a comunicação da informação. Penso nomeadamente nos accionistas-sociedades coligadas (cfr. o n.° 2 do art. 290.° do CSC, e o § 131 (3), 1, da AktG).

(¹³¹) Piorando, fala-se agora n'"os accionistas", já não de "algum accionista"...

(¹³²) A mesma sanção resultava já do art. 58.°, 1, a).

(¹³³) Para um exemplo, v. o Ac. do STJ de 18/6/96, CJ (ASTJ), 1996, t. II, p. 134.

Nas sociedades em nome colectivo, por quotas, em comandita simples e (quando aos sócios comanditados) por acções, em caso de recusa de informação (em sentido amplo) ou de prestação de informação (também em sentido amplo) presumivelmente falsa, incompleta ou não elucidativa, pode o sócio interessado requerer *inquérito judicial à sociedade* (arts. 181.º, 6, 216.º, 1) ([134]). Para as sociedades anónimas e (quanto aos sócios comanditários) em comandita por acções consagra o n.º 1 do art. 292.º solução idêntica (apesar de, sem razões plausíveis, para hipóteses mais restritas). Diz ele: "O accionista a quem tenha sido recusada informação pedida ao abrigo dos artigos 288.º ["direito mínimo à informação"] e 291.º ["direito colectivo à informação"] ou que tenha recebido informação presumivelmente falsa, incompleta ou não elucidativa pode requerer ao tribunal inquérito à sociedade". ([135]) O inquérito judicial (também poderoso instrumento persuasivo-preventivo contra a violação do dever de informar) está regulado nos n.ᵒˢ 2, ss. do art. 292.º do CSC ([136]) e nos arts. 1479.º, ss. do CPC.

O sócio não-accionista que utilize as informações obtidas de modo a prejudicar injustamente a sociedade ou outros sócios é *responsável,* nos termos gerais, pelos prejuízos que lhes causar e fica sujeito a *exclusão* (arts. 181.º, 5, 214º, 6). "O accionista que utilize as informações obtidas de modo a

---

([134]) Em alternativa ou conjuntamente, pode o sócio provocar deliberação dos sócios para se decidir que a informação lhe seja prestada ou seja corrigida – art. 215.º, 2 (esta norma, apesar de estar prevista para as sociedades por quotas, é aplicável analogicamente às restantes sociedades citadas).

([135]) De acordo com o n.º 5 do art. 291.º, as informações (em sentido estrito) consideram-se recusadas se não forem prestadas nos quinze dias seguintes à recepção do pedido. Esta presunção (ilidível – cfr. JOÃO LABAREDA, *ob. cit.*, pp. 185-186) será aplicável por analogia nas restantes sociedades (a menos que os estatutos regulamentem o ponto).

([136]) Para esses n.ᵒˢ remete o art. 216.º, 2. Estranhamente, o art. 181.º, 6, remete para o art. 450.º (v. tb. PINHEIRO TORRES, *ob. cit.*, p. 219, n. (324)).

causar à sociedade ou a outros accionistas um dano injusto é *responsável,* nos termos gerais" (art. 291.º, 6) ([137]).

2. 1. 4. Direito à designação para os órgãos sociais de administração e de fiscalização

O art. 21.º, 1, d) diz ainda que todo o sócio tem direito "a ser designado para os órgãos de administração e de fiscalização da sociedade, nos termos da lei e do contrato". *Não se trata, porém, de direito subjectivo propriamente dito.* Pois nem o sócio tem o poder de exigir ou pretender que seja designado, nem os outros sócios têm o dever jurídico de o designar.

Em regra, todo o sócio tem é o direito de não ser excluído da possibilidade de ser designado para o órgão de administração ([138]) e para órgãos de fiscalização – o conselho fiscal (em que um dos membros efectivos não pode ser sócio – art. 414.º, 2, 3) ou o conselho geral e de supervisão; todo o sócio se pode propor (não assim o não-sócio) ou ser proposto a tal designação, sendo designado se, consoante os casos, também os outros sócios apoiarem essa proposta ou ela concitar os votos necessários ([139]).

Os dizeres do art. 21.º, 1, d), justificar-se-ão, porventura, pelo propósito de o legislador inverter a perspectiva plasmada no (revogado) art. 118.º (3.º) do CCom.: todo o sócio é *obrigado* "a exercer os cargos para que a sociedade o nomear". ([140])

([137]) Este preceito, apesar de incluído no art. respeitante ao "direito colectivo à informação", é aplicável analogicamente aos restantes casos de utilização ilícita de informação.

([138]) Salvo estipulação estatutária diversa, todo o sócio pessoa singular é gerente na sociedade em nome colectivo (art. 191.º, 1). Mas nem aqui há direito a "ser designado" (por outrem).

([139]) Sobre esta matéria, v. *infra,* cap. VII.

([140]) Onde se mantém a ideia do dever (salvo motivo justificado de escusa) – emparelhado, embora, com a do direito – é no CCoop. (arts. 34.º, 2, b), e 33.º, 1, b)).

2. 2. Obrigações

2. 2. 1. Obrigação de entrada

2. 2. 1. 1. Entradas possíveis

Quando se constitui uma sociedade, todo o sócio é obrigado "a entrar para a sociedade com bens susceptíveis de penhora ou, nos tipos de sociedade em que tal seja permitido, com indústria" (art. 20.º, 1, a), do CSC). É esta a primeira e fundamental obrigação de todos os sócios primitivos de uma sociedade (contribuir com bens – a "indústria" também é bem – para o exercício de determinada actividade económica) ([141]).

"Entrada" aparece na lei quer como prestação (de *dare* ou de *facere*) – v. g., arts. 20.º, 1, a) ("entrar"), 26.º, 1 – quer (sobretudo com relação às prestações de *dare*) como objecto da prestação – v. g., arts. 9.º, 1, h), 2, 25.º, 1, 28.º, 1, 3, a), c), d). Atendendo principalmente a este segundo sentido, distinguem-se as entradas *em dinheiro,* as entradas *em espécie* e as entradas *em indústria.*

"*Dinheiro*" é tudo aquilo que num determinado espaço é aceite consensualmente como meio de pagamento ([142]). Não é, todavia, este conceito amplo o adequado para caracterizar as entradas em dinheiro. Tanto na linguagem corrente como na legislativa, dinheiro é sinónimo de *moeda.* Que pode ser metálica, de papel (papel-moeda, mais especificamente) e

---

([141]) Apesar do tom universalista do art. 20.º, 1, a), está bem de ver não existir tal obrigação de entrada nas aquisições derivadas das participações sociais (ou da qualidade de sócio). Note-se, aliás, que aquele preceito está incluído num capítulo relativo à constituição das sociedades.

([142]) Cfr. CARLOS LARANJEIRO, *Lições de integração monetária europeia,* Almedina, Coimbra, 2000, p. 10, n. (1).

bancária ou escritural (¹⁴³). O sócio cumprirá normalmente a obrigação de entrada em dinheiro mediante entrega de papel-moeda ou (sobretudo) por meio de cheque ou de ordem de transferência bancária (o cumprimento estará efectuado quando o montante do cheque ou da transferência esteja na disponibilidade da sociedade) (¹⁴⁴).

As entradas em bens diferentes de dinheiro (e de indústria) são designadas *"entradas em espécie"* (v. a epígrafe do art. 28.º e o art. 179.º). Consistem, por exemplo, em imóveis, empresas (em sentido objectivo), móveis corpóreos, patentes, marcas, créditos, participações sociais. Muitas vezes entram os sócios com a *propriedade* desses bens (quando de propriedade se possa falar). Outras vezes transmitem ou constituem a favor da sociedade *outros direitos reais* sobre esses bens (*v. g.*, transmitem um direito de usufruto sobre um imóvel onde funcionará a sede social). E podem os sócios entrar para a sociedade atribuindo-lhe o *gozo* desses bens a *título obrigacional* (*v. g.*, o gozo durante 20 anos do citado imóvel, tendo como única contrapartida a aquisição de quota pelo sócio)? A questão, muito discutida em diversos países (¹⁴⁵), merece entre nós resposta afirmativa. Não infirmável pelas eventuais dificuldades especiais de avaliação destas entradas – no fundo, o valor imputável às entradas em espécie de mero gozo é o valor actual de um rendimento

---

(¹⁴³) V. por todos A. J. AVELÃS NUNES, *Economia, I – A moeda,* SASUC, Coimbra, 2000, pp. 52, ss..

(¹⁴⁴) Raramente, já se vê, entregará o sócio moeda metálica.

(¹⁴⁵) V. por todos C. PAZ-ARES, *La aportación de uso en las sociedades de capital,* RdS, 1995, pp. 33, ss. (o A. é convicto defensor da admissibilidade de tais entradas). Entre nós, antes do CSC, apesar da ausência de problematização, A. FERRER CORREIA (c/colab. de V. LOBO XAVIER, M. HENRIQUE MESQUITA, J. M. SAMPAIO CABRAL, ANTÓNIO A. CAEIRO), *Lições de direito comercial,* vol. II – *Sociedades comerciais (Doutrina geral),* ed. copiogr., Coimbra, p. 207, entendia que se poderia entrar para sociedade também "com o uso e fruição de uma coisa" (citando o art. 984.º, b), do CCiv.; v. tb. o art. 981.º, 2).

futuro (^{146}) –, nem pelo prescrito no art. 26.º quanto ao tempo da realização das entradas (as entradas em espécie "devem ser realizadas até ao momento da celebração do contrato de sociedade") (^{147}), nem pela impenhorabilidade destas entradas (se, *v. g.*, a sociedade não pode dispor do prédio com cujo gozo entrou o sócio, então não é penhorável esse bem (^{148})) (^{149}). Por outro lado, o art. 25.º, 4, conforta a resposta afirmativa (^{150}). Diz ele: "Se a sociedade for privada, por acto legítimo de terceiro, do bem prestado pelo sócio ou se tornar impossível a prestação, bem como se for ineficaz a estipulação relativa a uma entrada em espécie, nos termos previstos no artigo 9.º, n.º 2 [não indicação no estatuto de entrada em espécie ou do seu valor], deve o sócio realizar em dinheiro a sua participação, sem prejuízo da eventual dissolução da sociedade, por deliberação dos sócios [art. 141.º, 1, b)] ou por se verificar a hipótese prevista no artigo 142.º, n.º 1, alínea *b)*" [a actividade-objecto social torna-se de facto impossível]. Ora, a hipótese de a sociedade ser "privada, por acto legítimo de terceiro, do bem prestado pelo sócio" não se verifica quando os bens são transmitidos em propriedade (e outros direitos reais) para a sociedade; verifica-se, isso sim, quando é transmitido o simples gozo dos bens, quando o sócio atribui à sociedade um direito pessoal de gozo relativamente a esses bens – por exemplo, o

---

(^{146}) PAZ-ARES, *ob. cit.*, p. 36 (sobre as dificuldades de avaliação em certos casos, v. *ibid.*, pp. 43-44).

(^{147}) V. *infra*, n.º 2. 2. 1. 4.

(^{148}) Sobre a impenhorabilidade por indisponibilidade subjectiva, v. J. LEBRE DE FREITAS, *A acção executiva*, 3.ª ed., Coimbra Editora, Coimbra, 2001, pp. 180, ss..

(^{149}) Acerca da penhorabilidade dos bens presente na al. a) do art. 20.º, v. o parágrafo seguinte, em texto.

(^{150}) Convergentemente, v. PAULO DE TARSO DOMINGUES, *Do capital social – Noção, princípios e funções,* Coimbra Editora, Coimbra, 1998, p. 75, n. (235) (o A. defende também a admissibilidade das entradas de mero gozo).

prédio com cujo gozo tenha entrado o sócio pode ser retirado à sociedade por terceiro-proprietário, que entretanto o comprou ao sócio ou o adquiriu em processo executivo movido contra ele ([151]). ([152]) ([153])

O art. 20.º, a), com referência às entradas em dinheiro ou em espécie, fala, recorde-se, de "bens susceptíveis de penhora". ([154]) Mas não devia falar. Pois o art. 7.º da 2.ª Directiva (embora aplicável somente às sociedades anónimas) estatui, de caso pensado ([155]), que "o capital subscrito só pode ser constituído por elementos de activo susceptíveis de avaliação económica". Apesar dos dizeres do enunciado normativo português, ele deve ser interpretado – em harmonia com o direito comunitário – de modo a serem permitidas também as entradas com bens que, não obstante serem impenhoráveis ([156]), são susceptíveis de avaliação económica, contribuindo para o exercício da actividade social e aproveitando, assim, também aos credores sociais ([157]).

([151]) Não é assim, como se sabe, quando o bem tenha sido locado à sociedade (art. 1057.º do CCiv.).

([152]) A segunda hipótese do n.º 3 do art. 25.º do CSC (tornar-se "impossível a prestação") poderá verificar-se a propósito de certas entradas em espécie – nomeadamente as consistentes em cessões de créditos.

([153]) Acrescente-se ainda ser admissível a entrada com o mero gozo de dinheiro (empréstimo sem juros ou com juros mais baixos do que os praticados no mercado) – v. neste sentido, entre outros, J. HAMEL/G. LAGARDE/A. JAUFFRET, *Droit commercial*, t. I, 2ᵉ vol., 2ᵉ éd., Dalloz, Paris, 1980, p. 24, RIPERT/ROBLOT/GERMAIN/VOGEL, *ob. cit.*, p. 819, PAZ-ARES, *ob. cit.*, p. 41, TARSO DOMINGUES, *ob. cit.*, p. 80, n. (57).

([154]) Indicando bens total, relativa e parcialmente impenhoráveis, v. os arts. 822.º a 824.º-A do CPC.

([155]) V., p. ex., RAÚL VENTURA, *Adaptação do direito português à segunda directiva do Conselho da Comunidade Europeia sobre o direito das sociedades*, DDC, Lisboa, p. 25.

([156]) P. ex., partes sociais de sócios de responsabilidade ilimitada (cfr. o art. 183.º, 1), bens atribuídos a título de direitos pessoais de gozo.

([157]) No mesmo sentido, v. TARSO DOMINGUES, *ob. cit.*, pp. 143, ss..

Pelas *entradas "em indústria"* obrigam-se os sócios a prestar determinada actividade ou trabalho (é este também o significado etimológico de "indústria") à sociedade. Somente os sócios de responsabilidade ilimitada (todos os sócios nas sociedades em nome colectivo, os sócios comanditados nas sociedades em comandita) podem entrar com indústria (arts. 176.º, 1, a), b), 468.º). Nas sociedades por quotas, anónimas e (quanto aos sócios comanditários) em comandita, tendo em conta a responsabilidade limitada dos sócios, a garantia geral das obrigações sociais constituída pelos respectivos patrimónios e a frágil consistência das entradas em indústria (dificilmente avaliáveis – sobretudo porque a duração da prestação não pode nunca ser exactamente determinada – e não executáveis especificamente), estas entradas são proibidas por lei (arts. 202.º, 1, 277.º, 1, 468.º) ([158]).

2. 2. 1. 2. Avaliação de entradas. Aquisição de bens a accionistas

Para garantir uma correcta correspondência entre as *entradas em espécie* e as relativas participações sociais e entre as participações sociais e o capital social – assim se tutelando os interesses da generalidade dos sócios e dos credores sociais –, o art. 28.º exige a *avaliação* em certos termos dessas entradas ([159]). Prescreve o n.º 1: "As entradas em bens diferentes de dinheiro devem ser objecto de um relatório elaborado por um revisor oficial de contas sem

---

([158]) V. tb. a 2.ª parte do art. 7.º da 2.ª Directiva.
O CCom. não era claro quanto à inadmissibilidade das entradas em indústria nas sociedades anónimas. PINTO COELHO, *Estudo...*, pp. 43, ss., defendia a admissibilidade. Não assim a maioria dos autores – JOSÉ TAVARES, *Sociedades e empresas comerciais*, 2.ª ed., Coimbra Editora, Coimbra, 1924, pp. 511-512, VISCONDE DE CARNAXIDE, *ob. cit.*, pp. 102, ss., CUNHA GONÇALVES, *ob. cit.*, p. 268, FERRER CORREIA, *ob. cit.*, pp. 208, ss..

([159]) V. tb. o art. 10.º da 2.ª Directiva.

interesses na sociedade [v. o n.º 2], designado por deliberação dos sócios na qual estão impedidos de votar os sócios que efectuam as entradas". (¹⁶⁰) Nos termos do n.º 3, o relatório do revisor deve, pelo menos, descrever os bens, identificar os seus titulares, avaliar os bens, indicando os critérios utilizados para a avaliação, e declarar se os valores encontrados atingem ou não o valor nominal da parte, quota ou acções atribuídas aos sócios que efectuarem tais entradas, acrescido dos prémios de emissão, se for caso disso (¹⁶¹), ou o

---

(¹⁶⁰) A parte final deste preceito tem provocado perplexidades em alguns autores. Para RAÚL VENTURA, *Alterações do contrato de sociedade*, Almedina, Coimbra, 1986, p. 132, essa parte (designação de ROC "por deliberação dos sócios na qual estão impedidos de votar os sócios que efectuam as entradas"), que não constava do *Projecto*, "pode ser literalmente aplicada no caso de aumento de capital, enquanto para a constituição da sociedade é um mistério"; em *Sociedades por quotas* cit., vol. I, p. 123, reitera o A. o "mistério", pois "ainda não existe sociedade, ainda não pode haver deliberação dos sócios, nem cabe retirar o voto, se nem sequer há voto". ALBINO MATOS, *Constituição de sociedades*, 5.ª ed., Almedina, Coimbra, 2001, p. 83, escreve que "não se compreende muito bem como é que antes de haver sociedade se poderá falar com propriedade de deliberação dos sócios"; e acrescenta, entre outras coisas, que não se vê bem como funcionará o esquema legal quando todos os sócios entrem só com uma mesma coisa. Não comungo de tais perplexidades. Como dissemos, havendo acto social constituinte (antes mesmo de cumprida a forma legal), há já sociedade e sócios, que podem tomar deliberações (cfr. o art. 36.º, 2). E, na hipótese de todos os sócios entrarem com o mesmo bem (porque são, p. ex., comproprietários do imóvel objecto da entrada), todos hão-de poder votar na designação do ROC – recorde-se o que ficou dito *supra*, no n.º 2. 1. 2., a propósito do (não) impedimento de voto por conflito de interesses quando o conflito se verifique relativamente a todos os sócios.

(¹⁶¹) A al. d) acrescenta ainda, após "se for caso disso", "ou a contrapartida a pagar pela sociedade". É um acrescento que está a mais (não consta do *Projecto* nem corresponde à parte final do n.º 2 do art. 10.º da 2.ª Directiva – onde aparece "contrapartida", mas a outro propósito). Dever-se-á ao previsto nos arts. 13.º, 1, e 14.º, 2, de um anteprojecto de lei das sociedades por quotas – A. FERRER CORREIA/V. LOBO XAVIER/M. ÂNGELA COELHO/ANTÓNIO CAEIRO, *Sociedade por quotas de responsabilidade limitada (Anteprojecto de lei – 2.ª redacção e exposição de motivos)*, RDE, 1977, pp. 164, ss.. Mas o CSC não seguiu o tratamento do anteprojecto para as "entradas em espécie e aquisições de bens" a terceiros pela sociedade... V., contudo, *supra*, a n. (88) do cap. III para uma tentativa de aproveitar alguma coisa daquele acrescento.

valor de emissão das acções sem valor nominal. ([162]) Quando se verifique a existência de erro na avaliação feita pelo revisor (este sobrevalorizou as entradas em espécie), o sócio é responsável pela diferença, até ao valor nominal da sua participação social ou, no caso de acções sem valor nominal, até ao valor de emissão destas (art. 25.º, 3). ([163]).

Os interesses acautelados pela exigência de avaliação das entradas em espécie perigariam se a sociedade, pouco depois da constituição, pudesse *adquirir onerosa e livremente bens aos sócios*. Suponha-se que um sócio entrou com 10 000 em dinheiro; logo depois a sociedade comprou-lhe por 10 000 um veículo que valia 8 000; a venda do veículo traduziu-se praticamente numa entrada em espécie dissimulada (a coberto de uma entrada formalmente em dinheiro – que logo recuperou – o sócio entrou de facto com um veículo) mas sem qualquer controlo por parte de revisor oficial de contas. Pois bem, o regime do art. 29.º visa evitar que se defraude os preceitos do art. 28.º ([164]). Assim, sob pena de ineficácia, a aquisição de bens por uma sociedade anónima ou em comandita por acções ([165]) deve ser aprovada por deliberação dos sócios – precedida de verificação do valor dos bens nos termos do art. 28.º – quando seja efectuada antes

---

([162]) Sobre a data a que o relatório deve reportar-se e a publicitação do mesmo, v. os n.ºs 4, 5 e 6 do art. 28.º.

([163]) Nas sociedades em nome colectivo e em comandita simples, a avaliação das entradas em espécie não tem de ser feita por revisor oficial de contas (podem os sócios fazê-la). Dispõe o art. 179.º: "A verificação das entradas em espécie, determinada no artigo 28.º, pode ser substituída por expressa assunção pelos sócios, no contrato de sociedade, de responsabilidade solidária, mas não subsidiária pelo valor atribuído aos bens".

([164]) O art. 29.º cumpre o imposto pelo art. 11.º da 2.ª Directiva (inspirado, por sua vez, no § 52 da AktG – mas os cuidados, na Alemanha, com a regulamentação da *Nachgründung* são bem anteriores à lei de 1965: v., p. ex., A. KRAFT, in *Kölner Kommentar...*, *§ 52*, p. 551).

([165]) Este regime deveria valer também para as sociedades por quotas; igualmente neste sentido, v. RAÚL VENTURA, *últ. ob. cit.*, p. 126, e TARSO DOMINGUES, *ob. cit.*, p. 77, n. (244).

da celebração do acto constituinte, em simultâneo com ela ou nos dois anos seguintes a um sócio e o contravalor dos bens exceda 2% ou 10% do capital social, consoante este for igual ou superior a 50 000 euros, ou inferior a esta importância ([166]); além disso, os contratos de onde procedam as aquisições devem ser reduzidos a escrito, sob pena de nulidade. Todavia, este regime não é aplicável quando a aquisição seja feita em bolsa, em processo judicial executivo, ou esteja compreendida no objecto da sociedade.

O valor das entradas em indústria também deve constar do estatuto social. Mas a avaliação é feita pelos sócios, o art. 28.º não lhes é aplicável. Compreende-se que as exigências sejam aqui menores. Além da responsabilidade ilimitada dos sócios de indústria pelas obrigações sociais, é preciso ter em conta que o valor das contribuições em indústria não se reflecte nas partes de capital (fundadas tão-só em entradas em dinheiro e/ou em espécie) nem no capital social (arts. 9.º, 1, f), 178.º, 1) – servindo apenas para o cálculo da participação nos lucros e perdas (art. 176.º, 1, b)).

2. 2. 1. 3. Valor das entradas e valor das participações

Para uma correcta formação do capital social (que, como veremos no próximo capítulo, desempenha várias funções), o valor das entradas (em dinheiro ou em espécie) pode ser igual ou superior, mas *não inferior,* ao valor (nominal, ou de emissão) das correspondentes participações sociais (partes de capital, quotas, acções) – art. 25.º, 1, 2 (v. também o art. 298.º, 1, e o art. 8.º da 2.ª Directiva). Assim se consegue

---

([166]) O sócio a quem sejam adquiridos os bens não votará na deliberação (v. o art. 384.º, 6, d)). Anote-se ainda não fazer sentido a referência (no art. 29.º, 1, b)) a valor do capital social inferior a 50 000 euros – este é o valor mínimo (art. 276.º, 3)...

que o valor do património social inicial seja pelo menos idêntico ao capital social (também inicial). Muitas vezes os valores da entrada e da participação social serão equivalentes. Mas também sucede serem os valores das entradas superiores aos das participações (cfr. os arts. 156.º, 2, *in fine,* 295.º, 2, a), 3, a), d)).

2. 2. 1. 4. Tempo das entradas

Sobre o *tempo da realização das entradas,* rezava assim o art. 26.º: "As entradas dos sócios devem ser realizadas no momento da outorga da escritura do contrato de sociedade, sem prejuízo de estipulação contratual que preveja o diferimento da realização das entradas em dinheiro, nos casos e termos em que a lei o permita". Era infeliz a primeira parte deste preceito. Porquanto: a generalidade das entradas podia (e pode) ser realizada (total ou parcialmente) antes da escritura pública do acto constituinte; pelo menos parte das entradas em dinheiro havia de (e há-de, em regra) ser realizada antes desse momento; as entradas em indústria são de execução continuada.

Alterado pelo DL 76-A/2006, o art. 26.º do CSC passou a dizer: "As entradas dos sócios devem ser realizadas até ao momento da celebração do contrato de sociedade, sem prejuízo de estipulação contratual que preveja o diferimento da realização das entradas em dinheiro, nos casos e termos em que a lei o permita". Embora melhorada (e descontada a modificação respeitante à escritura), a primeira parte do preceito continuava deficiente: as entradas em espécie podiam (e podem) ser realizadas no momento da celebração do acto constituinte; as entradas em indústria são normalmente realizadas depois da celebração do contrato social.

O art. 26.º voltou a ser alterado pelo DL 33/2011, de 7 de Março. Desdobra-se agora em três números: "1. As entradas dos sócios devem ser realizadas até ao momento da celebração do contrato, sem prejuízo do disposto nos números seguintes. / 2. Sempre que a lei o permita, as entradas podem ser realizadas até ao termo do primeiro exercício económico, a contar da data do registo definitivo do contrato de sociedade. / 3. Nos casos e nos termos em que a lei o permita, os sócios podem estipular contratualmente o diferimento das entradas em dinheiro." Vejamos mais detidamente.

As *entradas em espécie* são realizáveis, em alguns casos, *antes da celebração* do acto constituinte. Por exemplo, um sujeito entra com o seu estabelecimento, formalizando-se o trespasse no contrato de sociedade reduzido a simples escrito sem as assinaturas reconhecidas presencialmente (e iniciando logo a sociedade a sua actividade através da exploração do estabelecimento). Em outros casos, a entrada em espécie efectuar-se-á *no momento da celebração* do acto constituinte. Assim é, por exemplo, quando alguém entra para a sociedade (que não seja "empresa na hora") com a propriedade de um imóvel. Esta transmissão, para ser válida, deve ser feita por escritura pública ou por documento particular autenticado (art. 22.º do DL 116/2008, de 4 de Julho). Devendo então também o acto constituinte da sociedade revestir uma dessa formas.

Em qualquer caso, se a entrada consistir em uma coisa (em um direito real sobre uma coisa), não poderá estabelecer-se no acto constituinte o diferimento da obrigação de entrada para lá do momento da celebração daquela acto. Apesar de a letra do n.º 2 do art. 26.º não distinguir, o diferimento aí previsto aplicar-se-á somente a entradas em dinheiro (v. *infra*). Vale o mesmo para a realização das entradas em espécie de mero gozo. Apesar de muitas vezes se dizer que estas entradas não são realizáveis instantaneamente (no momento da celebração do acto constituinte ou noutro), realizando-se "sucessivamente" ao longo do tempo (a relação obrigacional exigiria que o sócio assegurasse o gozo da coisa pela sociedade durante o período convencionado) (¹⁶⁷). Contudo, os chamados direitos pessoais de gozo (diferentemente do que se verifica nas relações creditórias de cooperação) possibilitam uma actuação directa e autónoma dos titulares sobre coisas, sem necessidade da cooperação de outrem (¹⁶⁸). Por conseguinte, pode dizer-se que o sócio que entra para a sociedade com o gozo, a título obrigacional, de uma coisa realiza a sua entrada no momento em que se obriga a proporcionar à sociedade o gozo dessa coisa e a coloca (entregando-a) na disponibilidade da sociedade.

Em regra, as *entradas em dinheiro* devem ser realizadas *até ao momento da celebração* do acto constituinte da sociedade (art. 26.º, 1). No acto constituinte de sociedade por quotas ou por acções devem os sócios declarar, sob sua responsabilidade, as entradas que já realizaram (arts. 202.º, 4, 277.º, 4, 478.º). (¹⁶⁹)

A regra admite, todavia, várias excepções.

Para as *sociedades por quotas constituídas nos termos do CSC*, esta lei permite que as entradas sejam realizadas até ao termo do primeiro exercício económico (arts. 26.º, 2, 199.º, b), 202.º, 4; v. tb. o art. 1.º, b), do DL 33/2011). Termo esse "a contar da data do registo definitivo do contrato de sociedade" (art. 26.º, 2)! Mais espantosa ainda é a possibilidade de cada sócio realizar até esse termo, não a totalidade ou parte substancial da entrada, mas tão-só o "valor nominal mínimo

---

(¹⁶⁷) Este discurso é comum em França – v., p. ex., HAMEL/LAGARDE / /JAUFFRET, *ob. cit.*, p. 24.

(¹⁶⁸) Sobre os direitos pessoais de gozo, v., entre nós, M. HENRIQUE MESQUITA, *Obrigações reais e ónus reais,* Almedina, Coimbra, 1990, pp. 48, ss., n. (17).

(¹⁶⁹) Nas sociedades por acções, a soma das entradas já realizadas deve estar depositada em instituição de crédito, em conta aberta em nome da sociedade (art. 277.º, 3). Valia o mesmo para as sociedades por quotas. Mas o DL 33/2011 acabou com a exigência... Sobre as possíveis utilizações daquela conta, v. o n.º 5 do art. 277.º (preceito equivalente para as sociedades por quotas foi revogado pelo citado DL).

da quota fixado por lei" (art. 199.º, b)), isto é, 1 euro (art. 219.º, 3)!!

Para as *sociedades por quotas e anónimas* constituídas *"imediatamente"* ("empresas na hora") ou *on-line* ("empresas *on-line"*), permite-se (170) a realização de todas as entradas em dinheiro até alguns dias depois da celebração do acto constituinte – DL 111/2005, art. 7.º, 2, e DL 125/2006, art. 6.º, 1, e).

Conjugando os preceitos acabados de citar com o art. 1.º do DL 33/2011, conclui-se ainda que, nas *sociedades por quotas* "na hora" e *"on-line"*, as entradas em dinheiro podem ser realizadas "até ao final do primeiro exercício económico" (citados arts. 7.º, 2, e 6.º, 1, e), na redacção introduzida por aquele DL). (171)

Além destas excepções, há que referir ainda o tradicionalmente designado *diferimento de entradas em dinheiro*.

O Código admite que o estatuto social preveja, em certos termos, o diferimento nos arts. 203.º, 1, e 277.º, 2 – respeitantes às sociedades por quotas e anónimas, respectivamente (sendo o art. 277.º aplicável também às sociedades em comandita por acções – art. 478.º). (172) Nas sociedades por quotas, ressalvado o prescrito no art. 199.º, b) (realização, no

---

(170) Em oposição ao prescrito, para as sociedades anónimas, no art. 9.º, 1, da 2.ª Directiva.

(171) Nestes artigos, bem como no art. 1.º, b), do DL 33/2011 e no art. 202.º, 4 e 6, do CSC, fala-se em entregas nos "cofres da sociedade". O legislador de 2011 inspirou-se, porventura, em linguagem contabilística oitocentista. Claro que o dinheiro das entradas não tem de ser entregue nos cofres da sociedade (mesmo que os tenha)...

(172) Quanto às sociedades em nome colectivo e em comandita simples, nada dispondo o Código a propósito (ser ou não o diferimento admitido, condições do diferimento, no caso de ser admitido, consequências da não realização das entradas diferidas quando exigidas, etc.), é de entender que o diferimento não é permitido em tais sociedades. Neste sentido, v. BRITO CORREIA, *ob. cit.*, p. 293, TARSO DOMINGUES, *ob. cit.*, p. 84, PINTO FURTADO, *Curso...*, pp. 99-100; dubitativamente, v. ALBINO MATOS, *ob. cit.*, pp. 87-88.

máximo até ao final do primeiro exercício, de 1 euro por cada entrada), todas as entradas em dinheiro são diferíveis. Nas sociedades anónimas e em comandita por acções "pode ser diferida a realização de 70% do valor nominal ou do valor de emissão das acções, não podendo ser diferido o prémio de emissão, quando previsto" (art. 277.º, 2). ([173])

Nas sociedades por acções, a percentagem das entradas em dinheiro cuja realização é possível diferir reporta-se *a todas elas globalmente consideradas ou a cada uma delas*? Numa sociedade anónima tem cada sócio de realizar até à celebração do contrato social pelo menos 30% do valor das acções (de todas e cada uma) que subscreveu, ou é possível convencionar-se que o sócio x nada realiza até esse momento, pagando tudo um ano depois, já que as entradas realizadas pelos restantes sócios atingem um montante correspondente a 30% ou mais do valor de todas as acções? Apesar de a letra do n.º 2 do art. 277.º não ser conclusiva, deve entender-se que cada sócio tem de realizar até ao momento da celebração do contrato de sociedade parte da sua entrada (a parte fixada no estatuto e que, segundo a lei, não pode ser inferior a 30% ([174]). Esta solução, além de ser a mais concorde com a ideia de sociedade como comunidade de (relativamente iguais) proveitos e riscos ou custos, torna mais difícil a participação nas sociedades de sujeitos precipitados ou irreflectidos (todos têm de desembolsar algum dinheiro)([175]) e promove mais eficazmente a realização das

---

([173]) Nas sociedades resultantes de "saneamento por transmissão", as entradas em dinheiro devem ser realizadas intgralmente antes da homologação judicial (art. 201.º, 2, do CIRE).

([174]) Convergentemente, v. BRITO CORREIA, *ob. cit.*, p. 158, TARSO DOMINGUES, *ob. cit.*, p. 85, C. OSÓRIO DE CASTRO, *Alguns apontamentos sobre a realização e a conservação do capital social das sociedades anónimas e por quotas*, DJ, 1998, p. 292; divergentemente, ALBINO MATOS, *ob. cit.*, p. 88, n. (158).

([175]) Cfr. HAMEL/LAGARDE/JAUFFRET, *ob. cit.*, p. 321.

entradas diferidas – os sócios sabem que, se não realizarem estas entradas, ficam sujeitos a perder as respectivas participações *e os pagamentos já realizados* (art. 285.º, 4) ([176]).

Nas sociedades por quotas, "o pagamento das entradas diferidas tem de ser efectuado em datas certas ou ficar dependente de factos certos e determinados, podendo, em qualquer caso, a prestação ser exigida a partir do momento em que se cumpra o período de cinco anos sobre a celebração do contrato (...) ou se encerre o prazo equivalente a metade da duração da sociedade, se este limite for inferior" (art. 203.º, 1). Mas é possível não estabelecer o estatuto social qualquer prazo. Nesse caso tem a sociedade o direito de exigir a todo o tempo o pagamento (devendo agir até ao referido limite dos cinco anos ou menos, quando a duração da sociedade fixada estatutariamente seja inferior a dez anos), assim como o sócio devedor pode a todo o tempo efectuá-lo (art. 777.º, 1, do CCiv.) ([177]). Nas sociedades por acções, o estatuto pode também fixar prazos, mas não pode permitir o diferimento da realização das entradas em dívida por mais de cinco anos (art. 285.º, 1). Não fixando o estatuto qualquer prazo, aplicar-se-á igualmente o art. 777.º, 1, do CCiv.

E chegamos às *entradas em indústria*. Que são, dissemos, de *execução continuada*. Não são realizáveis instantaneamente. Exigem actividade, a cooperação do sócio ao longo do tempo. Não podem ser, portanto, realizadas "até ao

---

([176]) Este preceito indicia, aliás, que todo o sócio deve pagar parte da entrada até à celebração do acto constituinte.
Com outra fundamentação – "evitar que um diferimento integral seja convencionado em benefício dos sócios com menos recursos, agravando as consequências da sua eventual insolvência" –, OSÓRIO DE CASTRO, *últ. ob. e loc. cits.* (também seria interessante averiguar se as cláusulas de diferimento ocorrem mais nas sociedades com menores recursos e em relação aos sócios de menores recursos financeiros...).

([177]) V. tb. RAÚL VENTURA, *ob. cit.*, p. 136.

momento da celebração do contrato". O sócio de indústria fica vinculado a partir do contrato social (não necessariamente a partir da "celebração"), mas o cumprimento da obrigação prolonga-se no tempo.

2. 2. 1. 5. Meios para o cumprimento de entradas diferidas

A lei, embora admita o diferimento de parte das entradas em dinheiro, não deixa de prever mecanismos vários que asseguram o cumprimento da obrigação de entrada.

Na parte geral do CSC, estatui o art. 27.°: "são *nulos* os actos da administração e as deliberações dos sócios que liberem total ou parcialmente os sócios da obrigação de efectuar entradas estipuladas, salvo no caso de redução do capital" ([178]); a *dação em cumprimento* da obrigação de liberar a entrada em dinheiro é possível desde que se observe o processo de alteração dos estatutos (que exige em regra deliberação tomada com maioria qualificada dos votos) e o preceituado relativamente à avaliação das entradas em espécie; o estatuto social pode estabelecer *penalidades* para a falta de cumprimento da obrigação de entrada; os *lucros* correspondentes a participações sociais não liberadas não podem ser pagos aos sócios que se encontrem em mora, mas devem ser-lhes creditados para compensação da dívida de entrada, sem prejuízo da execução, nos termos gerais ou especiais, do crédito da sociedade (exceptuada esta hipótese, "a obrigação de entrada não pode extinguir-se por compensação" ([179])); a falta de realização pontual de uma prestação

---

([178]) V. tb. o art. 12.° da 2.ª Directiva. Sobre a redução do capital, v. os arts. 94.°, ss. do CSC.

([179]) A proibição da compensação justifica-se, por um lado, porque a constituição de créditos dos sócios sobre a sociedade não está rodeada das cautelas que asseguram a seriedade das entradas e, por outro lado, porque a compensação poderia significar a extinção de obrigações dos

relativa a uma entrada importa o *vencimento de todas as demais* prestações em dívida do mesmo sócio, ainda que respeitem a outras quotas ou acções. Ainda na parte geral, o art. 30.º, 1, atribui aos *credores sociais* o poder de exercerem os direitos da sociedade relativos às entradas não realizadas, a partir do momento em que elas se tornem exigíveis; promoverem judicialmente as entradas antes de estas se terem tornado exigíveis, nos termos do estatuto, desde que isso seja necessário para a conservação ou satisfação dos seus direitos ([180]).

Depois, nas partes especiais relativas às sociedades por quotas e anónimas, o Código faculta às sociedades *procedimentos especiais de execução* dos créditos derivados da falta de pagamento pelos sócios remissos (ou em mora) ([181]).

Nas sociedades por quotas, se o sócio não efectuar, no prazo fixado na interpelação, a prestação a que está obrigado, deve a sociedade avisá-lo por carta registada de que, a partir do 30.º dia seguinte à recepção da carta, pode ser excluído e perder totalmente a quota ([182]), ou perder parte da quota (art. 204.º, 1). Não sendo o pagamento efectuado dentro dos referidos 30 dias, poderá a sociedade deliberar (cfr. o art. 246.º, 1, b), c)) a exclusão do sócio e a perda a favor da sociedade da respectiva quota e pagamentos já realizados, ou a perda da parte da quota correspondente à prestação não efectuada (art. 204.º, 2). A quota (ou parte dela) perdida a favor da sociedade será por esta vendida a

---

sócios preferencialmente a credores sociais não sócios (RAÚL VENTURA, *ob. cit.*, p. 144).

([180]) Esta actuação dos credores pode ser ilidida pela sociedade nos termos do n.º 2 do art. 30.º.

([181]) O sócio só entra em mora quando, interpelado pela sociedade para efectuar o pagamento em certo prazo, não pagar – arts. 203.º, 3, 285.º, 2 e 3.

([182]) Se o sócio tiver mais de uma quota e ao menos uma delas estiver liberada, a perda da(s) quota(s) não significará exclusão.

terceiros ou a sócios, nos termos do art. 205.º. O sócio que perder a quota ou parte dela e, sendo o caso, os anteriores titulares são solidariamente responsáveis perante a sociedade pela diferença entre o produto da venda e a parte da entrada em dívida (art. 206.º, 1). Pela parte da entrada em dívida – e tenha ou não a quota (ou parte dela) sido já vendida – são também solidariamente responsáveis os restantes sócios (arts. 197.º, 1, 207.º, 1); o sócio que efectue algum pagamento respeitante àquela dívida pode sub-rogar--se no direito que assiste à sociedade contra o excluído (ou o que perdeu parte da quota) e seus antecessores (art. 207.º, 3). As quantias provenientes da venda da quota (ou parte dela), deduzidas as despesas correspondentes, pertencem à sociedade até ao limite da importância da entrada em dívida (art. 208.º, 1); se algo sobejar, deve a sociedade começar por restituir aos outros sócios as quantias por eles desembolsadas, na proporção dos pagamentos feitos, entregando depois ao sócio que perdeu total ou parcialmente a quota o restante, até ao limite da parte da entrada por ele prestada; o remanescente pertence à sociedade (art. 208.º, 2).

Nas sociedades anónimas, "os administradores podem avisar, por carta registada, os accionistas que se encontrem em mora de que lhes é concedido um novo prazo não inferior a 90 dias, para efectuarem o pagamento da importância em dívida, acrescida de juros, sob pena de perderem a favor da sociedade as acções em relação às quais a mora se verifique e os pagamentos efectuados quanto a essas acções, sendo o aviso repetido durante o segundo dos referidos [*sic*] meses" (art. 285.º, 4). Não sendo o pagamento efectuado no prazo citado, podem os sócios deliberar a perda a favor da sociedade das acções e dos pagamentos já efectuados quanto a elas ([183]), ficando o sócio excluído da sociedade quando a

---

([183]) Da letra do n.º 4 do art. 285.º parece decorrer que estas perdas são automáticas, sem necessidade de qualquer deliberação dos sócios. Mas

perda abranja todas as acções que ele possuía. Havendo antecessores do accionista em mora na titularidade de acção, aqueles e este são solidariamente responsáveis pelas importâncias em dívida e respectivos juros à data da perda da acção a favor da sociedade (art. 286.º, 1). "Depois de anunciada a perda da acção a favor da sociedade [v. o n.º 5 do art. 285.º], os referidos antecessores cuja responsabilidade não esteja prescrita [v. o art. 174.º, 1, c)] serão notificados por carta registada, de que podem adquirir a acção mediante o pagamento da importância em dívida e dos juros, em prazo não inferior a três meses. A notificação será repetida durante o segundo desses meses" (n.º 2 do art. 286.º; v. também o n.º 3). Não havendo antecessores, ou não sendo as importâncias em dívida satisfeitas por nenhum dos antecessores, "a sociedade deve proceder com a maior urgência à venda da acção, por intermédio de corretor, em bolsa ou em hasta pública" (n.º 4 do art. 286.º). "Não bastando o preço da venda para cobrir a importância da dívida, juros e despesas efectuadas, a sociedade deve exigir a diferença ao último titular e a cada um dos seus antecessores; se o preço obtido exceder aquela importância, o excesso pertencerá ao último titular" (art. 286.º, 5).

Quando haja sócios remissos, *deve* a administração das respectivas sociedades promover os procedimentos especiais acabados de referir? Sim, dizem alguns autores ([184]). Estando em causa a correcta formação do capital social, para tutela dos interesses da generalidade dos sócios e dos credores sociais, devem os gerentes, administradores ou directores promover os procedimentos previstos nos arts. 204.º, ss. e 285.º, 4, 5, e 286.º. A própria letra do art. 204.º, 1 (*"deve* a

---

não é assim. A perda das acções a favor da sociedade significa uma aquisição de "acções próprias" (cfr. o art. 317.º, 3, f)). E esta aquisição de acções próprias depende de deliberação dos sócios (art. 319.º, 1).

([184]) JOÃO LABAREDA, *ob. cit.*, pp. 23, ss., TARSO DOMINGUES, *ob. cit.*, p. 88.

sociedade" avisar o sócio remisso...) confirmaria este entendimento; inapropriada seria a formulação do art. 285.º, 4 ("os administradores *podem* avisar"...). E também o art. 509.º o confirmaria (v. sobretudo o n.º 1: "O gerente ou admnistrador de sociedade que omitir ou fizer omitir por outrem actos que sejam necessários para a realização de entradas de capital será punido com multa até 60 dias".).

Não é esse, parece-me, o melhor entendimento. É certo, atendendo aos interesses em jogo, há que reconhecer deverem os membros da administração actuar de modo a serem realizadas as entradas; este dever resulta também, mais directa ou indirectamente, da lei – nomeadamente dos arts. 64.º, 1, e 509.º. Todavia, os gerentes ou administradores podem optar. Em vez dos referidos procedimentos especiais de execução, podem, tendo em conta as circunstâncias, recorrer ao processo geral de execução contra os sócios remissos [185] [186]. O próprio CSC admite a faculdade de opção no final do n.º 4 do art. 27.º ("sem prejuízo da execução, *nos termos gerais* ou especiais, do crédito da sociedade") e no n.º 4 do art. 207.º ("Se a sociedade não fizer qualquer das declarações a que alude o n.º 2 do artigo 204.º e, *por via de execução* contra o sócio remisso (...)".). [187]

2. 2. 2. Obrigação de quinhoar nas perdas (remissão)

À obrigação de entrada acrescenta o art. 20.º, no elenco das obrigações de "todo o sócio", somente a de "quinhoar

---

[185] E terão mesmo de recorrer a este processo quando, iniciado o procedimento especial, os sócios não deliberem a perda das participações sociais a favor da sociedade.

[186] No mesmo sentido, v. RAÚL VENTURA, *ob. cit.*, pp. 150, ss..

[187] Nas sociedades unipessoais, afora as vias abertas aos credores sociais no art. 30.º, será inverosímil o recurso aos procedimentos especiais; não tão inverosímil será o recurso ao processo geral de execução – quando o sócio único não seja titular do órgão de administração...

nas perdas, salvo o disposto quanto a sócios de indústria". Desta pretensa obrigação trataremos no próximo capítulo (n.º 6. 2.).

2. 2. 3. Dever de actuação compatível com o interesse social ou/e dever de lealdade

Trataremos agora de um dever (ou deveres) que, embora não tão específico ou concretizado quanto as "obrigações" dos sócios (*v. g.*, a obrigação de entrada e a chamada obrigação de quinhoar nas perdas), vincula também todos os sócios (ainda que com extensão e conteúdo diversificados).

Não está determinado em uma precisa norma legal. Antes decorre de "princípio(s) jurídico(s)" – princípio do comportamento compatível com o interesse social (ou/e princípio da lealdade do sócio). Como outros, também estes princípios são inferidos, por um lado, da legislação (*v. g.*, o CSC contém manifestações singulares dos mesmos em algumas normas) e, por outro lado, da jurisprudência (das decisões dos tribunais e do trabalho integrador e sistematizador da doutrina vem resultando a explicitação e o quadro problemático global deles).

"Dever de actuação compatível com o interesse social" e "dever de lealdade" dos sócios coincidirão sempre ou quase sempre (têm a mesma compreensão e extensão ao menos na grande maioria dos casos). Por isso, utilizarei em regra qualquer das expressões como sinónima da outra. Contudo, talvez se deva reconhecer que a expressão "dever de lealdade" é mais abrangente, podendo ser referida a comportamentos dos sócios em que não estará em causa o "interesse social". Ainda assim, dou em geral preferência à outra mais expressiva (de conteúdo mais determinado e com maior conotação societária).

2. 2. 3. 1. Interesse social (interesses sociais)

2. 2. 3. 1. 1. *Quadro geral*. Na análise da importante e complexa problemática do "interesse social" confrontam-se tradicionalmente as chamadas teorias institucionalistas e contratualistas ([188](#)). No essencial, para o *institucionalismo* (atendendo sobretudo à principal corrente – a da "empresa em si") o interesse social vem a ser um *interesse comum, não apenas aos sócios mas também a outros sujeitos,* nomeadamente os trabalhadores (empregados da sociedade), os credores sociais e até a colectividade nacional. Para o *contratualismo,* no essencial também (e desconsiderando a variante que sublinha os interesses dos "sócios futuros" – próxima da doutrina institucionalista da "pessoa [colectiva] em si"), o interesse da sociedade é o *interesse comum dos sócios enquanto tais* (não enquanto vendedores, mutuantes, assalariados da sociedade, etc.).

Perante evoluções relativamente recentes em domínios jurídico-legislativos e extrajurídicos, defendem alguns autores que as teorias institucionalistas e contratualistas (ou, ao menos, as oposições entre elas) estão hoje superadas ([189](#)). Não me parece. Várias ideias caracterizadoras daquelas teorias continuam a revelar-se úteis para compreender, sistematizar e distinguir as diversas concepções globais (postas e propostas) sobre o interesse social. Claro que há outros (novos, alguns) modos de dizer ou classificar – mas o quadro problemático continua basicamente o mesmo (podendo variar embora as perspectivas quanto a elementos ou partes desse quadro).

([188](#)) V., desenvolvidamente e por todos, P. G. JAEGER, *L'interesse sociale,* Giuffrè, Milano, 1964, sobretudo pp. 18-83 (para as teorias institucionalistas) e 85-114 (para as contratualistas).

([189](#)) É o caso do próprio P. G. JAEGER, *L'interesse sociale rivisitato (quarant'anni dopo),* GC, 2000, P. I, p. 812.

A propósito das concepções económicas e jurídicas dos interesses prosseguíveis nas ou pelas empresas (societárias) ou sociedades fala-se, por exemplo, das teorias *monísticas* (identificando o interesse da empresa com o dos sócios), *dualísticas* (nomeadamente através da co-gestão, também os trabalhadores e seus interesses são introduzidos na sociedade) e *pluralísticas* (tentando fazer entrar na empresa também o interesse público) (^{190}); ou dos sistemas finalísticos da *maximização do lucro* (a sociedade serve os interesses dos accionistas; a satisfação de interesses de outros grupos de sujeitos, quando exigida, v. g. por lei, é vista como meio para alcançar aquele fim), da *adequada consideração dos interesses* (a sociedade deve satisfazer autónomos interesses de vários grupos de sujeitos, ainda que com sacrifício, em certa medida, dos interesses dos accionistas – mas estes interesses pesam mais do que os restantes) e da *consideração igualitária dos interesses* (os interesses dos diversos grupos, nomeadamente dos sócios, trabalhadores e colectividade, são considerados em pé de igualdade) (^{191}).

Nos últimos anos (nos anos 80 e, sobretudo, 90 do século passado), primeiro nos EUA, depois em muitos mais países, entrou na moda a concepção do *shareholder value* (principalmente em relação às sociedades com acções cotadas em bolsa): a sociedade deve ser dirigida de modo a criar valor para os sócios, a aumentar o património dos accionistas (^{192}). Dir-se-ia que a perspectiva monística (mais renovada do que

---

(^{190}) V. por todos TH. E. ABELTSHAUSER, *Unternehmensbegriff und öffentliches Interesse*, P. Lang, Frankfurt a. M., Bern, 1982, *passim* [cfr. tb. COUTINHO DE ABREU, *Da empresarialidade (As empresas no direito)*, Almedina, Coimbra, 1996 (reimpr. 1999), pp. 234-235 e n. (605)].

(^{191}) V. AXEL v. WERDER, *Shareholder Value-Ansatz als (einzige) Richtschnur des Vorstandshandelns?* ZGR, 1998, pp. 77-78.

(^{192}) V., p. ex., WERDER, *ob. cit.*, pp. 68-69, KELLYE Y. TESTY, *Linking progressive corporate law with progressive social movements*, TLR, 2002, p. 1231.

nova) acabou por triunfar. Tanto mais quanto é certo que os mercados de capitais e a globalização pressionam para a adopção generalizada da concepção do *shareholder value* (*v. g.*, quantas vezes não se verifica que a um anúncio de largos despedimentos de trabalhadores se segue o aumento da cotação das acções da respectiva sociedade?). Mas a verdade é que continuam a ser sustentadas (inclusive com base na lei) outras perspectivas; as concepções dualísticas e pluralísticas continuam actuantes. À concepção do *shareholder value* vem-se contrapondo a do *stakeholder value* (outros interesses, além dos dos accionistas, devem ser tomados em conta) ([193]). Quer dizer, o contratualismo e o institucionalismo, sem ou com novas roupagens, continuam visíveis.

2. 2. 3. 1. 2. *Inviabilidade de uma concepção unitária de interesse social.* Durante muito tempo prevaleceu entre nós (e noutros países) uma concepção unitária de interesse social: a concepção contratualista.

Estou em crer que esta concepção se mantém válida no respeitante ao *relacionamento dos sócios com a sociedade*. O interesse social concebido como interesse comum dos sócios enquanto tais é critério delimitador ou balizador de *situações e comportamentos vários dos sócios* no âmbito societário. Aliás, convém notar que as perspectivas institucionalistas vêm sendo afirmadas e discutidas quase tão-só a respeito do órgão de administração (das sociedades anónimas, principalmente), não dos sócios ou do órgão sócio ou colectividade dos sócios.

Olhe-se para alguns preceitos do CSC que se referem (de modo directo ou indirecto) ao interesse da sociedade e à

([193]) V. *últs. AA. e obs. cits.*, pp. 74 e 1232, ss., respectivamente; v. tb., entre nós, A. SANTOS SILVA / ANTÓNIO VITORINO / CARLOS F. ALVES / J. ARRIAGA DA CUNHA / M. ALVES MONTEIRO, *Livro branco sobre corporate governance em Portugal,* IPCG, 2006, pp. 18, ss., 141.

posição ou actuação dos sócios. O sócio está impedido de votar "quando, relativamente à matéria da deliberação, se encontre em situação de conflito de interesses com a sociedade" (art. 251.º, 1). O estatuto social pode "subordinar a transmissão de acções nominativas e a constituição de penhor ou usufruto sobre elas à existência de determinados requisitos, subjectivos ou objectivos, que estejam de acordo com o interesse social" (art. 328.º, 2, c)). É lícito à assembleia geral recusar o consentimento para transmissão de acções nominativas "com fundamento em qualquer interesse relevante da sociedade" (art. 329.º, 1 e 2). "A assembleia que deliberar o aumento de capital pode, para esse aumento, limitar ou suprimir o direito de preferência dos accionistas, desde que o interesse social o justifique" (art. 460.º, 2). São anuláveis as deliberações dos sócios "apropriadas para satisfazer o propósito de um dos sócios de conseguir, através do exercício do direito de voto, vantagens especiais para si ou para terceiros, em prejuízo da sociedade (...)" – art. 58.º, 1, b). Respondem civilmente para com a sociedade os sócios que utilizem em prejuízo dela informações societárias (arts. 181.º, 5, 214.º, 6, 291.º, 6). [194]

Quanto a todas estas normas, não haverá grandes dúvidas em concluir que os interesses sociais em causa são interesses comuns aos sócios enquanto tais (contratualismo) [195]. Estando em causa situações ou comportamentos dos sócios, deliberativos ou não, eles não têm, naturalmente,

---

[194] Importa acrescentar que o interesse social releva também em domínios não abrangidos pelas disposições citadas e por outras que depois se citarão.

[195] A propósito do art. 460.º, 2, defendendo uma concepção "contratualista" do interesse social, v. PEDRO DE ALBUQUERQUE, *Direito de preferência dos sócios em aumentos de capital nas sociedades anónimas e por quotas,* Almedina, Coimbra, 1993, pp. 340, ss.. Mais latamente, apoiando a conclusão quanto à maioria das normas que eu citava em *Da empresarialidade...,* v. A. MENEZES CORDEIRO, *Da responsabilidade civil dos administradores das sociedades comerciais,* Lex, Lisboa, 1997, p. 518.

de ter em conta senão os seus próprios interesses e (como balizadores) os interesses de que todos eles, numa mesma sociedade, comungam.

Relativamente aos critérios de *comportamentos* (conexionados com o interesses social) *dos administradores*, algo mudou com o aparecimento do CSC (em 1986). Dizia assim o art. 64.º: "Os gerentes, administradores ou directores de uma sociedade devem actuar com a diligência de um gestor criterioso e ordenado, no interesse da sociedade, tendo em conta os interesses dos sócios e dos trabalhadores".

Este enunciado normativo ([196]) deu azo a opiniões muito desencontradas ([197]). Sempre me pareceu que, perante ele, não se podia continuar tranquilamente a sustentar a concepção contratualista de interesse social como critério de comportamento dos administradores. Não era possível descartar, sem mais, os "interesses dos trabalhadores". Havia, pois, que admitir entre nós certo institucionalismo (moderado) no âmbito dos deveres dos administradores. Uma *concepção unitária* de interesse social *tornava-se inviável* ([198]).

O DL 76-A/2006, de 29 de Março, alterou o art. 64.º. Prescreve agora o seu n.º 1, b), que os administradores observarão "deveres de lealdade, no interesse da sociedade, atendendo aos interesses de longo prazo dos sócios e ponderando os interesses dos outros sujeitos relevantes para a sustentabilidade da sociedade, tais como os seus trabalhadores,

---

([196]) Cuja parte final é praticamente a tradução da 1.ª parte do n.º 2 dos arts. 10a) e 21q) da proposta de 5.ª Directiva em matéria de sociedades (versão de 1983): os membros da administração "exercent leurs fonctions dans l'intérêt de la société, compte tenu des intérêts des actionnaires et des travailleurs".

([197]) V. COUTINHO DE ABREU, *Da empresarialidade...*, pp. 227, ss., *Curso...*, vol. II, 1.ª ed. (2002), pp. 294, ss., *Interés social y deber de lealtad de los socios*, RdS n.º 19, 2002, pp. 42, ss..

([198]) V. *últ. A. e obs. cits.*, pp. 225, ss., 289 e n. (198), 40 e n. (7), respectivamente.

clientes e credores". ([199]) Continua presente, portanto, o *institucionalismo*. E, se não mais intenso, pelo menos mais extenso (são mais os interesses a ponderar pelos administradores) ([200]).

2. 2. 3. 1. 3. *Interesse social e posição ou comportamento dos sócios*. Neste âmbito, o interesse social há-de ser, repita-se, *interesse comum aos sócios (enquanto sócios)*. Numa mesma sociedade, uns sócios (enquanto tais) terão normalmente interesses divergentes dos de outros sócios – *v. g.*, quanto à participação nos órgãos sociais e à manutenção ou aumento das respectivas posições (e correspondente poder) na sociedade. O interesse social não é feito destas divergências de interesses. É feito, sim, da *comunidade de interesses* dos sócios. Mas não de qualquer comunidade. Ela só é qualificável como interesse social quando se ligue à *causa comum do acto constituinte* da sociedade – que é, em regra (sabemos já), o *escopo lucrativo* (todo e qualquer sócio pretende lucrar participando na sociedade) ([201]); qualquer outro interesse colectivo ou comum de que sejam titulares os sócios já não merece tal qualificação ([202]).

O interesse social é algo predeterminado, invariável e único? Há *um só* interesse social ou *vários*? Quando, por exemplo, num determinado ano uma parte dos sócios vota

---

([199]) Segundo o n.º 2 do art. 64.º, "os titulares de órgãos sociais com funções de fiscalização devem observar (...) deveres de lealdade, no interesse da sociedade". Este interesse terá conteúdo idêntico ao que se retira do art. 64.º, 1, b) (conclusão análoga era já defensável antes da introdução do n.º 2 no art. 64.º – v. COUTINHO DE ABREU, *Curso...*, p. 291).

([200]) V. *infra*, n.º 2. 2. 3. 1. 4.

([201]) Nas sociedades sem fins lucrativos (cfr. *supra*, n.º 2. 4. do cap. I), a comunidade de interesses prende-se à comunidade do respectivo escopo (não lucrativo), fixado nos estatutos.

([202]) V., p. ex., JAEGER, *L'interesse sociale* cit., pp. 181, ss., A. MAISANO, *L'eccesso di potere nelle deliberazioni assembleari di società per azioni*, Milano, 1968, pp. 70-71, LOBO XAVIER, *Anulação...*, p. 242, n. (116).

pela distribuição de todos os lucros distribuíveis e outra parte vota pela afectação dos mesmos a reservas livres, há ou não dois interesses sociais em confronto? (203)

Há vários interesses sociais (vários interesses comuns a todos os sócios). Na verdade, interesse é a relação entre um sujeito, que tem uma necessidade, e o bem ou bens que esse sujeito julga aptos para satisfazer tal necessidade; dizendo elipticamente, é a relação entre uma necessidade e um bem. Ora, no interesse social teremos uma relação entre uma necessidade – (em regra) a obtenção de lucro por parte de todos e cada um dos sócios – e um ou mais bens determinados (sendo o caso) em cada deliberação (no exemplo de que nos servimos, o lucro pode ser alcançado, mais ou menos a curto prazo, tanto pelo bem afectação a reservas como pelo bem distribuição) (204). Logo, só um dos pólos da relação (a necessidade) é imutável, constante; o outro pólo (o bem jurídico) é variável, pois variadas são as situações com que a sociedade se depara.

Assim sendo, podem nos assuntos objecto de deliberação confrontar-se interesses sociais diversos. A quem cabe escolher? *À maioria (em votos)*. É ela que decide qual o bem, qual o meio mais apto para conseguir o fim social, é ela que determina o interesse social em concreto. *Não se confunda, todavia, o interesse social com o interesse da maioria* ou com uma qualquer definição que dele dê a maioria (205). Além do

---

(203) Com algumas indicações sobre teses divergentes a este respeito, v. COUTINHO DE ABREU, *Do abuso...*, pp. 119-120.

(204) Não obstante, note-se já aqui que qualquer destes meios – em abstracto "bens" aptos a satisfazer as legítimas necessidades dos sócios – pode em concreto, em especiais circunstâncias, revelar-se inapto, "abusivo"; isto é, a bondade dos meios é também avaliada pelos critérios do abuso de direito.

(205) Não é infrequente esta identificação – v., entre nós, RAÚL VENTURA/L. BRITO CORREIA, *Responsabilidade civil dos administradores de sociedades anónimas e dos gerentes de sociedades por quotas*, BMJ n.º 192 (1970), p. 102 ("Dentro destes limites, o interesse social define-se,

mais, tal confusão levaria a concluir que *todas* as deliberações dos sócios (porque tomadas com a maioria exigida) seriam *necessariamente* conformes ao interesse social (^{206}); não haveria deliberações abusivas. Cabe à maioria *optar, mas sempre entre interesses comuns a todos os sócios* – tendo sempre o fim social comum como "estrela polar".

Concluindo, pode definir-se o interesse social, neste âmbito, como a *relação entre a necessidade de todo o sócio enquanto tal na consecução de lucro e o meio julgado apto a satisfazê-la*.

2. 2. 3. 1. 4. *Interesse social e actuação dos administradores*. Regressemos à al. b) do n.º 1 do art. 64.º. Este preceito, mencionando tantos interesses a ter em conta pelos administradores (^{207}), parecerá a muitos estranho ou descabido (como já parecera o do anterior art. 64.º – mais comedido, embora). Mas ele não representa nenhuma originalidade lusa.

> Várias leis afinaram por diapasão do mesmo tipo.
> "O administrador deve exercer as atribuições que a lei e o estatuto lhe conferem para lograr os fins e no interesse da companhia, satisfeitas as exigências do bem público e da função social da empresa" (art. 154 da LSA brasileira, de 1976) (^{208}).

---

em cada momento, como aquele interesse que for comum aos sócios: a todos ou à maioria dos sócios,"), ANTÓNIO CAEIRO/M. NOGUEIRA SERENS, *Direito aos lucros e direito ao dividendo anual* (anotação ao Ac. da RP de 30/6/76), RDE, 1979, pp. 373-375 ("... o interesse da corporação e que mais não é, afinal, do que o *interesse da maioria dos seus membros*"), TERESA S. ANSELMO VAZ, *A responsabilidade do accionista controlador*, OD, 1996, p. 365.

(^{206}) V. JAEGER, *últ. ob. cit.*, pp. 96-97.

(^{207}) Para que a lista "institucionalista" ficasse completa, só (?) faltou mencionar o "interesse público". Mas a lista do art. 64.º, 1, b), é exemplificativa ("tais como")...

(^{208}) Com algumas indicações acerca desta norma, v. COUTINHO DE ABREU, *Da empresarialidade...*, p. 241.

"Os interesses que os administradores de uma sociedade devem ter em consideração no exercício das suas funções incluem os interesses dos empregados da sociedade em geral, bem como os interesses dos seus membros" (sócios) – sec. 309 do *Companies Act* do RU, de 1985 ([209]).

Segundo o § 70(1) da AktG austríaca, os administradores devem actuar tomando em conta os interesses dos sócios e dos trabalhadores e o interesse geral ([210]).

De acordo com o art. 140 (2) do Código civil holandês, os administradores devem actuar no interesse da sociedade e da empresa a ela ligada – significando isto que estão em causa não somente os interesses dos sócios ([211]).

Leis societárias de alguns estados do EUA, além de prescreverem que os administradores devem procurar criar valor para os accionistas, permitem ([212]) que eles tomem em consideração outros interesses, como os dos trabalhadores, fornecedores, clientes e comunidades locais ([213]).

Vários códigos de governação das sociedades (não vinculativos) procedem semelhantemente.

([209]) V. tb. *últ. A. e ob. cits.*, pp. 235-236. Preceito idêntico estava antes contido na sec. 46 do *Companies Act* de 1980. No recente *Companies Act 2006,* a sec. 172 (epigrafada "duty to promote the success of the company") começa por dizer (n.º 1): "Um administrador de sociedade deve actuar no modo que ele considera, de boa fé, ser o mais apropriado para promover o êxito da sociedade para benefício dos seus membros como um todo, e assim fazendo ter em consideração (entre outros assuntos)". Seguem-se seis alíneas. Na al. b) temos "os interesses dos trabalhadores da sociedade", na al. d) "o impacto das operações da sociedade na comunidade e no ambiente".

([210]) Cfr. EDDY WYMEERSCH, *A status report on corporate governance rules and practices in some continental european states,* em K. HOPT /H. KANDA / M. J. ROE / E. WYMEERSCH / S. PRIGGE, *Comparative corporate governance,* Oxford Un. Press, 1998, p. 1085.

([211]) V. *últ. A. e ob. cits.,* pp. 1081, ss..

([212]) Note-se a mudança de registo...

([213]) V. G. GUERRA MARTÍN, *El gobierno de las sociedades cotizadas estadunidenses – Su influencia en el movimiento de reforma del derecho europeo,* Aranzadi, Cizur Menor, 2003, pp. 426 e 426-427, n. (31).

Por exemplo, os *Principles of Corporate Governance* da ALI (adoptados em 1992) ([214]). Segundo o § 2.01, é objectivo da sociedade o incremento dos lucros da empresa e o ganho dos sócios (a); mas ela "pode dedicar uma quantidade razoável de recursos ao bem-estar geral, e a finalidades humanitárias, educativas e filantrópicas" — (b), (3). Para um caso particular — reacção da administração de sociedade objecto de OPA não solicitada —, o § 6.02 (b), (2), permite que os administradores atendam a grupos (além dos accionistas) com quem a sociedade se relaciona, se isso não significar desfavor relevante dos interesses de longo prazo dos sócios ([215]).

Em países sem enunciados legais semelhantes ao do nosso art. 64.º, 1, b), a doutrina não deixa de expressar concepções (mais ou menos) institucionalistas do interesse social.

Na Alemanha, embora o § 76 da AktG actual (de 1965) não reproduza os dizeres do § 70 da AktG de 1937 (: "A direcção, sob própria responsabilidade, tem de conduzir a sociedade nos termos exigidos pelo bem da empresa e do seu pessoal e pelo interesse comum do povo e do *Reich*"), são muitos os autores que sustentam deverem os administradores atender a interesses vários (dos sócios, dos trabalhadores, da comunidade, etc.) ([216]). Predomina hoje na doutrina a tese da "adequada consideração" de interesses vários (recorde-se o escrito *supra*, n.º 2. 2. 3. 1. 1.) ([217]).

([214]) V. THE AMERICAN LAW INSTITUTE, *Principles of corporate governance: Analysis and recommendations,* vols. 1 e 2, ALI Publishers, St. Paul, Minn., 1994.

([215]) Não admira que a *stakeholder theory* tenha nascido no *boom* das OPA, nos anos 80 do século passado (cfr. TESTY, *ob. cit.*, pp. 1236-1237)...

([216]) Cfr. COUTINHO DE ABREU, *Da empresarialidade...*, pp. 234-235. Mais recentemente, v., entre outros, UWE HÜFFER, *Aktiengesetz*, 6. Aufl., Beck, München, 2004, pp. 383, ss..

([217]) Cfr. AXEL v. WERDER, em RINGLEB / KREMER / LUTTER / v. WERDER, *Kommentar zum Deutschen Corporate Governance Kodex*, Beck, München, 2003, pp. 84-85.

Em França está a doutrina muito mais dividida. Uns defendem que o interesse da sociedade coincide com o interesse comum dos sócios ([218]), outros propugnam concepções institucionalistas ([219]).
Diz assim o art. 127*bis* da LSA espanhola (introduzido em 2003): "Los administradores deberán cumplir los deberes impuestos por las leyes y los estatutos con fidelidad al interés social, entendido como interés de la sociedad". Este (indefinido) interesse da sociedade é visto por alguns autores em perspectiva contratualista ([220]), e em perspectiva (neo-)institucionalista por outros ([221]).

Antes de analisarmos os diversos interesses aludidos na al. b) do n.º 1 do art. 64.º, avance-se já esta ideia: formulações como a que aquela alínea contém são em grande medida, quanto aos interesses dos não sócios, expressão de *retórica normativa balofa e potencialmente desresponsabilizadora* dos administradores.

Na verdade, se os administradores, na sua actuação, não ponderarem os interesses dos trabalhadores, clientes, credores, etc., a que *sanções* ficam sujeitos? E *quem pode requerer* a aplicação de sanções?...

Por outro lado, quanto maior o elenco dos interesses a considerar e quanto mais difusos e conflituantes eles forem,

---

([218]) PHILIPPE BISSARA, *Le gouvernement d'entreprise en France: faut-il légiférer encore et de quelle manière?*, RSoc., 2003, p. 64.

([219]) V. indicações em ALAIN ALCOUFFE / CHRISTIAN KALWEIT, *Droits à l'information des actionnaires et actions sociales des associés en France et Allemagne. Considérations de droit comparé en relation avec les directives américaines*, RIDE, 2003, pp. 179, ss..

([220]) J. SÁNCHEZ-CALERO GUILARTE, *Creación de valor, interés social y responsabilidad social corporativa*, em AA. VV., *Derecho de sociedades anónimas cotizadas (Estructura de gobierno y mercados)*, t. II, Aranzadi, Cizur Menor, 2005, pp. 905-906.

([221]) J. QUIJANO GONZÁLEZ / V. MAMBRILLA RIVERA, *Los deberes fiduciarios de diligencia y lealtad. En particular, los conflictos de interés y las operaciones vinculadas*, em AA. VV., *Derecho de sociedades...*, pp. 955, ss., com mais indicações.

maior será a discricionaridade dos administradores e *menor a controlabilidade* da sua actuação — torna-se mais fácil justificar (apelando a um ou outro interesse) qualquer decisão ([222]).

Causa perplexidade a referência (no art. 64.º, 1, b)) aos *interesses dos credores*, enquanto "sujeitos relevantes para a sustentabilidade da sociedade". Os credores, enquanto tais (sujeitos a quem a sociedade deve), são importantes para a manutenção e desenvolvimento da sociedade? E não basta, para a tutela dos credores, o cumprimento pela sociedade dos específicos deveres legais e contratuais – sendo ainda necessária aquela referência em um preceito relativo a deveres geral-indeterminados? Não é certo que o próprio CSC determina que os administradores "respondem para com os credores da sociedade quando, pela inobservância culposa das disposições legais ou contratuais destinadas à protecção destes, o património social se torna insuficiente para a satisfação dos respectivos créditos" (art. 78.º, 1)?

Bom, poderá retorquir-se que os administradores não devem desenvolver políticas societárias de curto prazo (ganhar depressa para depressa distribuir pelos sócios), pois isso poderia comprometer a satisfação de créditos (*maxime*, de longo prazo). Porém, o estímulo a políticas em prol da rentabilidade duradoura da sociedade não está já na 1.ª parte da al. b) do n.º 1 do art. 64.º?...

As sociedades, para se manterem e desenvolverem, têm, naturalmente, de ganhar e conservar *clientes*. Hão-de elas, por isso, proporcionar produtos que satisfaçam as necessi-

---

([222]) V., p. ex., KLAUS J. HOPT, em *AktG – Großkommentar*, 4. Aufl., 11. Lief. (§§ 92-94), de Gruyter, Berlin, New York, 1999, p. 93, TESTY, *ob. cit.*, p. 1237, C. PAZ-ARES, *La responsabilidad de los administradores como instrumento de gobierno corporativo*, RdS n.º 20, 2003, p. 103.

dades dos clientes (ou o que eles pensam ser suas necessidades).

Contudo, o dever de os administradores ponderarem os interesses dos clientes não é instrumental do dever de promoverem a subsistência e desenvolvimento da sociedade e, consequentemente, do dever de satisfazerem, em última instância, os interesses dos sócios? A sociedade é, fundamentalmente, organização-instrumento dos sócios.

Uma sociedade vende bem (e com lucro razoável) os produtos que fabrica ao preço de 100. Se vender a 95, venderá um pouco mais, mas terá lucros menores. É dever dos administradores, atendendo aos interesses dos clientes, fixarem o preço em 95? Parece que não... Para maior satisfação dos interesses dos clientes, os produtos poderiam ser melhorados com componentes proporcionando maior segurança na utilização; isso implicaria aumento do preço de custo que, se repercutido no preço de venda, provocaria grande redução no volume de negócios; mas, mantendo-se o preço de venda em 100, os lucros continuariam razoáveis (apesar de menores). É dever dos administradores decidirem aquela melhoria dos produtos? Não parece...

Os *interesses dos trabalhadores* da sociedade, que haviam aparecido inovadoramente na versão originária do art. 64.º, continuam com referência expressa no art. 64.º, 1, b).

Tais interesses serão principalmente os respeitantes *à conservação dos postos de trabalho, a remunerações satisfatórias, às condições de trabalho* (higiene, segurança, organização do processo produtivo). Mas também os ligados a *organizações sociais* (*v. g.*, infantários para os filhos dos trabalhadores), a *gratificações* no final de cada ano e/ou aquando da entrada dos trabalhadores na reforma, etc. ([223])

([223]) Cfr. UWE SCHNEIDER, em *SCHOLZ Kommentar zum GmbH--Gesetz*, I. Band, 9. Aufl., O. Schmidt, Köln, 2000, p. 1851.

Tendo em vista o nosso sistema jurídico-societário actual – não comportando qualquer relevante participação dos trabalhadores na gestão social – e a inexistência de sanções eficazes, continuo a pensar que a norma do art. 64.º, 1, é, no respeitante aos interesses dos trabalhadores, uma norma de *conteúdo positivo quase nulo* (224).

Contudo, não julgo que ela seja inútil ou despropositada. Seria assim se a tutela dos interesses dos trabalhadores se bastasse com as leis do trabalho (e da segurança social), sendo então suficiente que as sociedades-empregadoras, através dos respectivos órgãos administrativos, cumprissem essas leis (sob pena de incorrerem nas sanções nelas previstas). Mas não é assim. As leis laborais, bem como as convenções colectivas de trabalho, não regulam tudo o que se prende com a prestação de trabalho subordinado; e muitos dos aspectos regulados são-no em termos de fixação de limites (mínimos ou máximos). Ora, quer nos domínios não regulamentados, quer nos regulamentados (e respeitados os limites), há espaços de discricionaridade. Espaços que os gerentes, etc. devem preencher, segundo o art. 64.º, 1, tendo também em conta os interesses dos trabalhadores.

Os *interesses dos sócios*, a que o art. 64.º, 1, b), continua naturalmente a fazer referência, *hão-de ser os comuns a todos eles (enquanto sócios);* os administradores devem atender ao "interesse social comum", não beneficiando uns sócios em detrimento dos outros.

No entanto, alguns autores referem antes (às vezes sem explicitações) os interesses pessoais, individuais ou extra-sociais dos sócios (225). Que significa isto? "Interesses extra-

---

(224) Cfr. COUTINHO DE ABREU, *Da empresarialidade...*, p. 231. O mesmo (ou mais) se deve dizer quanto à (nova) menção aos interesses dos clientes e dos credores.

(225) Cfr. indicações em COUTINHO DE ABREU, *ob. cit.*, p. 230 e n. (595).

-sociais dos sócios" é expressão que tem sido utilizada (ambiguamente) para significar coisas diversas: interesses dos sócios enquanto terceiros (*v. g.*, como vendedores de bens à sociedade) e interesses dos sócios enquanto tais mas não comuns a todos eles (*v. g.*, cada sócio tem interesse em manter a sua posição relativa dentro da sociedade por ocasião de um aumento do capital) [226].

Ora, os membros da administração, na avaliação do "interesse da sociedade", não devem ter em conta os interesses extra-sociais dos sócios da primeira espécie (contraditórios do interesse social comum). Por exemplo, um sócio e um não-sócio propõem, cada um, à sociedade um contrato de fornecimento de matérias-primas; os administradores devem aceitar a proposta do não sócio se for ela a que melhor satisfaz o interesse comum dos sócios enquanto tais. Por sua vez, também os interesses extra-sociais da segunda espécie indicada não devem influenciar os administradores na avaliação do interesse social (eles devem, repito, é escolher a solução que melhor satisfaça o interesse de que todos os sócios comungam). Por exemplo, o CSC tutela nos arts. 266.º e 458.º o interesse de cada sócio manter a sua posição relativa na sociedade (por quotas ou anónima) nos aumentos de capital por entradas em dinheiro conferindo a cada um deles um direito de preferência; este direito pode ser suprimido ou limitado por deliberação dos sócios desde que o interesse social o justifique (*v. g.*, para permitir que uma instituição de crédito, capaz de contribuir decisivamente para o saneamento financeiro da sociedade, entre como sócia) – art. 460.º, 2; sendo a proposta de supressão ou limitação do direito de preferência

---

[226] LOBO XAVIER, *ob. cit.*, pp. 242-243, n. (116), na esteira de autores italianos, aceita estes dois significados. Mas não deixa de citar autores preferindo (como eu) outra terminologia: extra-sociais são os interesses desligáveis da qualidade de sócio (interesses dos sócios enquanto terceiros); dentro dos interesses sociais (incindíveis da participação social) distinguem-se os comuns ou colectivos e os individuais.

apresentada pelo órgão administrativo (art. 460.º, 5), não deve este – guiado pelo "interesse da sociedade" – ter em conta o citado interesse individual dos sócios, deve sim ter em conta o interesse comum dos sócios (ligado à comunidade do escopo social).

Esta interpretação pode ver-se *agora confirmada* pela referência do art. 64.º, 1, b), aos "interesses *de longo prazo* dos sócios". Estes interesses de longo prazo ([227]) hão-de ser *dos sócios enquanto tais e comuns a todos eles, não extra- -sociais nem conjunturais*.

Posto isto, é possível concluir que o "interesse da sociedade" mencionado no art. 64.º resulta da *conjugação dos interesses dos sócios e de outros sujeitos ligados à sociedade* (designadamente dos trabalhadores). Na determinação do interesse social a prosseguir, devem os administradores atender aos interesses dos sócios e ainda ponderar os interesses de outros sujeitos.

Mas qual a medida de ponderação dos interesses dos sócios e dos demais sujeitos? Uns e outros pesam o mesmo? Ou prevalecem os dos sócios?

Por exemplo, se uma maior satisfação dos interesses dos sócios implicar despedimentos ou agravamento das condições de trabalho, como deve decidir a administração? Concretizemos um pouco lançando mão de três hipóteses (com adaptações) avançadas por Werder ([228]) (em todas elas um maior ganho para os sócios poderá resultar da suspensão ou

---

([227]) O prazo não deve ser longo, longo... Pois, como dizia Keynes, "no longo prazo estamos todos mortos"... Note-se, a talhe de foice, que costumam ser de curto prazo os interesses dos investidores institucionais (nas sociedades anónimas) — rentabilização rápida das acções —, bem como os dos administradores (designados por período breve) que, p. ex., sejam substancialmente remunerados com base em participação nos lucros ou em *stock options*...

([228]) *Shareholder-Value-Ansatz...*, pp. 85-86.

extinção de determinado sector empresarial explorado pela sociedade – com consequente eliminação de postos de trabalho).

1) O sector empresarial origina perdas ou não produz lucros; não há expectativas razoáveis de vir a ser lucrativo, nem da sua relação com outros sectores da empresa social resultam sinergias apreciáveis. Nestes casos, embora a empresa (globalmente considerada) se mantenha lucrativa, a administração optará naturalmente (e em certas circunstâncias internas ou externas à empresa deverá mesmo optar) por satisfazer os interesses dos sócios, eliminando postos de trabalho (na avaliação do "interesse da sociedade" prevalecerão os "interesses dos sócios").

2) O sector empresarial é – mas pouco – lucrativo (a taxa de lucro é mais ou menos equivalente à taxa de juro proporcionada pelos empréstimos obrigacionistas ao Estado) e não há perspectivas de os lucros aumentarem. Também em casos destes, perante o conflito de interesses – uns reclamando a eliminação ou redução dos postos de trabalho, outros a sua manutenção –, os administradores tenderão naturalmente (com o beneplácito da larga maioria dos "especialistas") a dar preferência aos interesses dos sócios.

3) O sector empresarial é consideravelmente lucrativo (a taxa de lucro é de 10 ou 12%), mas uma drástica redução do pessoal faria aumentar a taxa de lucro para 15%. Em face do prescrito no art. 64.º ([229]), parece que a administração deve manter os postos de trabalho (atender aos interesses dos sócios e ponderar os interesses dos trabalhadores implicará que a harmonização de ambos exija aquela manutenção) ([230]).

([229]) E abstraindo da disciplina dos despedimentos colectivos – v. os arts. 359.º, ss. do CT.

([230]) Apenas nesta terceira hipótese – contra, ainda assim, opiniões adversas – defende WERDER o *dever* de a administração atender positiva-

Porque é "natural" nas hipóteses 1) e 2) darem os administradores prioridade aos interesses dos sócios? *Além do que já ficou dito,* importa não olvidar que *os sócios dispõem de suficientes meios de tutela dos seus interesses (e de pressão sobre os administradores).* Com efeito, para lá do facto de em certos tipos de sociedades poderem os sócios *determinar directamente a política de gestão* (cfr., *v.g.*, o art. 259.º, para as sociedades por quotas), são normalmente os sócios que *designam e destituem* os administradores, tal como são eles que podem *responsabilizá-los* por danos causados à sociedade (v. os arts. 72.º, ss.).

Muito outra é a situação (actual) dos trabalhadores. Suponha-se que, na hipótese 2), "ponderar" razoavelmente os interesses dos trabalhadores aconselharia o despedimento, não dos 200 efectivamente despedidos, mas de 50. Os trabalhadores – ao contrário dos sócios – *não podem evidentemente contrariar decisões dos administradores através de deliberações suas, nem podem destituí-los* (mesmo havendo justa causa), *nem responsabilizá-los* por danos causados à sociedade (quando se considere ter havido danos – por, *v. g.*, a desmotivação dos restantes trabalhadores ter provocado baixas de produtividade). Estes não-poderes dos trabalhadores são também manifestos quando, na hipótese 3), a administração promova despedimentos (lícitos, vamos supor, em face da legislação laboral) ou agrave condições de trabalho.

Depois, os trabalhadores também *não poderão fazer responder civilmente para com eles os administradores* que não ponderaram devidamente os interesses dos mesmos trabalhadores (cfr. o art. 79.º, 1). A norma do art. 64.º, 1, b), não é, parece, norma de protecção dos trabalhadores (ou de outros terceiros) – cfr. o art. 483.º, 1, do CCiv.. Os deveres de lealdade (bem como os deveres de cuidado) referidos no art. 64.º

---

mente a interesses diversos dos dos accionistas (v. *ob. cit.*, pp. 86, ss., também com justificações económico-empresariais e económico-políticas).

são para com a sociedade, "no interesse da sociedade", não (imediatamente) para com os sócios, trabalhadores, credores, clientes, etc. (231)

Além disso, *a prevalência dos interesses dos sócios parece transparecer da própria letra do art. 64.º, 1, b)*. Com efeito, esses interesses são referidos em primeiro lugar (antecedidos de "atendendo"), seguindo-se a menção a todos os demais interesses (antecedidos de "ponderando").

Não obstante, a referência do art. 64.º aos interesses dos trabalhadores (e outros sujeitos) tem (mais) algum efeito útil – *permitirá, em alguns casos, a exclusão ou limitação da responsabilidade dos administradores perante a sociedade* (232). Imaginemos que, na hipótese figurada *supra* sob 1), o órgão de administração devia em determinada época encerrar a secção empresarial deficitária e promover o despedimento de 100 trabalhadores. Mas não o fez – a maioria dos administradores invocou que a grande dedicação dos trabalhadores não poderia permitir uma medida tão drástica. Apesar da ilicitude de tal comportamento (um gestor criterioso e ordenado actuando no interesse da sociedade não devia, na avaliação do interesse social, ter sobrevalorizado nessa medida os interesses dos trabalhadores), de que vieram a resultar perdas para a sociedade, aquela preocupação com os interesses dos trabalhadores poderá, se não excluir a culpa, pelo menos atenuá-la.

Em suma, a concepção institucionalista do interesse social marca presença no art. 64.º, a respeito da actuação dos

---

(231) E assim se vai assistindo a deslocalizações (para o estrangeiro) de empresas societárias lucrativas sem qualquer responsabilização dos administradores que as determinam...

(232) Convergentemente, v. V. G. LOBO XAVIER, *Relatório sobre o programa, os conteúdos e os métodos do ensino de uma disciplina de direito comercial (Curso complementar)*, sep. do vol. LXII do BFD, Coimbra, 1988, p. 29, n.(26).

membros dos órgãos de administração (e de fiscalização). Mas é um *institucionalismo moderado e inconsequente*: os interesses dos sócios pesam muito mais, a falta de (ou deficiente) ponderação dos interesses dos não-sócios praticamente não tem sanção. ([233])

2. 2. 3. 1. 5. *Interesse social e "responsabilidade social das empresas"*. Empresas (sobretudo societárias) "responsáveis socialmente" são as que visam, de modo voluntário, contribuir para a coesão social-geral e o equilíbrio ecológico (para lá da tradicional finalidade egoístico-lucrativa). Isto passa, designadamente, ao nível interno (empresarial), pela melhoria da situação dos trabalhadores e por reduções na exploração de recursos naturais, nas emissões poluentes ou na produção de resíduos, e, ao nível externo, pela (maior) consideração pelos interesses das comunidades locais (onde as empresas operam), dos parceiros comerciais, fornecedores, clientes, etc. ([234])

Há manifestações remotas do "movimento" da responsabilidade social das empresas. Torna-se mais evidente, porém, a partir do final dos anos 60 do século passado. E aparece renovado na transição da centúria, principalmente

---

([233]) O que dissemos neste n.º e no anterior vale também, *mutatis mutandis*, para as sociedades unipessoais (claro que não se fala agora de interesses comuns dos sócios – sendo o interesse da sociedade, consoante os casos, o interesse do sócio enquanto tal ou a conjugação dos interesses do sócio enquanto tal e dos de outros sujeitos; cfr. tb. *supra*, n.º 2. 1. 2., a propósito do impedimento de voto por conflito de interesses). V. tb. RICARDO COSTA, *A sociedade por quotas unipessoal no direito português – Contributo para o estudo do seu regime jurídico*, Almedina, Coimbra, 2002, pp. 614, ss..

Sobre o pretenso "interesse de grupo" nos grupos de sociedades, v. *supra*, n.º 3. 3. do cap. IV.

([234]) V. por todos Comissão das Comunidades Europeias, *Livro verde – Promover um quadro europeu para a responsabilidade social das empresas,* Bruxelas, 18/7/2001 [COM (2001) 366 final], pp. 4, 8, ss..

por mor dos contributos de organizações não governamentais (ONG) de direitos cívicos e ambientalistas ([235]).

Repare-se: ao invés do que é típico no contexto (institucionalista) do "interesse social", a "responsabilidade social" *não aparece como dever jurídico* (dos administradores) das sociedades, antes como *compromisso voluntariamente assumido* por elas ([236]).

Compromisso voluntário assumido não tanto de modo espontâneo, mais por *pressão exterior* ([237]). E (também) como bom (ou necessário) *investimento*: as sociedades conseguem maior empenhamento dos seus trabalhadores, melhor imagem junto dos consumidores, etc. ([238])

Ainda assim, é bom que se promova a "responsabilidade social das empresas". Apesar de, juridicamente, lhe falecer sanção – em medida pouco superior, aliás, à verificável no institucionalista "interesse social".

Mas sem que essa promoção obnubile o carácter essencialmente "individual"-egoístico da empresa capitalista. E de modo que à afirmação da responsabilidade social das empresas não vá correspondendo a desresponsabilização social do Estado (cada vez menos "social")... ([239])

([235]) V., p. ex., TOMÁS G. PERDIGUERO, *La responsabilidad social de las empresas en un mundo global*, Anagrama, Barcelona, 2003, pp. 137, ss., 167, ss., e DOUGLAS M. BRANSON, *Corporate social responsibility redux* TLR, 2002, pp. 1211, ss..

([236]) É mais nesta linha que se situam as disposições estado-unidenses citadas *supra* (n.º 2. 2. 3. 1. 4.).

([237]) Por exemplo, empresas gigantescas do "primeiro mundo" que exploram sem remordimento trabalho infantil no "terceiro mundo" (etc.) só passam a "empresas cidadãs" quando o facto é denunciado (sobretudo por ONGs com acesso a modernos meios de informação e comunicação)...

([238]) V. tb. o citado *Livro verde*, pp. 3, 7-8, TESTY, *ob. cit.*, p. 1239 ("corporate social responsibility will become just another commodity that business sell (...)").

([239]) Tema (mais) jurídico afim do da responsabilidade social das empresas é o da função ou vinculação social da propriedade e inicia-

2. 2. 3. 2. Dever de lealdade dos sócios

2. 2. 3. 2. 1. *Noção, manifestações, fundamento.* Este dever (*Treuepflicht* – designação predominante na Alemanha, onde mais tem sido estudado; *deber de fidelidad* – assim o designam, sob manifesta influência germânica, os autores espanhóis; *obbligo di correttezza, fiduciario, di fedeltà, di collaborazione,* etc. lhe chamam os italianos) tem sido objecto de muito pouca atenção entre nós ([240]).

Em enunciado geral (para as sociedades pluripessoais), direi que *este dever impõe que cada sócio não actue de modo incompatível com o interesse social* (interesse comum a todos os sócios enquanto tais ([241])) *ou com interesses de outros sócios relacionados com a sociedade.* Distancio-me assim, em certa medida, de frequentes formulações que acentuam antes (ou também) o dever (positivo) de os sócios

---

tiva económica privadas. Acerca dele, v., com indicações bibliográficas, COUTINHO DE ABREU, *Da empresarialidade...,* pp. 240-242.

([240]) Respigando, anoto ANTÓNIO CAEIRO, *A exclusão estatutária do direito de voto nas sociedades por quotas,* trabalho primeiramente publicado em 1966, agora em *Temas...,* pp. 73-74, n. (1) ("dever de fidelidade" na Alemanha, tendo sobretudo em conta o pensamento de Hueck), A. J. AVELÃS NUNES, *O direito de exclusão de sócios nas sociedades comerciais,* Almedina, Coimbra, 1968, pp. 82, ss., ns. (97) e (99) ("dever de colaboração" em diversos países), COUTINHO DE ABREU, *Do abuso...,* pp. 151-152 ("princípios da colaboração entre os sócios e da boa fé" perante as deliberações abusivas), PEREIRA DE ALMEIDA, *Sociedades comerciais* cit., pp. 55-56 ("dever de lealdade", especialmente concretizado na obrigação de não concorrência), A. MENEZES CORDEIRO, *O levantamento da personalidade colectiva no direito civil e comercial,* Almedina, Coimbra, 2000, pp. 132, ss. [referência a duas ou três decisões jurisprudenciais alemãs pertinentes – nomeadamente os casos "ITT" (de 1975) e "Linotype" (de 1988). (Todavia, contrariamente ao afirmado pelo A., não estava em causa neste último caso uma deliberação de aumento de capital, mas sim uma deliberação de dissolução de uma florescente sociedade anónima para permitir que parte substancial do seu património e a sua actividade fossem transferidas para uma sociedade por quotas que a dominava.)].

([241]) Estamos no domínio dos comportamentos dos sócios; vale, portanto, recorde-se, a perspectiva "contratualista" do interesse social.

promoverem ou cuidarem do interesse social e terem em consideração os interesses (ligados à sociedade) dos outros sócios ([242]). É um dever, parece-me, mais de conteúdo negativo (de omitir ou não fazer) que positivo (de promover ou fazer) – em poucos casos (vê-lo-emos depois, a propósito do "abuso de minoria") têm os sócios o dever de algo fazer que promova o interesse social. É que os direitos dos sócios são-lhes atribuídos no seu próprio interesse – são direitos subjectivos, não "direitos-função" ou "poderes-função". É certo que eles actuam em sociedade, com escopo comum a todos. Mas uma coisa é os sócios deverem actuar – procurando satisfazer os seus interesses – dentro do campo delimitado pelo interesse social (ou os interesses dos outros sócios ligados à sociedade), sem poderem, portanto, ultrapassar ou sacrificar estes outros interesses, outra coisa é os sócios deverem visar tão-só estes outros interesses e procurar satisfazê-los – funcionalizando assim o seu comportamento por específicas e superiores finalidades ([243]).

O CSC contém manifestações do dever em análise nos arts. 58.º, 1, b) (anulabilidade das deliberações dos sócios abusivas – deliberações que produzem vantagens especiais para um ou mais sócios ou terceiros em prejuízo de outros sócios ou de que resultam tão-só prejuízos para a sociedade ou alguns sócios), 83.º (o sócio com poder para designar ou fazer eleger membro(s) dos órgãos de administração ou de fiscalização responde solidariamente com ele(s) perante a sociedade ou sócios quando tenha actuado culposamente na escolha do(s) mesmo(s); idêntica responsabilidade tem o

---

([242]) V., p. ex., KRAFT/KREUTZ, *Gesellschaftsrecht* cit., p. 44, M. LUTTER, *Treupflichten und ihre Anwendungsprobleme,* ZHR, 1998, pp. 167-168, KOPPENSTEINER, *GmbH-Gesetz...,* pp. 555 (a propósito das deliberações) e 560.

([243]) Cfr., com indicações, COUTINHO DE ABREU, *últ. ob. cit.,* pp. 132, n. (305), 147-149.

sócio que, tendo poder para fazer destituir membros desses órgãos, os determine a praticar ou omitir actos com danos para a sociedade ou sócios), 180.º e 477.º (obrigação de os sócios de responsabilidade ilimitada não concorrerem com a sociedade), 181.º, 5, 214.º, 6, e 291.º, 6 (responsabilidade dos sócios que utilizem informações societárias de modo a prejudicarem injustamente a sociedade ou outros sócios), 242.º, 1 (um sócio de sociedade por quotas pode ser excluído judicialmente se tiver comportamento "desleal" ou gravemente perturbador e danoso para a sociedade), 251.º, 384.º, 6 (impedimento de voto quando os sócios se encontrem em situação de conflito de interesses com a sociedade).

Mas o dever de lealdade dos sócios *opera também em situações não especificamente previstas na lei*. É dever de todo o sócio *não aproveitar em benefício próprio as oportunidades de negócios* da sociedade (*corporate opportunities, Geschäftschancen*). Actua, pois, ilicitamente o sócio que induz a contraparte da sociedade a passar a negociar com ele em lugar da sociedade, ou que, tendo conhecimento (por ser sócio) da possibilidade de a sociedade realizar um bom negócio, o realiza para ele – *v. g.*, uma autarquia dispõe-se a vender barato um prédio numa zona industrial onde era oportuno a sociedade construir uma fábrica, mas o sócio compra-o (barato) e arrenda-o (com renda corrente no mercado) à sociedade ([244]). É também dever de todo o sócio *não impugnar judicialmente* (com ou sem fundamentos legítimos) *deliberações sociais, a fim de pressionar a sociedade ou (sobretudo) sócios dominantes a pagarem* elevadas somas de dinheiro em troca da desistência da acção judicial ([245]). É

([244]) V., p. ex., LUTTER, *Theorie...*, p. 114, KOPPENSTEINER, *ob. cit.*, p. 555.

([245]) O fenómeno dos "accionistas rapazes" (*räuberische Aktionäre*) tem tido bastas manifestações na Alemanha – v., p. ex., M. LUTTER, *Die Treupflicht des Aktionärs – Bemärkungen zur Linotype-Entscheidung des BGH,* ZHR, 1989, p. 466, H. HIRTE, *L'evoluzione del diritto delle imprese e*

igualmente dever dos sócios – nas sociedades de estrutura personalista, com fortes relações de mútua confiança entre os sócios e externamente identificadas em boa medida com eles – *não difundirem opiniões desabonatórias sobre a sociedade* (246). É dever do *sócio maioritário*, ou de controlo ou dominante, *não transmitir a sua participação social a terceiro "predador"* (que pretende adquirir o controlo da sociedade para, *v. g.*, a liquidar ou submetê-la a outra sociedade por si controlada) (247). (248)

Qual o *fundamento geral* do dever de lealdade dos sócios (com ou sem manifestações na lei)? Vêem-no muitos autores no princípio da boa fé (249). Também na Alemanha têm alguns a mesma percepção. Mas parece serem mais os que distinguem (embora reconhecendo pontos de contacto) a *Treuepflicht* dos deveres de *Treu und Glauben* segundo o § 242 do BGB (250). Interessante é a concepção apresentada

---

delle società in Germania negli anni 1989-1993, RS, 1995, pp. 191, ss., e K. SCHMIDT, *Gesellschaftsrecht* cit., pp. 595-596.

(246) V. LUTTER, *Theorie...*, pp. 111-112. À difusão de "factos" prejudiciais para o crédito ou bom nome da sociedade é aplicável o art. 484.º do CCiv..

(247) V. M. STELLA RICHTER JR., *"Trasferimento del controllo" e rapporti tra soci*, Giuffrè, Milano, 1996, pp. 323, ss..

(248) Ao "abuso de minoria" faremos referência mais detida no final deste n.º.

(249) Parece ser a concepção largamente dominante em Espanha – v. M.ª A. ALCALÁ DÍAZ, *El conflicto de interes socio-sociedad en las sociedades de capital*, RdS n.º 9, 1997, p. 91, com indicações bibliográficas na n. (4). Entre nós, MENEZES CORDEIRO, *ob. cit.*, p. 136, vê também o dever de lealdade "derivado da boa fé [mas acrescenta] ou, genericamente da própria existência de uma sociedade com fins próprios e comuns" [*sic*].

(250) V., p. ex., A. HUECK, *Der Treuegedanke in modernen Privatrecht*, Verlage der Bayerischen Akademie der Wissenchaften, München, 1947, p. 6 (estudo traduzido, mas sem as notas, na NRDC, 1949, P. I, pp. 57 ss.), LUTTER, *Theorie...*, pp. 102, ss. (a *Truepflicht* ou, como prefere o A., a *Förderpflicht* é mais, vai mais longe do que a boa fé); v. tb. as indicações de STELLA RICHTER, *ob. cit.*, pp. 273, ss., ns. (101) e (102).

por K. Schmidt (²⁵¹). As *Treupflichten,* enquanto parte do "ordenamento legal não escrito" do direito das sociedades, têm um fundamento compósito, compreendem-se atendendo a três pontos de partida: a relação comunitário-societária, o dever de promoção do fim social e a correlação entre poder jurídico e responsabilidade. Ainda que se não concorde com tudo (²⁵²), esta concepção conduz-nos ao que deve ser realçado: a sociedade enquanto organização, não mero conjunto de relações obrigacionais, e instrumento para perseguir determinado fim (comum, quando haja vários sócios). De modo a podermos dizer que o dever de lealdade tem o seu fundamento primeiro *na natureza da sociedade enquanto instrumento para a consecução de determinado fim ou a satisfação de interesses sociais* – o sócio está vinculado a respeitar essa natureza, a mover-se dentro do círculo do permitido por esse fim ou interesses.

O escrito nos parágrafos anteriores dá para perceber que o dever de que cuidamos se manifesta *em todos os tipos societários* (²⁵³). Mas dá para perceber também que *o con-*

(²⁵¹) *Ob. cit.,* pp. 588-589.

(²⁵²) As *Treupflichten* existem apenas nas sociedades pluripessoais (com relações "comunitárias")? (V. *infra*). Tais deveres são sobretudo de "promoção" do fim social?

(²⁵³) É assim também na Alemanha. Mas, durante muito tempo, o *Bundesgerichthof* admitiu a *Treupflicht* somente nas sociedades de pessoas, não a admitindo, designadamente, nas sociedades anónimas (e a doutrina encontrava-se bastante dividida – v. indicações em ZÖLLNER, *Die Schranken...,* p. 336, n. (3)). Marcantes na viragem do Tribunal Federal foram as decisões de 5/6/75 (caso "ITT", in JZ, 1976, p. 408, NJW, 1976, p. 191) – *Treupflicht* de sócio maioritário de sociedade por quotas –, de 1/2/88 (caso "Linotype", JZ, 1989, p. 443, NJW, 1988, p. 1579), *supra* referida – *Treupflicht* de accionista maioritário (todavia, como diz LUTTER, *Die Treupflicht...,* p. 457, citando também Bommert, o caso poderia ter sido resolvido com a aplicação directa do § 243 (2) da AktG, a que corresponde, no essencial, o art. 58.º, 1, b) do CSC) –, e de 20/3/95 (caso "Girmes", NJW, 1995, p. 1739) – *Treupflicht* de accionista minoritário (accionistas minoritários impediram a redução do capital social

teúdo e extensão do dever variam consoante o tipo legal societário e (sobretudo) a natureza mais personalística ou capitalística da concreta sociedade (de qualquer tipo), e a posição ou poder dos sócios. Com efeito, o *dever é mais intenso e extenso nas sociedades de pessoas do que nas de capitais, é mais intenso e extenso para os sócios maioritários ou de controlo do que para os minoritários* (ao "normal" accionista minoritário deve até reconhecer-se, em geral, o "direito ao desinteresse" ([254])). Por exemplo, o impedimento de voto em situações de conflito de interesses toca todos os sócios em qualquer sociedade; o dever de não aproveitamento de *corporate opportunities* vale também para todos os sócios de qualquer sociedade (embora varie de sociedade para sociedade e segundo a posição ocupada pelos sócios o acesso à informação respeitante às oportunidades de negócios). Já a obrigação de não concorrência, ressalvados os casos em que decorra de cláusula estatutária (v. os arts. 209.º e 287.º), impende somente sobre os sócios de responsabilidade ilimitada; também o dever de não difundir opiniões desfavoráveis à sociedade vincula os sócios de sociedades com estrutura personalística, mas não a generalidade dos accionistas de sociedades anónimas "abertas". Por sua vez, o dever de não influenciar a administração da socidade senão nos órgãos para isso apropriados incumbe aos sócios (maioritários) em sociedades de capitais; e são os sócios de controlo destas sociedades que não devem transmitir as participações de domínio a terceiros "predadores".

---

e outras medidas de saneamento de sociedade anónima, que, por isso, veio a ser declarada em situação de insolvência; foi reconhecido o direito de accionistas maioritários exigirem aos minoritários indemnização pela perda de valor das suas participações sociais). Para uma breve visão de conjunto acerca desta evolução, v. SCHMIDT, *ob. cit.*, pp. 590, ss..

([254]) Expressão (*Recht zum Desinteresse*) de WIEDEMANN, recordada por LUTTER, *últ. ob. cit.*, p. 452.

2. 2. 3. 2. 2. *Dever de lealdade perante a sociedade e entre os sócios.* É recorrente no tratamento desta problemática distinguir-se entre, por um lado, o dever de lealdade dos sócios *perante a sociedade* e, por outro lado, o dever de lealdade *entre os sócios* (de cada um perante os outros). É também recorrente justificar-se a distinção com a posição de "neutralidade" do interesse da sociedade relativamente a diversas decisões. E adiantam-se exemplos: aumento do capital social num momento em que é desnecessário para a sociedade e em que a maioria sabe haver sócio minoritário sem possibilidades de nele participar; limitação desproporcional do direito de preferência em aumento de capital; autorização para a transmissão de participações sociais; exclusão de sócios; dissolução da sociedade por deliberação dos sócios, etc. ([255]) Em casos destes, não estando em causa o interesse da sociedade (o prejuízo desta, designadamente no seu património), a defesa dos sócios (minoritários) haveria de fundar-se no dever de lealdade ou correcção entre os sócios (no dever de os sócios não lesarem os interesses – ligados à sociedade – de outros sócios).

Não distingo tão marcadamente um dever do outro. O dever "perante a sociedade" resolve-se, afinal, em dever perante os sócios ([256]) – em dever de não actuar de modo incompatível com o interesse comum a todos os sócios (o interesse da sociedade). Por outro lado, a generalidade dos exemplos avançados não me convence quanto à dita neutralidade do interesse social. Assim, a deliberação de (desnecessário) aumento de capital é abusiva, por avantajar especialmente uns sócios em prejuízo de outros – o interesse

---

([255]) V., embora com diferenças, *v. g.* WIEDEMANN, *Gesellschaftsrecht* cit., p. 435, LUTTER, *Theorie...*, pp. 120, 123-124, A. CERRAI/A. MAZZONI, *La tutela del socio e delle minoranze*, RS, 1993, pp. 73, ss., KOPPENSTEINEIR, *ob. cit.*, p. 559.

([256]) V. tb. KOPPENSTEINER, *ob. cit.*, p. 554.

social, o interesse comum a todos os sócios ligado ao fim social é lesado quando, a pretexto de novas mas objectivamente desnecessárias entradas e consequente aumento de participações, uns sócios visam alcançar maior poder e ganhos em relação a outros sócios; a deliberação que limita o direito de preferência (relativamente) mais a uns do que a outros (ou que o extingue quanto a uns e não quanto a outros) é inválida quando o "interesse social" não "justifique" tais medidas (art. 460.º, 2, 3); a recusa de consentimento (quando exigido) para a transmissão de participações sociais não deve ser arbitrária, deve antes ser justificada pela defesa do interesse social (*v. g.*, o terceiro que adquiriria a quota não merece a confiança dos sócios) – explícitos neste sentido são os arts. 328.º, 2, c), e 329.º, 2; a exclusão de sócio é legítima designadamente quando o sócio tenha prejudicado ou possa muito provavelmente prejudicar a sociedade (v. os arts. 186.º, 1, a), b), 241.º, 1, 242.º, 1); a deliberação de dissolução de sociedade que vise, *v. g.*, avantajar o sócio maioritário é inválida – o interesse comum a todos os sócios é lesado, pois ganha apenas um e em detrimento dos restantes.

Contudo, não deixo de reconhecer que em algumas (poucas) hipóteses podem sócios lesar ilicitamente interesses de outros sócios sem que haja simultânea lesão do interesse social (justifica-se então *autonomizar o dever de lealdade entre os sócios* em face do dever de lealdade perante a sociedade ou, como prefiro dizer, do dever de actuação compatível com o interesse social). Uma hipótese será a das deliberações emulativas, pelas quais a maioria causa intencionalmente um dano à minoria, disso não resultando nem uma vantagem (patrimonial) para a maioria nem um prejuízo para o interesse comum dos sócios enquanto tais. Por exemplo, numa sociedade por quotas, a maioria delibera diminuir a remuneração do sócio-gerente e aumentar na mesma medida a de um gerente não-sócio, somente para prejudicar aquele; há dano do sócio (enquanto gerente) mas não benefício objectivo da maioria nem lesão do interesse social – os custos da gerência mantêm-se os mesmos e a gerência continua a funcionar (vamos supor) como até então (²⁵⁷). Outra hipótese é a do sócio que utiliza informações societárias de modo a prejudicar injustamente outros sócios, sem prejudicar a sociedade (os arts. 181.º, 5, 214.º, 6, e 291.º, 6, mencionam disjuntivamente o interesse da sociedade e o de outros sócios).

O prejuízo dos sócios referido na última hipótese referir--se-á muitas vezes a interesses extra-sociais dos sócios. Ensejo, pois, para mais uma pergunta: impõe o dever de lealdade que os sócios tenham *também em consideração os interesses extra-sociais ou particulares dos consócios* (para além da hipótese há pouco vista)? Sim, em alguns casos, tratando-se de sociedade com forte estrutura personalística. Por exemplo, numa destas sociedades há necessidade de escolher um novo gerente, apresentam-se dois candidatos, ambos não sócios, com idênticas aptidões, mas um deles é filho de um dos sócios. Sendo provável que o desapontamento deste sócio, se o filho não fosse o escolhido, se repercutiria negativamente na sua colaboração como sócio, devem os consócios eleger para gerente o citado familiar (a satisfação do interesse particular do sócio serve para a satisfação do interesse social) (²⁵⁸).

2. 2. 3. 2. 3. *Sanções*. A violação pelos sócios do dever de actuação compatível com o interesse social (ou, mais latamente, do dever de lealdade) é uma forma de antijuridicidade ou ilicitude. Com as consequências, portanto, dos comportamentos ilícitos. Que aqui se traduzem, nomeadamente, na *obrigação de indemnizar,* consoante os casos, a

---

(²⁵⁷) Cfr. COUTINHO DE ABREU, *Do abuso...*, pp. 139-140, e n. (328).

(²⁵⁸) V. LUTTER, *últ. ob. cit.*, p. 129, onde também colhi o exemplo apresentado em texto.

sociedade e/ou sócios e na *anulabilidade das deliberações* (invalidados os votos inquinados pelo desrespeito do dever, cai a deliberação quando tais votos sejam necessários para formar a maioria exigida) (²⁵⁹).

2. 2. 3. 2. 4. *Dever do sócio único?* O dever de actuação compatível com o interesse social (o dever do sócio perante a sociedade, mais concretamente) manifesta-se também nas *sociedades unipessoais?* Em terras germânicas (sobretudo a propósito das sociedades por quotas unipessoais), a jurisprudência e parte da doutrina respondem negativamente – a sociedade unipessoal não tem interesses próprios, diferentes dos do sócio único (²⁶⁰); outra parte da doutrina, que tem vindo a crescer, responde afirmativamente (²⁶¹).

Penso que também aqui é legítimo falar de interesse social. *O interesse da sociedade será o interesse do sócio único mas enquanto sócio.* Os interesses dele podem ser uns na sociedade e outros fora dela. Exercer um sujeito individual e directamente certa actividade não é o mesmo que exercer essa actividade através de uma sociedade. Contudo, o campo de actuação daquele dever nestas sociedades será muito reduzido. Na prática, entrará em consideração somente a propósito dos comportamentos previstos nos arts. 83.º (o sócio único não-gerente não deverá influenciar a administração de modo a que esta cause prejuízos à sociedade) e 58.º, 1, b) [uma decisão abusiva do sócio (*v.g.*, ele determina que a sociedade venda a uma sua amiga um terreno por preço muito inferior ao seu valor) poderá ser

---

(²⁵⁹) Sobre as sanções do abuso de minoria, v. *infra*.

(²⁶⁰) V., p. ex., M. LUTTER/P. HOMMELHOFF, *GmbH-Gesetz Kommentar*, 14. Aufl., O. Schmidt, Köln, 1995, p. 162 (com indicações bibliográficas), e KOPPENSTEINER, *ob. cit.*, p. 556.

(²⁶¹) V., p. ex., também com numerosas referências, H.-J. PRIESTER, *Die eigene GmbH als fremder Dritter. Eigensphäre der Gesellschaft und Verhaltenspflichten ihrer Gesellschafter*, ZGR, 1993, pp. 517, ss..

impugnada pelo órgão de fiscalização (quando exista, claro) – art. 59.º, 1].

2. 2. 3. 2. 5. *Abuso de minoria*. Para terminar, consideremos então mais detidamente a problemática do *abuso de minoria* ([262]).

Excepcionalmente o dever de actuação compatível com o interesse social exige dos sócios minoritários prestações de fazer. Mais concretamente, esse dever resolve-se em *dever de voto positivo* – os sócios minoritários devem votar, juntamente com os maioritários, a favor de certas propostas (não devendo deixar de participar nas respectivas deliberações, nem abster-se ou votar contra essas propostas). É o que ocorre em determinadas deliberações de mudança estatutária, especialmente de alteração do capital social (a experiência judicial – estrangeira – tem incidido sobretudo nos aumentos de capital).

Suponhamos que numa sociedade por quotas é proposto um aumento do capital por novas entradas em dinheiro. A deliberação, para ser válida, tem de ser tomada "por maioria de três quartos dos votos correspondentes ao capital social ou por número ainda mais elevado de votos exigido pelo contrato de sociedade" (art. 265.º, 1) ([263]). Um ou mais sócios, com direito a 26% dos votos emissíveis, não participam na deliberação, ou abstêm-se na votação ou votam contra a proposta.

Com estes dados apenas, não podemos dizer que os sócios minoritários violaram o dever de lealdade perante a sociedade. Em geral, é lícita a recusa de apoio a uma proposta de aumento do capital. Interesses vários são atendíveis (e a

---

([262]) *Abus de minorité* lhe chamam há muito os franceses.

([263]) Para as maiorias, quase sempre reforçadas, exigidas nas alterações estatutárias das sociedades dos restantes tipos, v. os arts. 194.º, 1, 386.º, 3 e 4, 476.º.

exigência de maioria qualificada é também manifestação da tutela legal de legítimos interesses dos sócios minoritários). Sendo deliberado um aumento de capital, o sócio ou participa nesse aumento – mantendo (em princípio) a sua posição relativa dentro da sociedade mas sofrendo (imediatamente) um sacrifício (entrada com mais dinheiro), ou não participa (porque não pode ou acha inconveniente) (264) – e não mantém a sua posição relativa na sociedade.

Acrescentemos, porém, alguns dados mais. 1) O aumento do capital é *necessário* para que a sociedade sobreviva – *v. g.*, a lei estabelece um novo capital mínimo para as sociedades por quotas (de valor superior ao do capital da sociedade do nosso exemplo) e exige, sob pena de dissolução, os correspondentes aumentos; ou a sociedade passa por graves dificuldades financeiras, para cuja superação é indispensável um aumento do capital. 2) O montante do aumento proposto é *adequado* à sobrevivência da sociedade – *v. g.*, é o suficiente para atingir o novo mínimo estabelecido por lei, ou é o suficiente para superar a crise financeira (não é de menos mas também não é de mais). Ora, nestas circunstâncias, havemos de concluir que o não apoio dos sócios minoritários à proposta de aumento do capital é abusivo, é contrário ao interesse social, é injustificável pelo simples interesse individual na manutenção das posições relativas dentro da sociedade (na eventualidade de os minoritários não poderem ou não quererem participar no aumento) (265).

Quais as possíveis reacções ou *sanções* jurídicas contra os abusos de minoria (em deliberações)? Problema nada fácil. Merece a este propósito referência especial a experiência francesa.

---

(264) Apesar de tomada validamente uma deliberação de aumento do capital, o sócio que não tenha votado favoravelmente não fica obrigado a participar nesse aumento – art. 86.º, 2.

(265) De todo inadmissível seria o não apoio fundar-se tão-só na intenção de prejudicar os maioritários.

Costuma dizer-se que foi a *Cour d'Appel de Besançon*, em 5 de Junho 1957, o primeiro tribunal a condenar o abuso de minoria (em sociedade anónima, a propósito de alteração do contrato social) ([266]). Mas não resolveu o problema das sanções. Parece ter sido a *Cour d'Appel de Lyon*, em 20 de Dezembro de 1984, o primeiro tribunal a aplicar uma sanção por abuso de sócios minoritários – indemnização do presidente-director geral de sociedade anónima dissolvida por não ter sido aprovado um aumento de capital ([267]). Em 1987 foram proferidas duas sentenças fortemente inovadoras. O *Trib. mixte de commerce de Pointe-à-Pitre*, em 9 de Janeiro, declarou que a sentença pode "valoir validation" das propostas que os minoritários impeçam abusivamente de ser adoptadas ([268]); em 25 de Junho, a *Cour de Lyon* entendeu que o juiz, verificando um abuso de minoria ou de igualdade, pode "prendre une décision valant adoption de la délibération" ([269]). Na mesma linha, mas já em 1991, a *Cour d'Appel de Pau*, a propósito de um aumento de capital (imposto por lei) impedido abusivamente por um sócio minoritário, decidiu que "le présent arrêt vaudra adoption de ladite réso-

---

([266]) V. RDS (Jurispr.), 1957, p. 605, com nota de A. DALSACE, p. 609.

([267]) V. RDS (Jurispr.), 1986, p. 506, com nota de Y. REINHARD, p. 507. Poucos dias antes, em 13 de Dezembro de 1984, o *Tribunal de Commerce de Bruxelles* havia admitido pela primeira vez (parece) a teoria do abuso de minoria na Bélgica – v. RSoc., 1985, p. 115, com nota Y. GUYON, p. 122.

([268]) RSoc., 1987, p. 285 (notícia de Y. GUYON, que apoia a sentença).

([269]) RTDC, 1988, p. 70 (notícia de Y. REINHARD, que apoia a decisão). Poucos anos antes (1983), em "rápida achega", tinha eu, em *Do abuso...*, p. 185, sustentado a possibilidade, entre nós (depois de ter olhado para França) idêntica solução. (Tanto quanto sei, somente em 1985 um autor francês propôs que a sanção mais eficaz "consisterait à considérer comme acquis le vote que les minoritaires refusent abusivement d'émettre: GUYON, *Note* cit., RSoc., 1985, p. 123. É verdade que DALSACE, *Note* cit., p. 610, havia já perguntado se a *Cour de Besançon* não poderia ter declarado que "l'arrêt vaudrait vote". Mas acrescentou: "Si l'affirmative paraît séduisante (...), elle se heurte à la jurisprudence interdisant de condamner le débiteur à effectuer une prestation (...)".).

lution" (²⁷⁰). Todavia, esta solução não tem sido acolhida pelo tribunal supremo. Embora seja de realçar que já por duas vezes, pelo menos, a *Cour de Cassation* adoptou uma solução com os mesmos resultados práticos. Decidiu ela, com efeito, em sentenças de 9 de Março de 1993 e de 5 de Maio de 1998, que o tribunal pode designar um mandatário para votar de acordo com o interesse social em representação de sócio minoritário, quando este se oponha abusivamente à adopção de certas deliberações (essenciais para a sociedade) (²⁷¹).

Regressemos a Portugal. Não haverá grandes dúvidas em defender-se que o sócio minoritário que impede abusivamente uma alteração estatutária pode ser obrigado a *indemnizar* a sociedade ou (quando ela não sobreviva) os sócios maioritários (²⁷²). Pode também ser *excluído* da sociedade (cfr. os arts. 186.°, 1, a), 242.°). Ou ser *condenado judicialmente a votar a favor* da proposta de alteração estatutária, quando isso seja ainda possível (cfr. o art. 817.° do CCiv.) – *v. g.*, a sociedade subsiste e a alteração do contrato social pode ainda ser deliberada em próxima assembleia geral. Mas estas sanções revelar-se-ão muitas vezes insuficientes (a indemnização não compensa suficientemente os prejuízos ou não evita a dissolução da sociedade, a exclusão pode não ser possível por não existir já a sociedade ou não evita a dissolução, o sócio condenado a cumprir o seu dever de votar positivamente não cumpre, etc.).

(²⁷⁰) RSoc., 1992, p. 46 (a transcrição é da p. 49).

(²⁷¹) V., respectivamente, RSoc., 1993, p. 403, com nota de PH. MERLE, sugestivamente intitulada *Ce que le juge ne veut pas faire directement, le jugement valant acte, il peut le faire accomplir par un tiers,* p. 404 (o A. reafirma aqui preferir a solução do "jugement valant act", que havia defendido em *L'abus de minorité,* RJC, n.° spécial, Nov. 1991, pp. 90, ss.), e RSoc., 1999, p. 345, com nota de M. BOIZARD (também a A. reafirma aqui preferir a sanção "jugement valant act"; v. antes *L'abus de minorité,* RSoc., 1988, p. 376).

(²⁷²) Cfr. COUTINHO DE ABREU, *Do abuso...,* pp. 76-77, 185.

Retomemos a hipótese da proposta de aumento do capital necessário e adequado à sobrevivência da sociedade. Suponhamos que o sócio minoritário está presente na assembleia e vota contra a proposta. Porque não foi alcançada a maioria necessária para a alteração, deverá o presidente da assembleia proclamar que a proposta não foi aprovada (deliberação negativa) ([273]). Têm então os sócios da maioria legitimidade para pedir ao tribunal a declaração de *nulidade dos votos do minoritário* – por violarem o princípio (com força equivalente ao das leis) do dever de actuação compatível com o interesse social ou, mais concretamente, o art. 334.º do CCiv. (abuso do direito). *Se a sociedade for por acções,* devem esses sócios (ou alguns deles) pedir ainda a *anulação da deliberação* tal como foi proclamada (deliberação negativa) – v. o art. 58.º, 1, a) – *e a declaração (judicial) de ter sido tomada a deliberação de aumento do capital* ([274]). Com efeito, nestas sociedades, declarados nulos os votos abusivos, vê-se que os restantes votos são bastantes para alcançar as maiorias exigidas nos n.ºˢ 3 e 4 do art. 386.º. *Não é assim nas sociedades dos outros tipos,* onde as deliberações sobre alterações do contrato social exigem maiorias qualificadas em relação à totalidade dos votos emissíveis. Por exemplo, numa sociedade por quotas a declaração de nulidade de 26% dos votos possíveis não permite que os restantes votos atinjam os "três quartos dos votos correspondentes ao capital social" impostos por lei (art. 265.º, 1). *Quid juris* nestes casos – e ainda nos casos em que os minoritários, por não emiti-

---

([273]) Parece-me demasiado temerário o entendimento de alguns autores e tribunais alemães: sendo o voto do minoritário nulo (porque contrário ao dever de lealdade), pode o presidente da assembleia não contá-lo e proclamar a correspondente deliberação positiva quando ocorra a maioria exigida (v., com indicações bibliográficas, HÜFFER, *Aktiengesetz* cit., pp. 703-704). Compete ao presidente decidir sobre o carácter abusivo de certos votos?...

([274]) V. tb., com mais indicações bibliográficas, LUTTER, *Die Treupflicht*..., p. 468, HÜFFER, *ob. cit.*, p. 704.

rem votos, impedem a tomada das deliberações de aumento do capital?

Penso ser legítimo o recurso à *"execução específica"*.

Em qualquer desses casos, sendo ainda possível tomar uma deliberação positiva (em segunda ou terceira, etc. tentativa), *pode o tribunal,* a requerimento da sociedade, *determinar que os votos* (não emitidos pelo minoritário) *a favor da proposta sejam emitidos por outrem* – art. 828.º do CCiv. ("prestação de facto fungível"). Os votos, embora sejam declarações de vontade, não devem ser considerados factos "infungíveis" – também podem ser emitidos por representantes voluntários do sócio (arts. 189.º, 4, 249.º, 5, 380.º, 1) e, para defesa do interesse social, hão-de poder ser emitidos por alguém nomeado judicialmente.

Por outra via, não será de arredar a aplicação do art. 830.º, 1, do CCiv.. *Pode a sociedade "obter sentença que produza os efeitos da declaração negocial do faltoso" (do sócio que não emitiu os votos a favor da proposta), sendo depois computados os correspondentes votos em segunda ou outra deliberação.* Claro que isto implica uma interpretação extensivo-teleológica do art. 830.º, 1, de modo a ser aplicável não somente às obrigações (derivadas de contrato-promessa) de celebração de certo contrato mas também a outras obrigações de emitir declarações de vontade [275].

Abrem-se então três hipóteses.

– Os "votos" (chamemos-lhe assim para facilitar a comunicação) resultantes do suprimento judicial juntam-se aos votos já emitidos pelos sócios maioritários e a (positiva) deli-

---

[275] Defendendo, em substância, esta interpretação do art. 830.º, 1, v. A. Vaz Serra, *Contrato consigo mesmo e negociação de directores ou gerentes de sociedades anónimas ou por quotas com as respectivas sociedades,* RLJ, ano 100.º (1967/1968), pp. 194-195, M. J. Almeida Costa, *Direito das obrigações,* 8.ª ed., Almedina, Coimbra, 2000, pp. 212-213 (com mais indicações bibliográficas); contra, v. Pires de Lima/Antunes Varela, *Código Civil anotado,* vol. II, 4.ª ed., Coimbra Editora, Coimbra, 1997, pp. 106-107.

beração-negócio jurídico considera-se aprovada a partir do trânsito em julgado da sentença. O que supõe, já se vê, a substituição de uma deliberação negativa por uma outra positiva...

– Os "votos" resultantes do suprimento judicial juntam-se aos votos já emitidos pelos maioritários e (a pedido da sociedade) considera-se a deliberação positiva aprovada na data da deliberação negativa (o que supõe igualmente a referida substituição...).

– Os "votos" resultantes do suprimento judicial são depois da sentença computados em outra tomada de deliberação (unânime por escrito ou em assembleia).

2. 2. 4. Outras obrigações (eventuais)

Trataremos agora de obrigações que, ao invés das analisadas até aqui, não tocam todos os sócios. Algumas não têm espaço em todos os tipos societários (as obrigações de prestações suplementares e algumas das obrigações de prestações acessórias). E nas sociedades em que operam, não têm de vincular todos os respectivos sócios. Mas o carácter "eventual" destas obrigações resulta sobretudo do facto de só existirem quando tal seja determinado pelo estatuto social e/ou por deliberação. ([276])

2. 2. 4. 1. Obrigações de prestações acessórias

Estas obrigações estão previstas, quase nos mesmos termos, nos arts. 209.º, para as sociedades por quotas,

---

([276]) Os suprimentos não têm de resultar de "obrigação" para os sócios. Todavia, porque podem ter de ser efectuados por força de obrigação estabelecida no estatuto ou em deliberação (art. 244.º, 1, 2), e por comodidade sistematizadora, serão estudados neste contexto (estejam ou não os sócios obrigados a efectuá-los). Obrigações de novas entradas poderão ocorrer nos casos previstos no art. 35.º. Delas nos ocuparemos no próximo capítulo (a conexão com a problemática do capital e do património é evidente).

e 287.º, para as sociedades anónimas (e, por remissão do art. 478.º, para as sociedades em comandita por acções).

Diz o n.º 1 daqueles dois preceitos: "O contrato de sociedade pode impor a todos ou a alguns sócios a obrigação de efectuarem prestações além das entradas, desde que fixe os elementos essenciais desta obrigação e especifique se as prestações devem ser efectuadas onerosa ou gratuitamente. Quando o conteúdo da obrigação corresponder ao de um contrato típico, aplica-se a regulamentação legal própria desse tipo de contrato". As prestações acessórias ([277]), que, já se vê, introduzem ou acentuam elementos personalísticos nas sociedades, são variadas. Exemplos: fornecimento de coisas à sociedade ([278]) ou aquisição dos produtos desta, assistência técnica por parte de sócio que entrou para a sociedade com uma patente, prestações pecuniárias (a título de suprimentos ou não) ([279]), prestação de garantias a dívidas da sociedade, prestação de serviços, exercício de actividade enquanto gerente (com ou sem direito especial à gerência) ou administrador, proporcionar o gozo de um prédio ou de outro

---

([277]) "Acessórias" porque acrescem às prestações "principais" – as entradas em dinheiro ou em espécie, que vinculam todos os sócios (adquirentes originários de participações sociais). Contudo, em termos de importância para a vida da sociedade, as prestações acessórias serão muitas vezes as "principais". V. tb. RAÚL VENTURA, *Sociedades por quotas* cit., vol. I, p. 218.

([278]) P. ex., produtos agrícolas para serem transformados pela sociedade. Recorde-se que as prestações acessórias (*Nebenleistungen*) surgiram na prática alemã do séc. XIX no seio de sociedades da indústria açucareira, com sócios obrigados a fornecê-las com beterraba. Sobre (esta) origem e a evolução (em direito comparado) das prestações acessórias, v., p. ex., M.-A. LÓPEZ SÁNCHEZ, *La configuración estatutaria de las prestaciones acesorias en la sociedad anónima*, in AA. VV., *Derecho de sociedades anónimas*, I – *La fundación*, Civitas, Madrid, 1991, pp. 837, ss..

([279]) Mas não é prestação acessória o ágio (o excedente do valor da entrada sobre o valor da correspondente participação social) – ele é parte indissociável da entrada (v. *supra*, n.º 2. 2. 1.). Com opinião oposta, RAÚL VENTURA, *ob. cit.*, pp. 205, 207.

bem a favor da sociedade, não fazer concorrência à sociedade (280).

As obrigações de prestações acessórias (com o regime dos arts. 209.º e 287.º) *hão-de estar previstas no estatuto social* – originário ou alterado. É, na verdade, possível, através do pertinente procedimento de alteração dos estatutos, introduzir cláusulas relativas a estas obrigações (arts. 85.º, 265.º, 386.º, 3, 4). Porém, deliberada uma tal introdução, ela não produz efeitos relativamente aos sócios que a não tenham votado favoravelmente (eles não ficam obrigados a efectuar prestações acessórias) – é o que deflui do n.º 2 do art. 86.º.

O estatuto social tem de fixar "os *elementos essenciais*" *da obrigação*. Tem, pois, de determinar os sujeitos passivos (todos, um ou alguns sócios) e o *conteúdo das prestações* (o específico objecto). As prestações podem ficar logo perfeitamente determinadas (*v. g.*, proporcionar imediatamente o gozo do prédio *x,* não concorrência enquanto a sociedade durar, serviços como gerente durante quatro anos, prestações pecuniárias sempre que se verifiquem perdas de exercício e no montante destas); mas a determinação exigida pelo n.º 1 dos arts. 209.º e 287.º bastar-se-á com a fixação de critérios que não permitem conhecer imediatamente a medida das prestações (*v. g.*, prestações pecuniárias para cobrir perdas de exercício no montante – que não pode exceder o valor das perdas – considerado adequado pela administração, serviços de consultoria financeira do sócio *y* quando o gerente os considere necessários). As cláusulas que não fixem os elementos essenciais das obrigações de presta-

---

(280) Claro que estas obrigações de não concorrência só são lícitas quando não contrariem as regras nacionais ou comunitárias de defesa da concorrência (v., em primeira linha, os arts. 4.º e 5.º da L 18/2003, de 11 de Junho, e o art. 101.º do TFUE).

ções acessórias são *nulas* (cfr. os arts. 294.º e 295.º do CCiv.) ([281]).

O estatuto social há-de também especificar "se as prestações devem ser efectuadas *onerosa ou gratuitamente*". A "especificação" não tem de ser explícita ou directa ("onerosa" ou "gratuita", "com pagamento" ou "sem pagamento", "remunerada" ou "não remunerada", etc.), pode ser implícita, o carácter oneroso ou gratuito pode retirar-se (por interpretação) de outros dizeres ou modos de dizer. Por exemplo, falando-se de "prestações pecuniárias para cobertura das perdas de exercício", ou de "comodato" de certas máquinas, concluir-se-á tratar-se de prestações gratuitas; falando-se de "empréstimos" ou "mútuos" de quantias em dinheiro, presumir-se-á (tendo também em conta a natureza normalmente mercantil das sociedades em causa, a tutela de terceiros potenciais adquirentes de participações sociais, e a parte final do n.º 1 dos arts. 209.º e 287.º) o carácter oneroso dessas prestações – cfr. o art. 395.º do CCom. e o art. 1145.º do CCiv.. E se se conclui não haver no estatuto qualquer "especificação" da onerosidade ou gratuitidade das prestações acessórias (*v. g.*, diz-se simplesmente que um sócio proporcionará o gozo de certo imóvel, ou prestará durante meio ano assistência técnica relativa à patente com que entrou)? Dada a imperatividade do preceito legal, parece dever entender-se que a cláusula estatutária é nula ([282]).

([281]) Mas raramente esta nulidade determinará a invalidade do contrato social – recordem-se, além do art. 292.º do CCiv., os arts. 41.º e 42.º do CSC.

([282]) Com esta opinião, v. RAÚL VENTURA, *ob. cit.* p. 213. Na Alemanha e em Espanha (com preceitos idênticos aos nossos), há opiniões diferentes. M. LUTTER, in *Kölner Kommentar...*, *§ 61*, pp. 731-732 (citando também Hefermehl/Bungeroth) tem opinião equivalente – a cláusula é ineficaz (*unwirksam*); mas LÓPEZ SÁNCHEZ, *ob. cit.*, p. 853, e HÜFFER, *ob. cit.*, p. 261, entendem serem gratuitas as prestações nessas circunstâncias.

Diz o n.º 3 dos arts. 209.º e 287.º: "No caso de se convencionar a onerosidade [das prestações acessórias], a contraprestação pode ser paga independentemente da existência de lucros de ["do", no art. 287.º] exercício" ([283]); acrescenta o n.º 3 do art. 287.º (não o n.º 3 do art. 209.º): "mas não pode [a contraprestação] exceder o valor da prestação respectiva". Apesar da ausência desta parte no n.º 3 do art. 209.º, não vejo como não aplicar analogicamente a mesma estatuição às sociedades por quotas. A contraprestação a cumprir pela sociedade pode estar determinada no estatuto ou ser determinada posteriormente (v. o art. 400.º, 1, do CCiv.). Em qualquer caso, ela não pode exceder o valor de mercado da prestação acessória. Se assim não fosse, estaria aberta a (mais uma) porta para a descapitalização das sociedades e para a restituição de entradas aos sócios ([284]).

O direito da sociedade correspondente a obrigações de prestações acessórias é transmissível quando elas sejam pecuniárias, é intransmissível nos restantes casos (n.º 2 dos arts. 209.º e 287.º).

Nada dizem os citados arts. acerca da *transmissão das obrigações*. Não obstante, sendo também estas obrigações elementos das participações sociais (das quotas ou da acções – estas têm de ser, recorde-se, nominativas: art. 299.º, 2, c)), deve concluir-se que elas se transmitem (e só se transmitem), entre vivos ou *mortis causa,* quando se transmitam as respectivas participações sociais. Porém, a transmissão destas não envolverá a daquelas quando o objecto das prestações acessórias seja infungível (*v. g.*, certos serviços, como os de gerência – cfr. o art. 252.º, 4).

([283]) Mais curial seria falar de lucros de balanço...

([284]) Se a sociedade pagar mais do que devia (acima do valor de mercado da prestação acessória), deve o sócio restituir à sociedade o que recebeu em excesso – v. o art 34.º do CSC.

"Salvo disposição contratual em contrário, a *falta de cumprimento* das obrigações acessórias não afecta a situação do sócio como tal" (n.º 4 dos arts. 209.º e 287.º). Assim, a participação social, os direitos e obrigações do sócio não são afectados pelo simples facto do não cumprimento de obrigação de prestações acessórias – este não cumprimento tem as consequências previstas no direito comum das obrigações (arts. 790.º, ss. do CCiv.) e/ou nas regras especiais dos contratos com conteúdo a que (eventualmente) corresponda o das obrigações acessórias (cfr. a parte final do n.º 1 dos arts. 209.º e 287.º). Todavia, pode o estatuto social prever sanções que afectem a situação do sócio como tal, designadamente a sanção da exclusão (cfr. os arts. 241.º e 347.º).

2. 2. 4. 2. Obrigações de prestações suplementares

A lei das sociedades por quotas de 1901, seguindo de perto a alemã GmbHG (§§ 26-28), introduziu entre nós a regulamentação das "prestações suplementares" (arts. 17.º-19.º). O CSC retomou, com alterações, a figura nos arts. 210.º-213.º, enquanto possível meio de financiamento *privativo das sociedades por quotas*.

As prestações suplementares são *prestações em dinheiro sem juros que a sociedade exigirá aos sócios quando, havendo permissão do estatuto, deliberação social o determine* (cfr. o art. 210.º).

Primeiro pressuposto destas prestações é serem *permitidas no estatuto* – originário ou alterado. Neste segundo caso, além da maioria qualificada exigida para introduzir a permissão (art. 265.º, 1), é necessário ter em conta que, de acordo com o art. 86.º, 2, as prestações suplementares não poderão ser exigidas aos sócios (minoritários) que não tenham aprovado a alteração estatutária. O estatuto social que permita prestações suplementares fixará o *"montante global"* das mesmas (art. 210.º, 3, a), 4). Este montante há-de estar, portanto, perfeitamente definido em cláusula estatutária. Que dirá, por exemplo: poderão ser exigidas prestações suplementares até ao montante de *x* euros, ou até ao dobro do capital social (reportando-se sempre o valor deste à data da cláusula permissiva das prestações) [285]. Uma *cláusula do estatuto originário* permitindo prestações suplementares mas que não refira qualquer montante ou refira um montante impreciso é *nula* (viola os preceitos imperativos do art. 210.º, 3, a), 4); uma *deliberação* de alteração estatutária para permitir as prestações mas sem as citadas referências é igualmente *nula* (art. 56.º, 1, d)) [286]. Estatui ainda o art. 210.º, nas als. b) e c) do n.º 3, que o estatuto fixará *os sócios que ficam obrigados* a efectuar as prestações suplementares (um, alguns ou todos) [287], e o *critério de repartição* das prestações entre os sócios a elas obrigados. Contudo, estas menções *não são essenciais* ou indispensáveis, porquanto: "faltando a menção referida na alínea *b)*, todos os sócios são obrigados a efectuar prestações suplementares; faltando a menção referida na alínea *c)*, a obrigação de cada sócio é proporcional à sua quota de capital" (n.º 4 do art. 210.º).

Embora necessária, a permissão estatutária não é suficiente para constituir as obrigações de prestações suplementares. Elas (bem como o correspondente direito de crédito

---

[285] Cfr. RAÚL VENTURA, *ob. cit.*, pp. 238-239.

[286] O Ac. do STJ de 13/4/94, CJ (ASTJ), 1994, t. II, p. 27, entendeu também ser nula uma deliberação introduzindo uma cláusula no contrato social assim redigida: "O montante global das prestações suplementares corresponde ao montante do capital social e as reservas *existentes em cada momento*" (sublinhei). (Mas, talvez por gralha, o Ac. cita o art. 58.º, 1, a), em vez do art. 56.º, 1, d)).

[287] Sendo transmitida, entre vivos e por via sucessória, alguma quota, fica o adquirente obrigado nos termos em que o estava o antecessor – as obrigações de prestações suplementares são também elementos das participações sociais, transmitindo-se com estas e só com estas se transmitindo.

da sociedade) *só nascem se e quando os sócios deliberem* que lhes sejam exigidas prestações em dinheiro (v. o art. 210.º, 1; v. também o art. 211.º, 1 – "a exigibilidade das prestações suplementares depende sempre de deliberação dos sócios") [288]. Ainda que necessite de dinheiro, não pode a sociedade, sem deliberação dos sócios, exigir as prestações – nem os credores sociais podem sub-rogar-se a ela para o efeito (art. 212.º, 4) [289]. A deliberação que exija as prestações deve fixar "o montante tornado exigível [não tem, portanto, de ser chamado todo o "montante global" de uma só vez] e o prazo da prestação, o qual não pode ser inferior a 30 dias a contar da comunicação [feita por gerente] aos sócios" (art. 211.º, 1). Note-se ainda que nem sempre as deliberações constituintes das obrigações podem ser adoptadas. Sob pena de nulidade, não o podem ser quando, havendo (partes de) entradas por realizar e já exigíveis, não tenham sido interpelados os respectivos sócios para efectuar o pagamento (se a sociedade necessita de dinheiro, deve começar por exigir o que lhe é devido a título de entradas), nem quando a sociedade tenha sido dissolvida (n.os 2 e 3 do art. 211.º).

Enquanto se mantiver a cláusula estatutária permitindo prestações suplementares, a sociedade não pode, quer por deliberação dos sócios quer por decisão do órgão administrativo, exonerar os sócios da obrigação, actual ou potencial, de as efectuarem (art. 212.º, 3).

Se algum sócio não efectuar, no prazo fixado na comunicação da gerência (cfr. o n.º 1 do art. 211.º), a prestação suplementar a que está obrigado, deve a gerência avisá-lo

---

[288] No mesmo sentido, v., entre outros, KOPPENSTEINER, *ob. cit.*, pp. 615-616. Divergentemente, v. RAÚL VENTURA, *ob. cit.*, pp. 248-249.

[289] Recorde-se o diverso regime estabelecido no art. 30.º, 1, para os créditos da sociedade por dívidas de entrada. O n.º 4 do art. 212.º mostra também que o instituto das prestações suplementares não tutela principalmente os interesses dos credores sociais.

por carta registada de que, a partir do 30.º dia seguinte à recepção da carta, fica sujeito a *exclusão*. Se o pagamento não for efectuado neste último prazo, podem os sócios deliberar a exclusão do sócio incumpridor. Deliberada a exclusão, a quota – perdida a favor da sociedade – será por esta vendida. Tudo isto é determinado pelo n.º 1 do art. 212.º, que remete para os arts. 204.º e 205.º.

De acordo com o art. 213.º, as prestações suplementares efectuadas podem ser, total ou parcialmente, *restituídas* desde que deliberação dos sócios o autorize. Todavia, a deliberação só é validamente tomada se o património social líquido não se tornar inferior à soma do capital e da reserva legal em consequência da restituição. Por outro lado, havendo embora deliberação válida, a restituição não pode ser efectivada quando daí resultasse ficar o património social inferior àquela soma. Ainda que a intangibilidade do capital social e da reserva legal esteja salvaguardada, a restituição das prestações suplementares também não pode ser efectivada em relação aos sócios que ainda não tenham realizado integralmente as suas entradas.

Diga-se, por fim, que a declaração da sociedade em situação de insolvência impede qualquer restituição de prestações suplementares aos sócios (art. 213.º, 3).

2. 2. 4. 3. Suprimentos

2. 2. 4. 3. 1. *Contrato de suprimento*. "Considera-se contrato de suprimento o contrato pelo qual o sócio empresta à sociedade dinheiro ou outra coisa fungível, ficando aquela obrigada a restituir outro tanto do mesmo género e qualidade, ou pelo qual o sócio convenciona com a sociedade o diferimento do vencimento de créditos seus sobre ela, desde que, em qualquer dos casos, o crédito fique tendo carácter de permanência" (art. 243.º, 1).

Este contrato, com larga tradição na *praxis* societária mas previsto pela primeira vez no CSC como contrato nominado e típico, apresenta, assim, *duas modalidades: empréstimo de dinheiro ou outra coisa fungível, e diferimento de crédito.* Em qualquer caso, são também características essenciais do contrato de suprimento a *qualidade das partes* – de um lado uma *sociedade,* do outro um *sócio* (que empresta àquela ou difere o vencimento de um crédito seu sobre ela e a favor dela) – e o *carácter de permanência do crédito* do sócio relativamente à sociedade. Mesmo na modalidade do empréstimo, o contrato de suprimento não se confunde, portanto, com o contrato de mútuo (art. 1142.º do CCiv.).

Estatui o n.º 5 do art. 243.º que fica sujeito ao regime de crédito de suprimento o crédito de terceiro contra a sociedade que um sócio adquira por negócio entre vivos (v. os arts. 577.º, ss. do CCiv.), desde que no momento da aquisição se verifique alguma das circunstâncias indiciadoras do carácter de permanência previstas nos n.ºs 2 e 3 daquele art.. ([290]) Este preceito, que visa prevenir a defraudação do regime legal dos suprimentos, não introduz uma terceira modalidade de contrato de suprimento, pois não há nesse caso qualquer acordo entre o sócio e a sociedade; trata-se antes de um caso em que, por força da lei (não de contrato com a sociedade), certos créditos de sócios ficam sujeitos ao regime dos suprimentos ([291]).

O carácter de *permanência* dos créditos é essencial, recorde-se, para a qualificação dos mesmos como suprimen-

---

([290]) Até ao referido momento, apesar do carácter de permanência do crédito, este não era ainda de suprimento, pois seu titular era um terceiro. O preceito não será aplicável quando o crédito, embora de terceiro, fosse já (antes da cessão ao sócio) de suprimento – porque, p. ex., o terceiro havia sido sócio e nessa qualidade tinha celebrado contrato de suprimento, ou, enquanto terceiro, havia adquirido de um sócio crédito de suprimento; nestes casos, continua o crédito de suprimento na titularidade do sócio adquirente.

([291]) V. RAÚL VENTURA, *Sociedades por quotas* cit., vol. II, pp. 109-111.

tos. Esta nota caracterizadora explica-se pela função que vem sendo reconhecida aos suprimentos (e que a etimologia corrobora – a palavra vem de suprir + mento): *suprirem insuficiências do capital social, substituírem novas entradas de capital.* Não é suprimento o empréstimo ou diferimento do vencimento de crédito por três meses que o sócio faz em favor da sociedade, a fim de esta, por exemplo, debelar défices momentâneos de tesouraria. Tais actos já são suprimentos quando, estando a sociedade em situação de crise financeira ou tendo decidido ampliar a actividade ou os investimentos, as necessidades sociais (não passageiras) sejam por eles satisfeitas em vez de serem satisfeitas por novas entradas de capital. Nalguns casos (crise da sociedade), tendo sobretudo em conta os interesses dos credores sociais, as novas entradas deveriam ter sido preferidas aos suprimentos (estes são restituíveis, aquelas não); noutros casos é menos contestável a opção pelos suprimentos (enquanto suplemento do capital social, que não é aumentado). (292)

Os n.ᵒˢ 2 e 3 do art. 243.º contêm *"índices do carácter de permanência"* (ou "presunções", ilidíveis, de permanência – v. o n.º 4). Diz o n.º 2: "Constitui índice do carácter de permanência a estipulação de um prazo de reembolso superior a um ano, quer tal estipulação seja contemporânea da constituição do crédito quer seja posterior a esta. No caso de dife-

---

(292) Os arts. 243.º-245.º inspiraram-se em boa medida nos §§ 32a e 32b da GmbHG alemã. No entanto, nesta lei eram mais restritivas as hipóteses em que os empréstimos de sócios se consideram substitutivos do capital. Começava assim, com efeito, o § 32a: "Concedeu um sócio um empréstimo à sociedade num momento em que os sócios, se actuassem como comerciantes regulares, lhe teriam antes concedido capital próprio (crise da sociedade)". Quer dizer, o empréstimo tem função substitutiva do capital quando a sociedade, por estar em situação de infiabilidade creditícia (*Kreditunwürdigkeit*), não consegue de terceiros crédito nas condições normais de mercado, precisando pois, para subsistir, de empréstimos dos sócios (v., p. ex., M. LUTTER/P. HOMMELHOFF, *Il diritto delle imprese e delle società nella Repubblica Federale Tedesca (1980-1984)*, RS, 1986, pp. 154-155, e K. SCHMIDT, *Gesellschaftsrecht* cit., p. 533).

rimento do vencimento de um crédito, computa-se nesse prazo o tempo decorrido desde a constituição do crédito até ao negócio de diferimento". E o n.º 3: "É igualmente índice do carácter de permanência a não utilização da faculdade de exigir o reembolso devido pela sociedade durante um ano, contado da constituição do crédito, quer não tenha sido estipulado prazo, quer tenha sido convencionado prazo inferior; tratando-se de lucros distribuídos e não levantados, o prazo de um ano conta-se da data da deliberação que aprovou a distribuição". Note-se, a propósito da parte final desta norma, que o crédito do sócio à sua parte nos lucros vence-se decorridos 30 ou, excepcionalmente, 90 dias sobre a deliberação de atribuição de lucros (art. 217.º, 2). Suponham-se então estas hipóteses: um sócio consentiu no diferimento do vencimento do seu crédito por lucros, tendo sido estipulado um prazo superior a um ano a contar da deliberação de distribuição dos lucros; o sócio consentiu no diferimento, mas não foi estipulado qualquer prazo ou o prazo acordado não chega a um ano a contar da deliberação – não obstante, o sócio não exigiu durante um ano (a contar da data da deliberação que aprovou a distribuição dos lucros) o montante devido pela sociedade. O crédito do sócio é em qualquer destas hipóteses um crédito de suprimento, aplicando-se o n.º 2 do art. 243.º à primeira hipótese e o n.º 3 às restantes.

Os factos apontados nos n.ºs 2 e 3 do art. 243.º são "índices do carácter de permanência" dos créditos. Mas os sinais reveladores dos suprimentos não se esgotam nestes índices. O carácter de permanência dos créditos – repise-se, a marca dos créditos enquanto substitutos de novas entradas de capital, destinados a satisfazer necessidades não momentâneas ou passageiras da sociedade – pode manifestar-se através de outros "índices". Em conformidade com esta ideia está a 1.ª parte do n.º 4 do art. 243.º: "Os credores sociais podem provar o carácter de permanência, embora o reembolso tenha sido efectuado [porque sociedade e sócio assim acordaram, porque o sócio interpelou a sociedade e esta pagou, etc.] antes de decorrido o prazo de um ano referido nos números anteriores". Apesar de o crédito se ter mantido menos de um ano, podem os credores da sociedade provar que ele era um crédito de suprimento – porque tinha carácter supletivo do capital social. Deve dizer-se mais: a prova (feita por credores sociais ou não) do carácter de permanência dos créditos pode também ser feita quando ocorram circunstâncias diversas das previstas na 1.ª parte do n.º 4 do art. 243.º. Suponha-se que a sociedade *x*, sócia da sociedade *y*, emprestou a esta – que se encontrava em situação de insolvência – 300 000 euros pelo prazo de seis meses. Quatro meses depois foi a sociedade *y* declarada em situação de insolvência (antes, portanto, de qualquer reembolso do crédito). Discute-se agora se o empréstimo configura ou não um suprimento, para efeitos da aplicação do art. 245.º, 3, a). Apesar de o prazo do empréstimo ser inferior a um ano e de a sociedade *x* não ter tido oportunidade de não utilizar a faculdade de exigir o reembolso durante um ano (cfr. o n.º 3 do art. 243.º), não haverá grandes dúvidas em considerar o negócio como contrato de suprimento. O dinheiro emprestado destinava-se a suprir insuficiências de capital da sociedade *y*, equivalia economicamente a nova entrada da sócia *x*. Logo, o carácter de permanência do crédito deve ser afirmado. (293)

Os "índices" previstos nos n.ºs 2 e 3 do art. 243.º são *presunções legais* (a lei tira dos factos mencionados a ilação do carácter de permanência dos créditos – cfr. o art. 349.º do CCiv.). Mas presunções *juris tantum*, ilidíveis pelos sócios credores mediante prova em contrário. É o que diz a 2.ª parte do n.º 4 do art. 243.º: "Os sócios interessados podem ilidir a presunção de permanência estabelecida nos números anteriores, demonstrando que o diferimento de créditos

---

(293) Alheio a esta linha discursiva, v. o Ac. do STJ de 9/2/99, CJ (ASTJ), 1999, t. I, p. 103.

corresponde a circunstâncias relativas a negócios celebrados com a sociedade, independentemente da qualidade de sócio". Assim, pode um sócio demonstrar que um contrato pelo qual ele emprestou dinheiro à sociedade por prazo superior a um ano ou diferiu o vencimento de crédito seu sobre ela de modo a este durar pelo menos um ano – um contrato, portanto, aparentemente de suprimento – não é, afinal, um contrato de suprimento, exactamente porque o crédito não faz as vezes de nova entrada de capital que o sócio enquanto tal (interessado na sobrevivência ou no desenvolvimento da "sua" sociedade), deveria ou poderia ter realizado, justificando-se antes por condições objectivas relativas ao negócio, com indiferença pelo facto de o credor ser sócio – crédito idêntico é proporcionado ou proporcionável pelo sócio a outras entidades ou poderia ser proporcionado à sociedade por outrem que não o sócio.

A validade do contrato de suprimento não depende de *forma* especial, diz o n.º 6 do art. 243.º. Não era necessário dizê-lo. Porque é um contrato típico e nominado, não confundível com o contrato de mútuo (v., para as formas deste, o art. 1143.º do CCiv.), se a lei nada dissesse impor-se-ia o princípio da liberdade de forma (art. 219.º do CCiv.).

Porém, aquele n.º 6 acrescenta que também não depende de forma especial o "negócio sobre adiantamento de fundos pelo sócio à sociedade ou de convenção de diferimento de créditos de sócios". Acrescento esquisito. Faz pouco sentido que signifique mera concretização das possíveis modalidades do contrato de suprimento (compreendidas já, portanto, na menção deste contrato no preceito). Parece preferível interpretá-lo como explicitação (um tanto a talhe de foice) de que também estes negócios, quando não qualificáveis como contratos de suprimento, não exigem forma especial [294].

---

[294] Com outra interpretação, v. RAÚL VENTURA, *ob. cit.*, pp. 99-100.

Nada parece impedir que se estipule o pagamento de juros como remuneração dos suprimentos. Quando o contrato nada diga a respeito, deverá observar-se a presunção de onerosidade estabelecida na lei para o mútuo civil (art. 1145.º, 1, do CCiv.) e para o empréstimo mercantil (art. 395.º do CCom.), ou deverá entender-se que não há então vencimento de juros?

As normas citadas não se aplicam ao caso. Nem directamente, pois (sabemos já) o contrato de suprimento é distinto do contrato de mútuo (não é espécie deste). Nem por analogia, pois no caso omisso no CSC não procedem as razões justificativas da presunção do vencimento de juros fixada na lei para o mútuo. Na verdade, no contrato de suprimento quem empresta ou permite o diferimento de créditos é um sócio – não é um qualquer sujeito alheio à sociedade que (só) empresta para ganhar (juros). É um sócio que proporciona à sociedade bens substitutivos de novas entradas para satisfação imediata de necessidades sociais não passageiras e para satisfação mediata dos seus interesses enquanto sócio (é esperável que os suprimentos promovam a consecução de lucros ou maiores lucros sociais). Por outro lado, o regime legal dos suprimentos está fortemente imbuído por preocupações de tutela dos interesses dos credores sociais. Em suma, *os suprimentos só são retribuídos com juros quando tal seja estipulado* [295].

2. 2. 4. 3. 2. *Obrigação de suprimentos não fundada em contrato autónomo.* Os contratos de suprimentos podem ser celebrados entre os sócios e a sociedade (representada por gerente(s)) independentemente de qualquer autorização estatutária ou deliberação. Mas pode o estatuto social fazer

---

[295] V., no mesmo sentido, *últ. A. e ob. cits.*, p. 125, e Ac. da RC de 30/6/98, CJ, 1998, t. III, p. 39. Em sentido contrário, v. J. AVEIRO PEREIRA, *O contrato de suprimento,* Coimbra Editora, Coimbra, 1997, pp. 86, ss..

depender de prévia deliberação dos sócios a celebração (art. 244.º, 3).

Importa no entanto assinalar a possibilidade de a obrigação de efectuar suprimentos ter por fonte *não um contrato autónomo* (o contrato de suprimento propriamente dito) mas o próprio *estatuto social* (de natureza contratual ou não) ou uma *deliberação* dos sócios (art. 244.º, 1 e 2).

À obrigação de efectuar suprimentos estabelecida no estatuto social "aplica-se o disposto no artigo 209.º quanto a obrigações acessórias" (art. 244.º, 1). Assim, deve o estatuto fixar os elementos essenciais da obrigação – o sócio ou sócios vinculados, a(s) modalidade(s) dos suprimentos (empréstimos de dinheiro ou outra coisa fungível e/ou diferimento do vencimento de créditos), o montante dos suprimentos (fixo ou até ao limite de certos valores) –, bem como especificar se os suprimentos vencem ou não juros ([296]).

A obrigação de efectuar suprimentos pode também ser constituída por deliberação dos sócios, mas – na linha da responsabilidade limitada dos sócios perante a sociedade (cfr. o art. 197.º, 2) – somente os sócios que votem a favor da proposta aprovada ficam vinculados por essa obrigação (art. 244.º, 2).

2. 2. 4. 3. 3. *Suprimentos e contratos reais "quoad constitutionem"*. Diz-se comummente que o contrato típico de mútuo (art. 1142.º do CCiv.) é contrato real *quoad constitutionem*. A entrega de dinheiro ou outra coisa fungível seria elemento constitutivo ou de perfeição do contrato. Não havendo entrega, o contrato seria nulo, sem prejuízo, porém, da possibilidade de conversão em contrato-promessa de mútuo (art. 293.º do CCiv.) – mas insusceptível de execução específica (art. 830.º, 1, do CCiv.) – e de responsabilidade

---

([296]) V. *supra*, n.º 2. 2. 4. 1.

pré-contratual (art. 227.º do CCiv.). (²⁹⁷) Daqui até considerar o contrato de suprimento – na modalidade do empréstimo – como contrato real vai um pequeno passo (²⁹⁸). Que julgo não dever ser dado. Não tanto por me parecer duvidoso o carácter real do contrato de mútuo, mas sobretudo porque o contrato de suprimento é um *contrato típico não confundível* com aquele e que se compreende unitariamente – seja qual for a modalidade que revista – *num contexto societário*. Assim, se o sócio não cumpre a obrigação de entregar dinheiro derivada de contrato de suprimento, tem a sociedade o direito de exigir judicialmente o cumprimento e de executar o património do sócio (v. os arts. 817.º do CCiv. e 810.º, ss. do CPC).

Passo bem maior é considerar que a obrigação de efectuar suprimentos fixada no *contrato social* ou em *deliberação* dos sócios deriva de um contrato de suprimento – igualmente real *quoad constitutionem* – ou, enquanto a entrega não é feita, de um contrato-promessa de suprimento. Passo que também já foi dado (²⁹⁹) mas que não posso acompanhar. Do próprio contrato social nasce a obrigação de efectuar suprimentos, que integra a quota dos sócios vinculados. Não é necessário efectuar logo qualquer entrega de dinheiro (ou outra coisa fungível) nem tem de haver um autónomo (e posterior) contrato de suprimento para que se possa dizer constituída a obrigação. A posterior entrega de dinheiro (ou outra coisa fungível) é execução do contrato social (não de

---

(²⁹⁷) Quem contesta a qualificação do contrato de mútuo típico como real é J. CASTRO MENDES, *Direito civil – Teoria geral*, II vol., AAFDL, Lisboa, 1979 (ed. revista em 1985), pp. 309-310. V. tb. C. A. MOTA PINTO, *Teoria geral do direito civil*, 3.ª ed., 2.ª reimpr., Coimbra Editora, Coimbra, 1988, pp. 398-399 (p. 399: "Se não se provar que as partes quiseram o contrato como real, este deve ter-se por perfeito com o acordo das partes").

(²⁹⁸) Dado, p. ex., por RAÚL VENTURA, *ob. cit.*, p. 101.

(²⁹⁹) Com relação a deliberações – v. o Ac. do STJ de 27/10/98, CJ (ASTJ), 1998, t. III, p. 86.

contrato de suprimento), não é elemento constitutivo de um contrato real. Ainda mais em falso é o passo com relação às deliberações. Muitos nomes têm sido lançados na pia baptismal (da "natureza jurídica") das deliberações. Mas não consta dos registos o nome "contrato" ([300]). Contra o incumprimento de obrigação de efectuar suprimentos constituída por deliberação pode a sociedade, portanto, reagir através das comuns acções de cumprimento e execução.

2. 2. 4. 3. 4. *Tutela da sociedade e dos credores sociais externos.* O credor por suprimentos tem direito a ser *reembolsado*. Todavia, porque eles são substitutivos de entradas de capital, a restituição é em certos casos *condicionada pelos interesses da sociedade e dos credores sociais*.

"Não tendo sido estipulado prazo para o reembolso dos suprimentos, é aplicável o disposto no n.º 2 do artigo 777.º do Código Civil; na fixação do prazo, o tribunal terá, porém, em conta as consequências que o reembolso acarretará para a sociedade, podendo, designadamente, determinar que o pagamento seja fraccionado em certo número de prestações" (art. 245.º, 1). ([301])

O art. 245.º contém outros preceitos especialmente destinados a acautelar os interesses dos credores sociais (por créditos que não sejam de suprimentos). O n.º 2 começa por dizer que os credores por suprimentos não podem requerer, por esses créditos, a insolvência da sociedade. Depois, o n.º 3 estatui a prioridade ou preferência dos credores sociais por créditos que não sejam de suprimentos relativamente aos credores por suprimentos quando a sociedade entre em liquidação. "Decretada a falência ou dissolvida por qualquer causa a sociedade: *a)* Os suprimentos só podem ser reembol-

---

([300]) Cfr. C. FERREIRA DE ALMEIDA, *Contratos,* I – *Conceito. Fontes. Formação,* Almedina, Coimbra, 2000, p. 29.

([301]) V. tb. os arts. 1456.º e 1457.º do CPC.

sados aos seus credores depois de inteiramente satisfeitas as dívidas daquela para com terceiros; *b)* Não é admissível compensação de créditos da sociedade com créditos de suprimentos". E, sendo a sociedade declarada em situação de insolvência, podem ser resolvidos em benefício da massa insolvente os reembolsos de suprimentos efectuados no ano anterior à data do início do processo de insolvência, nos termos previstos nos arts. 120.º, ss. do CIRE (v. especialmente o art. 121.º, 1, i)) – n.º 5 do art. 245.º do CSC, actualizado tendo em conta o CIRE. ([302])

2. 2. 4. 3. 5. *Aplicação da disciplina dos suprimentos à generalidade das sociedades.* A disciplina dos suprimentos prevista nos arts. 243.º-245.º para as sociedades por quotas *é também aplicável nas sociedades dos outros tipos?* A questão, discutida sobretudo a propósito das sociedades anónimas, tem obtido, com ou sem ressalvas, resposta afirmativa ([303]). É a resposta correcta. Nas sociedades de qualquer tipo é possível ocorrerem insuficiências de capital, possível sendo também que tais insuficiências sejam supridas com meios que o art. 243.º qualifica de suprimentos. É, pois, razoável ou mesmo imperioso que a protecção dos interesses das sociedades e/ou dos credores sociais externos concedida pelo regime dos suprimentos no art. 245.º valha igualmente para as sociedades que não sejam por quotas. Vejamos mais de perto alguns pontos, começando pelas *sociedades por acções.*

([302]) V. ainda o n.º 6 do art. 245.º.

Relembre-se ainda que no caso de a sociedade ser declarada insolvente entrará normalmente em jogo, não apenas a subcapitalização nominal, mas também a subcapitalização material (cfr. *supra,* n.º 2. 2. do cap. IV).

([303]) V. BRITO CORREIA, *ob. cit.*, pp. 491-492, RAÚL VENTURA, *ob. cit.*, pp. 86, ss., Ac. do STJ de 14/12/94, CJ (ASTJ), 1994, t. III, p. 173, AVEIRO PEREIRA, *ob. cit.*, pp. 115, ss., PAULO DE TARSO DOMINGUES, *Do capital social* cit., pp. 165-166, cit. Ac. do STJ de 9/2/99. Diversamente, considerando que "os suprimentos são um instituto próprio das sociedades por quotas", PEREIRA DE ALMEIDA, *Sociedades comerciais* cit., p. 212.

Sabemos que os accionistas podem ficar obrigados pelo estatuto social a efectuarem prestações acessórias (art. 287.º). Estas prestações podem corresponder às de um contrato típico, aplicando-se então (também) a regulamentação legal própria desse contrato (art. 287.º, 1, *in fine*). O contrato de suprimento é típico. Logo, é lícito estabelecer-se no estatuto de uma sociedade anónima (ou em comandita por acções) a *obrigação acessória* de um, alguns ou todos os accionistas efectuarem *suprimentos*.

Lícitos são igualmente os suprimentos que têm por fonte *deliberações* ou *contratos* – agora *por analogia* com o previsto para as sociedades por quotas ([304]).

Por influência alemã (directa ou, sobretudo, indirecta), vem-se defendendo dominantemente entre nós que o regime dos contratos de suprimento não deve aplicar-se a qualquer sócio das sociedades anónimas, mas tão-somente aos accionistas com verdadeiros interesses societários ou empresariais (*aos "accionistas empresários"*) ([305]). Quem são estes accionistas? Atendendo aos valores mencionados nos arts. 392.º,

---

([304]) AVEIRO PEREIRA, *ob. cit.*, pp. 117, ss., prefere a interpretação extensiva.

([305]) Assim RAÚL VENTURA, *ob. cit.*, pp. 87-88, TARSO DOMINGUES, *ob. cit.*, p. 165, e os citados Acs. do STJ de 14/12/94 e de 9/2/99. Em muito breves palavras, entende-se dominantemente assim na Alemanha: nas sociedades por quotas todo o sócio tem direito a informar-se sobre a situação da sociedade e de requerer a convocação de assembleia geral para, quando a situação social seja de crise, propor um aumento do capital (em vez de suprimentos); não é assim nas sociedades anónimas, pelo que o regime dos empréstimos de sócios substitutivos de capital deve aplicar-se apenas aos accionistas que possam dispor de informação bastante e que tenham o poder de determinar a política social. Na sequência de decisão do BGH de 1984, tem-se avançado ser, para estes efeitos, "accionista empresário" quem possua poder de bloqueio, isto é, mais de 25% das acções (mas não se descartam participações menores – p. ex., em sociedades de tipo familiar ou quando haja coligação entre sócios fundadas ou não em acordos parassociais; e há quem exija percentagens maiores, não faltando ainda quem não exija mais do que a posse de uma acção). Para desenvolvimentos, v. por todos M. LUTTER, in *Kölner Kommentar...*, *§ 57*, pp. 664, ss..

1, 6, e 418.º, 1, diz-se serem os que possuam acções correspondentes a 10% ou mais do capital social ([306]). Consequentemente, os empréstimos ou convenções de diferimento do vencimento de créditos por mais de um ano em que participem sócios com acções que não atinjam aquela percentagem não poderiam ser considerados suprimentos, ou suprimentos sujeitos ao regime próprio destes. Não posso concordar ([307]).

A título preliminar, poderia apresentar percentagens tão ou menos arbitrárias do que a citada de 10%. Por exemplo, a de 1% prevista no art. 288.º, 1 (direito mínimo à informação), a de 5% prevista no art. 375.º, 2 (requerimento de convocação de assembleia geral) e as de 2% ou 5% previstas no art. 16.º, 2, do CVM. E poderia recordar o facto de em sociedades com muitas e muito disseminadas acções o controlo societário ser possibilitado por participações bem inferiores aos mencionados 10%.

Mais importante, porém, é ter noção de que todo e qualquer accionista pode ter créditos sobre a sociedade com carácter de permanência e funcionalizados a suprir insuficiências do capital social, todo o accionista pode ser credor da sociedade não como simples ou normal credor mas também como sócio (aplicando os seus meios financeiros na sociedade sem fins reditícios, ou não apenas com esses fins, mas também para imediata satisfação de necessidades sociais). Porquê não aplicar então as normas dos suprimentos tuteladoras dos interesses da sociedade (art. 245.º, 1) e dos credores sociais externos (art. 245.º, 2, ss.)? Algumas perguntas mais: Não é verdade que os estatutos das sociedades anónimas podem estabelecer (como obrigação de prestações acessórias) a obrigação de todos ou alguns sócios – tenham ou não acções correspondentes a 10% do capital – efectuarem suprimentos? Não ficam também pequenos

---

([306]) RAÚL VENTURA, *ob. cit.*, p. 88., seguido pelos dois acórdãos citados.

([307]) Questionando também a referida percentagem, AVEIRO PEREIRA, *ob. cit.*, pp. 123-124.

accionistas obrigados a efectuar suprimentos quando votam favoravelmente uma deliberação constituinte da dita obrigação? Emprestando cada um dos sócios ligados por acordo parassocial, e em execução desse acordo, dinheiro à sociedade por prazo superior a um ano, o empréstimo fica sujeito ao regime dos suprimentos quanto aos accionistas com 10% ou mais da totalidade das acções societárias e não fica sujeito a esse regime quanto aos accionistas com menos acções? Se numa sociedade por quotas com vinte sócios, cada um com uma quota correspondente a 5% do capital, qualquer sócio pode celebrar contratos de suprimento ([308]), porque não numa sociedade anónima com os mesmos vinte sócios, cada um com os mesmos 5% das acções?

Em suma, *qualquer accionista pode ser credor por suprimentos*. Mas, perguntar-se-á, basta, *v.g.*, que um sócio com uma ou poucas acções empreste dinheiro à sociedade por prazo superior a um ano para que se conclua estarmos perante um contrato de suprimento? Não, pois acima explicámos que os sócios podem ilidir a presunção do carácter de permanência do crédito "demonstrando que o diferimento de créditos corresponde a circunstâncias relativas a negócios celebrados com a sociedade, independentemente da qualidade de sócio" (art. 243.º, 4, 2.ª parte).

Quanto às *sociedades em nome colectivo,* o regime dos suprimentos previsto nos arts. 243.º-245.º é-lhes em geral também aplicável por analogia. Contudo, dada a responsabilidade ilimitada dos sócios, não serão aplicáveis algumas normas especialmente tuteladoras dos interesses dos credores sociais externos (designadamente a do n.º 3 do art. 245.º) ([309]).

([308]) Parece que ninguém entre nós duvida dessa possibilidade. E são raros os autores alemães que duvidam (mas é o caso de LUTTER/ /HOMMELHOFF, *GmbH-Gesetz*..., p. 348, que propugnam uma redução teleológica do § 32a da GmbHG).

([309]) V. tb. RAÚL VENTURA, *ob. cit.*, p. 89.

3. As participações sociais como objectos de direitos e de circulação

3. 1. As participações sociais objecto de direitos reais

Parece não haver dúvidas de que sobre as participações sociais podem incidir *diversos direitos reais*. Também o CSC se lhes refere, umas vezes de forma genérica (art. 140.º – "os direitos reais de gozo ou de garantia que (...) incidam sobre participações sociais (...)"), outras vezes em termos mais específicos (*v. g.*, art. 23.º, epigrafado "usufruto e penhor de participações").

É, porém, controverso falar de *direito de propriedade* sobre participações sociais. Aliás, o CSC prefere claramente falar de titularidade – arts. 222.º, ss. (contitularidade de quota), 233.º (titular de quota), 269.º (titular de raiz de quota), 303.º (contitularidade de acções), 462.º (titular de raiz de acção). Poder-se-ia falar de propriedade a propósito das acções tituladas (incorporadas em papel-coisa corpórea), não assim a propósito das restantes participações [310]. É a visão que se obtém pelo óculo do art. 1302.º do CCiv. ("só as coisas corpóreas (...) podem ser objecto do direito de propriedade regulado neste código"). Todavia, o próprio CCiv. admite a "propriedade intelectual" (de bens incorpóreos) – art. 1303.º; nem toda a propriedade é "regulada" (só) por ele; as participações sociais são qualificáveis como coisas (art. 202.º, 1, do CCiv.), embora imateriais, gozando os seus titulares "de modo pleno e exclusivo dos direitos de uso, fruição e disposição" delas, "dentro dos limites da lei e com observância das restrições por ela impostas" (art. 1305.º do

---

[310] V., p. ex., RAÚL VENTURA, *Sociedades por quotas* cit., vol. I, p. 492 ("... repudiada a concepção de uma coisa-quota sobre a qual possa recair um direito real de propriedade (...)".).

CCiv.); parece fetichismo do papel afirmar a propriedade para as acções tituladas e negá-la para as acções escriturais e outras participações (o essencial está sempre no conjunto unitário de direitos e obrigações); o próprio CSC não deixa de referir-se (com ou sem distracção) à propriedade de participações (arts. 269.º, 4, 462.º, 4). É legítimo, portanto, falar do direito de propriedade sobre as participações sociais [311].

Controvertida é também a susceptibilidade de as participações serem objecto de *posse* e de *usucapião*. Afirmada dominantemente quanto às acções tituladas [312], negada por uns e afirmada por outros quanto às restantes participações [313]. Sendo a posse "o poder que se manifesta quando alguém actua por forma correspondente ao exercício do direito de propriedade ou de outro direito real" (art. 1251.º do CCiv.) e podendo "alguém" exercer os direitos e cumprir as obrigações que se compreendem nas participações sociais, entendo que estas são passíveis de posse exercida em termos de propriedade, penhor ou usufruto, podendo ainda ser adquirido o direito de propriedade ou de usufruto sobre elas por usucapião (cfr. o art. 1287.º do CCiv.) [314].

Uma participação social pertence às vezes a mais de um sujeito. Temos então uma situação de *"contitulari-*

---

[311] No mesmo sentido, v. o Ac. do STJ de 6/5/98, CJ (ASTJ), 1998, t. 2, pp. 71-72, JOÃO C. GRALHEIRO, *Da usucapibilidade das quotas sociais,* ROA, 1999, pp. 1141, ss..

[312] Cfr. LOBO XAVIER, *Acção* cit., col. 69.

[313] Em sentido negatório v. J. M. ANTUNES VARELA, *Usucapião – Quotas de sociedades (Parecer),* CJ, 1993, t. I, pp. 266, ss.. Em sentido afirmativo, v. o Ac. da RL de 16/4/75, sumariado no BMJ n.º 247 (1975), pp. 207-208, o Ac. do STJ de 25/9/90, BMJ n.º 399 (1990), p. 499, o Ac. do STJ de 6/5/98 há pouco citado e o Ac. da RL de 24/6/99, CJ, 1999, t. III, p. 129, JOÃO GRALHEIRO, *ob. cit.,* pp. 1147, ss..

[314] Adopto aqui concepção mais ampla do que a exposta em *Da empresarialidade...,* pp. 343-344, n. (890).

dade" (ou, pelo que dissemos há pouco, de *compropriedade*) da participação social. A contitularidade é disciplinada principalmente nos arts. 222.º a 224.º do CSC, no título dedicado às sociedades por quotas. O art. 303.º ("contitularidade da acção"), depois de escusadamente (quase) repetir os três primeiros n.ᵒˢ do art. 222.º, remete no n.º 4 para os arts. 223.º e 224.º ([315]). Apesar da inexistência de normas semelhantes no título dedicado às sociedades em nome colectivo, os arts. 222.º-224.º são aplicáveis analogicamente nestas sociedades (cfr. o art. 2.º, 1.ª parte).

A contitularidade pode ser *originária* – a participação social surge logo (na constituição da sociedade ou em aumento do capital) com dois ou mais titulares –, ou *superveniente* – a participação de um sujeito passa posteriormente a ter dois ou mais titulares, porque, por exemplo, parte indivisa dela foi cedida a outro, ou toda a participação foi transmitida entre vivos ou por morte a vários sujeitos ([316]).

Para garantir um relacionamento mais fácil e seguro dos contitulares-sócios com a sociedade, prescreve a lei que aqueles respondem *solidariamente* pelas obrigações inerentes à participação social (n.º 3 dos arts. 222.º e 303.º) e devem exercer os direitos a ela inerentes através de *representante comum* (n.º 1 dos citados arts. e art. 223.º, 5; v. também o n.º 3 daqueles arts.).

O *representante comum* é *designado por lei* (v. o art. 2080.º do CCiv., sobre a designação do cabeça-de-casal ([317])), *por*

([315]) Porventura cansado de repetições, o legislador não repetiu no art. 303.º o n.º 4 do art. 222.º. Mas nada impede a aplicação analógica deste preceito à contitularidade de acções.

([316]) Sobre os casos em que a participação social bem comum dos cônjuges está sujeita ao regime da contitularidade (sendo então sócios ambos os cônjuges) ou não está, v. *supra,* n. (24) do cap. III.

([317]) Mas esta norma não é imperativa – v. o art. 2084.º.

disposição testamentária (tendo o representante o estatuto de testamenteiro – arts. 2320.º, ss. do CCiv. – ou não), pelos próprios contitulares (através de deliberação, tomada em regra por maioria) – quando a designação não resulte de lei ou testamento –, ou *por tribunal* – quando a nomeação não possa obter-se por nenhum daqueles meios. Vejam-se os n.ᵒˢ 1, 2 e 3 do art. 223.º. O representante comum designado pelos contitulares pode também por eles ser *destituído* através de deliberação (tomada em regra por maioria, com ou sem justa causa) – cfr. o n.º 1 do art. 223.º; quando designado por disposição testamentária ou pelos contitulares, pode ainda ser destituído judicialmente com fundamento em justa causa – n.º 3 do art. 223.º.

O representante comum pode exercer perante a sociedade a generalidade dos poderes inerentes à participação social indivisa, haja ou não prévia deliberação dos contitulares sobre esse exercício (arts. 223.º, 5, 224.º) [318]. Todavia, só pode praticar actos que importem extinção, alienação ou oneração da participação, aumento de obrigações e renúncia ou redução dos direitos dos sócios quando, consoante os casos, a lei, o testamento, todos os contitulares ou o tribunal lhe atribuam tais poderes (art. 223.º, 6; v. também o art. 224.º, 1).

"Nos impedimentos do representante comum ou se este puder ser nomeado pelo tribunal, nos termos do artigo 223.º, n.º 3, mas ainda o não tiver sido, quando se apresenta mais de um titular para exercer o direito de voto e não haja acordo entre eles sobre o sentido de voto, prevalecerá a opinião da maioria dos contitulares presentes, desde que representem, pelo menos, metade do valor total da quota e para o

---

[318] A deliberação dos contitulares vincula o representante comum, mas não a sociedade (art. 224.º, 2). Perante esta vale o comportamento do representante, ainda que não concordante com a deliberação.

caso não seja necessário o consentimento de todos os contitulares, nos termos do n.º 1 do artigo 224.º"– art. 222.º, 4.

A constituição de *usufruto* sobre participações sociais, quando não seja feita no acto constituinte da sociedade, está sujeita à forma exigida e às limitações estabelecidas para a transmissão delas (art. 23.º, 1). É, pois, exigido documento escrito (ou equiparado – art. 4.º-A) para a constituição, por contrato, de usufruto sobre partes sociais e sobre quotas (arts. 182.º, 2, 3, 228.º, 1); para as acções, vejam-se os arts. 81.º, 5, e 103.º do CVM. As limitações à constituição de usufruto são (ou podem ser) as previstas nos arts. 182.º, 1 e 4 (partes sociais), 225.º, 228.º, 2, 3, e 229.º, ss. (quotas), 328.º, 2 (acções), 469.º (partes de sócios comanditados), 475.º (partes de sócios comanditários de sociedades em comandita simples).

O usufrutuário de participação social tem direito: aos *lucros* distribuídos correspondentes ao tempo de duração do usufruto (distribuídos nesse período ou após a extinção do usufruto); a *participar (com direito de voto)* nas deliberações de sócios (porém, nas deliberações que importem alteração dos estatutos ou dissolução da sociedade o voto pertence conjuntamente ao usufrutuário e ao titular da participação); a *usufruir os valores* que, no acto de *liquidação* da sociedade ou da participação social sobre que incida o usufruto, caibam a esta. Estes os direitos previstos no art. 1467.º do CCiv., para que remete o art. 23.º, 2, do CSC. Mas tem o usufrutuário *outros direitos*. Por exemplo: quando haja aumento do capital social por incorporação de reservas, o usufruto, consoante os casos, continuará a incidir na participação (agora) com o valor nominal aumentado ou alargar-se-á à nova participação atribuída ao proprietário da raiz (art. 92.º, 4); nas sociedades por quotas e por acções, o usufrutuário pode participar em aumentos do capital a realizar em dinheiro nos termos previstos nos arts. 269.º e 462.º, respectivamente; o usufrutuário de parte social, quota ou acção tem direito à informação nos termos previstos para os sócios nos arts. 181.º, 214.º-216.º e 288.º-292.º – é o que resulta explicitamente do n.º 8 do art. 214.º (sociedade por quotas) e do art. 293.º (sociedade anónima), aplicáveis analogicamente (sobretudo o n.º 8 do art. 214.º) à sociedades em nome colectivo ([319]).

Quem é sócio – o usufrutuário, o titular da participação social, ou ambos? As respostas têm sido variadas ([320]). Parece-me que *o titular da participação social não deixa nunca de ser sócio*. A participação continua a pertencer-lhe. É certo que, em virtude do usufruto, ele fica com poderes restringidos. Mas, como há pouco vimos, continua em certas ocasiões com o poder de (co-)exercer alguns direitos componentes da participação. Por outro lado, a generalidade das obrigações componentes da participação social (obrigação de realizar entrada parcialmente diferida, obrigação de quinhoar nas perdas, obrigação de prestações acessórias, etc.)

([319]) O titular da raiz de participação social terá direito às informações preparatórias de e em assembleia geral (e somente a estas) quando seja (co-)titular do direito de voto (cfr. o art. 1467.º, 2, do CCiv.) – o direito à informação em geral que integra a participação social pertence plenamente ao usufrutuário. No mesmo sentido, parece, v. C. PINHEIRO TORRES, *O direito à informação...*, p. 194; diferentemente, v. JOÃO LABAREDA, *Das acções...*, pp. 112-113.

([320]) Para o período anterior ao actual CCiv., v. por todos, com indicações de doutrina e jurisprudência, BARBOSA DE MAGALHÃES, *Usufruto de acções, de partes e de quotas sociais*, ROA, 1952, pp. 48, ss. (sócio é tanto o usufrutuário como o proprietário), e J. G. PINTO COELHO, *Usufruto de acções*, RLJ, ano 90.º (1957/1958), pp. 50, ss. (sócio é exclusivamente o mero proprietário da participação social). Depois do CCiv. (e do CSC), parece dominante a ideia de que tanto o usufrutuário como o titular da raiz são sócios – v. ANTÓNIO CAEIRO, *Destituição do gerente designado no pacto social*, in *Temas...*, p. 399, n. (69), RAÚL VENTURA, *ob. cit.*, p. 415 (começa o A. por dizer que o usufrutuário "é o sócio"; acrescenta que nalguns casos, "relativamente ao mesmo direito, usufrutuário e titular da raiz serão simultaneamente considerados sócios"; termina dizendo que "quando, porém, nada em contrário se deduza de algum preceito legal, sócio é o titular da raiz"), BRITO CORREIA, *ob. cit.*, p. 361 (usufrutuário e nu-proprietário são sócios), Ac. da RL de 13/10/95, CJ, 1995, t. IV, p. 115.

continua a vinculá-lo. Por sua vez, o *usufrutuário*, tendo "o direito de gozar temporária e plenamente" (cfr. o art. 1439.º do CCiv.) – *rectius,* quase plenamente (cfr. o art. 1467.º, 2) – a participação social, tem a generalidade dos poderes ou direitos conferidos por ela. Ainda assim, parece-me que *ele não tem o estatuto de sócio*. A participação social não lhe pertence; goza dos direitos integrantes da participação, mas não tem a generalidade das obrigações que a compõem (não tem, antes de mais, as obrigações estabelecidas no art. 20.º do CSC); o gozo dos direitos da socialidade não tem de pertencer a quem é sócio – *v. g.*, apesar de na execução de quota os direitos patrimoniais a ela inerentes deixarem de ser exercidos pelo seu titular (art. 239.º, 1), ninguém dirá que o exequente é sócio; também não se dirá (utilizando hipótese limite) que uma sociedade por quotas constituída por uma só pessoa passa a sociedade pluripessoal quando sobre a quota seja constituído um usufruto.

Contudo, *a aplicabilidade ao titular ou ao usufrutuário de participação social de preceitos que se referem a sócios não resulta lógico-dedutivamente da qualificação de sócio ou não sócio de um ou outro* [321]. É preciso interpretar os enunciados normativos respectivos em e para cada caso concreto e atender a que o usufruto, sendo embora um direito real limitado, atribui amplos poderes societários ao usufrutuário de participação social, com correspondente (temporária) exclusão ou limitação de poderes do proprietário. Por exemplo, o art. 59.º, 1, atribui legitimidade para impugnar deliberações a certos "sócios". Gozando o usufrutuário do direito de participar (com voto) nas deliberações dos sócios, há-de

---

[321] "Não é por ser sócio que o usufrutuário tem direitos e obrigações em relação à acção, parte social ou quota, que usufrui; é por ser usufrutuário" (BARBOSA DE MAGALHÃES, *ob. cit.*, p. 51).

concluir-se que ele tem legitimidade para as impugnar (quando não tenha votado no sentido que fez vencimento nem posteriormente as tenha aprovado) ([322]) – independentemente de se lhe chamar ou não sócio ([323]).

O *penhor* de participações sociais – que confere ao credor pignoratício o direito à satisfação do seu crédito, com preferência sobre os demais credores, pelo valor das mesmas (cfr. o art. 666.º, 1, do CCiv.) – "só pode ser constituído na forma exigida e dentro das limitações estabelecidas para a transmissão entre vivos de tais participações" (art. 23.º, 3, do CSC). É, pois, bastante o escrito particular para a constituição de penhor sobre partes sociais e quotas; a forma para a constituição de penhor de acções está prevista no CVM, nos arts. 81.º, 1, 2 – acções escriturais – e 103.º (remetendo para os arts. 101.º e 102.º) – acções tituladas. As limitações à constituição de penhor são (ou podem ser) as indicadas nos arts. 182.º, 1 e 4 (partes sociais), 228.º, 2, 3, e 229.º, ss. (quotas), 328.º, 2 (acções), 469.º (partes de sócios comanditados), 475.º (partes de sócios comanditários de sociedades em comandita simples).

Os *direitos* inerentes à participação social continuam a *pertencer e a poder ser exercidos pelo sócio-autor do penhor;* o *credor pignoratício* só pode *exercer* algum desses direitos quando tal for *convencionado* entre ele e o autor do penhor (art. 23.º, 4) ([324]). Quando, por convenção, caiba ao credor pignoratício exercer o direito de voto do sócio autor do penhor, competir-lhe-á também o direito à informação

---

([322]) No mesmo sentido, v. por todos PIRES DE LIMA/ANTUNES VARELA, *Código Civil anotado,* vol. III, 2.ª ed. (reimpr.), Coimbra Editora, Coimbra, 1987, p. 515.

([323]) Por sua vez, o titular da participação só terá essa legitimidade relativamente às deliberações em que possa (co-)votar.

([324]) V. tb. o art. 81.º, 4, do CVM.

– art. 293.º, aplicável analogicamente a sociedades de outros tipos. (325)

3. 2. Transmissão das participações sociais

O essencial sobre a transmissão das "partes sociais" (nas sociedades em nome colectivo e em comandita) ficou dito no n.º 2. 3. do cap. II. Concentramo-nos agora nas "quotas" e nas "acções", sem dúvida as participações sociais que mais relevam.

3. 2. 1. Transmissão de quotas

3. 2. 1. 1. Transmissão por morte

Salvo disposição diversa do contrato social, as quotas transmitem-se para os sucessores dos sócios nos termos do direito comum das sucessões.

Mas pode o contrato social estabelecer que, falecendo um sócio, a respectiva participação social *"não se transmitirá"* aos sucessores do falecido, bem como pode *condicionar* a transmissão a certos requisitos – estabelecendo, *v.g.*, que as quotas somente se transmitirão com o consentimento da

---

(325) Para indicações de direito italiano, alemão e português sobre penhor de quotas, v. entre nós NOGUEIRA SERENS, *Penhor de quota – Venda dos imóveis da sociedade em prejuízo do credor,* CJ, 1996, t. II, pp. 6, ss.. (Mas não adiro à proposta de interpretação do art. 23.º, 4, avançada *ibid.* p. 10: na falta de convenção, os "direitos administrativos" são exercidos pelo sócio empenhador, "mas apenas durante o período anterior ao vencimento do penhor; após o vencimento do penhor, e tendo-se feito o competente registo, esses direitos passariam a ser exercidos pelo credor pignoratício, assim se obstando à completa frustração do seu direito real de garantia, que o penhor é". Não vejo fundamento jurídico para tal, muito menos no art. 23.º, 4 (v., no mesmo sentido, o Ac. da RE de 7/12/95, CJ, 1995, t. V, p. 293). E há meios para reagir contra os riscos de frustração do direito do credor pignoratício – desde logo os previstos na secção do CCiv. dedicada ao penhor (v. sobretudo os arts. 670.º, c), e 674.º).

sociedade ou para certas categorias de herdeiros (CSC, art. 225.º, 1). (³²⁶)

Quando, de acordo com as disposições contratuais limitadoras da transmissão, a sociedade pretenda impedir que a quota de sócio falecido continue nos seus sucessores, deve ela começar por d*eliberar "amortizá-la, adquiri-la ou fazê-la adquirir* por sócio ou terceiro" (art. 225.º, 2, 1.ª parte; v. também o art. 246.º, 1, b)); se nenhuma destas medidas for efectivada nos 90 dias subsequentes ao conhecimento da morte do sócio pelo gerente ou por algum dos gerentes, a quota continuará no ou nos sucessores (art. 225.º, 2, 2.ª parte).

Se a sociedade *amortizar* a quota, a *contrapartida* a pagar aos herdeiros é, salvo estipulação contrária do contrato social ou acordo das partes (sociedade e herdeiros) o valor de liquidação da quota (art. 235.º, 1, a)). Este valor é fixado por revisor oficial de contas com base no estado da sociedade à data da deliberação (art. 235.º, 1, a), remetendo para o art. 105.º, 2, que remete, por sua vez, para o art. 1021.º do CCiv.). O *pagamento* da contrapartida é, ainda em regra (supletiva), fraccionado em duas prestações, a efectivar dentro de seis meses e um ano, respectivamente, após a fixação definitiva do valor da participação social (art. 235.º, 1, b)). *Na falta de pagamento tempestivo* da

---

(³²⁶) A sócio falecido pode sobreviver cônjuge (que não era sócio). E a quota daquele pode caber a este enquanto meeiro (a quota é integrada na sua meação no património comum – art. 1689.º, 1, do CCiv.) ou enquanto sucessor (a quota é-lhe transmitida por força das regras do direito das sucessões). Pois bem, uma cláusula do contrato de sociedade que limite a transmissão de quotas por morte tão-somente para "sucessores" não afectará o cônjuge meeiro a quem seja adjudicada a quota em partilha do património comum – é o que resulta da parte final do n.º 3 do art. 8.º do CSC (não são prejudicados "os direitos que, no caso de morte daquele que figurar como sócio, o cônjuge tenha à participação"). V., neste sentido e desenvolvidamente, M. RITA LOBO XAVIER, *Reflexões sobre a posição do cônjuge meeiro em sociedades por quotas*, in BFD (Suplemento XXXVIII), Coimbra, 1994, pp. 136, ss..

contrapartida, podem os sucessores escolher entre a *efectivação do seu crédito* e a *amortização parcial* da quota, em proporção do que tenham já recebido (art. 235.º, 3).

Se a sociedade *adquirir* a quota ou *fizer adquiri-la* por sócio ou terceiro, à *determinação* e ao *pagamento da contrapartida* aplicam-se, salvo cláusula diversa do contrato social, "as correspondentes disposições legais ou contratuais relativas à amortização, mas os efeitos da alienação da quota ficam *suspensos* enquanto aquela contrapartida não for paga" aos sucessores (art. 225.º, 4). *"Na falta de pagamento tempestivo* da contrapartida os interessados poderão escolher entre a *efectivação do seu crédito* e a *ineficácia da alienação,* considerando-se neste último caso transmitida a quota para os sucessores do sócio falecido a quem tenha cabido o direito àquela contrapartida" (art. 225.º, 5).

Em vez de atribuir à sociedade o direito de impedir que os sucessores de sócio falecido continuem com a quota, pode o contrato social atribuir *aos sucessores o direito de exigir a amortização* da quota ou *condicionar* por algum modo o destino da quota *à vontade dos sucessores;* quando seja assim, falecendo o sócio e não querendo o sucessor ou os sucessores continuar na posição social daquele, devem declará-lo por escrito à sociedade, nos 90 dias seguintes ao conhecimento do óbito (art. 226.º, 1).

Recebida a declaração, deve a sociedade, no prazo de 30 dias, *amortizar* a quota, *adquiri-la ou fazê-la adquirir* por sócio ou terceiro, sob pena de os sucessores, continuando a não querer ficar com a participação social, requererem a *dissolução* da sociedade por via administrativa (art. 226.º, 2; v. tb. os art. 142.º, 1, e 144.º).

Nos casos em que a sociedade amortize a quota, a adquira ou faça adquirir por sócio ou terceiro, a determinação e o pagamento da *contrapartida* fazem-se de acordo com as regras que há pouco vimos para as correspondentes hipóteses (quando a sociedade tem o direito de impedir que os sucessores continuem na posição do sócio falecido – v. o n.º 3 do art. 226.º, remetendo para o n.º 4 do art. 225.º, que cobre algumas dessas hipóteses). Se a sociedade tiver amortizado ou adquirido a quota e a contrapartida não puder ser paga em virtude do disposto no art. 236.º, 1, o ou os sucessores têm o direito de optar entre *esperarem* pelo pagamento e requererem a *dissolução* da sociedade por via administrativa; o mesmo direito têm os sucessores no caso de o (sócio ou terceiro) adquirente da quota não pagar tempestivamente a contrapartida, sem prejuízo de a sociedade se substituir, desde que observe o disposto no art. 236.º, 1 (art. 226.º, 3, remetendo para os n.ºs 6 e 7 do art. 240.º).

Contendo o contrato social limitações à transmissão de quotas por morte – quer no interesse da sociedade (cfr. o art. 225.º), quer no interesse dos sucessores (cfr. o art. 226.º) –, a opção pela amortização ou pela aquisição (pela sociedade, por sócio ou por terceiro) da quota de sócio falecido tem de ser tomada, repita-se, por *deliberação* dos sócios. Ora, *os sucessores do sócio falecido não têm direito de participar nesta deliberação;* não têm, consoante os casos, o direito de estar presentes na respectiva assembleia ou a serem consultados sobre a tomada da deliberação por voto escrito, nem têm o direito de votar sobre a referida opção. Prescreve, com efeito, o n.º 2 do art. 227.º: *"Os direitos e obrigações inerentes à quota ficam suspensos* enquanto não se efectivar a amortização ou aquisição dela nos termos previstos nos artigos anteriores ou enquanto não decorrerem os prazos ali estabelecidos". E é razoável que assim seja. Pois se o contrato social atribui à sociedade o direito de impedir que os sucessores do sócio falecido continuem com a quota, devem ser somente os sócios sobreviventes a decidir o destino dessa quota [327];

---

[327] V. A. FERRER CORREIA/V. G. LOBO XAVIER, A *amortização de cotas e o regime da prescrição,* RDES, 1965, pp. 94-95.

e se o contrato social atribui aos sucessores de sócio falecido o direito de exigir que a quota não continue com eles, o cumprimento (ou incumprimento) do correspectivo dever há-de caber também aos sócios sobrevivos.

Contudo, acrescenta o n.º 3 do art. 227.º que, durante a suspensão, os sucessores podem "exercer todos os direitos necessários à tutela da sua posição jurídica, nomeadamente *votar em deliberações sobre alteração do contrato ou dissolução da sociedade*". É mais difícil compreender este preceito. Há mesmo uma proposta de interpretação ab-rogante ou revogatória da parte final ("nomeadamente votar em deliberações sobre alteração do contrato ou dissolução da sociedade") (328). Não creio, porém, que seja esta a melhor solução interpretativa.

Os sucessores devem poder defender "durante a suspensão" a sua "posição jurídica", isto é, a *conservação ou identidade da quota* que era do sócio falecido e o *seu valor,* absoluto e relativo (relativamente às quotas dos sócios supérstites) (329). Essa tutela não se basta com o direito de os sucessores impugnarem a validade da deliberação de amortização ou aquisição da quota e o valor atribuído à mesma (para o que poderão também requerer exame à

---

(328) A. FERRER CORREIA, *A sociedade por quotas de responsabilidade limitada segundo o Código das Sociedade Comerciais,* in *Temas de direito comercial e direito internacional privado,* Almedina, Coimbra, 1989, pp. 160-161 (tendo em conta as cláusulas permitidas pelo art. 225.º): "A nosso ver, há contradição flagrante entre o disposto no n.º3, *in fine,* e o preceituado no número anterior. O n.º3 do art. 227.º, querendo precisar-lhe o alcance, *contradiz* a norma do n.º 2. Como admitir um indivíduo, cuja qualidade ou direito de sócio está por definir, a votar em deliberações sobre alteração do contrato? Como admitir o herdeiro a decidir, com o seu voto, da dissolução da sociedade, sendo certo que o espírito da cláusula é justamente assegurar a continuação do ente social só com os associados supérstites, se nisso estiverem interessados? / Toda a contradição normativa tem de ser eliminada. (...) Eliminemos, pois, como se não tivera sido escrita, a parte final do cit. n.º 3 (...)".

(329) V. tb. RAÚL VENTURA, *Sociedades por quotas* cit., vol. I, p. 564.

escrita) (³³⁰). Aliás, o direito de impugnar a deliberação de amortização da quota será normalmente exercitável depois do período da "suspensão" (v. também o art. 234.º), o direito de os sucessores requererem segunda avaliação da quota (quando à determinação da contrapartida seja aplicável o regime legal dispositivo) resulta já da parte final do n.º 2 do art. 105.º, e o direito de requerem exame à escrita social resulta já do art. 42.º do CCom. (³³¹). "Durante a suspensão", é possível a tomada de deliberações (promovidas pelos sócios sobreviventes) que ponham em causa a conservação, a identidade ou o valor das quotas (do sócio falecido e dos restantes sócios). É o caso não apenas das deliberações de alteração do estatuto e de dissolução da sociedade (previstas no n.º 3 do art. 227.º), mas também das deliberações de fusão, cisão e transformação da sociedade. Ora, justifica-se nestes casos que a regra da suspensão dos direitos inerentes à participação social seja excepcionada, atribuindo-se ao sucessor ou sucessores (através de representante comum, em princípio) o direito de participarem plenamente nas respectivas deliberações (³³²).

Em ligação com esta problemática, tem sido debatido se, quando o contrato social estabelece limitações à transmis-

---

(³³⁰) Exemplos dados por FERRER CORREIA/LOBO XAVIER, ob. cit., pp. 96-97, e FERRER CORREIA, ob. cit., p. 161.

(³³¹) Sobre este art., v. o n.º 6. 2. 3. do cap. II do vol. I deste *Curso*.

(³³²) Se os sucessores não forem, consoante os casos, convocados ou convidados a exercer o direito de voto escrito, as respectivas deliberações são nulas (art. 56.º, 1, a) e b)).

Sendo assim, é claro que os sucessores, se tiverem o poder de voto necessário, têm a possibilidade de determinar o futuro da sociedade (sendo certo que no futuro eles podem ser impedidos de continuar na posição do sócio falecido). Mas só será assim se os sócios supérstites promoverem a tomada das referidas deliberações (podem antes disso definir a situação dos sucessores, amortizando a quota, adquirindo-a ou fazendo adquiri-la) – os sucessores, enquanto tais, não têm o direito de convocar ou de requerer a convocação de assembleia para aqueles efeitos, nem têm o direito de iniciar o procedimento de deliberação por voto escrito para os mesmos efeitos (v. os arts. 248.º, 2, 3, 247.º, 3).

são de quotas por morte e morre um sócio, a participação social deste *é ou não transmitida para os sucessores,* se estes se tornam ou não sócios, apesar de a quota poder vir a ser amortizada ou adquirida pela sociedade, sócios ou terceiros [333].

A *tese negatória* (os sucessores não adquirem a quota logo após a morte do sócio) [334] tem por si a história e a (boa parte da) letra da lei. Os arts. 225.º e 227.º do CSC seguem de perto os arts. 53.º e 54.º do anteprojecto de Ferrer Correia/Lobo Xavier/M. Ângela Coelho/António A. Caeiro [335]. E estes autores procuraram verter no anteprojecto a concepção que os dois primeiros vinham defendendo [336]: falecido um dos sócios, a aquisição pelos herdeiros da qualidade social fica em suspenso, até que a sociedade delibere, ou decorra certo prazo sem deliberação; os herdeiros adquirem logo (com a abertura da herança) é o valor patrimonial representativo da quota do falecido [337]. Por sua vez, a letra do art. 225.º parece indicar no mesmo sentido: o contrato de sociedade pode estabelecer que "a quota *não se transmitirá* aos sucessores do falecido" (n.º 1); quando, "*por força de disposições contratuais,* a quota *não for transmitida*" (n.º 2); se nenhuma medida for tomada em certo prazo, "a quota considera-se *transmitida*" (n.º 2).

---

[333] Diga-se já que a resposta a esta questão não é, ao contrário do que às vezes transparece, determinante para solucionar as questões atrás analisadas.

[334] Defendida por FERRER CORREIA, *ob. cit.*, p. 161, RITA LOBO XAVIER, *ob. cit.*, pp. 117 ss..

[335] RDE, 1977, pp. 208-209. Na segunda redacção revista do anteprojecto, os arts. 53.º e 54.º passaram a ser, com pequenas alterações, os arts. 54.º e 55.º – v. RDE, 1979, pp. 160-161.

[336] Cfr. RDE, 1977, pp. 209-210, e M. ÂNGELA COELHO, *A transmissão mortis-causa de quotas no anteprojecto de lei das sociedades por quotas,* RDE, 1976, pp. 29-30.

[337] V. FERRER CORREIA/LOBO XAVIER, *ob. cit.,* pp. 91, ss..

A *tese afirmativa* (os sucessores adquirem a quota, tornam-se titulares ou contitulares dela e, logo, sócios) [338] parece preferível. Apesar da letra do art. 225.º, uma cláusula estatutária não pode excluir absolutamente (ainda que esteja redigida em "termos absolutos") a transmissão por morte de quotas; uma cláusula que diga "não se transmitirá" ou "será (ou deve ser) amortizada" não pode ser entendida como cláusula impondo inelutavelmente a não transmissão para os sucessores ou a amortização automática. Só por si, uma cláusula destas não opera a não transmissão da quota para os sucessores. É sempre necessário que, dentro de determinado prazo, a sociedade delibere a amortização ou a aquisição da quota. E a sociedade pode deliberar, não tem necessariamente de deliberar [339]. E pode às vezes estar impedida de deliberar (ou aplicar a cláusula contratual) – v. g., a amortização não pode ser feita por força do disposto no art. 236.º, a aquisição da quota não pode ser feita pela sociedade por força do prescrito no art. 220.º, nenhum sócio ou terceiro pretende adquirir a quota. Ora, é lógico que a quota, enquanto não for (dentro do prazo) amortizada ou

---

[338] Defendida por RAÚL VENTURA, *ob. cit.*, pp. 541-542, 565, Ac. da RL de 12/3/92, sumariado no BMJ n.º 415, p. 716, Ac. da RP de 17/6/96, CJ, 1996, t. III, p. 222, Ac. do STJ de 23/9/97, BMJ n.º 469 (1997), p. 586, PEREIRA DE ALMEIDA, *Sociedades comerciais* cit., p. 192. [Aqueles Acs. da RP e do STJ, que versaram sobre o mesmo caso (entre outras coisas estava em causa uma cláusula estatutária atribuindo à sociedade o poder de amortizar a quota de certo sócio quando ele falecesse), exageraram ao decidirem que os herdeiros do sócio falecido tinham o direito de ser convocados para participar (ainda que, porventura, sem voto) na deliberação sobre a amortização da quota; não tendo sido convocados, a respectiva deliberação foi declarada nula. Além do mais, quando está em causa uma cláusula estatutária permitindo a amortização de quota por morte de sócio, a disciplina geral da amortização (arts. 232.º, ss.) deve ser conjugada com a disciplina especial dos arts. 225.º, ss. (como veremos já a seguir, em texto, o art. 225.º não possibilita cláusulas estatutárias de amortização automática).].

[339] Ainda quando tenha o dever de deliberar (v. o art. 226.º, 1), a sociedade pode deixar de fazê-lo.

adquirida pela sociedade, sócio(s) ou terceiro(s), pertença a alguém. Esse alguém só pode ser o sucessor ou sucessores do sócio falecido que, segundo as regras do direito comum das sucessões, continuam na posição social do *de cujus*. Porque é assim, e para permitir que os sucessores de sócio falecido não interfiram na decisão dos restantes sócios, é que o art. 227.º, 2 e 3, estabelece a suspensão da generalidade dos direitos e obrigações inerentes à quota, exceptuando os direitos necessários à tutela dessa quota. Se os sucessores não fossem titulares da quota (e sócios), não era necessário impor aquela suspensão, nem se justificaria que eles pudessem votar em certas deliberações (a parte final do n.º 3 do art. 227.º não constava do citado anteprojecto).

3. 2. 1. 2. Transmissão entre vivos

Retira-se do art. 228.º (logo da epígrafe) que o CSC distingue "transmissão de quotas entre vivos" e "cessão de quotas" [340]. A *cessão de quotas* é também transmissão entre vivos (transferência da titularidade ou propriedade de quotas entre vivos), é uma sua espécie – compreende apenas a *transmissão feita por acto voluntário do titular* das quotas; a "transmissão de quotas entre vivos" é conceito mais amplo, compreende a "cessão" e as formas de alienação não fundadas na vontade do titular das quotas (*v. g.*, a venda e adjudicação judiciais – cfr. o art. 239.º).

Segundo o "regime geral" consagrado no CSC, a cessão de quotas *não produz efeitos (é ineficaz) para com a sociedade enquanto esta a não consentir,* salvo se se tratar de cessão

---

[340] Esta distinção não aparece no Código quanto às partes sociais e acções.

entre cônjuges, entre ascendentes e descendentes ou entre sócios (casos em que ela é livre) – art. 228.º, 2.

Assim, quando o consentimento da sociedade seja exigido, a cessão de quota pode ser válida [tem de constar de documento escrito, ou equiparado: arts. 228.º, 1, 4.º-A (a escritura pública deixou de ser exigida depois da reforma de 2006 do CSC)], eficaz entre as partes (cedente e cessionário) e até relativamente a terceiros (se estiver registada: CRCom., arts. 3.º, 1, c), 14.º, 1) – mas não produz efeitos para com a sociedade enquanto o consentimento não for dado; para ela é o cedente (não o cessionário) que continua a ser sócio, com os respectivos direitos e obrigações.

O regime da parte final do n.º 2 do art. 228.º justifica-se pelas relações familiares estreitas entre alguns dos mencionados sujeitos (cônjuges, ascendentes e descendentes), ou porque cedente e cessionário são sócios, normalmente com relações de confiança mútua (apesar de a cessão poder alterar o equilíbrio de poder entre os sócios...). A cessão entre cônjuges suscita algumas linhas mais.

Em regra (legal dispositiva), a cessão de quotas entre cônjuges não necessita de consentimento da sociedade para ser eficaz relativamente a ela. Mas, além desta questão de eficácia, há que considerar outra – a da *validade* da cessão. O regime do art. 228.º, 2, não consome o regime do CCiv. acerca da cessão de quotas de um cônjuge para outro. Assim, quando o negócio que serve de base à cessão é uma compra e venda, ela só é válida quando os cônjuges estejam separados judicialmente de pessoas e bens – art. 1714.º, 2, do CCiv.; quando o negócio causal seja uma doação, a cessão só não será válida se vigorar imperativamente entre os cônjuges o regime da separação de bens – art. 1762.º do CCiv.. ([341]) Problema diferente, mas que convém considerar agora, respeita à *partilha (em vida) de quota bem comum do casal* (quer seja

---

([341]) Com posição próxima, v. RITA L. XAVIER, *ob. cit.*, pp. 150-151, ss..

considerado sócio apenas um dos cônjuges – art. 8.º, 2 – quer sejam ambos sócios). Cessando as relações patrimoniais entre os cônjuges, por causa de divórcio, por exemplo (v. o art. 1688.º do CCiv.), deve a quota bem comum ser partilhada (art. 1689.º). Pode, pois, ser adjudicada a um dos ex-cônjuges ou a ambos (neste caso, a quota continua a pertencer aos dois, já não, porém, em comunhão conjugal, mas em contitularidade ou compropriedade); ou pode ser dividida em duas quotas, ficando cada um com uma. Ora, nos dois primeiros casos, a lei não exige (nem o estatuto social pode exigir) o consentimento da sociedade, não é aplicável o art. 228.º, 2, pois não há verdadeira transmissão (total ou parcial) da quota; no caso de divisão da quota decorrente da partilha também a lei, como vimos, não exige o consentimento da sociedade [342]. [343]

A cessão de quota torna-se *eficaz para com a sociedade* logo que lhe for (validamente) *comunicada por escrito* ou por ela *reconhecida,* expressa ou tacitamente (art. 228.º, 3). Portanto, há cessões de quotas que, para serem eficazes relativamente à sociedade, têm de cumprir dois requisitos: o consentimento da sociedade e a comunicação a esta (ou o reconhecimento por ela); as cessões que não necessitam do consentimento têm de ser comunicadas à sociedade (ou por ela reconhecidas).

A comunicação à sociedade (dirigida ao gerente, aos gerentes ou a um ou alguns deles – cfr. o n.º 3 do art. 261.º) pode ser feita tanto pelo cessionário como pelo cedente (ou por ambos) e há-de conter os elementos identificadores da cessão: os sujeitos, a quota cedida, o negócio da transmissão, o lugar, a data e a forma do negócio [344].

---

[342] V. *supra,* n.º 1. 6.

[343] Para alguns dos casos referidos, v. o Ac. da RL de 13/10/95, CJ, 1995, t. IV, p. 112.

[344] V. tb. RAÚL VENTURA, *ob. cit.*, pp. 583-584.

Contudo, há que ter em conta ainda que o DL 76-A/2006 aditou ao CSC meia dúzia de arts. (242.º-A a 242.º-F) integrantes de uma secção intitulada "Registo das quotas". Resulta logo do art. 242.º-A que a *eficácia perante a sociedade* de uma cessão de quota exige agora mais uma formalidade: *a solicitação da promoção do registo da cessão da quota*. É a sociedade que promove o registo (art. 242.º-B, 1). E têm legitimidade para solicitar essa promoção o cedente e/ou o cessionário da quota (art. 242.º-B, 2, a)) ([345]). Não obstante, deve entender-se que a (documentada) solicitação à sociedade para que promova o registo da cessão de quota, feita pelo cedente e/ou pelo cessionário, vale também como comunicação à sociedade dessa cessão (prevista no art. 228.º, 3). ([346])

O *contrato social pode proibir a cessão de quotas* (embora os sócios tenham, nesse caso, direito à exoneração, uma vez

---

Uma forma de reconhecimento tácito da cessão de quota é a prevista no n.º 6 do art. 230.º (embora se fale aí somente de consentimento tácito).

([345]) A solicitação à sociedade para que promova o registo deve ser acompanhada do(s) documento(s) que titulem a cessão e (nada mais, nada menos) "dos emolumentos, taxas e outras quantias devidas" (art. 242.º-B, 3)... No caso de a sociedade não promover o registo, "qualquer pessoa pode solicitar junto da conservatória" que esta o promova (art. 29.º-A, 1, do CRCom.).

([346]) Não me parece oportuna a novel secção do CSC "Registo das quotas". Designadamente, não vejo a esmagadora maioria das sociedades por quotas preparada para – em vez das conservatórias – proceder ao controlo da legalidade (v. o art. 242.º-E, 1, do CSC em confronto com o art. 47.º do CRCom.); verificar o cumprimento de obrigações fiscais (v. o art. 242.º-E, 2, do CSC perante o art. 51.º do CRCom. – apesar do n.º 4 introduzido neste art. pelo DL 8/2007, de 17 de Janeiro); proporcionar a publicidade nos termos referidos no art. 242.º-E, 4. E, recorde-se, o registo de cessão de quota é efectuado por depósito (CRCom., art. 53.º-A, 5, a)), consistindo "no mero arquivamento dos documentos que titulam factos sujeitos a registo" (art. 53.º-A, 3, na redacção introduzida pelo DL 247-B/2008, de 30 de Dezembro). Sem qualquer controlo, portanto, pela conservatória (não admira, por isso, que o DL 8/2007 tenha revogado o n.º 2 do art. 11.º do CRCom., que se referia às presunções derivadas do registo por depósito)...

decorridos dez anos sobre o seu ingresso na sociedade) – art. 229.º, 1 –, e pode derrogar o regime do art. 228.º, 2, quer *dispensando o consentimento* da sociedade para todas ou algumas situações (art. 229.º, 2), quer *exigindo o consentimento* para todas ou algumas das cessões referidas no art. 228.º, 2, parte final (art. 229.º, 3) ([347]).

Voltemos ao consentimento da sociedade, enquanto requisito (quando exigido pela lei ou pelo estatuto social) de eficácia da cessão de quotas.

O *pedido de consentimento* deve ser feito por escrito à sociedade (dirigido a gerente) pelo cedente ou pelo cessionário (ou por ambos), antes ou depois da cessão, com indicação do cessionário e de todas as condições da cessão (cfr. o art. 230.º, 1).

O consentimento pode ser *expresso ou tácito*. É expresso quando dado (antes ou depois da cessão) por deliberação dos sócios incidindo sobre o pedido (arts. 230.º, 2, 246.º, 1, b)). É tácito quando revelado (depois da cessão) por meio diverso de deliberação incidindo directamente sobre pedido de consentimento. O art. 230.º prevê duas formas de consentimento tácito: o consentimento (expresso ou tácito) dado a uma cessão posterior a outra não consentida torna esta eficaz (consentida tacitamente), na medida necessária para assegurar a legitimidade do cedente (n.º 5) ([348]); considera-se prestado (tacitamente) o consentimento da sociedade quando o cessionário tenha participado em deliberação dos sócios e nenhum deles a impugnar com esse fundamento (n.º 6).

([347]) No entanto, "a eficácia da deliberação de alteração do contrato de sociedade que proíba ou dificulte a cessão de quotas depende do consentimento de todos os sócios por ela afectados" (art. 229.º, 4).

([348]) Seria necessária uma tal norma? O adquirente de uma quota em cessão válida – apesar de ineficaz para com a sociedade por falta de consentimento – tem legitimidade, porque seu proprietário, para a ceder...

Havendo (válido) pedido de consentimento, se a sociedade não tomar deliberação sobre ele nos *60 dias* seguintes à sua recepção, a eficácia da cessão *deixa de depender do consentimento* da sociedade (art. 230.º, 4) (349).

A sociedade pode *recusar* o consentimento solicitado para a cessão de quota(s). Porém, "se a quota estiver há mais de três anos na titularidade do cedente, do seu cônjuge ou de pessoa a quem tenham, um ou outro, sucedido por morte" (art. 231.º, 3), deve a comunicação de recusa dirigida ao sócio incluir "uma proposta de *amortização* ou de *aquisição* da quota (350); se o cedente não aceitar a proposta no prazo de 15 dias, fica esta sem efeito, mantendo-se a recusa do consentimento" (art. 231.º, 1). Adianta ainda o n.º 2 do art. 231.º que a cessão da(s) quota(s) (nas referidas condições) para a qual o consentimento foi pedido (e recusado) *torna-se livre:* a) se for omitida a mencionada proposta de amortização ou de aquisição; b) se, não tendo a proposta e a aceitação observado forma escrita, o negócio proposto (no caso, a aquisição da quota) não for celebrado por escrito nos 60 dias seguintes à aceitação, por causa imputável à sociedade; c) se a proposta não abranger todas as quotas do sócio para cuja cessão tenha sido simultaneamente pedido o consentimento; d) se a proposta não oferecer uma contrapartida em dinheiro igual ao valor resultante do negócio encarado pelo cedente, salvo se a cessão for gratuita ou a sociedade provar ter havido simulação de valor, caso em que deverá propor o valor real da quota, calculado nos termos previstos no art. 1021.º do CCiv., com referência ao momento da deliberação (351); e) se

---

(349) Mas antes mesmo do decurso desse prazo a cessão torna-se eficaz quando ocorra consentimento tácito.

(350) O direito de adquirir a quota é atribuído aos sócios, primeiro, e à sociedade, depois – v. o n.º 4 do art. 231.º.

(351) Parece que a sociedade terá de alegar e provar ter havido "simulação de valor", a fim de poder propor o valor real da quota, somente quando o valor declarado seja superior ao valor acordado entre cedente e

a proposta comportar diferimento do pagamento e não for no mesmo acto oferecida garantia adequada.

A recusa do consentimento é sempre lícita, insindicável judicialmente? Há quem diga que sim. O *intuitus personæ* revelado nas sociedades por quotas (também) pela exigência de consentimento para a cessão de quotas e as medidas que, nos termos do n.º 1 do art. 231.º, a sociedade deve tomar quando não consinta na cessão excluiriam a impugnabilidade das deliberações de recusa do consentimento ([352]). Já manifestei acima (n.º 2. 2. 3. 2.) opinião contrária. Os sócios estão vinculados pelo dever de actuação compatível com o interesse social. Não pode a maioria votar pela recusa do consentimento tendo em vista tão-só, por exemplo, prejudicar o sócio que pretende ceder a quota (a manutenção deste sócio não se mostra importante para a vida da sociedade, o pretendido cessionário é pessoa da confiança dos restantes sócios, a maioria visa apenas tornar aquele sócio "prisioneiro" da sociedade). Deliberações deste tipo hão-de ser impugnáveis por abuso de direito (art. 58.º, 1, b)). Aliás, a ideia da inimpugnabilidade das deliberações de recusa do consentimento é contrária ao próprio Código, que permite a recusa do consentimento para a transmissão de acções somente com fundamento em qualquer interesse relevante da sociedade (arts. 328.º, 2, c), 329.º, 2); também aqui o *intuitus personæ* é evidente; e também aqui a sociedade está obrigada a medidas equivalentes às previstas no art. 231.º, 1 (v. o art. 329.º, 3, c)). Por outro lado, as medidas previstas no art. 231.º, 1, apenas têm de ser propostas pela sociedade quando se verifique a condição estabelecida no n.º 3 do mesmo art..

Os contratos sociais prevêem frequentemente um *direito de preferência dos sócios e/ou da sociedade* na cessão (one-

---

cessionário (não quando aquele valor seja inferior a este). V. tb., neste sentido, RAÚL VENTURA, *ob. cit.*, pp. 638-639.

([352]) RAÚL VENTURA, *ob. cit.*, pp. 631, ss., PEREIRA DE ALMEIDA, *ob. cit.*, p. 197.

rosa) de quotas. Estas cláusulas de preferência são válidas na medida em que não subordinem a eficácia da cessão para com a sociedade à observância do direito de preferência. Com efeito, "o contrato de sociedade não pode subordinar os efeitos da cessão a requisito diferente do consentimento da sociedade" (art. 229.º, 5, 1.ª parte). Mas pode o contrato condicionar esse consentimento a requisitos específicos, incluindo o requisito do cumprimento de cláusula de preferência (a sociedade dará o consentimento à cessão se for cumprido o dever de dar preferência aos sócios e/ou à sociedade) – 2.ª parte do citado n.º 5 (e suas alíneas).

O direito de preferência estabelecido em contrato de sociedade tem *"eficácia real"*, eficácia *erga omnes*? Se uma quota for cedida sem que se tenha dado conhecimento ao ou aos preferentes, estes têm o direito de, através de acção de preferência, se substituírem ao cessionário (v. os arts. 421.º, 2, e 1410.º do CCiv.), ou há lugar apenas para a responsabilidade obrigacional? Uma cláusula de preferência (em contrato social) é uma nota personalística na caracterização da respectiva sociedade – é uma barreira à entrada na sociedade de sujeitos indesejados pelos sócios actuais; quando não seja exigido nem por lei nem pelo contrato social o consentimento da sociedade para a eficácia da cessão de quotas, uma tal cláusula aparecerá normalmente como (único) sucedâneo desse consentimento. Tendo isso em conta e tendo em vista os arts. 414.º, 421.º e 423.º do CCiv. ([353]), entendo que tem "eficácia real" o direito de preferência estipulado em contrato social com forma legal e registado ([354]).

([353]) Apesar de as quotas não serem propriamente móveis "sujeitos a registo", a sua transmissão e a constituição de direitos reais sobre elas estão sujeitas a registo (CRCom., art. 3.º, c), f)). Por outro lado, embora uma cláusula de preferência em contrato social não seja propriamente um (autónomo) pacto de preferência, é importante notar que as quotas podem ser objecto de "pactos de preferência" com "eficácia real" (CRCom., art. 3.º, d)).

([354]) Defende idêntica conclusão PEREIRA DE ALMEIDA, *ob. cit.*, p. 198.

3. 2. 2. Transmissão de acções

3. 2. 2. 1. Antes da representação por registos em conta ou por títulos

É possível a transmissão *entre vivos* de acções *antes do registo definitivo do acto constituinte* de sociedade anónima (ou em comandita por acções)?

Olhando somente para o que dizia o art. 304.º, 6, do CSC – os "títulos provisórios ou definitivos [de acções] não podem ser emitidos ou negociados antes da inscrição definitiva do contrato de sociedade (...) no registo comercial" ([355]) –, dir-se-ia que não ([356]). Todavia, o art. 304.º, 6, referia-se

---

Vão no mesmo sentido doutrina e jurisprudência dominantes em Itália – v. D. CENNI, *La circolazione di quote di s. r. l. per atto tra vivi*, CI, 1993, pp. 1137, ss..

([355]) Este n.º 6 do art. 304.º foi revogado pelo art. 61.º, b), do DL 76-A/ /2006 – porque preceito equivalente existia já no art. 47.º do CVM (este art., porém, trata não apenas dos títulos mas também das inscrições em contas individualizadas).

([356]) Respondem assim JOÃO LABAREDA, *Das acções...*, p. 221, BRITO CORREIA, *Direito comercial* cit., 2.º vol., p. 372, OSÓRIO DE CASTRO, *Valores mobiliários...*, p. 229.

O citado preceito do art. 304.º, 6, era semelhante aos que se encontram nas leis correspondentes de vários países – p. ex., no *Codice Civile*, art. 2331, 5.º parág., na AktG, § 41 (4), no *Code de Commerce*, art. L. 228-10, 1.º parág., na LSA espanhola de 1989, art. 62. Sobre os fundamentos de tais preceitos (desde os mais conceitualistas – antes do registo a sociedade e / ou a socialidade ainda não existem – até aos mais substancialistas ou realistas – aquelas normas visam assegurar o controlo da regularidade da emissão dos títulos e a segurança na sua negociação) e problemas que eles suscitam (p. ex., são lícitas a venda das acções como bens futuros, a transferência das acções sob a condição suspensiva do registo do contrato de sociedade, a transmissão das participações sociais segundo as regras gerais da cessão da posição contratual?), v., com indicações bibliográficas, A. KRAFT, in *Kölner Kommentar..., § 41*, p. 464, C. ALONSO LEDESMA, *Sociedad anónima en formación y prohibición de transmitir acciones antes de la inscripción*, in AA.VV., *Derecho de sociedades anónimas*, II – *Capital y acciones*, vol. 2, Civitas, Madrid, 1994, pp. 963, ss. (com apontamentos de direito comparado), G. F.

somente à negociação de acções tituladas (provisória ou definitivamente) – e sabemos já que as acções-participações sociais (e partes do capital) existem antes e independentemente das acções-títulos (e das acções escriturais) ([357]). Por outro lado, resposta afirmativa à pergunta inicial não pode deixar de ser vista no art. 37.º, 2, do CSC: no período compreendido entre a celebração do contrato de sociedade e o seu registo definitivo, "seja qual for o tipo de sociedade visado pelos contraentes, a transmissão por acto entre vivos das participações sociais" requer "sempre o consentimento unânime dos sócios". ([358]) É igualmente possível a transmissão de acções (ainda não escriturais ou tituladas) antes de o acto constituinte da sociedade ter a forma legalmente exigida (e antes do registo), exigindo-se também nestes casos o consentimento de todos os sócios (art. 36.º, 2, do CSC, remetendo para o art. 995.º, 1, do CCiv.; o art. 37.º, 2, do CSC será aplicável analogicamente quando a transmissão se faça entre sócios). ([359])

CAMPOBASSO, *Diritto commerciale, 2 – Diritto delle società*, 4.ª ed., Utet, Torino, 1999, p. 164, e n. (1).

([357]) Cfr. *supra*, n.º 1. 4. deste capítulo.

([358]) V. tb., neste sentido, OLIVEIRA ASCENSÃO, *As acções* cit., p. 77, N. PINHEIRO TORRES, *Da transmissão...*, pp. 61, ss.. Acerca do art. 37.º, 2, recorde-se o escrito *supra*, no n.º 2. 4. do cap. III.

Apesar de nas leis estrangeiras há pouco citadas (na n. (356)) não haver normas homólogas à do art. 37.º, 2, defendem alguns autores desses países soluções praticamente equivalentes. Na Alemanha, KRAFT, *ob. e loc. cits.*, e HÜFFER, *Aktiengesetz* cit., pp. 179-180, entendem que a entrada e saída de sócios no período em questão é possível através de alteração do estatuto decidida por unanimidade; em Espanha, ALONSO LEDESMA, *ob. cit.*, pp. 1010, ss., 1024, ss., defende posição semelhante à consagrada no art. 37.º, 2, do CSC; em Itália, Oppo e Spada (citados por CAMPOBASSO, *ob. cit.*, p. 164, n. (1)) defendem a aplicação das regras da cessão de posição contratual à transmissão das participações sociais (ainda não tituladas).

([359]) No período compreendido entre a "celebração" (pela forma exigida) do acto constituinte da sociedade e o seu registo definitivo, a validade da transmissão de acções exige, parece, documento escrito – aplicar-se-á analogicamente o prescrito para a cessão de quotas (v. os arts. 2.º e 228.º, 1); convergentemente, v. N. PINHEIRO TORRES, *ob. cit.*, pp. 69, ss..

Antes do registo definitivo do acto constituinte da sociedade, é possível também a transmissão *mortis causa* das acções, em regra nos termos do direito comum das sucessões ([360]).

Depois do registo definitivo do acto constituinte da sociedade, esta deve emitir as acções. Os títulos definitivos das acções devem ser entregues aos sócios nos seis meses seguintes àquele registo (art. 304.º, 3) ([361]). Quando sejam escriturais, devem as acções ser registadas em contas dos sócios abertas junto das entidades registadoras (art. 73.º do CVM) ([362]).

Antes da entrega das acções tituladas (provisória ou definitivamente) ou do registo individualizado das acções escriturais, há-se ser possível transmitir acções (não tituladas nem escriturais). Como se processa a transmissão entre vivos? ([363]) A lei não responde (ao menos directamente). Diz habitualmente a doutrina que é aplicável o regime da cessão de créditos (arts. 577.º, ss. do CCiv.) ([364]). Não me parece a melhor solução. Vimos já (*supra,* n.º 1.) que a participação social é posição jurídica complexa, feita de direitos e deveres;

Antes da "celebração" do acto constituinte da sociedade, a transmissão de acções exigirá escritura pública ou documento particular autenticado quando a sociedade seja titular de direitos reais sobre coisas imóveis (art. 36.º, 2, do CSC, art. 995.º, 2, do CCiv.).

Tal como se verifica relativamente à transmissão das partes sociais e das quotas, também a eficácia da transmissão das acções em análise exige a comunicação por escrito à sociedade ou o reconhecimento por esta.

([360]) V. tb. A. KRAFT, in *Kölner Kommentar...*, *§ 28,* p. 370 (com outras indicações bibliográficas).

([361]) Antes da emissão dos títulos definitivos, pode a sociedade entregar aos sócios títulos provisórios nominativos (v. o art. 304.º, 1 e 2).

([362]) Não diz o CVM em que prazo deve ser efectuado o registo. Parece dever aplicar-se analogicamente o art. 304.º, 3, do CSC.

([363]) A transmissão *mortis causa* rege-se em princípio pelo direito comum das sucessões.

([364]) V., p. ex., PINHEIRO TORRES, *ob. cit.*, pp. 79 ss..

não é um crédito ou conjunto de créditos, nem um outro direito ou conjunto de direitos (cfr. o art. 588.º do CCiv.). Será então aplicável a disciplina da cessão de posição contratual prevista no CCiv. (arts. 424.º, ss.)? [365] Perante a lacuna da lei, deve recorrer-se preferencialmente à disciplina prevista no CSC para a cessão de quotas e de acções (na medida em que exista analogia – art. 2.º). Assim, se o estatuto social limitar a transmissão das acções, subordinando-a ao consentimento da sociedade ou a outros requisitos, ela não produzirá efeitos para com a sociedade enquanto se não verificarem esses requisitos (arts. 328.º, 2, e 228.º, 2) – mas será livre se o estatuto não fixar tais limitações (art. 328.º, 1); havendo ou não limitações, a comunicação à sociedade, por escrito, da transmissão ou o reconhecimento social (expresso ou tácito) da mesma são também requisitos de eficácia da transmissão das acções para com a sociedade (art. 228.º, 3); a cessão de acções deve constar de documento escrito (art. 228.º, 1).

3. 2. 2. 2. Transmissão das acções tituladas e escriturais

Passemos agora às formas de transmissão das acções tituladas e das acções escriturais. Aqui já contamos com directa e específica regulamentação legal.

As acções *tituladas ao portador* transmitem-se, entre vivos ou por morte, *"por entrega* do título ao adquirente ou ao depositário por ele designado" (CVM, art. 101.º, 1) [366].

---

[365] Basicamente com este entendimento, para a Itália, v. CAMPOBASSO, *ob. cit.*, p. 207 e n. (2) (mas a aplicação da disciplina da "cessione del contratto" não é integral – p. ex., não será exigido o consentimento da sociedade).

[366] Bem entendido, a entrega deve ser precedida (ou acompanhada) de título válido – p. ex., acordo entre transmitente e adquirente, ou sucessão por morte.

"Se os títulos já estiverem depositados junto do depositário indicado pelo adquirente, a transmissão efectua-se *por registo* na conta deste, com efeitos a partir da data do requerimento do registo" (art. 101.º, 2) ([367]). Não há, portanto, neste caso entrega ou tradição material das acções, há sim, poderemos dizer, entrega por constituto possessório (cfr. o art. 1264.º, 2, do CCiv.).

Nos termos do n.º 1 do art. 102.º do CVM, as acções *tituladas nominativas* "transmitem-se *por declaração de transmissão, escrita no título* [por depositário, funcionário judicial ou pelo transmitente na transmissão entre vivos e consoante os casos; por funcionário judicial, cabeça-de-casal ou notário, na transmissão por morte e consoante os casos – n.ºs 2 e 3 do art. 102.º], a favor do transmissário, seguida de registo junto do emitente [sociedade] ou junto de intermediário financeiro que o represente". Apesar desta redacção, deve entender-se que o referido registo não é condição de validade nem de eficácia da transmissão entre as partes ou relativamente aos sucessores; é somente condição de eficácia para com a sociedade emitente (esta não considerará o transmissário como sócio enquanto não for requerido o registo – cfr. o n.º 5 do art. 102.º) ([368]).

As *acções escriturais, nominativas ou ao portador,* "transmitem-se [entre vivos ou por morte] *pelo registo na conta do adquirente*" (art. 80.º, 1, do CVM). O registo é aqui, portanto, constitutivo – sem ele não é transferida a titularidade das acções. Mas também aqui não basta o registo (o "modo"), a

---

([367]) Acrescenta o n.º 3 do art. 101.º que, em caso de transmissão por morte, o referido registo é feito com base nos documentos comprovativos do direito à sucessão.

([368]) É fundamentalmente assim também em Espanha e na Alemanha – v. por todos J. L. GARCÍA-PITA Y LASTRES, *Acciones nominativas y acciones al portador,* in AA.VV., *Derecho de sociedades anónimas,* II – *Capital y acciones,* vol. 1, Civitas, Madrid, 1994, pp. 601, ss..

transmissão exige que ele se apoie num *"título"* válido, num negócio jurídico ou na sucessão legal *mortis causa* ([369]). O n.º 2 do art. 80.º – "a compra em mercado regulamentado de valores mobiliários escriturais [v. os arts. 199.º, 1, a), 200.º] confere ao comprador, independentemente do registo e a partir da realização da operação, legitimidade para a sua venda nesse mercado" – confirma o que dissemos, apesar de parecer que o contraria (afinal, o registo não seria requisito necessário para a mudança na titularidade das acções escriturais). Com efeito, este n.º 2 introduz uma excepção à regra estabelecida no n.º 1. Segundo a regra, o simples contrato de compra e venda não é suficiente para transmitir a titularidade das acções (não é aplicável o art. 408.º, 1, do CCiv.), pelo que o comprador não tem legitimidade para as vender antes de as mesmas estarem registadas em conta sua. Ora, porque é assim, vem o n.º 2 atribuir essa legitimidade (antes do registo) em determinados casos.

Do regime legal exposto parece resultar que a transmissão das acções tituladas e escriturais só fica perfeita com a entrega (acções tituladas ao portador), a declaração de transmissão escrita no título (acções tituladas nominativas), ou o registo em conta (acções escriturais). Contudo, a doutrina portuguesa que tem curado da transmissão das acções tituladas (ao portador, sobretudo) ([370]) contesta aquele resultado. A propriedade dos títulos transmitir-se-ia (entre vivos) por mero acordo de vontades, por contrato consensual entre cedente e cessionário (art. 408.º, 1, do CCiv.); a entrega (das acções ao portador), assim como as formalidades previstas para as acções nominativas, seriam tão-só requisitos de legitimação do adquirente para o exercício dos direitos

---

([369]) Sobre as bases documentais dos registos, v. o art. 67.º.

([370]) No quadro de legislação (quase sempre) já revogada, mas, para o caso, com disciplina no essencial idêntica à estabelecida no CVM.

sociais (³⁷¹). Não penso que seja assim. As acções-títulos (bem como as acções escriturais) estão sujeitas a regras próprias de circulação. E a lei marca ou acentua exactamente as especialidades dessa circulação. Omite (porque pressuposta) a necessidade do acordo entre as partes (circulação entre vivos) e explicita a necessidade da entrega ou da declaração de transmissão escrita no título (acções tituladas), ou do registo em conta (acções escriturais). *Estas formalidades são essenciais* para que a transmissão das acções se efective (³⁷²). O mero acordo entre transmitente e transmissário produz efeitos entre as partes – mas não produz, por si só, a transmissão das acções. Por exemplo, o cedente de acções tituladas ao portador *(A)* fica obrigado a entregar as acções ao cessionário *(B)* e a não transmiti-las a terceiro *(C)*. Mas se *A*, em vez de as entregar a *B,* as transmite, com entrega, a *C,* o negócio não é por isso inválido ou ineficaz: antes da entrega, a propriedade mantém-se em *A,* que pode, pois, transmiti-la (o contrato entre *A* e *B* tem eficácia meramente obrigacional); perante o não cumprimento da obrigação de *A* para com *B,* resta a este exigir indemnização daquele (³⁷³).

(³⁷¹) V. Vaz Serra, *Acções nominativas...*, BMJ n.º 176, pp. 78-79 (cita também Alberto dos Reis), Lobo Xavier, *Acção...*, cols. 68-69, Osório de Castro, *ob. cit.*, pp. 21-22.

(³⁷²) Pode até dar-se o caso de essas formalidades serem suficientes para a transmissão – não sendo necessário que o alienante seja o verdadeiro titular das acções: v. o art. 58.º do CVM.

(³⁷³) No sentido do texto, v., p. ex., Vicente Santos, *Acciones y obligaciones representadas mediante anotaciones en cuenta,* in AA.VV., *Derecho de sociedades anónimas...*, pp. 451-452 (acções tituladas ao portador e escriturais), Galgano, *Diritto commerciale – Le società* cit., p. 195 (acções tituladas; em *Diritto commerciale – L'imprenditore,* 5.ª ed., Zanichelli, Bologna, 1996, pp. 272, ss., o A. dá conta da polémica "consensualismo" *versus* "realismo" em matéria de circulação dos títulos de crédito em geral, incluindo as acções), Ferreira de Almeida, *Desmaterialização...*, pp. 33, ss. [acções escriturais, no quadro do revogado CMVM (onde o carácter constitutivo do registo seria mais discutível do que no CVM; discutindo aquele carácter no CMVM, v. Amadeu Ferreira,

Outra questão (ligada à anterior): estando já as acções representadas por títulos ou por registos em conta, é possível transmitir as participações sociais segundo as regras gerais (as regras da cessão de créditos ou da cessão de posição jurídica, consoante as perceptivas) – sem ter, portanto, de passar-se pelas vias específicas para a transmissão das acções tituladas ou escriturais? Os nossos autores costumam dizer que sim (374). Também não me parece a melhor resposta. Quando os *títulos* ou os *registos em conta* existam, quando as acções estejam já "perfeitas", *eles devem ser o veículo necessário para a circulação das participações sociais* (375). Nas acções tituladas – tal como nos títulos de crédito causais, e ao invés dos títulos abstractos (*v. g.*, letras de câmbio e cheques) – não há um direito ou posição jurídica cartular ulterior à posição jurídica causal (376); analogamente se devendo dizer com respeito às acções escriturais.

3. 2. 2. 3. Limitações estatutárias à transmissão de acções

Característica tradicional das acções, enquanto instrumentos de rápida mobilização de investimentos e desinvesti-

---

Valores mobiliários escriturais..., pp. 279, ss.)]; v. tb., no mesmo sentido, o Ac. do STJ de 15/5/2008 (em www.dgsi.pt).

(374) V. VAZ SERRA, *ob. cit.*, pp. 74, ss. (ao contrário do que se verifica no direito alemão – sendo duvidoso que se verifique no direito italiano –, a titularidade do direito incorporado no título não tem de acompanhar a propriedade do título), LOBO XAVIER, *ob. e loc. cits.*, OSÓRIO DE CASTRO, *ob. cit.*, pp. 22, ss., PINHEIRO TORRES, *ob. cit.*, pp. 47, 79; na mesma linha parece situar-se OLIVEIRA ASCENSÃO, *O actual conceito* ..., p. 41 (as vicissitudes do direito representado podem não coincidir com as do direito representativo; "o direito representado, como direito, continua sujeito às formas comuns de circulação").

(375) "Il documento (quando esiste) é bensì il *veicolo necessario della partecipazione sociale,* nel senso che senza di esso questa non può trasferirsi (...)" – F. FERRARA JR./F. CORSI, *Gli imprenditori e le società*, 11.ª ed., Giuffrè, Milano, 1999, pp. 443-444.

(376) GALGANO, *Diritto commerciale – Le società* cit., pp. 133-134.

mentos, é a sua transmissibilidade. O estatuto social não pode excluir a transmissibilidade das acções (art. 328.º, 1). Pode, contudo, limitá-la. Mas as restrições estatutárias à transmissão não podem ir além das que a lei permita (art. 328.º, 1). O CSC, no n.º 2 do art. 328.º, permite que os estatutos das sociedades (v. também o art. 272.º, b)) estabeleçam limitações de três espécies à transmissão de acções – sempre *nominativas* (tituladas ou escriturais).

É permitido "subordinar a transmissão das acções nominativas ao *consentimento da sociedade*" (art. 328.º, 2, a)). O estatuto social especificará ou não os motivos de recusa do consentimento; quando não especifique, é lícito a sociedade recusá-lo "com fundamento em qualquer interesse relevante da sociedade" (art. 329.º, 2) – *v. g.*, a entrada na sociedade do terceiro *x*, concorrente, prejudicaria o interesse comum aos sócios actuais.

A concessão ou recusa do consentimento (que deve ser pedido, antes ou depois da transmissão, pelo transmitente, pelo adquirente ou por ambos à sociedade, representada por administrador – arts. 408.º, 3, e 431.º, 3 –, com indicação dos elementos identificadores da transmissão) compete ao órgão colectividade dos sócios (por meio de deliberação), salvo quando o contrato de sociedade atribua essa competência a outro órgão (de administração ou fiscalização) – art. 329.º, 1.

Nos termos do n.º 3 do art. 329.º, o contrato de sociedade, sob pena de nulidade da cláusula que exija o consentimento, deve conter: a) a fixação de prazo, não superior a 60 dias, para a sociedade se pronunciar sobre o pedido de consentimento; b) a estipulação de que é livre a transmissão das acções, se a sociedade não se pronunciar dentro do prazo referido na al. anterior (o enunciado normativo refere indevidamente "número anterior"); c) a obrigação de a sociedade, no caso de recusar licitamente o consentimento, fazer adquirir as acções por outra pessoa nas condições de preço e pagamento do negócio para que foi solicitado o consentimento; tratando-se de transmissão a título gratuito, ou provando a sociedade que naquele negócio houve simulação de preço, a aquisição far-se-á pelo valor real, determinado nos termos previstos no art. 105.º, 2 ([377]).

Permitirá o art. 328.º, 2, a), que uma cláusula estatutária de consentimento valha não só para as transmissões entre vivos mas também para as transmissões *mortis causa?* Parece que sim ([378]). É certo que a sistematização nos arts. 328.º-329.º é diferente da estabelecida (para a transmissão de quotas) nos arts. 225.º e 227.º, por um lado (transmissão por morte), e nos arts. 228.º, ss., por outro lado (transmissão entre vivos – a propósito da qual aparece disciplinada, em termos próximos dos presentes no art. 329.º, a questão do consentimento); valendo uma cláusula de consentimento para as transmissões por morte, então o "pedido de consentimento" terá de ser feito pelos sucessores do sócio falecido – e para, não propriamente a "transmissão", mas a continuação das acções na sua titularidade; o estatuto social pode impor ou permitir que, em caso de morte de sócio, as respectivas acções sejam amortizadas (art. 347.º). Não obstante: a sucessão *mortis causa* não deixa de ser uma forma de "transmissão" (repare-se que na al. b) no n.º 2 do art. 328.º se fala já, não de "transmissão", mas de "alienação" – transmissão entre vivos); em trabalho preparatório da legislação societária relativo às acções, a cláusula de consentimento valia claramente para as transmissões *mortis causa* ([379]); o interesse social pode justificar restrições igualmente nas trans-

---

([377]) Quanto à simulação de preço, v. *supra*, n. (351).

([378]) Respondendo também afirmativamente, v. (com apontamentos de direito comparado) EVARISTO MENDES, *A transmissibilidade das acções* cit., pp. 248, ss., e MARIA J. VAZ TOMÉ, *Algumas notas sobre as restrições contratuais à livre transmissão de acções*, DJ, 1991, pp. 210, ss..

([379]) VAZ SERRA, *Acções nominativas...*, pp. 79, ss. (arts. 33.º, ss., *maxime* 36.º).

missões de acções por morte; como veremos, a aplicação das cláusulas limitadoras da transmissão de acções não impede que estas sejam válida e (entre as partes) eficazmente transmitidas; o regime de amortização de acções não é idêntico ao fixado para a cláusula de consentimento.

Outra espécie de limitação estatutária consiste em "subordinar a transmissão de acções nominativas (...) à existência de determinados *requisitos, subjectivos ou objectivos, que estejam de acordo com o interesse social*" (art. 328.º, 2, c)). Por exemplo, permite-se a transmissão de acções somente para quem tenha certa nacionalidade, seja já sócio ou familiar de sócio, exerça determinada actividade ou actividade não concorrente com a da sociedade (requisitos subjectivos); ou impede-se a transmissão entre vivos enquanto não decorrer certo prazo após a emissão das acções ([380]).

O art. 328.º, na al. b) do n.º 2, permite ainda que o contrato de sociedade estabeleça "um *direito de preferência* dos outros accionistas e as condições do respectivo exercício, no caso de alienação de acções nominativas".

Não se duvidará (ou quase) de que tal direito de preferência vale apenas com relação à transmissão de acções entre vivos. E deve ele ser entendido em sentido próprio – respeitando somente às transmissões onerosas, em que os "outros accionistas" poderão preferir "tanto por tanto" –, ou em sentido impróprio, de modo a valer também para as transmissões gratuitas? ([381]) Atendendo à expressão utilizada na citada al. b) ("direito de preferência") e ao significado que a mesma recebe normalmente na linguagem legislativa (v., *v. g.*, os arts. 423.º, 1380.º, 1, 1535.º, 1, 1555.º, 1, 2130.º, 1, do CCiv.), e à possibilidade de os estatutos limitarem

---

([380]) V. tb. Vaz Tomé, *ob. cit.*, pp. 209-210.

([381]) Neste segundo sentido, v. Evaristo Mendes, *ob. cit.*, p. 262.

transmissões gratuitas de acções nos termos das als. a) e c) do n.º 2 do art. 328.º, entendo que o direito de preferência em questão deve ser entendido no indicado sentido próprio.

Qualquer cláusula estatutária limitadora da transmissão de acções deve ser *transcrita nos títulos ou nas contas de registo* das acções (consoante sejam tituladas ou escriturais), sob pena de serem inoponíveis a adquirentes de boa fé (ignorantes das cláusulas limitadoras) – art. 328.º, 4. Portanto, cumprindo-se a transcrição, as cláusulas limitadoras são oponíveis aos adquirentes das acções, estejam de boa ou de má fé [382]. O que sucede então quando são transmitidas acções com desrespeito de cláusula limitadora (quando a sociedade não tenha consentido, os sócios preferentes não tenham podido exercer a preferência, o adquirente não satisfazia os requisitos subjectivos exigidos)?

A *violação das cláusulas limitadoras* não determina a invalidade da transmissão. Esta é válida se (além do mais) foram respeitados os modos de transmissão das acções nominativas (recordem-se os arts. 80.º e 102.º do CVM). Mas pode (e deve) a sociedade opor ao adquirente a cláusula ou cláusulas violadas – *relativamente à sociedade,* a transmissão não produzirá efeitos (será *ineficaz).* Assim, quando as acções sejam escriturais e a entidade registadora seja a sociedade (v. o art. 61.º do CVM), esta pode recusar o registo a que se refere o art. 80.º, 1, do CVM [383]; quando as acções sejam tituladas, pode a sociedade (ou o intermediário financeiro que a represente) recusar o registo referido no art. 102.º, 1, do CVM. Recusado o registo, não é possível ao adquirente

---

[382] Porém (excepcionalmente), as cláusulas de consentimento e as de condicionamento a requisitos subjectivos e/ou objectivos são inoponíveis em processos executivos ou de liquidação de patrimónios (p. ex., por causa da insolvência de sócio) – n.º 5 do art. 328.º.

[383] Quando seja outra a entidade registadora, será igualmente possível a recusa do registo – v. o art. 77.º, 1, c), e), do CVM.

exercer os direitos inerentes às acções (v. os arts. 55.°, 83.°, 104.°, 2, do CVM) (384); quem pode continuar a exercê-los é o transmitente. Suponha-se, porém, que entidade registadora competente – diversa da sociedade – efectua o registo. Poderá então a sociedade requerer a rectificação do registo e/ou impugná-lo judicialmente (art. 79.° do CVM).

A *violação de cláusula de preferência* provoca outras consequências além das acabadas de mencionar? O direito de preferência dos accionistas tem eficácia *erga omnes* ("eficácia real"), permitindo-lhes substituírem-se ao adquirente das acções? A cláusula de preferência consta do contrato de sociedade com forma legal e registado; está transcrita nos títulos ou nas contas de registo das acções; pode ser invocada, inclusive, em processo executivo ou de liquidação de patrimónios (n.° 5 do art. 328.°). Consequentemente, é de afirmar a referida eficácia *erga omnes* (385).

As limitações à transmissão de acções podem constar do estatuto originário ou ser nele introduzidas em momento posterior. Neste segundo caso, além do procedimento normal para as alterações do contrato de sociedade (v. sobretudo os arts. 383.°, 2 e 3, 386.°, 3 e 4), é exigido o consentimento de todos os accionistas cujas acções fiquem oneradas com alguma daquelas limitações — art. 328.°, 3. Não consentindo algum desses accionistas (no momento da deliberação ou, de modo expresso ou tácito, posteriormente), a deliberação será ineficaz (art. 55.°).

Mais fácil é atenuar ou extinguir as limitações estatutárias à transmissão de acções. Porque os accionistas com

---

(384) Mas também não fica vinculado, perante a sociedade, a cumprir as obrigações inerentes às acções.

(385) Defendendo conclusão idêntica, v. JOÃO LABAREDA, *ob. cit.*, pp. 296, ss. (em Itália é dominante a mesma ideia – cfr. CAGNASSO/ /IRRERA, *Il trasferimento* ..., pp. 33-34). Com opinião contrária, v. BRITO CORREIA, *ob. cit.*, pp. 405-406, OLIVEIRA ASCENSÃO, *As acções...* cit., p. 86.

acções "vinculadas" não suportam então qualquer encargo e porque o princípio é o da livre transmissão, a lei exige agora tão-só o procedimento normal para as alterações do contrato social (art. 328.º, 3). ([386])

3. 2. 3. Quotas e acções próprias

As participações sociais respeitantes a determinada sociedade podem às vezes ser transmitidas para ela mesma. É o fenómeno das participações sociais próprias, mormente quotas e acções próprias: *quotas ou acções numa sociedade por ela mesma adquiridas* (e a quem ficam, por isso, a pertencer) ([387]).

O CSC dedica uma dúzia de arts. às acções próprias (exigidos, em grande medida, pela 2.ª Directiva – arts.18.º-24.ºA) e, directamente, apenas um às quotas próprias. Por isso, e porque alguns dos preceitos relativos às acções são aplicáveis às quotas, começaremos pelas acções.

As *acções próprias* comportam *perigos* vários para os credores sociais e para os (alguns) sócios ([388]). A aquisição onerosa de acções próprias enfraquece muitas vezes o patri-

---

([386]) Note-se, a talhe de foice, que só as acções livremente transmissíveis podem ser objecto de operações em mercados de valores mobiliários (art. 204.º, 2, a), do CVM).

([387]) Nas sociedades em nome colectivo e – quanto aos sócios comanditados – em comandita, titular de parte social deverá ser sempre alguém que, além da sociedade, responda (subsidiária e ilimitadamente) pelas obrigações sociais. Aliás, o CSC prevê e regula as quotas e acções próprias (arts. 220.º, 316.º, ss.), mas já não aquelas partes sociais (v. tb. a parte final do n.º 2 do art. 187.º). Porém, tendo em vista o art. 475.º, é de entender que a sociedade em comandita simples poderá adquirir partes sociais dos sócios comanditários (nos termos em que a sociedade por quotas pode adquirir quotas).

([388]) Seguirei de perto (embora muito sinteticamente) L. A. VELASCO SAN PEDRO, *Negocios con acciones y participaciones propias – Estudios jurídicos,* Lex Nova, Valladolid, 2000, pp. 25, ss..

mónio social – saem bens da sociedade e esses bens não são devidamente compensados com a entrada das acções (dificilmente alienáveis e/ou alienáveis a preço inferior ao da aquisição). As relações de poder na sociedade são alteráveis pelas acções próprias – se o direito de voto inerente a estas acções continuasse a poder ser exercido, os administradores (representantes da sociedade titular das mesmas) poderiam exercê-lo em proveito próprio ou do grupo de controlo; não podendo o direito de voto ser exercido, sempre se reduzirá a percentagem de acções necessária para controlar a sociedade. A aquisição de acções próprias é susceptível de ser utilizada para beneficiar especialmente os accionistas do grupo de controlo – *v. g.*, afastando os sócios minoritários "incómodos" (a quem são pagos preços acima do valor comercial e real das acções), ou permitindo a saída a tempo (em período de pré-crise da sociedade) de sócios próximos da administração. Em relação às sociedades com acções cotadas em bolsa, a aquisição de acções próprias pode ser um instrumento de manipulação das cotações, fazendo aparecer valores artificiais para as acções (e sociedades respectivas).

Mas das acções próprias também podem resultar *vantagens*. Por exemplo, em processo de fusão ou de cisão-fusão, acções próprias da sociedade incorporante serão atribuídas aos sócios da(s) incorporada(s), sem necessidade, eventualmente, de se proceder a um aumento do capital daquela (cfr. os arts. 97.º, 4, a), 98.º, 1, e), 118.º, 1, c), 119.º, f)); a extinção de acções próprias é utilizável como forma (mais expedita) de redução do capital social (art. 463.º); a regularização da cotação das acções (demasiado baixa por causa, por exemplo, de intervenções especulativas ou denegridoras vindas de terceiros) aconselhará muitas vezes a aquisição de acções próprias (aumentando a procura, aumentará a cotação) [389].

---

[389] Para mais, v. VELASCO SAN PEDRO, *ob. cit.*, pp. 62, ss..

Para minorar os perigos e possibilitar as vantagens, as legislações vêm estatuindo a proibição de certas aquisições, a licitude de outras – desde que respeitem determinados requisitos – e um regime especial a que ficam sujeitas a detenção e a alienação das acções próprias.

Uma sociedade não pode adquirir originariamente acções próprias, *não pode subscrevê-las* aquando da sua *constituição* ou em *aumento do capital por novas entradas* (em dinheiro e/ou em espécie) – cfr. o art. 316.º, 1, 1.ª parte [390]. Em qualquer destes casos, a exacta formação do capital social exige que entrem no património da sociedade bens de valor pelo menos equivalente ao valor nominal das acções subscritas. E a subscrição de acções pela própria sociedade não levaria a qualquer acréscimo do património social (a sociedade teria de mobilizar bens que já faziam parte do seu património).

É diferente o caso da aquisição originária de acções próprias nos *aumentos de capital por incorporação de reservas*. Agora não há entrada de novos bens na sociedade, há uma integração jurídico-contabilística de reservas já existentes no capital. Por isso se permite que a sociedade receba novas acções correspondentemente às que detinha – arts. 92.º, 3, 324.º, 1, a), 2.ª parte.

A norma que proíbe a subscrição de acções próprias (art. 316.º, 1) é imperativa. Assim, serão *nulas* as *cláusulas estatutárias* que derroguem a proibição (art. 294.º do CCiv.) e as *deliberações* dos sócios ou da administração que a violem (CSC, arts. 56.º, 1, d), 411.º, 1, c), 433.º, 1), e nulos serão os singulares *actos de subscrição* (art. 294.º do CCiv.). Além disso, os administradores ou directores que subscrevam para a sociedade acções próprias incorrem em responsabilidade penal (art. 510.º, 1, do CSC).

---

[390] V. tb. o art. 18.º, 1, da 2.ª Directiva.

A proibição alcança não só a subscrição directa mas também a indirecta, feita por terceiro em nome próprio mas por conta da sociedade – v. os n.ᵒˢ 2, ss. do art. 316.º ([391]).

A *aquisição derivada* de acções próprias é regida diferentemente. Ela é *lícita* quando sejam observados alguns requisitos.

1) Uma sociedade pode adquirir acções próprias desde que *não passe a deter (em regra) mais de 10% das acções* a ela relativas (art. 317.º, 2). Segundo o n.º 3 do art. 317.º (cfr. o art. 20.º, 1, da Directiva), aquele montante pode ser ultrapassado quando: a) a aquisição resulte do cumprimento pela sociedade de disposições da lei – *v. g.*, em casos de exoneração de accionistas, um dos possíveis deveres da sociedade é adquirir as respectivas acções (v., entre outros, os arts. 45.º, 1, e 105.º, 1); b) a aquisição vise executar uma deliberação de redução do capital – cfr. o já citado art. 463.º; c) seja adquirido um património a título universal – *v. g.*, por efeito de fusão-incorporação ou cisão-fusão-incorporação, a sociedade incorporante adquire as acções que nela detinha a incorporada; d) a aquisição seja feita a título gratuito – *v. g.*, resultante de doação; e) a aquisição seja feita em processo executivo para cobrança de dívidas de terceiros ou por transacção em acção declarativa para o mesmo fim – os "terceiros" têm de ser sócios, titulares de acções (sócios-terceiros ou sócios enquanto terceiros, devedores à sociedade); f) a aquisição decorra de processo estabelecido na lei ou no estatuto para a falta de liberação de acções pelos seus subscritores – v. o art. 285.º, 4 (e *supra,* n.º 2. 2. 1.).

2) A aquisição só pode incidir sobre *acções inteiramente liberadas* (as entradas correspondentes devem estar realizadas), *excepto* nos casos das als. b), c), e) e f) há pouco citadas

---

([391]) V. tb. os n.ᵒˢ 2 e 3 do art. 18.º da 2.ª Directiva.

– art. 318.º, 1 (392). Visa-se com isto salvaguardar a posição dos credores sociais (a exacta formação do capital é exigida sobretudo para tutela deles) e potenciar o igual tratamento dos sócios (393).

3) Sendo onerosa a aquisição, deve a sociedade, para satisfazer a contrapartida, *possuir bens que, nos termos dos arts. 32.º e 33.º, possam ser distribuídos aos sócios* (no essencial, não deve resultar da satisfação da contrapartida que o valor do património social líquido fique inferior à soma do capital e das reservas que a lei ou o estatuto não permitem distribuir aos sócios) – art. 317.º, 4 (394).

Acrescenta a parte final deste n.º 4: "devendo o valor dos bens distribuíveis ser, pelo menos, igual ao dobro do valor a pagar por elas" [acções]. Tudo leva a crer que esta exigência foi ditada para possibilitar a constituição da reserva mencionada no art. 324.º, 1, b) (395): metade do valor dos bens distribuíveis seria para pagar as acções próprias, a outra metade para constituir aquela reserva. Todavia, a criação da dita reserva não exige bens distribuíveis pré--existentes (396). Por outro lado, o POC de 1989 – posterior, portanto, ao CSC) fez cair a necessidade de criação da citada reserva; o mesmo sucedendo com o SNC actual (vê-lo-emos melhor em breve). Consequentemente, não tem de respeitar-se a exigência de o valor dos bens distribuíveis ser pelo menos igual ao dobro do valor a pagar pelas acções (a

---

(392) V. tb. os arts. 19.º, 1, c), e 20.º, 1, da 2.ª Directiva.

(393) V. M. VICTÓRIA FERREIRA DA ROCHA, *Aquisição de acções próprias no Código das Sociedades Comerciais,* Almedina, Coimbra, 1994, pp. 188, ss., com indicações bibliográficas.

(394) V. tb. o art. 19.º, 1, b), da 2.ª Directiva.

(395) V. RAÚL VENTURA, *Estudos vários sobre sociedades anónimas* cit., pp. 368-369, 396.

(396) V. C. OSÓRIO DE CASTRO, *A contrapartida da aquisição de acções próprias,* RDES, 1988, pp. 265, ss..

parte final do n.º 4 do art. 317.º deve ser interpretada correctivamente) ([397]).

4) *Em regra,* a aquisição de acções próprias (a efectivar pelo órgão de administração) *depende de deliberação dos sócios* (art. 319.º, 1; nas quatro alíneas deste n.º está previsto o conteúdo obrigatório da deliberação) ([398]). Embora a aquisição de acções próprias seja basicamente matéria de "administração", a lei impõe a intervenção deliberativo-autorizadora dos sócios por tal aquisição poder alterar a correlação de forças dentro da sociedade ([399]). A título de excepção, "a aquisição de acções próprias pode ser decidida pelo conselho de administração ou pelo conselho de administração executivo apenas se, por meio dela, for evitado um prejuízo grave e iminente para a sociedade, o qual se presume existir nos casos previstos nas alíneas *a)* e *e)* do n.º 3 do artigo 317.º'" (n.º 3 do art. 319.º; v. também o n.º 4 desse art., bem como o art. 19.º, 2, da Directiva).

5) Na esteira do art. 42.º da 2.ª Directiva, o art. 321.º do CSC diz (seria preciso dizê-lo?) que as aquisições de acções próprias "devem respeitar o *princípio do igual tratamento dos accionistas* [*v. g.*, deve a sociedade propor a aquisição a todos os sócios e ao mesmo preço, ou realizar as aquisições na bolsa, quando as acções nela estejam cotadas], salvo se a tanto obstar a própria natureza do caso" (v. as als. a), c), e), f) do n.º 3 do art. 317.º).

([397]) Osório de Castro, *últ. ob. cit.*, pp. 269, ss., advoga – na sequência do que explana nas citadas pp. 265, ss. – a interpretação revogatória ou ab-rogante do preceito. Raúl Ventura, *últ. ob. cit.*, p. 396, escreve: "Desaparecida a reserva, desaparece também a necessidade desse dobro". Victória Rocha, *ob. cit.*, pp. 179, ss., embora critique o preceito em causa, considera-o vigente. Sobre a interpretação ab-rogante ou revogatória e a interpretação correctiva, v. por todos A. Castanheira Neves, *Metodologia jurídica – Problemas fundamentais*, Coimbra Editora, Coimbra, 1993, pp. 107-108.

([398]) V. tb. o art. 19.º, 1, a), da 2.ª Directiva.

([399]) Cfr. João Labareda, *Das acções...*, pp. 98-99.

Em que momento devem ser respeitados os diversos requisitos (sob 1), 2), 3) e 5)): na deliberação e/ou na aquisição das acções próprias? Em geral, é *no momento da aquisição* – assim resulta do n.º 2 do art. 319.º (⁴⁰⁰). A autorização para o órgão administrativo adquirir acções pode ser concedida (através de deliberação) por prazo dilatado (v. o art. 319.º, 1, b)). É possível que no dia da deliberação a sociedade tenha já acções próprias acima do montante permitido, que acções a adquirir não estejam ainda liberadas, que não haja bens distribuíveis suficientes – mas não se verificarem estes impedimentos no momento em que as acções são adquiridas; tanto basta para as aquisições serem lícitas. Contudo, a deliberação será nula se ordenar ao órgão administrativo a aquisição com desrespeito dos citados requisitos (art. 56.º, 1, d)), e será anulável se determinar aquisição violadora do princípio do igual tratamento dos sócios (art. 58.º, 1, a) ou b)). Quando isto suceda, é dever dos administradores não executarem a deliberação (arts. 64.º, 1, 317.º, 2, 3 e 4, 318.º, 321.º); se a executarem, a aquisição será ilícita e eles incorrerão em responsabilidade.

Mais discutível será o momento em que deve ser respeitado o requisito relativo aos *bens distribuíveis,* quando o pagamento das acções deva ser feito depois da aquisição. *Momento da aquisição e/ou do pagamento? Ambos, parece.* Releva o momento da aquisição, por força do art. 319.º, 2 – que concorda com a parte final da al. a) do n.º 1 do art. 19.º da 2.ª Directiva – e porque há que prevenir o perigo de se adquirirem acções que tenham de ser pagas com bens não livres (a aquisição é feita hoje, apesar da inexistência de

---

(⁴⁰⁰) Diferentemente, RAÚL VENTURA, *últ. ob. cit.*, pp. 365-366 (os requisitos "devem verificar-se tanto no momento da deliberação como no momento da execução desta pelo órgão administrativo"); a propósito das quotas próprias, o A. expressava opinião diversa (momento relevante é o da aquisição) – v. *Sociedades por quotas* cit., vol. I, p. 443.

bens livres, confiando-se que eles existirão amanhã, data do pagamento – mas nada garante que eles existirão amanhã...). Mas releva também o momento do pagamento, por força da letra do art. 317.º, 4 ("*entregar* bens") e da tutela dos credores sociais (ligada à intangibilidade do capital social e das reservas indisponíveis) que esta norma pretende assegurar [401]. Assim, a aquisição será ilícita quando o requisito se verifica nesse momento mas não no do pagamento, e quando se verifica no momento do pagamento mas não no da aquisição.

Acabámos de mencionar duas causas de *ilicitude* da aquisição de acções próprias: execução de deliberação inválida, e falta de bens livres no momento do pagamento e/ou da aquisição. Outros casos de ilicitude: aquisição de acções proibida pelo estatuto social (v. o art. 317.º, 1), aquisição não autorizada por deliberação dos sócios (salvo quando seja aplicável o n.º 3 do art. 319.º), aquisição que leve a ultrapassar o limite fixado no n.º 2 do art. 317.º (e exceptuados os casos previstos no n.º 3 desse art.), aquisição de acções não liberadas (salvo nos casos referidos na parte final do n.º 1 do art. 318.º), aquisição com desrespeito do princípio da igualdade.

Sublinhe-se, contudo, que a ilicitude tem como resultado a *nulidade somente quando as acções não estejam liberadas* – art. 318.º, 2. Nos restantes casos, a reacção não passa nem pela nulidade nem pela anulabilidade ou ineficácia da aquisição [402]; a administração (além de incorrer em responsa-

---

[401] No mesmo sentido, v. VICTÓRIA ROCHA, *ob. cit.*, pp. 184, ss.. Entendendo o momento do pagamento como o único relevante, v. OSÓRIO DE CASTRO, *ob. cit.*, pp. 251, ss..

[402] Diferentemente, JOÃO LABAREDA, *ob. cit.*, pp. 94, 97 e 97-98, n. (1), RAÚL VENTURA, *Estudos...*, p. 366 (mas v. pp. 384-385, com a solução correcta).

bilidade civil e penal – arts. 323.º, 4, 510.º, 1) tem é o dever de decidir e executar a *alienação das acções ilicitamente adquiridas* – arts. 320.º, 2, 323.º, 2.

Uma sociedade *não pode deter por mais de três anos um número de acções superior a 10%* da totalidade das acções a ela relativas, ainda que tenham sido licitamente adquiridas (art. 323.º, 1). Ultrapassados aqueles limites, deve também a administração alienar as acções excedendo os referidos 10% ([403]).

Não tendo sido cumprido oportunamente o dever de alienação imposto pelos n.ᵒˢ 1 e 2 do art. 323.º, as respectivas acções próprias devem ser *anuladas* (art. 323.º, 3), com consequente redução do capital social.

Enquanto a sociedade detiver acções próprias, *ficam suspensos os direitos a elas inerentes* (direitos a quinhoar nos lucros, a participar nas deliberações, a obter informações, etc.) ([404]), com excepção do direito de a sociedade receber novas acções (ou de as suas acções ficarem com valor nominal aumentado) nos casos de aumento do capital por incorporação de reservas (art. 324.º, 1, a); v. também o art. 92.º, 3, 4).

Acrescenta a al. b) do n.º 1 do art. 324.º que deve ser constituída uma reserva indisponível de montante igual àquele por que as acções próprias estejam contabilizadas. Este preceito fazia sentido quando as acções próprias eram contabilizadas no activo do balanço (era assim na vigência

---

([403]) Sobre os prazos mencionados nos n.ᵒˢ 1 e 2 do art. 323.º, v. VICTÓRIA ROCHA, *ob. cit.*, pp. 293, ss..

Nas alienações também deve ser respeitado o princípio do igual tratamento dos accionistas (art. 321.º).

([404]) Note-se que as acções próprias não são tidas em conta para o cálculo das maiorias qualificadas (exigidas legal ou estatutariamente) determináveis em função do capital social – art. 386.º, 5.

do POC de 1977) – a inscrição da reserva no passivo do balanço, mais precisamente na "situação líquida" ou "capital próprio", neutralizava a contabilização das acções próprias no activo. Deixou de ser assim. Segundo o POC de 1989, as acções próprias figuravam no "capital próprio", em dedução do capital social (a subtrair a este), na conta 52. O mesmo sucede no SNC. Por conseguinte, deixou de ser necessário constituir a reserva referente às acções próprias ([405]); impõe--se uma interpretação correctiva do art. 324.º, 1, b). ([406])

Quando duas sociedades estão *em relação de domínio* (v. o art. 486.º), a aquisição e detenção de acções da dominante pela dependente apresenta perigos (relativamente ao património e às relações de poder na dominante) análogos aos recorrentes na auto-participação. É pois razoável que aquela hetero-participação seja equiparada à auto--participação (a aquisição e detenção de acções da sociedade dominante pela sociedade dependente são em geral consideradas aquisição e detenção pela dominante das suas próprias acções). É este o sentido do art. 24.ºA da 2.ª Directiva, introduzido pela Directiva 92/101/CEE, de 23 de Novembro de 1992.

O legislador português, dando cumprimento ao citado art. 24.ºA, introduziu em 1995 no CSC os arts. 325.º-A e 325.º-B. "As acções de uma sociedade anónima subscritas, adquiridas ou detidas por uma sociedade daquela depen-

---

([405]) Com idêntico parecer, v. F. V. GONÇALVES DA SILVA/J. M. ESTEVES PEREIRA, *Contabilidade das sociedades*, 8.ª ed., Plátano Editora, Lisboa, 1989, pp. 160, ss. (na p. 168 defendem os AA. que a al. b) do n.º do art. 324.º deve ser eliminada rapidamente), RAÚL VENTURA, *últ. ob. cit.*, pp. 393, ss. (mas não será necessário eliminar a citada alínea – p. 396), VICTÓRIA ROCHA, *ob. cit.*, pp. 272, ss. (a norma deveria ser eliminada – p. 275). Com opinião contrária (a reserva continua a ser necessária), v. OSÓRIO DE CASTRO, *Valores mobiliários...*, pp. 114-115, n. (75).

([406]) O art. 22.º, 1, b), da 2.ª Directiva impõe a criação da reserva somente "se essas acções [próprias] forem contabilizadas no activo do balanço".

dente, directamente ou indirectamente nos termos do artigo 486.º, consideram-se, para todos os efeitos, acções próprias da sociedade dominante" (art. 325.º-A, 1). É portanto aplicável, com as devidas adaptações, o regime (a que nos referimos já) estabelecido nos arts. 316.º, 317.º, 318.º, 319.º, 321.º, 323.º e 324.º – assim (e mais) explicita o n.º 1 do art. 325.º-B. Este n.º não menciona o art. 320.º, pois a alienação das acções deve ser decidida (ainda que sob influência da dominante) pelos órgãos da sociedade dependente titular das acções. Por outro lado, segundo o n.º 2 do art. 325.º-B, a aquisição das acções está sujeita apenas a deliberação dos sócios da sociedade dominante (não da assembleia da dependente – onde a administração-representante da dominante teria papel decisivo...).

Reza assim o n.º 3 do art. 325.º-B: "Enquanto as acções pertencerem à sociedade dependente, consideram-se suspensos os direitos de voto e os direitos de conteúdo patrimonial incompatíveis com o n.º 1 do artigo 316.º". É uma norma "redundante e ininteligível" ([407]), pois a suspensão dos direitos resulta já quer do art. 325.º-A, 1, quer do art. 325.º-B, 1, e o n.º 1 do art. 316.º nada diz sobre isso. Parece impor-se a interpretação revogatória daquela norma. ([408])

Antes da introdução dos arts. 325.º-A e 325.º-B vigorava o art. 487.º (derrogado – quanto às acções – por aqueles arts.). Era necessário introduzir aqueles dois arts. para dar execução, no direito interno, às prescrições do art. 24.ºA da 2.ª Directiva? Entendo que sim ([409]). A disciplina do art. 487.º era mais exigente do que a da norma comunitária

---

([407]) ANTÓNIO CAEIRO, *As modificações ao Código das Sociedades Comerciais*, in: AA.VV., *Ab uno ad omnes – 75 anos da Coimbra Editora (1920-1995)*, Coimbra Editora, Coimbra, p. 339.

([408]) Em apenas dois arts., não se ficou por aqui o descuido do legislador de 1995. A "sociedade anónima referida no número anterior" de que fala o n.º 2 do art. 325.º-A é a mesma que vem referida no início deste n.º 2...

([409]) Resposta contrária deu ANTÓNIO CAEIRO, *últ.ob.cit.*, pp. 399-400.

na parte em que feria com a nulidade muitas aquisições de acções da dominante pela dependente – nesta parte não se impunha (fosse embora aconselhável) a transposição do art. 24.ºA da Directiva. Mas o art. 487.º era menos exigente quanto às acções adquiridas em bolsa (não exigia, designadamente, a alienação prevista no art. 323.º). Doutra banda, o n.º 3 do art. 325.º-A concorda com a al. b) do n.º 1 do art. 24.ºA da Directiva, e era outro o regime do art. 481.º, 2, a), que remete para o art. 487.º. ([410])

Passemos às *quotas próprias*. Onde nos demoraremos menos, pois lugares paralelos foram já visitados ao percorrer as acções próprias.

Sob pena de *nulidade,* uma sociedade por quotas não pode adquirir *originariamente* (aquando da constituição da sociedade ou em aumento do capital por novas entradas), por via directa ou indirecta, quotas próprias ([411]). Apesar de o art. 220.º não se referir a estas hipóteses, o art. 316.º é aplicável analogicamente ([412]).

Nula é também a aquisição derivada de quotas próprias *não integralmente liberadas, salvo* nos casos (previstos no art. 204.º) de perda (total ou parcial) da quota de sócio remisso – art. 220.º, 1 e 3. Igualmente *nula* é a aquisição derivada e onerosa de quotas próprias se a sociedade não dispuser, no momento da aquisição e/ou do pagamento

---

([410]) Para actos que, não sendo propriamente aquisições de acções próprias, têm conexão com a problemática que analisámos, v. os arts. 322.º (empréstimos e garantias para aquisição de acções da sociedade mutuante ou garante) e 325.º (penhor e caução de acções próprias) – na esteira dos arts. 23.º e 24.º da 2.ª Directiva – e, na doutrina nacional, RAÚL VENTURA, *ob. cit.*, pp. 373, ss., 400, ss., e VICTÓRIA ROCHA, *ob. cit.*, pp. 309, ss..

([411]) Ressalva-se, pois, a aquisição originária em aumento do capital por incorporação de reservas: arts. 92.º, 3, e 220.º, 4, remetendo para o art. 324.º, 1, a).

([412]) V. tb. RAÚL VENTURA, *Sociedades por quotas* cit., vol. I, pp. 431, ss.. V. ainda o art. 510.º, 1.

(cfr. *supra*), de *reservas livres em montante não inferior ao contravalor a prestar* – art. 220.º, 2 (2.ª parte) e 3 ([413]). ([414])

Desde que autorizada por deliberação dos sócios (v. o art. 246.º, 1, b)), pode a gerência (em nome da sociedade) adquirir (liberadas) quotas próprias a *título gratuito*, ou *em acção executiva* movida contra sócio, ou (nos restantes casos) se a sociedade dispuser de *bens livres suficientes para as pagar* – art. 220.º, 1 e 2 ([415]). Ao invés do que sucede com as acções próprias, a lei não estabelece limites quanto ao montante de quotas próprias que a sociedade pode adquirir e deter ([416]). É, pois, possível chegar-se ao extremo de todas as quotas pertencerem à sociedade – teremos então uma "sociedade de ninguém" (*Keinmanngesellschaft* lhe chamam os alemães). Que não deverá manter-se duradouramente (qualquer sociedade supõe um substrato pessoal, composto ao menos por um sócio), sendo passível de dissolução se o substrato pessoal não for reconstituído (cfr. o art. 142.º, 1, a)).

Enquanto as quotas pertencerem à sociedade, ficam *suspensos todos os direitos a elas inerentes, excepto* o de a sociedade receber novas quotas (ou ver aumentado o valor

---

([413]) O n.º 2 do art. 220.º fala de "reservas livres em montante não inferior ao *dobro* do contravalor a prestar". Tal como no n.º 4 do art. 317.º (já analisado), aquela exigência assentava no pressuposto da necessidade de constituição da reserva mencionada no art. 324.º, 1, b) (para que remete o art. 220.º, 4). Perimida a necessidade, desnecessário se torna o referido dobro.

([414]) Como se vê, as aquisições ilícitas previstas no art. 220.º são sempre feridas de nulidade. Vimos que não é esta a regra para as aquisições ilícitas de acções próprias – a tutela da certeza e segurança na transmissão de valores mobiliários por norma livremente transmissíveis aconselha aí sanções diversas.

([415]) O CSC refere-se a esta possibilidade em vários arts.: 225.º, 2, 226.º, 2 (v. *supra,* n.º 3. 3. 1. 1.), 232.º, 5, 240.º, 3.

Faltando a deliberação dos sócios, a aquisição das quotas próprias será ineficaz (cfr. o art. 260.º, 1).

([416]) Mas pode o estatuto social fixar tais limites.

nominal das que possua) no caso de aumento do capital por incorporação de reservas (arts. 220.º, 4, 324.º, 1, a)); e deve o relatório anual da gerência fazer as menções previstas no n.º 2 do art. 324.º (para que também remete o art. 220.º, 4).

À aquisição de quotas de uma sociedade por outra dela dependente aplica-se o art. 487.º. Talvez fosse conveniente rever este regime, aproximando-o do estabelecido nos arts. 325.º-A e 325.º-B para as acções.

3. 2. 4. Venda de participações sociais e venda de empresas [417]

A venda de participações sociais (inclusive a venda da totalidade das participações numa sociedade) não se identifica com (não é o mesmo que) a venda da empresa (em sentido objectivo) da sociedade. Objecto da primeira são as participações sociais (quotas, acções) – continuando a empresa a pertencer à sociedade; objecto da segunda é a própria empresa, transferida da sociedade para outro sujeito. Mas não será a venda de participações sociais, *nalgumas hipóteses e para certos efeitos, equiparável* à venda de empresa, aplicando-se então àquela a disciplina desta? [418]

---

[417] Seguirei de perto (embora em passada mais larga) o que escrevi em *Da empresarialidade...*, pp. 344, ss. (cfr. tb. o meu artigo *Personnalité morale, subjectivité juridique et entreprises*, RIDE, 1996, pp. 177-184) – aí poderá o leitor colher numerosas referências bibliográficas.

[418] Evidentemente, a equiparação ou equivalência só se discute para algumas hipóteses (não, p. ex., quando alguém, isoladamente, vende uma quota correspondente a 5% do capital) e para alguns efeitos (não, p. ex., para aplicar a forma da transmissão de empresa à transmissão das participações, ou para efeitos do art. 1112.º do CCiv. – uma sociedade continua arrendatária, etc., independentemente das mudanças que se operem no seu substrato pessoal).

Suponhamos que *A* (sujeito singular ou colectivo) vende a sua empresa (em sentido objectivo) a *B*.

Imagine-se que se verifica um dos factos seguintes, imprevistos por *B:* a empresa estava locada a *C* (cfr. o art. 1057.º do CCiv.); elementos importantes da empresa encontram-se na posse de *D* em virtude de sobre eles ter sido constituído um penhor (cfr. o art. 669.º do CCiv. e o art. 398.º do CCom.); *E*, credor de *A*, é titular de "hipoteca de fábrica" da empresa (cfr. o art. 691.º, 2, 3, do CCiv.). Em qualquer destes casos, a venda da empresa é "venda de bem onerado", prevista no art. 905.º do CCiv. ("Se o direito transmitido estiver sujeito a alguns ónus ou limitações que excedam os limites normais inerentes aos direitos da mesma categoria (...)"). Tem *B*, portanto, o direito de pedir a anulação do contrato por erro ou dolo e a ser indemnizado, ou a exigir a expurgação dos ónus ou limitações existentes, ou à redução do preço e indemnização – arts. 905.º-912.º.

Imaginemos agora que se verifica um destes factos, igualmente inesperados para *B:* as máquinas da empresa apresentam graves deficiências técnicas; a empresa vendida (hoteleira ou de restauração, *v. g.*) situa-se perto de uma lixeira; o movimento mínimo de negócios da empresa assegurado por *A* não se confirma; o logótipo envolvido no trespasse vem a ser declarado nulo (cfr. os arts. 33.º, 304.º-Q do CPI). Nestes casos, a venda da empresa é "venda de coisa defeituosa", prevista no n.º 1 do art. 913.º do CCiv. ("Se a coisa vendida sofrer de vício que a desvalorize ou impeça a realização do fim a que é destinada, ou não tiver as qualidades asseguradas pelo vendedor ou necessárias para a realização daquele fim (...)"), aplicando-se-lhe, com as devidas adaptações, o prescrito para a venda de bens onerados nos arts. 905.º, ss., em tudo quando não seja modificado pelas disposições dos arts. 914.º, ss. (v. sobretudo os arts. 914.º-917.º).

Dêmos um passo mais nas hipóteses. A empresa onerada ou defeituosa pertence a uma sociedade por quotas ou anónima. O sócio único ou maioritário, ou todos os sócios ou os sócios com a maioria (em termos de capital) das participações sociais (sócios "coligados") vendem as suas participações (quotas ou acções) a *B,* ou a *B* e outros sujeitos "coligados", em um único contrato ou em vários contratos mas complementares (todos se integrando no projecto da transmissão-aquisição de todas as participações ou da maioria delas). Terá *B* (ou *B* e os outros sujeitos) os direitos previstos nos arts. 905.°, ss. e/ou 914.°, ss. do CCiv.?

Responderão negativamente os "integralistas" da personalidade colectiva. Os sócios limitam-se a vender o que é seu – as participações sociais –, não a empresa ou outros bens, que pertencem à sociedade; não podem, pois, ser responsabilizados por ónus, limitações ou defeitos de uma coisa (a empresa) que não venderam nem podiam vender (a menos que o ou os contratos tivessem cláusulas de garantia – "sintética" ou "analítica" – relativas à consistência patrimonial da sociedade). Os sócios apenas poderão responder por "ónus ou limitações" (*v. g.*, usufruto, penhor) que afectem as participações vendidas. Estando livres de encargos imprevistos, as participações sociais proporcionam ao(s) comprador(es) todos os direitos respectivos (direito de participar nas deliberações dos sócios, de quinhoar nos lucros, de designação para o órgão administrativo, de informação, etc.). Não há espaço, portanto, para a aplicação do regime da venda de empresas oneradas ou defeituosas.

Nós respondemos afirmativamente. *De um ponto de vista subjectivo e/ou objectivo* (isto é, de acordo com a concreta intenção dos contratantes e/ou a opinião pública, ao menos no meio empresarial), através da compra e venda de todas ou da maioria das participações numa sociedade uma das partes cede e a outra parte adquire o *domínio ou controlo* societário e, consequentemente, o poder de determinar a gestão da *empresa* social; quem adquire as participações sociais consegue praticamente uma posição equiparável à de um empresário singular; há uma *transmissão indirecta da empresa social* – podendo mesmo falar-se de *transferência da propriedade indirecta ou mediata* sobre ela ([419]). É também por ser assim que o preço da referida totalidade ou maioria das participações (o "preço de controlo") é em geral superior à soma dos preços que adviria da compra, em separado, de cada uma das partes ideal ou realmente componentes daquela totalidade ou maioria. Em suma, *a venda da totalidade ou da maioria das participações numa sociedade é em regra equiparável à venda da respectiva empresa para efeitos da aplicação do regime da venda de bens onerados ou defeituosos (quando a empresa social esteja onerada ou defeituosa)* ([420]). ([421])

Convém, contudo, avançar duas precisões.

Temos falado de equivalência entre venda de participações sociais e venda de empresa, de transmissão indirecta da empresa, etc. E os exemplos dados respeitam, na verdade, a

---

([419]) Como resulta do exposto em texto, penso que para a questionada equivalência venda de participações sociais-venda de empresa é em regra suficiente a aquisição de participações que proporcionem a maioria absoluta dos votos – não é exigível a aquisição da totalidade e nem mesmo de um lote de participações atribuindo a maioria qualificada. É certo que sem esta maioria poderá o sócio ou grupo controlador não conseguir algumas alterações estatutárias e reorganizações da sociedade, mas é certo também que com a maioria absoluta dos votos consegue, directa ou indirectamente, o poder de gestão empresarial em domínios fundamentais.

([420]) A excepção à regra são os casos em que se pretende negociar tão-só as participações sociais (não se pretende negociar, indirectamente, a empresa social), porquanto a sociedade não (ou já não) explora uma empresa nem possui bens suficientes para a constituir (falam os alemães a este propósito de "capa de sociedade" – *Gesellschaftsmantel* – e de "compra de capa" – *Mantelkauf*), ou porque o comprador visa confessadamente alterar o objecto social-empresarial.

([421]) Sobre a inclusão deste entendimento no quadro da desconsideração da personalidade colectiva, v. *supra,* n.º 2. 2. do cap. IV.

ónus e defeitos da empresa (global e unitariamente considerada) ou de elementos seus mas nela repercutindo. Para casos destes é perfeitamente aceitável falar naqueles termos. Todavia, atendendo a um contexto problemático mais vasto, melhor será falar de *equivalência entre venda de participações sociais e transmissão do património da sociedade (nele incluída a empresa), e de transmissão indirecta do património social (incluindo a empresa)*. Pelo simples facto de que sociedade e (sua) empresa não são a mesma coisa, o património social não é o mesmo que património empresarial; nem tudo o que se inclui no activo e (sobretudo) no passivo de uma sociedade é elemento ou meio da respectiva empresa [422]. Ora, a aquisição da totalidade ou da maioria das participações numa sociedade equivale a uma aquisição indirecta (ou substancial) não apenas da empresa social mas também do restante património social.

Esta precisão não é meramente especiosa ou anódina. Basta pensar em obrigações da sociedade (pecuniárias, designadamente) ignoradas pelo comprador das participações sociais (não constavam no balanço ou noutros documentos contabilísticos da sociedade, nem foram comunicadas pelo vendedor). Se se diz, tão-só, haver transmissão indirecta da empresa social e se entende (como deve entender-se) [423] que os débitos não são elementos dela, será inexacto falar de empresa (imprevistamente) onerada (ou, segundo alguns, defeituosa). Mas se se considera haver antes transferência indirecta do património autónomo da sociedade (incluindo embora a empresa), então já será legítimo recorrer aos arts. 905.º, ss. do CCiv. – o indirectamente transmitido património social, com passivo superior ao esperado, é um "bem onerado".

---

[422] Cfr. *Da empresarialidade...*, pp. 214, ss., 335, ss., *supra*, n.º 3. do cap. I, e vol. I deste *Curso*, n.º 3. 1. 1. 2. do cap. III.

[423] Cfr. os locais citados na nota anterior.

A segunda precisão respeita à compra e *venda de lotes de acções (lotes de domínio ou controlo) em bolsa*. Neste caso, é *inaplicável a disciplina da venda de bens (empresas) onerados ou defeituosos*. Não só pelo modo como se determina aí o preço das acções negociadas (a cotação bolsista é determinada por factores diversos, muitas vezes alheios à realidade intrínseca das empresas), mas também (e sobretudo) porque a lei impõe a vários sujeitos *especiais deveres de informação*, cujo incumprimento gera *responsabilidade civil* (para não falar da responsabilidade contra-ordenacional). Na verdade, segundo o CVM, "deve ser completa, verdadeira, actual, clara, objectiva e lícita a informação respeitante a valores mobiliários, a ofertas públicas, a mercados de valores mobiliários, a actividades de intermediação e emitentes que seja susceptível de influenciar as decisões dos investidores (...)" – art. 7.º, 1 ([424]). Este princípio geral é densificado em vários arts.: 121.º, 134.º, ss., 171.º (publicidade e prospecto respeitantes a ofertas públicas), 236.º, ss. (prospecto para admissão de acções à negociação), 244.º, ss. (informação relativa a acções admitidas à negociação), 312.º (dever de informação dos intermediários financeiros) ([425]). Doutra banda, o CVM prescreve a responsabilidade pelos danos causados pela falta ou deficiência da informação – v. os arts. 10.º, 121.º, 3, 149.º, ss., 166.º, 243.º, 251.º, 314.º.

A alienação (não apenas a venda) da totalidade ou da maioria das participações sociais é também *equiparável* ao trespasse da empresa social *para efeitos da obrigação implícita de não concorrência* – disto falámos já no n.º 3. 4. 1. 3. do cap. III do vol. I do *Curso*.

([424]) A informação deve em certos casos ser auditada – art. 8.º.

([425]) V. tb. os arts. 202.º (informações ao público a prestar pelas entidades gestoras dos mercados de valores mobiliários), 353.º, 358.º, ss., 367.º, 369.º, ss. (supervisão, regulação e difusão de informações pela CMVM).

"O senhorio tem *direito de preferência* no trespasse por venda ou dação em cumprimento, salvo convenção em contrário" (art. 1112.º, 4, do CCiv.). Pois também para este efeito julgo dever *equiparar-se* ao trespasse a venda de participações sociais — ao menos quando todas sejam alienadas e o património empresarial se identifique com o da sociedade.

3. 3. Direitos dos credores dos sócios relativamente às participações sociais

O credor de sócio de *sociedade em nome colectivo não pode executar a parte social* deste (art. 183.º, 1, 1.ª parte). A parte social é elemento do património do sócio, mas estas sociedades são eminentemente personalísticas – a proibição legal visa, pois, impedir a entrada de terceiros na sociedade sem o consentimento dos sócios.

Contudo, o credor do sócio pode *executar o direito aos lucros e à quota de liquidação* (a parte que, em partilha do activo da sociedade em liquidação, venha a ser atribuída ao sócio) – art. 183.º, 1, 2.ª parte. Porque esta execução será muitas vezes insuficiente (os lucros são inexistentes ou exíguos, a liquidação da sociedade é incerta e/ou longínqua), permite a lei (art. 183.º, 2) que, efectuada a penhora daqueles direitos, o credor requeira a notificação da sociedade para que proceda à *liquidação da parte social* (à extinção da parte, com apuramento do seu valor e consequente pagamento ao sócio, cujo património poderá então ser agredido pelo credor). Efectuada a notificação, a sociedade liquidará (se puder) a parte social ou demonstrará que o sócio possui outros bens suficientes para satisfazer a dívida exequenda – continuando então a execução sobre esses bens (art. 183.º, 3) –, ou provará que a parte social não pode ser liquidada por inexistência de bens livres para o efeito (cfr. o art. 188.º, 1), caso em que a execução prosseguirá sobre o direito aos lucros e a quota de liquidação (art. 183.º, 4). Todavia, quando a parte social não possa ser liquidada, tem o credor a possibilidade de requerer a *dissolução da sociedade* (que permitirá o apuramento da quota de liquidação do sócio) – art. 183.º, 4, *in fine*. ([426])

As quotas (em sociedades por quotas) *são executáveis.* "A penhora de uma quota abrange os direitos patrimoniais a ela inerentes, com ressalva do direito a lucros já atribuídos por deliberação dos sócios à data da penhora e sem prejuízo da penhora deste crédito; o direito de voto [bem como os restantes direitos (directamente) extra-patrimoniais] continua a ser exercido pelo titular da quota penhorada" (art. 239.º, 1).

A transmissão de quotas em processo executivo não pode ser proibida ou limitada pelo estatuto social e não depende do consentimento da sociedade (art. 239.º, 2). Porém, diversos meios são utilizáveis para impedir que terceiros (adquirentes de quotas em processo executivo) entrem na sociedade: *amortização* da quota penhorada (quando tal possibilidade esteja prevista no estatuto) – art. 239.º, 2, 2.ª parte; exercício do *direito de preferência legal* dos sócios, da sociedade ou de pessoa por ela designada na venda ou na adjudicação judicial da quota (art. 239.º, 5); *satisfação do crédito do exequente pela sociedade ou por sócio,* com consequente sub-rogação (art. 239.º, 3).

Também *as acções são (penhoráveis e) executáveis* – vejam-se os arts. 857.º, 861.º-A., 12, 875.º, 1, e 902.º, 1, do CPC, bem como o art. 328.º, 5, do CSC. Resulta deste último preceito que mesmo a transmissão de acções nominativas, quando feita em processo executivo, não pode ser estatu-

---

([426]) Este regime (aplicável às partes dos sócios em sociedades em nome colectivo) será aplicável também às partes dos sócios comanditados (cfr. os arts. 469.º, 1, e 474.º).

tariamente condicionada ao consentimento da sociedade ou à existência de requisitos subjectivos ou objectivos justificados pelo interesse social; é possível, no entanto, estabelecer um *direito de preferência dos accionistas* na venda de acções em tal processo.

4. Amortização de participações sociais

Na linguagem corrente, amortização significa pagamento gradual ou por uma só vez de uma dívida. Diferente é o significado contabilístico de amortização: imputação sistemática da quantia depreciável de um activo durante a sua vida útil ([427]). E diferente de um e outro é o significado de amortização de participações sociais. Aliás, não há um conceito unitário para esta amortização. O CSC trata dela nos arts. 232.º-238.º (amortização de quotas) e 346.º-347.º (amortização de acções)([428]). Veremos que não são os mesmos os pressupostos, requisitos e efeitos destas amortizações.

4. 1. Amortização de quotas

A amortização de quota é definível como a *extinção de quota por meio de deliberação dos sócios* (cfr. os arts. 232.º, 2, 234.º, 1, 246.º, 1, b))([429]).

([427]) Cfr. § 8 da NCRF 6.

([428]) O Código não fala de amortização de partes sociais. Mas é algo equivalente (à amortização de quotas ou à amortização de acções com redução do capital) a "liquidação" de parte social – v. os arts. 187.º e 188.º, com referência aos arts. 184.º-186.º (falecimento, exoneração e exclusão de sócio).

([429]) O art. 232.º, 2, depois de prescrever que a amortização tem por efeito a extinção da quota, acrescenta: "sem prejuízo, porém, dos direitos já adquiridos e das obrigações já vencidas". O que é natural, pois os direitos "já adquiridos" (p. ex., direito a lucros cuja distribuição foi deliberada,

A amortização pode ser *compulsiva* (independente do consentimento do sócio) ou *com consentimento do sócio*. Em qualquer caso, *ela tem de ser permitida pela lei* (v. os arts. 225.º, 2, 240.º, 4, 241.º, 2, 242.º, 3) *ou pelo contrato de sociedade* – é o que resulta tanto do art. 232.º, 1, como do art. 234.º, 1 ([430]).

Para a amortização *com consentimento* é necessária e suficiente uma *autorização estatutária genérica* (v. g., "a sociedade pode amortizar qualquer quota", "a sociedade pode amortizar qualquer quota com o consentimento do titular"). O consentimento do sócio pode ser dado na própria deliberação de amortização (votando a favor) ou em documento anterior ou posterior a ela (art. 233.º, 3) ([431]).

Para a amortização *compulsiva* (não fundada em específica autorização legal) já não basta a permissão estatutária genérica. É indispensável que a respectiva deliberação se baseie em *facto previsto no contrato social* como fundamento da amortização (art. 233.º, 1). E, a fim de prevenir arbitrariedades da maioria, manda a lei que a previsão estatutária desse facto (v. g., morte, interdição ou insolvência de sócio, fusão de sociedade-sócia, arresto ou penhora de quota, cessão de quota não consentida pela sociedade) tem de ser *anterior à aquisição da quota* (que se pretenda amortizar) pelo seu actual titular ou pela pessoa a quem ele sucedeu por morte, salvo se a introdução do facto no estatuto (depois

---

direito à restituição de prestação suplementar deliberada) e as obrigações "já vencidas" (p. ex., obrigação de pagar parte da entrada de sócio remisso e, por isso, já excluído, obrigação de cumprir prestação suplementar já exigida) se autonomizaram da quota.

([430]) Divergentemente, com base em interpretação *a contrario* do n.º 1 do art. 233.º, entende BRITO CORREIA, *Direito comercial,* 2.º vol. cit., p. 420, que a amortização com consentimento do titular da quota não exige qualquer permissão estatutária.

([431]) Se sobre a quota incidir direito de usufruto ou penhor, o consentimento deve ser dado também pelo titular desse direito (art. 233.º, 4).

da referida aquisição) tiver sido *unanimemente* deliberada pelos sócios – art. 233.º, 2.

Outro pressuposto da amortização (compulsiva ou não) é estar a quota *inteiramente liberada* (a menos que se reduza o capital social em montante pelo menos igual ao do valor da entrada ainda não realizado) – art. 232.º, 3 (v. também o art. 27.º, 1). Assim se garante, também aqui, a observância do princípio da exacta formação do capital social.

Para que uma sociedade possa amortizar quota é ainda necessário que, *com referência à data da deliberação, o valor do património social líquido, depois de subtraído o montante da contrapartida da amortização, seja igual ou superior ao valor do capital social somado ao da reserva legal* (a não ser que simultaneamente seja reduzido o capital, de modo a impedir que o património fique abaixo da soma do capital social e da reserva legal) – art 236.º, 1. A verificação deste requisito (tutelador dos interesses dos credores sociais) deve ser expressamente mencionada na deliberação de amortização (art. 236.º, 2).

Todavia, a deliberação correctamente adoptada por ter observado o dito requisito ficará *sem efeito se, ao tempo do vencimento da obrigação de pagar a contrapartida, se verificar (a gerência verificar) que o património social líquido vale ou ficaria a valer menos que a soma do capital e da reserva legal em consequência do pagamento* (art. 236.º, 3)[432]. Contudo, não ficará (totalmente) sem efeito a amortização se o titular da quota optar pela *espera* do pagamento até que este possa ser feito com ressalva do capital e da reserva

---

[432] No citado anteprojecto de FERRER CORREIA/LOBO XAVIER//ANTÓNIO CAEIRO/ÂNGELA COELHO, o único momento relevante para se averiguar da ressalva do capital era o do pagamento da contrapartida (não relevava o momento da deliberação) – v. o art. 65.º, 1, na RDE, 1977, p. 219.

legal, ou se optar, no caso de já ter recebido parte da contrapartida, pela *amortização parcial* da quota (em proporção do que já recebeu, e na condição de a quota sobrevivente ter valor nominal não inferior a 1 euro) – art. 236.º, 4 (v. também o n.º 5).

Mas a amortização *implica sempre uma contrapartida* (patrimonial) para o sócio (ou ex-sócio)?

Segundo o *regime legal dispositivo, há lugar a contrapartida,* de montante igual ao valor real da quota no momento da deliberação de amortização (art. 235.º, 1, a)), que deve ser paga em duas prestações, a primeira dentro de seis meses após a fixação definitiva daquele valor, a segunda dentro do semestre posterior àquele (art. 235.º, 1, b)).

No entanto, é em geral possível que o *contrato social* ou *acordo* entre a sociedade e o titular da quota amortizada estabeleçam *regime diverso* (art. 235.º, 1). Inclusive a amortização gratuita (e seja a amortização compulsiva ou não)[433]. *Só não será assim quando norma legal imperativa estatua diferentemente.* É o caso do n.º 2 do art. 235.º (se a amortização recair sobre quotas arroladas, arrestadas, penhoradas ou incluídas em massa insolvente, a determinação e o pagamento da contrapartida far-se-ão de acordo com o regime legal dispositivo, salvo se o contrato social estabelecer regime menos favorável para a sociedade – e mais favorável, pois, para o sócio e, indirectamente, para os credores deste; não é possível, portanto, a amortização gratuita) e do art. 240.º, 5, 8 (para os casos de exoneração

---

[433] No mesmo sentido, v. RAÚL VENTURA, *Sociedades por quotas* cit., vol. I, pp. 712, ss.. Divergentemente, ANTÓNIO SOARES, *O novo regime da amortização de quotas,* AAFDL, Lisboa, 1988, pp. 127, ss. (pode não haver contrapartida na amortização com consentimento do sócio, mas já não na amortização compulsiva), PEREIRA DE ALMEIDA, *Sociedades comerciais* cit., pp. 205-206 (salvo no caso de amortização por justos motivos – exclusão –, não será lícita a cláusula estatutária que permita a amortização de quota pelo seu valor nominal, abaixo deste, ou gratuita).

previstos na lei, não pode o estatuto social fixar contrapartida inferior ao valor real das quotas). ([434])

A amortização efectua-se, recorde-se, por *deliberação* dos sócios ([435]). Tendo em vista quanto dissemos até aqui, são *nulas,* nos termos do art. 56.º, 1, d), as deliberações que amortizem quotas não totalmente liberadas, as deliberações de amortização sem ressalva do capital e reserva legal ([436]), as deliberações de amortização com consentimento do titular da quota mas sem qualquer permissão estatutária, as deliberações de amortização compulsiva sem específica permissão legal ou estatutária (ou com fundamento em facto previsto no estatuto mas nele introduzido, sem unânime deliberação dos sócios, depois da aquisição da quota pelo actual titular ou pela pessoa a quem ele sucedeu por morte); e são totalmente *ineficazes* as deliberações de amortização que, sendo permitidas com o consentimento do titular da quota, sejam tomadas sem que tal consentimento seja prestado antes, na ou depois da deliberação (cfr. o art. 55.º).

A amortização (válida e eficazmente) deliberada torna-se eficaz relativamente ao titular da quota mediante comunicação feita ao mesmo pela gerência (art. 234.º, 1).

([434]) Quando seja onerosa a amortização de quota, se o pagamento da contrapartida – podendo ser feito – não for efectuado atempadamente, pode o interessado escolher entre a efectivação do seu crédito (recorrendo à acção de cumprimento e/ou de execução) e (se tiver recebido já parte da contrapartida) a amortização parcial da quota – art. 235.º, 3 (este preceito menciona o n.º 1 do art. 236.º, mas deve entender-se, correctivamente, que a menção é feita ao n.º 3 do art. 236.º).

([435]) Quando exista fundamento para amortização compulsiva, deve a deliberação ser tomada (sob pena de extinção do direito da sociedade) no prazo de 90 dias, contados do conhecimento por algum gerente da sociedade do facto que permite a amortização (art. 234.º, 2). Mas pode a sociedade nesse prazo, em vez de amortizar a quota, adquiri-la ou fazê-la adquirir por sócio ou terceiro (art. 232.º, 5).

([436]) Para um exemplo, v. o Ac. do STJ de 6/5/97, CJ (ASTJ), 1997, t. II, p. 77.

Amortizada uma quota, ela passará a *figurar no balanço como quota amortizada* (extinta, não podendo pertencer nem aos sócios nem à sociedade) se assim ordenar o contrato social. Diz, com efeito, o n.º 3 do art. 237.º: "O contrato de sociedade pode, porém, estipular que a quota figure no balanço como quota amortizada, e bem assim permitir que, posteriormente e por deliberação dos sócios, em vez da quota amortizada, sejam criadas uma ou várias quotas, destinadas a serem alienadas a um ou a alguns sócios ou a terceiros". Uma cláusula estatutária que contenha a permissão prevista na 2.ª parte desta norma possibilitará, por exemplo, a entrada de novo sócio sem necessidade de aumento do capital social ou a manutenção de certo equilíbrio entre sócios (437).

Se o estatuto social não mandar que a quota amortizada figure no balanço, devem os sócios deliberar ou a correspondente *redução do capital social* (sendo o capital a cifra representativa da soma dos valores nominais das quotas, a extinção de uma delas importará aqui a correspondente diminuição daquele), *ou o aumento proporcional do valor nominal das restantes quotas* (não ficando o capital reduzido, há que distribuir o valor nominal da quota extinta pelas quotas restantes) – art. 237.º, 1 e 2.

É a amortização de quota *alteração do contrato social* ou, mais precisamente, alteração do contrato sujeita ao regime dos arts. 85.º e 265.º, 1 e 2? Em particular, a deliberação de amortização tem de ser tomada pelo menos por maioria de

---

(437) Quanto a esta segunda hipótese, escrevem FERRER CORREIA / / LOBO XAVIER/ANTÓNIO CAEIRO/M. ÂNGELA COELHO, *Anteprojecto...*, p. 221: "Será o caso, por exemplo, de existirem dois grupos de sócios, possuindo cada um metade do capital [*sic*], e de se querer manter o equilíbrio entre eles, concedendo aos sócios de um grupo o direito de haverem para si a quota criada no lugar da que foi amortizada, sempre que esta pertencesse a um dos sócios do mesmo grupo".

três quartos da totalidade dos votos (art. 265.º, 1), ou basta a maioria do votos emitidos (art. 250.º, 3)?

Para alguns autores, a amortização de quota é alteração estatutária [438]. O estatuto de uma sociedade por quotas deve mencionar o montante de cada quota e a identificação do respectivo titular, bem como o capital social (arts. 9.º, 1, f), g), 199.º, a)). Ora, a amortização extingue quota, que fica, naturalmente, sem titular; e se a quota amortizada não passa a figurar no balanço, o valor das restantes quotas será modificado, ou será modificado o capital. Em qualquer caso, portanto, haverá alteração de cláusula(s) do contrato de sociedade.

Outros autores entendem que a amortização de quota não é alteração estatutária propriamente dita [439]. *É este o entendimento preferível.*

Com efeito, alteração do acto constituinte é a mudança de cláusula(s) do estatuto de uma sociedade (modificação, supressão ou introdução de cláusulas) que ao(s) sócio(s), a título exclusivo ou cumulativo, compete deliberar (cfr. o art. 85.º, 1). A *alteração das cláusulas* é, neste processo, *visada directa e autonomamente pela deliberação.* Não é alteração propriamente dita do estatuto social a modificação de cláusulas que deriva ou é consequência de deliberação (ou outro acto) visando directamente outros efeitos que não essa modificação. Por exemplo, não é de alteração propriamente dita a deliberação de destituição do gerente *A* (v. os arts. 246.º, 1, d), 257.º, 1, 2) – apesar de *A* ter sido designado no contrato de sociedade (constando neste, portanto, o seu

---

[438] RAÚL VENTURA, *últ. ob. cit.*, p. 659, ss., 699, ss., 740, ss., BRITO CORREIA, *ob. cit.*, pp. 417, 424-425.

[439] FERRER CORREIA, *A sociedade por quotas de responsabilidade limitada segundo o Código das Sociedades Comerciais* cit., pp. 164, ss., ANTÓNIO SOARES, *ob. cit.*, pp. 97, ss., Conselho Técnico da DGRN, em Parecer de 22/9/93 publicado na RN, 1993, pp. 283, ss., JOÃO LABAREDA, *Direito societário português – Algumas questões,* Quid Juris?, Lisboa, 1998, pp. 245, ss..

nome); nem é alteração propriamente dita o facto de, mais cedo ou mais tarde, o nome do sócio fundador *B* ser retirado do estatuto por ele ter cedido a sua quota a *C*. Também a deliberação de amortização visa directamente não qualquer alteração estatutária mas antes a extinção de quota(s). Basta, portanto, que seja tomada (salvo disposição diversa do contrato social) por maioria simples dos votos emitidos (art. 250.º, 3).

Aliás, o art. 246.º, 1, b), sujeita a deliberação dos sócios a amortização de quotas e a aquisição de quotas próprias; a amortização e esta aquisição aparecem em vários preceitos como alternativas para a sociedade (arts. 225.º, 2, 226.º, 2, 240.º, 4, 242.º, 3); a deliberação de aquisição de quotas próprias basta-se com a maioria simples dos votos emitidos – porque haveria de ser diferentemente para a deliberação de amortização? Por outro lado, o mesmo art. 246.º menciona, não na al. b) do n.º 1, mas sim na al. h) a "alteração do contrato de sociedade".

Consequentemente à deliberação de amortização, a quota pode passar a figurar no balanço – por força do contrato social, sem necessidade de qualquer deliberação. Quando não seja assim, devem os sócios, recorde-se, optar entre a redução do capital e o aumento do valor nominal das restantes quotas. A deliberação de redução do capital é autónoma ou autonomizável relativamente à de amortização (ainda que ambas sejam tomadas, por exemplo, na mesma assembleia) (440); porque é deliberação de alteração estatutária (arts. 85.º, 94.º, ss.), é pelo menos exigida a maioria qualificada fixada no art. 265.º, 1. Não optando pela redução do capital, devem os sócios fixar por deliberação o novo valor das quotas. Seria de mais que esta deliberação – autónoma relativamente à de amortização mas seu efeito, e que se

---

(440) V. tb. FERRER CORREIA, *ob. cit.*, p. 168, JOÃO LABAREDA, *últ. ob. cit.*, p. 257.

traduz em mera operação aritmética – tivesse de ser tomada por maioria qualificada da totalidade dos votos emissíveis.

Pode o sócio votar na deliberação de amortização de quota sua? Sim, quando se trate de amortização com consentimento do sócio (cfr. o art. 233.º, 3). Não, nos casos de amortização por morte de sócio (art. 227.º, 2) [441]; não, também, quando se verifique situação de conflito de interesses entre o sócio e a sociedade – designadamente nos casos de amortização de quota penhorada (arts. 239.º, 2, 251.º, 1) ou para exclusão de sócio (arts. 241.º, 2, 251.º, 1, d)) [442].

4. 2. Amortização de acções

Há *duas espécies* de amortização de acções: amortização sem redução do capital social e sem extinção das acções (abreviadamente, amortização-reembolso) e amortização com redução do capital social e extinção das acções (abreviadamente, amortização-extinção).

Na *amortização-reembolso* (raramente utilizada na prática), os sócios recebem o valor nominal de cada acção ou parte dele. O reembolso parcial deve ser feito por igual relativamente a todas as acções existentes; o reembolso de todo o valor nominal será feito também em relação a todas as acções, a menos que, com permissão do estatuto social, sejam sorteadas as acções beneficiadas (art. 346.º, 3).

A amortização não tem de estar prevista no estatuto social, mas deve ser deliberada pela maioria exigida para alteração do contrato de sociedade (v. o art. 386.º, 3, 4), e o reembolso só poderá fazer-se com ressalva do capital social e das reservas legal e estatutária – art. 346.º, 1.

---

[441] V. *supra,* n.º 3. 2. 1. 1.
[442] V. *supra,* n.º 2. 1. 2.

As acções totalmente reembolsadas passam a denominar-se *acções de fruição* (categoria de acções a que já aludimos *supra*, no n.º 1. 8.). Mas estas acções poderão ser convertidas em "acções de capital" (bem como podem ser reconstituídas como inteiras acções de capital as acções parcialmente reembolsadas) – v. os n.ºs 6 a 9 do art. 346.º.

Pressuposto da *amortização-extinção* é ela ser imposta ou autorizada no estatuto social. "O contrato de sociedade pode impor ou permitir que, em certos casos e sem consentimento dos seus titulares, sejam amortizadas acções" (art. 347.º, 1) ([443]). "Os factos que imponham ou permitam a amortização devem ser concretamente definidos no contrato de sociedade" (art. 347.º, 3). Deve acrescentar-se que tais factos (*v. g.*, penhora de acções, não cumprimento de obrigações acessórias – cfr. o art. 287.º, 4 –, transmissão de acções com desrespeito pelas limitações estatutárias – cfr. o art. 328.º) têm de estar definidos no contrato social antes da subscrição das acções que forem objecto da amortização – há que interpretar aquele preceito de acordo com o estabelecido no art. 36.º, 1, a), da 2.ª Directiva.

Quando a amortização seja *imposta* pelo contrato social, não compete aos sócios deliberá-la. Compete ao órgão de administração "apenas declarar, nos 90 dias posteriores ao conhecimento que tenha do facto, que as acções são amortizadas nos termos do contrato e dar execução ao que para o caso estiver disposto" (art. 347.º, 4).

Já no caso de a amortização ser simplesmente *permitida* compete exclusivamente aos sócios deliberá-la (art. 347.º, 5), dentro do prazo fixado no estatuto (não superior a um ano) ou no prazo de seis meses, a contar da ocorrência do facto

---

([443]) Mas o contrato de sociedade poderá também permitir a amortização com o consentimento do sócio afectado – v., neste sentido, JOÃO LABAREDA, *Das acções...*, p. 332, RAÚL VENTURA, *Estudos vários...*, pp. 504-505.

que fundamenta a amortização (art. 347.º, 6). Esta deliberação deve ser tomada com a maioria (em geral qualificada) exigida por lei para a alteração do contrato social (v. o art. 386.º, 3, 4)? (⁴⁴⁴) Não me parece. É certo que a amortização "implica sempre redução do capital da sociedade" (extinguindo-se as acções amortizadas na data da redução do capital) – art. 347.º, 2; e a redução do capital é alteração do contrato de sociedade. Todavia, a redução é "implicação" ou consequência necessária da deliberação de amortização – esta não visa directamente alterar o estatuto, e não há uma consequente deliberação de redução do capital (nem podem os sócios optar entre a redução e outras soluções). Por outro lado, o n.º 2 do art. 36.º da 2.ª Directiva afasta expressamente a necessidade da referida maioria. (⁴⁴⁵)

5. Exoneração de sócios

Exoneração de sócio é a *saída ou desvinculação deste, por sua iniciativa e com fundamento na lei ou no estatuto, da sociedade*.

Vinculam-se os sócios a exercer "em comum", através da sociedade, determinada actividade económica; o sócio exone-

---

(⁴⁴⁴) Respondendo afirmativamente (porque a deliberação de amortização altera o contrato, reduzindo o capital), v. JOÃO LABAREDA, *últ. ob. cit.*, p. 330, RAÚL VENTURA, *últ. ob. cit.*, p. 507 (mas v., diferentemente, p. 504).

⁴⁴⁵) À redução do capital social por amortização de acções manda o art. 347.º, 7, aplicar o art. 95.º, salvo nos casos previstos nas als. a) e b) daquele n.º 7. Aquele art. 347.º, 7, parecia ter (mais) sentido antes das recentes alterações dos arts. 95.º e 96.º (introduzidas pelo DL 8/2007, de 17 de Janeiro). Agora, e a título de exemplos, não parece fazer sentido excepcionar a aplicação do n.º 2 do art. 95.º (preceito que aparecia antes no n.º 1 do art. 96.º); por outro lado, tendo ainda em vista o art. 36.º, 1, d), da 2.ª Directiva, à redução do capital por amortização de acções aplicar-se-à também o art. 96.º, excepto quando se verifique alguma das condições previstas nas als. do n.º 7 do art. 347.º (a disciplina hoje contida no art. 96.º encontrava-se, no essencial, no art. 95.º, 4, c) e d)).

rado tem direito a uma contrapartida pela perda da sua participação social, pertencendo à sociedade pagá-la; a modificação no substrato pessoal da sociedade, bem como a diminuição do património social, podem acarretar perturbações no funcionamento societário, com prejuízo para os restantes sócios e os credores sociais. Tudo isto apontaria para a interdição da exoneração. Mas também aqui há o outro lado. Existem circunstâncias e razões que tornam inexigível a permanência do sócio na sociedade. Por isso permite a lei que o sócio se exonere não quando e como bem entenda, mas quando ocorram certos factos e se observem determinadas condições.

O CSC prevê em vários preceitos da "parte geral" (mas nem sempre aplicáveis a todos os tipos societários) o direito de exoneração (mas quase sempre sem regulamentação suficiente). Nas partes especiais aparecem, com disciplina global, os arts. 185.º (exoneração nas sociedades em nome colectivo) e 240.º (para as sociedades por quotas).

Segundo a 2.ª parte do n.º 5 do art. 3.º, os sócios que não tenham votado a favor de deliberação de *transferência da sede social efectiva para país estrangeiro* podem exonerar-se da sociedade, devendo notificá-la da sua decisão no prazo de 60 dias após a publicação da deliberação ([446]). Nas sociedades por quotas, a exoneração efectivar-se-á nos termos do n.º 4 do art. 240.º. Nas sociedades anónimas, as acções dos sócios que comuniquem a decisão de se exonerarem são ou podem ser (onerosamente) amortizadas, se assim o impuser

---

([446]) Normalmente, este preceito não se aplicará nas sociedades em nome colectivo (e nas sociedades em comandita simples, quando o sócio discordante seja comanditado). Com efeito, a referida deliberação "deve obedecer aos requisitos para as alterações do contrato de sociedade" (1.ª parte do n.º 5), e as alterações estatutárias naquelas sociedades exigem, em regra, deliberações tomadas por unanimidade (art. 194.º, 1; v. tb. o art. 476.º) – basta um sócio não votar, abster-se ou votar contra a proposta de transferência da sede para esta poder ser inviabilizada.

ou permitir o contrato social (art. 347.º); não sucedendo isso, tem a sociedade de (onerosamente) adquirir ou fazer adquirir as acções (art. 105.º, 1, aplicável por analogia).

Depois de efectuado o registo definitivo do contrato de sociedade por quotas, anónima, ou em comandita por acções, "*o erro, o dolo, a coacção e a usura* podem ser invocados como justa causa de exoneração pelo sócio atingido ou prejudicado (...)" – art. 45.º, 1. A exoneração efectivar-se-á nos termos há pouco apontados – mas a comunicação à sociedade da intenção de o sócio se exonerar tem aqui prazo mais dilatado: um ano após a cessação do vício (arts. 45.º, 1, do CSC e 287.º, 1, do CCiv.; mas v. o art. 49.º, 1, do CSC).

Em relação aos processos de *fusão,* diz o art. 105º, 1 (aplicável aos processos de *cisão,* por força do art. 120.º): "Se a lei ou o contrato de sociedade atribuir ao sócio que tenha votado contra o projecto de fusão o direito de se exonerar, pode o sócio exigir, no prazo de um mês a contar da deliberação, que a sociedade adquira ou faça adquirir a sua participação social". O CSC não atribui aqui ou noutros arts. o direito de exoneração aos sócios discordantes ([447]). Nem a 3.ª Directiva em matéria de direito das sociedades (Dir. 78/855/CEE, de 9 de Outubro de 1978, relativa à fusão das sociedades anónimas) manda que as legislações nacionais atribuam tal direito ([448]). Aliás, sócios que poderiam ser especialmente prejudicados com a fusão têm o poder de a sustar – art. 103.º, 2. Contudo, o n.º 1 do art. 105.º permite que o estatuto social estabeleça o direito de exoneração para os sócios discordantes da fusão (e da cisão). E os n.os 2 e 3 do

---

([447]) Divergentemente, v. PAULO A. V. HENRIQUES, *A desvinculação unilateral* ad nutum *nos contratos civis de sociedade e de mandato,* Coimbra Editora, Coimbra, 2001, pp. 35-36, n. (21).

([448]) A 6.ª Directiva em matéria de sociedades (Dir. 82/90/CEE, de 17 de Dezembro de 1982, relativa às cisões de sociedades anónimas) faculta no art. 5.º, 2, aos Estados-membros atribuírem o direito de exoneração a accionistas minoritários em certas circunstâncias. Por boas razões, o legislador português não usou essa faculdade – v. os arts. 103.º, 2, e 127.º.

mesmo art. – para que remetem vários outros arts. (vimo-lo já e voltaremos a vê-lo), e que é aplicável analogicamente às hipóteses referidas acima, nos dois parágrafos anteriores – disciplina o cálculo da contrapartida devida ao exonerado: "Salvo estipulação diversa do contrato de sociedade ou acordo das partes, a contrapartida da aquisição deve ser calculada nos termos do artigo 1021.º do Código Civil, com referência ao momento da deliberação de fusão, por um revisor oficial de contas designado por mútuo acordo ou, na falta deste, por um revisor oficial de contas independente designado pela respectiva Ordem, a solicitação de qualquer dos interessados. / É lícito a qualquer das partes requerer segunda avaliação (...) nos termos do Código de Processo Civil".

Para os casos de *transformação* de sociedade (adopção de um tipo societário diverso), prescrevia o art. 137.º, 1, que os sócios que não votem favoravelmente a respectiva deliberação "podem exonerar-se da sociedade, declarando-o por escrito, nos 30 dias seguintes à publicação da deliberação". Diz agora o n.º 1 do art. 137.º (na redacção introduzida pelo DL 76-A/2006): "Se a lei ou o contrato de sociedade atribuir ao sócio que tenha votado contra a deliberação de transformação o direito de se exonerar, pode o sócio exigir, no prazo de um mês a contar da aprovação da deliberação, que a sociedade adquira ou faça adquirir a sua participação social". Por aqui, portanto, deixou de ter direito de se exonerar o sócio que não vote favoravelmente a transformação; somente terá esse direito se (outra) norma legal ou cláusula estatutária lho atribuírem. A contrapartida devida ao exonerado também é calculada nos termos do art. 105.º (art. 137.º, 2) [449].

---

[449] Mas a contrapartida só deverá ser paga com ressalva do capital social – v. o art. 140.º-A, 2, b).

O último preceito da parte geral do CSC que se reporta à exoneração está no n.º 5 do art. 161.º. Apesar de uma sociedade estar *em liquidação,* podem os sócios deliberar que esta termine e a sociedade *retome a sua actividade normal* (v. os n.ᵒˢ 1 a 4 do art. 161.º). Ora, "se a deliberação for tomada depois de iniciada a partilha pode exonerar-se da sociedade o sócio cuja participação fique relevantemente reduzida em relação à que, no conjunto, anteriormente detinha ([450]) (...)" – art. 161.º, 5. A exoneração efectivar-se-á nos termos dos arts. 185.º, 4 (sociedades em nome colectivo), ou 240.º, 3, 4 (sociedades por quotas); nas sociedades anónimas abrem-se as possibilidades que há momentos mencionámos, a propósito do art. 3.º, 5. Como contrapartida, o sócio exonerado receberá a parte que pela partilha do património social (ainda) lhe caberia (art. 161.º, 5, *in fine*).

Para as *sociedades em nome colectivo* (e em comandita simples, por força do art. 474.º), o art. 185.º traça o quadro essencial. Todo o sócio tem o direito de se exonerar nos casos previstos em (outras) normas legais (v., além das citadas normas da "parte geral", o art. 184.º, 6) ou no contrato social, e ainda: a) "se não estiver fixada no contrato a duração da sociedade ou se esta tiver sido constituída por toda a vida de um sócio ou por período superior a 30 anos, desde que aquele que se exonerar seja sócio há, pelo menos, dez anos"; b) "quando ocorra justa causa", isto é, quando, contra o voto expresso do sócio que pretende exonerar-se, a sociedade não delibere destituir um gerente ou excluir um sócio, havendo justa causa para isso, ou o referido sócio seja destituído da gerência (art. 185.º, 1 e 2) ([451]).

([450]) Por ter recebido já (em partilha iniciada mas não concluída) proporcionalmente mais do que os outros sócios.

([451]) Em regra, os sócios-gerentes só com justa causa podem ser destituídos (art. 191.º, 4, 5, 7). E os sócios destituídos da gerência com fundamento em justa causa que consista em facto culposo susceptível de causar

A enumeração dos casos de "justa causa" de exoneração feita no n.º 2 do art. 185.º é taxativa ou exemplificativa (tendo os sócios, neste caso, direito de exoneração com fundamento em "justas causas" não previstas na lei)? Parece ser taxativa – até pela especial gravidade que a saída de um sócio (subsidiária mas) ilimitadamente responsável pelas obrigações sociais pode representar para os credores da sociedade [452]. Todavia, a questão pouco releva na prática. Por ser possível prever no estatuto social vários casos de exoneração, designados ou não de "justa causa" (n.º 1 do art. 185.º).

O sócio que pretenda exonerar-se deve comunicá-lo (com ou sem forma especial) à sociedade (a gerente(s)); quando o fundamento for uma "justa causa", a comunicação deve ser feita no prazo de 90 dias a contar daquele em que o sócio tomou conhecimento do facto que permite a exoneração (art. 185.º, 3). Porém, para que a sociedade possa adaptar-se à situação adveniente da saída do sócio, "a exoneração só se torna efectiva no fim do ano social em que é feita a comunicação respectiva, mas nunca antes de decorridos três meses sobre esta comunicação" (art. 185.º, 4).

"O sócio exonerado tem direito ao valor da sua parte social, calculado nos termos previstos no artigo 105.º, n.º 2, com referência ao momento em que a exoneração se torna efectiva" (art. 185.º, 5). Pode, no entanto, suceder que não seja permitido à sociedade liquidar o valor da parte social do sócio exonerado – o pagamento da contrapartida tornaria a situação líquida da sociedade inferior ao montante do capital

---

prejuízo à sociedade podem ser excluídos desta (art. 186.º, 1, a)). Portanto, pode exonerar-se da sociedade o sócio que, contra a sua vontade, seja destituído da gerência sem justa causa – e não queira ou não possa impugnar a deliberação – ou com justa causa mas sem exclusão da sociedade.

[452] Neste sentido, v. RAÚL VENTURA, *Novos estudos...*, pp. 289-290. Diferentemente, v. M. AUGUSTA FRANÇA, *Direito à exoneração,* in FDUCL/CEJ, *Novas perspectivas do direito comercial,* Almedina, Coimbra, 1988, pp. 210, ss..

social (art. 188.º, 1). Quando suceda isso, poderá o exonerado por uma das justas causas previstas no art. 185.º, 2, a) e b), requerer a dissolução da sociedade (art. 195.º, 1, b)). E nos restantes casos de exoneração? Não remitindo o exonerado a dívida, nada mais lhe resta senão esperar pela melhoria da situação patrimonial da sociedade? ([453]) Enquanto espera (e para não desesperar...), o sócio exonerado retomará o direito aos lucros e à quota de liquidação até lhe ser efectuado o pagamento do valor da parte social – aplica-se, por analogia, o disposto no n.º 5 do art. 186.º para o sócio excluído ([454]).

Nas *sociedades por quotas,* de acordo com o art. 240.º, 1, um sócio pode exonerar-se (estando inteiramente liberada(s) a(s) sua(s) quota(s) – n.º 2 do art. 240.º) nos casos previstos em (outras) *normas legais,* no *estatuto social* ou nas *alíneas desse n.º 1.*

A exoneração fundada em norma legal é prevista em vários arts. do CSC. Além dos citados da "parte geral" (arts. 3.º, 5, 45.º, 1, 161.º, 5), assinale-se o art. 229.º, 1: quando o estatuto proíba a cessão de quotas, os sócios têm "direito à exoneração, uma vez decorridos dez anos sobre o seu ingresso na sociedade".

([453]) Não deixa de ser estranho que os exonerados das sociedades em nome colectivo (onde os sócios respondem perante os credores sociais) tenham menos possibilidades de requerer a dissolução das sociedades do que os exonerados das sociedades por quotas nos casos em que, por falta de bens sociais livres, não possa ser paga a contrapartida – v. o art. 240.º, 6.

([454]) Com outras opiniões, v. AUGUSTA FRANÇA, *ob. cit.*, p. 223 (o exonerado tem direito a voltar à sociedade, readquirindo todos os direitos de sócio), RAÚL VENTURA, *últ. ob. cit.*, pp. 292-293 (o art. 186.º, 5, não é aplicável; o direito de crédito ao valor da parte social não pode ser executado enquanto existir o impedimento do art. 188.º, 1), PAULO HENRIQUES, *ob. cit.*, pp. 91-92 (não havendo acordo revogatório do negócio jurídico de exoneração, o exonerado terá de satisfazer paulatinamente o seu crédito à medida que a situação líquida da sociedade o for permitindo).

O direito de exoneração pode ter como fonte (imediata) o contrato de sociedade. Di-lo, em termos gerais, o art. 240.º, 1, dizem o mesmo, mas para casos particulares, outras normas – v. g., as dos arts. 105.º, 1, e 226.º. Terá o estatuto social de delimitar os factos ou casos cuja ocorrência permite a exoneração, ou basta que ele a permita (em "cláusula geral", com ou sem exemplos) com fundamento em "justa causa" (ou "motivo grave", etc.)? Parece-me que basta isto [455]. A indeterminação da cláusula geral não impedirá (quando haja litígio entre a sociedade e o sócio que pretenda exonerar-se) que o juiz, atendendo ao caso concreto e interpretando o estatuto segundo as orientações legais aplicáveis à interpretação dos negócios jurídicos em geral [456], decida justamente [457]. O contrato de sociedade não pode é "admitir a exoneração pela vontade arbitrária do sócio" (art. 240.º, 8).

Segundo o art. 240.º, 1, a), um sócio pode exonerar-se quando, contra o seu voto expresso, "a sociedade deliberar um aumento de capital a subscrever total ou parcialmente por terceiros, a mudança do objecto social, a prorrogação da sociedade, a transferência da sede para o estrangeiro, o regresso à actividade da sociedade dissolvida". Como vimos, fala-se também de transferência de sede para o estrangeiro no art. 3.º, 5, e de regresso à actividade de sociedade dissol-

---

[455] Contra, v. RAÚL VENTURA, *Sociedades por quotas* cit., vol. II, p. 18.

[456] Cfr. *supra,* n.º 5. do cap. III.

[457] E a densificação de "justa causa" tem vindo a fazer-se. P. ex., será razoável permitir a desvinculação de sócio que necessite urgentemente de dinheiro para sobreviver, que contraiu doença prolongada, que tem de emigrar, que tem sido forçado a frequentes acções de impugnação de actos sociais determinados pela arbitrariedade do(s) sócio(s) maioritário(s). Para estes e outros exemplos avançados pela doutrina e jurisprudência alemãs, v. ROWEDDER, in H. ROWEDDER et al., *Gesetz betreffend die Gesellschaften mit beschränkter Haftung (GmbH)*, 3. Aufl., Vahlen, München, 1997, p. 719.

vida no art. 161.º, 5; mas nem num caso nem no outro é requisito da exoneração o voto expresso contrário do sócio que pretende desvincular-se. Será a norma do art. 240.º, 1, a) – porque exige aquele voto – especial em relação às normas daqueloutros arts. (não aplicáveis, portanto, às sociedades por quotas)? Será especial em relação à norma do art. 3.º, 5 ([458]). Não em relação à norma do art. 161.º, 5.º. Este art. aplicar-se-á à deliberação de regresso à actividade tomada depois de iniciada a partilha (o quotista pode exonerar-se ainda que não tenha votado contra), o art. 240.º, 1, a), aplica-se quando a deliberação de regresso à actividade é tomada antes de iniciada a partilha ([459]).

O art. 240.º, 1, b), permite ainda que um sócio se exonere quando, contra o seu voto expresso, a sociedade delibere não excluir outro sócio ou não promova a sua exclusão judicial, havendo justa causa para tal.

O sócio que queira exercer o direito de se exonerar deve (sob pena de caducidade do direito), nos 90 dias seguintes ao conhecimento do facto que lhe atribua esse poder, *declarar por escrito* à sociedade (ao(s) gerente(s)) a intenção de se exonerar; recebida a declaração, deve a sociedade, no prazo de 30 dias, *amortizar, adquirir ou fazer adquirir* por outro(s) sócio(s) ou terceiro(s) a(s) quota(s) do sócio que pretende exonerar-se; se a sociedade, nesse prazo, não deliberar a amortização, nem deliberar a aquisição ou, tendo-a deliberado, não adquirir ou fizer adquirir a(s) quota(s), pode o sócio que queria exonerar-se requerer a dissolução da sociedade por via administrativa (último meio de que ele dispõe para não permanecer nela). Decorre de tudo isto – presente no art. 240.º, 3, 4 – que a exoneração

---

([458]) V. AUGUSTA FRANÇA, *ob. cit.*, pp. 214-215, RAÚL VENTURA, *últ. ob. cit.*, pp. 20-21. Na 1.ª edição deste livro, propendia para outra solução.

([459]) V., no mesmo sentido, RAÚL VENTURA, *ob. cit.*, p. 21; com parecer diferente, v. AUGUSTA FRANÇA, *ob. e loc. cits..*

só se efectiva quando alguma daquelas medidas for adoptada; o sócio que quer exonerar-se só perde a participação social quando esta for amortizada-extinta ou adquirida por outrem (460).

A *contrapartida* a pagar ao exonerado "é calculada nos termos do artigo 105.º, n.º 2, com referência à data em que o sócio declare à sociedade a intenção de se exonerar" (art. 240.º, 5) (461). O contrato social pode determinar valor inferior, mas apenas para os casos de exoneração previstos no estatuto (art. 240.º, 8). O pagamento da contrapartida é feito em duas prestações, a efectuar dentro de seis meses e um ano, respectivamente, após a fixação definitiva do valor da mesma (art. 235.º, 1, b), mandado aplicar pelo art. 240.º, 5).

Se a contrapartida *não puder ser paga* pela sociedade porque a sua situação líquida ficaria, por efeito do pagamento, inferior à soma do capital e da reserva legal e o exonerado não optar pela espera do pagamento, tem ele direito de requerer a dissolução da sociedade por via administrativa; o mesmo direito tem o exonerado no caso de o adquirente (sócio ou terceiro) da quota *não pagar tempestivamente* a contrapartida, sem prejuízo, porém, de a sociedade (que optou por fazer adquirir a quota) se sub-rogar, desde que não fique com a situação líquida inferior à soma do capital e da reserva legal (art. 240.º, 6, 7).

O Código não contém qualquer norma específica prevendo e regulando casos em que os *accionistas* poderão

---

(460) No mesmo sentido, v. AUGUSTA FRANÇA, *ob. cit.*, p. 223, RAÚL VENTURA, *ob. cit.*, pp. 25, 33, 34; com opinião contrária (a exoneração efectiva-se com a respectiva declaração do sócio), v. PAULO HENRIQUES, *ob. cit.*, pp. 76, 80, 82, ss., 93, ss..

(461) Mais curial seria, talvez, fazer-se o cálculo com referência ao momento em que a exoneração se torna efectiva (como nas sociedades em nome colectivo – art. 185.º, 5).

exonerar-se. Porventura por ser em geral fácil o accionista sair da sociedade transmitindo as suas acções ([462]).

Não obstante, vimos já que a lei atribui aos accionistas o direito de exoneração em alguns casos (arts. 3.º, 5, 45.º, 1, 161.º, 5); e permite nos arts. 105.º, 1, 120.º e 137.º, 1, que o estatuto atribua o direito em casos de fusão, cisão e transformação. Por outro lado, o estatuto social, desde que não infrinja normas legais imperativas, pode prever outros casos de exoneração ([463]).

Posto isto, não é difícil concluir que são *várias as razões* sustentadoras da atribuição do direito de exoneração. Vejamos algumas.

Quando é impossível ou muito difícil o sócio sair da sociedade pela via da transmissão da participação social (revejam-se os arts. 182.º, 1, 185.º, 1, a), 229.º, 1), o direito de exoneração (exercitável após período que assegure compromisso pessoal-societário com alguma consistência – mas dez anos parecem de mais...) é exigido pela tutela da *liberdade de iniciativa económica* (na sua dimensão negativa, como liberdade de renunciar ao exercício de actividade económica em sociedade) ([464]).

Noutros casos, o direito de exoneração justifica-se por não ser exigível ou razoável ter o sócio de permanecer em sociedade entretanto (depois de nela ter entrado) *significativamente modificada* (ainda que as alterações tenham sido objectivamente adequadas) – por ter havido, *v.g.*, transfe-

---

([462]) Mesmo nos casos em que a transmissão das acções (nominativas) esteja subordinada ao consentimento da sociedade, o sócio não é prisioneiro das acções (recorde-se o art. 329.º, 3, c)).

([463]) Neste sentido, v. AUGUSTA FRANÇA, *ob. cit.*, pp. 220-221; contra, v. JOÃO LABAREDA, *Das acções...*, pp. 307, ss..

([464]) V. GALGANO, *Diritto commerciale...*, p. 84, PAULO HENRIQUES, *ob. cit.*, pp. 47, ss., 213, ss..

rência de sede para o estrangeiro ou mudança radical do objecto.

Em outros casos, é inexigível o sócio permanecer em sociedade que *tolera comportamentos que deveriam conduzir à exclusão dos respectivos sujeitos* (recordem-se os arts. 185.º, 2, a), b), e 240.º, 1, b)).

Os casos de exoneração fixáveis nos *estatutos* sociais podem revelar as ou algumas das razões mencionadas, bem como outras que à liberdade conformadora dos sócios-sociedade cabe promover (as razões estatutárias não podem é colidir com as de normas legais imperativas nem confundir-se com a vontade arbitrária de sócio).

6. Exclusão de sócios

Para pôr termo a este cap. V, que vai longo, falaremos de um instituto desenhado para pôr termo à qualidade de sócio ([465]).

A exclusão de sócios está especialmente prevista no CSC para as sociedades em nome colectivo (art. 186.º, aplicável também às sociedades em comandita simples – art. 474.º) e para as sociedades por quotas (arts. 241.º-242.º). Podemos defini-la como *saída de sócio de uma sociedade, em regra por iniciativa desta* ([466]) *e por ela e/ou pelo tribunal decidida, com fundamento na lei ou cláusula estatutária*. Ao invés da exoneração, a saída do sócio excluído processa-se contra ou sem a sua vontade. O direito de excluir ou promover a

---

([465]) Estudámos já no presente capítulo outros meios de cessação do estatuto de sócio – nomeadamente a transmissão de (toda a) participação social, a amortização de (todas as) quotas e acções, e a exoneração.

([466]) Em regra, porque, como veremos, nas sociedades com apenas dois sócios a iniciativa poderá ou terá de ser de um sócio (não propriamente da sociedade, por meio de deliberação).

exclusão de sócio é atribuído pela lei ou (imediatamente) pelo estatuto social à sociedade ([467]).

São vários os factos legal ou estatutariamente possibilitadores da exclusão. Mas podemos dizer que, em geral (descontando um ou outro caso, menos exigente, estabelecido no estatuto social), se circunscrevem a um fundamento: *o comportamento ou a situação pessoal de sócio que impossibilite ou dificulte a prossecução do fim social,* tornando-se por isso inexigível que o ou os restantes sócios suportem a permanência daquele na sociedade ([468]).

Para as *sociedades em nome colectivo,* o CSC prevê a exclusão de sócios, fora do art. 186.º, nos arts. 181.º, 5 – o sócio que utilize informações respeitantes à sociedade de modo a prejudicar injustamente a mesma sociedade ou outros sócios fica sujeito a exclusão –, e 196.º, 2 – quando um credor de sócio se oponha ao regresso à actividade de sociedade em liquidação, pode a sociedade, para impedir a inviabilização do regresso à actividade, excluir o sócio em causa.

([467]) Ou a outro sócio (v. a nota anterior).
Sendo um direito da sociedade, ela pode ou não exercê-lo, não tem o dever de o exercer; o facto de um sócio ter o direito de se exonerar quando a sociedade, podendo fazê-lo, não delibere excluir outro sócio (arts. 185.º, 1, b), 2, b), 240.º, 1, b)) não transforma aquele direito em dever (o sócio discordante da actuação da sociedade não tem o poder de exigir dela uma deliberação de exclusão) – diferentemente, v. BRITO CORREIA, *Direito comercial* cit., 2.º vol., p. 464.

([468]) É uma ideia recorrente na Alemanha – v., p. ex., ROWEDDER, *ob. cit.,* p. 715. Sobre as teses que têm sido apontadas para fundamentar o direito de exclusão (teorias do poder corporativo disciplinar, da disciplina taxativa legal, contratualista), v. AVELÃS NUNES, *O direito de exclusão de sócios nas sociedades comerciais* cit., pp. 23, ss. (nas pp. 37, 47, ss., o A. sublinha, para fundamentar o direito de exclusão, a ideia da conservação da empresa social; mas não deixa de focar, nas pp. 52, ss., a sociedade como contrato de fim comum e organização económica que se deseja estável e, nas pp. 81, ss., o dever de colaboração ou fidelidade que a todos os sócios incumbe); pode ver-se também BRITO CORREIA, *ob. cit.,* pp. 460, ss., MENEZES LEITÃO, *Pressupostos da exclusão de sócio nas sociedades comerciais* cit., pp. 15, ss..

Com base na lei, pode ainda a sociedade, nos termos do n.º 1 do art. 186.º, excluir um sócio:

a) Quando lhe seja imputável violação grave das suas obrigações para com a sociedade, designadamente da proibição de concorrência prescrita pelo art. 180.º.

O incumprimento das obrigações, além de culposo, deve ser grave. Gravidade que se apurará em concreto, atendendo à natureza da obrigação, à intensidade da violação e às consequências do incumprimento para a organização e/ou funcionamento da sociedade. O enunciado normativo dá o exemplo da violação da proibição de concorrência. Segundo o art. 180.º, todo o sócio está obrigado a não exercer, por conta própria ou alheia, actividade concorrente com a da sociedade, salvo consentimento de todos os outros sócios (n.ºs 1, 4, 5); "entende-se como concorrente qualquer actividade abrangida no objecto da sociedade, embora de facto não esteja a ser exercida por ela" (n.º 3). Ora, nem toda a violação da obrigação legal de não concorrência pode dizer-se grave, justificativa da exclusão. Tendo em conta o fundamento da obrigação (assegurar que o sócio cumpra o dever de colaboração e evitar que ele aproveite a sua posição social para desviar clientes da sociedade ou perturbar outras relações desta – v. g., com fornecedores e financiadores), bem como as sanções previstas no n.º 2 do art. 180.º, não será "violação grave", por exemplo, exercer um sócio actividade que, embora abrangida no objecto da sociedade, não é (nem se prevê que seja) por esta exercida. Além da obrigação de não concorrência, outras obrigações do sócio para com a sociedade podem ser violadas com gravidade. É assim, v. g., quando um sócio use bens sociais para fins estranhos aos da sociedade, provoque discórdias entre os sócios que impedem o regular funcionamento social, ou publicite opiniões desabonatórias para a sociedade ([469]).

([469]) Para mais, v. AVELÃS NUNES, ob. cit., pp. 169, ss..

A 2.ª parte da al. a) do n.º 1 permite a exclusão do sócio destituído da gerência com fundamento em justa causa que consista em facto culposo susceptível de causar prejuízo à sociedade. A destituição da gerência, só por si, não é causa de exclusão. Não o é a destituição sem justa causa. E não também a destituição com justa causa, quando não haja incumprimento das obrigações do sócio enquanto tal (v. g., o gerente foi destituído por ter revelado grande inépcia nas coisas da gestão). Para ser causa de exclusão, a destituição da gerência há-de fundar-se em "justa causa que consista em facto culposo susceptível de causar prejuízo à sociedade" (por exemplo, o sócio-gerente apropriou-se ilicitamente de bens sociais).

b) Em caso de interdição, inabilitação, declaração de insolvência [470]. O sócio interdito ou inabilitado não pode prestar a colaboração que estas sociedades reclamam, e não poderá impor-se aos restantes sócios a intromissão de pessoas estranhas (tutor ou curador) na vida social [471]. O sócio declarado insolvente diminui o crédito da sociedade e, a manter-se nela, o administrador da insolvência intrometer--se-ia na vida social.

c) Quando, sendo o sócio de indústria, se impossibilite de prestar à sociedade os serviços a que ficou obrigado. Como sabemos, a entrada com indústria é de execução continuada. Ficando o sócio impossibilitado de prestar os serviços, impossibilitado fica de cumprir a sua obrigação principal, podendo, pois, ser excluído [472].

Além da lei, também o contrato de sociedade pode prever casos em que a exclusão de sócios é permitida (art. 186.º, 1).

---

[470] O art. 186.º, 1, b), continua (indevidamente) a falar de declaração "de falência ou de insolvência"...

[471] AVELÃS NUNES, ob. cit., p. 189.

[472] Contudo, é possível que em alguns casos a deliberação de exclusão se mostre abusiva (imagine-se que o sócio cumpriu exemplarmente durante muitos anos...) – v. RAÚL VENTURA, Novos estudos..., pp. 299-300.

Para evitar exclusões arbitrárias, deve o contrato social delimitar tais casos. Que poderão ser, designadamente, concretizações da cláusula geral presente na al. a) do n.º 1 do art. 186.º (violação grave das obrigações para com a sociedade). Mas não estão impedidos os (todos os) sócios de estipular no contrato social causas de exclusão menos exigentes (sem a referida gravidade).

Normalmente, a exclusão efectiva-se por *deliberação dos sócios,* estando o sócio a excluir impedido de votar (v. também os arts. 189.º, 1, e 251.º, 1, d)); a deliberação deve ser tomada "por três quartos dos votos dos restantes sócios, se o contrato não exigir maioria mais elevada, nos 90 dias seguintes àquele em que algum dos gerentes tomou conhecimento do facto que permite a exclusão" (art. 186.º, 2). No entanto, por razões de segurança, "se a sociedade tiver apenas *dois sócios,* a exclusão de qualquer deles, com fundamento nalgum dos factos previstos nas alíneas *a)* e *c)* do n.º 1, só pode ser decretada pelo *tribunal*" (art. 186.º, 3) ([473]).

O sócio excluído tem direito ao *valor da sua parte social* (que é extinta – cfr. o art. 187.º), calculado nos termos previstos no art. 105.º, 2, com referência ao momento da deliberação ou da sentença judicial de exclusão – art. 186.º, 4. ([474])

Se o valor da parte social *não puder ser pago* por força do disposto no art. 188.º (a situação líquida da sociedade tonar-se-ia inferior ao montante do capital social, o excluído "retoma o direito aos lucros e à quota de liquidação até lhe ser efectuado o pagamento" (art. 186.º, 5).

([473]) Ficam de fora os casos previstos na al. b) do n.º 1 do art. 186.º (interdição, inabilitação, insolvência) – todos exigem prévia sentença judicial.

([474]) Resulta do citado art. 105.º, 2, que o contrato de sociedade (ou acordo entre a sociedade e o excluído) pode estabelecer contrapartida diferente do valor real da parte social (inclusive inexistência de contrapartida).

Nas *sociedades por quotas* há igualmente causas legais e causas estatutárias de exclusão de sócios.

O CSC contém algumas *normas* prevendo *causas específicas* de exclusão. De acordo com o art. 204.º, 1 e 2, a sociedade pode deliberar a exclusão do sócio *remisso,* que perde, consequentemente, a favor da sociedade a(s) quota(s) e os pagamentos já realizados por conta da respectiva entrada ([475]). Se um sócio não efectuar a *prestação suplementar* a que está obrigado, pode também a sociedade deliberar excluí-lo – art. 212.º, 1, remetendo para o art. 204.º. O sócio que utilize as *informações* obtidas (por via do exercício do seu direito à informação) de modo a prejudicar injustamente a sociedade ou outros sócios fica sujeito a exclusão – art. 214.º, 6. ([476])

Causa legal genérica de exclusão de sócios é a contida (como cláusula geral) no art. 242.º, 1: "Pode ser excluído por decisão judicial o sócio que, com o seu comportamento desleal ou gravemente perturbador do funcionamento da sociedade, lhe tenha causado ou possa vir a causar-lhe prejuízos relevantes". São *comportamentos desleais* ([477]) e/ou grave-

---

([475]) Entende MENEZES LEITÃO, *ob. cit.*, pp. 86, ss., que estes casos não são de exclusão.

([476]) Alguns autores (BRITO CORREIA, *ob. cit.*, p. 474, PEREIRA DE ALMEIDA, *ob. cit.*, pp. 60-61) citam ainda como específica causa legal de exclusão a aquisição tendente ao domínio total (uma sociedade com participação correspondente a 90% ou mais do capital da sociedade dominada pode tornar-se titular das participações dos sócios minoritários desta) – art. 490.º, 2, 3, 4 (v. tb. os arts. 194.º, ss. do CVM). Não me parece haver nestes casos exclusão propriamente dita. A saída dos minoritários é consequência do exercício de um direito potestativo de aquisição por parte do sócio dominante, não decorre do exercício do direito de a sociedade excluir sócios; o procedimento para aquela saída é diferente do da exclusão (p. ex., aquele não exige qualquer deliberação da sociedade ou sentença judicial decretando exclusão); a contrapartida devida aos sócios que saem é calculada de um modo nos casos de aquisição tendente ao domínio total e de outros modos nos casos de exclusão, e podem ser diferentes os bens para satisfazer a contrapartida.

([477]) Sobre o dever de lealdade dos sócios, v. *supra,* n.º 2. 2. 3. 2.

mente perturbadores do funcionamento da sociedade, por exemplo, o aproveitamento em benefício próprio de oportunidades de negócios da sociedade, a frequente propositura de acções chicaneiras contra a sociedade, a difusão de opiniões desabonatórias sobre a sociedade, a apropriação ilícita de bens sociais, a utilização em proveito próprio do património da sociedade ([478]), a revelação de segredos da organização empresarial da sociedade, actos de concorrência desleal contra a sociedade ([479]), provocação culposa de desavenças graves entre os sócios, assédio sexual a trabalhadores da sociedade ([480]). Para legitimarem a exclusão judicial, é ainda necessário que estes (e outros) comportamentos tenham causado ou sejam susceptíveis de causar *prejuízos relevantes à sociedade*. Podemos, pois, dizer que subjaz à cláusula geral do n.º 1 do art. 242.º a ideia da exclusão permitida somente com "fundamento importante", como *ultima ratio* (a exclusão é permitida quando se mostre necessária para que os restantes sócios prossigam normalmente a actividade social) ([481]).

São ainda possíveis as *causas de exclusão estatutárias* (art. 241.º, 1). Um sócio pode ser excluído "nos casos respeitantes à sua *pessoa* [*v. g.*, situação de interdição, inabilitação ou insolvência declaradas judicialmente, de alcoolismo, toxicodependência ou senilidade manifestos] ou ao seu *com-*

([478]) V. o Ac. do STJ de 30 / 11 /95, CJ (ASTJ), 1995, t. III, p. 128.

([479]) V. o Ac. da RC de 1/10/96, CJ, 1996, t. IV, p. 28 (pouco depois de ter renunciado à gerência, um sócio abriu estabelecimento concorrente com o da sociedade, utilizando nele preçários e catálogos pertencentes à sociedade a fim de desviar clientela desta).

([480]) Para uma extensa lista de exemplos fornecidos pela jurisprudência e doutrina alemãs, v. ROWEDDER, *ob. cit.*, p. 715.

([481]) Cfr. WIEDEMANN, *Gesellschaftsrecht* cit., p. 385.

O sócio-gerente que adopte comportamentos como os indicados há pouco (violando deveres não apenas enquanto gerente mas também enquanto sócio) fica igualmente sujeito a ser excluído da sociedade. Todavia, se se conclui que o funcionamento normal da sociedade pode prosseguir com ele na sociedade mas fora da gerência, bastará que seja destituído desta com justa causa (cfr. o art. 257.º).

portamento [*v. g.*, algum ou alguns dos comportamentos que referimos a propósito do art. 242.º, 1 ([482])] fixados no contrato". Tais casos hão-de estar *determinados* no estatuto social. Em assunto de tão graves consequências, manda a segurança e defesa dos sócios que o contrato de sociedade não permita deliberações de exclusão imotivada ou *ad nutum* (são nulas as cláusulas estatutárias deste jaez: "a exclusão de sócios pode ser deliberada quando a sociedade entenda ser conveniente"). E também não satisfaz a exigência de determinação a cláusula estatutária que prevê a exclusão nos casos (indeterminados) em que se verifique haver "justa causa", "motivo grave", "fundamento importante", etc.; se resultar da interpretação que tal cláusula atribui à sociedade o poder de, com aqueles (genéricos) fundamentos, excluir (tão-só) por deliberação, ela é nula; se resultar que a cláusula remete (inutilmente) para o art. 242.º, 1, ela é válida, mas a exclusão terá de ser feita com os fundamentos e nos termos previstos nessa norma. A necessidade de os casos de exclusão estarem determinados ou precisados no estatuto retira-se ainda da norma do art. 241.º, 2: "Quando houver lugar à exclusão por força do contrato, são aplicáveis os preceitos relativos à amortização de quotas". Vimos já que a amortização (compulsiva) tem de fundar-se em "um facto" previsto no contrato de sociedade (art. 233.º, 1); e a previsão estatutária desse facto tem de ser anterior à aquisição da quota (que a sociedade pretende amortizar) pelo seu actual titular ou pela pessoa a quem ele sucedeu por morte, salvo se a introdução do facto no estatuto (depois da referida aquisição) tiver sido unanimemente deliberada pelos sócios (art. 233.º, 2). Desde que respeitem a exigência de determinação, é lícito os sócios fixarem no esta-

---

([482]) Estando discriminado no estatuto social algum comportamento que, não fora isso, cairia no campo de aplicação do art. 242.º, 1, a exclusão far-se-á, não judicialmente, mas por deliberação dos sócios.

tuto social como causas de exclusão factos cuja verificação (vendo as coisas objectivamente) não perturbaria decisivamente o funcionamento da sociedade; quer dizer, não se requer que a exclusão fundada em causas estatutárias apareça como *ultima ratio*.

Aludimos há momentos à *amortização* de quota conexionada com a *exclusão* de sócio. Existem diferenças mas também pontos de contacto entre as duas figuras. São em boa medida diferentes os pressupostos e o processo da exclusão judicial relativamente à amortização – embora esta possa integrar o processo daquela (v. o art. 242.º, 3). A exclusão com fundamento estatutário é efectivável com a amortização da quota do sócio, mas pode também a sociedade adquiri-la ou fazê-la adquirir (art. 232.º, 5, aplicável por força do art. 241.º, 2). Há amortizações sem exclusão – amortização de parte da quota ou de uma entre duas ou mais quotas do sócio, amortização com consentimento do sócio, amortização por iniciativa ou direito do sócio (art. 232.º, 4). Os casos de exclusão fixados no estatuto social têm de reportar-se à pessoa ou ao comportamento do sócio; a amortização permitida pelo estatuto pode reportar-se ainda a outros factos (*v. g.*, ao arresto ou à penhora de quotas). Mas, sublinhe-se, *a amortização compulsiva e com fundamento estatutário relativo à pessoa ou a comportamento de sócio identifica-se com a exclusão de sócio com fundamento estatutário*. Por exemplo, uma cláusula segundo a qual "é permitida a amortização de quotas quando o seu titular cometa algum acto fraudulento contra o património da sociedade" é uma cláusula de amortização mas também de exclusão, é, podemos dizer, uma cláusula de *amortização-exclusão* ([483]).

([483]) Esta identificação tem importância prática. P. ex., se o contrato de sociedade prever um critério para a determinação do valor da quota em caso de "exclusão" e um outro critério para os casos de "amortização"

A exclusão baseada em *facto especificado na lei ou no estatuto social* efectua-se por *deliberação dos sócios* (arts. 246.º, 1, c), e 241.º, 2, que remete para o art. 234.º). A exclusão fundada na *causa legal genérica* prevista no n.º 1 do art. 242.º efectua-se por *decisão judicial, mas antecedida e seguida de deliberação dos sócios* (art. 242.º, 1, 2 e 3).

No primeiro caso, a *deliberação* de exclusão considera-se tomada se obtiver a *maioria simples* dos votos emitidos (salvo se o estatuto exigir número mais elevado) – art. 250.º, 3 ([484]). O sócio a excluir está *impedido de votar* (art. 251.º, 1, d)). Por isso, a deliberação tem de ser tomada em *assembleia geral* (convocada ou universal); não pode, naturalmente, ser unânime por escrito, nem pode ser tomada por voto escrito (art. 247.º, 8). Nos casos de exclusão baseada em facto especificado no estatuto social, a respectiva deliberação *amortizará* a quota ou determinará que ela seja *adquirida* pela sociedade, por sócio ou terceiro (arts. 232.º, 5, 234.º, por remissão do art. 241.º, 2) ([485]).

A "exclusão *judicial*" não opera somente com a respectiva sentença do tribunal. Os sócios devem começar por *deliberar a propositura da acção* de exclusão (art. 242.º, 2) ([486]). Segue-se a *decisão judicial* de exclusão. Dentro dos 30 dias

---

(v. o art. 241.º, 3), valerá o primeiro critério quando ocorra uma amortização de quota em aplicação de cláusula de amortização-exclusão.

([484]) BRITO CORREIA, *ob. cit.*, p. 482, entende ser exigida a maioria de três quartos prevista no art. 265.º, 1 (recorde-se o que escrevemos *supra*, no n.º 4. 1., a propósito das deliberações de amortização de quotas).

([485]) Sobre os termos da exclusão de sócio remisso ou inadimplente de obrigação de prestação suplementar, v. os arts. 204.º, 2, e 205.º. À exclusão nos casos previstos no art. 214.º, 6, aplicar-se-á por analogia o art. 241.º, 2.

([486]) Nessa acção, a sociedade não tem de ser representada pela gerência (cfr. o art. 260.º, 1); podem os sócios, por deliberação, nomear para esse efeito um ou mais representantes especiais (p. ex., um dos gerentes, um sócio ou mesmo um terceiro), a quem cabe executar a deliberação de propositura da acção (outorgando também a procuração a mandatário judicial) – art. 242.º, 2; v. tb. RAÚL VENTURA, *Sociedades por quotas* cit., vol. II, pp. 62-63.

posteriores ao trânsito em julgado da sentença, devem os sócios *deliberar a amortização ou a aquisição* da quota do excluído; a exclusão só fica efectivada com a deliberação de amortização, ou a aquisição da quota pela sociedade, sócio(s) ou terceiro(s) (art. 242.º, 3). Estas várias deliberações são igualmente tomadas segundo a regra geral dispositiva – basta a *maioria* dos votos emitidos (art. 250.º, 3). E porque são elementos necessários do processo de exclusão (antecedentes ou complementares da decisão judicial de exclusão) – verificando-se, portanto, situação de conflito de interesses entre o sócio a excluir e a sociedade –, está aquele *impedido de votar* (art. 251.º, 1, e al. d)) ([487]).

Nas sociedades com *dois sócios,* tem a exclusão de um deles, com fundamento em facto especificado na lei ou no estatuto, de ser efectuada *por via judicial?* Tem-se dito que sim; a protecção do sócio excluendo e a aplicação analógica dos arts. 186.º, 3, e 257.º, 5, do CSC, bem como do art. 1005.º, 3, do CCiv., a isso obrigariam ([488]). Penso que *não tem de ser assim.* Uma deliberação de exclusão pode perfeitamente ser tomada tão-só com os votos de um dos dois sócios. Imagine--se que a sociedade por quotas *x,* cujo estatuto prevê a possi-bilidade de exclusão do sócio que revele a terceiros "segre-dos de indústria" da sociedade, tem como sócios *A,* com uma quota correspondente a 60% do capital social, e *B.* Este, em determinado momento, comunicou a um terceiro (concorrente da sociedade) um daqueles segredos. Logo que soube disto, *A* (sócio-gerente) convocou uma assembleia geral para deliberar sobre a exclusão de *B.* Compareceram a ela ambos os sócios. *A* presidiu (v. o art. 248.º, 4). Na votação da proposta de exclusão votou apenas (a favor) *A* – res-

---

([487]) Consequentemente, também estas deliberações devem ser toma-das em assembleia geral (convocada ou universal).

([488]) RAÚL VENTURA, *últ. ob. cit.*, p. 58 (mas não assim para a exclusão regulada no art. 204.º), Acs. da RP de 16/3/92, CJ, 1992, t. II, p. 214, e da RC de 14/3/2000, CJ, 2000, t. II, p. 15.

peitando o impedimento prescrito no art. 251.º, 1, d), *B* não votou; ou votaram *A* e *B,* mas *A* (como presidente) não computou os votos (contrários) de *B;* ou votaram *A* e *B,* o presidente computou também os votos de *B* e proclamou aprovada a proposta de exclusão. Qual o problema?... ([489]) É claro que as coisas podem complicar-se. Imagine-se que foi *A* quem revelou o segredo ao terceiro. Na assembleia, *B* votou a favor da exclusão de *A,* mas este (presidente), desrespeitando a obrigação de não votar, votou contra e proclamou não aprovada a proposta de exclusão. *B* consegue a anulação judicial da deliberação (negativa) ([490])... mas a estória repete-se. Ora, tendo em vista hipóteses destas (e os arts. 186.º, 3, e 257.º, 5), entendo que, nas sociedades com dois sócios, *pode* um deles propor a acção judicial de exclusão do outro quando ocorra facto especificado no estatuto social ou em norma legal (pode, não tem de seguir essa via) ([491]) ([492]).

Salvo cláusula estatutária ou acordo das partes em sentido diverso ([493]), o excluído de sociedade tem direito a *receber o valor de liquidação* da(s) quota(s) por ele perdida(s), determinado nos termos do art. 105.º, 2, com referência à data (consoante os casos) da deliberação de exclusão ou da propositura da acção judicial de exclusão; o pagamento da contrapartida é feito em duas prestações, dentro de seis meses e um ano, respectivamente, após a fixação definitiva

---

([489]) Aliás, *B* pode sempre tentar contrariar judicialmente a deliberação.

([490]) V. *supra,* n.º 2. 1. 2.

([491]) *Mutatis mutandis,* vale o mesmo relativamente à deliberação de propositura de acção judicial prevista no art. 242.º, 2.

([492]) Antes do CSC, AVELÃS NUNES, *ob. cit.*, pp. 299, ss., defendeu solução próxima da que agora defendemos.

([493]) E ressalvando o regime especial aplicável à exclusão de sócio remisso ou incumpridor de prestações suplementares (arts. 204.º, 2, 212.º, 1).

da mesma. Assim resulta da conjugação dos arts. 241.º, 2, 3, 242.º, 4, e 235.º, 1.

Quando no processo de exclusão a quota do excluído tenha sido *amortizada,* a *falta de pagamento tempestivo* da contrapartida tem as consequências previstas nos arts. 235.º, 3, e 236.º, 3, 4 e 5 (para que remetem os arts. 241.º, 2, e 242.º, 4) ([494]). Quando a sociedade tenha optado pela aquisição da quota (para si, sócio ou terceiro), os efeitos da *aquisição* ficam *suspensos* enquanto a contrapartida não for paga; na *falta de pagamento tempestivo* da mesma, o excluído poderá escolher entre a efectivação do seu crédito e a ineficácia da alienação da quota (art. 225.º, 4, *in fine,* e 5, 1.ª parte, mandado aplicar pelos arts. 241.º, 2, e 232.º, 6, por um lado, e pelo art. 242.º, 5, por outro). ([495])

Em nenhuma norma traça o CSC um quadro específico sobre a exclusão de sócios de *sociedades anónimas.* Compreende-se. Nestas sociedades, tipicamente de capitais, a pessoa e comportamentos dos sócios normalmente pouco contam. Quando as acções sejam ao portador (livremente transmissíveis), faz pouco sentido falar de exclusão dos seus titulares. Por um lado, porque a sociedade (pelo órgão administrativo) não conhece nem tem possibilidade de conhecer as mais das vezes os titulares das acções (cfr. o art. 52.º, 1, do CVM). Depois, um sócio sob ameaça de exclusão facilmente poderia transmitir as suas acções. Por outro lado, se um sócio fosse excluído, sem grandes dificuldades poderia reingressar na sociedade, adquirindo acções. Bem mais sentido tem falar-se de exclusão de titulares de acções nominativas – ainda mais quando a sociedade seja "fechada".

([494]) Analisámos estas consequências *supra,* no n.º 4. 1.

([495]) Da aplicação dos arts. 235.º, 3, 236.º, 3 e 4, e 225.º, 5, pode resultar o regresso do excluído à sociedade...

Apesar de tudo, o CSC apresenta uma ou outra norma dando azo a falar-se legitimamente de exclusão de accionistas. Sabemos já que o sócio remisso pode perder a favor da sociedade as acções em relação às quais se verifique mora (art. 285.º, 4); se a mora se verifica relativamente a todas as acções, a deliberação de perda das mesmas é simultaneamente deliberação de exclusão do sócio [496]. A falta de cumprimento das obrigações acessórias não afecta a situação do sócio como tal – mas salvo disposição estatutária em contrário (art. 287.º, 4). Quer dizer, é também permitido que o estatuto social estabeleça a possibilidade de exclusão para esses casos. Repare-se: nestas duas situações estão em jogo acções nominativas – v. o art. 299.º, 2, a) e c).

Sabemos também que a amortização de acções com redução do capital é, por norma, compulsiva [497]. Ora, quando os factos que impõem ou permitem a amortização compulsiva respeitem à pessoa ou ao comportamento do sócio, podemos falar de casos de exclusão (ou de amortização--exclusão) [498].

Digamos, por fim, que não custa admitir a aplicação, por analogia e com as necessárias adaptações, do art. 242.º (aplicável directamente às sociedades por quotas) [499].

---

[496] V. tb. *supra*, n.º 2. 2. 1.

[497] V. *supra*, n.º 4. 2.

[498] Ainda nestes casos estarão normalmente em jogo acções nominativas.

[499] Neste sentido, v. MENEZES LEITÃO, *ob. cit.*, pp. 97-98, BRITO CORREIA, *ob. cit.*, pp. 483-484, PEREIRA DE ALMEIDA, *ob. cit.*, p. 60.

Capítulo VI

CAPITAL E PATRIMÓNIO SOCIAIS, LUCROS, RESERVAS E PERDAS

1. Capital social (noções)

Com excepção das sociedades em nome colectivo em que todos os sócios contribuam apenas com indústria ou trabalho, do estatuto de cada sociedade deve constar o respectivo capital social (*capital estatutário ou nominal*): art. 9.º, 1, f), do CSC.

Para a concepção tradicional e ainda dominante entre nós [1], o capital social é a cifra representativa da soma (dos valores) das entradas dos sócios. É concepção incorrecta.

Basta pensar no seguinte: o valor das entradas em indústria não é computado no capital social (arts. 9.º, 1, f), 178.º, 1); o valor das entradas em dinheiro ou em espécie pode ser superior ao valor das participações sociais correspondentes (v. *v. g.*, art. 295.º, 2, a), 3, a): ágios ou prémios de emissão), e pode mesmo ser inferior (v. *v. g.*, art. 298.º, 2: desconto das despesas na tomada firme de acções por intermediários financeiros) – num caso e noutro a maior ou

---

[1] Ver numerosas referências bibliográficas em P. TARSO DOMINGUES, *Código das Sociedades Comerciais em comentário* (coord. de COUTINHO DE ABREU), vol. I, Almedina, Coimbra, 2010, pp. 250-251, n. (27).

menor valia das entradas repercute-se no património social, não no capital nominal. (²)

Por isso, venho desde há uns bons anos apresentando esta noção de capital social: *cifra representativa da soma dos valores nominais das participações sociais fundadas em entradas em dinheiro e/ou espécie* (³).

Esta noção continua válida para a generalidade das sociedades. Mas já *não para as sociedades anónimas com acções sem valor nominal* – acções admitidas entre nós pelo DL 49/2010, de 19 de Maio (⁴). Para estas sociedades, o capital social é definível como cifra (também expressa em euros: art. 14.º do CSC) livremente fixada nos estatutos (respeitados os limites legais do capital social mínimo), que determina o valor mínimo das entradas a realizar pelos sócios (cfr. arts. 25.º, 2, 298.º, 1) (⁵).

Capital social aparece às vezes, inclusive na lei (designadamente no art. 35.º, 1, 2, 1.ª menção, do CSC), em outra acepção: como *capital social real*, isto é, montante de bens da sociedade destinados a cobrir o valor do capital social estatutário (⁶). O capital social real integra-se no património

---

(²) V. tb. TARSO DOMINGUES, *Variações sobre o capital social*, Almedina, Coimbra, 2009, pp. 40, ss..

(³) *Sumários das aulas de Direito Comercial*, ed. copiogr., FDUC, Coimbra, 1995/1996, VI, 1 (citados por TARSO DOMINGUES, *Variações...*, p. 48, n. (115)), *Direito comercial – Relatório sobre o programa, os conteúdos e os métodos de ensino*, ed. copiogr., Coimbra, 1999, p. 74; etc. A noção foi entretanto adoptada expressamente por TARSO DOMINGUES, *ob. e loc. cits.*, e A. SOVERAL MARTINS, *Cláusulas do contrato de sociedade que limitam a transmissibilidade das acções – Sobre os arts. 328.º e 329.º do CSC*, Almedina, Coimbra, 2006, p. 115.

(⁴) V. P. TARSO DOMINGUES, *As acções sem valor nominal*, DSR, vol. 4, 2010, pp. 181, ss., PAULO CÂMARA/A. FILIPA MORAIS ANTUNES, *Acções sem valor nominal*, Coimbra Editora, Coimbra, 2011.

(⁵) TARSO DOMINGUES, *últ. ob. cit.*, pp. 190-191, ou *Código...*, p. 255.

(⁶) V. TARSO DOMINGUES, p. ex. em *Código...*, pp. 251, ss..

(líquido) da sociedade, mas não se confunde com este. O património social pode ser superior ao capital social real. Será contudo correcto dizer que o capital social real coincide com o património social líquido equivalente ao capital social nominal.

Diferente é o *"capital próprio"* de uma sociedade, figura central nos sistemas de contabilidade mas que também aparece no CSC (arts. 32.º, 1, 35.º, 2, 171.º, 2, 349.º, 1 e 2). Os elementos componentes do capital próprio vêm elencados nos anexos 1 e 7 (referentes ao balanço) da Portaria 986/2009, de 7 de Setembro[7], coincidindo, no essencial, com o previsto no art. 349.º, 2, do CSC. Em terminologia jurídica tradicional, o capital próprio equivale ao património (ou activo) líquido da sociedade.[8]

2. Património social (em confronto com o capital social)

Toda a sociedade tem em cada momento determinado património – conjunto de relações jurídicas com valor económico, isto é, avaliável em dinheiro[9].

O património social pode ser perspectivado como património *global* (conjunto de todos os direitos e obrigações susceptíveis de avaliação pecuniária de que a sociedade é titular em certo momento); património *bruto ou ilíquido* (soma dos direitos da sociedade computáveis em dinheiro,

---

[7] V. tb. a classe 5 do Código de Contas e respectivas Notas de Enquadramento, aprovadas pela Portaria 1011/2009, de 9 de Setembro.

[8] Contraposto ao capital próprio, o capital alheio corresponde às dívidas da sociedade.

[9] Sobre a noção e espécies de património, v. MANUEL DE ANDRADE, *Teoria geral da relação jurídica,* vol. I – *Sujeitos e objecto,* 3.ª reimpr., Almedina, Coimbra, 1972, pp. 205, ss..

com abstracção das dividas correspondentes); e património *líquido* (conjunto dos direitos da sociedade redutíveis a um valor pecuniário depois de descontado o montante das dívidas respectivas), que é a acepção preponderante no direito societário.

Se nem todas as sociedades, como vimos, têm de ter capital social, todas elas têm património. Logo no momento inicial, ele é constituído ao menos pelos direitos correspondentes às obrigações de entrada. Depois, à medida que decorre a vida societária, o património vai-se alterando com a entrada e saída de outros direitos ou bens e de obrigações.

Já se vê que o capital social não se confunde com o património social (embora joguem muitas vezes em conjunto na organização e funcionamento da sociedade).

O capital, enquanto simples cifra ou número, é pura realidade aritmético-monetária; o património, podendo embora traduzir-se às vezes em uma cifra, é realidade concreta ou complexa de relações jurídicas. Enquanto a sociedade dura, o património varia continuamente; o capital é tendencialmente constante, poucas vezes muda (quando muda), principalmente por via de aumentos ou reduções sujeitos a procedimentos especiais (arts. 87.º, ss., 94.º, ss.) ([10]). No momento da constituição de sociedades, os valores do capital e do património coincidirão muitas vezes; mas divergem quase sempre depois. ([11])

([10]) Registe-se, no entanto, a possibilidade (recente) das sociedades de investimento mobiliário e das sociedades de investimento imobiliário com capital variável (v. os arts. 81.º-B, 1, e 81.º-D, 2, do DL 252/2003, de 17 de Outubro, e os arts. 58.º-C, 1, e 58.º-E, 2, do DL 60/2002, de 20 de Março – arts. Introduzidos pelo DL 71/2010, de 18 de Junho).

([11]) Também é fácil de ver que o capital social (nominal) não responde pelas dívidas da sociedade, sendo insusceptível de penhora [exactamente ao invés do que se lê no sumário do Ac. da RL de 22/1/1992 (*www.dgsi.pt* – processo 0074404): "O capital social responde pelas dívidas da sociedade, pelo que é susceptível de penhora"]. O património social é que res-

3. Funções do capital social

Várias são as funções que têm sido apontadas ([12]).

3. 1. Financiamento da sociedade

O valor das entradas (em dinheiro ou em espécie) pode ser igual ou superior, mas não inferior, ao valor nominal das participações sociais respectivas (partes de capital, quotas, acções) – art. 25.º, 1 – ou, no caso de acções sem valor nominal, ao capital social correspondentemente emitido (art. 25.º, 2). Assim se consegue que o valor do património social inicial seja pelo menos idêntico ao capital social. E os bens deste património referido ao capital social são naturalmente um meio de financiamento próprio da sociedade.

Mas, convenhamos, na ausência do instituto capital social, as sociedades não deixariam de continuar a ser financiadas por entradas dos sócios.

Por outro lado, é evidente que o capital social mínimo legal geral das sociedades anónimas (art. 276.º, 5) ou o capital social mínimo estatutário das sociedades por quotas (arts. 201.º, 219.º, 3) não garantem qualquer financiamento côngruo para o desenvolvimento do objecto-actividade da generalidade das sociedades.

3. 2. Ordenação

O capital social aparece na lei como critério para determinação da medida de direitos e obrigações dos sócios, da existência de certos direitos na titularidade de sócios, e dos quóruns deliberativos.

---

ponde por dívidas sociais, bens dele é que são susceptíveis de penhora (v. neste sentido o Ac. da RG de 28/5/03, CJ, 2003, III, p. 289).

([12]) V. por todos, com numerosas referências bibliográficas, TARSO DOMINGUES, *Variações...*, pp. 125, ss., ou *Código...*, pp. 256, ss..

(1) Com efeito, em regra os sócios participam nos lucros e nas perdas sociais "segundo a proporção dos valores das respectivas participações no capital" (art. 22.º, 1). E acrescentam-se, na mesma linha, outros preceitos, embora sem referência directa ao capital: *v. g.*, arts. 250.º, 1 (nas sociedades por quotas, cada sócio tem "um voto por cada cêntimo do valor nominal da quota"), 384.º, 1 (em regra, "a cada acção corresponde um voto").

Porém, além de a medida dos referidos direitos (e obrigações) poder ser determinada diferentemente nos estatutos e de não ser rigoroso integrar as participações sociais no capital, a posição relativa de cada sócio pode ser calculada relacionando o valor nominal das quotas respectivas com o valor nominal de outra(s) ou de todas elas, ou o número das acções respectivas com o número de todas as acções emitidas (da mesma categoria ou não, consoante os casos) – sem referência, portanto, ao capital social [13].

(2) A existência de certos direitos dos sócios é determinada por referência ao capital social: *v. g.*, têm direito de acção social de responsabilidade os sócios "que possuam, pelo menos, 5% do capital social, ou 2% no caso de sociedade emitente de acções admitidas à negociação em mercado regulamentado" (art. 77.º, 1); têm direito a certas informações os accionistas que possuam "acções correspondentes a, pelo menos, 1% do capital social" (art. 288.º, 1) ou acções que "atinjam 10% do capital social" (art. 291.º, 1); têm direito de requerer a convocação de assembleia-geral "um ou mais accionistas que possuam acções correspondentes a, pelo menos, 5% do capital social" (art. 375.º, 2).

No entanto, afora a incorrecção no dizer-se que os sócios possuem capital social (este é da sociedade e, enquanto

---

[13] Recorde-se que devem constar dos estatutos o montante de cada quota (art. 199.º, 1) e o número das acções (art. 272.º, a)).

número ou cifra, não é possuível), aos mesmos resultados se chegaria calculando o valor percentual de cada participação relativamente ao número total das acções ou à soma dos valores nominais de todas as quotas.

(3) Nas sociedades por quotas, certas deliberações exigem quórum deliberativo qualificado: maioria de pelo menos "três quartos dos votos correspondentes ao capital social" (arts. 265.º, 1, 270.º, 1). Nas sociedades anónimas, como quórum constitutivo de assembleia geral de primeira convocação, é exigida a presença ou representação de accionistas "que detenham, pelo menos, acções correspondentes a um terço do capital social" (art. 383.º, 2).

Também aqui, todavia, o critério do capital social se deixa substituir: três quartos dos votos emissíveis, no primeiro caso, um terço das acções (com voto), no segundo.

3. 3. Avaliação económico-financeira da sociedade

Por razões várias, as sociedades procedem de quando em vez ([14]) à avaliação da sua situação económico-financeira. Um dos parâmetros utilizados, designadamente no balanço, é o capital social, mais ao menos equivalente aos meios investidos pelos sócios no empreendimento com fins lucrativos. Se, em determinado momento, o balanço regista um património líquido superior ao capital, conclui-se que a sociedade obteve lucros; se for inferior, então a sociedade teve perdas.

Sendo embora assim, é também verdade que a referida avaliação prescinde do capital social nas sociedades sem ele; e poderia prescindir nas sociedades que o têm, procedendo-se, por exemplo, tão-só ao confronto entre activo e passivo.

([14]) Por força de lei, pelo menos uma vez por ano (arts. 65.º e 65.º-A do CSC).

3. 4. Garantia para credores sociais

3. 4. 1. A função de garantia está associada principalmente ao chamado princípio da intangibilidade do capital social (e, acrescente-se, das reservas indisponíveis) ([15]): a sociedade (qualquer órgão seu) não pode atribuir aos sócios (enquanto tais) bens sociais necessários à cobertura do valor do capital social e reservas indisponíveis (arts. 32.º, 1, 31.º, 2).

Não quer isto dizer, é claro, que o capital social seja garantia geral das obrigações da sociedade (cfr. art. 601.º do CCiv.) – esta garantia está no (nos bens penhoráveis do) património social, não no capital nominal. Não obstante, os credores da sociedade são protegidos pela proibição de o património social líquido se tornar inferior (ou mais inferior) ao valor do capital e reservas legais e estatutárias em virtude de distribuições de bens aos sócios. Só os lucros são distribuíveis. O capital social, enquanto "cifra de retenção" é cifra de protecção dos credores sociais.

Ainda assim, é uma fraca garantia a proporcionada pelo princípio da intangibilidade do capital.

Logo porque o capital social pode ser muito baixo, pouco podendo "reter" ([16]). O capital mínimo fixo para a generalidade das sociedades anónimas (€ 50 000) ([17]) e o capital

---

([15]) Do princípio da exacta formação do capital, que desempenha também função de garantia, na medida em que visa assegurar a correspondência entre capital e património iniciais, tratámos já (*supra*, n.º 2. 2. 1. do cap. V).

([16]) Nisto concordam tanto os defensores do instituto capital social (p. ex., WOLFGANG SCHÖN, *Wer schützt den Kapitalschutz?*, ZHR, 2002, pp. 1, ss.) como os adversários (p. ex., LUCA ENRIQUES/JONATHAN MACEY, *Raccolta di capitale di rischio e tutela dei creditori: una critica alle regole europee sul capitale sociale*, RS, 2002, pp. 97, ss.).

([17]) A lei fixa mínimos superiores para algumas sociedades de regime especial (instituições de crédito e sociedades financeiras, sociedades seguradoras, etc.).

mínimo livre para as sociedades por quotas (a partir de € 1!) não são grande amparo para os credores... ([18])

Depois, porque este princípio não impede, evidentemente, que o património líquido desça abaixo da cifra do capital por outras causas que não a distribuição de bens aos sócios. Se a sociedade sofre perdas por causa de más organização, gestão ou conjuntura económica, etc. que colocam o património líquido abaixo do capital, os sócios não ficam por lei obrigados a repor situação de equilíbrio (cfr. art. 34.º). Nem o art. 35.º, de que falaremos agora, a isso obriga.

3. 4. 2. O art. 35.º do CSC entrou tarde em vigor (2001), e sofreu entretanto várias e significativas alterações ([19]). Olhemos para o que ele é hoje.

Segundo o n.º 1, a administração da sociedade, quando verifique pelas contas de exercício ou por contas intercalares a perda de metade do capital (capital próprio igual ou inferior a metade do capital social nominal: n.º 2 ([20])), ou quando, em qualquer outro momento, calcule, com "fundadas razões", existir essa perda, deve "convocar de imediato a

---

([18]) No entanto, na Europa continental (com tradição de capital mínimo fixo), a tendência legislativa e doutrinária nos últimos anos, aparentemente paradoxal, é eliminar o capital mínimo fixo para as sociedades por quotas (por ora, o art. 6.º da 2.ª Directiva em matéria de direito das sociedades não permite tal relativamente às sociedades anónimas). Entre nós, mesmo antes do DL 33/2011, propugnaram a eliminação A. MOTA PINTO, *Capital social e tutela dos credores – Para acabar de vez com o capital social mínimo nas sociedades por quotas*, em *Nos 20 anos do Código das Sociedades Comerciais*, vol. I, Coimbra Editora, Coimbra, 2007, pp. 858, ss., e TARSO DOMINGUES, *Variações...*, pp. 158, ss., 551, ss.. Este último A., aliás, propugna a abolição do capital social mínimo para todas as sociedades e tende para a eliminação do próprio capital social nas sociedades anónimas abertas (pp. 562-563); e, a respeito da distribuição de bens aos sócios, propõe a consagração de um duplo teste: um teste de balanço e um teste de solvência (pp. 316, ss., 326, ss., 569-570).

([19]) V. por todos TARSO DOMINGUES, *Código...*, pp. 514, ss. (em comentário ao art. 35.º).

([20]) V. *supra*, n.º 1.

assembleia geral" (v. arts. 248.º, 3, 189.º, 1, 474.º) ou "requerer prontamente a convocação da mesma" (v. arts. 375.º, 1, 377.º, 1, 478.º), a fim de nela "informar os sócios da situação e de estes tomarem as medidas julgadas convenientes".

Portanto, a administração tem o dever de diligentemente convocar ou requerer convocação de assembleia e de informar os sócios da situação da perda de metade do capital. Compete aos sócios adoptar as medidas que julguem convenientes – alguma das previstas no nº 3 do art. 35.º ou outras; podem até não tomar qualquer medida reactiva (não aprovando propostas dessa índole, ou aprovando proposta de nada fazer) [21].

Daqui resulta, pois, que o art. 35.º não garante aos credores sociais que as sociedades com perdas graves hão-de fazer algo para debelar a situação.

Contudo, se a situação não for debelada, diz agora o art. 171.º, 2 (na redacção introduzida pelo DL 19/2005, de 18 de Janeiro) que as sociedades por quotas, anónimas e em comandita por acções devem indicar em actos externos "o montante do capital próprio segundo o último balanço

---

[21] Convém conjugar este regime com o previsto no CIRE. Se a sociedade com perda de metade do capital estiver em situação de insolvência, por impossibilidade de cumprir as suas obrigações vencidas (art. 3.º, 1, do CIRE), a administração continua com os deveres estabelecidos no art. 35.º do CSC; mas, se os sócios não adoptarem atempadamente medidas superadoras da situação de insolvência (ou não deliberarem a dissolução da sociedade), a administração tem o dever de apresentar a sociedade à insolvência (arts. 18.º, 1, 19.º do CIRE). Se a sociedade estiver em situação de insolvência por ser o seu passivo manifestamente superior ao activo (art. 3.º, 2, do CIRE), verifica-se igualmente perda de metade do capital (o inverso já não é verdadeiro: uma sociedade com perda de metade do capital não tem necessariamente passivo superior ao activo); as imposições do art. 35.º à administração mantêm-se, até porque o CIRE não obriga em casos tais a requerer a declaração de insolvência (o art. 18.º, 1, menciona apenas o n.º 1 do art. 3.º); mas, se os sócios não adoptarem medidas superadoras da situação deficitária (ou não dissolverem a sociedade), a administração pode pedir a declaração de insolvência (cfr. art. 19.º do CIRE). V. tb. o vol. I deste *Curso*, n.º 4. 2. 2. 1. do cap. II.

aprovado, sempre que este for igual ou inferior a metade do capital social" (²²). É uma norma de protecção de terceiros, cuja violação, quando determinante para algum sujeito conceder crédito à sociedade depois não satisfeito, responsabilizará civilmente os respectivos administradores para com ele (art. 79.º) (²³).

Mas vejamos então as medidas deliberativas enunciadas no n.º 3 do art. 35.º: a) dissolução da sociedade (v. arts. 141.º, 1, b), 270.º, 1, 383.º, 2, 386.º, 3, 4); b) redução do capital social para montante não inferior ao capital próprio da sociedade (v. arts. 94.º, ss., 265.º, 1, 382.º, 2, 386.º, 3, 4); c) realização pelos sócios de entradas para reforço da cobertura do capital.

Esta última alínea, relativa à tradicionalmente apelidada reintegração do capital, merece umas notas mais. (i) Não oferece problemas a hipótese de todos os sócios adoptarem por unanimidade deliberação pela qual todos eles se obrigam a realizar, na proporção ou não das respectivas participações, "entradas" em dinheiro e/ou em espécie a fundo perdido (²⁴). (ii) Uma vez que não podem ser impostas aos sócios outras prestações além das estabelecidas na lei ou nos estatutos, é inválida a deliberação maioritária que obrigue todos os sócios a novas "entradas" (²⁵). (iii) É válida e eficaz a deliberação maioritária que obrigue à reintegração do capital tão-só os sócios que a aprovem ou nela venham a consentir. (iv) Para promover esta hipótese, ou compensar os sócios

---

(²²) Sob pena de (fraca) coima – art. 528.º, 2.

(²³) V. COUTINHO DE ABREU, *Responsabilidade civil dos administradores de sociedades*, 2.ª ed., Almedina, Coimbra, 2010, pp. 83, ss., 89-90.

(²⁴) As "entradas" referidas no preceito não são verdadeiras entradas: não há aumento do capital social (há sim aumento do activo patrimonial), não têm como contrapartida novas participações ou aumento do valor nominal ou de emissão das participações existentes.

(²⁵) Uma deliberação de alteração estatutária visando aquela finalidade é ineficaz relativamente aos sócios que a não tenham aprovado (nem, por outra via, nela tenham consentido) – art. 86.º, 2.

que se dispõem a contribuir a fundo perdido para a sociedade (para todos os sócios), será lícito atribuir àqueles (mediante alteração estatutária) direitos especiais, por exemplo o direito de quinhoar nos lucros em medida mais que proporcional ao valor das participações sociais respectivas, até certo montante (adequado ao sacrifício suportado). Esta deliberação, ainda que não adoptada por unanimidade, não viola o princípio da igualdade de tratamento dos sócios, porquanto a diferenciação entre sócios revela-se aqui não arbitrária mas materialmente justificada pelo interesse social, necessária e proporcional à garantia do interesse comum a todos os sócios ([26]). (v) Ainda que sem previsão estatutária, os sócios poderão deliberar (também para evitar contribuições a fundo perdido) constituir prestações suplementares, nas sociedades por quotas (cfr. arts. 210.º, ss.), ou prestações acessórias pecuniárias, nas sociedades anónimas (art. 287.º), com sujeição ao regime da devolução das prestações suplementares (art. 213.º)([27]). Tais contribuições, porque integradas no capital próprio (contabilisticamente integradas na conta 53), servem à reintegração do capital ([28]).

4. Lucros

Apontámos já uma noção genérica de lucro (objectivo) societário: ganho traduzível em incremento do património

---

([26]) Cfr. *supra*, n.º 1. 1. do cap. V. Contra, TARSO DOMINGUES, *últ. ob. cit.*, pp. 538-539.

([27]) Estas contribuições, porque voluntárias, vinculativas apenas para quem as aprove, não necessitarão de previsão estatutária – v. R. PINTO DUARTE, *Contribuições dos sócios para além do capital social: prestações acessórias, prestações suplementares e suprimentos*, em *Escritos sobre direito das sociedades*, Coimbra Editora, Coimbra, 2008, pp. 257-258.

([28]) Neste sentido, v. P. PAIS DE VASCONCELOS, *A participação social nas sociedades comerciais*, 2.ª ed., Almedina, Coimbra, 2006, pp. 306-307, TARSO DOMINGUES, *últ. ob. cit.*, p. 539.

da sociedade (²⁹). Temos no entanto de contar com diversas noções específicas de lucro operativas no direito das sociedades. (³⁰)

4. 1. Lucro de balanço

Designa o *acréscimo patrimonial, revelado em balanço, equivalente à diferença entre, por um lado, o valor do património social líquido e, por outro lado, o valor conjunto do capital social e das reservas indisponíveis* (reservas legais e estatutárias) (³¹).

É este lucro que marca o *limite máximo dos bens* que, durante a vida da sociedade, *podem ser distribuídos aos sócios* (enquanto tais) – art. 32.º.

4. 2. Lucro de exercício

Designa o *excedente do valor do património social líquido no final do exercício ou "período"* (normalmente anual) *sobre o valor do património social liquido no início do mesmo período* (³²). É revelado no balanço sob a rubrica "Resultado líquido do período" do "Capital próprio".

Este lucro releva, por exemplo, para a constituição (e reconstituição) da reserva legal (arts. 218.º, 295.º, 1) e de eventuais reservas estatutárias – art. 33.º, 1 – e para a

---

(²⁹) *Supra*, n.º 2. 4. do cap. I.

(³⁰) V. por todos V. G. LOBO XAVIER/M. ÂNGELA COELHO, *Lucro obtido no exercício, lucro de balanço e lucro distribuível*, RDE, 1982, pp. 259, ss., e TARSO DOMINGUES, *Código...*, pp. 492, ss. (comentário ao art. 32.º).

(³¹) Esquematicamente: lb=ps-(cs+r), em que lb significa lucro de balanço, ps património social líquido, cs capital social e r reservas indisponíveis.

(³²) Esquematicamente: le=psf-psi, em que le significa lucro de exercício, psf património social líquido no final do exercício e psi património social líquido no início do exercício.

determinação da parte do lucro que em regra (dispositiva) deve ser distribuída pelos sócios depois de findo o exercício.

Note-se, porém, que nem todo o lucro de exercício pode ser distribuído. O *lucro de exercício distribuível* tem de, antes do mais, conter-se ou estar compreendido no lucro de balanço (é possível uma sociedade obter lucro de exercício e registar resultado de balanço negativo) – art. 33.º, 1.

4. 3. Lucro final ou de liquidação

Este lucro é apurado na fase terminal da sociedade, nas contas finais (contas finais de liquidação, normalmente)[33], correspondendo ao excedente do património social líquido sobre o capital social (lf=ps-cs). Agora já não se inclui no diminuidor ou subtractivo o valor das reservas indisponíveis, incluído no diminuendo. O incremento do património da sociedade calcula-se, a final, confrontando os valores do património social líquido e do património afectado, com carácter de permanência, pelos sócios ao exercício do objecto social – património este identificado convencionalmente com o capital social.

4. 4. Direito dos sócios a quinhoar nos lucros

4. 4. 1. Quadro geral

Todo o sócio tem direito a quinhoar nos lucros, diz o art. 21.º, 1, a). Isto é, cada sócio[34] tem o *poder de exigir parte dos lucros* (em regra na proporção do valor da respectiva participação no capital social: art. 22.º, 1) *quando os mesmos sejam (ou tenham de ser) distribuídos.*

---

[33] Cfr. arts. 157.º do CSC e 20.º, 1, do RPADL.

[34] Eventualmente, também não sócios, em especial usufrutuários de participações sociais (*supra*, n.º 3. 1. do cap. V).

Não quer dizer que, quando haja lucros distribuíveis, cada sócio pode exigir da sociedade, a todo o tempo, o seu quinhão ou quota-parte na totalidade desses lucros. Só pode exigi-lo se e quando os lucros forem (ou devam ser) distribuídos (normalmente por força de deliberação dos sócios), e tendo em conta a medida da distribuição.

É por isso comum na doutrina contrapor o direito abstracto aos lucros (o direito de quinhoar nos lucros de que falamos, enquanto direito integrante da participação social) ao direito concreto aos lucros (o direito de crédito a quota-parte dos lucros distribuídos). No entanto, o direito abstracto (*rectius*, potencial) aos lucros não é mera expectativa jurídica, contém já direitos concretos (*rectius*, actuais), poderes ou faculdade actualmente exercitáveis. Na verdade, todo o sócio tem o poder jurídico de exigir permanentemente da sociedade que não seja excluído da comunhão nos lucros.

Com efeito, o chamado *pacto leonino é proibido*. "É nula a cláusula que exclui um sócio da comunhão nos lucros (...)": art. 22.º, 3. Nula é a cláusula estatutária, e nula é a deliberação dos sócios ou da administração que exclui um sócio dos lucros (arts. 56.º, 1, d), 411.º, 1, c)).

A designação "pacto leonino" é inspirada em fábulas dos clássicos Esopo e/ou Fedro. Retomadas muito tempo depois por outros fabulistas. Destaco "O leão em sociedade com a ovelha, a cabra e a novilha", de La Fontaine – mas na tradução de Curvo Semedo ([35]). Aqui se transcreve:

A cabra, a ovelha, a novilha, / Topando um velho leão, / Pediram-lhe a paz, fazendo / Amigável convenção. / Juraram

---

([35]) LA FONTAINE, *Fábulas* (ilustradas por G. Doré; prefácios de Pinheiro Chagas e de Teófilo Braga; traduções de Filinto Elísio e de Curvo Semedo), Publ. Europa-América, Mem Martins, 1987, p. 31. Na fábula citada, La Fontaine ter-se-á inspirado mais em Fedro do que em Esopo. Logo nos protagonistas (são idênticos os animais; em Esopo aparecem um leão, um burro e uma raposa).

que tudo quanto / Por qualquer fosse apreendido / Seria por todos quatro / Irmãmente repartido. / Conveio o leão no ajuste / Por estar velho e pesado, / E à custa das companheiras / Projectou ser sustentado. / Saíram à caça, e logo / Em triunfo as três trouxeram / Um saco cheio de pão ([36])/ Qu'uns viajantes perderam. / Eis pelas unhas contando / O leão os animais, / A presa dividiu logo / Em quatro partes iguais; / E diz: "Como rei das feras / Tenho o primeiro quinhão, / Também agora o segundo / Me toca por ser leão; / Dá-me a posse do terceiro / O direito do mais forte, / E quem se atrever ao quarto / Conte de certo coa morte." /As três, qu'em jejum ficavam, / Não se opunham por temor, / mas diziam: "Não se dá/ Patifaria maior!" / Desmancham logo o tratado, / Conhecendo que os que têm / Contratos com poderosos / Raras vezes ficam bem.

Das fábulas resulta principalmente a injustiça da exclusão de um ou mais sócios da partilha nos lucros. E foi a proibição da exclusão nos lucros que prevaleceu no direito romano. O outro perfil da proibição do pacto leonino – a interdição de algum sócio ficar isento de participar nas perdas sociais (presente também no art. 22.º, 3, do CSC) – sobressaiu já na época medieval ([37]).

Ultrapassadas que estão (ou parecem estar) as explicações dualistas para a proibição do pacto leonino (uma para a proibição da exclusão na partilha dos lucros, outra para a proibição da isenção de participação nas perdas) ([38]),

---

([36]) Diz em nota o tradutor: "O original diz que nos laços da cabra ficou preso um veado, que o leão veio e o dividiu em quatro partes, e depois ficou com todas; porém, que interesse podia ter uma novilha, uma cabra e uma ovelha, não sendo animais carnívoros, no quarto de um veado? Por isso subsituo-o por pão, que é alimento que quase todos os animais comem". (Também nas fábulas de Esopo e de Fedro entram herbívoros a caçar...).

([37]) Para um apontamento sobre a evolução do instituto, v. MARCO TORSELLO, *Partecipazione a scopo di finanziamento e patto leonino parasociale*, CI, 2000, pp. 897, ss..

([38]) Sobre a evolução, em doutrina portuguesa e estrangeira, v. L. VASCONCELOS ABREU, *A sociedade leonina (Art. 994.º do Código Civil)*, ROA, 1996, pp. 620, ss., MARGARIDA COSTA ANDRADE, *A locação financeira*

diremos, com moderna doutrina italiana, que ela visa garantir o bom funcionamento das sociedades: um sócio que apenas pudesse lucrar, livre de participar nos riscos societários, propenderia a estimular e apoiar politicas demasiado arriscadas e estaria em permanente conflito de interesses com os que tanto poderiam ganhar como perder; um sócio que apenas quinhoasse nas perdas, excluído de participação nos lucros, normalmente propenderia para políticas demasiado prudentes, não teria interesse no desenvolvimento de actividade social razoavelmente arriscada [39].

Nos termos do art. 22.º, 3, *nula é a cláusula leonina*, não a participação social respectiva nem, menos ainda, o próprio contrato social. Sendo a cláusula nula, *aplicar-se-á a norma dispositiva do n.º 1 do mesmo art. 22.º* [40].

"Na falta de preceito especial ou convenção em contrário, os sócios participam nos lucros (...) das sociedades segundo a *proporção dos valores das respectivas participações* no capital" (art. 22.º, 1) [41].

---

de acções e o direito português, Coimbra Editora, Coimbra, 2007, pp. 364, ss., FÁTIMA GOMES, *O direito aos lucros e o dever de participar nas perdas nas sociedades anónimas*, Almedina, Coimbra, 2011, pp. 155, ss..

[39] V., com indicações bibliográficas, TORSELLO, *ob. cit.*, pp. 901, ss..

[40] V. *supra*, final dos n.os 4. e 6. 2. do cap. III. No mesmo sentido, v. TARSO DOMINGUES, *Código...*, pp. 370-371, CAROLINA CUNHA, *ibid.*, p. 597 (ambos os AA. põem também em evidência a taxatividade das causas de nulidade do contrato social previstas no art. 42.º). Em sentido próximo, v. RAÚL VENTURA, *Sociedades por quotas*, vol. I, 2.ª ed., Almedina, Coimbra, 1989, pp. 327-328, FÁTIMA GOMES, *ob. cit.*, p. 165. Em outra direcção, A. MENEZES CORDEIRO, *Manual de direito das sociedades*, I, 2.ª ed., Almedina, Coimbra, 2007, p. 603.

[41] Em rigor, o preceito não é aplicável a todas as sociedades. Nas sociedades em nome colectivo (sem ou com capital social) e em comandita, os sócios (só) de indústria não têm "participações no capital". No entanto, nos estatutos há-se ser atribuído um valor à indústria com que os sócios entram para efeitos de repartição de lucros (art. 176.º, 1, b)).

"Preceito especial" que se afasta da regra é o do art. 341.º, 2 (dividendo prioritário para as acções preferenciais sem voto) (⁴²).

Porque admite "convenção em contrário", a regra do art. 22.º, 1, é dispositiva. Pode, portanto, o estatuto social derrogá-la, ou permitir a derrogação por deliberação dos sócios (art. 9.º, 3). Se o estatuto estabelece que um ou mais sócios (ou os sócios titulares de acções de certa categoria) quinhoam nos lucros mais que proporcionalmente aos valores das respectivas participações sociais, haverá direitos especiais aos lucros (⁴³).

Só os sócios (⁴⁴) têm direito a quinhoar nos lucros? Permanentemente e por força (directa) da lei, sim. Mas é possível, por outros fundamentos (*v. g.*, estatutários ou contratuais), *não-sócios* (ou sócios, mas não nesta qualidade) quinhoarem nos lucros.

O CSC prevê a possibilidade de, com autorização estatutária, as *remunerações dos administradores* consistirem em participação nos lucros sociais (arts. 255.º, 3, 399.º, 2, 3) (⁴⁵). E prevê no art. 279.º, 6, b), e 8, a possibilidade de aos *promotores* da constituição de sociedade anónima com apelo a subscrição pública ser reservada uma percentagem dos lucros durante certo tempo (mesmo que eles deixem, entretanto, de ser sócios).

É possível também, por exemplo, estipular em contratos de trabalho entre *trabalhadores* e sociedades empregadoras a participação nos lucros como parte das remunerações. Ou estabelecer nos estatutos sociais que os trabalhadores terão

---

(⁴²) V. *supra*, n.º 1. 8. do cap. V.

(⁴³) V. *supra*, n.º 1. 1. do cap. V.

(⁴⁴) Ou não-sócios em vez de sócios, como os usufrutuários de participações sociais.

(⁴⁵) V. tb. os arts. 217.º, 3, e 294.º, 3.

direito de participar nos lucros em (ou até) determinada percentagem.

Todas estas participações nos lucros traduzem-se em obrigações das sociedades, são custos ou gastos destas que diminuem o montante dos lucros que pode ser atribuído aos sócios. E (normalmente) não dependem de deliberações dos sócios. Ora, o que mais se discute *é se os sócios podem deliberar atribuir lucros, a título de liberalidade, a não-sócios*.

A resposta deve, em geral, ser afirmativa [46]. Compete aos sócios deliberar sobre a "aplicação dos resultados", incluindo a "atribuição de lucros" (arts. 189.º, 3, 246.º, 1, e), 376.º, 1, b)). A aplicação dos lucros não se restringe à distribuição entre os sócios e/ou à afectação a reservas livres. Podem os sócios, por maioria simples, deliberar atribuir parte dos lucros a trabalhadores, a instituições de solidariedade social, ecológicas, culturais, etc. [47]

Todavia, a liberdade deliberativa dos sócios tem limites. Sob pena de *nulidade*, eles não podem deliberar atribuir lucros a não-sócios quando tais liberalidades caiam *fora da capacidade jurídica da sociedade* (art. 6.º, 1, 2)[48]. *Nula*

---

[46] No mesmo sentido, entre nós, TARSO DOMINGUES, *Variações...*, pp. 293, ss..

[47] Tal como pode a administração destinar bens sociais para fins idênticos (cfr. art. 6.º, 1, 2).
Relativamente às sociedades anónimas, C. OSÓRIO DE CASTRO/G. ANDRADE E CASTRO, *A distribuição de lucros a trabalhadores de uma sociedade anónima, por deliberação da assembleia geral*, OD, 2005, pp. 73, ss., entendem que a atribuição de resultados da sociedade a trabalhadores, sendo matéria de gestão, compete ao órgão de administração, não aos sócios (art. 373º, 3). Mas, além do mais (sobre a interpretação do preceito citado, v. COUTINHO DE ABREU, *Governação das sociedades comerciais*, 2.ª ed., Almedina, Coimbra, 2010, pp. 49, ss.), a aplicação dos resultados (seja ela qual for) é matéria de gestão (v. *últ. ob. cit.*, pp. 39, ss., 43) e, não obstante isso, é (tal como outras matérias de gestão) da competência deliberativa dos sócios (art. 376.º, 1, b)). Criticando também aquele entendimento, v. TARSO DOMINGUES, *últ. ob. e loc. cits.*, e FÁTIMA GOMES, *ob. cit.*, p. 516.

[48] V. *supra*, n.º 3 do cap. IV.

será também a deliberação (maioritária) que, sem ou contra voto de algum sócio, atribua *todos os lucros distribuíveis a não-sócios* (v. arts. 21.º, 1, a), 56.º, 1, d)). Fora destas hipóteses, há ainda a possibilidade de uma deliberação de atribuição de lucros a não-sócios ser *abusiva-anulável* (art. 58.º, 1, b)).

4. 4. 2. Distribuição de lucros de balanço

Em regra, os sócios não têm um direito propriamente dito ao lucro de balanço ou total (balizado no art. 32.º ([49])), não têm o poder de exigir que ele, no todo ou em parte, lhes seja atribuído consequentemente à aprovação do balanço. *Têm é o direito de exigir que anualmente a administração lhes apresente um relatório de gestão* (art. 65.º, 1, 5) *contendo também uma proposta de aplicação de resultados* (art. 66.º, 5, f)) *e de deliberar sobre tal aplicação* (arts. 189.º, 3, 246.º, 1, e), 376.º, 1, b)) ([50]). ([51])

([49]) Sobre o n.º 2 deste artigo, introduzido pelo DL 185/2009, de 12 de Agosto, v. ANA MARIA RODRIGUES, *Justo valor – uma perspectiva crítica e multidisciplinar*, em IDET/Miscelâneas n.º 7, Almedina, Coimbra, 2011, pp. 69, ss., 113, ss..

([50]) Neste sentido, v. tb. TARSO DOMINGUES, em *Código das Sociedades Comerciais em comentário* cit., pp. 495, ss..

([51]) Se o órgão de administração, desrespeitando o seu dever, não apresentar relatório de gestão e/ou proposta de aplicação dos resultados – apresentando embora os demais documentos financeiros, designadamente o balanço (aprovado pelos sócios) –, ou se os sócios recusarem a proposta de aplicação apresentada pela administração, pode um ou mais deles propor a distribuição, total ou parcial, do lucro de balanço? Não vejo razões bastantes para denegar este poder aos sócios. Em princípio, o direito de todo o sócio participar nas deliberações sociais (art. 21.º, 1, b)) compreende a faculdade de apresentar propostas sobre os assuntos sobre que se delibera (v. E. LUCAS COELHO, *A formação das deliberações sociais – Assembleia geral das sociedades anónimas*, Coimbra Editora, Coimbra, 1994, pp. 108, ss.). Sendo embora a aplicação de resultados matéria de gestão, vimos já que a última palavra sobre ela pertence aos sócios. Que não podem ficar absolutamente condicionados pela vontade dos administradores. Por outro lado, seria excessivo terem os sócios de

Porém, aquela regra (negativa) conhece *duas excepções*. Uma: os titulares de *acções preferenciais sem voto* têm direito a dividendo prioritário anual retirado do lucro de balanço (arts. 341.º, 2, 342.º). Outra: nas sociedades por quotas e anónimas, não se verificando certas condições, os sócios têm direito à distribuição de pelo menos *metade do lucro de exercício distribuível* (arts. 217.º, 1, 294.º, 1) – lucro de exercício que, recorde-se, tem de estar compreendido no lucro de balanço ([52]).

Adoptada uma deliberação (válida) de distribuição de lucro, ficam os sócios com *direito de crédito* relativamente aos quinhões respectivos – direito de crédito dos sócios enquanto terceiros inatacável por acto societário.

Nas sociedades por quotas e anónimas, o crédito do sócio à quota-parte do lucro de balanço *não se vence imediatamente*. Aplicar-se-á o disposto nos arts. 217.º, 2, e 294.º, 2, para os lucros de exercício ([53]): o crédito vence-se decorridos trinta dias sobre a deliberação de atribuição de lucros; mas podem os sócios deliberar, com fundamento em situação excepcional da sociedade (*v. g.*, liquidez insuficiente), estender esse prazo até mais sessenta dias ([54]); e pode cada sócio acordar com a sociedade o diferimento do vencimento do crédito ([55]).

---

lançar mão do art. 67.º, 1 e 2 (faltando proposta da administração) ou do art. 68.º, 1 (no caso de recusarem a proposta da administração). Não obstante, D. COSTA GONÇALVES, *Adiantamentos sobre o lucro do exercício – Breves reflexões*, RDS, 2010, p. 589, sublinha que a apresentação de proposta de distribuição de lucros é "competência absoluta" da administração...

([52]) V. *infra*, n.º seguinte.

([53]) Assim, TARSO DOMINGUES, *últ. ob. cit.*, p. 498.

([54]) Salvo nas sociedades anónimas com acções admitidas à negociação em mercado regulamentado (art. 294.º, 2).

([55]) O acordo de diferimento por mais de um ano considera-se contrato de suprimento (art. 243.º).

Vencido o crédito ao lucro, deve a sociedade, pelos administradores, satisfazê-lo. Contudo, *não devem os administradores executar a deliberação* (originariamente válida) de distribuição de lucro se tiverem fundadas razões para crer que, por mor de alterações entretanto ocorridas no património social, daquela execução resultaria um património social líquido inferior ao capital social e reservas indisponíveis (art. 31.º, 2, a)) ([56]).

É igualmente dever dos administradores *não executarem a deliberação* de distribuição quando a sociedade seja citada para providência cautelar de suspensão (art. 397.º, 3, do CPC) ou acção de invalidade de deliberação de aprovação do balanço e/ou de distribuição de lucros (art. 31.º, 4, do CSC). ([57])

Recebendo os sócios a título de lucros bens cuja distribuição não era permitida por lei, designadamente por violação do princípio da intangibilidade do capital social e reservas indisponíveis (lucros fictícios), seria lógico que eles tivessem de restituir à sociedade o recebido indevidamente. Não é (ou não tem de ser) esta, todavia, a solução da lei. Na esteira do art. 16.º da 2.ª Directiva, o n.º 1 do art. 34.º do CSC estatui que *só são obrigados à restituição* os sócios que conheciam a irregularidade da distribuição ou, tendo em conta as circunstâncias, deviam não ignorá-la (os sócios de boa fé já não estão obrigados) ([58]).

([56]) O n.º 2 do art. 31.º contém duas alíneas mais. Relativas, porém, a deliberações de distribuição originariamente nulas. Que não devem, portanto, ser executadas.

([57]) V. ainda o n.º 5 do art. 31.º.

([58]) Sobre a sociedade ou os credores sociais (proponentes de acção sub-rogatória – art. 34.º, 3) impende o ónus da prova da má-fé dos sócios (art. 34.º, 4).

Este regime justificar-se-á principalmente para as sociedades anónimas [59], em especial para aquelas em que as acções são ao portador. Não tanto para as demais... [60]

O nº 2 do art. 34.º manda aplicar o regime do nº 1 "ao transmissário do direito do sócio, quando for ele a receber as referidas importâncias". O preceito abrangerá quer o adquirente de participação social juntamente com o (já autonomizado) crédito ao lucro – ele fica sendo sócio, aliás –, quer o adquirente tão-só do autónomo e transmissível direito de crédito ao lucro [61]. Nesta segunda hipótese, a protecção do terceiro de boa fé está em linha com o prescrito no nº 2 do art. 61.º.

4. 4. 3. Distribuição de lucros de exercício

Para a distribuição de lucros de exercício nas sociedades por quotas, anónimas e em comandita por acções, há que atender às importantes normas dos arts. 217.º e 294.º (muito semelhantes).

Diz o nº 1 de um e outro artigo: "Salvo diferente cláusula contratual ou deliberação tomada por maioria de três quartos dos votos correspondentes ao capital social em assembleia geral para o efeito convocada, não pode deixar de ser distribuído aos sócios ["accionistas", no nº 1 do art. 294.º] metade do lucro do exercício que, nos termos desta lei, seja distribuível."

---

[59] Recorde-se que a 2.ª Directiva é aplicável somente a sociedades deste tipo (art. 1.º).

[60] Note-se que, normalmente, a distribuição de lucros fictícios é baseada em deliberação dos sócios. Deliberação nula. Deveria então ser restituído tudo o que houvesse sido prestado ou o valor correspondente (art. 289.º, 1, do CCiv., art. 61.º, 1, do CSC) – sem relevar a boa fé dos sócios.

[61] Diferentemente, PAULO CÂMARA, em *Código das Sociedades Comerciais anotado* (coord. de A. MENEZES CORDEIRO), 2.ª ed., Almedina, Coimbra, 2011, p. 172.

Por conseguinte, verificando-se pelo balanço (aprovado) que existe lucro de exercício distribuível, se o estatuto social não dispuser diferentemente (quanto à medida da distribuição, ou quanto à maioria dos votos exigida para deliberar distribuição inferior à prevista na lei) e se os sócios não deliberarem, com a citada maioria qualificada [62], distribuir menos de metade [63], *então a sociedade fica obrigada a distribuir aos sócios metade do lucro de exercício, os sócios têm direito a essa distribuição* [64].

O lucro de exercício em questão tem de ser, repita-se, distribuível. Não são distribuíveis os lucros do exercício que sejam necessários para cobrir prejuízos transitados (de período(s) anterior(es)) ou para formar ou reconstituir reservas impostas por lei (arts. 218.º, 295.º) ou pelo estatuto social: art. 33.º, 1. [65].

---

[62] A lei refere-se a deliberação "em assembleia geral para o efeito convocada". Mas as deliberações em causa não têm de ser deliberações em assembleia convocada; podem ser também deliberações em assembleia universal, deliberações unânimes por escrito e ainda, nas sociedades por quotas, deliberações por voto escrito (arts. 54.º, 1, 247.º, 1, 373.º, 1, 472.º, 1). Assim deflui do art. 53.º, 2 (v. COUTINHO DE ABREU, *Código das Sociedades Comerciais em comentário* cit., p. 641). Assembleia "para o efeito convocada" significará que na convocatória deve constar indicação da existência de proposta de aplicação do lucro em medida inferior a metade (v. RAÚL VENTURA, *Sociedades por quotas* cit., p. 337, F. CASSIANO DOS SANTOS, *A posição do accionista face aos lucros de balanço – O direito do accionista ao dividendo no Código das Sociedades Comerciais*, Coimbra Editora, Coimbra, 1996, pp. 91, ss.). Indicação idêntica impor-se-á nas deliberações por voto escrito (cfr. n.º 3 do art. 247.º).

[63] Basta maioria simples para distribuição de mais de metade do lucro.

[64] V. tb. F. CASSIANO DOS SANTOS, *O direito aos lucros no Código das Sociedades Comerciais (à luz de 15 anos de vigência)*, em IDET, *Problemas do direito das sociedades*, Almedina, Coimbra, 2002, pp. 194-195.

[65] Diz o n.º 2 do art. 33.º: "Não podem ser distribuídos aos sócios lucros do exercício enquanto as despesas de constituição, de investigação e de desenvolvimento não estiverem completamente amortizadas, excepto se o montante das reservas livres e dos resultados transitados for, pelo menos, igual ao dessas despesas não amortizadas." Esta disposição caducou (se não integralmente, pelo menos em grande medida) porque desapareceram pressupostos de aplicação. Com efeito, no SNC aquelas despesas

Por outro lado, o lucro em causa é de certo exercício ou período, nao importando eventuais resultados positivos transitados de períodos anteriores, sobre cuja aplicação, aliás, os sócios tiveram já oportunidade de deliberar ([66]).

Vejamos agora mais de perto algumas questões de interpretação/aplicação dos arts. 217.º, 1 e 294.º, 1.

(1) *O estatuto social nada diz acerca da distribuição dos lucros de exercício*. Os sócios têm *direito à distribuição* de metade do lucro, mas *sob condição* de não ser adoptada por maioria de três quartos dos votos emissíveis deliberação derrogatória de alguma das normas legais citadas.

a) É votada por maioria – mas não qualificada – proposta de *não distribuição* ou de distribuição de *menos de metade do lucro*. A proposta *não foi aprovada*, devendo o presidente da (mesa da) assembleia ([67]) declarar isso mesmo. Logo, "não pode deixar de ser distribuído aos sócios metade do lucro do exercício" distribuível. A sociedade, pelos administradores, tem a *obrigação* de atribuir aos sócios os quinhões correspondentes, em princípio depois de decorridos trinta dias sobre a recusa da proposta (art. 217.º, 2, interpretado extensivamente). Se o não fizer, os sócios têm *direito* de exigir judicialmente o cumprimento da obrigação (art. 817.º do CCiv.). ([68])

---

de constituição, de investigação e de desenvolvimento não são em geral reconhecidas como activos intangíveis, antes são consideradas gastos ou custos – insusceptíveis, portanto, de amortização: v. Norma Contabilística e de Relato Financeiro (NCRF) 6, §§ 21, 53, 54, ou Norma Contabilística e de Relato Financeiro para Pequenas Entidades (NCRF-PE), §§ 8. 2., 8. 6., 8. 12.

([66]) V. tb. TARSO DOMINGUES, *Variações...*, p. 304.

([67]) Ou gerente, no caso de deliberação por voto escrito (art. 247.º, 6).

([68]) Temos, assim, um dos casos em que a distribuição de lucros não exige deliberação (positiva) de distribuição. Caso que, juntamente com outros (v., p. ex., arts. 279.º, 8, 341.º, 2), entra nas excepções para que

Suponhamos que o presidente da assembleia, em vez de declarar não aprovada a proposta, proclama que a mesma foi aprovada (proclamação de deliberação negativa – de não aprovação – como deliberação positiva). Nesta hipótese, a deliberação (tal como foi proclamada) é *anulável* (art. 58.º, 1, a)) ([69]). Anulada a deliberação, em acção intentada contra a sociedade (arts. 59.º, 60.º), produzindo a sentença efeitos contra e a favor de todos os sócios e órgãos da sociedade (art. 61.º, 1) ([70]), "não pode deixar de ser distribuído aos sócios metade do lucro do exercício" distribuível ([71]). Acrescente-se que os sócios proponentes da acção anulatória têm ainda o direito de pedir, na mesma acção, a *condenação da sociedade* a entregar-lhes os respectivos quinhões na metade do lucro – devendo o tribunal condená-la ([72]).

---

remete o art. 31.º, 1. Contudo, boa parte dos autores entende exigível, ainda neste caso, deliberação de distribuição: EVARISTO MENDES, *Direito ao lucro de exercício no CSC (Arts. 217/294)*, em *Estudos dedicados ao Prof. Doutor Mário Júlio de Almeida Costa*, UCE, Lisboa, 2002, pp. 509, ss., 514, ss., A. PEREIRA DE ALMEIDA, *Sociedades comerciais, valores mobiliários e mercados*, 6.ª ed., Coimbra Editora, Coimbra, 2011, pp. 160-161, P. OLAVO CUNHA, *Direito das sociedades comerciais*, 4.ª ed., Almedina, Coimbra, 2010, pp. 308-309, FÁTIMA GOMES, *O direito aos lucros...*, pp. 309, ss., 317, ss.. Diferentemente, MANUEL A. PITA, *Direito aos lucros*, Almedina, Coimbra, 1989, pp. 135, ss., CASSIANO DOS SANTOS, *A posição...*, pp. 95, 100, ss., TARSO DOMINGUES, *Variações...*, p. 305.

([69]) Para melhor compreensão, v. *infra*, n.º 4 da secção I do cap. VII. A sanção da anulabilidade para a violação dos arts. 217.º, 1 ou 294.º, 1, é afirmada quase pacificamente. V. RAÚL VENTURA, *ob. cit.*, pp. 335-336, MANUEL PITA, *ob. cit.*, p. 136, M. PUPO CORREIA, *Direito Comercial – Direito da empresa*, 11.ª ed. (c/colab. de António J. Tomás / O. Castelo Paulo), Ediforum, Lisboa, 2009, p. 130, EVARISTO MENDES, *ob. cit.*, p. 520, FÁTIMA GOMES, *ob. cit.*, pp. 321, ss.; na jurisprudência, v. p. ex. o Ac. da RC de 13/10/98, CJ, 1998, IV, p. 31. Contra, CASSIANO DOS SANTOS, *A posição...*, pp. 120, ss., ou *O direito...*, pp. 195-196 (nulidade).

([70]) Diferentemente, neste ponto, EVARISTO MENDES, *ob. cit.*, pp. 521, ss..

([71]) Mas, é claro, os sócios maioritários não ficam impedidos de consentirem no diferimento do vencimento dos créditos aos seus quinhões no lucro.

([72]) V. o citado Ac. da RC de 13/10/98. V. tb. MANUEL PITA, *ob. cit.*, p. 136, OLAVO CUNHA, *ob. cit.*, p. 304 (apesar de se referir à execução

b) Dentro ou fora dos prazos normais, sem ou com intervenção judicial, as contas do exercício são aprovadas (v. arts. 65.º, 5, 67.º, 68.º); o balanço revela lucro do exercício distribuível; mas, por qualquer razão, *nada é decidido ou deliberado acerca da aplicação dos lucros*; passam trinta dias sobre a data em que deveria ter havido decisão sobre a aplicação dos resultados (data coincidente com a da aprovação das contas).

Também agora, porque não se verificou a condição deliberativa prevista nos arts. 217.º, 1, ou 294.º, 1, cada sócio tem o *direito de exigir*, extrajudicial ou judicialmente, que lhe seja entregue o respectivo quinhão na metade do lucro de exercício (73).

(2) *O estatuto social diz algo sobre a distribuição dos lucros de exercício*. Podendo derrogar o regime legal dispositivo dos arts. 217.º, 1, e 294.º, 1.

É *válida* e derrogatória do regime legal dispositivo a cláusula estatutária que *comete à assembleia geral a (discricionária) fixação anual do destino a dar aos lucros*, de modo mais explícito (*v. g.*, possibilitando deliberação por maioria simples, ou qualificada mas inferior a ¾ dos votos) ou mais implícito (74). Uma tal cláusula permite que os sócios, *por maioria que não tem de ser de ¾*, deliberem se haverá ou não

---

especifica, especialmente a prevista no art. 830.º do CCiv., "da deliberação de aprovação de contas e dos resultados do exercício inscritos no relatório de gestão"), FÁTIMA GOMES, *ob. cit., p.* 327.

(73) Convergentemente, MANUEL PITA, *ob. cit.*, pp. 136-137, TARSO DOMINGUES, *Variações...*, pp. 305-306; divergentemente, mas com resultados práticos similares, FÁTIMA GOMES, *ob. cit.* , p. 327.

(74) Mas não será derrogatória, em regra (v., sobre a interpretação dos estatutos, *supra*, n.º 5 do cap. III), a cláusula que se limita a afirmar ser competência da assembleia geral deliberar (entre outras coisas) sobre a aplicação dos resultados, repetindo mais ou menos inutilmente a lei (v., neste sentido, CASSIANO DOS SANTOS, *A posição...*, p. 126, EVARISTO MENDES, *ob. cit.,* p. 493; diferentemente, parece, FÁTIMA GOMES, *ob. cit.,* pp. 332-333).

distribuição dos lucros de exercício distribuíveis e, quando haja, em que medida ([75]).

Válida é também a cláusula que estipula a *distribuição aos sócios de certa percentagem* do lucro do exercício (dispensando assim deliberação sobre a distribuição de tal lucro) ([76]), ainda quando essa percentagem é *inferior a 50%* ([77]).

E é *válida* a cláusula que impõe a *distribuição de todos os lucros* de exercício distribuíveis ([78]). Quem entende que uma tal cláusula ([79]) é nula raciocina, no essencial, assim ([80]): o CSC estabelece imperativamente a competência dos sócios para, periodicamente, deliberarem sobre a aplicação dos resultados (arts. 246.º, 1, e), 376.º, 1, b)); logo, é nula a cláusula estatutária que retire à colectividade dos sócios o poder para, de ano a ano, deliberar sobre o destino dos resultados. Não obstante: os citados preceitos são normas gerais de competência deliberativa e os arts. 217.º, 1, e 294.º, 1, contêm *preceitos especiais* sobre aplicação dos lucros de exercício que permitem derrogação estatutária; a cláusula estatutária em causa *não impede os sócios de, anualmente,*

([75]) Neste sentido, v. RAÚL VENTURA, *ob. cit.*, p. 336, JOÃO LABAREDA, *Das acções das sociedades anónimas*, AAFDL, Lisboa, 1988, p. 147, ALBINO MATOS, *Constituição de sociedades*, 5.ª ed., Almedina, Coimbra, 2001, pp. 195, 229, CASSIANO DOS SANTOS, *O direito...*, p. 197, EVARISTO MENDES, *ob. cit.*, pp. 493, 497, ss.; na jurisprudência, v. Ac. do STJ de 7/1/93, BMJ n.º 423 (1993), p. 539, Acs. da RC de 5/7/94, CJ, 1994, IV, p. 17, e de 26/9/2000, CJ, 2000, IV, p. 24, Ac. da RG de 9/3/2010 (*www.dgsi.pt* – proc. 191/07.OTBVRM.G1), Ac. do STJ de 12/10/2010 (*www.dgsi.pt* – proc. 191/07.OTBVRM.G1.S1). Contra, v. MANUEL PITA, *ob. cit.*, pp. 148, ss., Ac. da RC de 6/3/90, CJ, 1990, II, p. 45.

([76]) Contra, PEREIRA DE ALMEIDA, *ob. cit.*, p. 164.

([77]) Assim também CASSIANO DOS SANTOS, *A posição...*, pp. 126-127, ALBINO MATOS, *ob. cit.*, p. 195. Contra, OLAVO CUNHA, *ob. cit.*, pp. 300, ss..

([78]) Assim também CASSIANO DOS SANTOS, *O direito...*, p. 198, e OLAVO CUNHA, *ob. cit.*, p. 302. Contra, PEREIRA DE ALMEIDA, *ob. cit.*, p. 164, TARSO DOMINGUES, *Variações...*, p. 284, n. (1081), FÁTIMA GOMES, *ob. cit.*, p. 318, n. (752).

([79]) Bem como a referida anteriormente.

([80]) V. principalmente TARSO DOMINGUES, *ob. cit.*, pp. 286-287.

deliberarem sobre a aplicação de resultados – pode haver lucro além do lucro de exercício, reservas livres, perdas; pelo estatuto, os sócios – todos eles ou (quando não originário) pelo menos em maioria qualificada – *autovinculam-se* a certa distribuição dos lucros de exercício por tempo indeterminado, dispensando-se, portanto, de deliberar anualmente, por maioria (simples ou qualificada) sobre o assunto.

Maiores dúvidas suscita a cláusula estatutária que impõe a não distribuição dos lucros de exercício (ou impõe a afectação dos mesmos a reservas livres). Em geral, entende-se entre nós que é nula a cláusula que exclui a distribuição periódica dos lucros (permitindo somente a distribuição do lucro final) – e equipara-se, mais ou menos indiscriminadamente, aquela cláusula a esta ([81]). Também me parece que, nas sociedades constituídas por tempo indeterminado, é nula a cláusula estatutária que exclui a possibilidade de distribuição periódica de lucros; os sócios (ou muitos sócios) poderiam nunca ver cabalmente actualizado o "direito a quinhoar nos lucros" (art. 21.º, 1, a)). Não tanto assim nas sociedades com duração (relativamente curta) fixada nos estatutos ([82]). Ora, a cláusula em questão (não distribuição dos lucros de exercício) é *válida para sociedades que durem por tempo determinado*. E, porque a impossibilidade de distribuição periódica dos lucros de exercício não significa impossibilidade de distribuição, durante a vida da sociedade, de lucros de balanço e reservas livres, será *válida também para sociedades que durem por tempo indeterminado* ([83]).

([81]) V. JOÃO LABAREDA, *ob. cit.*, pp. 143, ss., MANUEL PITA, *ob. cit.*, p. 112, PEREIRA DE ALMEIDA, *ob. cit.*, p. 160, SOVERAL MARTINS, *Cláusulas...*, p. 109, TARSO DOMINGUES, *ob. cit.*, pp. 284, ss..

([82]) Fazendo também a distinção, v. JOÃO LABAREDA, *ob. e loc. cits.* (mas penso que o prazo limite aí indicado – trinta anos – é demasiado longo).

([83]) Admitindo também, em geral, a validade da cláusula, ALBINO MATOS, *ob. cit.*, pp. 195, 229.

Nas sociedades por quotas, as alterações estatutárias têm de ser deliberadas pelo menos por maioria de três quartos da totalidade dos votos (art. 265.º, 1). Nas sociedades por acções exige-se bastante menos: dois terços ou simples maioria dos votos emitidos (arts. 386.º, 3, 4, 478.º). Pois bem, se nestas sociedades, não existindo cláusula estatutária dispondo diversamente, o art. 294.º, 1, impõe quórum deliberativo de três quartos da totalidade dos votos para derrogar esporadicamente o regime legal dispositivo, o *mesmo quórum deve ser exigido para introduzir cláusula derrogatória por via de alteração estatutária* ([84]).

Sobre o vencimento do crédito aos quinhões nos lucros de exercício, eventual dever de a administração o não satisfazer, restituição de lucros fictícios, etc. (arts. 217.º, 2, 294.º, 2, 31.º, 34.º), vale o dito há pouco no nº 4. 4. 2.

Apenas mais um breve apontamento. Nos termos do art. 217.º, 3, "se, pelo contrato de sociedade, os gerentes ou fiscais tiverem direito a uma participação nos lucros, esta só pode ser paga depois de postos a pagamento os lucros dos sócios". O n.º 3 do art. 294.º diz quase o mesmo, mas, em vez de se referir a administradores e fiscais, refere-se a "membros dos respectivos órgãos". Ora, as referências a membros de órgãos outros que não o de administração deixaram de fazer sentido, uma vez que a remuneração desses membros deve consistir em uma quantia fixa, sem possibilidade de participação nos lucros (v. arts. 262.º, 1, e 422.º-A, 1, 423.º-D, 440.º, 3, 374.º-A, 3).

([84]) Assim também L. Brito Correia, *Direito Comercial,* 3.º vol., AAFDL, Lisboa, 1989, pp. 230-231, Cassiano dos Santos, *O direito...,* p. 198, Fátima Gomes, *ob. cit.*, p. 334; diferentemente, Evaristo Mendes, *ob. cit.*, pp. 500-501, 513.

4. 4. 4. Distribuição do lucro final

Na liquidação de sociedade, depois de satisfeitos ou acautelados os direitos dos credores sociais (art. 154.º do CSC), existindo activo remanescente, ele é destinado, de acordo com "mapa de partilha" integrante das contas finais aprovadas por deliberação dos sócios (arts. 157.º, 1, 3, 4, 159.º), em primeiro lugar ao reembolso do montante das entradas realizadas (art. 156.º, 2); se restar algum activo – *o lucro final ou de liquidação propriamente dito* –, será distribuído pelos sócios na medida aplicável à distribuição dos lucros em geral (art. 156.º, 4), isto é, segundo a proporção dos valores das respectivas participações no capital social, se não houver cláusula estatutária ou norma legal especial (*v. g.*, art. 341.º, 2, *in fine*) dispondo diferentemente – art. 22.º, 1. [85]

Portanto, *com a deliberação de aprovação das contas finais, os sócios ficam com direito (de crédito) à entrega (pela sociedade) dos respectivos quinhões no lucro de liquidação.* Permite a lei que estes quinhões sejam compostos (integral ou parcialmente) por *bens em espécie* (bens diferentes de dinheiro) quando o estatuto social ou deliberação unânime dos sócios tal autorizem (art. 156.º, 1). [86] Aos prazos de cumprimento das obrigações de entrega das quotas-partes no lucro final são aplicáveis as regras gerais do CCiv. (arts. 777.º, ss.), se outras não forem estabelecidas pela deliberação que aprova as contas finais (o mapa da partilha) – cfr. art. 159.º, 1 – ou pelo estatuto social [87].

---

[85] V. tb. o art. 20.º, 5, do RPADL; v. ainda o art. 184.º, 2, do CIRE.

[86] V. ainda o art. 21.º do RPADL.

[87] Convergentemente, CAROLINA CUNHA, em *Código das Sociedades Comerciais em comentário* cit., p. 680.

4. 4. 5. Distribuição de lucros de balanço e de exercício com bens em espécie?

Acabámos de ver que os lucros finais podem ser distribuídos em espécie. Relativamente aos lucros de balanço e de exercício, a lei nada diz. Mas, *por analogia* com o disposto no art. 156.º, 1, diremos que também estes lucros podem ser distribuídos (total ou parcialmente) *em espécie, se tal possibilidade estiver prevista nos estatutos ou se todos os sócios assim deliberarem.*

Normalmente, distribuição de lucros é distribuição de dinheiro. A *praxis* jurídico-societária confirma-o desde há muito tempo. Podendo por isso falar-se de uso, se não mesmo de costume, a respeito [88]. Assim, não pode ser imposto por deliberação (maioritária) quinhão nos lucros consistente em bens diferentes de dinheiro a um ou mais sócios que não podiam contar com essa possibilidade. E é certo que muitos bens em espécie não satisfazem, ou não satisfazem como o dinheiro, o interesse dos sócios na partilha dos lucros.

Embora se reconheça haver situações que aconselham a distribuição em espécie. Por exemplo: os lucros não correspondem a dinheiro líquido e o pagamento exigiria que a sociedade recorresse ao crédito ou liquidasse património; a sociedade tem meios líquidos para satisfazer os créditos de lucros, mas necessita deles para investimentos importantes.

Ainda assim, nestas e em outras situações, porque importa defender os sócios contra surpresas desinteressantes, a distribuição em espécie só será válida quando escorada por cláusula estatutária ou deliberação unânime. [89] [90]

---

[88] V. M. LUTTER / M. LEINEKUGEL / T. RÖDDER, *Die Sachdividende – Gesellschaftsrecht und Steuerrecht*, ZGR, 2002, p. 209.

[89] Algumas (poucas) leis estrangeiras (p. ex., a AktG alemã, no § 58(5) – disposição introduzida em 2002) admitem expressamente a distribuição em espécie quando os estatutos a prevejam. Doutrina e jurispru-

Os bens diferentes de dinheiro distribuíveis são vários: por exemplo, acções da própria sociedade, de filial ou de outra sociedade, cotadas ou não em bolsa, coisas produzidas pela sociedade ou que integram o seu património [91].

Qual o *critério de avaliação* dos bens em espécie a distribuir aos sócios: o valor pelo qual estão inscritos no balanço ou (quando superior) o valor de mercado? [92] A questão tem obtido respostas diferenciadas [93].

A favor do valor de mercado, adianta-se que a atribuição aos sócios de bens com valor superior ao do balanço significaria distribuir reservas ocultas [94].

É verdade que, nos termos do art. 33.º, 3, "as reservas cuja existência e cujo montante não figuram expressamente no balanço não podem ser utilizadas para distribuição aos sócios". Todavia, se o balanço regista, de forma correcta (com base em avaliação dos elementos do activo e do passivo sociais de acordo com as regras jurídico-contabilísticas

---

dência dominantes em vários outros países defendem solução idêntica (v. LUTTER / LEINEKUGEL / RÖDDER, *ob. cit.*, pp. 223-224).

[90] Quando uma deliberação de distribuição em espécie não seja possível, é em princípio admissível a sociedade, pela administração, acordar com um ou mais sócios a satisfação do crédito ao lucro mediante prestação de coisa diversa do dinheiro (dação em cumprimento: arts. 837.º, ss. do CCiv.). Mas, já se vê, isto situa-se em plano diferente do da deliberação de aplicação dos lucros.

[91] V., p. ex., FLEISCHER, em K. SCHMIDT / M. LUTTER (Hrsg.), *Aktiengesetz Kommentar*, I, 2. Aufl., O. Schmidt, Köln, 2010, p. 826.

[92] Não há problema quando os bens estão inscritos no balanço, não pelo custo histórico ou outro, mas pelo "justo valor" (superior àquele(s)) – v. o quadro geral da "mensuração" nos §§ 98 e 99 da EC (Estrutura Conceptual) do SNC. Acrescente-se, a propósito, que este justo valor, porque realizado quando os bens são distribuídos aos sócios, releva para efeitos de cálculo do lucro distribuível (v. o já citado art. 32.º, 2).

[93] Por exemplo, na Alemanha a doutrina está muito dividida (v. indicações em FLEISCHER, *ob. cit.*, p. 827, ns. (215) e (216).

[94] Assim, entre nós, FÁTIMA GOMES, *O direito aos lucros...*, pp. 286-287. Favorável também ao valor "real", mas com outra fundamentação, TARSO DOMINGUES, *Variações...*, p. 314.

aplicáveis), o lucro x, e são distribuídos bens (elementos daquele activo avaliados correctamente) que valem no mercado $x+y$, a diferença entre x e y não é (ilícita) reserva oculta (- ocultadora) [95].

Sendo, pois, *aceitável o valor dos bens (regularmente calculado) inscrito no balanço*, há ainda que *respeitar o princípio do igual tratamento dos sócios*. Ele será respeitado se os sócios deliberam, por exemplo, distribuir um ou mais imóveis da sociedade que ficarão a pertencer, em compropriedade e na proporção da quota-parte de cada sócio nos lucros, a todos os sócios [96]. Se deliberam distribuir bens diferenciados com valores de balanço e valores de mercado não proporcionais (a diferença entre valor de balanço e valor de mercado de um bem é percentualmente maior do que a relativa a outro bem), a desigualdade de tratamento tem de ser aceite por todos os sócios, sob pena de a deliberação ser anulável [97].

4. 4. 6. Adiantamentos sobre lucros

Por norma, a *anualidade* comanda a elaboração e apreciação das contas da sociedade (arts. 65.º, ss., 263.º, 451.º, ss.) e, com base na aprovação das mesmas, a deliberação de atribuição dos lucros (arts. 376.º, 1, b), 246.º, 1, e) e 248.º, 1, 189.º, 1 e 3).

Excepção a esta regra encontra-se no art. 297.º, epigrafado "adiantamentos sobre lucros no decurso do exercício" [98].

---

[95] É antes, pode dizer-se, lícita reserva "tácita", disponível para integrar os quinhões do lucro distribuído – v. LORENZO SALVATORE, *Le assegnazioni di beni ai soci nelle società lucrative*, CI, 1999, pp. 840-841.

[96] SALVATORE, *ob. cit.*, p. 841.

[97] V. *infra*, n.º 4. 1. 2. do cap. VII.

[98] Este artigo, embora aplicável directamente às sociedades anónimas (e, por remissão do art. 478.º, às sociedades em comandita por acções), é aplicável por analogia às sociedades por quotas (neste sentido, RAÚL

De acordo com o n° 1 do art. 297.º ([99]), se o estatuto social autorizar ([100]), pode o órgão de administração, com o consentimento do órgão fiscalizador (sem intervenção dos sócios), decidir ou deliberar que seja feito aos sócios adiantamento sobre o lucro de exercício corrente (de exercício ainda não encerrado) ([101]); deve ser elaborado um "balanço intercalar", certificado por ROC, mostrando haver resultados da parte já decorrida do exercício que, com respeito pelo princípio da intangibilidade do capital social e reservas indisponíveis, estejam disponíveis para o adiantamento; um só adiantamento pode ser efectuado no decurso de cada exercício e sempre na segunda metade dele ([102]); o adiantamento não pode exceder metade dos resultados disponíveis segundo o balanço intercalar ([103]). ([104])

VENTURA, *Sociedades por quotas* cit., p. 339, PAIS DE VACONCELOS, *A participação social...*, p. 94, TARSO DOMINGUES, *Variações...*, p. 310; contra, OLAVO CUNHA, *Direito das sociedades comerciais* cit., pp. 312-313) e de outros tipos.

([99]) Na esteira do n.º 2 do art. 15.º da 2.ª Directiva (com menos condições).

([100]) Mas v. o art. 537.º.

([101]) Perante a redacção actual do art. 297.º, parece correcto entender-se que os lucros em causa são lucros de exercício. V., neste sentido, TARSO DOMINGUES, *ob. cit.*, p 309, FÁTIMA GOMES, *ob. cit.*, p. 262, n. (630), BRUNO FERREIRA, *Adiantamentos sobre lucros no decurso do exercício: algumas reflexões*, DSR, 5, 2011, pp. 184, ss.. Contra, A. MENEZES CORDEIRO, em *Código das Sociedades Comerciais anotado* cit., p. 846, COSTA GONÇALVES, *Adiantamentos...*, p. 615.

([102]) Recorde-se que a distribuição anual dos lucros de exercício acontece normalmente no primeiro semestre.

([103]) Percebe-se a cautela: "nada assegura que no período do exercício posterior à distribuição sejam produzidos resultados distribuíveis" (RAÚL VENTURA, *ob. cit.*, p. 343). Já L. CUNHA GONÇALVES, *Comentário ao código comercial português*, vol. I, Empreza Ed. J. B., Lisboa, 1914, pp. 496-497, depois de considerar ilegais, ao tempo, os adiantamentos sobre lucros, alertava para a perigosidade da sua prática: "mesmo nas sociedades as mais prósperas, o exercício principiado em bôas condições pode terminar por uma perda, por um lucro inferior ao já distribuído; e, em todo caso o dividendo será total ou parcialmente fictício".

([104]) Cautela similar justifica o n° 2 do art. 297º: "Se o contrato de sociedade for alterado para nele ser concedida a autorização prevista no

Encerrado o exercício, são elaboradas e aprovadas as contas respectivas (de todo o exercício). Se houver lucros distribuíveis e os sócios aprovarem distribuição, ao montante a distribuir será abatida a parte do lucro de exercício já atribuída. Se houver perdas, ou se os lucros apurados forem de valor inferior ao lucro intercalarmente distribuído, não há, em princípio, obrigação de restituição à sociedade dos quinhões recebidos; só não será assim se a distribuição intercalar tiver sido ilegal e se se provar a má fé dos que receberam os quinhões (art. 16.º da 2.ª Directiva e art. 34.º do CSC)([105]).

São permitidos adiantamentos sobre lucros de exercício fora do âmbito de aplicação do art. 297.º? Mais precisamente: podem os sócios (já não a administração) deliberar em qualquer momento, e sem necessidade de autorização estatutária, uma distribuição por conta do lucro do exercício corrente, proposta pela administração com base em balanço intercalar certificado por ROC e com respeito pelo princípio da intangibilidade do capital? ([106])

A resposta deve ser *negativa*. Recorde-se: a anualidade é a regra para a elaboração e apreciação das contas e para a aplicação dos lucros; e as contas anuais não se bastam com o balanço. O art. 297.º é excepção à regra ([107]), e não se conhe-

---

número anterior, o primeiro adiantamento apenas pode ser efectuado no exercício seguinte àquele em que ocorrer a alteração contratual." Diz RAÚL VENTURA, *ob. cit.*, p. 346: "Por este preceito pretende-se evitar o aproveitamento esporádico dum lucro, que porventura virá a ser rapidamente eliminado por esperadas perdas."

([105]) E esta segunda condição verificar-se-á nestes casos ainda mais dificilmente, uma vez que nem o balanço intercalar, nem a distribuição do lucro foram aprovados pelos sócios (enquanto tais)...

([106]) Respondendo afirmativamente, v. COSTA GONÇALVES, *ob. cit.*, pp. 609, ss., 619, ss..

([107]) Excepção geralmente justificada pela conveniência de tornar as acções tão ou mais atractivas do que outros meios de investimento.

cem outras excepções legais – sendo certo que o art. 15.º, 2, da 2.ª Directiva possibilita os adiantamentos sobre dividendos quando admitidos por legislação nacional [108]. [109] A excepção do art. 297.º, com as precauções que o informam, promotoras também de previsibilidade e transparência (intra e extra-societária), é suficiente para possibilitar, quando desejados, adiantamentos sobre lucros [110].

4. 4. 7. Transmissão de direito aos lucros e transmissão de participações sociais

O sócio *não pode transmitir autonomamente o seu direito geral ou potencial a quinhoar nos lucros* (de balanço, de exercício ou de liquidação). Este direito é componente não autónomo da participação social, transmite-se com a transmissão da participação social (juntamente com ela).

Mas pode o sócio *dispor de um ou mais (esperados) quinhões de lucros* – enquanto *créditos futuros*. Se estes

---

[108] Note-se também que a Directiva não determina competir à administração a decisão sobre os adiantamentos (os legisladores nacionais são livres para atribuir tal competência aos sócios).

[109] A talhe de foice: o legislador alemão (ainda) não fez uso da possibilidade aberta pelo art. 15.º, 2, da Directiva (v. p. ex. CAHN / v. SPANNENBERG / CAHN, em G. SPINDLER / E. STILZ (Hrsg.), *Kommentar zum Aktiengesetz*, 1, 2. Aufl., Beck, München, 2010, p. 573) – pese embora o facto de o § 59 da AktG apresentar pontos de contacto com o nosso art. 297.º e com preceitos de outros países que fizeram uso da possibilidade inscrita na Directiva. Pois bem, a doutrina alemã entende quase unanimemente que não são permitidos, nas sociedades por acções, dividendos intercalares, adiantamentos por conta do lucro de exercício corrente (v. p. ex. *últs. AA. e ob. cits.*, pp. 574, 576, e UWE HÜFFER, *Aktiengesetz*, 9. Aufl., Beck, München, 2010, pp. 299-300). Diferente solução valerá para as sociedades por quotas, às quais não se aplica a Directiva (v. HOMMELHOFF, em LUTTER / HOMMELHOFF, *GmbH-Gesetz*, 17. Aufl., O. Schmidt, Köln, 2009, pp. 669-670; mas já não, p. ex., na Áustria – v. HANS-GEORG KOPPENSTEINER, *GmbH-Gesetz Kommentar*, 2. Aufl., Orac, Wien, 1999, p. 681).

[110] Não estimularemos (mais) oportunismos facilmente imagináveis.

créditos se tornarem actuais (em regra, como vimos, com deliberação de distribuição de lucros) e o cedente permanecer sócio, então o cessionário tem direito a eles. Se o transmitente já não é sócio no momento em que nasce o crédito à quota-parte do lucro, então o transmissário de crédito futuro nada pode exigir da sociedade – o direito actual a quinhão de lucro não chegou a nascer na esfera jurídica do cedente, nasceu já na esfera jurídica do transmissário da participação social. [111]

O *direito de crédito (actual)* a quota-parte de lucro, porque se autonomizou da participação social, *é transmissível, com ou sem ela*. Por outro lado, a *transmissão de participação social*, depois de constituído aquele direito, não implica necessariamente a transmissão do mesmo direito. Porém, quanto a este ponto, o regime das acções convoca umas notas mais.

Vencido o crédito a quota-parte de lucro, tem legitimidade para exercer o direito o titular das acções respectivas (CVM, art. 55.º, 1, 3, a)); não importando à sociedade que no momento em que o crédito nasceu fosse outro sujeito o titular das acções, ou que esse outro sujeito houvesse transmitido o crédito [112]. No entanto, se tiver havido destaque do direito ao dividendo, por inscrição em conta autónoma ou por separação de cupões, tem legitimidade para exercer esse direito o titular do direito destacado (art. 55.º, 2) [113] – que pode ser o titular das acções ao tempo do nascimento do crédito à quota-parte no lucro, ou outro sujeito (transmis-

---

[111] No mesmo sentido, v. p. ex. EVARISTO MENDES, *Direito ao lucro...*, pp. 534-535, e W. BAYER, em LUTTER / HOMMELHOFF, *ob. cit.*, p. 472. Com perspectiva diferente, CASSIANO DOS SANTOS, *A posição...*, pp. 116-117.

[112] Isto poderá relevar nas relações entre transmitente e transmissário das acções ou do crédito.

[113] V. tb. os arts. 1.º, f), 46.º, 2, 3, do CVM, e o art. 301.º do CSC.

sário do direito destacado ou das acções e do direito destacado). (114)

5. Reservas

5. 1. Noção

Reserva societária é *cifra representativa de valores patrimoniais da sociedade, derivados normalmente de lucros que os sócios não podem ou não querem distribuir, que serve principalmente para cobrir eventuais perdas sociais e para autofinanciamento.*

Reserva é cifra ou número por norma integrante do "capital próprio" da sociedade. A que corresponde património social de valor idêntico (115). Mas não bens determinados do activo social, antes quota-parte ideal do activo.

As reservas derivam de (parte de) lucros, normalmente (116). Lucros que não podem ser distribuídos aos sócios (caso das reservas legais e estatutárias) ou que estes deliberam não distribuir, destinando-os a reservas (facultativas ou livres).

Basta ver o art. 296.º para verificar que qualquer reserva é utilizável para cobrir prejuízos. E porque a constituição de qualquer reserva impede a saída de bens sociais para os

---

(114) Sobre toda esta problemática, com posições nem sempre coincidentes mas praticamente convergentes, v. CARLOS FERREIRA DE ALMEIDA, *Direito a dividendos no âmbito de oferta pública de aquisição de acções*, em IVM, *Direito dos valores mobiliários*, vol. V, Coimbra Editora, Coimbra, 2004, pp. 29, ss., EVARISTO MENDES, *ob. cit.*, pp. 542-543, FÁTIMA GOMES, *ob. cit.*, pp. 263, ss..

(115) Salientando a perspectiva "bífida" da figura (vertente nominal e vertente real), v. TARSO DOMINGUES, *Variações...*, pp. 433, ss..

(116) Embora não necessariamente – p. ex., não são lucros os ágios constituintes de reserva previstos no art. 295.º, 2, a).

sócios, promovendo a utilização de meios próprios no desenvolvimento da sociedade, elas são forma de autofinanciamento.

Há classificações variadas das reservas. O CSC, mais ou menos explicitamente, menciona a reserva legal e equiparadas (arts. 218.º, 295.º), reservas estatutárias (art. 33.º, 1), reservas livres (art. 220.º, 2) e reservas ocultas (art. 33.º, 3).

5. 2. Reserva legal e reservas equiparadas

As sociedades por quotas, anónimas e em comandita por acções devem constituir "reserva legal" (arts. 218.º, 295.º, 1, 478.º).

Para a *constituição* da reserva (ou, sendo caso disso, para a sua reintegração [117]), pelo menos 5% dos lucros de exercício (descontados os valores destinados à cobertura de perdas transitadas, se existirem) [118] ser-lhe-ão afectados, até que ela corresponda a 20% do capital social; uma e outra percentagem podem ter valor mais elevado se assim determinar o estatuto social (art. 295.º, 1); no entanto, nas sociedades por quotas o valor mínimo da reserva é de €2 500 (art. 218.º, 2).

A reserva legal só pode ter as *aplicações* discriminadas no art. 296.º: cobertura de perda de exercício que não possa ser coberta pela utilização de outras reservas (estatutárias ou livres); cobertura de perdas transitadas de exercício anterior que não possam ser cobertas pelo lucro do exercício nem por outras reservas [119]; incorporação no capital social (v. também o art. 91.º).

---

[117] Porque, por exemplo, a reserva foi total ou parcialmente aplicada na cobertura de perdas ou em incorporação no capital social – v. art. 296.º.

[118] V. RAÚL VENTURA, *Sociedades por quotas* cit., p. 361, TARSO DOMINGUES, *ob. cit.*, pp. 277-278.

[119] Em ambos os casos, portanto, a reserva legal apenas é utilizável na falta ou insuficiência de outras reservas. Anote-se ainda que, verifi-

Nos termos do art. 295.º, 2, ficam *sujeitas ao regime da reserva legal* as reservas constituídas por: ágios obtidos na emissão de acções, obrigações com direito a subscrição de acções, ou obrigações convertíveis em acções, em troca destas por acções e em entradas em espécie([120]); saldos positivos de reavaliações monetárias que forem consentidos por lei, na medida em que não forem necessários para cobrir prejuízos já acusados no balanço; importâncias correspondentes a bens obtidos a título gratuito, quando não lhes tenha sido imposto destino diferente, bem como acessões e prémios que venham a ser atribuídos a títulos pertencentes à sociedade. ([121])

As reservas equiparadas à reserva legal têm a destinação desta (cobertura de perdas([122]), incorporação no capital).

São *nulas as deliberações* dos sócios violadoras dos preceitos dos arts. 295.º e 296.º que prescrevem sobre a constituição e aplicação das reservas legais e equiparadas. Assim resulta do art. 56.º, 1, d), e / ou do art. 69.º, 3.

5. 3. Reservas estatutárias

No estatuto social (originário ou alterado) podem os sócios estabelecer que certa (ou até certa) percentagem dos

---

cando-se perdas, elas não são automaticamente cobertas pelas reservas – os sócios podem deliberar, por exemplo, reduzir o capital social ou fazê-las transitar (RAÚL VENTURA, *ob. cit.*, p. 367).

([120]) Para a determinação destes ágios, v. o n.º 3 do art. 295.º.

([121]) Para explicitações acerca de todos estes valores, v. ALBERTO PIMENTA, *A prestação das contas do exercício nas sociedades comerciais*, BMJ n.º 200 (1970), pp. 96, ss. (o A. propunha, aliás, a inclusão destes valores na reserva legal, não em reservas outras).

([122]) Concorrendo umas e outra, no mesmo plano (acima das reservas estatutárias e livres), para a cobertura de perdas, competirá aos sócios escolher qual ou quais aplicar (neste sentido, RAÚL VENTURA, *ob. cit.*, p. 369).

lucros de exercício será afectada a uma reserva (com ou sem valor máximo). Sem indicação das aplicações possíveis, ou com essa indicação (*v. g.*, para aquisição de equipamentos, para estabilização de dividendos). Todavia, o facto de uma reserva ter destinação específica não impede que ela seja aplicada na cobertura de perdas (cfr. art. 296.º, a) e b)).

As deliberações dos sócios desrespeitadoras das regras estatutárias sobre constituição e aplicação da reserva são, em geral, *anuláveis* (art. 58.º, 1, a), *in fine*). Mas são *nulas* as deliberações de distribuição de bens sociais que desrespeitem a intangibilidade da reserva estatutária, a sua constituição ou reconstituição (arts. 32.º, 1, 33.º, 1, e 56.º, 1, d)).

5. 4. Reservas livres

Estas reservas são constituídas por deliberação dos sócios, que lhes afecta – respeitadas as balizas traçadas pelos arts. 217.º, 1, e 294.º, 1 – a totalidade ou parte dos lucros de exercício distribuíveis.

Porque constituídas livremente, nada impede que em período(s) seguinte(s), por deliberação adoptada com maioria simples dos votos, sejam distribuídas aos sócios enquanto parte do lucro de balanço. Entretanto, são utilizadas para potenciar a actividade societária, cobrir perdas ou incorporar no capital social.

5. 5. Reservas ocultas

Se um balanço (1) omite uma verba no activo ou inclui uma verba fictícia no passivo, (2) ou/e subvaloriza bens do activo ou sobrevaloriza o passivo, o património líquido da sociedade aparece com um valor inferior ao valor real. A diferença entre um e outro valor constitui reserva oculta (ou não aparente).

Na hipótese (2), a subvalorização de bens do activo pode ser devida à utilização de critérios legais de mensuração ([123]) ou de amortização ([124]). Quando assim seja, as reservas ocultas são *lícitas*, sendo preferível designá-las *tácitas* (não aparecem, mas transparecem ou pressentem-se) ([125]).

Mas se a subvalorização de bens do activo ou a sobrevalorização de passivos (hipótese (2)) não tem suporte em preceitos legais específicos nem no princípio contabilístico-geral da prudência, então as reservas (propriamente ditas) *ocultas são ilícitas* ([126]). E ilícitas são, evidentemente, as reservas ocultas da hipótese (1).

As deliberações que aprovem contas com reservas ocultas são *nulas* ([127]).

6. Perdas

6. 1. Espécies

Perdas sociais são decréscimos ou quebras no património de sociedade. Mas, tal como sucede com os lucros, também aqui há distinções a fazer.

([123]) A base de mensuração geralmente adoptada é o custo histórico – v. §§ 98 e 99 da EC do SNC.

([124]) Cfr. Decreto Regulamentar 25/2009, de 14 de Setembro.

([125]) Cfr. F. GONÇALVES DA SILVA / J. ESTEVES PEREIRA, *Contabilidade das sociedades*, 8.ª ed., Plátano Editora, Lisboa, 1989, pp. 62, ss., FRANCESCO GALGANO, *Diritto commerciale – Le società*, Zanichelli, Bologna, 1996, pp. 304, ss..

([126]) "Porém, o exercício da prudência não permite, por exemplo, a criação de reservas ocultas (...), a subavaliação deliberada de activos ou de rendimentos, ou a deliberada sobreavaliação de passivos ou de gastos, porque as demonstrações financeiras não seriam neutras e, por isso, não teriam a qualidade de fiabilidade" – § 37 da EC do SNC.

([127]) V. *infra*, n.º 3. 2. 4. do cap. VII.

Perda *de balanço* é a diferença negativa, registada em balanço, entre o valor do património social líquido e o valor do capital social e reservas indisponíveis.

Perda *de exercício* é a diferença para menos do valor do património social líquido no final do exercício relativamente ao que se verificava no início desse mesmo período.

E é *final ou de liquidação* a perda que se traduz na diferença negativa entre património social líquido no termo da liquidação da sociedade e o capital social.

6. 2. Obrigação de quinhoar nas perdas

Todo o sócio é obrigado a quinhoar nas perdas, salvo o disposto quanto a sócios de indústria, diz o art. 20.º, b). E o art. 22.º, 3, na mesma linha, mas de maneira menos incorrecta, prescreve: é nula a cláusula que isente um sócio de participar nas perdas da sociedade, salvo o disposto quanto a sócios de indústria (segunda dimensão, como vimos, da proibição do pacto leonino).

A "obrigação" de quinhoar nas perdas da sociedade *não é obrigação por dívidas sociais*, não é responsabilidade para com credores da sociedade. Perdas sociais não é o mesmo que dívidas sociais, participar nas perdas da sociedade não é o mesmo que responder perante credores da sociedade. Aliás, os preceitos citados são aplicáveis a todos os tipos societários. E é sabido que, em regra, só os sócios das sociedades em nome colectivo e os sócios comanditados respondem para com credores sociais.

Também *não é obrigação perante a sociedade*, não é responsabilidade por compensação ou cobertura de perdas sociais. Como sabemos, a regra (com poucas excepções) é a de os sócios responderem, perante a sociedade, pelas respectivas entradas (^{128}). Não a de fazerem contribuições adicionais para extinguir ou anular perdas. (^{129})

O que tal "obrigação" (não obrigação em sentido técnico, já se vê) significa é que *todo o sócio corre o risco de perder (total ou parcialmente) o investimento feito como contrapartida da aquisição de participação social*; a nenhum sócio pode ser assegurado que, quando saia da sociedade e seja necessário fixar o valor (de liquidação) da sua participação social, ou quando a sociedade seja extinta, obterá o reembolso (integral ou parcial) da entrada ou investimento efectuados (^{130}).

No final dos arts. 20.º, b), e 22.º, 3, ressalva-se, recorde-se, "o disposto quanto a sócios de indústria".

Mas, vendo bem, também estes sócios estão sujeitos ao risco de perderem, totalmente ou não, o valor das suas entradas quando haja perdas sociais. Consta dos estatutos o "valor atribuído à indústria com que os sócios contribuam, para o efeito da repartição de lucros e perdas" (art. 176.º, 1, b)). Suponha-se: à entrada de sócio de indústria foi atribuída valor correspondente a 30% do valor total das entradas; a sociedade é liquidada e regista perdas; não há "activo restante" ou este é insuficiente para reembolso integral das entradas (cfr. art. 156.º, 2, 3); o sócio de indústria perde, no todo ou em parte, o valor da sua entrada.

É certo que no art. 178.º, 2, se diz que "os sócios de indústria não respondem, nas relações internas, pelas

---

(^{128}) V. *supra*, n.º 2. 1. do cap. II.

(^{129}) Vimos já que as perdas são extintas, nomeadamente, mediante aplicação de lucros (posteriores) e de reservas.

(^{130}) Neste sentido, v. V. G. LOBO XAVIER, *Anotação – Sociedades por quotas; exclusão de sócios; deliberações sobre matéria estranha à ordem do dia; responsabilidade do sócio por perdas sociais*, RLJ, ano 119.º (1986/1987) pp. 279, ss..

perdas sociais (...)". Mas as "perdas sociais" vão aqui referidas de modo impróprio. Nas sociedades em nome colectivo, todos os sócios respondem pelas "obrigações sociais" (art. 175.º, 1). Incluindo os sócios de indústria. O preceito do art. 178.º, 2, significa, pois, que o sócio de indústria que satisfaça obrigações da sociedade tem o direito de exigir dos sócios de capital todo o montante que despendeu. Estamos, portanto, no domínio da responsabilidade dos sócios perante credores sociais.

Acrescente-se ainda, contudo, que os sócios não estão impedidos de cobrir perdas sociais. Podem a isso ficar obrigados mediante cláusula estatutária impondo prestações acessórias [131] ou contrato em favor da sociedade.

---

[131] V. *supra*, n.º 2. 2. 4. 1. do cap. V.

Capítulo VII

DOS ÓRGÃOS SOCIAIS

Secção I
Deliberações dos sócios

1. Preliminares

Estudaremos principalmente as deliberações inválidas (as nulas e as anuláveis). Mas analisamos também (já no n.º seguinte) as deliberações ineficazes (em sentido estrito) – igualmente previstas no CSC (art. 55.º).

O que o Código não prevê são as deliberações (juridicamente) *inexistentes*. Há lugar para elas (têm "direito à existência")?

Quer relativamente aos negócios jurídicos em geral, quer mais especificamente quanto às deliberações sociais, as respostas (por cá e não só) têm sido variadas ([1]).

Haverá cabimento para as deliberações inexistentes, fundamentalmente, em dois tipos de hipóteses: (a) *não correspondência dos factos* (invocados como deliberativo-sociais) *a qualquer forma de deliberação dos sócios* (v. g., deliberações tomadas não pelos sócios, mas pelos trabalhadores da socie-

---

([1]) V., p. ex., L. CARVALHO FERNANDES, *Teoria geral do direito civil*, vol. II, 4.ª ed., Universidade Católica Editora, Lisboa, 2007, pp. 480, ss., e J. PINTO FURTADO, *Deliberações de sociedades comerciais*, Almedina, Coimbra, 2005, pp. 493, ss..

dade, invocadas pela administração desta como deliberações sociais); (b) *não correspondência dos factos à forma de deliberação invocada*.

Imagine-se, para ilustrar este segundo grupo (bem mais importante do que o primeiro), que em uma acta, redigida e assinada por sócios, se diz terem sido adoptadas determinadas deliberações em certa assembleia geral; porém, nunca tal assembleia se realizou. As invocadas deliberações são – enquanto (ou na forma de) deliberações de assembleia geral – inexistentes. Acrescente-se, todavia, um dado mais [2]: a acta está assinada por todos os sócios. Teremos então deliberações, não da assembleia geral (essas inexistentes), mas unânimes por escrito (v. o art. 54.º, 1) [3].

As deliberações inexistentes não produzem quaisquer efeitos – nem sequer efeitos laterais ou secundários (como os produzíveis por deliberações nulas ou anuladas: arts. 61.º, 2, 62.º); a inexistência pode ser invocada a todo o tempo por qualquer pessoa, não carecendo de declaração judicial [4].

2. Deliberações ineficazes

2. 1. Em geral

Nos termos do art. 55.º do CSC, "salvo disposição legal em contrário, as deliberações tomadas sobre assunto para o

---

[2] Verificável na prática (não recomendável) de muitas sociedades.

[3] Neste sentido, antes do CSC (tendo em vista o art. 36.º, § 2.º, 1, da LSQ), V. G. LOBO XAVIER, *Anulação de deliberação social e deliberações conexas,* Atlândida Editora, Coimbra, 1976, pp. 205-206.

Se a acta não estiver assinada por todos os sócios, teremos tão-só deliberações inexistentes (o que se invoca não corresponde a qualquer forma de deliberação admitida por lei – arts. 53.º e 54.º).

[4] V., para a inexistência dos negócios jurídicos em geral, CARVALHO FERNANDES, *ob. cit.*, pp. 483-484.

qual a lei exija o consentimento de determinado sócio são ineficazes para todos enquanto o interessado não der o seu acordo, expressa ou tacitamente".

Esta ineficácia é pois, em regra, *absoluta* (não relativa) e *total* (não parcial). Faltando o consentimento de sócio(s) exigido por lei, as deliberações não produzem, perante todos (sócios ou não), qualquer dos efeitos a que tendiam.

O referido consentimento pode ser dado nas respectivas deliberações (mediante a emissão de votos positivos) [5] ou fora delas. E, neste caso, de modo expresso (oralmente ou – e por vezes necessariamente – por escrito) ou (em algumas hipóteses) de modo tácito (*v. g.*, aceitando a execução das deliberações).

O consentimento não tem de ser, porém, de "determinado sócio" (assim se expressa o art. 55.º). Pode ter de ser de sócios determinados (ou determináveis) – sendo suficiente o não consentimento de um deles para a ineficácia; e pode em alguns casos ser um consentimento formado colegial--maioritariamente (cfr. o art. 24.º, 6).

Enunciemos então exemplos de deliberações ineficazes contemplados no CSC.

(1) Deliberações que suprimem ou coarctam *direitos especiais* dos sócios sem o consentimento dos respectivos titulares (art. 24.º, *maxime* n.os 5 e 6) [6].

(2) Deliberações de *transformação* de sociedade que importem para todos ou alguns sócios a assunção de responsabilidade ilimitada (transformação em sociedade em nome colectivo ou em sociedade em comandita, respectivamente)

---

[5] Não parece que os votos de abstenção possam denotar aqui consentimento, ainda que tácito (aliás, as abstenções não se consideram votos emitidos – art. 250.º, 3 – ou "não são contadas" – art. 386.º, 1). Diferentemente, v. PINTO FURTADO, *ob. cit.*, p. 521.

[6] Cfr. *supra*, n.º 1. 1. do cap. V.

sem aprovação pelos sócios que devam assumir essa responsabilidade (art. 133.º, 2) (⁷).

(3) Deliberações de *transformação* que alterem, sem o "acordo de todos os sócios interessados" (todos os sócios, afinal), o montante nominal da participação de cada sócio e a proporção de cada uma delas relativamente ao capital social (art. 136.º, 1).

(4) Deliberações de *alteração dos estatutos* de sociedades por quotas excluindo ou dificultando a divisão de quotas, sem o consentimento de todos os sócios por elas afectados (art. 221.º, 7).

(5) Deliberações de *alteração estatutária* proibindo ou dificultando a cessão de quotas, sem o consentimento de todos os sócios por elas afectados (art. 229.º, 4).

(6) Deliberações de *amortização de quotas* que, sendo permitidas com o consentimento dos respectivos titulares, sejam adoptadas sem tal consentimento (⁸).

(7) Deliberações de *alteração dos estatutos* de sociedades anónimas introduzindo limites à transmissão de acções, sem o consentimento de todos os sócios cujas acções sejam afectadas (art. 328.º, 3) (⁹).

O CSC prevê outras hipóteses de ineficácia das deliberações, igualmente por falta de consentimento de "determinado sócio" exigido por lei – mas ineficácia, agora, *não absoluta*, tão-só relativa ao sócio ou sócios que não prestem o consentimento. Este carácter relativo da ineficácia, sendo

---

(⁷) O texto normativo fala de validade. Mas parece mais correcto entender que a norma se refere à eficácia/ineficácia. V., neste sentido, PINTO FURTADO, *ob. cit.*, pp. 515, ss.; divergentemente, RAÚL VENTURA, *Fusão, cisão, transformação de sociedades*, Almedina, Coimbra, 1990, p. 498.

(⁸) V. os arts. 232.º, ss. e *supra*, n.º 4. 1. do cap. V.

(⁹) V. A. SOVERAL MARTINS, *Cláusulas do contrato de sociedade que limitam a transmissibilidade das acções*, Almedina, Coimbra, 2006, pp. 603, ss..

embora excepção à regra afirmada no art. 55.º, está ressalvado no início deste mesmo preceito.

Segundo o n.º 2 do art. 86.º, se uma alteração estatutária "envolver o *aumento das prestações* impostas pelo contrato aos sócios, esse aumento é ineficaz para os sócios que nele não tenham consentido". Assim, por exemplo, as deliberações que introduzam nos estatutos obrigações de prestações acessórias (arts. 209.º, 287.º) ou de prestações suplementares (art. 210.º) são ineficazes relativamente aos sócios que as não tenham aprovado (nem, por outra via, nelas tenham consentido).

Outro exemplo de deliberação relativamente ineficaz – mas não de alteração estatutária – é a que constitui *obrigação de efectuar suprimentos*. Uma tal deliberação é eficaz para os sócios que a votem favoravelmente e assumam a obrigação, é ineficaz para os sócios que não votem positivamente (art. 244.º, 2).

Em todos estes casos de deliberações a que falte o consentimento de sócios, a tutela dos interesses destes bem se satisfaz com o regime da ineficácia (absoluta ou relativa). Menos apropriado seria o da anulabilidade, que obrigaria os sócios interessados a propor acção anulatória em prazo curto, sob pena de os efeitos deliberativos não mais poderem ser postos em causa, ou o da nulidade, que impediria a produção de efeitos ainda quando os sócios viessem a concordar com as deliberações em causa [10].

As deliberações ineficazes, por definição, não produzem os efeitos a que tendiam. Não obstante, pode suceder que órgãos societários (indevidamente) pretendam actuar ou actuem em conformidade com elas. Justifica-se então a pos-

---

[10] Cfr. V. LOBO XAVIER, *O regime das deliberações sociais no Projecto do Código das Sociedades*, separata do CCCDPOA, 1985, p. 24.

sibilidade de *acções de simples apreciação com o fim de obter a declaração judicial de ineficácia das deliberações*.

A acção de declaração de ineficácia absoluta pode ser proposta por qualquer interessado, bem como pelo órgão de fiscalização ou, faltando este, por qualquer gerente (cfr. o art. 57.º, aplicável analogicamente). Se estiver em causa deliberação tão-só relativamente ineficaz, parece que a legitimidade pertence apenas aos sócios que (ainda) não prestaram o consentimento exigido, bem como ao órgão ou gerentes há pouco referidos. As acções são propostas contra a sociedade (art. 60.º, 1, aplicável analogicamente).

> Coloca-se frequentemente na galeria das deliberações ineficazes as que, estando sujeitas a registo ([11]), *não estão registadas*. Trata-se, porém, de ineficácia distante da prevista no art. 55.º do CSC: não é absoluta, mas relativa; não se baseia em falta de consentimento de sócios; as deliberações não registadas não produzem efeitos *contra* terceiros, podendo estes, todavia, prevalecer-se dessas mesmas deliberações (cfr. o art. 14.º, 1, do CRCom. e o art. 168.º, 1, do CSC).

2. 2. Acta, condição de eficácia das deliberações?

Com respeito às deliberações dos sócios, a acta é definível como o *registo em documento escrito das deliberações tomadas pelos sócios em assembleia ou por voto escrito, e ainda de outros dados do respectivo procedimento deliberativo*.

Por regra, as actas são lançadas em *livro de actas* (cfr. os arts. 31.º, 1, e 37.º do CCom.). Tal "livro", porém, não tem de consistir, antes dos lançamentos, em um conjunto de folhas formando volume encadernado; pode ser constituído por folhas soltas numeradas sequencialmente e rubricadas por

---

[11] V. o CRCom., art. 3.º, 1, b), g), i), j), r), u).

certos sujeitos e que somente depois de utilizadas têm se ser encadernadas (art. 31.º, 2, do CCom.). Por outro lado, é hoje possível a utilização de livros de actas em suporte electrónico (art. 39.º, 1, do CCom.).

No entanto, as actas podem também constar de *documentos particulares avulsos* (art. 63.º, 4, 7, do CSC). E podem ainda constar de "instrumentos fora das notas" ou "instrumentos (públicos) avulsos" – *actas notariais* (arts. 63.º, 4, 6, do CSC, e 36.º, 3, 103.º, ss. do CNot.).

Apesar dos dizeres do n.º 1 do art. 63.º do CSC, as actas não respeitam somente às deliberações adoptadas em *assembleia*. Também as deliberações por voto escrito devem ser registadas em acta (arts. 247.º, 6, 59.º, 2, b)). Somente as deliberações unânimes por escrito não têm de ser exaradas em acta ([12]). Apenas a elas, portanto, se aplica a 2.ª parte de n.º 1 do art. 63.º ("deliberações por escrito") ([13]).

As actas não registam apenas *deliberações*; também *outros dados dos procedimentos deliberativos*. A acta particular de assembleia geral deve conter – podendo, mas não tendo de conter mais – as menções referidas nas várias alíneas do n.º 2 do art. 63.º; a acta notarial de assembleia conterá ainda outras menções (v. o art. 46.º, 1, a), b), 6, do CNot.). Por sua vez, deliberando os sócios por voto escrito, a acta respectiva terá o conteúdo prescrito no art. 247.º, 6, do CSC.

As actas particulares de assembleias gerais das sociedades anónimas (e das sociedades em comandita por acções:

([12]) Mas deve a existência delas ser mencionada no livro de actas (art. 63.º, 4) – quando, bem entendido, elas não constem do próprio livro.

([13]) Pese embora o facto de as deliberações unânimes por escrito serem admitidas em todos os tipos de sociedades (art. 54.º, 1) e de, também no Código, "deliberação por escrito" poder significar quer deliberação unânime por escrito, quer deliberação por voto escrito (cfr., para esta, o art. 56.º, 1, b), 3).

art. 478.º) são em geral *redigidas* por quem nelas sirva como presidente e secretário (art. 388.º, 2; v. tb. o art. 374.º) ([14]). No entanto, se a sociedade tiver secretário ([15]), é competência deste lavrar as actas (art. 446.º - B, 1, b)). As sociedades por quotas (e as sociedades em nome colectivo e em comandita simples: arts. 189.º, 1, 474.º) não têm, em regra, "mesa da assembleia geral"; "a presidência de cada assembleia geral pertence ao sócio nela presente que possuir ou representar maior fracção do capital, preferindo-se, em igualdade de circunstâncias, o mais velho" (art. 248.º, 4). Compete ao presidente elaborar a acta. Mas poderá o mesmo encarregar outrem (designado por si ou pela assembleia) da tarefa ([16]).

As actas notariais são lavradas por notário (art. 46.º, 6, do CNot.). E as relativas a deliberações por voto escrito (admitidas nas sociedades por quotas e em nome colectivo: arts. 247.º, 189.º, 1) são redigidas por gerente (art. 247.º, 6).

Quem *assina* as actas?

As actas particulares de assembleias gerais das sociedades anónimas (e das sociedades em comandita por acções) devem ser assinadas pelo presidente da (mesa da) assembleia, assim como por secretário desta ou, quando exista, pelo secretário da sociedade (arts. 388.º, 2, 446.º-B, 1, b)).

Já as das sociedades por quotas, em nome colectivo e em comandita simples devem ser assinadas por todos os sócios (ou seus representantes) que tenham participado nas respec-

---

([14]) Normalmente, será o ou um dos secretários que redige a acta. Embora sob a direcção do presidente. Que pode, também, incumbir-se da redacção.

([15]) Diferente do secretário da (mesa da) assembleia. Devem ter secretário as sociedades emitentes de acções admitidas à negociação em mercado regulamentado; podem tê-lo as demais sociedades por acções e as sociedades por quotas (arts. 446.º-A e 446.º-D).

([16]) Se a sociedade (por quotas) tiver "secretário" (art. 446.º-D), compete a este, sabemos já, lavrar as actas.

tivas assembleias (17). Contudo, de acordo com o n.º 3 do art. 63.º, se algum deles não assinar, quando podia fazê-lo, "deve a sociedade notificá-lo judicialmente (18) para que, em prazo não inferior a oito dias, a assine; decorrido esse prazo, a acta tem a força probatória referida no n.º 1 [do art. 63.º], desde que esteja assinada pela maioria dos sócios que tomaram parte na assembleia (19), sem prejuízo do direito dos que a não assinaram de invocarem em juízo a falsidade da acta".

As actas notariais devem ser assinadas "pelos sócios presentes e pelo notário, quando relativ[a]s a sociedade em nome colectivo ou sociedade por quotas, e pelos membros da mesa e pelo notário quanto às demais" (art. 46.º, 6, do CNot.).

E as actas relativas a deliberações por voto escrito serão assinadas pelo gerente que as tenha redigido.

Não diz a lei *quando deve ser elaborada a acta de assembleia geral*. Tem de ser durante a reunião (antes do encerramento)? (20) Pode ser depois dela? (21)

A diligência exigível a quem desempenha (en)cargos societários (aqui a redacção de acta) e as circunstâncias da

---

(17) Se a sociedade por quotas tiver secretário (art. 446.º-D), parece bastarem as assinaturas do presidente da assembleia e do secretário (v. o art. 446.º-B, 1, b)).

(18) V. o art. 261.º do CPC.

(19) Esta maioria não tem de ser numérica (maioria dos sócios e, eventualmente, representantes). Exigível é a maioria deliberativa (sócios ou representantes com a maioria dos votos). V. ALBINO MATOS, *A documentação das deliberações sociais no Projecto do Código das Sociedades*, RN, 1986/1, pp. 68-69.

(20) Afirmativamente, v. ALBINO MATOS, *ob. cit.*, pp. 62, ss..

(21) Afirmando a possibilidade (reconhecendo embora a existência de "um princípio legal, implícito, de *brevidade* da celebração"), v. PINTO FURTADO, *ob. cit.*, pp. 305, ss.; v. tb. V. LOBO XAVIER, *Anotação – O início do prazo da proposição da acção anulatória de deliberações sociais e o funcionamento da assembleia geral repartido por mais do que um dia*, RLJ, ano 120.º (1987-1988), p. 333, n. (44), L. BRITO CORREIA, *Direito comercial*, 3.º vol. – *Deliberações dos sócios*, AAFDL, Lisboa, 1989, p. 243.

reunião social (*v. g.*, os trabalhos da assembleia demoraram pouco, pouco havendo para documentar, interessa também aos sócios que devem assinar a acta esperar alguns minutos para no local da reunião cumprirem tal dever) recomendam às vezes – ou impõem mesmo – que a acta deva ser elaborada antes do encerramento da assembleia. Porém, mesmo nestes casos, não deixará a acta de ser válida só porque é elaborada posteriormente [22].

Há todavia circunstâncias (facilmente imagináveis) que tornam inexigível a elaboração da acta durante a reunião. Quando assim seja [23], deve no entanto a acta ser feita em prazo (o mais possível) curto. Com efeito, não obstante as notas escritas, ou mesmo gravações em fita magnética, etc. efectuadas durante a reunião, a fidedignidade do relato será em regra tanto maior quanto mais próximo temporalmente do relatado estiver. Depois, a possibilidade de acções judiciais relativas a deliberações, algumas delas sujeitas a prazos curtos [24], aponta no mesmo sentido. E bem assim a sujeição a registo de algumas deliberações e os prazos em que o mesmo deve ser pedido [25]. [26]

---

[22] Podendo embora resultar da falta de diligência do(s) redactor(es) da acta uma ou outra consequência para o(s) mesmo(s)...

[23] Ou sempre que a acta seja redigida depois da reunião.

[24] V. o art. 396.º do CPC e o art. 59.º, 2, 3, do CSC.

[25] V. no CRCom., além dos preceitos do art. 3.º já referidos, os arts. 15.º, 1, 2, 4, 32.º, 1, 42.º, 1, a), 2, a).

[26] Leis estrangeiras também não adiantam muito quanto ao ponto. O § 40 (1) da lei austríaca sobre sociedades de responsabilidade limitada prescreve que as deliberações são, depois de adoptadas, sem demora registadas em acta. Explicitando sucintamente o "sem demora" (*unverzüglich*), escreve HANS-GEORG KOPPENSTEINER, *GmbH-Gesetz Kommentar,* 2. Aufl., Orac, Wien, 1999, p. 427: sem mora culposa. Também o *Codice Civile* refere "sem demora" no art. 2375 (3.º parágr.): "Il verbale deve essere redatto senza ritardo, nei tempi necessari per la tempestiva esecuzione degli obblighi di deposito o di pubblicazione". Adiantam mais as espanholas LSA e LSRL. Transcrevo desta o art. 54 (2) (o art. 113 (1) da LSA é muito semelhante): "El acta incluirá necessariamente la lista de asistentes y deberá ser aprobada por la propria Junta al final de la reunión o, en su

A deliberação por voto escrito considera-se adoptada no dia em que tenha sido recebida a última resposta (quando todos os sócios hajam votado) ou no último dia do prazo marcado para a votação, caso algum sócio não tenha respondido (art. 247.º, 7). O gerente a quem cabe lavrar a acta respectiva, porque deve observar deveres de cuidado e actuar como gestor criterioso e ordenado (art. 64.º, 1, a)), tem o dever de elaborá-la (ou fazer com que seja elaborada) logo que possível, depois da data em que se considera tomada a deliberação.

Uma deliberação efectivamente tomada mas não documentada em acta (porque esta não foi lavrada ou, tendo-o sido, não faz menção à deliberação) *sofre por isso em termos de validade ou ineficácia?*

As respostas, por cá e no estrangeiro, têm sido ao longo do tempo as mais variadas ([27]): tal deliberação seria inexistente, nula, anulável ou ineficaz; ou de nada disso sofreria.

Ora, uma deliberação adoptada pelos sócios em forma apropriada é, apesar da falta de acta, de facto e juridicamente *existente*. Depois, a acta não é modo ou meio pelo qual os sócios exprimem ou exteriorizam a sua vontade deliberativa, não é forma nem formalidade *ad substantiam* ([28]); por isso, e também pelas balizas fixadas no art. 56.º do CSC,

---

defecto, y dentro del plazo de quince días, por el Presidente de la Junta General y dos socios interventores, uno en representación de la mayoría y otro por la minoría".

[27] V., p. ex. LOBO XAVIER, *Anulação...*, pp. 218, ss., BRITO CORREIA, *ob. cit.*, pp. 346, ss.. Para o panorama das respostas no campo das "decisões" do sócio único não registadas em acta, v. por todos RICARDO A. S. COSTA, *A sociedade por quotas unipessoal no direito português*, Almedina, Coimbra, 2002, pp. 566, ss..

[28] Ao invés do que muitas vezes se diz na jurisprudência portuguesa (v. indicações em ALBINO MATOS, *ob. cit.*, p. 74, n. (58); posteriormente, v. p. ex. o Ac. da RP de 22/6/98, CJ, 1998, III, p. 210).

não é nula a deliberação sem acta. (²⁹) Por sua vez, a falta de acta, além de não inquinar o conteúdo da deliberação, também não vicia o procedimento deliberativo – este fica completo antes e independentemente da sua narração por acta (³⁰); não há lugar, portanto, para a *anulabilidade* da deliberação (cfr. o art. 58.º).

A tese da acta enquanto condição de eficácia das deliberações obteve fortuna especialmente entre nós, sobretudo depois do (Projecto do) CSC: a maioria da doutrina abraçou-a (³¹).

Suponha-se que em assembleia geral (com todos os sócios presentes) de sociedade por quotas se delibera validamente (1) amortizar a (única) quota de *A* e (2) destituir o sócio-gerente *B*. Dois meses depois, em nova assembleia geral, deliberaram os sócios autorizar (3) o trespasse para *C* de um

---

(²⁹) Mas, por determinação específica da lei, é nula a deliberação sem acta de sociedade por acções na Alemanha (§ 241/2 da AktG) ou na Itália (art. 2379 do *C. Civile*).

(³⁰) V. tb. PINTO FURTADO, *ob. cit.*, p. 293.

(³¹) Assim, V. LOBO XAVIER, *Anotação – Alteração do pacto social de sociedade por quotas não reduzida a escritura pública*, RLJ, Ano 117.º (1984-1985), p. 314, n. (31) (na esteira de Romano-Pavoni), e *O regime das deliberações...*, p. 17, ALBINO MATOS, *ob. cit.*, pp. 73, ss. [tendo em vista também o enunciado do n.º 7 do art. 83.º do Projecto (que não apareceu no art. 63.º do Código): "É proibido a qualquer órgão da sociedade dar execução às deliberações sociais, antes de ter sido dado cumprimento ao disposto neste artigo" (dedicado às actas)], M. CARNEIRO DA FRADA, *Renovação de deliberações sociais – O artigo 62.º do Cód. das Sociedades Comerciais*, BFD, 1985, pp. 299-300 e n. (33), BRITO CORREIA, *ob. cit.*, pp. 348, ss., A. SOVERAL MARTINS, *Suspensão de deliberações sociais de sociedades comerciais: alguns problemas*, ROA, 2003, pp. 362-363, A. MENEZES CORDEIRO, *Manual de direito das sociedades*, II, 2.ª ed., Almedina, Coimbra, 2007, p. 707, PEDRO MAIA, *Deliberações dos sócios e respectiva documentação: algumas reflexões,* em AA.VV., *Nos 20 anos do Código das Sociedades Comerciais,* Coimbra Editora, Coimbra, 2007, pp. 656, 674, ss..

Contra a tese, v., desenvolvidamente, PINTO FURTADO, *ob. cit.*, pp. 295, ss. e, telegraficamente, P. PAIS DE VASCONCELOS, *A participação social nas sociedades comerciais,* 2.ª ed., Almedina, Coimbra, 2006, p. 115.

dos estabelecimentos da sociedade e (4) a venda a *D* de uma quota própria da sociedade; uma semana depois destas deliberações, os gerentes (*E* e *F*), em representação da sociedade, celebraram o trespasse do estabelecimento e a venda da quota. Somente um mês após a segunda assembleia foram redigidas e assinadas as actas respeitantes às duas reuniões sociais (encarregou-se da redacção *B*, que havia presidido a ambas as assembleias).

Todas estas deliberações *são eficazes* desde quando foram adoptadas [32]; todas elas produziram os efeitos a que se dirigiam mesmo enquanto durou a falta das actas.

A deliberação (1) produziu o efeito típico da amortização: extinção da quota (de *A*). O gerente *E* fez o que lhe competia e devia quando, por exemplo, ao convocar os sócios para a segunda assembleia, não convocou *A* (então não sócio). A deliberação (2) atingiu a finalidade da destituição: exclusão de *B* da gerência. Os gerentes *E* e *F* fizeram o que lhes competia e deviam quando, por exemplo, comunicaram aos trabalhadores da sociedade que *B,* por ter deixado de ser gerente, não tinha mais o poder de lhes dar ordens ou instruções. [33]

Também as deliberações (3) e (4) produziram os efeitos a que tendiam: possibilitar que a gerência da sociedade trespassasse regularmente (sem consequências adversas para os gerentes) o estabelecimento [34] e alienasse eficazmente a quota da sociedade [35]. Em casos destes, os gerentes têm o

---

[32] O requisito específico de eficácia previsto na parte final do art. 234.º, 1, para as deliberações de amortização de quotas, foi logo cumprido, suponha-se ainda, quanto à deliberação (1).

[33] As deliberações (1) e (2), ao invés das (3) e (4), integram-se na categoria das deliberações *self-executing*: não implicam actos propriamente executivos por parte da administração, bastando-se a si próprias para produzir os efeitos visados.

[34] Cfr. o art. 246.º, 2, c).

[35] Cfr. os arts. 246.º, 1, b), e 260.º, 1, 4.

poder ou direito de executar as deliberações – existentes, válidas e, apesar da falta de acta, completas e eficazes; a execução é não só "material" mas também "jurídica". Se tais deliberações fossem havidas por ineficazes, então era dever dos gerentes não executá-las. Se uma deliberação não produz (ou não é apta para produzir) os efeitos a que tendia, os deveres dos administradores impõem a não execução – e podem até aconselhar a propositura de acção de declaração de ineficácia da deliberação. Ora, nada disto valerá para as deliberações sem acta. Mas mais: os administradores, além de terem o poder ou direito de executar estas deliberações, terão às vezes o dever de o fazer. Imagine-se que C e D condicionam a realização dos negócios mencionados (bastante vantajosos para a sociedade) à observância de certos prazos curtos. Actuariam os gerentes diligentemente se, esperando pela acta (e diligenciando entretanto junto de B para que a elaborasse), perdessem a oportunidade dos negócios? [36]

Claro, a falta de acta acarreta consequências negativas. Diferentes, porém, da ineficácia das deliberações.

As actas têm essencialmente uma função certificativa. Atestam o que mais releva da actividade deliberativa, promovendo assim maior segurança no funcionamento societário e informação mais certa dos sócios [37]. Nesta linha, mas exagerando, prescreve o n.º 1 do art. 63.º que as deliberações dos sócios tomadas em assembleia (e, acrescente-se, por voto escrito) "*só* podem ser *provadas* pelas actas" respectivas.

A acta particular em livro de actas tem o valor de prova bastante, cedendo perante contraprova (cfr. o art. 346.º do CCiv.); a acta em documento particular avulso constitui "princípio de prova" (art. 63.º, 7, do CSC); a acta notarial

---

[36] A possível responsabilização de B (inclusive criminal: art. 521.º) pode não obstar a uma acta demasiado tardia.

[37] Cfr. os arts. 181.º, 214.º, 288.º.

tem força probatória plena, ilidível com base na sua falsidade (cfr. os arts. 371.º - 372.º do CCiv.) (38). Se em tribunal for desfeita a força probatória de certa acta e ficar provado ter sido adoptada uma deliberação nela não registada, deverá admitir-se como provada para todos os efeitos esta mesma deliberação (39) – apesar dos dizeres do art. 63.º, 1, do CSC.

Mas retornemos à falta de acta.

As deliberações sujeitas a *registo* não podem ser registadas se não forem comprovadas (em regra) por acta (40). No entanto, esta impossibilidade de registo funda-se não na ineficácia das deliberações mas na falta de documento comprovativo das mesmas. Por outro lado, tais deliberações são, enquanto não registadas, tão-só relativamente ineficazes (inoponíveis a terceiros) (41).

A propósito do *procedimento cautelar de suspensão de deliberações sociais*, diz o n.º 2 do art. 396.º do CPC que "o sócio instruirá o requerimento com cópia da acta em que as deliberações foram tomadas e que a direcção deve fornecer ao requerente dentro de vinte e quatro horas". Acrescenta o n.º 1 do art. 397.º que, se o requerente alegar que lhe não foi fornecida cópia da acta dentro daquele prazo, a citação da sociedade "é feita com a cominação de que a contestação não será recebida sem vir acompanhada da cópia" referida.

Ora, não havendo contestação (por falta de apresentação da acta ou porque aquela foi simplesmente omitida), a sociedade fica em situação de revelia. Que "tem os efeitos previstos no processo comum de declaração" (art. 385.º, 5). Assim, os factos deliberativos articulados pelo requerente considerar-se-iam confessados (art. 484.º, 1). Mas não é assim; não

---

(38) V. por todos ALBINO MATOS, *ob. cit.*, pp. 70, ss..
(39) Neste sentido, v. PINTO FURTADO, *ob. cit.*, p. 329.
(40) Cfr. o CRCom., arts. 32.º, 1, 42.º, 1, a), 2, a), 48.º, 1, b), entre outros.
(41) V. *supra*, final do n.º 2.1.

se produz tal consequência "quando se trate de factos para cuja prova se exija documento escrito" (art. 485.º, d)) – e o art. 63.º, 1, do CSC exige-o. Sair-se-á do impasse conjugando os arts. 519.º, 1, 2, e 529.º do CPC, e o art. 344.º, 2, do CCiv.: o ónus da prova é invertido, devendo o tribunal em princípio considerar existente a deliberação nos termos apresentados pelo requerente da suspensão ([42]). Eis, pois, outro exemplo de falta (de apresentação) de acta não infirmativa da eficácia das deliberações.

Um apontamento, agora, acerca da *acção anulatória de deliberações dos sócios*. Diz o n.º 4 do art. 59.º do CSC: "A proposição da acção de anulação ([43]) não depende de apresentação da respectiva acta, mas se o sócio invocar impossibilidade de a obter, o juiz mandará notificar as pessoas que, nos termos desta lei, devem assinar a acta, para a apresentarem no tribunal, no prazo que fixar, até 60 dias ([44]), suspendendo a instância até essa apresentação". ([45])

---

[42] Assim, A. ABRANTES GERALDES, *Temas da reforma do processo civil,* IV vol., Almedina, Coimbra, 2001, pp. 84-86. V. tb. J. LEBRE DE FREITAS/A. MONTALVÃO MACHADO/RUI PINTO, *Código de Processo Civil anotado,* vol. 2.º, Coimbra Editora, Coimbra, 2001, p. 94.

[43] O preceito aplicar-se-á também, por analogia, às acções de declaração de nulidade e de ineficácia. Neste sentido, v. CARLOS OLAVO, *Impugnação das deliberações sociais,* CJ, 1988, III, p. 29, BRITO CORREIA, *ob. cit.,* p. 349.

[44] A impossibilidade de o autor obter a (cópia de) acta dever-se-á muitas vezes, não à falta de assinaturas, mas ao facto de a administração da sociedade a não facultar; nestas hipóteses, deve a ordem do juiz ser dirigida àquela (LOBO XAVIER, *O início do prazo...,* p. 332, n. (37-a)).

[45] O n.º 5 do mesmo art. 59.º adita: "Embora a lei exija a assinatura da acta por todos os sócios, bastará, para o efeito do número anterior, que ela seja assinada por todos os sócios votantes no sentido que fez vencimento". Acrescente-se que também bastará ser a acta assinada pela maioria (em votos) dos que participaram na assembleia (cfr. o art. 63.º, 3, e ALBINO MATOS, *ob. cit.,* p. 80, LOBO XAVIER, *últ. ob. cit.,* pp. 332-333). Esta maioria pode ser menor e/ou diferente da referida no art. 59.º, 5.

O que sucede quando a acta não é apresentada no tribunal dentro do prazo fixado? Tem-se respondido: a acção anulatória não pode prosseguir sem a apresentação da acta [46]; "o juiz deverá concluir que não houve deliberação, decretando-o" [47]; "aplicação analógica do artigo 397.º do Código de Processo Civil, ou seja, o não recebimento ou irrelevância da contestação apresentada pela sociedade" [48]; o juiz "terá de decretar a anulação, pelo menos na maioria dos casos" [49]; não depende de apresentação da acta o prosseguimento do processo após a suspensão da instância [50].

Também me parece que a acção pode prosseguir depois da suspensão da instância. Conjugar-se-ão ainda nestas hipóteses os arts. 519.º, 1, 2, e 529.º do CPC e o art. 344.º, 2, do CCiv.: o ónus da prova é invertido, o tribunal avaliará os factos alegados pelas partes, apreciará livremente o valor da não apresentação da acta para efeitos probatórios e decidirá sobre o pedido. Ainda aqui, portanto, uma deliberação sem acta não é o mesmo que deliberação ineficaz.

Em suma, *a acta é meio – substituível – de prova, não condição de eficácia das deliberações.*

> Tudo o que ficou dito atrás acerca da falta de acta (não causa de inexistência, invalidade ou ineficácia das deliberações) vale também, no essencial, para a *acta notarial* (quando devida).

---

[46] LOBO XAVIER, *últ. ob. cit.*, p. 332 (mas v. *ibid.* n. (37-b)).

[47] MENEZES CORDEIRO, *ob. cit.*, p. 708 (parecendo restaurar a velha tese da inexistência – e, todavia, a deliberação impugnada até pode ser inválida e estar a ser cumprida por órgãos sociais, com prejuízo para quem a impugnou ...).

[48] CARLOS OLAVO, *ob. cit.*, p. 29 (mas o citado art. 397.º foi entretanto alterado).

[49] BRITO CORREIA, *ob. cit.*, p. 349.

[50] PINTO FURTADO, *ob. cit.*, pp. 297, ss..

Porém, vários autores entendem que a falta de acta notarial (quando devida – v. o art. 63.º, 6) importa para as deliberações respectivas a nulidade (⁵¹) ou anulabilidade (⁵²).

Recordo: porque a acta notarial não é forma legal da deliberação nem consta do elenco do art. 56.º (deliberações nulas), a sua falta não importa nulidade (⁵³); porque a falta de acta notarial não é vício de conteúdo da deliberação nem do respectivo procedimento deliberativo, não há lugar para a anulabilidade prevista no art. 58.º, 1, a) (⁵⁴).

Suponha-se agora que a acta de certa assembleia devia ser lavrada por notário. Mas não foi: (1) porque, apesar das devidas diligências da administração da sociedade, nenhum notário esteve disponível para o efeito; (2) porque o presidente da assembleia e/ou a administração impossibilitaram a presença do notário. Acrescente-se a cada uma destas hipóteses: foi lavrada acta particular. Então as deliberações tomadas naquela assembleia, além de não serem afectadas na validade ou eficácia pela falta de acta notarial, podem ser provadas pela acta particular (art. 63.º, 1). Naturalmente, em relação à hipótese (2) são concebíveis consequências negativas – mas para quem impossibilitou a presença do notário (*v. g.*, destituição com justa causa). Imagine-se contudo que, em qualquer das hipóteses, também a acta particular não foi (ainda) elaborada: a conclusão quanto à validade e eficácia das deliberações mantém-se, não a que respeita à prova.

(⁵¹) LOBO XAVIER, *Alteração do pacto social...*, p. 314, n. (31).

(⁵²) BRITO CORREIA, *ob. cit.*, p. 348, PINTO FURTADO, *ob. cit.*, p. 352, P. OLAVO CUNHA, *Direito das sociedades comerciais*, 3.ª ed., Almedina, Coimbra, 2007, p. 627 – mas apenas, parece, quando a sociedade recusa indevidamente solicitar a presença do notário.

(⁵³) V. tb. ALBINO MATOS, *ob. cit.*, p. 75.

(⁵⁴) Ainda que se considerasse haver vício de procedimento, ele seria "irrelevante" – v. *infra*, n.º 4.1.1.3.

3. Deliberações nulas

Para determinar quais as deliberações nulas (e anuláveis), é preciso atender quer à *espécie do vício* de que enfermam, quer à *natureza do normativo* ofendido.

Os *vícios* aqui relevantes, ou são *de procedimento* (relativos ao modo ou processo pelo qual se formou a deliberação, ao "como" se decidiu), ou são *de conteúdo* (atinentes à regulamentação ou disciplina estabelecida pela deliberação, ao "que" foi decidido) [55].

Quanto ao *normativo* desrespeitado (pelo procedimento ou pelo conteúdo da deliberação), relevam, por um lado, *as normas (e princípios) legais*, bem como o seu *carácter imperativo ou não*, e, por outro lado, *as normas estatutárias*.

Em regra, só a *violação de normas legais imperativas pelo conteúdo das deliberações* provoca a *nulidade* destas (cfr. o CSC, art. 56.º, 1, d)). Tais normas fixam regime não derrogável pelos sócios. Exactamente porque tutelam interesses outros que não os dos sócios, ou interesses dos sócios mas não disponíveis por eles. A contradição entre (o conteúdo de) uma deliberação e uma norma legal imperativa é proibida, e não pode a deliberação produzir os efeitos (directos) a que tendia.

Para a *violação de normas legais imperativas pelo procedimento deliberativo* vale disciplina diferente. Salvo casos excepcionais (v. as als. a) e b) do n.º 1 do art. 56.º), em que vale ainda a *nulidade* [56], os vícios de procedimento causam, não nulidade, mas, em princípio, *anulabilidade*

---

[55] Esta classificação é adoptada tradicional e generalizadamente. Entre nós, foi especialmente desenvolvida por LOBO XAVIER, *Anulação...*, pp. 180, ss. (desta obra, diga-se já, é largamente tributário o regime do CSC acerca das deliberações dos sócios inválidas).

[56] Mas nulidade atípica – v. o n.º 3 do art. 56.º.

(art. 58.º, 1, a), c)). Apesar de serem ofendidas disposições legais com carácter imperativo e de tais ofensas merecerem no regime comum dos negócios jurídicos a sanção-regra da nulidade (art. 294.º do CCiv.). É que, além da tendência já antiga para restringir os casos de nulidade de deliberações sociais (promotora de certeza quanto à verificação dos efeitos visados com as deliberações), a ofensa de preceitos imperativos pelo procedimento deliberativo "afecta interesses (e interesses disponíveis) daqueles que no momento do acto eram sócios; interesses, portanto, que, por via de regra (...), tais sócios podem defender, se o quiserem, através da acção anulatória" [57].

Por sua vez, as *deliberações que ofendam* – pelo procedimento ou pelo conteúdo – *disposições legais dispositivas ou normas estatutárias* [58] não serão nulas, mas, em princípio, *anuláveis* (art. 58.º, 1, a)). Observados certos requisitos, os sócios podem derrogar normas legais dispositivas (art. 9.º, 3) e alterar cláusulas estatutárias (arts. 85.º, ss.). Estão em causa, portanto, interesses (não indisponíveis) dos sócios. A eles (mas não só) é pois confiada a decisão sobre os efeitos das deliberações que contrariem tais preceitos (impugnando-as ou não).

3. 1. Deliberações nulas por vícios de procedimento

Segundo o art. 56.º do CSC, são *nulas* as deliberações *tomadas em assembleia geral não convocada* (n.º 1, al. a), e n.º 2) e as deliberações *tomadas mediante voto escrito sem que todos os sócios tenham sido convidados a exercer esse direito* (n.º 1, al. b)). Porém, logo aí se ressalvam as hipóte-

---

[57] LOBO XAVIER, *O regime das deliberações sociais...*, p. 8.

[58] Preceitos estatutários que não sejam reprodução de normas legais imperativas, é claro (cfr. o art. 58.º, 2, do CSC – dispensável, está bem de ver).

ses de *todos os sócios terem estado presentes ou representados* na assembleia não convocada (al. a)), ou de *todos os sócios terem dado por escrito o seu voto* (al. b)).

3.1.1. Em regra, a *convocação* das assembleias gerais *compete*, nas sociedades por quotas, ao gerente ou a qualquer dos gerentes (art. 248.º, 3) (59); nas sociedades anónimas, compete ao presidente da mesa (art. 377.º, 1) (60). Em casos especiais, a assembleia geral de sociedade por quotas pode ser convocada pelo conselho fiscal ou fiscal único (quando o órgão exista, claro) – arts. 248.º, 1, 262.º, 1, 377.º, 1, 7, 420.º, 1, h) – ou pelo tribunal (arts. 248.º, 1, 2, 375.º, 6, 7, 377.º, 1, 378.º, 4) e a assembleia de sociedade anónima pode ser convocada pelo conselho fiscal ou fiscal único (arts. 377.º, 1, 7, 420.º, 1, h)), a comissão de auditoria (arts. 377.º, 1, 7, 423.º-F, h)) ou o conselho geral e de supervisão (arts. 377.º, 1, 7, 441.º, s)) – consoante a estrutura organizatória adoptada –, ou pelo tribunal (arts. 377.º, 1, 375.º, 6, 7, 378.º, 4).

A *convocatória* (o instrumento de convocação ou chamamento para assembleia) consiste, para as sociedades por quotas, pelo menos em carta registada (art. 248.º, 3). Para as sociedades anónimas, consiste por regra em anúncio publicado em sítio na Internet de acesso público (arts. 377.º, 2, 3, 167.º); porém, quando todas as acções sejam nominativas, pode o estatuto social "substituir as publicações por cartas registadas ou, em relação aos accionistas que comuniquem previamente o seu consentimento, por correio electrónico com recibo de leitura" (art. 377.º, 3) (61). (62)

---

(59) Vale o mesmo para as sociedades em nome colectivo (art. 189.º, 1) e em comandita simples (art. 474.º).

(60) Vale o mesmo para as sociedades em comandita por acções (art. 478.º).

(61) Sobre a equivalência da convocação feita por via postal e da efectuada por via electrónica, v. J. M. COUTINHO DE ABREU, *Governação das sociedades comerciais*, Almedina, Coimbra, 2005/2006, pp. 21-22, P. TARSO DOMINGUES, *Os meios telemáticos no funcionamento dos órgãos sociais. Uma primeira aproximação ao regime do CSC*, em IDET, *Reformas do Código das Sociedades*, Almedina, Coimbra, 2007, pp. 96, ss., ARMANDO

Deve a convocatória conter certas *menções* (arts. 377.º, 5, 248.º, 1). Importa recordar agora a indicação do lugar, dia e hora da reunião (art. 377.º, 5, b), 6, 7) e a ordem do dia (art. 377.º, 5, e), 7, 8).

Nas sociedades por quotas (e em nome colectivo ou em comandita simples), a convocatória deve ser expedida com a *antecedência* mínima de quinze dias (art. 248.º, 3). Nas sociedades por acções, entre a publicação do anúncio e a data da assembleia deve mediar, pelo menos, um mês (art. 377.º, 4) ou, no caso de sociedade aberta, 21 dias (art. 21.º-B, 1, do CVM); e as cartas registadas ou as mensagens de correio electrónico devem ser expedidas com a antecedência mínima de vinte e um dias (art. 377.º, 4) ([63]).

Assembleia geral não convocada é, antes de mais, a assembleia *não precedida de qualquer convocatória*: ninguém foi convocado mas, ainda assim, alguns sócios reuniram-se e adoptaram deliberações. Estas deliberações são nulas. Compreende-se: apesar de a falta de convocação ser vício de procedimento, é *vício muito grave*, na medida em que *afasta sócios do exercício de direitos fundamentais da socialidade* – designadamente o direito de participar (plena ou limitadamente) nas deliberações e o direito de obter informações sobre a vida da sociedade (especialmente em assembleia): art. 21.º, 1, b) e c) ([64]).

Por isso mesmo, deve igualmente ser considerada assembleia *não convocada* a realizada *sem presença de um ou mais sócios que não foram convocados* (convocados foram somente alguns, ou algum) ([65]); sócios legitimados para participar em

---

M. TRIUNFANTE, *Código das Sociedades Comerciais anotado*, Coimbra Editora, Coimbra, 2007, pp. 356-357.

([62]) Para a convocação judicial, v. o art. 1486.º do CPC.

([63]) Para um caso especial de redução destes prazos, v. o art. 442.º, 3.

([64]) Cfr. *supra*, n.os 2. 1. 2. e 2. 1. 3. do cap. V.

([65]) Hipótese não verificável quando a convocação seja efectuada por anúncio publicado.

assembleia não podem ser excluídos da possibilidade de exercerem os seus mais elementares direitos – são nulas as deliberações adoptadas em assembleia na qual algum deles não participou por não ter sido convocado ([66]).

Outros casos há ainda em que, por força da lei, a assembleia *não se considera convocada* – com a consequência de as deliberações aí tomadas serem nulas. Nos termos do n.º 2 do art. 56.º, "não se consideram convocadas as assembleias cujo aviso convocatório seja *assinado por quem não tenha essa competência*, aquelas de cujo aviso convocatório *não constem o dia, hora e local da reunião* e as que *reúnam em dia, hora ou local diversos dos constantes do aviso*".

Assim, considera-se não convocada, por exemplo, a assembleia geral de sociedade por quotas cujo aviso convocatório seja assinado por sócio não gerente; a assembleia de cuja convocatória não conste o lugar da reunião ([67]) (a sede social ou outro local geograficamente bem definido, se de assembleia tradicional se tratar, ou o local virtual, *v. g.* um "sítio" na Internet se a assembleia for inteiramente virtual) ([68]); a

---

([66]) No mesmo sentido, ainda que nem sempre com fundamentação semelhante, v. LOBO XAVIER, *O regime...*, p. 12, PEDRO MAIA, *Deliberações dos sócios,* em AA.VV. (coord. de COUTINHO DE ABREU), *Estudos de direito das sociedades,* 9.ª ed., Almedina, Coimbra, 2008, p. 261, e *Invalidade de deliberação social por vício de procedimento,* ROA, 2001, pp. 715, ss., A. PEREIRA DE ALMEIDA, *Sociedades comerciais e valores mobiliários,* 5.ª ed., Coimbra Editora, Coimbra, 2008, p. 200, MENEZES CORDEIRO, *ob. cit.,* p. 718; v. tb., entre outros, os Acs. do STJ de 2/6/87, BMJ 368 (1987), p. 534, e de 12/7/94, BMJ 439 (1994), p. 582, e o Ac. da RL de 21/9/04, CJ, 2004, I, p. 87. Em sentido diferente (anulabilidade), v. PINTO FURTADO, *Deliberações de sociedades comerciais* cit., pp. 580, ss.. Na Alemanha, é consensual a doutrina da nulidade – v., p. ex., KARSTEN SCHMIDT, em *Scholtz Kommentar zum GmbH-Gesetz,* II Band, 9. Aufl., Otto Schmidt, Köln, 2002, p. 2174 (anot. 64 ao § 45), e H.-G. KOPPENSTEINER, em ROWEDER *et alii, Gesetz betreffend die Gesellschaften mit beschränkter Haftung (GmbHG),* 3. Aufl., Vahlen, München, 1997, p. 1223 (anot. 11 ao § 51).

([67]) V. tb. o art. 377.º, 5, b).

([68]) V. o art. 377.º, 6, als. a) e b), respectivamente.

assembleia marcada para as 9 horas mas que foi iniciada às 8 horas (com adopção de deliberações até às 9 horas) ou às 14.

Contudo, a nulidade das deliberações tomadas em assembleia não convocada não é nulidade típica. É *atípica* (invalidade mista lhe chamam geralmente) ([69]), pois pode o *vício da falta de convocação ser sanado* posteriormente por vontade de todos os sócios que não participaram nas deliberações (os primacialmente protegidos pela cominação do art. 56.º, 1, a)), convalidando-se elas então.
Utilizando os dizeres do n.º 3 do art. 56.º, a nulidade de uma deliberação tomada em assembleia geral não convocada "não pode ser invocada quando os sócios ausentes e não representados (...) tiverem posteriormente dado por escrito o seu assentimento à deliberação".

Entretanto, recorde-se, as deliberações tomadas em assembleia geral não convocada *não são nulas* "se todos os sócios tiverem estado presentes ou representados" (2.ª parte da al. a) do n.º 1 do art. 56.º).
Se todos os sócios (ou representantes) se reúnem e, além disso, *todos acordam em que a assembleia se constitua e delibere sobre determinado(s) assunto(s)*, temos *assembleia universal*. Que pode deliberar validamente, nos termos aplicáveis às assembleias (bem) convocadas – as deliberações (sobre os assuntos consentidos por todos) não são inquinadas pela falta (ou irregularidade) da convocatória. É o que se diz no art. 54.º.

([69]) Sobre a nulidade e a anulabilidade atípicas (e o carácter supérfluo da chamada "invalidade mista"), v. RUI DE ALARCÃO, *Sobre a invalidade do negócio jurídico,* Coimbra, 1981, pp. 10, ss. (separata do n.º especial do BFD – *Estudos em homenagem ao Prof. Doutor José Joaquim Teixeira Ribeiro,* 1981).

Este preceito refere-se a "todos os sócios" (ou seus representantes). Mas a assembleia universal exige sempre a totalidade dos sócios? E exige somente sócios?

Nas sociedades por quotas, em princípio todos os sócios têm direito de participar nas assembleias gerais, ainda quando estejam impedidos de exercer o direito de voto (art. 248.º, 5) ([70]). Mas, havendo quotas em *contitularidade*, o exercício do direito de participação compete normalmente aos representantes comuns (sócios ou não) – arts. 222.º, ss.. Logo, na assembleia universal não têm de estar todos os sócios-contitulares, bastando que estejam os representantes comuns. De outra banda, os *titulares de usufruto ou de penhor de quotas* – enquanto tais não-sócios – podem ter de participar em assembleia, sob pena de ela não poder ser qualificada de universal ([71]).

O que se referiu a propósito da contitularidade, usufruto e penhor aplica-se igualmente às sociedades por acções. Acrescente-se que nem todos os accionistas têm necessariamente direito de participar nas assembleias gerais. Não o têm os accionistas (só) titulares de acções preferenciais sem voto e os titulares de acções em número (estatutariamente) insuficiente para conferir direito de voto – se o estatuto social assim determinar (art. 379.º, 2). Contudo, os representantes comuns de titulares de acções preferenciais sem voto têm direito de participação (limitada) – arts. 343.º, 1, 379.º, 3; e os titulares de acções em número insuficiente para conferir voto podem agrupar-se de modo a completarem o número exigido ou número superior e fazer-se representar por um dos agrupados (participando então o representante plenamente) – art. 379.º, 5. Ora, integrando a assembleia universal todos os sócios com direito de participação (ainda que tão-somente limitada), podem ter de participar nela (também) todos os sócios sem direito de voto – se a isso se não opuser o estatuto social –, ou os representantes de titulares de acções preferenciais sem voto, ou todos os sócios "agrupáveis" ou representantes seus.

([70]) Vale o mesmo para as sociedades em nome colectivo e em comandita simples (arts. 189.º, 1, 474.º).

([71]) Cfr. *supra*, n.º 3. 1. do cap. V.

Mais discutida é a necessidade, para que de assembleia universal se possa falar, da participação dos *membros dos órgãos de administração e de fiscalização*. Segundo o art. 379.º, 4, esses membros "devem estar presentes nas assembleias gerais" ([72]). Por isso, e porque a presença de tais sujeitos visa a satisfação do direito dos sócios à informação, sendo ainda um direito deles, que devem exercer também para se informarem a eles próprios, com vista a um melhor desempenho dos respectivos cargos, não seria universal a assembleia sem participação dos administradores e fiscalizadores ([73]). Não obstante: o preceito delimitador das assembleias universais (art. 54.º) não faz qualquer referência aos membros dos órgãos de administração ou de fiscalização; o mesmo art. 54.º, no n.º 1, admite para todos os tipos societários as deliberações (de sócios) unânimes por escrito – sem qualquer intervenção dos administradores ou fiscalizadores (enquanto tais); portanto, *a universalidade da assembleia não exige a participação dos membros dos órgãos de administração e (quando exista) de fiscalização* (embora tal participação seja possível e, muitas vezes, aconselhável) ([74]). ([75])

([72]) Por remissões várias (de que demos conta mais de uma vez), o preceito é aplicável a todos os tipos societários.

([73]) Assim, PINTO FURTADO, *ob. cit.*, pp. 449, ss..

([74]) Neste sentido, v. PEDRO MAIA, *Invalidade de deliberação...*, pp. 706-707. No entanto, acrescenta o A. *ibid.*, p. 709, que da ausência dos membros do órgão de administração ou de fiscalização resultará a anulabilidade das deliberações tomadas em assembleia universal quando algum sócio pretenda exercer o seu direito à informação nos termos do art. 290.º: não estando aqueles sujeitos presentes, haverá "recusa injustificada" de informação (n.º 3 do art. 290.º). Mas, vendo bem, "não há recusa" (muito menos "injustificada") de informação, pois não há recusadores – os referidos sujeitos não estão presentes, nem têm de estar, e todos os participantes concordam (razoavelmente ou não, pouco importa) em realizar assembleia para deliberar sobre determinados assuntos apesar da ausência daqueles sujeitos.

([75]) Também nas Alemanha se defende generalizadamente que a presença dos administradores ou dos fiscalizadores (nas sociedades por acções) não é requisito da assembleia universal. Acrescentam, porém, alguns autores que eles devem ser avisados atempadamente da realização da assembleia, sob pena de anulabilidade das respectivas deliberações (o

Para que uma assembleia seja universal não basta, contudo, a presença (real e/ou virtual) de todos quantos, nos termos vistos, têm de participar. É ainda necessário que todos eles "manifestem a vontade de que a assembleia se constitua e delibere sobre determinado assunto" (art. 54.º, 1, *in fine*).

A mencionada manifestação de vontade há-de ser de todos eles – incluindo os que não têm direito de voto ou estão impedidos de o exercer ([76]). É que, além de a letra da lei apontar neste sentido, nem todos quantos têm de participar em assembleia universal têm de ter direito de nela votar; e a quem não tem este direito (em assembleia) há-se reconhecer-se o direito de (antes da assembleia) aceitar ou não que se constitua assembleia (universal) para deliberar sobre certos assuntos ([77]).

Regressemos ao art. 56.º, 1, a). Imagine-se uma deliberação tomada em assembleia geral não convocada, mas na qual todos os sócios estiveram presentes ou representados; porém, nem todos concordaram em que a assembleia se consti-

---

direito de participação dos mesmos não deve ser violado). V., p. ex., WOLFGANG ZÖLLNER, em *Kölner Kommentar zum Aktiengsetz*, B. 2, 4. Lief., Heymanns, Köln/Berlin/Bonn/München, 1976, p. 725, e WINFRIED WERNER, em *AktG – Großkommentar*, 4. Aufl., 4. Lief., de Gruyter, Berlin/ New York, 1993, pp. 19-20. Em direcção próxima, para Espanha, v. L. M. MIRANDA SERRANO, *La junta universal de accionistas o sócios*, RDM 243 (2002), pp. 159, ss.. Diferente é a situação em Itália. É universal a assembleia de sociedade anónima "quando è rappresentato l'intero capitale sociale e partecipa all' assemblea la maggioranza dei componenti degli organi amministrativi e di controllo" – art. 2366 do *Codice Civile* (antes da reforma de 2003 exigia-se a participação de todos os membros destes órgãos); relativamente às sociedades de responsabilidade limitada (correspondentes às nossas sociedades por quotas), a assembleia universal requer que todos os administradores e fiscalizadores estejam presentes ou tenham sido informados da reunião (art. 2479 *bis*).

[76] Neste sentido, v. PINTO FURTADO, *ob. cit.*, p. 448. Divergentemente, v. E. LUCAS COELHO, *Formas de deliberação e de votação dos sócios*, em IDET, *Problemas do direito das sociedades*, Almedina, Coimbra, 2002, pp. 359, ss., PEREIRA DE ALMEIDA, *ob. cit.*, p. 186.

[77] V. tb. R. MORRAL SOLDEVILA, em I. ARROYO/ J. M. EMBID (coord.), *Comentarios a la ley de sociedades anónimas*, II, Tecnos, Madrid, 2001, p. 990.

tuísse ou deliberasse sobre assunto a respeito do qual se deliberou.

Apesar da falta de convocação, *todos os sócios* compareceram (ou fizeram-se representar) – a finalidade da convocação foi, pois, conseguida. Sendo assim, e porque se verificou a ressalva da al. a) do n.º 1 do art. 56.º, a deliberação *não é nula* ([78]).

No entanto, não foi cumprido um dos requisitos da assembleia universal. A deliberação *desrespeitou no procedimento a disciplina do art. 54.º, 1 e 2* (relativa às assembleias universais); é, pois, *anulável*, nos termos do art. 58.º, 1, a) ([79]).

3. 1. 2. Segundo o já citado art. 56.º, 1, b), são nulas as deliberações dos sócios "tomadas mediante voto escrito sem que todos os sócios com direito de voto ([80]) tenham sido convidados a exercer esse direito".

As deliberações por voto escrito são em geral permitidas nas sociedades por quotas – art. 247.º, 1 e 2 ([81]). O respectivo

---

([78]) Contra, v. M. CARNEIRO DA FRADA, *Deliberações sociais inválidas no novo Código das Sociedades,* em FDUL/CEJ, *Novas perspectivas do direito comercial,* Almedina, Coimbra, 1988, p. 331, e PINTO FURTADO, *ob. cit.,* pp. 565, ss..

([79]) Propugnando a mesma solução, v. CARLOS OLAVO, *Impugnação das deliberações sociais* cit., p. 23, BRITO CORREIA, *Direito Comercial* cit., pp. 299-300, H. SALINAS MONTEIRO, *Critérios de distinção entre a anulabilidade e a nulidade das deliberações sociais no Código das Sociedades Comerciais,* DJ, vol. VIII, t. 2, 1994, pp. 244-245, PEREIRA DE ALMEIDA, *ob. cit.,* p. 200, PEDRO MAIA, *Deliberações dos sócios* cit., pp. 259, ss. e *Invalidade de deliberação...,* p. 710, J. OLIVEIRA ASCENSÃO, *Invalidades das deliberações dos sócios,* em IDET, *Problemas do direito das sociedades* cit., p. 379, PAIS DE VASCONCELOS, *ob. cit.,* p. 178, OLAVO CUNHA, *ob. cit.,* pp. 638-639. Para a Alemanha, no mesmo sentido, v. por todos ZÖLLNER, *ob. cit.,* p. 725, e WERNER, *ob. cit.,* p. 19.

([80]) Não faz sentido a expressão "com direito de voto", visto que, quando haja sócios impedidos de votar, a deliberação não pode ser adoptada por voto escrito (art. 247.º, 8) – RAÚL VENTURA, *Sociedades por quotas,* vol. II, Almedina, Coimbra, 1989, p. 186.

([81]) E também nas sociedades em nome colectivo – art. 189.º, 1.

procedimento está regulado nos n.ᵒˢ 2 a 7 deste artigo. Para poder deliberar-se por voto escrito, é necessário que todos os sócios acordem em que assim seja (n.ᵒˢ 2 e 3) ([82]); e para saber se todos concordam, uma "consulta" por escrito será feita aos sócios (n.º 3). Podendo proceder-se a votação por escrito, o ou um gerente "enviará a todos os sócios a proposta concreta de deliberação" (n.º 4).

Ora, já se defendeu que a nulidade prevista na al. b) do n.º 1 do art. 56.º afecta as deliberações por voto escrito quando: a) nem todos os sócios foram consultados sobre a possibilidade de se deliberar por voto escrito, ou nem todos foram convidados a votar por escrito (a ou as propostas concretas de deliberação não foram enviadas a todos os sócios) ([83]); b) nem todos os sócios foram consultados sobre a possibilidade de se deliberar por voto escrito (só neste caso) ([84]); c) *nem todos os sócios foram convidados a votar por escrito* ([85]).

Parece ser este último entendimento o correcto ([86]). A mais de ser ele que melhor encaixa no enunciado da al. b) do n.º 1 do art. 56.º e do paralelismo entre esta al. (desse modo interpretada) e a al. a) do mesmo n.º 1 do art. 56.º (sócio não "convocado" para votar por escrito e sócio não convocado para assembleia geral), idêntico entendimento era avançado já a propósito de um enunciado de anteprojecto que o CSC reproduziu *ipsis verbis* ([87]).

([82]) V. LUCAS COELHO, *últ. ob. cit.*, pp. 346-347.

([83]) CARNEIRO DA FRADA, *ob. cit.*, pp. 331-332, BRITO CORREIA, *ob. cit.*, p. 355, n. (33), RAÚL VENTURA, *ob. cit.*, p. 186.

([84]) PINTO FURTADO, *ob. cit.*, p. 586.

([85]) SALINAS MONTEIRO, *ob. cit.*, pp. 246, ss..

([86]) A falta da consulta prevista no art. 247.º, 3, poderá implicar simplesmente a anulabilidade da deliberação.

([87]) A. FERRER CORREIA/V. LOBO XAVIER/M. ÂNGELA COELHO/ANTÓNIO A. CAEIRO, *Sociedade por quotas de responsabilidade limitada – Anteprojecto de lei, 2.ª redacção e exposição de motivos*, RDE, 1977, p. 413 (a propósito do art. 114.º, 1, b), do Anteprojecto).

Também esta nulidade é *atípica*. O vício é sanável por vontade dos sócios a quem não foi dada oportunidade de votar. Deixa de haver nulidade se os sócios "não participantes na deliberação por escrito tiverem posteriormente dado por escrito o seu assentimento à deliberação" (art. 56.º, 3).

Relembre-se, por fim, que *não há qualquer nulidade* quando, apesar de um ou mais sócios não terem sido convidados a exercer o direito de votar por escrito, *afinal também eles* (informalmente informados da votação) *deram por escrito o seu voto* (2.ª parte da al. b) do n.º 1 do art. 56.º).

3. 2. Deliberações nulas por vícios de conteúdo

As als. c) e d) do n.º 1 do art. 56.º delimitam as hipóteses de deliberações nulas porque viciadas no conteúdo. Praticamente relevam tão-só as previstas na al. d) – deliberações "cujo conteúdo, directamente ou por actos de outros órgãos que determine ou permita, seja ofensivo dos bons costumes ou de preceitos legais que não possam ser derrogados, nem sequer por vontade unânime dos sócios" [88]. Principiemos pelas últimas.

3. 2. 1. Deliberações contrárias a preceitos legais imperativos

Os "preceitos legais que não possam ser derrogados, nem sequer por vontade unânime dos sócios", a que a al. d) do

---

[88] Era escusado o passo normativo "directamente ou por actos de outros órgãos que determine ou permita". Porquanto uma deliberação dos sócios que determine ou permita certa actuação de outros órgãos (de administração ou de fiscalização) contra os bons costumes ou preceitos legais é já directamente contrária a este normativo – cfr. PINTO FURTADO, *ob. cit.*, pp. 601-602 (mas o A., *ibid.*, p. 605, acaba propondo interpretação da expressão legal que se me afigura desacertada).

n.º 1 do art. 56.º faz referência mais não são do que "*preceitos legais imperativos*" ([89]). Preceitos legais (de leis, decretos--leis, decretos legislativos regionais, regulamentos) ([90]), societários (os que primordialmente interessam aqui) ou não (de direito fiscal, civil, da concorrência, criminal, etc.), de regime infrangível, que não pode ser afastado ou derrogado, nem pela colectividade dos sócios (ou o sócio único), nem por outros órgãos sociais.

Aquilatar da imperatividade de certa norma é tarefa interpretativa. Tarefa muitas vezes facilitada ([91]) (1) pelo próprio *texto normativo*, com signos linguísticos denotando estar absolutamente vedada a derrogação da disciplina respectiva. Perscrutando os interesses protegidos pelas normas com aqueles sinais textuais, verifica-se serem, fundamentalmente, (2) *interesses de terceiros* umas vezes, (3) *interesses indisponíveis* dos sócios outras vezes, (4) ou a *garantia de certo esquema organizativo-funcional*. A consideração destes interesses relevará especialmente quando faltem signos textuais concludentes. ([92]) Por outro lado, também facilita a tarefa do intérprete o facto de a lei marcar claramente o *carácter dispositivo* de algumas normas. É sabido que os preceitos dispositivos do CSC podem ser derrogados, antes do mais, pelos estatutos das sociedades (art. 9.º, 3). E não são raros os enunciados normativos que incluem "salvo diferente cláusula contratual" ou expressão equivalente ([93]).

Apontemos alguns arts. do CSC com preceitos imperativos.

([89]) Cfr. LOBO XAVIER, *Anulação de deliberação...*, p. 153, *O regime das deliberações...*, pp. 6-7. Mas podia e devia o legislador ter poupado nas palavras.

([90]) Cfr. o art. 112.º da CRP.

([91]) Consideraremos agora somente normas de direito das sociedades.

([92]) No essencial em sentido idêntico, v. LOBO XAVIER, *Anulação...*, pp. 135, ss., *O regime...*, p. 7.

([93]) V. exemplos *supra*, último parágrafo do n.º 2. 2. do cap. III.

– 22.º, 3: "É nula a cláusula que exclui um sócio da comunhão nos lucros ou que o isente de participar nas perdas da sociedade, salvo o disposto quanto a sócios de indústria" [(1), (3)].

– 22.º, 4: "É nula a cláusula pela qual a divisão de lucros ou perdas seja deixada ao critério de terceiro [(1), (4)].

– 25.º, 1: "O valor nominal da parte, da quota ou das acções atribuídas a um sócio no contrato de sociedade não pode exceder o valor da sua entrada (...)" [(1), (2)].

– 27.º, 1: "São nulos os actos da administração e as deliberações dos sócios que liberem total ou parcialmente os sócios da obrigação de efectuar entradas estipuladas, salvo no caso de redução do capital" [(1), (2)].

– 32.º, 1: "Sem prejuízo do preceituado quanto à redução do capital social, não podem ser distribuídos aos sócios bens da sociedade quando a situação líquida desta, tal como resulta das contas elaboradas e aprovadas nos termos legais, for inferior à soma do capital e das reservas que a lei ou o contrato não permitem distribuir aos sócios ou se tornasse inferior a esta soma em consequência da distribuição" [(1), (2)].

– 33.º, 1: "Não podem ser distribuídos aos sócios os lucros do exercício que sejam necessários para cobrir prejuízos transitados ou para formar ou reconstituir reservas impostas pela lei ou pelo contrato de sociedade" [(1), (2)] [94].

– 74.º, 1: "É nula a cláusula, inserta ou não em contrato de sociedade, que exclua ou limite a responsabilidade dos fundadores, gerentes ou administradores (...)" [(1), (3)] [95].

– 85.º, 1: "A alteração do contrato de sociedade, quer por modificação ou supressão de alguma das suas cláusulas quer por introdução de nova cláusula, só pode ser deliberada pelos sócios, salvo quando a lei permita atribuir cumulativamente essa competência a algum outro órgão" [(1), (3), (4)].

– 131.º, 1: "Uma sociedade não pode transformar-se" se, entre outras condições, "o capital não estiver integralmente

---

[94] V. tb. os restantes n.os do artigo.
[95] V. tb. as remissões feitas para este preceito nos arts. 78.º, 5, e 79.º, 2 [(1), (2)].

liberado ou se não estiverem totalmente realizadas as entradas convencionadas no contrato" (al. a)) ou "o balanço da sociedade a transformar mostrar que o valor do seu património é inferior à soma do capital e reserva legal" (al. b)) [(1), (2)].

– 210.º, 3, a), 4: o estatuto social que permita prestações suplementares "fixará" o "montante global" das mesmas [(1), (3)].

– 218.º, 295.º, 296.º: é obrigatória a constituição de reserva legal nas sociedades por quotas e por acções, com montantes mínimos e utilização limitada [(1), (2)].

– 220.º, 1, 2 e 3, 316.º, 1, 318.º: são "nulas" certas aquisições de quotas próprias, uma sociedade "não pode subscrever acções próprias" e "só pode adquirir acções próprias inteiramente liberadas" (excepto em determinados casos), sob pena de tais aquisições serem "nulas" [(1), (2)].

– 233.º, 1: "Sem prejuízo de disposição legal em contrário, a sociedade só pode amortizar uma quota sem o consentimento do respectivo titular quando tenha ocorrido um facto que o contrato social considere fundamento de amortização compulsiva" [96] [(1), (3)].

– 246.º, 1: é competência exclusiva dos sócios (nas sociedades por quotas) deliberar sobre certos assuntos indicados na lei [(1), (4)].

– 248.º, 3, 377.º, 4: prazos mínimos entre a convocação e a data de assembleia geral [(1), (4)].

– 265.º, 1, 3: as deliberações de alteração estatutária, fusão, cisão e transformação de sociedade por quotas "só podem ser tomadas por maioria de três quartos dos votos correspondentes ao capital social ou por número ainda mais elevado de votos exigido pelo contrato de sociedade" [(1), (4)].

– 376.º, 1: a assembleia geral dos accionistas deve realizar-se anualmente para deliberar sobre certos assuntos [(1), (3), (4)].

– 384.º, 5: "É proibido estabelecer no contrato voto plural" [(1), (3), (4)].

– 391.º, 2: "... não pode ser atribuído a certas categorias de acções o direito de designação de administradores";

---

[96] V. tb. o n.º 2.

391.º, 3: "Os administradores são designados por um período fixado no contrato de sociedade, não excedente a quatro anos civis, contando-se como completo o ano civil em que os administradores forem designados; na falta de indicação do contrato, entende-se que a designação é feita por quatro anos civis, sendo permitida a reeleição" [(1), (4)].

– 414.º-A, 3: "É nula a designação" para membro do conselho fiscal, fiscal único ou revisor oficial de contas de pessoa relativamente à qual se verifique alguma das incompatibilidades estabelecidas no n.º 1 do artigo [(1), (4)].

– 419.º, 1: "A assembleia geral pode destituir, desde que ocorra justa causa, os membros do conselho fiscal, o revisor oficial de contas ou o fiscal único que não tenham sido nomeados judicialmente" [(1), (4)].

– 460.º, 1, 2 e 3, 266.º, 4: o direito legal de preferência dos sócios em aumento do capital social só pode ser limitado ou suprimido se o interesse social o justificar [(1), (3)]. ([97])

Assim, entre muitas outras, são nulas as deliberações que aprovem distribuição aos sócios de lucros fictícios (bens sociais que não sejam lucros de balanço – cfr. o art. 32.º, 1) ([98]); introduzam nos estatutos cláusula permitindo prestações suplementares, mas sem fixar o montante global das mesmas (cfr. o art. 210.º, 3, a), 4) ([99]); introduzam nos estatutos cláusula segundo a qual a convocação das assembleias gerais será feita por carta registada expedida com antecedência mínima de oito dias (cfr. o art. 248.º, 3); designem administradores por um período de cinco anos (cfr. o art. 391.º, 3) ([100]); destituam membros de órgão de

---

([97]) Tem-se apontado também como exemplos de normas imperativas as dos arts. 373.º, 3, e 403.º, 1. Mas v. COUTINHO DE ABREU, Governação..., pp. 47, ss., 162-163.

([98]) Mas v. o art. 34.º.

([99]) Cfr. tb. o Ac. do STJ de 13/4/94, CJ (ASTJ), 1994, II, p. 27 (e supra, n.º 2. 2. 4. 2. do cap. V e n. (286)).

([100]) Porém, nestes casos é possível a redução da deliberação nula, nos termos do art. 292.º do CCiv. – cfr. LOBO XAVIER, Anulação..., pp. 227-228, n. (100).

fiscalização sem justa causa (cfr. o art. 419.º, 1) ([101]); limitem ou suprimam o direito de preferência de sócios em aumento do capital sem que o interesse social o justifique (cfr. o art. 460.º) ([102]).

Acrescente-se agora um exemplo apenas de deliberação nula por violação de norma imperativa fora do CSC: deliberação simulada (cfr. o art. 240.º do CCiv.) ([103]).

3. 2. 2. Deliberações ofensivas dos bons costumes

Não é fácil imaginar deliberações destas.

Primeiro, por causa da fluidez e indeterminação da noção de bons costumes. Varia consoante os espaços e os tempos. E, num determinado espaço e tempo, é tarefa complicada delimitar as regras de conduta (originariamente extra-jurídicas) aceites como boas pela consciência social dominante. Numa sociedade moderna, complexa, "o sentido de decência de todos os que pensam de forma justa e equitativa" – formulação antiga na jurisprudência alemã e (quase) sempre

---

([101]) Cfr. tb. o Ac. da RC de 7/4/94, CJ, 1994, II, p. 24.

([102]) Neste sentido, v. P. TARSO DOMINGUES, *Variações sobre o capital social*, Almedina, Coimbra, 2009, p. 498. Contra, defendendo a anulabilidade, A. MENEZES CORDEIRO, *Da preferência dos accionistas na subscrição de novas acções: exclusão e violação*, em *Banca, bolsa e crédito*, Almedina, Coimbra, 1990, p. 150, PEDRO DE ALBUQUERQUE, *Direito de preferência dos sócios em aumentos de capital nas sociedades anónimas e por quotas*, Almedina, Coimbra, 1993, pp. 380,ss..[Quase consensual é o entendimento de que é nula a deliberação que viole o direito de preferência "abstracto" (não relacionado com um concreto aumento de capital): v. PEDRO DE ALBUQUERQUE, *ob. cit.*, p. 380, SALINAS MONTEIRO, *ob. cit.*, p. 229, n. (45), M. ÂNGELA COELHO BENTO SOARES, *Aumento do capital*, em IDET, *Problemas do direito das sociedades* cit., p. 252; contra, singularmente (anulabilidade): MENEZES CORDEIRO, *ob. cit.*, p. 147.].

([103]) V. SALINAS MONTEIRO, *ob. cit.*, p. 254, n. (109), Ac. do STJ de 4/10/01, CJ (ASTJ), 2001, III, p. 58. V. tb. BRITO CORREIA, *ob. cit.*, pp. 319, ss. (nas pp. 322-323, o A., embora com dúvidas, advoga a anulabilidade).

repetida na doutrina – não é mais que "flor de retórica" pouco explicativa ([104]). Não é por acaso que não abundam os "grupos de casos" de ofensa aos bons costumes ([105]) – e menos abundam no domínio jurídico-societário.

Depois, segundo a al. d) do n.º 1 do art. 56.º, não é qualquer ofensa dos bons costumes que provoca a nulidade. Eles têm de ser contrariados pelo "conteúdo" da deliberação, pela deliberação considerada em si mesma, pela regulação por ela estabelecida. Não bastando, pelo menos em regra, que os motivos ou o fim da deliberação sejam contrários aos bons costumes ([106]).

Ainda assim, poderemos imaginar a deliberação segundo a qual os gerentes exigirão ou aceitarão de certos terceiros interessados em negociar com a sociedade o depósito de dinheiro ("luvas") em contas bancárias dos sócios, ou a deliberação que autorize a contratação de prostitutas para acompanharem (fora das instalações da sociedade) alguns clientes convidados a visitar a sede social. Já não será nula a deliberação que autorize o arrendamento de apartamento (também) para aí colocar as tais prostitutas naquelas ocasiões (o conteúdo da deliberação não é ofensivo dos bons costumes); nulo será o contrato de arrendamento celebrado entre a sociedade (executando a deliberação) e o locador, se este for conivente no fim contrário aos bons costumes do negócio (art. 281.º do CCiv.).

([104]) ZÖLLNER, *ob. cit.*, p. 734.

([105]) PINTO FURTADO, *ob. cit.*, pp. 615-616, apresenta alguns elencos mais ou menos antigos e variegados – e com um ou outro exemplo de violação, não dos bons costumes, mas da ordem pública e até (hoje em dia) de específicas normas legais imperativas.

([106]) V. tb., p. ex., ZÖLLNER, *ob. cit.*, p. 733, e UWE HÜFFER, *Aktiengesetz*, 6. Aufl., Beck, München, 2004, p. 1169, ambos em comentário ao n.º 4 do § 241 da AktG – preceito que o CSC acolheu (por via do *Anteprojecto* citado: cfr. LOBO XAVIER, *O regime...*, p. 23).

No entanto, a jurisprudência portuguesa (acompanhada por alguma doutrina) tem sido pródiga na declaração de nulidade de deliberações por ofensa aos bons costumes.

(1) Ac. do STJ de 7/1/93 ([107]): Deliberação de aplicação de (vultosos) lucros de exercício em reservas (livres) várias, sem distribuição pelos sócios; a política de não distribuição de lucros durava há um quarto de século; os sócios maioritários eram gerentes (com boas remunerações e gratificações), o minoritário não e vinha votando contra as propostas de aplicação de resultados. O abuso de direito, diz o Ac., está previsto não apenas no art. 58.º, 1, b), mas também no art. 56.º, 1, d).

(2) Ac. da RP de 13/4/99 ([108]): *A* (com quota correspondente a 98% do capital social) e *B* (com 2%), mãe de *A*, deliberaram autorizar a venda por 500 contos a *A* e *C* (irmãos) de um imóvel da sociedade que valia 11 000 contos. *D*, credora da sociedade em mais de 32 000 contos, pediu, entre outras coisas, a declaração de nulidade da deliberação. Uma deliberação abusiva, diz o Ac., será nula ou anulável (arts. 56.º, 1, d), ou 58.º, 1, b)); além de nula, a deliberação seria ainda anulável – mas a credora social não tinha legitimidade para arguir a anulabilidade.

Seguem-se dois dos cinco acórdãos de que tenho conhecimento incidindo nos "casos dos supermercados" (chamemos-lhes assim). São casos muito similares. *E*, sociedade anónima com sede em Portugal mas ligada a transnacional com sede em França, promoveu a constituição de sociedades por quotas em vários pontos do país para, em regime de franquia, explorarem supermercados. Cada sociedade tinha como sócios, além de *E*, uma ou poucas mais pessoas; as quotas de *E* eram largamente minoritárias. Em 1996 e 1997, as sociedades por quotas realizaram assembleias gerais

---

[107] CJ (ASTJ), 1993, I, p. 5.
[108] CJ, 1999, III, p. 196.

onde se deliberou trespassar para terceiro ([109]) os respectivos estabelecimentos de supermercado por preço inferior (quase sempre muito inferior) ao oferecido por E.

(3) Ac. do STJ de 3/2/00 ([110]): F e G votaram a favor da proposta de trespasse e de venda de imóvel (onde a sociedade tinha a sede) por 210 000 contos; E, que havia proposto comprar por 518 000 contos, votou contra. A deliberação é abusiva, diz o Ac., anulável segundo o art. 58.º, 1, b), e nula segundo o art. 56.º, 1, d).

(4) Ac. do STJ de 12/5/05 ([111]): H e I votaram a favor da proposta de trespasse e de venda de imóvel por 290 000 contos; E propôs comprar por 410 000 contos e votou contra.

Os outros três acórdãos – Acs. do STJ de 28/3/00, da RC de 25/9/01 e do STJ de 27/6/02 não se decidiram pela nulidade. A eles voltaremos a propósito das deliberações abusivas.

Todos estes acórdãos [(1), (2), (3), (4)] – exceptuando, talvez, o Ac. (2) – me parecem criticáveis na medida em que aplicaram o art. 56.º, 1, d), na parte relativa à ofensa dos bons costumes ([112]).

([109]) Curiosamente, sempre o mesmo...

([110]) CJ (ASTJ), 2000, I, p. 59.

([111]) Em www.dgsi.pt.

([112]) PINTO FURTADO, *ob. cit.*, refere-se a dois deles. Parece concordar com o Ac. (2) – p. 616, n. (825) – e, a propósito do Ac. (1), tem "como duvidoso que se configure, no caso, uma *ofensa dos bons costumes*" (p. 675, n. (901)); no mesmo sentido, v. F. CASSIANO DOS SANTOS, *O direito aos lucros no Código das Sociedades Comerciais (à luz de 15 anos de vigência)*, em IDET, *Problemas do direito das sociedades* cit., pp. 192-193. Entende MENEZES CORDEIRO, *Manual de direito das sociedades* cit., p. 726, que é nula por atentado aos bons costumes qualquer deliberação que "assuma um conteúdo sexual ou venha bulir com relações reservadas ao Direito da família" [mas o A. não apresenta qualquer exemplo]; "atente contra deontologias profissionais: por exemplo, assembleias de sociedades de advogados, de médicos ou de jornalistas que deliberem em sentido contrário ao do sigilo profissional" [todavia: o segredo profissional é imposto por lei (v., p. ex., o art. 87.º do Estatuto de Ordem dos Advogados, aprovado pela L 15/2005, de 26 de Janeiro); logo, a deliberação cujo conteúdo o

Casos semelhantes ao do Ac. (1) são discutidos tradicionalmente a propósito das chamadas deliberações abusivas (anuláveis)([113]). Uma deliberação que *destina os lucros a reservas*, sem distribuição pelos sócios, *não tem conteúdo ofensivo dos bons costumes*; a regulação por ela estabelecida é indiferente aos bons ou maus costumes. Ainda que se admitisse haver no caso violação dos bons costumes pelo fim da deliberação e ser esta então qualificável de abusiva ([114]), a anulabilidade, não a nulidade, seria a consequência. Os interesses em primeira linha postos em causa eram *interesses do sócio minoritário* – na disponibilidade deste, portanto, havia de ficar o recurso à acção anulatória. ([115])

Discurso análogo vale para os casos dos Acs. (3) e (4). *Por si mesmas, pelo conteúdo ou regime fixado, as deliberações não ofendem os bons costumes*; os abusos dos sócios maioritários projectam-se relevantemente na esfera patrimonial do minoritário; *este, se quiser, pode reagir lançando mão de acção anulatória*; na falta de reacção no prazo devido (art. 59.º, 1, 2, a)), as deliberações não podem mais ser postas em causa.

---

contrarie é nula por ofensa de preceito legal imperativo]. Ora, para o A. (*ibid.*, pp. 726-727), os quatro mencionados acórdãos apresentam exemplos de deliberações nulas por atentarem contra uma "deontologia comercial" (a expressão – vaguíssima, aliás – está com aspas no original).

([113]) Cfr. J. M. COUTINHO DE ABREU, *Do abuso de direito – Ensaio de um critério em direito civil e nas deliberações sociais*, Almedina, Coimbra, 1983, pp. 140-141, 167, ss..

([114]) Mas v. COUTINHO DE ABREU, *últ. ob. cit.*, pp. 149, ss. e *Da empresarialidade (As empresas no direito)*, Almedina, Coimbra, 1996, p. 275, n. (716). De todo o modo, é incorrecto dizer que abusivas são também as deliberações de conteúdo ofensivo dos bons costumes (art. 56.º, 1, d)) – v. *últ. ob. e loc. cits.* e BRITO CORREIA, *ob. cit.*, pp. 330-331; contra, além de alguma jurisprudência, PINTO FURTADO, *ob. cit.*, pp. 673, ss..

([115]) Criticando também o Ac. (1), mas em outra perspectiva, v. EVARISTO MENDES, *Lucros de exercício*, RDES, 1996, pp. 289, ss..

Interessa recordar que na Alemanha, antes da AktG de 1937, recorria-se largamente à cláusula geral dos bons costumes para atacar os abusos da maioria em prejuízo da minoria. Provocando o desgaste da cláusula e a insegurança jurídica adveniente do regime da nulidade das deliberações. Também por isso, passou a interpretar-se em geral restritivamente o "conteúdo" deliberativo contrário aos bons costumes que aparecia naquela AktG e aparece na actual (de 1965) ([116]) – onde o CSC foi beber. É de esperar que jurisprudência e doutrina portuguesas não recuperem, anacronicamente, maus usos...

Casos como o do Ac. (2) apresentam um dado que não pode ser ignorado: *um ou mais terceiros (credores) são (mediatamente) prejudicados pela deliberação*. Terceiros que *não têm legitimidade para pedir a anulação* dela (se considerada simplesmente abusiva-anulável) – art. 59.º, 1 ([117]). Pois bem, para casos destes parece razoável *interpretar extensivamente "conteúdo" deliberativo ofensivo dos bons costumes*: é nula a deliberação com finalidade (exclusiva ou não), contrária aos bons costumes, de prejudicar terceiro ([118]). Não obstante, no caso do Ac. (2) poderia chegar-se à nulidade por outra via: a deliberação *permitiu que a sociedade fizesse uma doação mista* ([119]). Fora da capacidade jurí-

---

([116]) Cfr. ZÖLLNER, *ob. cit.*, p. 733.

([117]) Desconsideramos agora outras vias de protecção dos credores (p. ex., responsabilidade civil, impugnação pauliana) – mas que não passam pela impugnação da própria deliberação.

([118]) Assim se entende generalizadamente na Alemanha – cfr. ZÖLLNER, *ob. cit.*, pp. 733-734, K. SCHMIDT, *ob. cit.*, p. 2179, KOPPENSTEINER, *ob. cit.*, p. 1176, HÜFFER, *ob. cit.*, p. 1169. Dois exemplos aí avançados: deliberação pela qual a sociedade (em crise) renuncia a indemnização devida por administradores; deliberação de amortização de quota para frustrar execução da mesma.

([119]) "Diz-se *doação mista* o contrato em que, segundo a vontade dos contraentes, a prestação de um deles (em regra, a transmissão de uma coisa) só em parte é coberta pelo valor da contraprestação, para que a diferença de valor entre ambas beneficie gratuitamente o outro contra-

dica da sociedade (art. 6.º, 1). Portanto, *a deliberação violou, pelo conteúdo, preceito legal imperativo* (art. 56.º, 1, d)) ([120]).

3. 2. 3. Deliberações "cujo conteúdo não esteja, por natureza, sujeito a deliberação dos sócios" (o enigma sem chave)

O enunciado normativo do art. 56.º, 1, c), tem sido bastante sondado, em busca da chave do enigma "por natureza". ([121])

Ao tempo ainda do Projecto do CSC, pronunciou-se V. Lobo Xavier ([122]). As deliberações dos sócios em questão seriam, (1) "antes de mais, as deliberações dos accionistas sobre matérias que 'estejam compreendidas nas atribuições de outros órgãos da sociedade' anónima". Mas, acreditava o nosso Professor, (2) "os autores do Projecto tiveram aqui em vista sobretudo certos casos de outra índole, que a prática por vezes nos mostra: aqueles em que a assembleia geral, mal esclarecida sobre os seus poderes, resolve interferir na esfera jurídica de terceiros — geralmente de sócios enquanto terceiros (ou, de qualquer modo, em qualidade diversa da de sócios) ou de outros terceiros ligados à empresa social. / Pense-se nas hipóteses (...) de a assembleia geral deliberar suspender os pagamentos devidos a gerentes ou a trabalhadores ou diferir a realização de uma prestação do preço do prédio comprado pela sociedade a um sócio". ([123])

---

ente" – ANTUNES VARELA, *Das obrigações em geral,* vol. I, 10.ª ed., Almedina, Coimbra, 2000, p. 295 (citando Liebisch).

([120]) Esta via não está vedada para alguns casos do tipo dos considerados nos Acs. (3) e (4).

([121]) Reproduzirei, quase integralmente, o que expus em *Governação...,* pp. 117-120.

([122]) *O regime...,* p. 18.

([123]) No mesmo sentido: quanto a ambas as hipóteses [(1) e (2)], CARNEIRO DA FRADA, *Deliberações sociais inválidas...,* pp. 327, ss., CARLOS OLAVO, *Impugnação das deliberações sociais* cit., pp. 23-24; quanto à

Apareceram entretanto outras propostas interpretativas do art. 56.º, 1, c). As deliberações cujo conteúdo não está por natureza sujeito a deliberação dos sócios seriam (3) (também ou somente) as tomadas sobre assunto fora da capacidade jurídica da sociedade ([124]), ou (4) somente as deliberações de objecto física ou legalmente impossível ([125]).

Todas estas propostas são contestáveis.

As deliberações *de objecto física ou legalmente impossível* são nulas por força do art. 56.º, 1, d) — o conteúdo delas é ofensivo de preceito legal imperativo: o art. 280.º, 1, do CCiv. ([126]).

Porque ofendem a norma legal imperativa do art. 6.º do CSC, também são nulas de acordo com a mesma al. d) do n.º 1 do art. 56.º as deliberações *sobre assunto fora da capacidade jurídica da sociedade* ([127]).

Por sua vez, uma sociedade não pode *interferir unilateralmente na esfera jurídica de terceiros*. A modificação desta esfera exige acordo entre os terceiros e a sociedade, nos termos de normas legais imperativas (*v. g.*, arts. 406.º, 1, e 863.º, 1, do CCiv.); e em tal acordo intervirão normalmente (por força também de normas imperativas) os administra-

---

primeira hipótese (deliberações sobre matérias imperativamente da competência de outro órgão), BRITO CORREIA, *Direito comercial*, 3.º vol. cit., pp. 287, 296, J. TAVEIRA DA FONSECA, *Deliberações sociais — Suspensão e anulação*, em CEJ, *Textos (Sociedades comerciais)*, 1994/1995, p. 125; ao menos quanto à segunda hipótese (deliberações que interferem na esfera jurídica de terceiros), SALINAS MONTEIRO, *Critérios de distinção...*, pp. 223-224 (mas, embora a al. c) do n.º 1 do art. 56.º seja útil, a mesma solução resultaria da al. d)), PEDRO MAIA, *Deliberações dos sócios* cit., pp. 264-265.

([124]) BRITO CORREIA, *ob. cit.*, pp. 287, 293, TAVEIRA DA FONSECA, *ob. e loc. cits.*, MENEZES CORDEIRO, *Manual...*, p. 723.

([125]) PINTO FURTADO, *Deliberações de sociedades...*, pp. 592, ss..

([126]) No mesmo sentido, BRITO CORREIA, *ob. cit.*, pp. 329-330, SALINAS MONTEIRO, *ob. cit.*, p. 225, n. (34).

([127]) Cfr. *supra*, n.º 3. 1. do cap. IV.

dores que representam a sociedade, não o órgão deliberativo-interno. Portanto, uma deliberação dos sócios que vise suprimir ou modificar (unilateralmente) direitos de terceiros é nula porque ofensiva de normas legais imperativas — al. d) do n.º 1 do art. 56.º, aparecendo supérflua a al. c) ([128]).

Por último, a proposta interpretativa primeiro avançada (deliberações *sobre matérias atribuídas por lei, não aos sócios, mas a outro órgão* ([129])).

Provavelmente, a fonte inspiradora do art. 56.º, 1, c), do CSC foi o § 241, n.º 3 (parte inicial), da AktG: uma deliberação da assembleia geral é nula se for "incompatível com a natureza [ou a essência] da sociedade anónima" ([130]). E alguns autores alemães incluem neste preceito (a que se atribui em geral papel diminuto) também a ofensa de regras de competência ([131]).

Não obstante, a violação de regra de competência não é propriamente vício de procedimento ([132]) — se fosse, compreender-se-ia que a ofensa de regras legais imperativas de competência, não podendo (talvez) ser colocada na al. d) do

---

([128]) Antes do CSC, LOBO XAVIER, *Anulação*..., pp. 132-133, n. (26), sustentava já a nulidade de tais deliberações, sem recorrer a regra ou princípio que defluiriam hoje do art. 56.º, 1, c)... Depois do Código, PINTO FURTADO, *ob. cit.*, p. 594 (apoiado por MENEZES CORDEIRO, *ob. cit.*, p. 722), opina convictamente ("parece hoje fora de toda a dúvida") que a sanção é a ineficácia (art. 55.º). Não é. Basta ver, além do que há pouco ficou em texto, que o consentimento referido no art. 55.º é de sócio(s), não de terceiros (nem de sócios enquanto terceiros).

([129]) Lei imperativa, é bom de ver. Se for legal-dispositiva ou estatutária a norma atributiva de competência a outro órgão, a deliberação dos sócios que a viole é anulável — art. 58.º, 1, a).

([130]) "Mit dem Wesen der Aktiengesellschaft nicht zu vereinbaren ist". V. tb. SALINAS MONTEIRO, *ob. cit.*, p. 222, n. (27).

([131]) ZÖLLNER, *ob. cit.*, p. 726, menciona Claren a título exemplificativo. Relativamente às sociedades por quotas (cuja lei não regista preceito similar), v. K. SCHMIDT, em *Scholz Kommentar* ..., p. 2177.

([132]) Mas fala de "vício de formação" PINTO FURTADO, *ob. cit.*, p. 594. Criticamente, v. tb. SALINAS MONTEIRO, *ob. cit.* , p. 222, n. (28).

n.º 1 do art. 56.º e não devendo sujeitar-se simplesmente à reacção do art. 58.º, 1, a), necessitaria da al. c) do n.º 1 do art. 56.º. É sim (também, ao menos) vício de conteúdo. Uma regra legal que atribui competência exclusiva ao conselho de administração em certa matéria significa ao mesmo tempo a proibição de a assembleia geral adoptar deliberações cujo conteúdo ultrapasse a esfera da sua competência (entrando naquela matéria) (133). Consequentemente, às deliberações dos sócios ofensivas de normas legais imperativas de competência é aplicável o art. 56.º, 1, d) (134).

Em suma, *a questionada al. c) do n.º 1 do art. 56.º é supérflua.*

3. 2. 4. "Regime especial" das deliberações de aprovação do relatório de gestão e de documentos de prestação de contas

"Os membros da administração devem elaborar e submeter aos órgãos competentes da sociedade o relatório de gestão, as contas do exercício e demais documentos de prestação de contas previstos na lei, relativos a cada exercício anual" (art. 65.º, 1; v. tb. os n.os 3 e 4). As "contas do exercício" são, fundamentalmente, o balanço, a demonstração dos resultados por naturezas e o anexo (135). São estes os principais "documentos de prestação de contas" (136).

---

(133) Neste sentido, v. ZÖLLNER, *ob. cit.*, p. 731.

(134) No mesmo sentido, além de SALINAS MONTEIRO, *últ. loc. cit.*, v. OLIVEIRA ASCENSÃO, *Invalidades das deliberações...*, pp. 381-382.

(135) Cfr. o art. 2.º, 1, da 4.ª Directiva em matéria de direito das sociedades (Directiva 78/660/CEE, de 25 de Julho de 1978) e o art. 11.º do DL 158/2009, de 13 de Julho (aprova o SNC).

(136) O art. 289.º, 1, e), do CSC inclui nos documentos de prestação de contas vários outros documentos, mas que não são elaborados pela administração nem sujeitos a votação dos sócios. Empregando aquela expressão para significar contas do exercício, v. os arts. 189.º, 3, e 263.º, 5.

A elaboração do relatório de gestão e dos documentos de prestação de contas "deve obedecer ao disposto na lei" (art. 65.º, 2). Basicamente, vale para o relatório de gestão o disposto no art. 66.º, e para os demais documentos de prestação de contas o disposto no SNC.

Compete aos sócios deliberar sobre o relatório de gestão e as contas do exercício – arts. 189.º, 3, e 474.º (sociedades em nome colectivo e em comandita simples), 246.º, 1, e) (sociedades por quotas) (137), 376.º, 1, a), e 478.º (sociedades por acções).

São estas deliberações que estão sujeitas, segundo o art. 69.º, a um "regime especial de invalidade" (expressão da epígrafe).

Em apreciação geral, direi que este art. 69.º é pouco claro. Que violações de preceitos legais relativos à "elaboração" do relatório de gestão e dos documentos de prestação de contas implicam a anulabilidade das respectivas deliberações de aprovação (n.º 1)? O que são contas "em si mesmas" irregulares (n.º 2)? Porque se diz que é "igualmente" anulável a deliberação que aprove contas em si mesmas irregulares? Estas contas não supõem ofensa de preceitos relativos à sua elaboração? Depois, as "especialidades" do regime das invalidades revelam-se algo incoerentes. Pelos n.os 1 e 2, dir-se-ia que a regra é a anulabilidade. São anuláveis as deliberações de aprovação das propostas do relatório de gestão e de documentos de prestação de contas que hajam incorrido em violação de preceitos legais. Inclusive preceitos imperativos – em desvio do estabelecido no art. 56.º, 1, d). Mas não resulta do n.º 3 do mesmo art. 69.º que a nulidade é, afinal, a regra relativamente a muitas situações, nomeadamente as que entram no campo de aplicação do n.º 2? Por outro lado, a 2.ª parte deste n.º 2 prescreve que "o juiz, em casos de pouca

---

(137) Mas v. o art. 263.º, 2.

gravidade ou fácil correcção, só decretará a anulação se as contas não forem reformadas no prazo que fixar". Não faria isto mais sentido para algumas irregularidades que entram no n.º 1? (138)

Uma ou outra obscuridade e incongruência do art. 69.º explica-se pelo modo por que ele chegou à forma actual. No *Projecto,* o correspondente art. 89.º tinha apenas dois números. O Código acrescentou o n.º 3. E meses depois de ele ter sido aprovado, a epígrafe e o n.º 1 do art. 69.º foram alterados pelo DL 280/87, de 8 de Julho...

Vejamos mais de perto alguns pontos respeitantes a deliberações de aprovação de contas do exercício (139).

Preceitos legais relativos à elaboração destas contas (n.º 1 do art. 69.º) são, por exemplo, os que prescrevem deverem ser os *administradores a elaborá-las* (directamente ou por outrem) *e assiná-las* (art. 65.º, 1, 3, 4) e os que estabelecem a estrutura e conteúdo dos balanços, das demonstrações de resultados e dos anexos (cfr. NCRF 1 do SNC). Mas também os que impõem a observância de certas *características qualitativas* (compreensibilidade, relevância, fiabilidade comparabilidade) *e critérios de valorimetria*, a fim de se obter imagem fiel do património, da situação financeira e dos resultados das sociedades (§§ 24, ss., 97, ss. da EC do

---

(138) É verdade que é possível proceder à renovação destas deliberações (anuláveis) – art. 62.º, 2. Mas, então, o tribunal *pode* conceder prazo à sociedade, *a requerimento desta*, para a renovação (art. 62.º, 3) – regime diferente, já se vê, prescreve o n.º 2 do art. 69.º.

(139) A invalidade de deliberação que aprove relatório de gestão releva muito menos do que a deliberação sobre as contas de exercício. Basta pensar na repercussão da nulidade ou da anulação de deliberação aprovadora de balanço na deliberação de aplicação de resultados. (Aproveite-se a nota para acrescentar que a invalidade da deliberação que aprovou um balanço ou, mais latamente, as contas de certo exercício não determina *ipso jure* a invalidade de balanços ou contas subsequentes – v. por todos LOBO XAVIER, *Anulação...,* pp. 484, ss..).

SNC) (¹⁴⁰). Normas daquele primeiro grupo têm projecção mais "formal"; a violação delas (*v. g.*, rubricas do balanço aparecem agrupadas ou em lugares errados) gera em princípio a *anulabilidade* das deliberações respectivas (art. 69.°, 1). Normas do segundo grupo têm projecção mais "material", na "substância" (ou expressão numérica) das contas; a violação delas cai já *no n.° 2 ou no n.° 3 do art. 69.°*. O ponto requer umas linhas mais.

Imagine-se um balanço inexacto ou "irregular" – (a) porque omite um verba do passivo ou inscreve uma verba fictícia no activo (traduzindo um activo líquido *superior* ao real); (b) ou porque omite uma verba no activo ou inclui uma verba fictícia no passivo (traduzindo um activo líquido *inferior* ao real); (c) ou porque subavalia bens do activo ou sobreavalia o passivo (traduzindo um activo líquido *inferior* ao real); (d) ou porque sobreavalia bens do activo ou subavalia verba do passivo (traduzindo um activo líquido *superior* ao real). A deliberação que aprove um balanço tal – desrespeitador de normas e princípio legais (¹⁴¹) – é anulável ou nula?

Entre nós, antes do CSC contrapunham-se duas opiniões. Segundo uma, a deliberação seria nula nas hipóteses (a) e (d) – activo superior ao real –, e anulável nas duas outras hipóteses (activo inferior ao real); no primeiro caso, o princípio da veracidade (o balanço deve ser "exacto e completo") tutela interesses de terceiros e impede, por exemplo, a distribuição de lucros fictícios pelos sócios; no segundo caso, a deliberação lesaria tão-só interesses disponíveis dos sócios

---

(¹⁴⁰) V. tb., p. ex., ALBERTO PIMENTA, *A prestação das contas do exercício nas sociedades comerciais*, BMJ 201 (1970), pp. 15, ss., e J. L. SALDANHA SANCHES, *A quantificação da obrigação tributária – Deveres de cooperação, autoavaliação e avaliação administrativa*, 2.ª ed., Lex, Lisboa, 2000, pp. 216, ss..

(¹⁴¹) Vai suposto que as subavaliações e sobreavaliações do exemplo excedem o permitido pelo princípio da prudência (cfr. o § 37 da EC do SNC).

(designadamente o direito de quinhoar nos lucros realmente obtidos) (142). Segundo outra opinião, a deliberação seria nula em qualquer hipótese – também nos casos de o balanço apresentar activo líquido inferior ao real são ou podem ser lesados o interesse público e interesses dos credores, dos trabalhadores, dos investidores (143).

Hoje, em face do n.º 3 do art. 69.º (consonante com o art. 56.º, 1, d)), havemos de concordar na *nulidade de qualquer deliberação que aprove balanço falso por apresentar activo líquido superior ou inferior ao real*. No primeiro caso, os preceitos legais violados tutelam principalmente os credores sociais; no segundo (activo inferior ao real), pode estar em causa a constituição ou reintegração da reserva legal (arts. 295.º, 1, 218.º) e está sempre em causa o interesse público-fiscal (144). (145)

3. 3. Acção de declaração de nulidade

O CSC impõe um *dever de "iniciativa do órgão de fiscalização* quanto a deliberações nulas" (art. 57.º, cuja epígrafe é a frase transcrita).

"O órgão de fiscalização da sociedade *deve dar a conhecer aos sócios, em assembleia geral,* a nulidade de qualquer

---

(142) LOBO XAVIER, *Anulação...*, pp. 494, ss., n. (163).

(143) COUTINHO DE ABREU, *Do abuso...*, pp. 179, ss., e C. OSÓRIO DE CASTRO, *Sobre o artigo 89.º, n.º 2, do Projecto do Código das Sociedades*, RDE, 1984/1985, pp. 230, ss..

(144) Recorde-se que o balanço é ponto de partida para se determinar o lucro tributável – v., p. ex., SALDANHA SANCHES, *ob. cit.*, pp. 244, ss., e RUI MORAIS, *Apontamentos ao IRC*, Almedina, Coimbra, 2007, pp. 63-64.

(145) Acrescente-se ainda que as reservas ocultas, mesmo quando não impeçam a constituição ou reintegração da reserva legal, põem normalmente em perigo interesses dos credores – v., além da minha *últ. ob. cit.*, p. 181 (e bibliografia aí indicada), ALBERTO PIMENTA, *ob. cit.*, BMJ 200 (1970), p. 55.

deliberação anterior, a fim de eles a renovarem, sendo possível, ou de promoverem, querendo, a respectiva declaração judicial" (art. 57.º, 1). Quando a deliberação nula tenha sido tomada em assembleia (não universal), o referido dever do órgão fiscalizador poderá ser cumprido nessa mesma assembleia (até porque a presença dos membros do órgão fiscalizador nas assembleias gerais é exigida: art. 379.º, 4); ficam logo os sócios cientes da nulidade e da possibilidade de renovarem a deliberação – se o vício for de procedimento (art. 62.º, 1) – ou de (um ou mais) requererem a respectiva declaração judicial. Não sendo esse o caso, deverá o órgão fiscalizador pedir a convocação ou convocar assembleia (cfr. os arts. 375.º, 1, 377.º, 1, 420.º, 1, h), 423.º-F, h), 441.º, s)) para que a comunicação sobre a nulidade seja efectuada e os sócios renovem a deliberação nula – querendo e podendo fazê-lo – ou fiquem cientes da possibilidade de requererem a declaração de nulidade respectiva.

Se, até dois meses após a referida comunicação, a deliberação nula não for renovada nem a sociedade citada para acção de declaração de nulidade, "deve o órgão de fiscalização *promover sem demora a declaração judicial de nulidade* da mesma deliberação" (art. 57.º, 2).

Tudo isto combina bem com o quadro legal de competências estabelecido para os órgãos de fiscalização (designadamente a competência para "vigiar pela observância da lei"): arts. 420.º, 1, b) (conselho fiscal ou fiscal único), 423.º-F, b) (comissão de auditoria), 441.º, e) (conselho geral e de supervisão) (146). E visa o rápido esclarecimento dos sócios e órgãos sociais acerca das nulidades de deliberações (147).

---

(146) Não parece que o revisor oficial de contas (ROC), quando órgão (v. os arts. 278.º, 1, b) e c), 3, 446.º), caiba no art. 57.º. Compete-lhe, essencialmente, "proceder ao exame das contas da sociedade", não uma fiscalização geral acerca da observância da lei ou dos estatutos (art. 446.º, 1, 3). Ainda menos cabe no art. 57.º o ROC designado em sociedade por quotas para proceder à revisão legal das contas (art. 262.º, 2) – aqui nem

Nas sociedades que *não tenham órgão de fiscalização* ([148]), *os deveres atrás referidos incumbem a qualquer gerente* (art. 57.º, 4). Também se compreende: estando os gerentes, naturalmente, obrigados a não cumprir deliberações nulas (deliberações não produtoras dos efeitos a que tendiam), é seu dever promover a respectiva declaração de nulidade (ou, sendo o caso, a renovação) e a clarificação no funcionamento societário.

De acordo com os n.os 3 e 4 do art. 57.º, o órgão de fiscalização ou o gerente que instaure acção de declaração de nulidade "deve propor logo ao tribunal a nomeação de *um sócio para representar a sociedade*". Percebe-se bem que seja assim quando é o (ou um) gerente a propor a acção – esta é proposta contra a sociedade (art. 60.º, 1), normalmente representada por gerente(s). Percebe-se menos bem quando é o órgão fiscalizador o proponente – a sociedade poderia então ser representada pelos administradores...

Contudo, *nem todo o regime da acção de nulidade está no art. 57.º*. Este artigo prevê somente algumas *especialidades*.

À nulidade das deliberações, enquanto negócios jurídicos, é aplicável regime comum dos negócios jurídicos nulos: "a nulidade é invocável *a todo o tempo por qualquer interessado* e pode ser declarada *oficiosamente* pelo tribunal" (art. 286.º do CCiv.) ([149]).

órgão de fiscalização será. Diferentemente, v. Pinto Furtado, *ob. cit.*, pp. 755-756.

([147]) Cfr. tb. M. Nogueira Serens, *Notas sobre a sociedade anónima*, 2.ª ed., Coimbra Editora, Coimbra, 1997, p. 48, Pedro Maia, *Deliberações dos sócios* cit., p. 266.

([148]) Não o têm (como órgão típico) as sociedades em nome colectivo e em comandita simples; as sociedades por quotas devem tê-lo se possuírem determinada dimensão e não designarem ROC para a revisão legal das contas (art. 262.º, 2, 3).

([149]) Cfr., p. ex., Pinto Furtado, *ob. cit.*, p. 758, e Nogueira Serens, *ob. cit.*, p. 48.

Entre os "interessados" (cfr. o art. 26.º, 1 e 2, do CPC) contam-se, *além dos especialmente visados no art. 57.º, os administradores das sociedades por acções, qualquer sócio e alguns terceiros.*

Os *administradores* têm legitimidade para propor a acção nos casos em que o órgão fiscalizador não cumpre os deveres prescritos no art. 57.º, 1 e 2. É evidente o interesse deles na certificação judicial da nulidade de deliberação que não pode vinculá-los. ([150])

Qualquer *sócio* tem legitimidade para propor acção de nulidade – isto mesmo resulta logo do art. 57.º, 1 e 2. Sócio já ao tempo da adopção da deliberação ou só posteriormente ([151]), com ou sem direito de voto, tenha ou não votado no sentido que fez vencimento ([152]).

Terceiros com legitimidade activa são, por exemplo, os credores e trabalhadores da sociedade quando esteja em causa deliberação de distribuição de lucros fictícios, ou um membro do conselho fiscal não sócio destituído sem justa causa.

As acções de nulidade podem ser propostas "a todo o tempo". Seria bom que, favorecendo a certeza e segurança na vida societária, o CSC se afastasse também aqui do regime comum e previsse prazos de caducidade (mais dilatados embora do que os previstos para a acção anulatória). A exemplo, aliás, do que vêm fazendo leis estrangeiras:

([150]) Parece ser de aplicar analogicamente o art. 57.º, 3 (v. tb. o n.º 4). Eventualmente aplicável é também o art. 21.º, 2, do CPC. Razoável é o disposto no 2.º parágrafo do n.º 3 do art. 117 da LSA espanhola: "Cuando el actor tuviese la representación exclusiva de la sociedad y la junta no tuvier designado a nadie a tal efecto, el Juez nombrará la persona que ha de representarla en el proceso, entre los accionistas que hubieren votado a favor del acuerdo impugnado".

([151]) V. PAIS DE VASCONCELOS, *A participação social...*, pp. 167, ss.; v. tb., para Espanha, V. PÉREZ DAUDÍ, em I. ARROYO/ J. M. EMBID (coord.), *Comentarios a la ley de sociedades anónimas* cit., p. 1147.

([152]) V. PÉREZ DAUDÍ, *ob. cit.*, pp. 1146-1147.

por exemplo, a LSA espanhola (depois de 1989), no art. 116 (1) – um ano, em regra –, e o *Codice Civile* italiano (depois de 2003), nos arts. 2379, 2379*ter* e 2479*ter* (três anos, em regra, mas com mais excepções) ([153]).

"A sentença que declarar nula ou anular uma deliberação é eficaz *contra e a favor de todos os sócios e órgãos da sociedade*, mesmo que não tenham sido parte ou não tenham intervindo na acção" (art. 61.º, 1) ([154]). Declarada a nulidade de uma deliberação, em regra tudo deve passar-se, relativamente a cada um dos sócios e aos órgãos sociais, como se ela não tivesse sido tomada, sendo destruídos os efeitos que eventualmente se hajam produzido (cfr. o art. 289.º do CCiv.) ([155]).

Não é assim quanto aos efeitos produzidos na esfera jurídica de terceiros de boa fé. "A declaração de nulidade ou a anulação não prejudica os direitos adquiridos de boa fé por terceiros, com fundamento em actos praticados em execução da deliberação; o conhecimento da nulidade ou da anulabilidade exclui a boa fé" (art. 61.º, 2).

"*Terceiros*", aqui, serão os que não sejam sócios nem titulares de órgãos sociais (cfr. o n.º 1 do art. 61.º). Mas os próprios sócios e titulares de órgãos poderão para o efeito ser considerados terceiros: quando tenham adquirido direitos, não nessa qualidade (de sócios ou membros orgânicos), mas

---

([153]) Recorde-se que a Proposta de 5.ª Directiva em matéria de direito das sociedades previa no art. 44 (versão originária, de 1972, e posteriores) que a acção anulatória ou de nulidade deve ser proposta em um prazo que os Estados-membros não podem fixar em menos de três meses e em mais do que um ano.

([154]) Quer este n.º 1 quer o n.º 2 do art. 61.º valem tanto para a declaração de nulidade como para a anulação.

([155]) Excepção, relativamente aos sócios, aparece no art. 34.º, 1: os que tenham recebido bens sociais a título de lucros ou reservas em consequência de deliberação nula não têm de restituir esses bens se estavam de boa fé.

em condição que poderia ser identicamente preenchida por outros sujeitos (condição de comprador, vendedor, mutuante, etc.) ([156]).

O terceiro está de *"boa fé"* quando, no momento em que conclui negócio com a sociedade, crê (razoavelmente) na validade da deliberação pressuposto do negócio ou ignora (não levianamente) a nulidade dela. Compete à sociedade ou a quem invoque a ineficácia do negócio provar que o terceiro conhecia ou, dadas as circunstâncias, não podia ignorar a nulidade; ajudará nessa prova o facto de, antes da conclusão do negócio, ter sido feito o registo de procedimento cautelar de suspensão da deliberação ou de acção de declaração da nulidade, ou das respectivas decisões finais (cfr. o art. 9.º, e), h), do CRCom.). ([157])

Actos praticados (por administradores, normalmente) *"em execução da deliberação"* são os praticados em conformidade com ela, os que nela encontram fundamento ([158]).

Assim, por exemplo, a declaração de nulidade da deliberação por que foram eleitos os administradores não prejudica os direitos adquiridos de boa fé por terceiros que com aqueles administradores negociaram ([159]); a declaração de nulidade da deliberação que suprimiu o direito de preferência dos sócios na subscrição de novas participações em aumento de capital não prejudica a aquisição de participações por terceiros de boa fé.

Convém aflorar ainda dois pontos que não têm sido evidenciados. (a) Os "direitos" adquiridos de boa fé por terceiros

---

([156]) É esta também a concepção dominante em Espanha (cfr. L. CABALLOL I ANGELATS, em ARROYO/EMBID, *ob. cit.*, p. 1276) e em Itália (cfr. DOMENICO SPAGNUOLO, em M. SADULLI/V. SANTORO (a cura di), *La riforma delle società*, t. I, Giappichelli, Torino, 2003, p. 356).

([157]) V., com forte paralelismo, no CSC os arts. 260.º, 2, 3, e 409.º, 2, 3.

([158]) Cfr. LOBO XAVIER, *Anulação...*, pp. 336, n. (85), 427, n. (76).

([159]) Cfr. *últ. A., ob. e locs. cits.*.

em consequência de *certas* deliberações nulas *são sempre prejudicados*. Imagine-se uma deliberação dos sócios autorizando a administração a fazer doações fora da capacidade jurídica da sociedade – a deliberação é nulae as doações feitas nulas são também ([160]). (b) *Fora dos casos em que a lei faz depender de deliberação* dos sócios a prática de actos pelos administradores, a existência ou inexistência e a validade ou invalidade de deliberação – ainda que exigida estatutariamente – *são indiferentes para os terceiros*, não prejudicam a vinculação da sociedade ([161]). ([162])

4. Deliberações anuláveis

Olhando para o art. 58.º do CSC, vê-se que são anuláveis as deliberações *ilegais que não sejam nulas* (n.º 1, al. a)), as deliberações *anti-estatutárias* (n.º 1 al. a), *in fine*) e as deliberações que vêm sendo designadas *abusivas* (n.º 1, al. b)). As deliberações, igualmente anuláveis, não precedidas de elementos mínimos de informação (n.º 1, al. c), e n.º 4) reconduzem-se fundamentalmente às ilegais.

4. 1. Deliberações ilegais

Relativamente às deliberações anuláveis por violação de disposições da lei ([163]), importa atender aos vícios de procedimento e aos vícios de conteúdo. No primeiro caso, a lei

---

([160]) Cfr. *supra*, n.º 3. 1. do cap. IV.

([161]) Cfr. os arts. 260.º, 1 (sociedades por quotas) e 409.º, 1 (sociedades por acções). Diferente, porém, é o regime que vale para as sociedades em nome colectivo e em comandita simples (art. 192.º).

([162]) Portanto, nestas hipóteses [(a) e (b)] é irrelevante o art. 61.º, 2.

([163]) Entendida amplamente – cfr. *supra*, n.º 3. 2. 1.

tanto pode ser imperativa como dispositiva. No segundo, joga apenas lei dispositiva.

4.1.1. Vícios de procedimento

Com excepção dos previstos no art. 56.º, 1, a) e b), 2, os vícios do procedimento deliberativo provocam, em princípio, a anulabilidade das respectivas deliberações.

4. 1. 1. 1. O procedimento relativo às deliberações tomadas em assembleia geral (as mais relevantes) começa geralmente com a convocação (autoria, conteúdo e forma da convocatória, tempo que deve mediar entre a convocação e a reunião) ([164]); passa pela constituição e organização da assembleia (quem pode nela participar, eventual quórum constitutivo, presidência da assembleia); apresentação de propostas, pedidos de informação, debate; votação (quem pode votar, forma de exercício do voto); contagem dos votos e apuramento do resultado, com ou sem proclamação (formal) pelo presidente. ([165])

Assim, são por exemplo (potencialmente) anuláveis:

(1) Deliberações adoptadas em assembleia geral (não universal) convocada por aviso publicado em jornal da localidade da sede social, e *não por carta registada* (v. art. 248.º, 3, para as sociedades por quotas) *ou publicação em sítio na Internet de acesso público* (v. arts. 377.º, 2, e 167.º, 1, para as sociedades anónimas) ([166]).

([164]) Cfr. *supra*, n.º 3.1.1.

([165]) Desenvolvidamente, v. E. LUCAS COELHO, *A formação das deliberações sociais – Assembleia geral das sociedades anónimas*, Coimbra Editora, Coimbra, 1994, pp. 38, ss..

([166]) Cfr. o Ac. da RC de 29/9/98, CJ, 1998, IV, p. 25.

(2) Deliberações adoptadas em assembleia (não universal) convocada sem *a antecedência exigida* (v. os arts. 248.º, 3, 377.º, 4) ([167]).

(3) Deliberação de alteração estatutária de sociedade anónima tomada em assembleia (de primeira convocação) *sem quórum constitutivo* (v. art. 383.º, 2).

(4) Deliberações tomadas depois de sócio com direito de participação (v. arts. 248.º, 5, 379.º) ter sido *impedido de entrar ou de permanecer na assembleia*.

(5) Deliberações adoptadas em assembleia na qual sócio foi arbitrariamente *impedido de discutir* propostas sobre assuntos indicados na ordem do dia (v. art. 379.º, 1, 2).

(6) Deliberações adoptadas em assembleia na qual foi *injustificadamente recusada a sócios informação essencial* à formação de opinião fundamentada sobre assuntos em debate (v. arts. 290.º, 214.º, 7).

(7) Deliberações tomadas *sem o voto de sócio* que, legal e estatutariamente, tinha o direito de votar mas que disso *foi impedido* pelo presidente da assembleia ([168]).

(8) Deliberações adoptadas com *inexacta contagem de votos* (*v. g.*, um sócio sem direito de voto votou e os seus votos foram contados) ou com *ilícita não contagem de votos* (*v. g.*, um sócio estava devidamente representado, mas o presidente não contou os votos emitidos pelo representante).

(9) Deliberações de aumento do capital social aprovadas com *maioria dos votos mas não qualificada* (v. arts. 265.º, 1, 386.º, 3) ([169]).

(10) Deliberações de *distribuição de menos de metade do lucro de exercício distribuível*, em sociedade por quotas ou

---

([167]) Cfr. o Ac. do STJ de 18/11/97, BMJ 471 (1997), p. 416.

([168]) Sobre o direito de voto e impedimentos, v. *supra*, n.º 2. 1. 2. 2. do cap. V.

([169]) Cfr. os Acs. da RC de 2/12/92, CJ, 1992, V, p. 69, e do STJ de 26/11/96, CJ (ASTJ), 1996, III, p. 114.

por acções cujos estatutos nada disponham sobre o assunto, aprovadas por *menos de três quartos dos votos* correspondentes ao capital social (v. arts. 217.º, 1, 294.º, 1) ([170]).

4. 1. 1. 2. Nos termos do art. 58.º, 1, c), são anuláveis as deliberações que "não tenham sido precedidas do fornecimento ao sócio de *elementos mínimos de informação*". Acrescenta o n.º 4 do art. 58.º que se consideram, "para efeitos deste artigo, elementos mínimos de informação: / *a)* as menções exigidas pelo artigo 377.º, n.º 8; / *b)* A colocação de documentos para exame dos sócios no local e durante o tempo prescritos pela lei ou pelo contrato".

O n.º 8 do art. 377.º exige que a convocatória mencione claramente os assuntos sobre os quais se pretende deliberar (os assuntos constantes da ordem do dia – cfr. o n.º 5, al. e), desse artigo). E adita exigências suplementares para os casos de alteração estatutária.

Por sua vez, o Código ordena em alguns preceitos que certos documentos possam ser examinados, antes das assembleias, pelos sócios. Nomeadamente nos arts. 263.º, 1 (relatório de gestão e documentos de prestação de contas de sociedade por quotas), 289.º (documentos vários de sociedades anónimas), 101.º, 120.º e 132.º (documentos relativos a fusões, cisões e transformações de sociedades em geral).

Porém, a anulabilidade prevista no art. 58.º, 1, c), *resultava já da al. a) do n.º 1 do mesmo art. 58.º*: são anuláveis as deliberações cujo procedimento desrespeite disposições

---

[170] Cfr. o Ac. da RC de 13/10/98, CJ, 1998, IV, p. 31. Contra, propugnando a nulidade (art. 56.º, 1, c)), F. CASSIANO DOS SANTOS, *A posição do accionista face aos lucros de balanço – O direito do accionista ao dividendo no Código das Sociedades Comerciais,* Coimbra Editora, Coimbra, 1996, pp. 120-121. Mas, além do mais, as normas dos arts. 217.º, 1, e 294.º, 1, são sem dúvida dispositivas.

legais ou estatutárias prescrevendo o fornecimento aos sócios de elementos mínimos de informação.

Por outro lado, o n.º 4 do art. 58.º *não esgota os elementos informativos* (mínimos ou não) cuja falta (antes de assembleia) pode originar anulabilidade. É ver os arts. 377.º, 5 (menções obrigatórias da convocatória) (171), 94.º, 100.º, 3, 120.º (outras menções da convocatória de assembleia para deliberar sobre redução do capital social, fusão ou cisão), 214.º, 2, *in fine* (direito dos sócios de sociedade por quotas à consulta de documentos societários quando ela tenha "por fim julgar da exactidão dos documentos de prestação de contas ou habilitar o sócio a votar em assembleia geral já convocada").

Exemplos de deliberações (potencialmente) anuláveis por não serem precedidas de certos elementos de informação:

(11) Deliberação de destituição de administrador *sem que tal assunto conste da ordem do dia* (arts. 58.º, 1, c), 4, a), 59.º, 2, c)) (172).

(12) Deliberação de destituição de administrador ou de autorização de trespasse de estabelecimento *sem que tais assuntos estejam claramente mencionados na convocatória* (art. 58.º, 1, c), 4, a)) (173).

(13) Deliberação de aprovação do relatório de gestão e documentos de prestação de contas *sem que os mesmos*

---

(171) A al. b) deste n.º 5 liga-se ao art. 56.º, 1, a), 2 – a falta de menção ao lugar, dia ou hora da reunião gera, em princípio, nulidade (atípica); a al. e) do n.º 5 liga-se ao n.º 8 do mesmo art. 377.º.

(172) Cfr. o Ac. do STJ de 16/5/95, CJ (ASTJ), 1995, II, p. 85. V. tb. COUTINHO DE ABREU, *Governação...*, pp. 163, ss..

(173) Cfr., respectivamente, os Acs. da RL de 23/1/96, CJ, 1996, I, p. 100 (constava da convocatória a "alteração da composição da gerência") e do STJ de 27/6/02, CJ (ASTJ), 2002, II, p. 138 (constava da convocatória a "reestruturação da actividade da sociedade e respectiva transmissão de activos").

tenham sido postos à disposição dos sócios antes da assembleia (arts. 263.º, 1, 289.º, 1, e), e 58.º, 1, c), 4, b)).

(14) Deliberações tomadas em assembleia de sociedade anónima *sem que a convocatória mencionasse o ónus (estatutário) de os sócios depositarem as acções ao portador na sede social* até cinco dias antes de assembleia, o que impediu alguns deles de nela participarem (arts. 377.º, 5, d), 58.º, 1, a)).

4. 1. 1. 3. Contudo, importa sublinhar que *nem todos os vícios de procedimento provocam a anulabilidade* das respectivas deliberações. Apesar de o art. 58.º, 1, a) e c), não fazer distinções (todas as deliberações ilegais, quando não sejam nulas, seriam anuláveis), há que atender à *teleologia* das normas procedimentalmente ofendidas e às *consequências* das ofensas. Em concreto, há vícios *relevantes* e vícios *irrelevantes* para *efeitos de anulação das deliberações*. Sobre isto, porém, pouco tem ponderado a jurisprudência portuguesa.

Em tese geral, diremos que são vícios de procedimento *relevantes* quer os que *determinam um apuramento irregular ou inexacto do resultado da votação e, consequentemente, uma deliberação não correspondente à maioria dos votos exigida*, quer os ocorridos antes ou no decurso da assembleia que *ofendem de modo essencial o direito de participação livre e informada de sócios nas deliberações* (174).

---

(174) Tenho aqui em conta a "teoria da relevância" dos vícios de procedimento nas deliberações dos sócios desenvolvida na doutrina alemã (hoje dominante) e recentemente aceite no tribunal federal (BGH). V., entre outros, ZÖLLNER, no *Kölner Kommentar* cit., pp. 775, ss., HÜFFER, *Aktiengesetz* cit., pp. 1181, ss. (HARTWIG HENZE, *Pünktlich zur Hauptversammlungssaison: Ein Rechtsprechungsüberblick zu Informations-und Auskunftsrechten*, BB, 2002, p. 900, fala da "teoria da relevância de Zöllner e de Hüffer"), HANS-GEORG KOPPENSTEINER, em HEINZ ROWEDER *et al.* (Kommentar von), *Gesetz betreffend die Gesellschaften mit beschränkter Haftung (GmbHG)*, 4. Aufl., Vahlen, München, 2002, pp. 1640-1641, K. SCHMIDT, no *Scholz Kommentar* cit., pp. 2190, ss.. Entre nós, em boa medida (substancial) no mesmo sentido, v. LOBO XAVIER, *Anulação de deli-*

Exemplifiquemos:

a) A *participação em assembleia geral de pessoa para tal não legitimada* é vício *relevante* se a presença dessa pessoa foi *determinante para a obtenção do quórum constitutivo* (*supra*, ex. (3)).

Não é relevante se, mesmo sem essa participação, o quórum foi conseguido ([175]).

b) É *relevante* o vício que consiste em dar-se como aprovada uma proposta *sem que tenha sido conseguida a maioria de votos necessária* (cfr. arts. 189.º, 2, 194.º, 250.º, 3, 265.º, 386.º, 474.º, 476.º, 478.º e exs. (9) e (10)) – a lei exige que as deliberações dos sócios resultem da vontade, ao menos, de certas maiorias.

Irrelevantes são a *contagem indevida de votos* (*v. g.*, contagem de votos de sócio sem direito de voto ou impedido de votar por conflito de interesses – cfr. ex. (8) –, ou de votos de sócio incapaz ou afectado por vícios de vontade ([176]), ou a *não contagem indevida de votos* (*v. g.*, não contagem de votos de sócio legitimamente representado – cfr. ex. (8) – ou de votos de sócio ilicitamente impedido de votar – cfr. ex. (7)), *se a maioria deliberativa exigida se mantiver depois de descontados os votos indevidamente computa-

---

beração..., pp. 47, ss., n. (20); v. tb., em medida substancial menor, mas maior na terminologia (pese embora a confusão entre "causalidade" – perspectiva tradicional, sobretudo na jurisprudência alemã – e "relevância", que a doutrina moderna opõe em parte àquela), PEDRO MAIA, *Invalidade de deliberação social...*, pp. 735, ss.; fala também de "limiar da relevância" dos vícios de voto OLIVEIRA ASCENSÃO, *Invalidades das deliberações dos sócios* cit., pp. 376, 396-397; por sua vez, PINTO FURTADO, *Deliberações de sociedades comerciais* cit., pp. 641-642, defende tese de causalidade estrita (o A. crê, erradamente, ser "a tese maioritária na doutrina alemã"), que passa pela sujeição das deliberações à "prova de resistência".

[175] Cfr. tb. o *Codice Civile*, art. 2377, 5.º parágr., n.º 1 – na versão introduzida pela reforma de 2003.

[176] Cfr. tb. o n.º 2 do citado preceito italiano.

dos ([177]) ou depois de contados os votos indevidamente não computados.

c) É *irrelevante a falta de registo das cartas* pelas quais são convocados os sócios de sociedade por quotas (cfr. ex. (1)) *quando todas elas chegaram em tempo aos destinatários* – a finalidade da convocação (possibilitar a participação dos sócios na assembleia) foi conseguida apesar da falta do registo. ([178])

d) O *impedimento à participação de sócio* (legitimado) nas deliberações (*v. g.*, foi-lhe recusada a entrada ou a permanência na assembleia, ou a palavra na discussão das propostas – exs. (4) e (5)) é vício *relevante*, ainda que se prove que a deliberação seria idêntica no caso de o sócio ter sido admitido a participar ([179]). A finalidade das normas violadas (assegurar a colegialidade, garantir o exercício de direito fundamental da socialidade) reclama a anulabilidade. De outro modo, possibilitar-se-ia que alguns sócios (especialmente os minoritários) ficassem sem qualquer direito de participação nas deliberações. ([180])

e) É vício *relevante* o facto de o *relatório de gestão e as contas do exercício não terem sido facultados à consulta dos sócios*, antes de assembleia (ex. (13)).

Mas é *irrelevante* o vício traduzido no facto de aqueles documentos não terem estado patentes aos sócios na sede

---

([177]) A esta subtracção, para verificar se a maioria se mantém, chama-se tradicionalmente entre nós (mas também, p. ex., em Itália) "prova de resistência".

([178]) Seria isto que estava em causa no caso julgado pelo Ac. do STJ de 31/10/89, BMJ 390 (1989), p. 418?...

([179]) É aqui evidente a diferença entre a tese da "causalidade" (a deliberação não é anulável se se prova que ela seria a mesma com a participação do sócio ilicitamente impedido: o vício não foi causa do resultado deliberativo) e a tese da "relevância".

([180]) Cfr., p. ex., LOBO XAVIER, *ob. cit.*, pp. 52, ss., em nota, e K. SCHMIDT, *ob. cit.*, pp. 2191-2192.

social, *quando os mesmos foram enviados atempadamente para o domicílio dos sócios* ([181]) – o escopo da lei (proporcionar adequada preparação dos sócios para a assembleia, através da análise de documentos) foi alcançado. Vale o mesmo para o caso de a *convocatória não ter mencionado que os documentos estavam disponíveis na sede social* (v. art. 263.º, 1, *in fine*), quando *todos os sócios os consultaram* na sede ou nos seus domicílios ([182]).

f) A *recusa injustificada de informação essencial* a sócio em assembleia geral é vício *relevante* (ex. (6)) – ainda que se prove que a deliberação seria a mesma no caso de o sócio, na posse da informação solicitada, ter votado em sentido diverso.

Mas é vício *irrelevante* a recusa (mesmo que injustificada) de informações nos casos em que elas *não são essenciais para que um sócio razoável possa participar nas deliberações defendendo os seus legítimos interesses* ([183]).

g) As sociedades anónimas devem ter ROC, membro do órgão de fiscalização (geral) ou não (arts. 278.º, 1, 413.º). Certas sociedades por quotas, quando não tenham órgão de fiscalização (com pelo menos um ROC), devem ter ROC para proceder à revisão legal das contas (art. 262.º, 1, 2). Compete exclusivamente ao ROC a certificação legal das contas

---

([181]) Diferentemente (na parte relativa às contas do exercício), Ac. da RL de 2/12/92, CJ, 1992, V, p. 129 [a impugnante era, aliás, gerente (v. o art. 65.º do CSC e *supra*, n.º 2. 1. 3. 2. do cap V)...].

([182]) Cfr. o Ac. da RP de 21/12/93, CJ, 1993, V, p. 246.

([183]) O campo do direito à informação é dos mais férteis em casos de abuso de impugnação de deliberações (às vezes são feitas muitas ou complexas perguntas com o fito de, na falta de respostas para tudo, se poder recorrer aos tribunais). Lavrando contra isto, o legislador alemão, na linha da tese da relevância defendida doutrinal e jurisprudencialmente, alterou em 2005 o § 243 (4) da AktG. Que diz agora (1.ª frase): "Só se pode impugnar com base em informações incorrectas, incompletas ou recusadas quando um accionista que ajuíze objectivamente teria visto a prestação da informação como condição essencial para a justa defesa dos seus direitos de participação e de socialidade".

(art. 43.º, 4, do EOROC ([184]), que "exprime a opinião do revisor oficial de contas de que as demonstrações financeiras individuais e ou consolidadas apresentam, ou não, de forma verdadeira e apropriada, a posição financeira da empresa (...)"– art. 44.º, 2, do EOROC. O ROC é designado em regra por deliberação dos sócios (arts. 262.º, 4, 415.º, 1, 446.º, 1, do CSC, art. 50.º, 1, do EOROC); entre os demais procedimentos de designação, mencionamos os previstos nos arts. 262.º, 4, 416.º do CSC e 50.º, 5 e 6 do EOROC (nomeação pela Ordem respectiva) e no art. 50.º, 3, do EOROC (: "A designação de revisor oficial de contas ou de sociedade de revisores oficiais de contas entre duas assembleias é da competência da respectiva mesa e, na sua falta, do órgão de gestão, devendo ser submetida à ratificação pela assembleia geral seguinte, sob pena de eventual resolução do contrato pelo revisor oficial de contas, sem prejuízo do direito à remuneração correspondente ao período em que exerceu funções."). ([185]) Os sócios têm o direito de conhecer a certificação legal de contas relativa ao relatório de gestão e documentos de prestação de contas submetidos a deliberação dos sócios (arts. 263.º, 5, 289.º, 1, e), do CSC).

Um ROC é regularmente designado e contratado (entre assembleias) pela gerência de sociedade. Certifica as contas do exercício submetidas a deliberação na primeira assembleia posterior à designação. Nesta assembleia, o presidente dá conta da certificação legal e do ROC que a elaborou, mas não é proposta deliberação expressa para ratificar a designação deste; as contas são aprovadas por maioria. Sócio que votou contra propõe acção anulatória da deliberação: a certi-

---

([184]) Estatuto da Ordem dos Revisores Oficiais de Contas, aprovado pelo DL 487/99, de 16 de Novembro, alterado pelo DL 224/2008, de 20 de Novembro, que republicou em anexo o Estatuto.

([185]) Note-se que o EOROC não se basta com o acto (unilateral) de designação e o acto (unilateral) de aceitação do ROC (cfr. o art. 50.º, 7); exige ainda a celebração (posterior) de um contrato de prestação de serviços – art. 53.º (v. apontamento crítico em COUTINHO DE ABREU, Governação..., p. 186, n. (455)).

ficação legal das contas não é válida, pois foi emitida por ROC com designação não ratificada; logo, por falta de informação devida [186], deve a deliberação ser anulada (art. 58.º, 1, a)).

Perguntas breves sugeridas pelo caso (imaginado, mas muito próximo de casos reais): A relação jurídica entre sociedade e ROC mantém-se válida apesar da não ratificação expressa? Terá havido deliberação tácita ou implícita de ratificação? A deliberação ratificadora pode ter lugar em assembleia não imediata à designação feita por outra via? Independentemente de qualquer deliberação ratificadora (e das eventuais consequências para os gerentes que a não propõem), tinha o ROC legitimidade para certificar as contas? Foi respeitado o n.º 5 do art. 263.º?

Resposta brevíssima (atendendo ao quadro que vimos examinando): sim. [187]

Mas suponhamos (reentrando na questão central) que a certificação legal das contas era ineficaz (embora verdadeira). Constituiria esta falta de informação vício *relevante* para efeitos de anulação da deliberação? Apesar de o documento certificador não produzir efeitos, ficaria um sócio razoável impedido de verificar a veracidade das contas do exercício e de participar na assembleia defendendo os seus interesses (no quadro do interesse social)?

Não.

4. 1. 2. Vícios de conteúdo

Se nos casos de deliberações nulas por vícios de conteúdo estão em causa preceitos legais imperativos, nos casos de

---

[186] Embora o sócio não impugne a veracidade da certificação – v., aliás, o art. 44.º, 7, do EOROC.

[187] Respondendo generalizadamente com um não, Acs. da RP de 21/12/93, CJ, 1993, V, p. 246, de 1/7/99, CJ, 1999, IV, p. 185, e de 8/6/00, CJ, 2000, III, p. 206.

deliberações anuláveis estão em causa *preceitos legais dispositivos* (art. 58.º, 1 a)). Mas não todos.

Os preceitos legais dispositivos, recorde-se, podem ser derrogados pelo estatuto social ou, quando este ou a lei permitam, por deliberação dos sócios ([188]). Portanto, só quando falte essa permissão são anuláveis as deliberações cujo conteúdo seja ofensivo de normas legais dispositivas.

São então anuláveis, por exemplo, as deliberações que estabeleçam medida de partilha dos lucros não proporcional aos valores das participações sociais (cfr. art. 22.º, 1), dispensem o consentimento da sociedade para a cessão de quotas a terceiros (cfr. arts. 228.º, 2, 229.º, 2), determinem contrapartida de amortização de quota diversa da estabelecida no art. 235.º, 1.

A al. a) do n.º 1 do art. 58.º é aplicável aos casos de violação não somente de "disposições" específicas "da lei" mas *também de princípios jurídicos com força equivalente ao das leis* – nomeadamente os *princípios da igualdade e da actuação compatível com o interesse social (ou da lealdade)* ([189]).

Uma deliberação viola o *princípio da igualdade* de tratamento dos sócios quando dela resulta tratamento desigual de um ou mais sócios relativamente a outro(s) sem que para tanto exista justificação objectiva (a diferenciação revela-se arbitrária, não fundada no interesse social) ([190]). Porque o princípio *não é em geral imperativo* (*v. g.*, pode o estatuto social consagrar direitos especiais para

---

([188]) Cfr. o art. 9.º, 3, do CSC e *supra*, n.º 2. 2. do cap. III.

([189]) Neste sentido, para a Alemanha (perante preceito semelhante ao do nosso art. 58.º, 1, a)), v., p. ex., ZÖLLNER, *ob. cit.*, pp. 792, ss., 804, ss., K. SCHMIDT, *ob. cit.*, pp. 2193 ss., HÜFFER, *ob. cit.*, p. 1188. Entre nós, v. logo, na esteira de doutrina alemã, CARNEIRO DA FRADA, *Deliberações sociais inválidas* cit., p. 323.

([190]) Cfr. *supra*, n.º 1. 1. do cap. V.

um ou mais sócios) (191) *e/ou porque tutela posições renunciáveis dos sócios* (192), a violação do mesmo por deliberação social gera normalmente *anulabilidade*.

O *dever de lealdade* dos sócios impõe que cada um deles não actue de modo incompatível com o interesse social ou com interesses de outros sócios relacionados com a sociedade (193). A deliberação que resulte da violação de tal dever é por norma *anulável*: invalidados os votos inquinados pelo desrespeito do dever, cai a deliberação quando tais votos sejam necessários para formar a maioria exigida (194).

A al. b) do n.º 1 do art. 58.º é, pode dizer-se, uma das manifestações daqueles dois princípios. Porém, *esta alínea abrange casos não desrespeitadores do princípio da igualdade* (v. g., um terceiro não-sócio é avantajado especialmente, sendo prejudicados – igualmente – todos os sócios). Por outro lado, *a ofensa dos princípios da igualdade e da lealdade não exige o "propósito" exigido na citada al. b)* (195).

4. 2. Deliberações anti-estatutárias

São anuláveis as deliberações anti-estatutárias, as que, nos termos do art. 58.º, 1, a), violem disposições do contrato de sociedade (196). Seja o vício de conteúdo, seja de procedimento.

---

(191) Cfr. ANTÓNIO CAEIRO, *A exclusão estatutária do direito de voto nas sociedades por quotas* (de 1966), em *Temas de direito das sociedades*, Almedina, Coimbra, 1984, p. 72, n. (1), e COUTINHO DE ABREU, *Do abuso...*, p. 154, e n. (365).

(192) ZÖLLNER, *ob. cit.*, p. 793.

(193) Cfr. *supra*, n.os 2. 2. 3. e 2. 2. 3. 2. do cap. V.

(194) Cfr. *supra*, n.º 2. 2. 3. 2. do cap. V.

(195) V. tb. CARNEIRO DA FRADA, *ob. e loc. cits.*. Para exemplos, v. *infra*, n.º 4. 3.

(196) Excepcionalmente, podem ser nulas. É o que, inopinadamente, prescreve o n.º 3 do art. 414.º-A (introduzido pela reforma de 2006): é nula

Anuláveis *por vício de conteúdo* são, por exemplo, a deliberação que autoriza a administração a praticar actos fora do objecto social-estatutário e a deliberação exigindo que a representação da sociedade passe a fazer-se por actuação conjunta dos dois gerentes, apesar de o estatuto manter a possibilidade de a sociedade ficar vinculada pela intervenção de um só gerente.

São exemplos de deliberações anuláveis *por vício de procedimento* as adoptadas em assembleia geral (não universal) de sociedade anónima convocada mediante convocatória devidamente publicada mas sem observância de exigência estatutária suplementar (*v. g.*, carta registada – cfr. art. 377.º, 3) [197], ou as adoptadas com a maioria de votos legalmente necessária mas desrespeitando a maioria qualificada exigida estatutariamente (cfr. arts. 250.º, 3, 386.º, 1).

4. 3. Deliberações abusivas

Tendo em vista o art. 58.º, 1, b), uma deliberação é abusiva-anulável quando, sem violar disposições específicas da lei ou do estatuto da sociedade, é apropriada para satisfazer o propósito de sócio(s) conseguir(em) vantagens especiais para si ou para outrem em prejuízo da sociedade ou de outro(s) sócio(s), ou o propósito de prejudicar(em) aquela ou este(s), salvo se se provar que a mesma deliberação teria sido adoptada sem os votos abusivos.

Temos aqui *duas espécies* de deliberações abusivas: as *apropriadas para satisfazer o propósito de alcançar vantagens especiais em prejuízo da sociedade ou de sócios*; as

---

a deliberação que designe pessoa como membro do conselho fiscal, fiscal único ou revisor oficial de contas relativamente à qual se verifique alguma incompatibilidade estabelecida nos estatutos.

[197] Cfr. o Ac. da RP de 2/11/00, CJ, 2000, V, p. 175.

apropriadas para satisfazer o propósito tão-só de prejudicar a sociedade ou sócios – as chamadas deliberações *emulativas* ([198]).

As deliberações de uma e outra espécie têm *pontos em comum*: *pressupostos subjectivos* (o "propósito" de um ou mais votantes) e *pressupostos objectivos* (a deliberação há-de ser objectivamente "apropriada" ou apta para satisfazer o propósito).

Mas têm também *pontos distintivos*. Relativamente às deliberações da primeira espécie, o *propósito* relevante é o de *alcançar vantagens especiais*; relativamente às emulativas, o *propósito* relevante é o de *causar prejuízos*. É certo que aquelas não dispensam o prejuízo ("em prejuízo da sociedade ou de outros sócios"). Trata-se, porém, de *dano resultante da consecução de vantagens especiais*; entre aquele e esta existe imediata ou mediata conexão causal ([199]). Já o *prejuízo visado* nas deliberações emulativas é *indiferente às eventuais não desvantagens, vantagens ou desvantagens* dos votantes com propósito emulativo ou de terceiros. Quer tudo isto dizer que o "propósito" exigido nas deliberações da primeira espécie *limita-se à consecução de vantagens especiais* – não sendo necessário que abarque o prejuízo ([200]); e o "propósito" exigido nas deliberações emulativas *limita-se à inflicção de prejuízo*.

Não são correctas, portanto, algumas afirmações que entre nós vêm sendo feitas: as deliberações da primeira espécie exigem duplo propósito (conseguir vantagens espe-

---

([198]) As deliberações emulativas não eram previstas no Projecto do CSC (nem em anteprojectos) – nem são previstas no § 243 (2) da AktG alemã, fonte onde o art. 58.º, 1, b), bebeu longamente. Em *Do abuso...*, pp. 126, 136, 139-140, eu sustentara já a integração destas deliberações entre as abusivas.

([199]) HÜFFER, *ob. cit.*, p. 1189.

([200]) V. ZÖLLNER, *ob. cit.*, p. 814, HÜFFER, *ob. e loc. cits.*.

ciais e prejudicar) (201); a referência às vantagens especiais é, no preceito em análise, perfeitamente dispensável (202); os elementos "vantagens especiais para si ou para terceiros" e "em prejuízo da sociedade ou de outros sócios" deixam-se substituir pela proposição "o propósito de, simplesmente, prejudicar a sociedade ou (os) outros sócios" (203).

"Vantagens especiais" são *proveitos patrimoniais* (ao menos indirectamente) por deliberação concedidos, possibilitados ou admitidos a sócios e/ou não-sócios, mas *não a todos os que se encontram perante a sociedade em situação semelhante* à dos beneficiados, bem como os *proveitos* que, quando não haja sujeitos em situação semelhante à daqueles, *não seriam (ou não deviam ser)* concedidos, possibilitados ou admitidos *a quem hipoteticamente ocupasse posição equiparável*.

Exemplos para o primeiro grupo de casos: delibera-se por maioria dissolver a sociedade, a fim de os sócios maioritários continuarem – em nova sociedade, sem os minoritários – a exploração da sólida empresa da sociedade dissolvida; delibera-se locar estabelecimento da sociedade a *A* por 1 000, quando *B* oferecia 1 500.

Exemplos para o segundo: fixa-se a remuneração de sócio único-gerente em 50 000, quando, atendendo à natureza das funções, à situação da sociedade e à prática em sociedades similares, o valor razoável não superaria 10 000; delibera-se autorizar a compra de terreno (único) confinante com o da

---

(201) F. CASSIANO DOS SANTOS, *Estrutura associativa e participação societária capitalística,* Coimbra Editora, Coimbra, 2006, pp. 421, ss., 430, 432.
(202) *Últ. A. e ob. cits.,* pp. 424-425, ARMANDO TRIUNFANTE, *A tutela das minorias nas sociedades anónimas,* Coimbra Editora, Coimbra, 2004, p. 382.
(203) MENEZES CORDEIRO, *Manual...,* I, p. 743.

sede social, pertencente a um sócio, por 150 000, mas que não vale mais do que 100 000.

O *"prejuízo"* ou dano relevante (consequência da vantagem especial assegurada pela deliberação, ou da medida estabelecida pela deliberação emulativa) é sofrido pela "sociedade" ou "outros sócios" – sócios outros que não os votantes com os assinalados propósitos ([204]).

A disjuntiva sociedade/sócios suscita dúvidas.

O prejuízo da sociedade é sempre prejuízo, ao menos indirecto, do(s) sócio(s); sendo (aqui) o interesse da sociedade o interesse comum dos sócios enquanto tais (não enquanto vendedores, compradores, assalariados, administradores, etc. em relação com a sociedade) ([205]), a contrariedade do interesse daquela é contrariedade do interesse (comum) destes. Seria então suficiente a referência apenas ao prejuízo da sociedade.

Porém, *o dano relevante não é o de todo e qualquer sócio*. É só o dos (ou de algum dos) que não votaram com os propósitos citados. Depois, um sócio pode sofrer prejuízo não enquanto sócio mas, por exemplo, enquanto gerente e, ainda assim (apesar de possivelmente não estar em causa o interesse comum dos sócios), poder valer-se do art. 58.º, 1, b). Suponha-se que se delibera por maioria diminuir (para o ano seguinte) a remuneração do sócio-gerente e aumentar na mesma medida a de um gerente não-sócio, somente para prejudicar aquele ([206]). Sendo assim, *dir-se-ia ser preferível ou bastante que a norma em apreço fizesse referência apenas ao prejuízo de sócios (minoritários)*.

([204]) Ainda que também estes sócios possam sofrer prejuízos.

([205]) V. *supra*, n.º 2. 2. 3. 1. do cap. V.

([206]) Cfr. COUTINHO DE ABREU, *Do abuso...*, pp. 139-140, e n. (328), e *supra*, n.º 2. 2. 3. 2. 2. do cap. V.

Não obstante, casos há em que todos os sócios votam com o propósito de se avantajarem especialmente (enquanto não-sócios), apesar de todos eles – enquanto sócios – *sofrerem prejuízo*. Recorde-se o exemplo dos cinco sócios, únicos comproprietários em partes iguais de um imóvel e únicos sócios com participações idênticas de uma sociedade, que deliberam por unanimidade a compra do imóvel pela sociedade por preço muito superior ao valor real [207]. *Para casos destes, justifica-se que se mencione, além do prejuízo "de outros sócios", o prejuízo "da sociedade"*.

Retornemos ao "propósito".
O enunciado normativo do art. 58.º, 1, b), exige, já se viu, "o propósito de um [ou mais] dos sócios". E demos já a entender que ele significa *dolo* de um ou mais sócios votantes em determinada proposta deliberativa. Trata-se, pois, de um elemento subjectivo e actual (não virtual) [208] que há-se ser provado por quem impugna a deliberação. Também a referência aos "votos abusivos" na parte final do preceito vai no mesmo sentido. [209]

---

[207] Cfr. COUTINHO DE ABREU, *Do abuso...*, pp. 118, n. (266), 139, n. (327). Entendia então (antes do CSC) que tal deliberação não era anulável (só os sócios que não votassem no sentido que fez vencimento podiam requerer a anulação). Depois do CSC, atendendo ao alargamento dos sujeitos legitimados para propor acção anulatória, anotei em *Da empresarialidade...*, p. 274, n. (717), que não mantinha aquela posição. Contudo, mantêm-na PINTO FURTADO, *ob. cit.*, p. 272, e ARMANDO TRIUNFANTE, *ob. cit.*, p. 395, n. (679).

[208] V. por todos PAIS DE VASCONCELOS, *A participação social nas sociedades comerciais* cit., pp. 155, ss..

[209] Contra, v. BRITO CORREIA, *Direito comercial,* 3.º vol. cit., p. 342 ["... não exige o CSC a intenção (subjectiva) dum sócio de obter, para si ou para terceiro, uma vantagem especial; basta que a deliberação seja, objectivamente, apropriada para satisfazer tal propósito".] e PEREIRA DE ALMEIDA, *Sociedades comerciais* cit., p. 206 (a lei "não exige a prova do elemento subjectivo. Basta que as deliberações '*sejam apropriadas para satisfazer o propósito*'. Aliás, a lei nem relaciona *o propósito* com a maioria que fez vencimento, mas apenas relaciona '*um dos sócios*' num sentido

No entanto, deve entender-se que o dolo aqui em causa *não tem de ser directo nem necessário – basta que seja eventual* (210). Bastará *provar*, portanto, que *um ou mais sócios, ao votarem, previram como possível a vantagem especial para si ou para outrem, ou o prejuízo da sociedade ou de outros sócios, e não confiaram que tal efeito eventual se não verificaria*.

De todo o modo, continuo a pensar que teria sido melhor omitir o elemento subjectivo no preceito em análise (211). Uma sociedade é mecanismo para os sócios (todos) conseguirem vantagens comuns (embora, porventura, em medida diversa para cada um deles). Se ela é utilizada, ainda que não intencionalmente, para sócios e/ou terceiros ficarem especialmente avantajados à custa de outros sócios ou da sociedade, ou para sócios prejudicarem outros sócios ou a sociedade, há objectivamente uma disfunção, e devia a respectiva deliberação ser considerada abusiva-anulável (212).

---

claramente impessoal e objectivo.") – todavia, o A. fala na pág. seguinte, a propósito do n.º 3 do art. 58.º, de "responsabilidade subjectiva"...

(210) Assim se entende na Alemanha a respeito de preceito equivalente – cfr. ZÖLLNER, *ob. cit.*, p. 814, HÜFFER, *ob. cit.*, p. 1189. Entre nós, no mesmo sentido, REGINA R. REDINHA, *Deliberações sociais abusivas,* RDE, 1984/1985, p. 216, SALINAS MONTEIRO, *Critérios de distinção...,* p. 235.

(211) Cfr. *Do abuso...,* pp. 125,140-141.

(212) Também nesta direcção, ARMANDO TRIUNFANTE, *últ. ob. cit.,* pp. 380-381. Dispõe-se no art. 115 da LSA espanhola (de 1989) que podem ser impugnadas as deliberações que "lesionen, en beneficio de uno o varios accionistas o de terceros, los intereses de la sociedad". Não se requer elemento ou pressuposto subjectivo – cfr., p. ex., D. RUIZ DE VILLA, *Impugnación de acuerdos de las juntas de accionistas,* 3.ª ed., Aranzadi, Elcano, 2002, pp. 90-91 (já era assim na lei de 1951 – cfr. meu *Do abuso...,* pp. 130, ss.). A LSA brasileira (de 1976) diz no art. 115 que "considerar-se-á abusivo o voto exercido com o fim de causar dano à companhia ou a outros acionistas, ou de obter, para si ou para outrem, vantagem a que não faz juz e de que resulte, ou possa resultar, prejuízo para a companhia ou para outros acionistas". São evidentes as semelhanças com o dito no nosso art. 58.º, 1, b) – a fonte terá sido a mesma... MODESTO CARVALHOSA, *Comentários à Lei de Sociedades Anônimas,* 2.º vol., 3.ª ed., Saraiva, São Paulo, 2003, p. 459, entende que a "intenção de lesar a companhia ou os

E continuo a pensar (²¹³) que o juízo acerca do carácter abusivo (gerador de anulabilidade) deveria incidir na deliberação unitária ou globalmente considerada, não nos votos (e propósitos) de cada um dos sócios. Afirmando embora que os votos podem ser abusivos (²¹⁴) e que a análise de singulares

---

outros acionistas mediante o exercício do voto não deve, no entanto, ser subjetivamente perquerida, na medida em que dificilmente se pode distinguir, no capítulo da prova, o dolo do simples erro". E informa que o "carácter subjetivo da conduta tem sido posto de lado pela jurisprudência". Mesmo na Alemanha há quem critique a exigência de dolo (HÜFFER, ob. cit., p. 1188, citando concordantemente M. Winter).

(²¹³) Cfr. Do abuso..., pp. 125,136-138.

(²¹⁴) Diferentemente, PINTO FURTADO, ob. cit., pp. 679, ss. (há deliberações abusivas, não votos abusivos). Como nós (podem ser considerados abusivos tanto os votos como as deliberações), BRITO CORREIA, ob. cit., pp. 341 e 341-342, n. (56); v. tb. OLIVEIRA ASCENSÃO, ob. cit., pp. 397-398. Por sua vez, MENEZES CORDEIRO, últ. ob. cit., p. 744: "O abuso do direito ou exercício inadmissível de posições jurídicas equivale, simplesmente, a um exercício contrário à boa fé". Assim, "os votos abusivos, na vertente 'vantagens especiais', traduzem uma actuação fora da permissão jurídica em jogo. Não se trata de abuso do direito mas, simplesmente, de falta de direito. (...) Os votos emulativos já serão abusivos: na versão 'desequilíbrio no exercício'. / Uma interpretação rigorosa do artigo 58.º/1, b), permitiria, assim, concluir que, salvo o aditamento emulativo [sic], não está em causa um verdadeiro abuso do direito (...). Poderá haver verdadeiras deliberações abusivas, por contrariedade à boa fé; elas cairão, todavia, no artigo 58.º/1, a), do Código das Sociedades Comerciais. Como já foi referido: é essa a solução que nos vem da própria Alemanha". Contudo: abuso do direito e princípio da boa fé não se confundem, o abuso do direito não é (ou não é só) exercício contrário à boa fé (v., p. ex., Do abuso..., pp. 55, ss., J. SOUSA RIBEIRO, O problema do contrato – As cláusulas contratuais gerais e o princípio da liberdade contratual, Almedina, Coimbra, 1999, pp. 505, ss., M. CARNEIRO DA FRADA, Teoria da confiança e responsabilidade civil, Almedina, Coimbra, 2004, pp. 850, ss.); o exercício do direito de voto tendo em vista a consecução de vantagens especiais em prejuízo da sociedade ou de outros sócios é propriamente abusivo – e também na Alemanha é visto, ora como ofensivo da boa fé societária (cfr. Do abuso..., p. 153), ora como caso especial de abuso do direito de voto (cfr. K. SCHMIDT, em Scholz Kommentar cit., § 45, p. 2196); o art. 58.º, 1, b), é aplicável a deliberações abusivas; não obstante poderem ser apelidadas abusivas outras deliberações aí não previstas – mas, para evitar confusões, será preferível não chamar assim às deliberações contrárias aos princípios da igualdade e/ou da lealdade integráveis no art. 58.º, 1, a) – cfr. supra, n.º 4. 1. 2.

votos pode às vezes ser importante na descoberta da ilicitude de deliberação. Mas no conteúdo e efeitos da deliberação-negócio jurídico é que a análise nuclearmente deveria incidir. Por outro lado, será muitas vezes difícil avaliar individualmente este ou aquele voto dentro do conjunto dos votos maioritários de que resulta a deliberação. Todos eles apontam na mesma direcção, todos conduzem ao mesmo resultado deliberativo. Como descobrir que este voto está inquinado por propósito abusivo e aquele não – quando não houve debate, ou houve silêncios e dissimulações, ou votação secreta, etc.?

As coisas complicam-se quando entra em jogo a *"prova de resistência"*, disponível no final da al. b) do n.º 1 do art. 58.º ("a menos que se prove que as deliberações teriam sido tomadas mesmo sem os votos abusivos").

O impugnante prova que a deliberação é apropriada para satisfazer propósito ilícito de um sócio, dela derivando prejuízo para a sociedade e/ou sócios. Ainda assim, a deliberação *não será anulada se a sociedade provar* [215] *que, sem os votos daquele sócio, a deliberação teria sido igualmente adoptada.*

Imagine-se uma sociedade anónima com dez sócios, oito com 10 acções cada, um com 6, outro com 4 e dois com 5 cada (= 100 acções = 100 votos). Discute-se em assembleia geral a compra de prédio do sócio com 4 acções por 200 000 ou de prédio contíguo e semelhante pertencente a terceiro por 150 000. Votam a favor da compra do primeiro prédio quatro sócios com 10 acções, um com 6 e outro com 5 (= 51 votos); os demais votam contra (= 45 votos) – o sócio proprietário do prédio não vota, impedido por conflito de interesses

---

[215] Impende sobre a sociedade demandada (cfr. o art. 60.º, 1) o ónus da prova (cfr. o Ac. do STJ de 3/2/00, CJ (ASTJ), 2000, I, p. 61; v. tb. *Do abuso...*, pp. 124, n. (277), e 125). Pode impender também sobre sócios (cfr. o art. 58.º, 3).

(art. 384.º, 6, d)). A deliberação é anulada porque ficou provado que o sócio com 6 acções votou com o propósito de avantajar especialmente o sócio-proprietário (51-6 = 45 – não maioria). Suponha-se agora que havia votado a favor daquela mesma compra também o outro sócio com 5 acções (total = 56 votos). A deliberação não é anulada, pois a sociedade prova que, apesar do propósito ilícito do sócio com 6 acções e de a deliberação causar prejuízo à sociedade e outros sócios, ela teria sido tomada mesmo sem os votos abusivos (56-6=50 – maioria) – o impugnante não conseguiu provar que outros sócios tinham votado abusivamente. Este resultado é francamente irrazoável. Mas a norma em questão permite-o...

Vejamos entretanto a ilustração de alguns dos problemas que vimos expondo em casos jurisprudenciais.

(1) Ac. da RC de 6/3/90 [216]: Incidiu sobre o caso decidido a final pelo já citado Ac. do STJ de 7/1/93 (deliberação de aplicação de lucros de exercício declarada nula por ofensa dos bons costumes) [217]. Recordem-se alguns factos: a sociedade (por quotas) vinha conseguindo lucros consideráveis; mas, por força dos votos dos sócios maioritários, também gerentes, eles não eram distribuídos pelos sócios (a título de dividendos) há um quarto de século; eram retidos em reservas várias e, em parte, investidos na empresa social; os sócios-gerentes recebiam remunerações anualmente actualizadas e, desde 1980, "gratificações" anuais deliberadas em assembleia [218]; o sócio minoritário (com quota correspondente a 40% do capital social) nada recebia da sociedade.

---

[216] CJ, 1990, II, p. 45.

[217] Cfr. *supra*, n.º 3.2.2.

[218] Estas gratificações por "bons" serviços de gerência, frequentes embora na *praxis* societária, são, além do mais, de duvidosa legalidade quando não amparadas por cláusulas estatutárias – v. os arts. 255.º, 3, e 399.º, 2.

A Relação de Coimbra diz a certo passo que uma "deliberação da maioria é anulável por 'abuso de direito' ou 'excesso de poder', isto é, quando não seja imposta pelo interesse social e exceda manifestamente os limites resultantes da boa fé, dos bons costumes ou do fim social ou económico do direito" – e cita o art. 56.º, 1, d), do CSC. Isto é, agarra-se à formulação do art. 334.º do CCiv. e refere um preceito do CSC relativo a deliberações nulas (por violação, parece, dos bons costumes) – sem citar o art. 58.º, 1, b) [219]. Contudo, o Ac. da Relação acaba por confirmar a sentença recorrida – que havia anulado (e não declarado nula) a deliberação em causa...

(2) Ac. da RC de 2/7/91 [220]: Caso semelhante ao anterior (Ac. (1)) e com intervenção das mesmas partes. A Relação, interpretando de modo muito duvidoso o estatuto social na parte relativa à distribuição dos lucros e tendo em conta o art. 217.º, 1, do CSC, declara nula a deliberação de aplicação dos lucros do exercício de 1988 (a deliberação foi aprovada por 60% dos votos e o art. 217.º exige 75%) [221]. Acrescenta, porém – e é isso que aqui mais importa –, que sempre a deliberação em causa "seria anulável por abuso de direito ou excesso de poder. / Com efeito, através dessa deliberação os sócios maioritários da sociedade recorrente excederam manifestamente os limites impostos pela boa fé e pelo fim social e económico do direito que exercitaram – art. 334.º do C.Civil".

---

[219] Talvez por, no caso, "nada se haver provado sobre as intenções ou propósitos" dos maioritários? (o transcrito é do Ac. do STJ de 7/1/93, *loc. cit.*, p. 10).

[220] CJ, 1991, IV, p. 89.

[221] Porém, com este fundamento, a sanção adequada seria a anulação – cfr. *supra*, n.º 4. 1. 1. 1. A talhe de foice: a observância do art. 217.º, 1, não obsta à possibilidade de uma deliberação de (não) distribuição de lucros ser considerada abusiva-anulável (cfr. o Ac. da RE de 9/11/06, CJ, 2006, V, p. 245 – mas a deliberação em causa não foi, e bem, anulada).

Ora, casos como os destes dois acórdãos *não denotam ofensa dos bons costumes, geradora de nulidade* – foi dito já atrás (n.º 3.2.2.) [222]. Depois, estabelecendo o CSC (desde 1986) regime pormenorizado das deliberações inválidas, é *pouco curial continuar a recorrer ao art. 334.º do CCiv.* – preceito sincrético e largamente indefinido, inclusive quanto às consequências jurídicas [223]. Embora apresente a vantagem, relativamente ao art. 58.º, 1, b), do CSC, de não exigir os mencionados pressupostos subjectivos. Pois bem, nos casos em análise, *não seria difícil provar (ao menos) o dolo eventual* dos sócios maioritários e aplicar aquele preceito do CSC: esses sócios, ao votarem como votaram, hão-de ter previsto que das deliberações resultariam, muito possivelmente, vantagens especiais para eles em prejuízo do sócio minoritário ou, pelo menos, tão-somente prejuízos para este, e conformaram-se com essas possibilidades.

Atendamos agora aos acórdãos dos "casos dos supermercados" que ficaram de remissa [224].

(3) Ac. do STJ de 28/3/00 [225]: *J* e *L* votaram a favor da proposta (feita pelo primeiro, gerente e sócio maioritário) de trespasse do estabelecimento comercial por 85 000 contos e de venda de imóvel (onde estava a sede da sociedade) por 205 000 contos; *E* (com quota de menor valor), que havia proposto comprar por 466 000 e 250 000 contos, respectivamente, votou contra. O STJ considerou (bem) não haver ofensa dos bons costumes. E, "tal como a autora [*E*] configura a situação, é de excluir que tenha sofrido prejuízo".

---

[222] É interessante notar que o Ac. (2), ao repetir a formulação do art. 334.º do CCiv., omitiu o segmento dos bons costumes...

[223] Cfr. COUTINHO DE ABREU, *Do abuso...*, pp. 55, ss., 76-77, e (confrontando aquele artigo com o art. 58.º, 1, b), do CSC) OLIVEIRA ASCENSÃO, *ob. cit.*, p. 389.

[224] V. *supra*, n.º 3. 2. 2.

[225] CJ (ASTJ), 2000, I, p. 145.

Mas estava em causa o prejuízo da sociedade [deliberação emulativa]. Todavia, na petição inicial, *E* atacou como abusivo somente o voto de *J*. "Não atacou o voto da sócia [*L*] que também aprovou as deliberações, o que autoriza a constatação que, mesmo sem o voto (dito abusivo) daquele sócio, a deliberação seria tomada, isto é, para se formar a maioria na deliberação que fez vencimento não era necessário o voto do sócio" *J*. E revogou o acórdão da Relação, absolvendo a ré do pedido.

Eis a "prova de resistência" em todo o seu esplendor!

(4) Ac. da RC de 25/9/01 [226]: *M* (gerente e sócio maioritário) votou a favor da proposta, feita por ele, de trespassar o estabelecimento da sociedade por 100 000 contos; *E* (a outra sócia) havia oferecido mais 10 000 contos e votou contra. Entendeu a Relação que "não é claro que o sócio maioritário procurasse obter vantagens especiais, patrimoniais ou não patrimoniais para si ou para a sociedade à qual trespassou o estabelecimento". Mas havia que considerar a possibilidade da deliberação emulativa. "Ora, julgamos estar adquirido que o recorrente [*M*] ao votar a dita deliberação sabia perfeitamente ir com ela causar sério prejuízo e embaraços à sua associada" (*E*). E *M* causou também prejuízos à própria sociedade. O Tribunal confirmou pois – e bem – a sentença que havia anulado a deliberação.

(5) Ac. do STJ de 27/6/02 [227]: Confirmou, em discurso erudito, o acórdão anterior (Ac. (4)). *Põe em relevo o dever de lealdade dos sócios*, com manifestações no art. 58.º, 1, b), e para lá deste. E entendeu (indo mais além do que havia ido o Ac. da RC) que *M* também "pretendeu, afinal, alcançar um proveito próprio significativo em detrimento do interesse social – comum aos sócios, enquanto tais".

---

[226] CJ, 2001, IV, p. 12.
[227] CJ (ASTJ), 2002, II, p. 138.

Finalizemos com um acórdão relativo à fixação de remuneração de administrador.

(6) Ac. da RL de 15/3/07 ([228]): Em assembleia geral de sociedade anónima, com todos os sócios (seis) presentes ou representados, deliberou-se por 97% dos votos a favor fixar a remuneração anual do administrador *N* (também sócio e representante de três sociedades sócias largamente maioritárias – e administrador, ainda, destas) em € 265 000; a situação económica e financeira da sociedade era débil; o anterior administrador único dela não auferia remuneração (era remunerado em uma das sociedades sócias). A RL considerou a remuneração manifestamente excessiva, "sem que se divise qualquer justificação, nomeadamente por referência aos critérios contidos no art. 399 CSC". E julgou-a (bem) abusiva-anulável, apesar de não se deter na análise dos pressupostos subjectivos reclamados no art. 58.º, 1, b) – embora tenha adiantado *não se exigir prova de dolo específico.* ([229])

Perpassa em todos estes acórdãos alguma *incomodidade*, provocada pelos requisitos subjectivos do art. 58.º, 1, b) – eles atrapalham, com efeito.

O reconhecimento afoito da suficiência do *dolo eventual* atenuará a incomodidade ([230]).

De todo o modo, quando, em casos do género dos analisados – todos merecedores de anulação –, *não se faça (ou seja duvidoso que se tenha feito) prova de algum dos "propósitos"*

([228]) Em www.dgsi.pt.

([229]) Anote-se que a via prevista no art. 255.º, 2 (redução judicial de remunerações) – aplicável analogicamente às sociedades anónimas (v. COUTINHO DE ABREU, *Governação...*, pp. 91, ss.) – não exclui a da acção anulatória (v. tb. RAÚL VENTURA, *Sociedades por quotas,* vol. III, Almedina, Coimbra, 1991, pp. 71-72; diferentemente, Ac. do STJ de 24/4/95, BMJ 446 (1995), p. 317).

([230]) Nesta linha, mais ou menos implicitamente, os Acs. (4), (5) e (6).

referidos naquela norma, há que recorrer, a coberto do art. 58.º, 1, a), à aplicação dos princípios da igualdade e/ou (sobretudo) da lealdade (231).

O art. 58.º do CSC contém um outro preceito, além do da al. b) do n.º 1, respeitante às deliberações abusivas (tal como configuradas naquela alínea). Diz o seu n.º 3: "Os sócios que tenham formado maioria em deliberação abrangida pela alínea *b)* do n.º 1 respondem solidariamente para com a sociedade ou para com os outros sócios pelos prejuízos causados".

Parece, numa primeira leitura, que o preceito prescreve a responsabilidade de todos os sócios cujos votos formaram a maioria – independentemente de todos esses votos serem ou não abusivos (na perspectiva da al. b)). Esta impressão tem sido consolidada em segundas leituras de vários autores (232).

Não me parece que seja assim. Atendendo à al. b) do n.º 1 do art. 58.º (criticável embora), que distingue, mesmo entre os votos da maioria, os abusivos dos não abusivos, *apenas o votante ou votantes abusivamente devem ser responsabilizados*. O emitente de votos não abusivos não pratica factos ilícitos (233).

Era esta, aliás, a lição que podia ser colhida no chamado Anteprojecto de Coimbra sobre sociedades por quotas. Dizia o art. 112.º: "Os sócios que, ao votar, se coloquem na situação prevista pela alínea *b)* do artigo 115.º [correspondente quase na totalidade à al. b) do n.º 1 do art. 58.º do CSC] responde solidariamente para com a sociedade ou para com os outros

---

(231) Cfr., uma vez mais, *supra*, n.º 4. 1. 2.

(232) V. REGINA REDINHA, *ob. cit.*, p. 220, PINTO FURTADO, *ob. cit.*, pp. 691, ss., PEREIRA DE ALMEIDA, *ob. cit.*, pp. 207, 209, ARMANDO TRIUNANTE, *ob. cit.*, pp. 399, ss. (embora criticando a solução legal).

(233) V. tb. PAIS DE VASCONCELOS, *ob. cit.*, pp. 157, ss..

sócios pelos prejuízos que àquela ou a estes advenham da deliberação". Vale a pena transcrever a exposição de motivos: "Este preceito refere-se à *responsabilidade pelo chamado voto abusivo*, situação que se encontra descrita na alínea *b)* do art. 115.º. Se por força dos votos emitidos abusivamente a proposta apresentada alcançar maioria, estaremos perante um caso de anulabilidade da deliberação, nos termos daquele artigo 115.º. *Mas ainda que anulação não haja*, os votantes são sujeitos a responsabilidade para com a sociedade ou para com os consócios pelos danos que do facto tenham advindo" (234).

Pode na mesma acção ser pedida (contra a sociedade: art. 60.º, 1) *a anulação* de deliberação e ser pedida (contra o sócio ou sócios que votaram abusivamente: art. 58.º, 3) *a indemnização* (a favor da sociedade e/ou de sócios) – art. 30.º, 1, 2, do CPC (235).

A anulação judicial da deliberação não obsta à condenação em responsabilidade civil – porque, *v. g.*, a sentença anulatória chegou tarde de mais para impedir danos, ou a protecção de terceiro de boa fé (cfr. o art. 61.º, 2) os tornou inevitáveis. Por outro lado, *a não anulação* – *v. g.*, por não ter sido impugnada a tempo a deliberação, ou porque ela venceu a "prova de resistência" – *também não impede a responsabilização.* (236)

4. 4. Acção anulatória

4. 4. 1. Segundo o art. 59.º, 1, do CSC, a anulabilidade de deliberação pode ser arguida pelo órgão de fiscalização da sociedade ou por certos sócios. Comecemos por estes.

---

(234) FERRER CORREIA/LOBO XAVIER/ANTÓNIO CAEIRO/M. ÂNGELA COELHO, *ob. cit.*, RDE, 1977, p. 410. Acrescentei os itálicos.

(235) Cfr. o citado Ac. da RC de 25/9/01, *loc. cit.*, p. 14.

(236) V. tb. LOBO XAVIER, *Anulação de deliberação social...*, pp. 321-322, n. (72), e *supra*, em texto a propósito do art. 112.º do Anteprojecto.

A anulabilidade é arguível "por qualquer *sócio que não tenha votado no sentido que fez vencimento* nem *posteriormente tenha aprovado a deliberação*, expressa ou tacitamente" [237]. Não vota no sentido que faz vencimento o sócio que *não emite votos* (porque não participa na deliberação, ou participa mas limitadamente, sem votar – designadamente por não ter direito de voto ou estar impedido de o exercer –, ou se abstém [238]) e o sócio que emite votos *contra a proposta aprovada* (quando a deliberação seja positiva) ou *a favor da proposta recusada* (quando a deliberação seja negativa) [239].

Acrescenta o n.º 6 do art. 59.º: "Tendo o voto sido secreto, considera-se que não votaram no sentido que fez vencimento apenas aqueles sócios que, na própria assembleia ou perante notário, nos cinco dias seguintes à assembleia tenham feito consignar que votaram contra a deliberação tomada". Não obstante, há-de considerar-se que também não votaram no sentido que fez vencimento os que não emitiram qualquer voto. E estes, designadamente os que não participaram na respectiva assembleia, não têm de fazer qualquer declaração relativamente aos seus não-votos para poderem arguir a anulabilidade.

Para que um sócio tenha legitimidade para propor acção anulatória é exigível que ele fosse *sócio já ao tempo da deliberação*?

---

[237] Teria sido mais adequado ter-se escrito "aceitado" em vez de "aprovado" (PINTO FURTADO, *ob. cit.*, pp. 739-740). Para um exemplo de aceitação posterior (tácita), v. o Ac. da RP de 9/1/90, CJ, 1990, I, p. 220 (apesar de aí se dizer expressa).

[238] As abstenções não se consideram votos emitidos – art. 250.º, 3 (v. tb. o art. 386.º, 1, *in fine*).

[239] Diz-se negativa a deliberação de não aprovação de proposta – a maioria dos votos foi contra ela, registou-se empate nos votos a favor e contra, ou a maioria dos votos a favor foi insuficiente.

Atendendo à letra dos n.ᵒˢ 1 e 6 do art. 59.º, dir-se-ia que sim (²⁴⁰). Mas penso que *não tem de ser assim*.

Para além dos casos de sucessão *mortis causa* (os herdeiros de quem era sócio ao tempo da deliberação e tinha o direito de impugná-la continuam com este direito (²⁴¹)), também *o que adquire derivadamente participação social de quem estava legitimado para a acção anulatória* tem o direito de, *no prazo que valia para o alienante*, impugnar judicialmente a deliberação (²⁴²). Por exemplo, A votou há quinze dias contra uma deliberação abusiva; cedeu hoje a quota a B; este pode arguir a anulabilidade daquela deliberação. Porquanto adquiriu o conjunto unitário de direitos e obrigações actuais e potenciais integrantes da quota – incluindo o direito, já actual ou concreto, de impugnar a deliberação (²⁴³); e tem interesse em demandar – a deliberação abusiva, se não for anulada, repercutir-se-á negativamente, ao menos de modo indirecto, na sua posição de sócio.

Outra questão: *proposta a acção* anulatória por sócio para tal legitimado, mas que *aliena depois (toda) a sua*

(²⁴⁰) E assim afirma PINTO FURTADO, *ob. cit.*, p. 732: "por *sócio* tem de entender-se, naturalmente, aquele que já o era, no momento da *deliberação* impugnada *e conserva esta qualidade ao tempo da impugnação*". Exigência idêntica é defendida dominantemente na Alemanha (cfr. HÜFFER, *ob. cit.*, pp. 1203-1204) e na Espanha (cfr. PÉREZ DAUDÍ, *ob. cit.*, p. 1158); mas já não em Itália, perante o art. 2378, 2.º parágr., do *C.Civile* (na formulação introduzida pela reforma de 2003) – cfr. FRANCESCO GALGANO, *Il nuovo diritto societario*, Cedam, Padova, 2003, p. 221.

(²⁴¹) Nisto todos parecem estar de acordo – cfr. AA. e *locs. cits.* na nota anterior. Aproveite-se para recordar que, sendo vários os sucessores na participação social, compete ao representante comum dos titulares impugnar as deliberações (v. os arts. 222.º, ss. e 303.º, e *supra*, n.º 3. 1. do cap. V).

(²⁴²) Neste sentido, entre nós, PAIS DE VASCONCELOS *ob. cit.*, pp. 168, 172-173; para a Alemanha v. ZÖLLNER, *ob. cit.*, pp. 836-837, e K. SCHMIDT, *ob. cit.*, pp. 2211-2212; para a Áustria, v. KOPPENSTEINER, *GmbH-Gesetz Kommentar* cit., p. 447.

(²⁴³) Cfr. *supra*, n.ᵒˢ 1. e 1. 1. do cap. V.

participação social, pode *a acção continuar com ele* como autor, ou extingue-se a instância por superveniente inutilidade da lide (ou superveniente ilegitimidade do mesmo)?

Se o alienante da participação social (por isso deixando de ser sócio) mantiver interesse no prosseguimento da acção (*v. g.*, porque está em causa deliberação de não distribuição de dividendos em exercício anterior ou porque depende do resultado da lide o preço a receber a final pela venda da quota), ele não perde legitimidade e a acção pode prosseguir com ele [244].

Por outro lado, acrescente-se, não é de recusar liminarmente que *o adquirente da participação social venha a substituir o alienante na acção anulatória* [245].

A legitimidade para propor acção anulatória que no art. 59.º vai referida a sócios pode às vezes pertencer, não a estes (ou não só a estes), mas a *não-sócios* com direitos de socialidade. É o que sucede com o credor pignoratício de sócio para o qual tenha sido transferido o direito de impugnação (cfr. o art. 23.º, 4) e, mais em geral, com o usufrutuário (cfr. o art. 23.º, 2) ou o locatário financeiro de participações sociais [246].

Como começámos por dizer, a anulabilidade das deliberações dos sócios também pode ser arguida pelo *órgão de*

---

[244] Neste sentido, v. PAIS DE VASCONCELOS, *ob. cit.*, pp. 169, ss., n. (180), em crítica a vários acórdãos da RP. Parece ser este também o entendimento da doutrina germânica mais recente – v. por todos, com indicações bibliográficas, HÜFFER, *ob. cit.*, p. 1204.

[245] Neste sentido, v. PAIS DE VASCONCELOS, *ob. e loc. cits.* (mas não me parece que seja de aplicar directamente o art. 271.º do CPC).

[246] V. por todos MARGARIDA COSTA ANDRADE, *A locação financeira de acções e o direito português*, Coimbra Editora, Coimbra, 2007, pp. 217, ss..

fiscalização (conselho fiscal ou fiscal único, comissão de auditoria, conselho geral e de supervisão ([247])). ([248])

Esta competência do órgão fiscalizador não estava, antes do CSC, prevista legalmente ([249]). Não obstante, compreende-se bem que um órgão com competência para "vigiar pela observância da lei e do contrato de sociedade" tenha o direito de impugnar deliberações ilegais, anti-estatutárias e abusivas (leve-se a sério a fiscalização societária) ([250]).

O facto de no art. 59.º, 1, se dizer que a anulabilidade "pode" ser arguida pelo órgão de fiscalização (falando-se antes em deveres no art. 57.º) não significa que ele não tenha nunca o dever de promover a anulação. "Poder" tem aí o sentido de direito ou competência. E se é razoável admitir algum espaço de discricionariedade quanto a algumas situações de anulabilidade ([251]), já quanto a outras há-de concluir-se ser *dever do órgão de fiscalização propor acção anulatória*. Manda aliás o dever de lealdade dos membros do órgão (agora explicitado no art. 64.º, 2) que se promova a anulação de deliberações irregulares e prejudiciais para a

---

([247]) Cfr. *supra*, n.º 3. 3.

([248]) Quando o órgão de fiscalização seja plural, a iniciativa de propositura de acção anulatória deve assentar em deliberação do mesmo (cfr. os arts. 423.º, 445.º, 2).

([249]) Também isso explicará alguma resistência, detectável num ou noutro autor, à actual consagração legal. E era sintomático da subalternização do conselho fiscal (em boa medida justificada – v. COUTINHO DE ABREU, *Governação...*, pp. 175, ss.).

([250]) Direito idêntico têm os órgãos de fiscalização em outros países – p. ex., em Itália (v. os arts. 2377 (2) e 2479 *ter* (1) do *C. Civile*); mais limitativo é o § 245 (5) da AktG alemã.

([251]) Sobretudo quando estão em causa interesses individuais (embora ligados à sociedade) de sócios. Mesmo em casos destes, porém, pode ser importante a iniciativa do órgão fiscalizador. Tantas vezes fica impune o desrespeito pelo direito porque o sócio não tem dinheiro, tempo, conhecimentos, etc. para propor e aguentar longamente uma acção anulatória... (Tenha-se em conta que a "sociedade suportará todos os encargos das acções propostas pelo órgão de fiscalização": art. 60.º, 3.).

sociedade. Inclusive deliberações aprovadas por todos os sócios (252) – se nenhum deles tem legitimidade para impugnar, há-de tê-la o órgão de fiscalização (253).

Nas sociedades que não tenham órgão de fiscalização, pode a anulabilidade de deliberação dos sócios ser arguida pelos *gerentes*?

Esta possibilidade, apesar de não prevista no art. 59.º, não seria nada de extraordinário. Como o atesta o facto de várias leis estrangeiras a admitirem (às vezes independentemente da existência de órgão de fiscalização) (254).

Tem sido admitida entre nós, com base sobretudo na aplicação analógica do art. 57.º, 4 (255). Parece-me razoável. Principalmente quando em causa estiverem deliberações

---

(252) Tenha-se novamente em vista o exemplo dos cinco sócios que, visando satisfazer interesses extra-sociais, deliberam a compra de prédio a eles pertencente por preço exorbitante (*supra*, n.º 4.3.).

(253) Em sentido semelhante, OLIVEIRA ASCENSÃO, *ob. cit.*, p. 392 (apesar da perspectiva institucionalista do interesse social); para a Itália, v., com mais indicações, B. QUATRARO/A. FUMAGALLI/S. D'AMORA, *Le deliberazioni assembleari e consiliari*, t. I, Giuffrè, Milano, 1996, pp. 269, ss.. No entanto, autores há defendendo o contrário (as deliberações unânimes não podem ser impugnadas pelo órgão fiscalizador): PINTO FURTADO, *ob. cit.*, pp. 262-263, PEDRO MAIA, *Invalidade...*, pp. 746-747, MENEZES CORDEIRO, *ob. cit.*, pp. 749-750 (diz mesmo: "há erro legislativo. Dogmaticamente, a anulabilidade fica na disponibilidade dos sócios, não se entendendo a concessão, aos fiscalizadores, de poderes funcionais nesse domínio". Sejamos, pois, anti-dogmáticos.).

(254) V., p. ex., o *Codice Civile,* arts. 2377 (2) – para as sociedades anónimas – e 2479 *ter* (1) – para as sociedades por quotas –, as leis espanholas sobre sociedades anónimas (LSA, art. 117 (2)) e sociedades por quotas (LSRL, de 1985, art. 56), a lei austríaca das sociedades por quotas (GmbH-Gesetz de 1906, § 41 (3)), a AktG alemã (§ 245 (4 e 5)). A lei alemã das sociedades por quotas (de 1892) não prevê tal poder dos gerentes; mas vem crescendo o número dos autores que o admitem em certas situações – v. por todos K. SCHMIDT, *ob. cit.*, pp. 2213-2214.

(255) CARLOS OLAVO, *Impugnação das deliberações sociais* cit., p. 27, n. (55), BRITO CORREIA, *ob. cit.*, pp. 276-277, n. (60), TAVEIRA DA FONSECA, *Deliberações sociais* cit., p. 133, PINTO FURTADO, *ob. cit.*, p. 728. Contra, PEDRO MAIA, *ob. cit.*, pp. 746, 747, e, parece, MENEZES CORDEIRO, *ob. cit.*, p. 750, n. (2129).

anuláveis por vício de conteúdo prejudiciais para a sociedade e executáveis pelos gerentes. Estes, cumprindo o dever de lealdade (art. 64.º, 1, b)), hão-de ter legitimidade para pedir a anulação dessas deliberações. Por outro lado, mal se compreenderia que em algumas sociedades apenas os sócios pudessem arguir a anulabilidade e em outras do mesmo tipo (embora com mais um órgão – legalmente facultativo) já assim não é. (256)

4. 4. 2. A acção anulatória tem de ser proposta em certo *prazo*, sob pena de o vício que afecta a deliberação ficar sanado.

Este prazo é, conforme prescreve o art. 59.º, 2, de *trinta dias* contados a partir: a) da data do encerramento da assembleia geral; b) do terceiro dia subsequente à data do envio de cópia da acta referente a deliberação adoptada por voto escrito (cfr. tb. o art. 247.º, 6); c) da data em que o sócio teve conhecimento da deliberação, se esta incidir sobre assunto que não constava da convocatória (257).

Normalmente, as assembleias gerais são abertas e encerradas num mesmo dia. É possível, porém, que uma assembleia se prolongue por mais de um dia. Havendo suspensão dos trabalhos (v. o art. 387.º), pode suceder que em cada um dos períodos (mais ou menos distantes entre si (258)) sejam adoptadas deliberações. Para hipóteses destas, diz o n.º 3 do art. 59.º: "Sendo uma assembleia geral interrompida por

---

(256) Intentando um gerente acção anulatória, deverá ele propor ao tribunal a nomeação de um sócio para representar a sociedade (cfr. o art. 57.º, 3); eventualmente aplicável é também o art. 21.º, 2, do CPC.

(257) Compreensivelmente, esta al. c) reporta-se somente a sócios (não ao órgão fiscalizador nem a gerentes).

(258) Aberta hoje uma assembleia, ela pode vir a ser encerrada daqui a meio ano (v. n.ºs 2 e 3 do art. 387.º).

mais de 15 dias, a acção de anulação de deliberação anterior à interrupção pode ser proposta nos 30 dias seguintes àquele em que a deliberação foi tomada".

Quer isto dizer: se uma deliberação é adoptada em certo dia e os trabalhos da assembleia (entretanto suspensos) são concluídos em data distando daquele em quinze dias ou menos, o interessado em impugnar tem trinta dias após o encerramento da assembleia para fazê-lo (sob pena de caducidade); se a deliberação é adoptada em certo dia e os trabalhos são concluídos mais de quinze dias depois, o prazo de trinta dias para a acção anulatória conta-se *a partir da data em que a deliberação foi adoptada, não da data do encerramento da assembleia* ([259]).

Quanto à al. c) do n.º 2 do art. 59.º, percebe-se que um sócio, convocado para assembleia onde se deliberou sobre assunto não constante da convocatória e onde não esteve presente nem se fez representar, possa impugnar tal deliberação dentro de trinta dias contados a partir da data em que dela teve conhecimento.

O preceito não estatui o mesmo relativamente a sócios irregularmente convocados. Divergindo do previsto no art. 396.º, 3, do CPC e no art. 178.º, 2, do CCiv. ([260]). Contudo, a jurisprudência tem aplicado analogicamente estas duas normas em casos de deliberações adoptadas em assembleia irregularmente convocada ([261]).

Quer-me parecer, no entanto, que *não é qualquer irregularidade na convocação* que permitirá a um sócio arguir a

---

([259]) Esta interpretação foi há largos anos posta em evidência por LOBO XAVIER, *Anotação – O início do prazo...*, p. 330. Não obstante, interpretação diferente é apresentada por MENEZES CORDEIRO, *ob. cit.*, p. 751.

([260]) E também no art. 116.º, 2, do Anteprojecto de Coimbra.

([261]) V. os Acs. do STJ de 18/11/97, BMJ 471 (1997), p. 416, da RC de 29/9/98, CJ, 1998, IV, p. 25, e do STJ de 25/5/99, CJ (ASTJ), 1999, II, p. 118.

anulabilidade em prazo de trinta dias que só começa a correr a partir da data em que tome conhecimento da deliberação. Só será assim quando a irregularidade impeça o sócio de participar na assembleia e de, por isso, tomar então conhecimento do que aí se deliberou. Um sócio convocado, ainda que irregularmente, de modo a saber que em certa data haverá assembleia para se deliberar sobre determinados assuntos fica ciente do ónus de, não participando nela, informar-se sobre o que foi deliberado.

Assim, por exemplo, no caso de uma assembleia de sociedade por quotas ser convocada não com quinze mas com treze dias de antecedência, o prazo para a propositura da acção anulatória deve ser o estabelecido no art. 59.º, 2, a) [262]; já serão aplicáveis por analogia os mencionados preceitos do CPC e do CCiv. nos casos em que a assembleia de sociedade anónima é convocada somente por aviso publicado em jornais e não em sítio oficial na Internet [263].

4. 4. 3. Aos n.os 3 e 4 do art. 59.º (actas e acção anulatória) referimo-nos já *supra*, no n.º 2.2.

E o que dissemos acima, no n.º 3. 3., acerca do art. 61.º (eficácia do caso julgado), vale também aqui, com uma ou outra adaptação.

Acrescentemos umas linhas sobre deliberações *proclamadas como negativas* (de não aprovação de proposta) *mas verdadeiramente positivas*. Por exemplo, foram computados como votos contra votos não emitidos ou inválidos, ou não foram computados votos a favor e, em qualquer caso, feitas as correcções, verifica-se que a proposta concitou afinal a maioria exigida dos votos.

---

[262] Entendeu diferentemente o primeiro dos acórdãos citados na nota anterior.

[263] V. os outros dois acórdãos há pouco citados (publicação em dois jornais não oficiais sem publicação no DR – como então era exigido).

A simples anulação da deliberação (proclamada como) negativa elimina esta, mas não faz surgir a deliberação positiva no final das contas efectivamente adoptada. Para que este efeito se produza, é preciso que o tribunal, além de anular a negativa, declare a existência da deliberação positiva. E só pode declará-lo se tal lhe for pedido. Pois bem, é *admissível cumular com o pedido de anulação (da deliberação negativa) o pedido de declaração da deliberação positiva* [264]. É certo que, sendo (também) o segundo pedido julgado procedente e enfermando a deliberação positiva de anulabilidade, o prazo para a acção anulatória já terá decorrido. Mas é um facto que a sociedade contra a qual foi proposta acção de duplo pedido pôde contestar e arguir a anulabilidade dessa deliberação [265].

4. 4. 4. O direito de os sócios impugnarem deliberações sociais é propenso a *abusos* [266]. Verificando-se o abuso do direito de impugnação, deve a acção anulatória ser julgada *improcedente*; e pode o impugnante ser obrigado a *indemnizar* a sociedade e/ou outros sócios.

Pese embora estas possíveis reacções judiciais, vêm sendo discutidas em vários países medidas preventivas dos abusos – e algumas têm sido consagradas legalmente [267].

---

[264] Esta possibilidade vem sendo aceite na doutrina e jurisprudência modernas da Alemanha – cfr. por todos LUCAS COELHO, *A formação das deliberações sociais* cit., pp. 193, ss.. Entre nós, no mesmo sentido, v. PINTO FURTADO, *ob. cit.*, pp. 127, ss. (confrontando-se com diferentes opiniões de Lobo Xavier e de Raúl Ventura); para uma hipótese particular, v. J. M. COUTINHO DE ABREU, *Abusos de minoria*, em IDET, *Problemas do direito das sociedades* cit., p. 69 (ou *supra*, n.º 2. 2. 3. 2. 5. do cap.V).

[265] PINTO FURTADO, *ob. cit.*, pp. 130-131.

[266] Cfr. COUTINHO DE ABREU, *Abusos de minoria* cit., p. 66.

[267] Sobretudo na Alemanha, desde meados dos anos 90 do século passado (mas também porque aí o ordenamento respectivo apresenta certas particularidades) – v., por último, PETER HEMELING, *Beschlussmängelrecht – Quo vadis?*, ZHR, 2008, pp. 379, ss.. Oferecendo panorâmica alar-

Singular foi o passo dado pela reforma italiana de 2003: de acordo com o alterado art. 2377 (3) do *Codice Civile*, o direito de impugnação nas sociedades anónimas deixou de ser direito individual dos sócios, passando a direito de minoria (é necessário que um sócio ou grupo de sócios possua acções correspondentes a determinadas percentagens do capital social para poder impugnar).

É passo que não deve ser dado entre nós. O direito de impugnar deliberações é direito de controlo ou fiscalização tantas e tantas vezes necessário para defesa de interesses legítimos dos impugnantes e das respectivas sociedades, contra ilegalidades e abusos cometidos pelos sócios maioritários... ([268]) Haja, entretanto, reacção pronta e exemplar dos tribunais aos abusos do direito de impugnação...

---

gada da evolução legislativa nesta matéria em diversos países europeus, v. M. A. ALCALÁ DÍAZ, *Revisión del derecho del socio a la impugnación de acuerdos de la junta general y tutela de la minoría en la sociedad cotizada,* em AA. VV., *Derecho de sociedades anónimas cotizadas,* t. I, Thomson/ Aranzadi, 2005, pp. 633, ss..

([268]) V. tb., p. ex., HEMELING, *ob. cit.,* pp. 382-383. Mas v. o art. 24.º, 1, do CVM – aplicável, porém, apenas à providência cautelar de suspensão de deliberação.

Secção II

Órgãos de administração e representação [269]

1. Modos de designação dos administradores

São variados os modos de designação de administradores ou titulares dos órgãos de administração e representação (gerência, conselho de administração, conselho de administração executivo):

- Eleição por deliberação dos sócios (CSC, arts. 191.º, 2, 252.º, 2, 391.º, 1, 392.º, 1 e ss., 425.º, 1, b));
- Eleição por deliberação do conselho geral e de supervisão (art. 425.º, 1, a), 4);
- Eleição por deliberação do conselho de administração (art. 393.º, 3, b));
- Eleição por deliberação de sócios minoritários (art. 392.º, 6, 7);
- Contrato social (arts. 252.º, 2, 391.º, 1, 425.º, 1) ou acto constituinte unilateral (cfr. o art. 270.º-G);
- Inerência à qualidade de sócio (art. 191.º, 1);
- Nomeação por sócio pessoa colectiva (arts. 191.º, 3, 390.º, 4, 425.º, 8):
- Nomeação por sócio com direito especial (arts. 252.º, 2, 83.º, 1);
- Nomeação judicial (arts. 253.º, 3, 394.º, 426.º);
- Deliberação ou decisão do órgão fiscalizador (art. 393.º, 3, c));

---

[269] De alguns assuntos que aqui teriam cabimento (função administrativa, competências para administrar, composição e organização do órgão administrativo, remuneração dos administradores, deliberações do órgão administrativo, responsabilidade civil dos administradores, etc.) tratei já em *Governação das sociedades comerciais,* Almedina, Coimbra, 2005/2006, e em *Responsabilidade civil dos administradores de sociedades*, Almedina, Coimbra, 2007. Para aí convido o leitor interessado.

– Nomeação pelo Estado ou entidade pública a ele equiparada (cfr. o art. 392.º, 11) ([270]).

Entre uma pessoa designada como administrador – que aceita a designação – e a sociedade respectiva estabelece-se uma *relação jurídica complexa* (com direitos e deveres recíprocos, respeitantes, por exemplo, à gestão e representação, às remunerações, aos períodos de trabalho).

Atendendo principalmente à génese desta relação, têm sido avançadas numerosas teses acerca da natureza jurídica dela: teses *contratualistas* (mandato, prestação de serviço, contrato de trabalho, contrato de administração), teses *unilateralistas*, teses *dualistas ou da divisão*, etc. ([271])

Ora, tendo em vista o panorama dos modos de designação há pouco exposto, a relação administrativa *muitas vezes* não será contratual. Dir-se-á que é contratual quando fundada no contrato de sociedade e o administrador seja sócio – parte do mesmo contrato. Mas com a nota de que tal relação é conformada basicamente, não pela disciplina dos contratos, mas pela lei, que fixa os poderes e deveres dos administradores e os mecanismos (muitas vezes não contratuais ([272])) que em alguma medida podem disciplinar a relação. Outro tanto se passa, repare-se, nos casos em que o modo de designação dos administradores não é contratual— o regime da relação de administração é essencialmente o mesmo.

([270]) As normas citadas referem-se directamente a sociedades em nome colectivo, por quotas ou anónimas. Para as sociedades em comandita, v. os arts. 470.º, 474.º e 478.º.

([271]) V. por todos L. BRITO CORREIA, *Os administradores de sociedades anónimas*, Almedina, Coimbra, 1993, pp. 303, ss., e A. MENEZES CORDEIRO, *Da responsabilidade civil dos administradores das sociedades comerciais*, Lex, Lisboa, 1997, pp. 335, ss..

([272]) Inclusive em matérias como a das remunerações: em regra, a fixação destas é feita por *deliberação* dos sócios (arts. 192.º, 5, 255.º, 1, 399.º, 1), de comissão de remunerações (arts. 399.º, 1, 429.º) ou do conselho geral e de supervisão (art. 429.º).

Entretanto, tem-se discutido especialmente a natureza da designação dos administradores por deliberação dos sócios (mormente em assembleia geral) — o modo de designação paradigmático.

Entendem alguns que a eleição forma com a aceitação do cargo (cfr. o art. 391.º, 5) um contrato (de administração); a deliberação electiva é proposta contratual, a aceitação do cargo é aceitação da proposta [273].

Mas parece preferível ver na deliberação de eleição um *negócio unilateral* da sociedade, relativamente à qual a aceitação constitui *condição de eficácia* [274]. Não porque a deliberação de designação seja acto "interno", que necessitaria de acto executivo do órgão "externo" manifestando a "proposta". Conquanto raras, há deliberações — como, precisamente, as de nomeação de titulares de órgãos sociais — que produzem directamente efeitos em relação a terceiros (a colectividade dos sócios ou, como sói dizer-se, a assembleia representa a sociedade) [275]. A deliberação *designa, não*

---

[273] Entre nós, com este parecer, v. RAÚL VENTURA, *Novos estudos sobre sociedades anónimas e sociedades em nome colectivo,* Almedina, Coimbra, 1994, pp. 32-33, BRITO CORREIA, *ob. cit.,* p. ex. pp. 495-496, M. PUPO CORREIA, *Direito comercial — Direito da empresa,* 10.ª ed. (c/colab. de A. J. TOMÁS e O. CASTELO PAULO), Ediforum, Lisboa, 2007, p. 244, bem como (de modo mais amplo) C. FERREIRA DE ALMEIDA, *Contratos,* II, Almedina, Coimbra, 2007, pp. 195-196, e JÚLIO M. V. GOMES, *Direito do trabalho,* vol. I, Coimbra Editora, Coimbra, 2007, pp. 163, ss.; v. tb. Ac. da RP de 12/12/94, CJ, 1994, t. V, pp. 229-230, Ac. do STJ de 14/2/95, BMJ n.º 444 (1995), p. 659. Criticamente, v. MENEZES CORDEIRO, *ob. cit.,* p. 395, J. OLIVEIRA ASCENSÃO, *Direito comercial,* vol. IV — *Sociedades comerciais. Parte geral,* Lisboa, 2000, p. 449, J. PINTO FURTADO, *Curso de direito das sociedades,* 5.ª ed., Almedina, Coimbra, 2004, pp. 340-341.

[274] Vai neste sentido boa parte da doutrina italiana — v., com mais indicações, FABRIZIO GUERRERA, *Gestione "di fatto" e funzione amministrativa nelle società di capitali,* RDC, 1999, p. 167, FRANCO BONELLI, *Gli amministratori di s.p.a. dopo la riforma delle società,* Giuffrè, Milano, 2004, pp. 74-75.

[275] V. V. LOBO XAVIER, *Anulação de deliberação social e deliberações conexas,* Atlântida Editora, Coimbra, 1976, pp. 102, ss., n. (7), J. M. COUTINHO DE ABREU, *Do abuso de direito — Ensaio de um critério em*

propõe designação, o designado *aceita a nomeação, não proposta de nomeação;* independentemente da aceitação pelo designado, antes ou depois dela, a deliberação de eleição é registável (CRCom., art. 3.º, 1, m)) e impugnável judicialmente.

Contudo, sustenta-se às vezes que a relação de administração assenta não só em um acto de designação — embora de natureza unilateral, não contratual —, mas ainda em um contrato (de emprego)(276). Não parece, todavia, que a perfeição da relação administrativa exija, além do acto de designação, um contrato; fundada no acto de designação, a relação ganha conteúdo suficiente na lei, no estatuto social e em deliberações. (277)

Não quer tudo isto dizer, porém, que não possa haver, além da designação, um *contrato* entre o designado e a sociedade (actuando por órgão de representação) para disciplinar

---

direito civil e nas deliberações sociais, Almedina, Coimbra, 1983 (reimpr. 1999, 2006), pp. 144-145, texto e notas.

(276) Esta construção, de origem alemã (com alicerces na lei — v. o § 84 da AktG e, p. ex., UWE HÜFFER, *Aktiengesetz*, 6. Aufl., Beck, München, 2004, pp. 420, ss.), era a preferida, antes do CSC, de A. FERRER CORREIA (c/ colab. de V. LOBO XAVIER/M. HENRIQUE MESQUITA/J. M. SAMPAIO CABRAL/ANTÓNIO CAEIRO), *Lições de direito comercial*, vol. II — *Sociedades comerciais. Doutrina geral*, ed. copiogr., Universidade de Coimbra, 1968, pp. 330-331, e continua, depois do Código, a concitar preferências: v. I. DUARTE RODRIGUES, *A administração das sociedades por quotas e anónimas — Organização e estatuto dos administradores*, Petrony, Lisboa, 1990, pp. 271-272, A. SOVERAL MARTINS, *Os poderes de representação dos administradores de sociedades anónimas*, Coimbra Editora, Coimbra, 1998, p. 59, Ac. do STJ de 3/11/94, BMJ n.º 441 (1994), p. 362. (Note-se que, de uma forma ou doutra, a jurisprudência portuguesa vem considerando ter natureza contratual a relação de administração. Além dos acórdãos já citados, v. os Acs. do STJ de 15/2/00, CJ (ASTJ), 2000, t. I, p. 104, e de 23/5/02, *ibid.*, 2002, t. II, p. 91.).

(277) Anote-se, a talhe de foice, que a relação entre sociedade e ROC titular de órgão fiscalizador parece exigir não somente o acto de designação e a aceitação, mas ainda um contrato de prestação de serviços (art. 53.º do EOROC, aprovado pelo DL 487/99, de 16 de Novembro; cfr. tb. COUTINHO DE ABREU, *Governação...*, pp. 185-186, n. (455)).

um ou outro aspecto da relação (278). A própria lei alude à possibilidade: arts. 253.º, 4, 257.º, 7, 403.º, 5, do CSC (279). Por outro lado, não se ignora que os actos societário-unilaterais de designação – bem como outros actos societário-unilaterais conformadores da relação administrativa – são *normalmente precedidos de acordo entre a sociedade e o administrador*.

Portanto, a relação de administração não tem de ser contratual, e normalmente não é contratual. (280)

2. Vinculação das sociedades

2. 1. Como actuam vinculativamente as sociedades (generalidades)

As sociedades intervêm eficazmente em actos jurídicos — vinculam-se — por meio de órgãos (ou titulares destes) e de representantes voluntários.

---

(278) Convergentemente, OLIVEIRA ASCENSÃO, *ob. cit.*, pp. 449-450; v. ainda COUTINHO DE ABREU, *Responsabilidade civil...*, p. 11.

(279) Para exemplos, v. os Acs. da RC de 2/11/99, CJ, 1999, t. V, p. 16, e da RP de 24/5/01, *ibid.*, 2001, t. III, p. 201.

(280) Quando a relação administrativa assente em contrato, ele não é qualificável como contrato de trabalho – v. COUTINHO DE ABREU, *Administradores e trabalhadores de sociedades (Cúmulos e não)*, em IDET, *Temas societários*, Almedina, Coimbra, 2006, pp. 14-15 (ou *Governação...*, pp. 73-74) e M. ROSÁRIO PALMA RAMALHO, *Grupos empresariais e societários. Incidências laborais*, Almedina, Coimbra, 2008, pp. 523, n. (945), 526 ss.. Admitindo, ao invés, que o contrato de trabalho pode ter por objecto as funções de administração societária, v. LUÍS M. MONTEIRO, em AA. VV., *Código do Trabalho anotado*, 4..ª ed., Almedina, Coimbra, 2006, pp. 441, ss., JÚLIO GOMES, *ob. e loc. cits.*.

Sobre as possibilidades de cumulação das qualidades de trabalhador e de administrador, v. meus *Administradores e trabalhadores...*, pp. 15 ss., ou *Governação...*, pp. 64, ss..

Os *órgãos* aqui primacialmente em causa são os *de administração e representação* (gerência, conselho de administração, etc.). O qualificativo "representação" a respeito destes órgãos é frequente não apenas na doutrina. É corrente na lei: "a administração e a representação da sociedade competem aos gerentes" (CSC, art. 192.º, 1), "a sociedade é administrada e representada por um ou mais gerentes (...)" — art. 252.º, 1 —, "o conselho de administração tem exclusivos e plenos poderes de representação da sociedade" (art. 405.º, 2), "o conselho de administração executivo tem plenos poderes de representação perante terceiros (...)" — art. 431.º, 2.

Pode, pois, falar-se neste âmbito de *equivalência entre vinculação e representação* ([281]). ([282])

No entanto, esta representação *não é representação propriamente dita* (legal ou voluntária). Os órgãos são parte componente das sociedades; os titulares dos órgãos não querem nem actuam como terceiros em substituição ou em vez da sociedade (vontade e actos orgânicos são vontade e actos da sociedade). Fala-se, por isso, de *"representação orgânica"*. Sendo assim, as regras de direito privado comum relativas à representação (CCiv., arts. 258.º-269.º) não são aplicáveis directamente à representação orgânica. Embora a uma ou outra delas se possa recorrer por analogia.

---

[281] Cfr. tb., p. ex., os arts. 260.º, 1, 261.º, 1, 408.º, 1 ("representação" é mesmo a epígrafe deste art.), 409.º, 1.

[282] Mas deparamos com leis onde se distingue, algo estranhamente, representação e vinculação: compete ao presidente do conselho de administração "representar a sociedade em juízo e fora dele"; a sociedade fica obrigada (ou vinculada) "pela assinatura conjunta de dois membros do conselho de administração" (arts. 10.º, 2, b), e 12.º, 1, a), do estatuto da EMA — Empresa de Meios Aéreos, S. A., aprovado pelo DL 109/2007, de 13 de Abril).

Contudo, ao invés do que parece declarar a lei (283), a representação orgânica das sociedades não compete somente aos órgãos de administração e representação. Embora raramente, ela compete a *outros órgãos:* ao órgão deliberativo--interno (usualmente designado assembleia geral) (284), ao fiscal único ou conselho fiscal (art. 420.º, 1, l)), ao conselho geral e de supervisão (art. 441.º, p)). E, excepcionalmente, pode competir aos sócios (mas não enquanto órgão): arts. 253.º, 1, 2, 470.º, 4.

Como dissemos, as sociedades vinculam-se também por meio de representantes voluntários (285). Dedicar-lhes--emos alguma atenção. Depois de nos próximos n.ᵒˢ atendermos à vinculação pelos órgãos de administração e representação.

2. 2. Requisitos subjectivos

2. 2. 1. Indicação da qualidade de administrador

Os administradores ("gerentes", "administradores"), para poderem vincular a sociedade, devem actuar enquanto tais (enquanto administradores), não em nome pessoal. Devem, por isso, indicar ou declarar essa qualidade com referência à sociedade que por intermédio deles actua.

Relativamente a *actos não escritos*, entende-se consensualmente que aquela indicação tanto pode ser *expressa* como *tácita* (cfr. o art. 217.º, 1, do CCiv.).

Já quanto a *actos escritos*, a interpretação do n.º 4 do art. 260.º ("Os gerentes vinculam a sociedade, em actos

---

(283) O já citado art. 405.º, 2, diz mesmo que o conselho de administração tem "exclusivos" poderes de representação.

(284) Cfr. indicações *supra,* n. (275).

(285) Cfr. já os arts. 252.º, 6, 391.º, 7.

escritos, apondo a sua assinatura com indicação dessa qualidade") e do n.º 4 do art. 409.º do CSC ("Os administradores obrigam a sociedade, apondo a sua assinatura, com a indicação dessa qualidade") tem concitado marcado dissentimento na doutrina e na jurisprudência ([286]). ([287])

Ora, no n.º 4 dos arts. 260.º e 409.º não se exige que a indicação da qualidade de administrador seja expressa, não se exige que (mais ou menos) junto da assinatura (do administrador) e da identificação da sociedade apareça "gerente" ou "administrador". Importa é que os destinatários ("normais") do escrito possam lê-lo de modo a deduzirem que o mesmo é imputável à sociedade (devidamente "representada"). A indicação da qualidade de administrador *pode ser tácita* (cfr. o art. 217.º, 2, do CCiv.). Concluiu bem, portanto, o citado Ac. do STJ de 6/12/2001: "A indicação da qualidade de gerente prescrita no n.º 4 do artigo 260.º do Código das Sociedades Comerciais pode ser deduzida, nos termos do artigo 217.º do Código Civil, de factos que, com toda a probabilidade, a revelem." ([288])

([286]) Especialmente até ao Ac. do STJ de 6/12/01 (uniformização de jurisprudência), DR, I-A, de 24/1/02, p. 498 (v. aí várias indicações de doutrina e jurisprudência).

([287]) Não existe no CSC para as sociedades em nome colectivo e em comandita regra semelhante à dos arts. citados. A respeito das sociedades daquele primeiro tipo, escreveu RAÚL VENTURA, *Novos estudos...*, p. 332, que continua, "pois, lícito o velho uso de o gerente, quando representa a sociedade em actos escritos assinar com a firma social" (p. ex., António Boavida, gerente da sociedade Bento Couto & Companhia, poderia "assinar" com esta firma, em vez de assinar com o seu nome, completo ou abreviado). Duvido de que deva ser assim. Parece ser de aplicar por analogia a regra dos citados artigos.

([288]) V. tb., entre outros, A. SOVERAL MARTINS, *Capacidade e representação das sociedades comerciais,* em IDET, *Problemas do direito das sociedades,* Almedina, Coimbra, 2002, pp. 478, ss., CAROLINA CUNHA, *Vinculação cambiária de sociedades: algumas questões,* em FDUC, *Nos 20 anos do Código das Sociedades Comerciais,* vol. I, Coimbra Editora, Coimbra, 2007, pp. 361, ss..

Assim, por exemplo, é dada (tácita e) suficientemente a indicação da qualidade de administrador (necessária à vinculação da respectiva sociedade) quando:

a) Em letra de câmbio aparece como sacada uma sociedade (identificada pela firma) e no lugar do aceite aparece(m) assinatura(s) de administrador(es) da mesma – sem mais indicações, ou acompanhada(s) de carimbo da sociedade [289];

b) Em letra de câmbio aparece no lugar destinado à identificação do sacador a firma de sociedade e no lugar destinado à assinatura do sacador consta a assinatura de administrador da sociedade [290];

c) Em cheque figura determinada sociedade como titular da conta e no lugar destinado à assinatura do sacador consta (sem mais indicações) a assinatura de administrador daquela sociedade [291];

d) Em escrito que enforma contrato é identificada uma sociedade como parte e aparece no final a assinatura de administrador dessa sociedade (sem mais menções, ou com a menção de ele ser sócio) [292];

e) Em escrito enformando contrato de cessão de gozo de prédio não é identificada a sociedade cessionária nem a assinatura do administrador desta vem acompanhada de menção expressa a essa qualidade, mas o administrador havia comunicado à contraparte que o prédio se destinava à sociedade (e nas negociações preliminares ele apresentou-se sempre como administrador da sociedade) [293].

---

[289] Cfr. Ac. da RP de 9/11/98, CJ, 1998, V, p. 179; contra, Ac. do STJ de 5/11/98, BMJ n.º 481 (1998), p. 498, Ac. da RP de 24/11/98, CJ, 1998, V, p. 201.

[290] Cfr. o citado Ac. do STJ de 6/12/01.

[291] Cfr. Ac. da RC de 3/4/01, CJ, 2001, II, p. 34; contra, Ac. da RP de 20/5/99, CJ, 1999, III, p. 196.

[292] Cfr. Acs. do STJ de 28/11/99, CJ (ASTJ), 1999, III, p. 128, e de 3/10/00, CJ (ASTJ), 2000, III, p. 57.

[293] Cfr. Ac. da RP de 7/11/05, CJ, 2005, V, p. 182. Cfr. tb. os arts. 236.º, 1 e 2, e 238.º, 2, do CCiv..

2. 2. 2. Órgãos de representação plurais

Quando o órgão administrativo-representativo de uma sociedade é singular (composto por um só membro) [294], a representação orgânica (activa ou passiva) cabe, naturalmente, ao administrador único.

Quando haja mais do que um administrador, várias possibilidades se abrem. Por exemplo: cada um dos administradores tem o poder de vincular a sociedade (método de representação *disjunta*); é necessária a intervenção de todos os administradores, da maioria, ou de minoria deles (métodos de *conjunção* integral, maioritária e minoritária).

A escolha do método é feita pela lei e/ou pelo estatuto social. Tendo como pano de fundo interesses variados (mormente da sociedade e dos terceiros). A disjunção promove a *rapidez* da vinculação social e facilita a vida dos *terceiros* (basta-lhes averiguar se determinado sujeito é administrador); a conjunção favorece *maior ponderação e controlo recíproco* dos administradores (prevalecem os interesses da *sociedade*).

2. 2. 2. 1. Regras legais e derrogações

Para a representação passiva das sociedades vale a regra da disjunção: as notificações ou declarações de terceiros à sociedade podem ser dirigidas a qualquer dos administradores (arts. 261.º, 3, 408.º, 3) [295]. Regra *imperativa:* é nula toda a disposição estatutária em contrário (v. os preceitos citados).

---

[294] Cfr. o CSC, arts. 191.º, 1, 252.º, 1, 390.º, 1, 2, 424.º, 470.º, 1.

[295] Não contém o CSC preceito semelhante para as sociedades em nome colectivo. O art. 193.º (aplicável também às sociedades em comandita simples: art. 474.º) visa somente a representação activa. São, porém, aplicáveis por analogia as normas citadas em texto. Veja-se também, na mesma linha, o art. 231.º, 1 e 2, do CPC.

Quanto à *representação activa*, a *disjunção* é a regra para as sociedades em nome colectivo e em comandita simples (arts. 193.º, 1, 474.º) e a *conjunção maioritária* é a regra para as sociedades dos outros tipos (arts. 261.º, 1, 408.º, 1, 431.º, 3, 478.º). Regras *dispositivas,* porém: admitem derrogações.

Centremo-nos então na regra e possíveis desvios com referência às *sociedades por quotas* e *anónimas*.

Em regra, a sociedade por quotas fica "vinculada pelos negócios jurídicos concluídos pela maioria dos gerentes ou por ela ratificados" (art. 261.º, 1) e a sociedade anónima fica igualmente "vinculada pelos negócios jurídicos concluídos pela maioria dos administradores ou por eles ratificados" (art. 408.º, 1).

No entanto, o n.º 1 do art. 261.º ressalva "cláusula do contrato de sociedade que disponha de modo diverso" e o n.º 1 do art. 408.º permite que a sociedade anónima fique vinculada "por número menor [que a maioria] destes [dos administradores] fixado no contrato de sociedade" [296].

A um primeiro olhar, a lei parece oferecer mais possibilidades de derrogação estatutária da regra da conjunção maioritária às sociedades por quotas. Vejamos mais de perto.

a) Tanto nas *sociedades por quotas* como nas *sociedades anónimas* podem os *estatutos* estabelecer que a vinculação social basta-se com a intervenção de administradores em *número inferior à maioria* – um administrador (actuando disjuntivamente), dois, três, etc. (actuando conjuntamente).

Isto está de acordo com o disposto no art. 9.º, 3, da 1.ª Directiva em matéria de sociedades [297]: "Quando a

---

[296] V. já tb. o n.º 2 do art. 408.º.

[297] Directiva 68/151/CEE, de 9 de Março de 1968, aplicável às sociedades por acções (anónimas e em comandita) e por quotas – art. 1.º.

legislação nacional preveja que o poder de representar a sociedade é atribuído por cláusula estatutária, derrogatória da norma legal sobre a matéria, a uma só pessoa ou várias pessoas agindo conjuntamente, essa legislação pode prever a oponibilidade de tal cláusula a terceiros, desde que ela seja referente ao poder geral de representação; a oponibilidade a terceiros de uma tal disposição estatutária é regulada pelas disposições do artigo 3.º". Esta norma comunitária, quando prevê a vinculação por administradores em número inferior ao previsto em regra legal, não é excepção à norma do n.º 2 do mesmo art. 9.º (:"As limitações aos poderes dos órgãos da sociedade que resultem dos estatutos ou de uma resolução dos órgãos competentes são sempre inoponíveis a terceiros, mesmo que tenham sido publicadas" ([298])). Porquanto uma cláusula estatutária que permite a vinculação social por administradores em número inferior ao previsto na lei não limita (objectiva ou subjectivamente) os poderes desses administradores; antes os estende ou alarga: eles ficam com poder de vinculação que, segundo a regra legal, não tinham (pela regra, a intervenção de outros administradores seria necessária).

b) A sociedade *anónima* fica "vinculada pelos negócios jurídicos concluídos pela maioria dos administradores ou por eles ratificados, ou *por número menor destes fixado no contrato de sociedade*" (art. 408.º, 1). Por conseguinte, uma cláusula estatutária exigindo a intervenção de administradores em *número superior à maioria* (maioria reforçada ou a totalidade dos administradores) é *inoponível a (ineficaz relativamente a) terceiros (tem eficácia tão-só interna)*; a socie-

---

([298]) Parece preferível a interpretação segundo a qual este preceito abrange não só limitações objectivas mas também limitações pessoais aos poderes de representação. V. GÜNTER C. SCHWARZ, *Vertretungsregelungen durch den Aufsichtsrat (§ 78 Abs. 3 S. 2 AktG) und durch Vorstandsmitglieder (§ 78 Abs. 4 S. 1 AktG) – Zur Richtlinienkonformität des aktienrechtlichen Organvertretungsrechts*, ZHR, 2002, p. 644.

dade fica vinculada com a intervenção da maioria absoluta dos administradores, apesar da cláusula (299).

Já a cláusula estatutária de sociedade *por quotas* prescrevendo a *conjunção maioritária reforçada ou integral será plenamente eficaz* (300).

Uma tal cláusula traduz-se em limitação ao poder (à quota de poder) de vinculação de cada gerente. Na verdade, segundo a regra legal (dispositiva), os gerentes têm o poder de vincular a sociedade quando actuam em maioria simples (*v. g.*, basta que um dos cinco gerentes intervenha com mais dois); vigorando cláusula daquele tipo, não basta esta conjunção, é necessária a actuação de mais gerentes (*v. g.*, quatro dos cinco ou todos os cinco) — cada gerente vê assim dificultadas ou restringidas as faculdades de intervenção.

Poderia pensar-se então que tal cláusula fica sob o império do art. 260.º, 1. Conferindo a lei poderes de vinculação aos gerentes em maioria absoluta, a sociedade ficaria vinculada pela intervenção da maioria (*v. g.*, três dos cinco), "não obstante as limitações constantes do contrato social" (que exige a actuação de quatro ou de cinco gerentes) — a limitação estatutária seria inoponível a terceiros.

---

(299) Neste sentido, v. A. SOVERAL MARTINS, *Os poderes de representação dos administradores...*, pp. 106-107.

(300) V., semelhantemente, OLIVEIRA ASCENSÃO, *Direito comercial*, vol. IV cit., pp. 484-485, J. ESPÍRITO SANTO, *Sociedades por quotas e anónimas – Vinculação: objecto social e representação plural*, Almedina, Coimbra, 2000, pp. 477, ss., 495, ss., SOVERAL MARTINS, *Capacidade e representação...*, pp. 482, ss., *Da personalidade e capacidade jurídicas das sociedades comerciais*, em AA. VV. (coord. de COUTINHO DE ABREU), *Estudos de direito das sociedades*, 9.ª ed., Almedina, Coimbra, 2008, pp. 123, ss., PAULO DE TARSO DOMINGUES, *A vinculação das sociedades por quotas no Código das Sociedades Comerciais*, RFDUP, 2004, pp. 300, ss.. Contra, v. I. DUARTE RODRIGUES, *A administração das sociedades...*, p. 69, n. (95), F. CASSIANO DOS SANTOS, *Estrutura associativa e participação societária capitalística – Contrato de sociedade, estrutura societária e participação do sócio nas sociedades capitalísticas*, Coimbra Editora, Coimbra, 2006, pp. 316, ss..

Isto, claro, admitindo que o n.º 1 do art. 260.º ([301]) é aplicável não só às limitações estatutárias objectivas (referidas à natureza e extensão dos actos praticáveis pelos administradores) mas também às limitações estatutárias subjectivas ou pessoais. E, *em geral*, assim deve admitir-se. Com efeito, o n.º 1 do art. 9.º da 1.ª Directiva centra-se em prescrições objectivas do poder de vinculação dos administradores; mas no n.º 2 do mesmo art. já se incluem tanto limitações objectivas como limitações subjectivas aos poderes de vinculação ([302]). Ora, o n.º 1 do art. 260.º do CSC ([303]) transpõe para a ordem jurídica interna o disposto nos n.os 1 (1.º parágrafo) e 2 do art. 9.º da 1.ª Directiva.

Contudo, o n.º 3 do art. 9.º da Directiva contém uma excepção à regra (prevista no n.º 2) da ineficácia das limitações subjectivas ([304]). As legislações nacionais podem prever a oponibilidade de cláusula estatutária que limite (pessoalmente) os poderes de representação dos administradores; a cláusula terá de cumprir as exigências da publicidade obrigatória.

Pois bem, a legislação portuguesa prevê no art. 261.º, 1, do CSC — no segmento "salvo cláusula do contrato de sociedade que disponha de modo diverso" — a eficácia de cláusula estatutária prescrevendo conjunção maioritária reforçada ou integral ([305]). A previsão legal é implícita. É quanto basta (não tinha de ser explícita ou expressa). "Parece, com efeito, que se a legislação nacional prevê que o poder de representar a sociedade seja atribuído pelos estatutos a uma

---

[301] Bem como o n.º 1 do art. 409.º.
[302] V. por todos SCHWARZ, *ob. cit.*, pp. 639, ss..
[303] Tal como o n.º 1 do art. 409.º.
[304] V. SCHWARZ, *ob. cit.*, pp. 643-644.
[305] Desde que observada, claro, a publicidade obrigatória – v. 1.ª Directiva, arts. 9.º, 3, 2.º, 1, a), d), 3.º; CSC, arts. 166.º, ss.; CRCom., arts. 3.º, 1, a), m), 15.º, 1, 70.º, 1, a); RRCom., art. 10.º, b).

só pessoa ou a várias pessoas agindo conjuntamente, essa previsão é bastante para que essas disposições estatutárias sejam oponíveis a terceiros". "Acresce que 'pode prever a oponibilidade' supõe a possibilidade contrária — prever a inoponibilidade — e é contraditório atribuir licitamente poderes de representação a certas pessoas e ao mesmo tempo declarar que esses poderes de representação são inoponíveis a terceiros" ([306]). ([307])

c) São frequentes (sobretudo nas sociedades por quotas) cláusulas estatutárias dispondo mais ou menos isto: a sociedade obriga-se validamente com as assinaturas de dois gerentes, *bastando a de um só para os actos de mero expediente.*

Não é fácil delimitar os "actos de mero expediente" ([308]). Serão actos *de pequeno relevo económico para a sociedade e/ou rotineiros praticáveis com reduzida margem de liberdade ou discricionaridade administrativo-representativa* ([309]). Por

---

([306]) RAÚL VENTURA, *Adaptação do direito português à 1.ª Directiva do Conselho da Comunidade Económica Europeia sobre direito das sociedades,* em PGR, *Documentação e Direito Comparado,* Lisboa, 1981, p. 158 (= *Sociedades por quotas,* vol. III, Almedina, Coimbra, 1991, pp. 186-187).

([307]) É diferente o panorama em França. O art. L. 223-18 do *Code de Commerce* consagra o método disjunto (7.º parágr.) e a inoponibilidade a terceiros das cláusulas estatutárias limitando os poderes dos gerentes (6.º parágr.) — o legislador francês não fez uso, portanto, da faculdade atribuída pelo art. 9.º, 3, da 1.ª Directiva. Sobre a controvérsia italiana diante do art. 2475 *bis* do *Codice Civile* (e correspondentes normas precedentes) – algo distante(s) do art. 261.º, 1, do CSC – v., com indicações, MASSIMO MONTANARI, *La clausola di rappresentanza congiuntiva nelle società di capitali,* GC, 1999, pp. 18, ss., FILIPPO PARRELLA, em M. SANDULLI/V. SANTORO (a cura di), *La riforma delle società (Artt. 2462-2510 cod. civ.),* Giappichelli, Torino, 2003, p. 112.

([308]) V. RICARDO CANDEIAS, *Os gerentes e os actos de mero expediente,* ROA, 2000, pp. 261, ss.. Há uma referência (sem explicitações) a tais actos no art. 470.º, 4, do CSC.

([309]) Por isso entendem os sócios não ser exigível actuação conjunta propiciadora de (maior) ponderação e de controlo mútuo.

exemplo, a emissão de facturas/recibos ou de notas de remessa, o depósito de dinheiro da sociedade em bancos, pagamentos de salários, a distribuição de tarefas pelos trabalhadores da categoria correspondente...

Ora, quando um só administrador pratica actos de mero expediente, a sociedade fica vinculada. Não pode ela opor a terceiros a regra estatutária da actuação conjunta. A cláusula dos estatutos que permite a qualquer gerente (método disjunto) a prática de actos de mero expediente não é, neste ponto, limitadora dos poderes de vinculação dos gerentes.

Mas que sucede quando *um só administrador pratica actos que não são de mero expediente*? Ficará a sociedade vinculada? *Parece que sim* [310]. Uma cláusula estatutária que atribui a cada administrador poderes de representação para actos especiais ou categorias de actos não é cláusula "referente ao poder geral de representação" (v. o art. 9.º, 3, da 1.ª Directiva). E porque limita (objectivamente) os poderes de representação de cada um desses administradores, ela é *inoponível aos terceiros* (art. 9.º, 2 e 3, da Directiva, arts. 260.º, 1, 409.º, 1, do CSC) [311]; *tem eficácia simplesmente interna*.

d) Frequentes são também as cláusulas estatutárias que referem *nominalmente* (de modo directo ou indirecto) um ou mais administradores-representantes. Por exemplo (tendo as sociedades, imagine-se, cinco administradores): a sociedade obriga-se com as assinaturas de dois gerentes, devendo uma delas ser a do gerente *A*; a sociedade vincula-se pelas assinaturas do presidente do conselho de administração ou de dois administradores; a sociedade fica vinculada pela assinatura do gerente *B* ou pelas assinaturas de *B* e de um outro gerente.

---

[310] Assim também RICARDO CANDEIAS, *ob. cit.*, p. 280.

[311] Não têm os terceiros de preocupar-se com a questão de os actos em que participam serem ou não de mero expediente.

Hipóteses destas configuram alargamento dos poderes dos administradores na medida em que se exige a intervenção de administradores em número inferior ao previsto nas regras legais dispositivas. Porém — quanto a hipóteses como as dos exemplos primeiro e terceiro —, configuram também limitações aos poderes de vinculação de alguns administradores: cada administrador não nominalmente referido pode intervir, não com qualquer um dos outros, mas com administrador nominalmente designado. Não obstante, porque são limitações pessoais ou subjectivas (não objectivas), elas são permitidas pelo art. 9.º, 3, da 1.ª Directiva e pelos correspondentes arts. do CSC (261.º, 1, 408.º, 1) ([312]).

Portanto, tais cláusulas estatutárias, observadas as exigências legais de publicidade, são *oponíveis a terceiros*. Quer nas sociedades *por quotas* ([313]), quer nas sociedades *anónimas* ([314]).

Convém notar que, nos exemplos dados, nenhum administrador fica privado de poderes de representação; qualquer deles pode intervir, embora em parceria com administrador nominalmente assinalado. E, em geral, nenhum administrador pode ser excluído do exercício de poderes de vinculação (faz parte do estatuto de administrador o poder de representar ou de colaborar na representação) ([315]). Só não será assim, por força da lei, relativamente aos administradores que

---

([312]) Cfr. *supra*, sob b).

([313]) Neste ponto parece haver consenso – cfr. SOVERAL MARTINS, *Os poderes de representação...*, p. 226, n.(406), ESPÍRITO SANTO, *ob. cit.*, pp. 480-481.

([314]) Contra, v. *últs. AA. e obs. cits.*, respectivamente pp. 223, ss. e 487, ss..

Na Alemanha, parece valerem conclusões análogas às que deixo em texto — v. HÜFFER, *ob. cit.*, pp. 405, 406.

([315]) V., a respeito dos gerentes, RAÚL VENTURA, *Sociedades por quotas* cit., p. 197, ESPÍRITO SANTO, *ob. cit.*, p. 480. Contra, M. PUPO CORREIA (c/colab. de A. J. TOMÁS/O. C. PAULO), *Direito Comercial – Direito da empresa*, 10.ª ed., Ediforum, Lisboa, 2007, p. 255.

sejam membros de comissão de auditoria (arts. 423.º-B, ss.). Com efeito, a estes administradores "é vedado o exercício de funções executivas na sociedade" (art. 423.º-B, 3). E são executivas as funções de representação. [316]

e) Nas sociedades *anónimas* com estrutura organizatória *tradicional* ou *monística*, pode o estatuto social autorizar o conselho de administração a *delegar* em um ou mais administradores ou numa comissão executiva a gestão corrente da sociedade (art. 407.º, 3). Quando o estatuto contenha tal autorização e o conselho faça uso dela, deve a respectiva deliberação fixar os limites da delegação (art. 407.º, 4) [317]. E pode também o estatuto dispor que a sociedade fica "vinculada pelos negócios celebrados por um ou mais administradores-delegados, dentro dos limites da delegação do conselho" (art. 408.º, 2).

Quando isso suceda, a sociedade fica vinculada pelos actos praticados, dentro dos limites da delegação, pelo administrador ou administradores delegados.

E se estes *ultrapassam* aqueles limites? A sociedade fica igualmente *vinculada*. Porque as limitações estão ancoradas no estatuto social, elas têm eficácia interna mas não externa (art. 409.º, 1) [318].

---

[316] Se, p. ex., o conselho de administração de uma sociedade anónima for composto por seis membros, integrando três deles a comissão de auditoria (cfr. o art. 423.º-B, 2), e o estatuto social dispuser que a sociedade fica vinculada pelos negócios jurídicos concluídos pela maioria dos administradores, deve entender-se que esta maioria equivale a dois administradores não auditores. De todo o modo, quando o número dos administradores não auditores seja igual ou inferior ao dos administradores-auditores, convém que o estatuto regule a vinculação referindo-se expressamente tão-só aos administradores não auditores.

[317] Para a interpretação (extensiva) deste preceito, v. COUTINHO DE ABREU, *Governação...*, pp. 39-40.

[318] V. desenvolvimento em SOVERAL MARTINS, *Os poderes de representação...*, pp. 376, ss.. Com soluções diferenciadas, ESPÍRITO SANTO, *ob. cit.*, pp. 492-493, n. (1329).

Para as sociedades *por quotas* estabelece o n.º 2 do art. 261.º: "O disposto no número anterior não impede que os gerentes deleguem nalgum ou nalguns deles competência para determinados negócios ou espécie de negócio, mas, mesmo nesses negócios, os gerentes delegados só vinculam a sociedade se a delegação lhes atribuir expressamente tal poder."

Trata-se agora de delegação (de poderes de gestão e, eventualmente, de representação) que em parte se avizinha da delegação (propriamente dita) prevista para as sociedades anónimas (arts. 407.º, 3 e ss., 408.º, 2) e em outra parte se aproxima da delegação restrita (ou delegação--encargo especial) também prevista para aquelas sociedades (art. 407.º, 1 e 2) ([319]).

A delegação de poderes poderá ser feita por deliberação dos gerentes ([320]) ou por declarações conjunto-maioritárias dos mesmos ([321]). Os poderes delegados para "determinados negócios" (*v. g.*, compra de duas máquinas de certo tipo) ou "espécie de negócio" (*v. g.*, compras de matéria-prima) são antes de mais poderes de gestão (ou administração em sentido estrito) ([322]). Mas podem ser também de vinculação — desde que "expressamente" atribuídos para aqueles negócios ou sectores negociais. De todo o modo, os gerentes-não delegados não ficam privados de poderes administrativos e/ou representativos nas matérias da delegação ([323]). ([324])

([319]) Cfr. COUTINHO DE ABREU, *últ. ob. cit.*, pp. 97, ss..

([320]) Cfr. *últ. A. e ob. cits.,* pp. 142-143.

([321]) Não parece que baste uma conjunção minoritária constante do estatuto para a vinculação em geral (tendo também em conta alguma analogia com o previsto no art. 407.º, 1 e 3 — as deliberações do conselho são tomadas por maioria dos votos: art. 410.º, 7...).

RAÚL VENTURA, *últ. ob. cit.*, p. 193, contraria qualquer das vias apontadas (deliberação dos gerentes ou actuação conjunta dos mesmos) e advoga que a delegação deve ser feita por todos os gerentes.

([322]) Cfr. minha *ob. cit.*, pp. 37, ss..

([323]) Cfr. (analogicamente) os arts. 407.º, 2, 8, 408.º, 2.

Tal como os administradores delegados (propriamente ditos), também os gerentes delegados vinculam a sociedade quando praticam actos dentro dos limites da delegação.

E *vinculam-na* ainda quando *ultrapassam* esses limites. Porque são limitações objectivas resultantes de "resolução" dos gerentes (delegantes), têm eficácia simplesmente interna, sendo (em geral) inoponíveis a terceiros (art. 9.º, 2, da 1.ª Directiva, de acordo com o qual deve ser interpretado o art. 260.º, 1, do CSC, que se refere apenas às "limitações constantes do contrato social ou resultantes de deliberações dos sócios").

2. 2. 2. 2. Vigorando (supletiva ou estatutariamente) a conjunção, basta um administrador actuar para a sociedade ficar vinculada?

A pergunta em epígrafe seria surpreendente (pois se a lei ou, com permissão dela, os estatutos exigem a intervenção de mais do que um...), não fora o facto de a jurisprudência dominante e alguma (minoritária) doutrina entenderem que as sociedades (por quotas e anónimas) ficam vinculadas pelos negócios jurídicos concluídos por um só administrador, apesar de para elas vigorar o método da conjunção ([325]).

([324]) Por não terem atendido a alguns dos pontos expostos, são criticáveis os Acs. da RL de 22/3/94, CJ, 1994, II, p. 91, do STJ de 24/4/95, BMJ n.º 446 (1995), p. 302 (sobre o mesmo caso), e de 15/10/96, CJ (ASTJ), 1996, III, p. 62.

([325]) V. entre outros, os Acs. do STJ de 3/5/95, BMJ n.º 447 (1995), p. 520, da RC de 26/6/01, CJ, 2001, III, p. 40, da RL de 22/1/02, CJ, 2002, I, p. 80, e de 27/5/03, CJ, 2003, III, p. 88, do STJ de 14/3/06, CJ (ASTJ), 2006, I, p. 126; RUI RANGEL, *A vinculação das sociedades anónimas*, Edições Cosmos, Lisboa, 1998, pp. 71, ss., P. OLAVO CUNHA, *Direito das sociedades comerciais*, 3.ª ed., Almedina, Coimbra, 2007, pp. 666-667 (para as sociedades por quotas), 714, ss. (para as sociedades anónimas; aqui o A. entende ser exigível, em regra, a intervenção de pelo menos dois administradores).

Em abono desse entendimento avança-se, designadamente, a aplicabilidade dos arts. 260.º, 1, e 409.º, 1, e a prevalência dos interesses dos terceiros de boa fé. É abonação claramente insuficiente.

Dizem aqueles preceitos: "Os actos praticados pelos gerentes [art. 260.º, 1; diz-se no art. 409.º, 1: "pelos administradores"], em nome da sociedade e dentro dos poderes que a lei lhes confere, vinculam-na para com terceiros, não obstante as limitações constantes do contrato social [ou "de sociedade": art. 409.º, 1] (...)".

Ora, a referência aos "gerentes" e "administradores" é feita *em abstracto*. Os citados preceitos *não dizem que basta a intervenção de um administrador. Nem dizem qual o número* dos administradores intervenientes exigido. *Isso é referido em outras normas:* arts. 261.º e 408.º.

E se, por força destas normas ou de cláusulas estatutárias, os poderes de representação têm de ser exercidos conjuntamente por dois ou mais administradores, *actua sem poderes* o administrador que actuar sozinho (não "dentro dos poderes que a lei lhe confere").

Por outro lado, *não são "limitações constantes do contrato social"* (ou "contrato de sociedade", ou estatuto social) *aos poderes dos administradores* as prescrições *estatutárias* segundo as quais a sociedade fica vinculada pelos negócios concluídos pela *maioria* dos administradores ou por *número (plural) inferior*. No primeiro caso, a cláusula estatutária repete a regra legal dispositiva (arts. 261.º, 1, 408.º, 1) — os administradores ficam (pelos estatutos) com os mesmos poderes que a lei lhes confere; no segundo caso, os administradores ficam com poderes mais extensos do que os conferidos por lei ([326]). Somente nos casos em que os estatutos estabelecem conjunção maioritária reforçada ou integral (casos raros na prática, parece) há limitações (pessoais) aos

---

([326]) Cfr. *supra,* n.º 2. 2. 2. 1., sob a).

poderes dos administradores — limitações permitidas com eficácia externa, como vimos, nas sociedades por quotas, não nas anónimas ([327]).

Depois, faz pouco sentido apelar aqui aos interesses dos terceiros de boa fé. E os *interesses da sociedade* acauteláveis pelos métodos da conjunção? ([328]) De outra banda, não é tarefa espinhosa para os terceiros *saber quem pode vincular a sociedade* (v. o CRCom., art. 70.º, 1, a), 2 — publicações obrigatórias –, 73.º e 74.º – carácter público do registo). O cuidado e esforço exigidos a um terceiro que pretenda confirmar a qualidade de administrador de pessoa que o contacta invocando representar uma sociedade são praticamente os mesmos cuidado e esforço exigidos para se saber por quem fica a sociedade vinculada. Por outro lado ainda, quando vigora a conjunção, é a *lei que impede a vinculação social* por negócios concluídos por um só administrador (arts. 261.º, 1, 408.º, 1); logo, "a confiança de terceiros não pode ser invocada, porque não há confiança legítima contra o que dispõe a lei" ([329]).

Em suma, vigorando (supletiva ou estatutariamente) a conjunção, *a sociedade não fica vinculada pelos actos jurídicos praticados por um só administrador* ([330]); tais actos são *ineficazes relativamente à sociedade* ([331]). ([332])

([327]) Cfr. *supra*, n.º 2. 2. 2. 1., sob b).

([328]) Cfr. *supra*, n.º 2. 2. 2.

([329]) OLIVEIRA ASCENSÃO, *ob. cit.*, p. 477 (v. tb. p. 484).

([330]) V., no mesmo sentido, além do A. e ob. cits. na nota anterior, SOVERAL MARTINS, *Os poderes de representação...*, p. 118, *Da personalidade e capacidade...*, pp. 119, ss., ESPÍRITO SANTO, *ob. cit.*, pp. 309, 471-472, TARSO DOMINGUES, *ob. cit.*, p. 302, A. PEREIRA DE ALMEIDA, *Sociedades comerciais e valores mobiliários*, 5.ª ed., Coimbra Editora, Coimbra, 2008, pp. 377, ss., 435, ss., PUPO CORREIA, *ob. cit.*, p. 255, n. (361).

([331]) V., p. ex., SOVERAL MARTINS, *Os poderes de representação...*, p. 118.

([332]) Pode dar-se o caso de a invocação, pela sociedade, da ineficácia do acto praticado por um só administrador ser abusiva (v., p. ex., o citado Ac. da RL de 22/1/02, p. 85). Mas estaremos então num outro campo. Uma

2. 2. 2. 3. Exercício da representação conjunta (e da representação disjunta)

Na representação conjunta, podem os administradores cuja intervenção é exigida emitir *simultaneamente* (de modo expresso e/ou tácito) as declarações (parciais) de teor idêntico (*v. g.*, todos eles comunicam à contraparte da sociedade uma proposta contratual, ou assinam documento que enforma contrato).

Mas podem também emitir tais declarações (separada e) *sucessivamente* (*v. g.*, o documento assinado por um administrador é assinado pelo outro dias depois). Nestes casos, a sociedade fica vinculada apenas no momento em que é emitida a última (necessária) declaração (parcial).

Se intervier apenas um administrador, ou mais que um mas em número insuficiente (ou com falta de algum nominalmente referido no estatuto), contra o disposto na lei ou no estatuto, sabemos já que a sociedade não fica vinculada pelos negócios concluídos por esse(s) administrador(es). Haverá vinculação, porém, se esses negócios forem *ratificados* — arts. 261.º, 1, 408.º, 1.

Vendo a letra da lei ("negócios jurídicos concluídos pela maioria dos gerentes ou por ela ratificados", "negócios jurídicos concluídos pela maioria dos administradores ou por eles ratificados"), poderia pensar-se que a ratificação deve ser feita pelo número de administradores que teria sido suficiente para vincular a sociedade. Por exemplo, numa sociedade que se vincula pela maioria dos quatro administradores, determinado negócio foi celebrado apenas por dois; a ratificação do negócio competiria a três (compreendendo aqueles dois ou um deles), sem que bastasse a declaração

---

coisa é saber se a sociedade fica vinculada pela actuação de um só administrador, outra é saber se a sociedade – não vinculada – tem legitimidade para invocar a não vinculação.

ratificadora de um dos administradores que não participou na celebração do negócio (333).

Esse procedimento é possível mas não necessário. O interesse da sociedade (em benefício da qual é estabelecida a ineficácia) *não impõe que tenham de intervir na ratificação tantos quantos tinham de intervir na celebração do negócio*. E não faz grande sentido que quem interveio no negócio possa ter de declarar depois a sua aquiescência ou assentimento (declaração de ratificação) ao mesmo negócio. Assim, no exemplo de há pouco, bastava a ratificação por um dos administradores que não participou na celebração do negócio (334). Outro exemplo: o estatuto de sociedade por quotas estabelece a vinculação por dois dos quatro gerentes, devendo A ser um deles; um negócio foi concluído por B e C; será necessária e suficiente a ratificação de A.

Tendo em vista o art. 268.º, 2, do CCiv. (v. também o art. 262.º, 2), vem-se entendendo que a ratificação deve observar a forma do negócio que se pretende ratificar (335).

Mas a ratificação aqui em causa não pressupõe representação voluntária, nem qualquer procuração. Deve, pois, valer o princípio da *liberdade da forma* (cfr. os arts. 219.º, 295.º do CCiv.). Porque não admitir, por exemplo, a ratificação feita por deliberação da gerência ou do conselho de administração, ou por declaração oral de gerente (não interveniente na conclusão do negócio ineficaz) dirigida aos demais gerentes? Por outro lado, a ratificação pode ser *tácita* (336) – v. g., o gerente que não havia intervindo na conclusão do negócio vem a executá-lo.

---

(333) Assim, SOVERAL MARTINS, *Os poderes de representação...*, pp. 110-111, 125-126, TARSO DOMINGUES, *ob. cit.*, p. 300.

(334) V., no mesmo sentido, RAÚL VENTURA, *Sociedades por quotas* cit., p. 191, ESPÍRITO SANTO, *ob. cit.*, pp. 473, ss..

(335) RAÚL VENTURA, *últ. ob. cit.*, pp. 191-192, SOVERAL MARTINS, *últ. ob. cit.*, p. 124, ESPÍRITO SANTO, *ob. cit.*, p. 475.

(336) V. tb. SOVERAL MARTINS, *ob. cit.*, pp. 111-112.

Já a 2.ª parte do n.º 2 do art. 268.º do CCiv. merece aplicação analógica ([337]): a ratificação tem *eficácia retroactiva*, considerando-se o negócio eficaz desde o momento em que foi concluído ([338]).

Na representação disjunta, mas também na representação conjunta minoritária, pode suceder que a propósito do mesmo assunto sejam emitidas *declarações contraditórias* (*v. g.*, um administrador aceita proposta contratual e outro não aceita; em sociedade com cinco administradores e vinculável por dois, *A* e *B* declaram aceitar proposta, *C* e *D* declaram não aceitar).

Se ambas as declarações chegam ao mesmo tempo ao destinatário, ou são emitidas simultaneamente (cfr. o art. 224.º, 1, do CCiv.), a sociedade não fica vinculada por qualquer delas (a sociedade não pode dizer sim e não ao mesmo tempo sobre o mesmo assunto; uma e outra declaração excluem-se mutuamente).

Não sendo esse o caso, é eficaz a declaração que primeiro chega ao destinatário (declaração receptícia) ou a primeira manifestada adequadamente (declaração não receptícia). No entanto, a outra declaração pode revelar-se apropriada para extinguir ou alterar os efeitos jurídicos decorrentes da declaração eficaz (e que vinculou a sociedade) ([339]). ([340])

([337]) E bem assim os n.os 3 e 4 do mesmo art. – cfr. RAÚL VENTURA, *ob. cit.*, p. 192.

([338]) Também por isso a ratificação se distingue da emissão sucessiva de declaração negocial (*supra*, 2.º parágrafo deste n.º) – cfr. UWE H. SCHNEIDER, em *Scholz Kommentar zum GmbH-Gesetz,* I. Band, 9. Aufl., Otto Schmidt, Köln, 2000, p. 1473.

([339]) Cfr. *últ. A. e ob. cits.*, p. 1578.

([340]) Sobre a imputação à sociedade de conhecimentos, má fé, falta e vícios da vontade de administradores, v., p. ex., RAÚL VENTURA, *ob. cit.*, pp. 195, ss., SOVERAL MARTINS, *ob. cit.*, pp. 131, ss., SCHNEIDER, *ob. cit.*, pp. 1478, ss..

2. 3. Extensão dos poderes de vinculação

Visitemos agora especial e sistematicamente ([341]) o campo dos *limites objectivos* aos poderes de vinculação dos administradores (actuando em número suficiente) — os limites relativos à *espécie e extensão dos actos praticáveis* pelos administradores.

Também aqui se contrapõem, de um lado, as sociedades em nome colectivo (e em comandita simples) e, de outro lado, as sociedades por quotas e por acções ([342]).

Nas primeiras, a competência dos gerentes para representar a sociedade "deve ser sempre exercida dentro dos limites do objecto social e, pelo contrato, pode ficar sujeita a outras limitações ou condicionamentos" (art. 192.º, 2). Por conseguinte, a sociedade não fica vinculada pelos actos de gerente que desrespeitem limites estatutários (referentes ao objecto social ou a outras matérias). A menos que os sócios, por deliberação unânime, ratifiquem ("confirmem", segundo o n.º 3 do art. 192.º) tais actos.

Nas sociedades por quotas e por acções, as limitações que resultem dos estatutos ou de deliberações dos sócios e de outros órgãos não obstam em geral à vinculação (1.ª Directiva, art. 9.º, 1 e 2, CSC, arts. 260.º, 1, 2 e 3, 409.º, 1, 2 e 3). A protecção dos terceiros e a segurança no comércio jurídico justificam este regime.

É das sociedades *por quotas* e *anónimas* que trataremos de seguida.

2. 3. 1. Limites legais

Os actos praticados pelos administradores, "em nome da sociedade e dentro dos poderes que a lei lhes confere, vinculam-na para com terceiros" (arts. 260.º, 1, 409.º, 1).

---

[341] Algo foi visto já no n.º anterior (n.º 2. 2).

[342] Só a estas, recorde-se, é aplicável a 1.ª Directiva.

Naturalmente, os administradores actuam *fora dos poderes que a lei lhes confere* quando actuam *fora do círculo da capacidade jurídica da sociedade*. Mas este círculo não coincide com o dos poderes de vinculação (com menor perímetro). A sociedade não fica vinculada por qualquer acto para cuja prática ela tenha capacidade (aos limites desta acrescem limites legais aos poderes de vinculação) [343].

Os limites legais aos poderes de representação ou vinculação dos administradores traduzem-se em *privação* ou em *condicionamento* desses poderes [344].

No primeiro caso, temos poderes de representação atribuídos, não ao órgão com competência representativa geral, mas a um outro órgão. Costuma dar-se o exemplo do art. 441.º, c) (v. tb. o art. 443.º, 1): compete ao conselho geral e de supervisão "representar a sociedade nas relações com os administradores". É fenómeno que pouco nos importa: está-se aí no domínio de relações inter-orgânicas, não no campo das relações da sociedade com "terceiros".

Os casos de *condicionamento legal* dos poderes de vinculação dos administradores são mais relevantes.

Prescreve às vezes a lei que *certos actos dependem de deliberação dos sócios* — sem esta não será legítima a intervenção dos administradores.

Por exemplo, a alienação e a oneração de quotas próprias (para ou a favor de sócios ou terceiros) dependem de deliberação dos sócios (art. 246.º, 1, b)). Não confere, pois, a lei aos gerentes o poder de, sem deliberação dos sócios, venderem quotas da sociedade ou constituírem penhor sobre elas. Estes actos, quando não assentem em deliberação, não vinculam a sociedade, são ineficazes relativamente a ela [345].

---

[343] V. *supra*, n.º 3. 1. do cap. IV.

[344] Cfr., p. ex., ESPÍRITO SANTO, *ob. cit.*, p. 427.

[345] Mas podem os sócios, deliberando, ratificá-los.

Outro exemplo: o direito de preferência dos sócios em aumentos de capital por entradas em dinheiro só pode ser suprimido ou limitado por deliberação dos sócios (arts. 266.º, 4, 460.º). Sem deliberação, não podem os administradores oferecer as novas quotas ou acções à subscrição de terceiros — os respectivos contratos seriam ineficazes em relação à sociedade.

Note-se que, nestes casos, o regime é diferente quando as deliberações *existem* mas são declaradas *nulas* ou *anuladas* ([346]). É então aplicável o n.º 2 do art. 61.º: a declaração de nulidade ou a anulação de deliberação "não prejudica os direitos adquiridos de boa fé por terceiros, com fundamento em actos praticados em execução da deliberação". ([347])

Nos termos do art. 9.º, 1, da 1.ª Directiva, a sociedade vincula-se perante terceiros pelos actos realizados pelos seus órgãos, "a não ser que esses actos excedam os poderes que a lei atribui *ou permite atribuir* a esses órgãos".

Os enunciados normativos dos arts. 260.º, 1, e 409.º, 1, do CSC não adoptaram formulação equivalente. Referem os poderes que a lei confere aos administradores, mas não os que a lei permite conferir-lhes. Porém, uma interpretação daqueles enunciados conforme à Directiva impõe que a sociedade fique vinculada também pelos actos que, apesar de não estarem dentro dos poderes que a lei confere aos administradores, estão dentro dos poderes que a lei permite conferir-lhes.

Concretizemos. O n.º 2 do art. 246.º atribui competência aos sócios para deliberar, por exemplo, sobre a alienação ou

---

([346]) P. ex., deliberação de alienação de quotas próprias é julgada abusiva (art. 58.º, 1, b)), deliberação que elimina o direito de preferência é declarada nula por não ter sido justificada pelo interesse social (arts. 460.º, 2, 56.º, 1, d)).

([347]) V. *supra*, n.º 3. 3. da secção I do presente capítulo.

oneração de bens imóveis, trespasse, oneração ou locação de estabelecimento (al. c)) – salvo se o estatuto social dispuser diversamente. Isto é, a lei permite aqui que tal competência seja atribuída (estatutariamente) aos gerentes. Assim, uma sociedade cujo estatuto não tenha feito uso da faculdade prevista no n.º 2 do art. 246.º fica, apesar disso, vinculada pela venda de estabelecimento social efectuada pelos gerentes (não lhes foi atribuído este poder, mas a lei permite a atribuição). ([348])

2. 3. 2. Limitações estatutárias

Os actos praticados pelos administradores em conformidade com os poderes que *a lei* lhes atribui vinculam a sociedade perante terceiros – ainda que os actos sejam praticados *em desconformidade com disposições estatutárias* limitadoras dos poderes de representação (arts. 260.º, 1, 409.º, 1, 431.º, 3).

Poderá não ser assim, porém, quando estejam em causa actos que desrespeitem a *cláusula estatutária relativa ao objecto social* (arts. 260.º, 2 e 3, 409.º, 2 e 3). Não retomarei aqui o assunto ([349]).

Há cláusulas estatutárias que proíbem aos administradores a prática de certos actos – *v. g.*, a subscrição de letras de favor ou a concessão de fiança ([350]). Outras cláusulas não privam os administradores de poderes de vinculação, antes

---

([348]) Neste sentido, v. SOVERAL MARTINS, *Capacidade e representação...*, pp. 493-494, TARSO DOMINGUES, *ob. cit.*, pp. 296-297. Diferentemente, RAÚL VENTURA, *ob. cit.*, p. 163, Ac. do STJ de 22/11/95, BMJ n.º 451 (1995), p. 466, ESPÍRITO SANTO, *ob. cit.*, p. 284.

([349]) V. *supra*, n.º 3. 2. do cap. IV.

([350]) Estes actos não estão necessariamente fora da capacidade jurídica das sociedades – v. *supra*, n.ºs 3. 1. e 3. 3. do cap. IV.

os condicionam — *v. g.*, em sociedades por quotas, fazem depender de deliberação dos sócios a aquisição de imóveis (cfr. art. 246.º, 1); em sociedades anónimas com sistema orgânico tradicional ou monístico, prevêem o dever de o conselho de administração obter prévio consentimento-deliberação dos sócios para aquisição de imóveis por preço superior a um milhão de euros [351]; em sociedades anónimas com estrutura organizatória de tipo germânico, estabelecem o dever de o conselho de administração executivo obter prévio consentimento do conselho geral e de supervisão para a aquisição de estabelecimento (art. 442.º, 1).

Estas limitações estatutárias aos poderes de representação dos administradores *não são inválidas*. Inclusive as que se traduzem em privação de tais poderes para certos actos [352]. O que elas não têm, isso sim, é eficácia externa; são *inoponíveis a terceiros* [353].

Incluem-se nos "*terceiros*", para este efeito, os sócios e os membros dos demais órgãos sociais? A resposta dominante tem sido negativa [354].

---

[351] Cláusulas destas são lícitas — v. COUTINHO DE ABREU, *Governação...*, pp. 47, ss., divergindo de doutrina generalizada em Portugal.

[352] V. tb. o art. 6.º, 4. Em geral no mesmo sentido, v. L. BRITO CORREIA, *Vinculação da sociedade*, em FDUL/CEJ, *Novas perspectivas do direito comercial*, Almedina, Coimbra, 1988, p. 352, SOVERAL MARTINS, *Os poderes de representação...*, pp. 207, ss., ESPÍRITO SANTO, *ob. cit.*, pp. 423-424, n. (1157). Contra, defendendo a nulidade (podendo embora a cláusula "converter-se" em limitação interna), RAÚL VENTURA, *Sociedades por quotas* cit., p. 165, CASSIANO DOS SANTOS, *ob. cit.*, p. 302 e n. (506).

[353] Têm, pois, eficácia interna, intra-societária, no domínio da gestão ou administração em sentido estrito (cfr. COUTINHO DE ABREU, *últ. ob. cit.*, p. 37).

[354] RAÚL VENTURA, *últ. ob. cit.*, p. 173 (não são terceiros os sócios nem os gerentes de sociedades por quotas), SOVERAL MARTINS, *últ. ob. cit.*, pp. 190-191 (não são terceiros os sócios nem os membros dos órgãos das sociedades por quotas ou anónimas), ESPÍRITO SANTO, *ob. cit.*, p. 282, n. (785) – no mesmo sentido –, PEREIRA DE ALMEIDA, *ob. cit.*, p. 377 (não são terceiros os sócios e gerentes das sociedades por quotas). TARSO

Também me parece que os *sócios* — ao menos os fundadores — e os *titulares de órgãos das sociedades por quotas* não são terceiros. Eles conhecem ou devem conhecer as limitações estatutárias, não merecendo a protecção dispensada à generalidade dos terceiros que se relacionam com a sociedade (e que não têm de preocupar-se com eventuais limitações extra-legais). A eles são oponíveis, portanto, as cláusulas estatutárias limitadoras dos poderes de vinculação; a sociedade não fica vinculada por actos em que eles são contraparte quando não são observadas as limitações estatutárias.

Vale o mesmo para os *membros dos órgãos de administração e fiscalização das sociedades anónimas*. Mas *já não, parece, para os sócios não fundadores* (ou não participantes na alteração estatutária que introduziu as limitações). Em geral, estes sócios não conhecem os estatutos; e não terão de conhecê-los quando pretendam negociar com a sociedade (bastar-lhes-á confiar na lei).

2. 3. 3. Limitações resultantes de deliberações dos sócios e de outros órgãos

Também as *deliberações* dos sócios, dos órgãos de administração ou do conselho geral e de supervisão que *limitem os poderes de representação dos administradores* (proibindo ou condicionando a prática de certos actos) *não impedem a vinculação das sociedades*. Os actos praticados pelos administradores dentro dos poderes que a lei lhes confere vinculam-nas perante terceiros, ainda quando tais actos não se conformam com aquelas deliberações (arts. 260.º, 1, 409.º, 1, 431.º, 3).

DOMINGUES, *ob. cit.*, p. 294, ao invés, entende que o art. 260.º, 1, é aplicável a todos os que contratem com sociedade por quotas – independentemente de serem sócios ou gerentes.

As referidas deliberações, quando válidas, devem em princípio ser cumpridas pelos administradores ([355]). Mas a sua eficácia é interna, não externa. As limitações delas decorrentes para os poderes de vinculação são inoponíveis a terceiros.

A inclusão ou exclusão de sócios e titulares de órgãos sociais nos *"terceiros"* parece ser aqui mais diferenciada. Com referência às *deliberações dos sócios*: nas sociedades *por quotas*, quer os *titulares dos órgãos* quer os *sócios não são terceiros* (tanto uns como os outros, enquanto tais, devem e/ou podem conhecer as limitações resultantes das deliberações ([356]); nas sociedades *anónimas, não são terceiros* os *membros dos órgãos*, bem como os *sócios que tenham participado nas respectivas deliberações* ([357]). Com referência às *deliberações dos demais órgãos: não são terceiros os titulares de qualquer deles; são terceiros os sócios* (que não sejam, claro, membros desses órgãos) ([358]).

Os arts. 260.º, 1, e 409.º, 1, referem-se tão-só às deliberações dos sócios, não às deliberações de outros órgãos sociais. Mas, recorde-se, também a estas se aplicam aqueles preceitos – interpretados em conformidade com o prescrito no art. 9.º, 2, da 1.ª Directiva, que refere qualquer "resolução dos órgãos competentes".

Para as sociedades anónimas, diz o art. 406.º (v. tb. o art. 431.º, 3) que compete ao conselho de administração deli-

---

([355]) Cfr. COUTINHO DE ABREU, *Governação...*, pp. 55, ss., 140.

([356]) Mesmos os sócios que não tenham participado nelas – cfr. o art. 214.º.

([357]) À generalidade dos sócios não participantes, além do mais, é vedada informação directa acerca das deliberações – art. 288.º, 1, b).

([358]) Cfr. tb. *últ. A. e ob. cits.*, pp. 132, 141, ss..

berar sobre qualquer assunto de administração da sociedade. Implicará isto que a sociedade não fica vinculada pelos actos praticados *sem prévia deliberação do conselho sobre esses mesmos actos*?

Desde que os poderes de representação sejam exercidos no modo exigido (art. 408.º, 1), *a sociedade fica vinculada*. Em regra, a lei não faz depender de deliberação do conselho a prática, com eficácia externa, de actos pelos administradores [359]. A deliberação insere-se no espaço interno da sociedade e a sua ausência (com possíveis consequências também internas) não preclude a actividade externa. Os administradores legitimados para actuar externamente actuam dentro dos poderes de vinculação que a lei lhes confere, apesar de os actos não serem precedidos de deliberação do órgão de que eles mesmos são titulares [360]

2. 3. 4. Abusos do poder de vinculação

As limitações extra-legais (estatutárias ou resultantes de deliberações sociais) aos poderes dos administradores são em regra, como vimos, limitações somente internas, sem eficácia externa; inoponíveis a terceiros, elas não prejudicam a vinculação da sociedade.

Mas tais limitações internas podem em alguns casos ter eficácia externa, impedindo a vinculação. Nos casos, designadamente, de abuso do poder de vinculação [361].

---

[359] V. uma excepção no art. 397.º, 2 (mas aqui, por sinal, a contraparte da sociedade é administrador-não terceiro...).

[360] Convergentemente, v. SOVERAL MARTINS, *Os poderes de representação...*, pp. 235, ss., *Capacidade e representação...*, pp. 494, ss., ESPÍRITO SANTO, *ob. cit.*, pp. 444-445, Ac. do STJ de 8/6/99, CJ (ASTJ), 1999, II, p. 143. Contra, Ac. do STJ de 11/1/01, CJ (ASTJ), 2001, I, p. 64.

[361] Estes casos estão fora do campo de aplicação da 1.ª Directiva – cfr., p. ex., SCHWARZ, *ob. cit.*, p. 651 e n. (88).

Convém, no entanto, advertir já para o seguinte. Os abusos do poder de representação não ocorrem apenas quando haja desrespeito pelas referidas limitações extra-legais; mas serão mais evidentes quando se verifique esse desrespeito. Depois, a simples violação das limitações internas – mesmo que conhecida dos terceiros – não é suficiente para afirmar o abuso dos poderes de representação (362).

É frequente dizer-se que há abuso do poder de representação quando este é utilizado conscientemente num sentido contrário ao seu fim ou às instruções do representado, e a outra parte conhecia ou tinha de conhecer o abuso (363). Ora, para efeitos da representação orgânica, as limitações extra-legais não são equiparáveis a "instruções" da sociedade representada que, quando contrariadas, permitam sem mais afirmar o abuso.

A doutrina societarista alemã costuma analisar o abuso do poder de representação em dois grupos de casos: *colusão* e *abuso evidente* (364). O primeiro grupo compreende os casos em que administrador(es) e terceiro colaboram consciente e intencionalmente em prejuízo da sociedade. Entram no

---

(362) Recorde-se que, fora dos casos de ultrapassagem do objecto social, a inoponibilidade das limitações a terceiros não depende do desconhecimento (ou da impossibilidade de conhecimento) delas por estes – cfr. tb., p. ex., M. COZIAN/A. VIANDIER/F. DEBOISSY, *Droit des sociétés*, 17e éd., Litec, Paris, 2004, p. 124.

(363) V., p. ex., A. VAZ SERRA, *Contrato consigo mesmo e negociação de directores ou gerentes de sociedades anónimas ou por quotas com as respectivas sociedades (Algumas considerações)*, RLJ, ano 100.º (1967/1968), p. 178, citando Ennecerus/Nipperdey, que terão influenciado a concepção subjacente ao art. 269.º do CCiv.; v. tb. J. OLIVEIRA ASCENSÃO, *Direito civil. Teoria geral*, vol. II– *Acções e factos jurídicos*, 2.ª ed., Coimbra Editora, Coimbra, 2003, pp. 292-293.

(364) V., p. ex., H.-G. KOPPENSTEINER, em ROWEDER *et al*. (Kommentar von), *Gesetz betreffend die Gesellschaften mit beschränkter Haftung (GmbHG)*, 3. Aufl., Vahlen, München, 1997, pp. 799-800, SCHNEIDER, *ob. cit.*, pp. 1497, ss., HÜFFER, *ob. cit.*, pp. 415-416.

segundo grupo os casos em que o(s) administrador(es) age(m) conscientemente em detrimento da sociedade celebrando negócios prejudiciais para esta e o terceiro conhece ou devia conhecer (dado que eram objectivamente evidentes) aqueles intento e prejuízo.

É de acolher entre nós esta doutrina.

Quais as sanções para os abusos?

A maioria dos autores portugueses aplica (analogicamente, parece) o art. 269.º do CCiv. a todos os casos de abuso: ineficácia dos negócios, mas com possibilidade de serem ratificados pela sociedade ([365]).

Mas na *colusão* não há simples abuso de representação, não há somente utilização consciente dos poderes de vinculação em sentido contrário ao interesse social. O abuso é qualificado, há concertação ou conluio entre administradores e terceiros em prejuízo da sociedade. A sanção deve ser, pois, a *nulidade* dos respectivos negócios: o fim dos mesmos é ofensivo dos bons costumes e é comum a administradores e terceiros (art. 281.º do CCiv.) ([366]).

Já para os demais casos de abuso do poder de vinculação parece apropriado aplicar analogicamente o art. 269.º do CCiv.. Porém, a eventual deliberação dos sócios ratificadora de negócio celebrado com abuso de poder será anulável – por violação do dever de lealdade dos sócios ou, mais circunscritamente, por ser abusiva a deliberação (CSC, art. 58.º, 1, a), b)) ([367]).

([365]) RAÚL VENTURA, *Sociedades por quotas* cit., p. 176, ESPÍRITO SANTO, *ob. cit.*, pp. 447, ss., TARSO DOMINGUES, *ob. cit.*, p. 304.

([366]) É esta também a concepção dominante na Alemanha (cfr. KOPPENSTEINER, *ob. cit.*, p. 799, HÜFFER, *ob. cit.*, p. 415). Entre nós, no mesmo sentido, SOVERAL MARTINS, *Os poderes de representação...*, p. 258. Aliás, não seria nula também a deliberação dos sócios que intentasse ratificar negócio assente em conluio? V. CSC, art. 56.º, 1, d).

([367]) Cfr. *supra*, n.os 4. 1. 2. e 4. 3. da secção I deste capítulo.

2. 4. Representação voluntária das sociedades

A sociedade não se vincula somente por actos dos titulares dos seus órgãos (nomeadamente do órgão administrativo-representativo). Vincula-se também por actos de sujeitos que recebem dela, por negócio jurídico, poderes de representação (representantes voluntários).

O CSC refere-se nos arts. 252.º, 6, e 391.º, 7 [368] à possibilidade de nomeação de *mandatários* ou *procuradores* para a prática de determinados actos ou categorias de actos, sem necessidade de permissão estatutária. Estes mandatários e procuradores são representantes da sociedade, não dos administradores que os nomeiam [369].

Mas, além deles, é possível e normal a existência de outros sujeitos com poderes de representação (voluntária). É o caso de muitos *trabalhadores assalariados* (art. 115.º, 3, do CT: "Quando a natureza da actividade envolver a prática de negócios jurídicos, considera-se que o contrato de trabalho concede ao trabalhador os necessários poderes, salvo se a lei exigir instrumento especial"). Incluindo os "gerentes, auxiliares e caixeiros" de sociedade (arts. 248.º, ss. do CCom.) [370].

Têm ainda poderes de representação, por exemplo, os sujeitos que administrem empresas (ou parte delas) de sociedades em nome destas *por efeito de "contrato de gestão de empresa"* [371].

---

[368] V. tb. os arts. 425.º, 5 e 478.º. O disposto nos arts. citados em texto é aplicável por analogia às sociedades em nome colectivo e em comandita simples – cfr. tb. SOVERAL MARTINS, *Da personalidade...*, p. 116, n. (54).

[369] V. tb. o n.º 5 do art. 252.º, o n.º 6 do art. 391.º e o n.º 5 do art. 425.º.

[370] Apesar de este Código os considerar "mandatários" – v. COUTINHO DE ABREU, *Curso de direito comercial*, vol. I, 8.ª ed., Almedina, Coimbra, 2011, pp. 128, ss..

[371] Cfr. COUTINHO DE ABREU, *Governação...*, p. 42.

Os poderes de representação dos representantes voluntários não podem ter extensão maior do que os dos administradores. Se estes não vinculam a sociedade quando ultrapassam certos limites (designadamente limites legais) (372), também os representantes não orgânicos a não vinculam em ultrapassagens dessas (373). (374)

Por outro lado, os poderes dos representantes voluntários são também delimitados pelos respectivos instrumentos de representação (procuração, contrato de mandato, contrato de trabalho, etc.) (375). Quando tais instrumentos estejam sujeitos a registo (ainda que não obrigatório) (376), certas

---

(372) Cfr. *supra*, n.os 2. 3. e 2. 3. 1.

(373) Neste sentido também, TARSO DOMINGUES, *ob. cit.*, p. 305.

(374) Isto vale igualmente, claro, para os mandatários judiciais (cfr. *últ. A. e ob. cits.*, pp. 305-306). Assim, p. ex., sem prévia deliberação dos sócios de sociedade por quotas, um mandatário judicial não tem poderes para propor acção contra gerentes, sócios ou membros do órgão de fiscalização, nem para desistir ou transigir em uma acção dessas (v. o art. 246.º, 1, g)). Vem a talhe de foice referir o seguinte. *i*) Em certas acções contra administradores ou sócios, os representantes voluntários da sociedade não têm de ser designados pelos administradores – é possível serem designados por deliberação dos sócios ou (em menos casos) pelo tribunal: arts. 75.º, 1, 76.º, 242.º, 2, 257.º, 3. *ii*) Imagine-se (cfr. o Ac. da RL de 26/5/94, CJ, 1994, III, p. 106) uma sociedade por quotas com quatro sócios e dois gerentes, que se vincula com a intervenção de ambos; um dos gerentes propõe acção contra a sociedade; os sócios deliberam que o outro gerente deve outorgar procuração a determinado advogado; só ele assina a procuração (o outro recusa). *Quid juris*? Deve admitir-se em casos assim a legitimidade dos sócios na determinação do representante voluntário da sociedade (cfr. o art. 259.º). Consequentemente, é dever dos gerentes cumprir a deliberação dos sócios. Se um (dos dois) não assina, podem os sócios destituí-lo com justa causa (art. 257.º), e novo gerente (que assinará) será designado (v. a 2.ª parte do n.º 3 do art. 253.º); outra alternativa para sair do impasse: art. 21.º, 2, do CPC — "Sendo demandada pessoa colectiva ou sociedade que não tenha quem a represente, ou ocorrendo conflito de interesses entre a ré e o seu representante, designará o juiz da causa representante especial (...)".

(375) Cfr., p. ex., CCom., arts. 233.º, 249.º, 258.º-260.º.

(376) CRCom., arts. 10.º, a), c), 15.º, 1.

limitações que deles constem são, quando não registados, inoponíveis a terceiros (377).

É controversa a licitude da *procuração* (autónoma ou não) *"geral"* (*Generalvollmacht*, *procura generale*), pela qual são atribuídos ao "procurador" amplos ou gerais poderes de gestão e de representação da sociedade (378).

Tal procuração será *ilícita* se significar que o procurador *substitui-se ao órgão social de administração e representação* — este transfere para aquele todas as suas competências. Isto esvaziaria o órgão, necessário segundo a lei e com competências indelegáveis.

Não assim se o órgão mantiver a "alta direcção" da empresa social e a "administração da sociedade" (379), bem como o *controlo ou supervisão* da gestão-representação corrente confiada ao procurador e a *possibilidade de avocar* actos compreendidos nessa actividade corrente. A situação do "gerente de comércio" ou da contraparte de sociedade em "contrato de gestão de empresa" encarregados da administração geral da empresa social ilustra a licitude da "procuração geral". (380) (381)

Finalizemos com uma questão que envolve representantes orgânicos e representantes voluntários: é lícita a cláu-

---

(377) V. o art. 249.º do CCom. e o art. 14.º, 1, do CRCom..

(378) V., p. ex., GIANCARLO LAURINI, *La rappresentanza nelle società e nel settore bancario*, RS, 1999, pp. 1082-1083, SCHNEIDER, *ob. cit.*, pp. 1456-1457, FILIPA TOMAZ, *Da representação voluntária das sociedades comerciais* (dissertação de mestrado), Coimbra, 2006, pp. 114, ss..

(379) Cfr. COUTINHO DE ABREU, *Governação...* pp. 38, 40.

(380) Entre nós, diferentemente, SOVERAL MARTINS, *Os poderes de representação...*, pp. 28, ss., ns. (47) e (48), FILIPA TOMAZ, *ob. e loc. cits.*.

(381) Sobre a questão de os administradores poderem ser representantes voluntários da sociedade de que são administradores (a resposta será, em geral, negativa), v. por todos FILIPA TOMAZ, *ob. cit.*, pp. 76, ss..

sula estatutária que, além de prever a vinculação da sociedade por vários administradores, permite também que ela fique vinculada pelos actos praticados por um desses administradores e um procurador?

Parece que a *"conjunção imprópria"* (administrador(es) e procurador), ainda quando apareça como método alternativo de representação (a par da conjunção própria)([382]), não é permitida entre nós. A representação orgânica da sociedade compete aos administradores (arts. 252.º, 1, 261.º, 1; 405.º, 2, 408.º, 1), estando vedada aos estatutos a possibilidade de nela fazer participar quem não tenha sido designado (com os respectivos poderes e deveres) administrador ([383]).

3. Causas extintivas da relação de administração

3. 1. Caducidade

Normalmente, os administradores das sociedades anónimas são designados por período fixado nos estatutos, que não pode exceder quatro anos; na falta de indicação estatutária, entende-se que a designação é feita por quatro anos (arts. 391.º, 3, 425.º, 2) ([384]). Nas sociedades por quotas, as funções dos gerentes duram por tempo indeterminado, salvo se o estatuto social ou o acto de designação fixarem prazo (art. 256.º) ([385]). ([386])

([382]) A AktG alemã permite-o expressamente no § 78 ([3]).

([383]) V., neste sentido, SOVERAL MARTINS, *últ. ob. cit.*, p. 227, TARSO DOMINGUES, *ob. cit.*, p. 280, FILIPA TOMAZ, *ob. cit.*, pp. 121, ss.. Com opinião diferente, v. RAÚL VENTURA, *Sociedades por quotas* cit., p. 200, ESPÍRITO SANTO, *ob. cit.*, p. 482.

([384]) Não é assim para os administradores designados judicialmente – v. o art. 394.º, 1, *in fine* (v. tb. o art. 426.º).

([385]) A diferença, neste ponto, entre os dois tipos societários justificar-se-á assim: "suposta a variabilidade da composição subjectiva da sociedade anónima, a restrita duração das funções dos administradores

O termo do prazo fixado não implica, por si só, a caducidade, porquanto os administradores mantêm-se, por princípio, em funções até nova designação (arts. 391.º, 4, 425.º, 3); a caducidade da relação administrativa opera quando àquele *termo* se associa a *nova designação* (da mesma ou diferente pessoa). (387)

Incapacidades e incompatibilidades supervenientes que, se originárias, obstariam à validade da designação determinam também a caducidade da relação de administração (arts. 401.º, 425.º, 7). É o caso das interdições e inabilitações (os administradores devem ter capacidade jurídica plena – arts. 390.º, 3, 425.º, 6, d), 252.º, 1) e, no que respeita às incompatibilidades, *v. g.* as inibições de administradores afectados pela qualificação de insolvências como culposas (CIRE, art. 189.º, 2, c)) e as situações previstas no art. 425.º, 6, b) e c).

Olhemos de novo para o art. 401.º: "Caso ocorra, posteriormente à designação do administrador, alguma incapacidade ou incompatibilidade que constituísse impedimento a essa designação e o administrador não deixe de exercer o cargo *ou não remova a incompatibilidade superveniente no prazo de 30 dias*, deve o conselho fiscal ou a comissão de auditoria declarar o termo das funções". O

---

permite a periódica adaptação dos membros do órgão administrativo, enquanto a suposta estabilidade dos sócios de sociedades por quotas se reflecte na estabilidade da gerência" (RAÚL VENTURA, *últ. ob. cit.*, p. 80); por outro lado, dada a maior dispersão e desinteresse de sócios das anónimas, a inércia levaria muitas vezes à manutenção de administradores insatisfatórios (os prazos facilitam a não reeleição de tais administradores) — cfr. tb. LOBO XAVIER, *Anulação de deliberação...*, p. 157, n. (61).

(386) Em regra, nas sociedades em nome colectivo, os sócios-gerentes desempenham as funções de gerência enquanto forem sócios – v. o art. 191.º.

(387) Os preceitos citados são aplicáveis analogicamente aos gerentes.

segmento em itálico foi introduzido pelo DL 76-A/2006, de 29 de Março ([388]).

A versão originária do art. 401.º (na parte final) suscitava a dúvida sobre se a caducidade operava ou não automaticamente ([389]). Devia entender-se que operava automaticamente: a relação administrativa cessa juridicamente quando ocorra a incapacidade ou a incompatibilidade. O administrador afectado que se mantivesse (indevidamente) em funções passaria a administrador de facto; a parte final do art. 401.º significava que o conselho fiscal declarava o termo da relação de facto. ([390])

Atendendo ao actual segmento normativo "ou não remova a incompatibilidade superveniente no prazo de 30 dias", dir-se-á: em geral, a caducidade exige não só a ocorrência de incompatibilidade mas também o decurso do prazo de trinta dias sem que a mesma seja removida (no termo deste prazo dá-se a caducidade da relação administrativa) ([391]).

([388]) Também por força deste DL, temos agora no art. 401.º "deve", em vez de "pode", e o acrescento "ou a comissão de auditoria" (referente às sociedades com estrutura organizatória monística).

([389]) Dúvida não suscitada pelo art. 425.º, quer na versão originária quer na actual (o anterior n.º 6 passou a n.º 7): a caducidade opera automaticamente.

([390]) Interpretando assim, JOÃO LABAREDA, *Direito societário português – Algumas questões,* Quid Juris?, Lisboa, 1998, pp. 159-160, COUTINHO DE ABREU, *Governação...*, p. 144.

Sobre os administradores de facto, v. p. ex. J. M. COUTINHO DE ABREU//ELISABETE RAMOS, *Responsabilidade de administradores e de sócios controladores,* em IDET, Miscelâneas n.º 3, Almedina, Coimbra, 2004, pp. 40, ss. (ou COUTINHO DE ABREU, *Responsabilidade civil dos administradores...*, pp. 97, ss.) e RICARDO COSTA, *Responsabilidade civil societária dos administradores de facto,* em IDET, *Temas societários,* Almedina, Coimbra, 2006, pp. 23, ss..

([391]) Diz ainda mais ARMANDO M. TRIUNFANTE, *Código das Sociedades Comerciais anotado,* Coimbra Editora, Coimbra, 2007, p. 392: a "caducidade estará diferida até ao momento em que o administrador remova o obstáculo [?] ou, decorridos os 30 dias sem que tal seja feito, até que seja declarada pelo órgão com competências para tal".

No entanto: (a) A interpretação exposta no parágrafo anterior parece manter-se válida para os casos de incapacidade superveniente (a alteração legislativa de 2006 não toca neles); (b) Mesmo nos casos de incompatibilidade superveniente, deve valer aquela interpretação quando, ocorrida a incompatibilidade, seja evidente a impossibilidade de removê-la no prazo de trinta dias. Suponha-se que um administrador é judicialmente declarado inibido para, durante certo período (entre dois e dez anos), exercer cargos de titular de órgãos societários (v. o art. 189.º, 2, c), do CIRE) – como poderá ele remover a incompatibilidade no prazo de trinta dias, continuando entretanto administrador de pleno direito?... (392)

A falta de *caução* (quando devida — arts. 396.º, 1 a 3, 433.º, 2), por não ter sido prestada ou ter sido levantada prematuramente, provoca a "cessação imediata de funções" do respectivo administrador (arts. 396.º, 4, 433.º, 2).

Relativamente aos administradores cooptados e aos designados pelo conselho fiscal (ou fiscal único) ou pela comissão de auditoria (art. 393.º, 3, b), c), 6), a relação caduca se a designação não for *ratificada,* expressa ou tacitamente, na primeira assembleia geral seguinte (cfr. o art. 393.º, 4) (393).

---

(392) Por tudo isto, em breve nota de actualização, escrevi em *Governação...*, p. 144, n. (357*bis*), que a nova redacção do art. 401.º não contraria, "no essencial", a interpretação que havia sido proposta.

(393) Inclui-se aqui, portanto, quer a hipótese de a assembleia não aprovar a proposta de ratificação, quer a hipótese de a assembleia não deliberar (expressa ou tacitamente) sobre o assunto — é aos sócios que compete, em primeira e última linha, designar os administradores (em qualquer caso, se o administrador não confirmado se mantiver em funções, manter-se-á como administrador de facto). Convergentemente, v. DUARTE RODRIGUES, *A administração...*, pp. 108-109; divergentemente, quanto à segunda hipótese, JOÃO LABAREDA, *ob. cit.*, p. 162, n. (102).

Quando, verificada alguma das situações previstas no n.º 1 do art. 394.º (v. também o art. 426.º), seja nomeado um administrador pelo tribunal, os administradores ainda existentes terminam as suas funções na data da *nomeação judicial* (art. 394.º, 3). Por sua vez, o administrador designado judicialmente cessará funções quando pelas vias comuns forem designados (todos) os administradores ou o administrador em falta — arts. 394.º, 1, *in fine,* 426.º, 253.º, 3, *in fine.*

São ainda extintivos da relação administrativa outros factos previstos no CSC.

Na *fusão*, extinguem-se as sociedades incorporadas (fusão por incorporação) ou todas as sociedades fundidas (fusão por constituição de nova sociedade) – art. 112.º, a). Extinguindo-se as sociedades, extinguem-se os respectivos órgãos, e as relações daquelas sociedades com os administradores não se transmitem para a sociedade incorporante ou para a nova sociedade (a regra geral, estabelecida na 2.ª parte da al. a) do art. 112.º, é diferente).

São idênticas as consequências na *cisão total* (as sociedades cindidas extinguem-se) – cisão-dissolução (art. 118.º, 1, b)) e cisão-fusão-extinção (art. 118.º, 1, c), na parte pertinente). É o que resulta também do art. 120.º.

Pela *transformação*, uma sociedade adopta um tipo societário diferente (art. 130.º). Por conseguinte, a sociedade transformada terá um novo órgão de administração (a velha relação orgânica extingue-se).

Na *dissolução* de sociedade há uma mudança da situação ou estatuto dela (mudança, não extinção, que só acontece pelo registo do encerramento da liquidação — art. 160.º, 2). Essa mudança passa também pela não subsistência do órgão administrativo, que é substituído por órgão de liquidação. Embora os membros deste possam ser os mesmos que eram daquele (art. 151.º, 1), é certo que eles deixam de ser administradores.

Também o *estatuto social* pode prever, directa ou indirectamente, causas de caducidade. Designadamente, fixando limites de idade para o exercício de funções de administração, ou estabelecendo que os administradores devem ser sócios (cfr. os arts. 390.º, 3, 425,º, 6, 252.º, 1) — a perda da qualidade de sócio implica a perda da qualidade de administrador.

A *morte* de administrador conclui, naturalmente, a respectiva relação...

3. 2. Renúncia

É definível como declaração unilateral de administrador comunicando à sociedade que põe fim à relação administrativa.

Nas sociedades anónimas com estrutura orgânica tradicional ou monística, o administrador renuncia ao cargo mediante carta dirigida ao presidente do conselho de administração ou, sendo este o renunciante, ao conselho fiscal (ou fiscal único) ou à comissão de auditoria — art. 404.º, 1. Nas demais sociedades anónimas, o administrador renuncia mediante carta dirigida ao presidente do conselho de administração executivo ou, sendo este o renunciante ou não existindo esse conselho, ao conselho geral e de supervisão (art. 433.º, 4, que manda aplicar, com as necessárias adaptações, o disposto no art. 404.º). "A renúncia de gerentes deve ser comunicada por escrito à sociedade" (art. 258.º, 1), quer dizer, "a outro gerente, ou, se não houver outro gerente, ao órgão de fiscalização, ou, não o havendo, a qualquer sócio" (art. 260.º, 5) (³⁹⁴).

Contudo, nas sociedades anónimas, a renúncia só produz efeito no final do mês seguinte àquele em que tiver sido comunicada-recebida ou, se entretanto tiver sido designado substituto, na data da designação (art. 404.º, 2); nas sociedades por quotas, a renúncia "torna-se efectiva oito dias depois de recebida a comunicação" (art. 258.º, 1) (³⁹⁵).

A renúncia pode ser feita *com ou sem justa causa*. Haverá justa causa quando, por factos respeitantes à sociedade (a ela ou não imputáveis), se torna inexigível que o administrador continue no exercício de funções (³⁹⁶). Por

---

(³⁹⁴) Diferentemente, aplicando o art. 261.º, 3, JOÃO LABAREDA, *ob. cit.*, pp. 141, ss..

(³⁹⁵) No caso decidido pelo Ac. da RC de 24/10/00, CJ, 2000, t. IV, p. 39, o presidente do conselho de administração comunicou a renúncia em assembleia geral dos sócios; por deliberação da mesma assembleia, foi aceite a renúncia e designado outro accionista para o cargo. Porque não houvera carta dirigida ao conselho fiscal, entendeu a Relação – com um voto de vencido – não ter havido renúncia válida e eficaz. Penso que terá havido renúncia efectiva, apesar da mera irregularidade (falta de carta dirigida ao conselho fiscal). Na verdade, pretende a lei que a declaração do renunciante chegue a órgão social (ou seu membro) competente para substituir ou solicitar a substituição de quem renuncia. Esta *ratio legis* é respeitada se a declaração chega, apesar de por meio não indicado na lei, à assembleia geral e esta delibera a substituição. [Note-se que a eleição de novo administrador (al. d) do n.º 3 do art. 393.º) não sobreleva a chamada de suplente efectuada pelo presidente do conselho de administração (al. a)) – no caso era o presidente o renunciante –, mas sobreleva a cooptação (al. b)) e a designação pelo conselho fiscal (al. c)) – v. RAÚL VENTURA, *Novos estudos...*, p. 165.]. A talhe de foice: entende-se na Alemanha, sem lei explícita, que a declaração de renúncia deve ser feita ao órgão competente para a designação dos administradores: a todos os sócios ou aos sócios presentes numa assembleia devidamente convocada, nas sociedades por quotas (v. SCHNEIDER, em *Scholz Kommentar* cit., pp. 1634-1635), ao conselho geral e de supervisão, nas sociedades anónimas (v. HÜFFER, *Aktiengesetz* cit., p. 431); nos EUA, a renúncia faz-se mediante declaração escrita "ao conselho de administração, ao seu presidente ou à sociedade" (MBCA, § 8.07).

(³⁹⁶) Cfr. tb. RAÚL VENTURA, *Sociedades por quotas...*, p. 124.

exemplo, pese embora a oposição do administrador, a sociedade persiste em práticas ilegais, a sociedade (com ou sem culpa) não lhe paga pontualmente a remuneração ou delibera ilicitamente reduzi-la, a sociedade não consegue meios financeiros necessários a uma gestão ordenada.

Havendo justa causa e mantendo-se o renunciante em funções até que a renúncia se torna efectiva, não fica ele obrigado a indemnizar a sociedade por eventuais prejuízos causados pela saída (cfr. o art. 258.º, 2). Já a sociedade, se lhe for imputável a situação que consubstancia a justa causa para a renúncia, poderá ter de indemnizar o renunciante nos termos gerais da responsabilidade civil obrigacional ou delitual ([397]).

Quanto às sociedades por quotas, prescreve o art. 258.º, 2, que "a renúncia sem justa causa obriga o renunciante a indemnizar a sociedade pelos prejuízos causados, salvo se esta for avisada com a antecedência conveniente". O aviso prévio terá a antecedência conveniente se permitir que o órgão social ou/e entidade competentes para a designação dos gerentes (cfr. o art. 252.º, 2), actuando diligentemente, procedam à substituição do renunciante antes de a renúncia se tornar efectiva (os oito dias mencionados no n.º 1 do art. 258.º não são, normalmente, suficientes) ([398]). O Código não prevê para as sociedades anónimas norma equiparável à do art. 258.º, 2. Aplicar-se-á analogicamente? Não parece. O prazo do art. 404.º, 2, para a eficácia da renúncia é suficiente para se proceder à substituição do renunciante (cfr. o art. 393.º, 3); se ele se mantiver entretanto em funções, não ficará obrigado a indemnizar a sociedade ([399]).

([397]) Com os limites quantitativos que valem para a destituição sem justa causa (v. JOÃO LABAREDA, ob. cit., p. 150, e infra).

([398]) V. últ. A. e ob. cits., pp. 145-146.

([399]) V., neste sentido, DUARTE RODRIGUES, ob. cit., p. 241, BRITO CORREIA, Os administradores..., p. 724; com divergência de princípio, JOÃO LABAREDA, ob. cit., pp. 146, ss..

3. 3. Acordo revogatório

É também possível extinguir a relação de administração por acordo entre a sociedade e o administrador (salvo se este tiver sido designado judicialmente).

Pela sociedade, a vontade no acordo é formada pelo órgão competente para designar e destituir os administradores (sócio único ou colectividade dos sócios, conselho geral e de supervisão). E tal vontade é nestes casos manifestada igualmente por esse órgão (directamente ou por núncio); o órgão deliberativo-interno possui aqui poderes de representação, e o conselho geral representa a sociedade nas relações com os directores (arts. 441.º, c), 443.º, 1). ([400])

3. 4. Destituição

3. 4. 1. A regra da livre destituição

Nas sociedades anónimas com estrutura organizatória tradicional, "qualquer membro do conselho de administração pode ser destituído por deliberação da assembleia geral, em qualquer momento" (CSC, art. 403.º, 1). Este preceito vale também para as anónimas de estrutura monística, mas com uma importante ressalva: os administradores que façam parte da comissão de auditoria só podem ser destituídos com justa causa (art. 423.º-E, 1). Por sua vez, nas anónimas com sistema organizativo de tipo germânico (ou dualístico), "qualquer administrador pode a todo o tempo ser destituído" pelo conselho geral e de supervisão ou (se a designação dos administradores couber estatutariamente aos sócios) pela

---

([400]) Convergentemente, v. RAÚL VENTURA, *últ. ob. cit.*, p. 82, JOÃO LABAREDA, *ob. cit.*, pp. 154, ss.; KOPPENSTEINER, em ROWEDER, *GmbH...*, p. 1127, HÜFFER, *ob. cit.*, p. 431.

assembleia geral (art. 430.º, 1). (⁴⁰¹) Também nas sociedades por quotas "os sócios podem deliberar a todo o tempo a destituição de gerentes" (art. 257.º, 1) (⁴⁰²).

A regra, portanto, é a da *livre destituição* — *a todo o tempo e independentemente de justa causa* (⁴⁰³).

Regra com longa tradição entre nós. É ver, quanto às sociedades anónimas, o CCom. de 1833, art. 538, a lei das sociedades anónimas de 1867, art. 13.º, o CCom. de 1888, arts. 171.º, § único, e 172.º (⁴⁰⁴).

(⁴⁰¹) Segundo a versão originária do art. 403.º, os administradores nomeados pelo Estado ou entidade a ele equiparada (cfr. J. M. COUTINHO DE ABREU, *Da empresarialidade – As empresas no direito,* Almedina, Coimbra, 1996, reimpr. 1999, pp. 152-153, n. (396)) não podiam ser destituídos por deliberação social. Aos sócios era permitido deliberar (designadamente em assembleia geral anual) manifestar a sua desconfiança quanto a esses administradores, devendo a deliberação ser transmitida ao ministro (ou entidade) competente (art. 403.º, 4). Competia então às respectivas entidades públicas destituí-los ou não. Com a reforma dos CSC operada pelo DL 76-A/2006, de 29 de Março, tais administradores podem ser livremente destituídos por deliberação social. Não apoio a mudança. Só à entidade pública que nomeia deveria ser permitido destituir sem justa causa o nomeado. Sob pena de este (ou quem o substitua) se sentir constrangido no exercício das funções pelos sócios maioritários e descurar o interesse público (compatível com o interesse da sociedade)... Aliás, numa hipótese com algum paralelismo, o Código continua a estatuir a ineficácia da deliberação de destituição sem justa causa de administrador eleito por sócios minoritários quando contra ela tiverem votado accionistas que representem, pelo menos, 20% da totalidade dos votos (art. 403.º, 2)... Mais avisadamente andou o legislador italiano da reforma de 2003 ao manter nos arts. 2449 e 2450 do *Codice Civile* o que antes se estabelecia nos arts. 2458-2460.

(⁴⁰²) Mas v. o n.º 3 do mesmo art. 257.º.

(⁴⁰³) Assim também nas sociedades em comandita (embora se exija maioria qualificada para a destituição sem justa causa de gerente sócio comanditado): art. 471.º. Diferente é o regime nas sociedades em nome colectivo, quanto aos sócios-gerentes (art. 191.º, 4, 5).

(⁴⁰⁴) Cfr. BRITO CORREIA, *Os administradores de sociedades anónimas* cit., pp. 664, ss., com indicações de doutrina. V. tb. o art. 28.º da LSQ de 1901 (para as sociedades por quotas).

E longa tradição tem também nos países continental-
-europeus (405). E domina hoje na grande maioria dos ordenamentos (406). Nos EUA, segundo as regras do *common
law*, os administradores podiam ser destituídos pela assembleia geral somente com fundamento em justa causa; actualmente, as leis estaduais permitem a destituição sem justa
causa – nalgumas a faculdade está prevista imperativamente, noutras (a maioria, parece) permite-se que os *articles
of incorporation* prevejam a destituição apenas com justa
causa, em umas poucas a destituição sem justa causa é permitida tão-só se os *articles* (ou os *articles* ou os *bylaws*) a
autorizarem (407). No RU, até à *Companies Act* de 1948, o
poder de os accionistas destituírem os administradores dependia do que estivesse estipulado estatutariamente; depois, a
destituição passou a ser permitida por simples deliberação
dos sócios adoptável a todo o tempo (408). De outra banda, o
caminho percorrido na Alemanha foi de sentido oposto: da
destituição livre transitou-se, com a AktG de 1937, para a
destituição só por justa causa (v. o § 84 (3) da actual
AktG) (409).

---

(405) Cfr. *últ. A. e ob. cits.*, pp. 679, ss..

(406) Cfr., a respeito de países europeus, E. WYMEERSCH, *A status report on corporate governance rules and practices in some continental european states*, em K. J. HOPT / H. KANDA / M. J. ROE / E. WYMEERSCH / S. PRIGGE, *Comparative corporate governance – The state of the art and emerging research*, Oxford University Press, 1998, pp. 1092, ss..

(407) V. R. HAMILTON, *The law of corporations in a nutshell*, West Group, 2000, pp. 235-236, COX / HAZEN, *On corporations*, 2nd ed., vol. I, Aspen, New York, 2003, pp. 446-447.

(408) V. GOWER / DAVIES, *Principles of modern company law*, 7th ed. by Paul L. Davies, Sweet and Maxwell, London, 2003, pp. 309-310.

(409) Cfr. M. LUTTER, *Il sistema del Consiglio di sorveglianza nel diritto societario tedesco*, RS, 1988, p. 97. Não se fez caminho paralelo para as sociedades por quotas. O § 38 da GmbHG (de 1892) continua a consagrar a regra da livre destituição – embora possibilite que o estatuto faça depender a destituição da existência de "fundamentos importantes". Poucas são as leis europeias sobre sociedades por quotas que exigem justa

Talvez porque a regra da livre destituição esteja tão arreigada na legislação portuguesa, ela quase não é discutida ([410]) — ora nada se diz, ora se avança rápida justificação da regra, sendo rara a crítica. Mas vale a pena questioná-la.

A favor da regra, argumenta-se ser "essencial que a maioria dos accionistas tenha confiança nos administradores" e que, "no dia em que esta se perca, estes possam ser substituídos". [Haja ou não razões ponderosas — justa causa — fundamentando a perda de confiança ?]. "Podem também verificar-se rápidas mudanças no mercado ou no quadro de circunstâncias em que a sociedade actua, que exijam alterações de estratégia e a escolha de novas pessoas mais adequadas para as realizar". (É verdade. Mas não haverá justa causa de destituição quando os administradores se revelam incapazes de responder às novas exigências?]. Os accionistas "podem mudar fácil e rapidamente, em resultado do regime de transmissão das acções. É importante assegurar a confiança dos novos accionistas (...) nos administradores". [Outra vez a confiança... Devem os administradores ser a "longa manus" dos sócios maioritários, ou servir o interesse comum de todos os sócios e, eventualmente, outros interesses legítimos? E é a sociedade que paga as (eventuais) indemnizações aos administradores destituídos sem justa causa,

---

causa para a destituição de gerentes (v. ANTÓNIO CAEIRO, *Temas de direito das sociedades,* Almedina, Coimbra, 1984, pp. 43, ss., em nota).

([410]) Aparecendo às vezes como indiscutível. A. FERRER CORREIA / V. LOBO XAVIER/M. ÂNGELA COELHO/ANTÓNIO A. CAEIRO, *Sociedades por quotas de responsabilidade limitada (Anteprojecto de lei – 2.ª redacção e exposição de motivos),* RDE, 1977, p. 381: a regra segundo a qual o gerente pode ser destituído "ad nutum" consta já do § único do art. 28.º da LSQ de 1901, "sendo indiscutível como princípio geral". [Entre nós, é frequente dizer destituição "ad nutum" para significar a possibilidade de destituição independentemente de justa causa, com ou sem dever de indemnizar o destituído. Noutros ordenamentos, usa-se "ad nutum" (literalmente: a um aceno, a um sinal) para a destituição livre — e sem indemnização (ainda que falte justa causa).].

não os sócios maioritários...]. Os administradores devem estar motivados para dinamizar a actividade empresarial; é importante para a sociedade que os administradores tenham consciência do risco de perderem os benefícios, de modo a sentirem-se "permanentemente estimulados a tudo fazer para merecer (aos olhos da maioria dos accionistas) continuar no lugar". [É verdade que o risco da destituição a todo o tempo pode estimular actuação em prol dos sócios. Mas não será suficiente a possibilidade de destituição com justa causa, bem como as possibilidades de não reeleição (e o estatuto pode fixar prazos bastante curtos) ou de acções de responsabilidade civil?]. (^{411})

Sem dúvida, a regra da livre destituição serve os interesses (ao menos) dos *sócios de controlo* — não só dos actuais, também dos futuros (as tomadas de controlo estão facilitadas pelo facto de se saber que é possível renovar imediatamente a administração) (^{412}).

Os sócios, ainda que dominantes, não têm o direito de dar instruções aos administradores, salvo nos casos de deliberações lícitas ou de relações de grupo propriamente ditas; nem, evidentemente, os administradores devem obediência a essas instruções — muito menos quando sejam contrárias ao interesse social. Mas, todos sabemos, as instruções (ordens, directivas, recomendações) vão sendo emitidas (^{413}). E eis o *dilema do administrador*: ou obedece (embora saiba que não

---

(^{411}) Os argumentos citados são apresentados por BRITO CORREIA, *ob. cit.*, pp. 699, ss.. V. tb. DUARTE RODRIGUES, *A administração das sociedades...*, pp. 256-257, n. (392), que parece, porém, contrário à faculdade de destituição *ad nutum*. A respeito das sociedades por quotas, RAÚL VENTURA, *Sociedades por quotas*, vol. III cit., p. 104, escreve que a regra "manifesta a supremacia que no espírito do legislador toma o interesse da sociedade sobre o interesse pessoal do gerente e bem assim a aplicação do princípio maioritário na determinação do interesse da sociedade".

(^{412}) V. tb. WYMEERSCH, *ob. cit.*, pp. 1092-1093.

(^{413}) E pese embora o disposto no art. 83.º, 4.

tem de obedecer e que o acatamento é contrário ao seu dever de diligência) e mantém-se no lugar, ou não acata as instruções e arrisca-se a ser destituído (apesar de sem justa causa)...

A afirmada autonomia dos administradores (para já não falar dos decantados administradores "independentes") – que devem observar, além de deveres de cuidado, "deveres de lealdade, no interesse da sociedade, atendendo aos interesses de longo prazo dos sócios e ponderando os interesses dos outros sujeitos relevantes para a sustentatbilidade da sociedade" (sujeitos sem poderes de destituição dos administradores): art. 64.º, 1 – não aconselhará que a destituição deva ser permitida somente com justa causa? [414]

3. 4. 2. Noção de justa causa

Apesar de em geral ser lícita a destituição sem justa causa, a existência desta ou a sua falta têm efeitos importantes [415]. O que é *justa causa*?

Em tese geral, diremos ser a situação que, atendendo aos interesses da sociedade e do administrador, torna inexigível àquela manter a relação orgânica com este, designadamente porque o administrador violou gravemente os seus deveres,

---

[414] A fundamentação consensual da disciplina alemã (das sociedades por acções) vai neste sentido — cfr. HÜFFER, *Aktiengesetz* cit., p. 428. Noutras paragens, vozes há também que propugnam a destituição apenas com base em justa causa. Para os EUA, v. indicações em COX/HAZEN, *ob. cit.*, p. 448. Em França, v. G. RIPERT/R. ROBLOT/M. GERMAIN/L. VOGEL, *Traité de droit commercial*, t. 1, 17e éd., LGDJ, Paris, 1998, p. 1221, e Ph. MERLE (colab. de ANNE FAUCHON), *Droit commercial — Sociétés commerciales*, 9e éd., Dalloz, Paris, 2003, p. 433.

Note-se ainda que o CSC permite a destituição dos membros do órgão de fiscalização somente quando ocorra justa causa (art. 419.º). Apesar de não ser esta a tradição — v. o art. 21.º da lei de 1867 e o art. 175.º, § 2.º, do CCom. de 1888.

[415] V. já os arts. 403.º, 2, 3 e 5 , 257.º, 2, 3, 4, 5 e 7.

ou revelou incapacidade ou ficou incapacitado para o exercício normal das suas funções ([416]).

Quanto à *violação dos deveres* dos administradores (deveres estatutários, deveres legais específicos, deveres legais gerais) ([417]), a própria lei comina para certas hipóteses a (possibilidade de) destituição com justa causa: arts. 398.º, 5, e 254.º, 5 (exercício não autorizado de actividade concorrente com a da sociedade) ([418]), 447.º, 8 (não comunicação à sociedade, com culpa, da posse, aquisição, oneração ou cessação de titularidade de acções e obrigações), 449.º, 4, e 450.º (abusos de informação). Constituem igualmente justa causa de destituição os comportamentos criminosos previstos no CSC (que requer o dolo – art. 527.º, 1): *v. g.*, falta de cobrança de entradas de capital (art. 509.º), aquisição ilícita de participações próprias (art. 510.º), distribuição ilícita de bens da sociedade (art. 514.º), recusa ilícita de informações ou prestação de informações falsas (arts. 518.º e 519.º), impedimento de fiscalização (art. 522.º). Assim como os crimes praticados no âmbito da sociedade: *v. g.*, furto, abuso de confiança, infidelidade, falsificação de facturas (CP, arts. 203.º e 204.º, 205.º, 224.º, 256.º). E a prática reiterada de actos excedendo o objecto social (mesmo que não danosos) – art. 6.º, 4, do CSC –, a apresentação injustificadamente tardia dos relatórios de gestão e das contas do exercício (arts. 65.º, 5,

---

([416]) A ideia central da noção (inexigibilidade) é pacífica na Alemanha — cfr. por todos HÜFFER, *ob. cit.*, p. 428; convergentemente, entre nós, v. DUARTE RODRIGUES, *ob. cit.*, p. 246, JOÃO LABAREDA, *Direito societário português* cit., pp. 79, ss.. A enumeração exemplificativa dos fundamentos da justa causa coincide no essencial com a prevista nos arts. 257.º, 6, e 403.º, 4 (coincidente, por sua vez, com a prevista na legislação alemã, p. ex. no § 84 (3) da AktG).

([417]) Cfr. J. M. COUTINHO DE ABREU, *Deveres de cuidado e de lealdade dos administradores e interesse social*, em IDET, *Reformas do Código das Sociedades*, Almedina, Coimbra, 2007, pp. 17, ss., ou *Responsabilidade civil dos administradores de sociedades* cit., pp. 9, ss..

([418]) Cfr. o Ac. da RG de 11/7/05, CJ, 2005, t. IV, p. 295.

67.º; v. também o art. 20.º, 1, h), 2.ª parte, do CIRE) (⁴¹⁹), o desrespeito de regras básicas da escrituração da sociedade (⁴²⁰), o aproveitamento em benefício próprio de oportunidades de negócio ou de bens da sociedade (⁴²¹), a perda, intencional ou por desleixo, de condições necessárias ou convenientes para a vida da sociedade (⁴²²), etc.

Fala-se aqui de *incapacidade* para significar, no essencial, quer a (revelada) falta de conhecimentos necessários para uma gestão ordenada, quer a impossibilidade física decorrente, por exemplo, de doença prolongada (incurável, nomeadamente) impeditiva do exercício normal das respectivas funções (⁴²³). (⁴²⁴)

(⁴¹⁹) Cfr. os Acs. da RP de 9/4/02, CJ, 2002, t. II, p. 216, e de 24/3/03, CJ, 2003, t. II, p. 180.

(⁴²⁰) V. o Ac. do STJ de 14/2/95, BMJ n.º 444 (1995), pp. 660-661 (subtracção de facturas várias à contabilidade da sociedade).

(⁴²¹) No caso julgado pelo Ac. do STJ de 27/10/94, CJ (ASTJ), 1994, t. III, p. 114, o gerente destituído havia permitido, entre outras coisas, que os seus filhos abastecessem (gratuitamente) as respectivas viaturas com combustível da sociedade. Entendeu o tribunal que o facto não era relevante, "pois deve considerar-se que também os outros sócios assim procediam". Se um faz o que não deve, todos podem fazer o mesmo; fazendo todos o que não devem, não merece censura quem deixa fazer — é uma máxima lusitana.

(⁴²²) Cfr. o Ac. da RP de 31/3/03 cit., p. 183 (o gerente deixou caducar os alvarás de construção civil — objecto da sociedade —, anulou contratos de seguros de trabalhadores).

(⁴²³) V., p. ex., HÜFFER, *ob. cit.*, p. 429, SCHNEIDER, em *Scholz Kommentar...*, p. 1620, RIPERT/ROBLOT/GERMAIN/VOGEL, *ob. cit.*, p. 997.

(⁴²⁴) Se a doença do administrador não for incurável e, presumivelmente, não se prolongar para lá do termo do período por que foi designado, deverá ter lugar, não a destituição, mas a suspensão, decidida por órgão com funções (só ou também) de fiscalização (art. 400.º,1, a), 430.º, 3) e com os efeitos referidos no art. 400.º, 2.

O órgão referido pode ainda suspender administradores quando outras circunstâncias especiais (além das de saúde, como as relativas a assistência a familiares ou ao cumprimento de deveres legais) obstem a que eles exerçam as suas funções por tempo presumivelmente superior a 60 dias e solicitem ao órgão a suspensão temporária ou este entenda que o interesse da sociedade a exige (art. 400.º, 1, b)). Em qualquer caso, deci-

Há entre nós quem tenha compreensão diversa de "incapacidade [(art. 257.º, 6) ou "inaptidão" (art. 403.º, 4)] para o exercício normal das respectivas funções".

Esta formulação significaria unicamente "incompetência profissional grave", implicando "violação, necessariamente grave, dos deveres de estudo e de actualização exigíveis" (425). A "incapacitação" física conduziria à "caducidade" (426).

Não posso concordar.

---

dida a suspensão, poderá haver substituição temporária do administrador suspenso (art. 393.º, 6, 425.º, 4).

Prevê a lei outras hipóteses de suspensão. Em processo de inquérito judicial à sociedade, pode em determinados casos o juiz nomear administrador e suspender os administradores que estavam em funções (art. 292.º, 4, 216.º, 2). Havendo possibilidade de destituição judicial, com fundamento em justa causa (arts. 403.º, 3, 257.º, 3, 4, 5), é facultado enxertar no processo de destituição requerimento de suspensão de administrador (art. 1484.º-B, 2, do CPC). Nestas hipóteses, diversamente do que deflui do art. 400.º, a suspensão não se funda em impedimento ligado a condições pessoais do administrador, mas a comportamentos seus presumivelmente censuráveis.

Terá o órgão social competente para destituir legitimidade para suspender administradores com fundamento em comportamentos destes, designadamente a fim de se apurar se existe ou não justa causa para destituição? O Código nada dizia a propósito. A respeito de sociedade com sistema organizativo de tipo germânico, o Ac. do STJ de 16/5/00, CJ (ASTJ), 2000, t. II, p. 65, respondeu afirmativamente: "se compete ao conselho geral fiscalizar as actividades da direcção e destituir os directores, *por maioria de razão* poderá determinar a sua suspensão 'quando entenda que o interesse da sociedade o exija' ". Agora (depois da reforma de 2006), o art. 430.º, 1, b), prevê a possibilidade de o conselho geral e de supervisão — quando a destituição compita à assembleia geral – "propor a destituição e proceder à suspensão, até dois meses, de qualquer membro do conselho de administração executivo". Respondendo à pergunta formulada há pouco: não custa admitir que o próprio órgão competente para destituir tenha o poder de suspender (com o limite temporal indicado); se não houver destituição, ou se ela for feita sem justa causa, o administrador terá direito à remuneração correspondente ao período da suspensão.

(425) A. MENEZES CORDEIRO, *Manual de direito das sociedades*, I vol., 2.ª ed., Almedina, Coimbra, 2007, p. 896. Na mesma linha, realçando o facto de o legislador de 2006 ter alterado "incapacidade" (que aparecia no art. 430.º, 2) para "inaptidão" (agora no art. 403.º, 4), RICARDO RIBEIRO, *Do direito a indemnização dos administradores de sociedades anónimas destituídos sem justa causa*, BFD, 2007, pp. 813-814.

(426) MENEZES CORDEIRO, *ob. e loc. cits.*.

(1) A *incompetência profissional,* para justificar a destituição com justa causa, não tem de resultar de violação grave (com dolo ou negligência grosseira) de deveres de estudo e actualização. Se assim fosse, a incompetência incluir-se-ia, não na "incapacidade" ou "inaptidão" "para o exercício normal das funções", mas antes na "violação grave dos deveres" dos administradores (arts. 257.º, 6, 403.º, 4, 64.º, 1, a)). (2) Contra as expectativas dos sócios ([427]), o administrador, que aparentava possuir bom *curriculum* académico, e que não descurou o estudo, revela-se inapto para "praticar" a "teoria" e "ler" a realidade e carecente de intuição prospectiva mínima para os negócios. Basta isto para a possibilidade de ele ser destituído com justa causa.

(3) Não vejo fundamento jurídico-normativo para remeter a *incapacitação física* (devida a doença, designadamente) para o grupo de casos de caducidade ([428]). (4) Poderia pensar-se em lugar paralelo que se encontra no art. 343.º, b), do CT (: o contrato de trabalho caduca "por impossibilidade superveniente, absoluta e definitiva de o trabalhador prestar o seu trabalho"). Mas aí, como se vê, a impossibilidade de prestação tem de ser absoluta (total, não parcial ou de mera dificuldade) e definitiva (não temporária e irreversível). Ora, nada disto tem de verificar-se para legitimar a destituição de administrador com justa causa. Sem prejuízo, claro está, da aplicação dos regimes de segurança social, pública e/ou privada (incluindo nesta as pensões de reforma ou complementares referidas no art. 402.º). (5) A incapacitação física de administrador, mesmo quando justifique destituição com justa causa, não tem de conduzir à destituição. Pode a sociedade optar, por exemplo, pela suspensão (cfr. o art. 400.º). (6) "Incapacidade" e "inaptidão" são (também) para estes efeitos sinónimos. A inaptidão pode ser física. Com a alteração de "incapacidade" para "inaptidão", o legislador terá pretendido (e bem) evitar confusões com a incapacidade jurídica (ou de exercício) propriamente dita – presente em vários outros artigos do Código (v. logo, pouco antes do art. 403.º, o art. 401.º). (7) Neste campo, o CSC bebeu

---

[427] E até, suponha-se, do administrador.
[428] Cfr. *supra,* n.º 3. 1.

claramente na legislação alemã (AktG, § 84 (3), GmbHG, § 38 (2)). E entende-se pacificamente na Alemanha que situações de doença permitem a destituição com justa causa [429].

Outras situações, além das incluídas nos grupos de exemplos previstos na lei (violação de deveres, incapacidade), podem tornar inexigível a manutenção da relação administrativa, configurando, pois, justa causa de destituição. Quer situações referíveis aos administradores enquanto tais – *v. g.*, desentendimentos frequentes (ainda que não culposos) entre administradores que comprometem a boa marcha dos negócios sociais [430] –, quer não – *v. g.*, a situação de insolvência de administrador, quando se reflicta negativamente na sociedade (afugenta financiadores ou clientes, por exemplo), ou a prática de crimes (fora da sociedade) que abala seriamente a confiança no carácter do administrador [431]. [432]

O que fica dito parece suficiente para se verificar que a justa causa de destituição de administrador não é equivalente ou análoga à justa causa de despedimento (laboral) [433]. No despedimento por facto imputável ao trabalha-

---

[429] Cfr. *supra*, n. (423).

[430] Cfr. ANTÓNIO CAEIRO, *Temas*..., pp. 165-166 (expondo doutrina e jurisprudência alemãs), M. COZIAN/A. VIANDIER/F. DEBOISSY, *Droit des sociétés* cit., p. 141.

[431] Cfr. SCHNEIDER, *ob. cit.*, p. 1620.

[432] Já não é justa causa a mudança no controlo societário (e o desejo ou interesse da nova maioria na mudança de administradores). É entendimento praticamente consensual. Em contrário, v. PAOLO AGOSTONI, *Mutamento della maggioranza azionaria quale giusta causa di revoca degli amministratori,* Le Società, 1998, pp. 262, ss. (posição quase isolada na doutrina italiana e não aceite na jurisprudência – v. *ibid.*, p. 265).

[433] No mesmo sentido, v. DUARTE RODRIGUES, *ob. cit.*, p. 245, JOÃO LABAREDA, *ob. cit.*, p. 79, Ac. da RL de 17/11/05, CJ, 2005, t. V, p. 100. Em contrário, v. Ac. do STJ de 3/11/94, BMJ n.º 441 (1994), p. 360, MENEZES

dor, a justa causa exige sempre comportamento culposo (art. 351.º do CT) (434). E no despedimento colectivo e por extinção do posto de trabalho ou por inadaptação superveniente ao posto de trabalho (arts. 359.º, ss. do CT) a "justa causa objectiva" está longe das situações não imputáveis ao administrador que justificam a destituição.

3. 4. 3. Indemnização por destituição sem justa causa

Reconhece-se hoje pacificamente, entre nós, que o administrador destituído *sem justa causa* tem direito a ser *indemnizado* (435). São claros, a este respeito, os arts. 403.º, 5, 430.º, 2 (para os administradores de sociedades anónimas) e 257.º, 7 (para os gerentes de sociedades por quotas).

O valor da indemnização pode ser fixado *prévia e contratualmente* (no contrato de sociedade ou em outro contrato entre a sociedade e o administrador) – cfr. os arts. 403.º, 5, 257.º, 7 –, ou por *acordo posterior* à destituição (contrato entre a sociedade e o ex-administrador). Em qualquer caso, a indemnização não pode exceder, parece, o montante das remunerações que o administrador receberia até ao final do período para que fora designado (arts. 403.º, 5, e 257.º, 7) ou, sendo gerente designado por tempo indeterminado, em qua-

---

CORDEIRO, *Da responsabilidade civil dos administradores das sociedades comerciais,* Lex, Lisboa, 1997, p. 380 (= *Manual...*, p. 897) – a noção "mais laboral" merece ser acolhida; "a justa causa terá de ter um perfil totalmente imputável ao administrador; se não houver culpa e ilicitude por parte deste, ela não se justifica" –, Ac. da RC de 2/11/99, CJ, 1999, t. V, p. 17, Ac. da RP de 8/4/02, CJ, 2002, t. II, p. 217.

(434) Mas há afinidades entre esta justa causa e a da destituição fundada em violação grave dos deveres de administração.

(435) Acerca da questão antes do CSC (com opiniões variadas na doutrina e na jurisprudência), v. BRITO CORREIA, *ob. cit.*, pp. 666, ss. (v. *ibid.*, pp. 679, ss., alguns dados relativos a ordenamentos estrangeiros).

tro anos (art. 257.º, 7)(436)(437). Esta interpretação parece resultar, relativamente às sociedades anónimas, da própria letra do art. 403.º, 5 – o limite máximo da indemnização estabelecido na parte final do preceito reporta-se aos dois modos de determinação da indemnização (modo contratual e modo geral-legal) nele referidos imediatamente antes. O art. 257.º, 7 (para as sociedades por quotas) não contém idêntico suporte literal. Todavia, além de razões de harmonização sistemática, a teleologia jurídica apoia aquela interpretação. Com efeito, a destituição sem justa causa é um *facto lícito* (não contra mas concorde com o direito): a lei atribui às sociedades o direito (potestativo) de destituir administradores mesmo sem justa causa; os administradores podem ter a expectativa (não "jurídica") de que não serão destituídos se observarem os respectivos deveres – mas não podem ignorar que as sociedades são titulares do poder de destituição, não podem ignorar o risco da cessação da relação orgânica sem justa causa (438). Da destituição-facto lícito não decorre logicamente o dever de indemnização (439). Não obstante, a lei portuguesa consagra justamente tal

---

(436) Sobre as componentes da remuneração relevantes (também) para estes efeitos, v. COUTINHO DE ABREU, *Governação*..., pp. 84, ss..

(437) Com interpretação diferente, num caso de director com indemnização previamente fixada em contrato, Ac. da RC de 2/11/99 (com um voto de vencido), CJ, 1999, t. V, pp. 16 ss..

(438) Entende-se generalizadamente que a destituição sem justa causa é facto lícito (v., p. ex., RAÚL VENTURA, *ob. cit.*, p. 118, RICARDO RIBEIRO, *ob. cit.*, pp. 815, ss., e os citados Acs. do STJ de 7/2/06 (p. 61) e de 11/7/06 (p. 142). Inopinada é a posição contrária de MENEZES CORDEIRO, *Manual*..., p. 903 (v. tb. II vol., 2.ª ed., 2007, pp. 439-440).

(439) Por isso, ainda hoje vigora em vários países a ideia de que os administradores (ou boa parte deles) destituídos sem justa causa não têm, em geral, direito a indemnização (p. ex., em França – cfr. MERLE, *ob. cit.*, pp. 433, 506 – e em Espanha – cfr. F. MARTÍNEZ SANZ, em ARROYO/EMBID (coord.), *Comentarios a la ley de sociedades anónimas*, vol. II, Tecnos, Madrid, 2001, p. 1374).

dever (440). Contudo, para não dificultar em demasia ou impossibilitar praticamente o exercício do direito de destituir, a lei estabelece limites à indemnização (441). Esta razão vale também para as convenções de indemnização. O princípio da liberdade contratual (art. 405.º do CCiv.) e, consequentemente, o facto de a própria sociedade aceitar poder ter de indemnizar em maior medida não infirmam aquela conclusão. Na verdade, a liberdade contratual actua "dentro dos limites da lei" (442). Por outro lado, normalmente, a indemnização contratual é estipulada entre o administrador e a sociedade representada... por outro(s) administrador(es) (443) (444).

Não sendo a indemnização fixada contratualmente, ela será calculada *nos termos gerais* de direito (arts. 562.º, ss. do CCiv.), com os apontados limites máximos — arts. 403.º, 5, 257.º, 7. Quer dizer, o montante das remunerações que o administrador auferiria até ao termo do período para que foi designado (ou, na outra hipótese, o montante correspondente

---

(440) À semelhança do consagrado para outras situações de responsabilidade civil por factos lícitos — v., p. ex., os arts. 1172.º e 1229.º do CCiv. e o art. 245.º do CCom..

(441) Ainda assim, ao menos a referência aos quatro anos no art. 257.º é, convenhamos, muito generosa.

(442) Também o direito das sociedades é fértil em exemplos de limites legais à liberdade contratual...

(443) Em qualquer caso, nem sempre (longe disso) é a sociedade a parte mais forte...

(444) Em sentido convergente com o que deixamos em texto, JOÃO LABAREDA, *ob. cit.*, pp. 94, ss., PEREIRA DE ALMEIDA, *Sociedades comerciais* cit., p. 253 (quanto às sociedades anónimas, não quanto às sociedades por quotas), ARMANDO TRIUNFANTE, *Código das Sociedades...*, p. 394. Divergentemente, P. OLAVO CUNHA, *Direito das sociedades comerciais* cit., p. 709 (mas desde que o contrato seja "celebrado ou, pelo menos, ratificado, pela maioria dos accionistas"), RICARDO RIBEIRO, *ob. cit.*, pp. 824, ss.. Anoto ainda o seguinte: não deve confundir-se a convenção de indemnização de que vimos falando com a deliberação que fixa remuneração extraordinária para casos de cessação da relação orgânica diferentes da destituição (cfr. a minha *Governação...*, p. 88).

a quatro anos de remunerações) é o limite máximo da indemnização, não é o valor necessário da indemnização ([445]). Esta reparará os danos sofridos, que podem muito bem ter valor inferior àquele limite (porque, *v. g.*, o destituído teve rapidamente oportunidade de exercer outra actividade de nível remuneratório idêntico). Cabe ao destituído provar o valor do dano-lucro cessante (bem como a existência e valor de dano emergente), cabendo à sociedade provar qualquer situação que reduza ou elimine a indemnização ([446]).

Na linha do acabado de expor está o novo Estatuto do Gestor Público (DL 71/2007, de 27 de Março) ([447]). O gestor público destituído sem justa causa (isto é, em virtude de "dissolução" do órgão de gestão ou de "demissão" do gestor "por mera conveniência" – art. 26.º, 1 e 2) "tem direito a uma indemnização correspondente ao vencimento de base que auferiria até ao final do respectivo mandato, com o limite de um ano" (n.º 3 do art. 26.º). E acrescenta o n.º 4: "Nos casos de regresso ao exercício de funções ou de aceitação, no prazo a que se refere o número anterior, de função ou cargo no âmbito do sector público administrativo ou empresarial, ou no caso de regresso às funções anteriormente desempenhadas pelos gestores nomeados em regime de comissão de

---

([445]) V., neste sentido, os Acs. do STJ de 27/10/94, CJ (ASTJ), 1994, t. III, pp. 114-115, de 20/1/99, BMJ n.º 483 (1999), pp. 184-185, de 20/5/04, CJ(ASTJ), 2004, t. II, p. 66, de 7/2/06, CJ (ASTJ), 2006, t. I, pp. 61-62, de 11/7/06, CJ (ASTJ), 2006, t. I, p. 143, o Ac. da RP de 12/12/94, CJ, 1994, t. V, p. 232, os Acs. da RL de 9/1/97, CJ, 1997, t. I, p. 91, e de 18/2/02, CJ, 2002, t. V, p. 110, JOÃO LABAREDA, *ob. cit.*, pp. 93, ss., PUPO CORREIA, *Direito comercial* cit., pp. 394-395. Com entendimento diferente, v. RAÚL VENTURA, *ob. cit.*, p. 119, PINTO FURTADO, *Curso de direito das socidades* cit., pp. 369-370, MENEZES CORDEIRO, *ob. cit.*, I, p. 903, II, p. 441 (o A. chega mesmo a dizer que a limitação à indemnização prevista no art. 403.º, 5, é inconstitucional – viola o art. 62.º, 1, da CRP; a ideia é infundada – v. logo RICARDO RIBEIRO, *ob. cit.*, pp. 818-819, n. (36)).

([446]) V. J. M. COUTINHO DE ABREU, *Diálogos com a jurisprudência, III – Destituição de administradores*, DSR, 5, 2011, pp. 21 ss..

([447]) É gestor público a pessoa designada para órgãos de administração de empresas públicas (societárias ou EPE) – art. 1.º.

serviço ou de cedência especial ou ocasional, a indemnização eventualmente devida é reduzida ao montante da diferença entre o vencimento como gestor e o vencimento do lugar de origem à data da cessação de funções de gestor, ou o novo vencimento, devendo ser devolvida a parte da indemnização que eventualmente haja sido paga".

Que espécies de danos causados pela destituição sem justa causa são indemnizáveis ou compensáveis? Só danos patrimoniais, ou também não patrimoniais? Dentro dos danos patrimoniais, só os lucros cessantes (correspondentes às remunerações que presumivelmente o destituído receberia até ao termo do período para que fora designado), ou também os eventuais danos emergentes (resultantes, *v. g.*, da mudança do destituído e família para a residência originária)?

Os arts. 403.º, 5, e 257.º, 7, parecem referir-se apenas aos *lucros cessantes*. Mas para marcarem o limite máximo da indemnização. Não vejo, por isso, razão para, respeitado esse limite, não se atender aos *danos emergentes* (quando existam, claro).

Mas já *não são compensáveis os danos não patrimoniais* (sofrimento psíquico ou desgosto) *causados pelo facto lícito--destituição sem justa causa*. Ainda que se admita a compensação de danos não patrimoniais no domínio da responsabilidade por factos lícitos (somente quando a lei a estabeleça?). Desde logo, é muito duvidoso que a simples destituição, por si só, possa causar danos não patrimoniais – o administrador sabe (ou deve saber) que está sujeito a ser destituído, devendo portanto estar preparado para a consumação desse risco; por outro lado, a existirem, tais danos não terão gravidade suficiente para merecerem a tutela do direito (cfr. o art. 496.º, 1, do CCiv.).

Contudo, *a sociedade pode ter de compensar danos não patrimoniais*. Não simplesmente, repita-se, por ter destituído sem justa causa, mas *pelo modo como o fez: v. g.*, alegou infundadamente violação de deveres ou a inaptidão do administrador. Aqui, a par do facto lícito-destituição, há *actuação ilícita* da sociedade. Há, pois, fundamento autónomo de responsabilidade (v., designadamente, os arts. 483.º e 484.º do CCiv.) não previsto nos arts. 403.º, 5, e 257.º, 7, do CSC. A compensação desses danos não patrimoniais ([448]) não está sujeita aos limites indicados nestes preceitos societários ([449]). ([450])

Pedindo judicialmente um administrador destituído indemnização, pertence a ele alegar e provar a inexistência de justa causa? Ou compete à sociedade, como contestante do pedido, *alegar e provar* situação que consubstancie justa causa e exclua a indemnização? Parece mais razoável esta segunda alternativa ([451]). ([452])

([448]) Bem como a indemnização de eventuais danos patrimoniais indirectos (derivados do ataque à reputação do administrador).

([449]) E não se afasta a possibilidade de indemnização mediante reconstituição natural: p. ex., rectificação na imprensa de notícia infundada relativa à destituição, a expensas da sociedade (que havia possibilitado a publicação da notícia).

([450]) Com discurso em boa medida convergente, v. OLAVO CUNHA, *ob. cit.*, pp. 707-708, ARMANDO TRIUNFANTE, *ob. cit.*, pp. 394-395. Considerando somente os lucros cessantes – mas ressalvando convenção acauteladora de outros danos –, v. RAÚL VENTURA, *ob. cit.*, p. 119, RICARDO RIBEIRO, *ob. cit.*, pp. 820, ss..

([451]) V. os Acs. do STJ de 27/10/94 cit., p. 114, de 9/7/98, BMJ n.º 479 (1998), pp. 642-643, de 15/2/00, CJ (ASTJ), 2000, t. I, p. 104, de 16/5/00, CJ (ASTJ), 2000, t. II, p. 65, e o Ac. da RL de 9/1/97, CJ, 1997, t. I, pp. 90-91, JOÃO LABAREDA, *ob. cit.*, pp. 92-93, PINTO FURTADO, *ob. cit.*, p. 369. Indo antes pela primeira alternativa (impende sobre o destituído o ónus de provar a inexistência de justa causa), Ac. da RC de 28/5/91, CJ, 1991, t. III, pp. 78, ss. e Ac. do STJ de 23/6/92, BMJ n.º 418 (1992), p. 799.

([452]) Não é correcto dizer o que se disse no Ac. do STJ de 15/2/00 cit., pp. 103, 105: da acta relativa à deliberação de destituição devem constar os fundamentos de justa causa, sob pena de ter de julgar-se sem justa causa a destituição. Da acta não têm de constar os fundamentos da deliberação (v. o art. 63.º, 2). Ela deve conter "o teor" da deliberação (art. 63.º,

3. 4. 4. Cláusula estatutária exigindo justa causa

É válida a *cláusula estatutária* que limite a possibilidade de destituição aos casos em que haja *justa causa*?

Antes do CSC, foi afirmada a validade em relação às sociedades por quotas [453]. E deve continuar a ser afirmada na vigência do Código (inclusive, os "outros requisitos" referidos no n.º 2 do art. 257.º dão cobertura a essa cláusula) [454].

Apesar de a questão ser mais duvidosa relativamente às sociedades anónimas, pensamos que uma tal cláusula é igualmente válida [455]. Aparentemente, a norma do art. 403.º, 1, é imperativa (os sócios poderiam sempre deliberar a destituição, independentemente de justa causa). Todavia, não se vê que interesses de ordem pública, dos credores sociais ou da sociedade impeçam a derrogação estatutária da regra da livre destituição.

3. 4. 5. Convenção determinando indemnização em qualquer circunstância

É lícito convencionar-se (no contrato social ou em acordo entre a sociedade e o administrador) que a sociedade

---

2, f)). Que consiste exactamente nos termos da proposta (de destituição) que obteve a maioria dos votos (LOBO XAVIER, *Anulação de deliberação...*, p. 384, n. (3)). E a proposta pode mencionar, mas pode também não mencionar os fundamentos. Não os mencionando, os motivos da destituição revelados pela discussão da proposta (se discussão houver...) podem aparecer, mas podem também não aparecer na acta. Por conseguinte, a análise judicial relativa à justa causa incidirá nos factos trazidos ao processo e nele comprovados, ainda que não constem do teor da deliberação nem da acta [v. neste sentido os Acs. do STJ de 23/6/92 cit., p. 800, de 18/6/96, CJ (ASTJ), 1996, t. II, p. 157, de 20/1/99, BMJ n.º 483 (1999), p. 182].

[453] V. principalmente ANTÓNIO CAEIRO, *Temas...*, pp. 161, ss..

[454] V. RAÚL VENTURA, *ob., cit.*, p. 107, JOÃO LABAREDA, *ob. cit.*, p. 84.

[455] Assim também JOÃO LABAREDA, *ob. cit.*, p. 86. Contra, DUARTE RODRIGUES, *ob. cit.*, p. 243.

indemnizará em qualquer circunstância o administrador destituído – ainda, portanto, quando se verifique existir justa causa de destituição?

Uma tal estipulação será inválida na medida em que obriga a indemnizar nos casos em que a justa causa consista em comportamento culposo do administrador (*v. g.*, violação grave dos deveres). Esta obrigação poderia impedir, na prática, a destituição de quem não deve continuar a gerir a sociedade (o montante da indemnização forçaria a isso).

Mas será válida a convenção na parte aplicável à destituição com justa causa "objectiva" (não culposa) — devida, *v. g.*, a impedimento físico. (456)

3. 4. 6. Destituição por deliberação e a convocatória

Sendo a destituição de administrador objecto de deliberação em assembleia geral convocada, deve o assunto constar da *ordem do dia* contida na convocatória?

Há quem diga que não – a possibilidade de destituição "em qualquer momento" (art. 403.º, 1) ou "a todo o tempo" (arts. 430.º, 1, 257.º, 1) indicaria a desnecessidade de menção ao ponto (457).

Não parece que aquelas expressões imponham tal resposta. A regra é a convocatória dever mencionar claramente os assuntos sobre que se deliberará (art. 377.º,

---

(456) Convergentemente, DUARTE RODRIGUES, *ob. cit.*, p. 258. JOÃO LABAREDA, *ob. cit.*, p. 91, afirma a invalidade em qualquer caso.

(457) BRITO CORREIA, *ob. cit.*, p. 715. Resposta idêntica é dada pelo *Code de Commerce,* no art. L. 225-105(3): "L'assemblée ne peut délibérer sur une question qui n'est pas inscrite à l'ordre du jour. Néanmoins, elle peut, en toutes circonstances, révoquer un ou plusieurs administrateurs ou membres du conseil de surveillance et procéder à leur remplacement". E é dada também em Espanha pela maioria da doutrina e da jurisprudência (o art. 68 (1) da LSRL é claro a esse respeito) – v. MARTÍNEZ SANZ, *ob. cit.,* pp. 1370-1371.

5, e), 8) (458). Destituir um administrador não é de somenos importância. Os sócios convocados devem ser avisados do propósito da destituição. Bem como os administradores, que, mesmo quando não sejam sócios, devem estar presentes nas assembleias gerais (art. 379.º, 4). Em regra, portanto, a resposta à pergunta acima formulada há-de ser afirmativa (459).Se o assunto não constar da ordem do dia, a deliberação da destituição será anulável (arts. 58.º, 1, c) 4, a), 59.º, 1, 2, c)) (460).

Contudo, a regra admite *excepções*. Administradores podem ser destituídos na assembleia geral anual que apre cia as contas do exercício, independentemente de menção na convocatória (arts. 376.º, 1, c), 455.º, 2, 3, 75.º, 2). Compreende-se (sobretudo para a destituição com justa causa): na apreciação geral da administração a que nessa assembleia se procede podem ser revelados factos que imponham ou aconselhem a destituição imediata.

De todo o modo, gostaria de ressaltar que, delibere-se sobre a destituição em assembleia geral convocada (devendo ou não constar o assunto da convocatória) ou por outra forma (*v. g.*, em assembleia universal não convocada, por deliberação unânime por escrito), deveria ser reconhecido ao administrador o *direito de contraditar* o propósito de destituição. Na linha do que se verifica tradicionalmente no direito anglo-saxónico: o *due process* exige que se dê conhecimento da proposta de destituição ao administrador, que há-de ter oportunidade de ser ouvido em assembleia ou de expor por

---

(458) Regra aplicável às sociedades de qualquer tipo: arts. 248.º, 1, 189.º, 1, 474.º, 478.º.

(459) Mas não é necessário indicar na convocatória o nome dos administradores cuja destituição se propõe – v. RAÚL VENTURA, *ob. cit.*, p. 105, J. CALVÃO DA SILVA, *Estudos de direito comercial (Pareceres)*, Almedina, Coimbra, 1996, pp. 267, ss..

(460) Cfr. o Ac. da RL de 23/1/96, CJ, 1996, t. I, pp. 100-101.

escrito as suas razões (461). Com vantagens para o administrador, sócios e sociedade. O assunto é suficientemente sério para que se dê oportunidade de defesa ao administrador; do confronto de razões resultará melhor se existe ou não justa causa de destituição (e as possíveis consequências para a sociedade); os sócios votarão mais conscientemente.

Aliás, esta linha não passa inteiramente ao lado do actual direito português. Os membros do órgão de fiscalização podem ser destituídos, ocorrendo justa causa, pela assembleia geral (art. 419.º). "Antes de ser tomada a deliberação, as pessoas visadas devem ser ouvidas na assembleia sobre os factos que lhes são imputados" (art. 419.º, 2; cfr. tb. o art. 423.º-E, 2). Por sua vez, a "demissão" com justa causa dos gestores públicos "requer a audiência prévia" dos mesmos (art. 25.º, 2, do DL 71/2007; v. tb. o art. 24.º, 2) (462).

3. 4. 7. Deliberações de destituição abusivas?

As deliberações dos sócios de destituição dos administradores podem ser inválidas, nos termos gerais (arts. 56.º, ss.). Relevando essencialmente aqui os vícios de procedimento; os de conteúdo ficam largamente prejudicados, uma vez que não se exige em geral justa causa para a destituição (463).

Antes do CSC, escrevi que o direito de destituição livre era *incontrolável por abuso do direito* – sem prejuízo, porém, de o destituído dever ser indemnizado por perdas e

---

(461) V. COX/HAZEN, *ob. cit.*, pp. 445-446, GOWER/DAVIES, *ob. cit.*, p. 311. Também em França se reconhece (limitadamente) o "princípio do contraditório" – cfr. COZIAN/VIANDIER/DEBOISSY, *ob. cit.*, p. 238.

(462) V. ainda o art. 6.º, 4, do DL 464/82, de 9 de Dezembro, revogado pelo DL de 2007.

(463) Mas será nula, por vício de conteúdo (art. 56.º, 1, d)), a deliberação que destitua sócio-gerente com direito especial à gerência (v. o art. 257.º, 3, 2.ª parte, e RAÚL VENTURA, *ob. cit.*, pp. 109-110), salvo se ele concordar com a deliberação.

danos ([464]). Depois do Código, escreveram outros que o art. 58.º, 1, b) (deliberações abusivas) é aplicável às deliberações de destituição de administradores ([465]).

Não é necessário reentrar na análise pormenorizada do art. 58.º, 1, b), para concluir que as possíveis hipóteses de deliberações de destituição abusivas encaixariam essencialmente na espécie de deliberação emulativa (apropriada para satisfazer o propósito de sócio(s), tão-só, de prejudicar a sociedade e/ou sócio(s) minoritário(s), *maxime* o sócio-administrador destituído). Vão, aliás, neste sentido os exemplos avançados pelos autores: o sócio-gerente é "destituído por estar a promover um desenvolvimento da sociedade contrário aos interesses que noutros negócios têm os sócios maioritários" ([466]); destituição do gerente sócio minoritário sem que nenhum interesse social o justifique, "com a única motivação de afastar da gerência o destituído" ([467]).

Estes exemplos sugerem logo algumas dúvidas.

Se prejudicado for primordialmente o administrador destituído, este teria de ser sócio para que a deliberação pudesse dizer-se abusiva-anulável nos termos do art. 58.º, 1, b). Teríamos, assim, para circunstâncias idênticas, deliberações

---

([464]) *Do abuso de direito – Ensaio de um critério em direito civil e nas deliberações sociais* cit., pp. 182-183.

([465]) RAÚL VENTURA, *ob. cit.*, p. 115, J. TAVEIRA DA FONSECA, *Deliberações sociais – Suspensão e anulação*, em CEJ, *Textos (Sociedades comerciais)*, 1994/1995, p. 150, JOÃO LABAREDA, *ob. cit.*, pp. 100, ss. [os dois últimos AA. citam, discordando, a minha *ob.cit.*. Quem ler Labareda, *ibid.*, pp. 100-101, poderá pensar que eu sustentava a posição referida fundamentalmente por considerar potestativo o direito de destituição livre. Mas escrevi que este direito é potestativo *e* incontrolável por abuso. Aliás, basta ler as pp. 71, ss. e 174, n. (405), de *Do abuso* para se verificar que não defendia (nem defendo) a insindicabilidade em termos de abuso de todo e qualquer direito potestativo.].

Depois do Código também, no sentido sustentado na minha *ob. cit.*, v. o Ac. da RP de 17/6/97, CJ, 1997, t. II, p. 224.

([466]) RAÚL VENTURA, *ob. e loc. cits.*.

([467]) TAVEIRA DA FONSECA, *ob. e loc. cits.*.

abusivas se o destituído fosse sócio, e deliberações não abusivas (não anuláveis) se o administrador não fosse sócio... (468)

Por sua vez, se o propósito de prejuízo visar, em primeira linha, a sociedade, teríamos de um lado a proibição legal geral de prejudicar a sociedade (art. 58.º, 1, b)) e do outro permissões legais específicas de destituição sem justa causa (arts. 403.º, 1, 257.º, 1) — e o abuso é uma não justa causa ou uma causa injusta. Prevalece a proibição geral ou a permissão específica? Poderá o tribunal anular a deliberação de destituição, possibilitando que o administrador destituído reocupe o cargo? (469) Não será mais ajustado — no quadro do actual direito positivo — atribuir indemnização ao destituído? Pagável, é verdade, pela sociedade. Mas esta tem direito a ser indemnizada desse prejuízo pelos sócios que votaram abusivamente (art. 58.º, 3) (470). Por outro lado, se o novo gerente (designado em consequência da destituição) actuar ilícita, culposa e danosamente contra a sociedade, poderá ser responsabilizado e destituído com justa causa.

Concluindo, as deliberações de destituição de administrador caracterizadas pelas notas caracterizadoras da hipótese prevista na al. b) do n.º 1 do art. 58.º não são anuláveis

---

(468) A não ser que, com respeito aos administradores não sócios, sejam incluídas no art. 58.º, 1, a), outras hipóteses de abuso de direito (tendo em vista o art. 334.º do CCiv.) – cfr. COUTINHO DE ABREU, *Do abuso...*, pp. 144-145; ainda então, porém, o administrador destituído não teria legitimidade para impugnar a deliberação (v. o art. 59.º, 1) – também por isto, a sanção mais adequada seria a indemnização (cfr. *ibid.*, p. 166. JOÃO LABAREDA, *ob. cit.*, pp. 104-105, propugna que, apesar do art. 59.º, 1, o gestor-não sócio destituído por deliberação abusiva tem legitimidade para impugná-la. Mas, em face do actual direito positivo, a ideia é mais do que duvidosa...).

(469) O (ex-) administrador não sócio, recorde-se, continua sem legitimidade para requerer a anulação da deliberação (art. 59.º, 1)...

(470) Deve aceitar-se que este preceito é aplicável independentemente da anulabilidade ou da anulação da respectiva deliberação – cfr. FERRER CORREIA/LOBO XAVIER/M. ÂNGELA COELHO/ANTÓNIO CAEIRO, *Sociedades por quotas* cit., RDE, 1977, p. 410.

(chame-se-lhes ou não deliberações abusivas) — a regra da destituição livre não é excepcionada nesses casos. Porque há então destituição sem justa causa, o destituído terá direito a indemnização. Se for indemnizado pela sociedade, esta tem direito a ser ressarcida à custa dos sócios que votaram abusivamente a destituição. (471)

3. 4. 8. Destituição judicial

A deliberação dos sócios não é a única via para destituir administradores. Em geral, nas sociedades anónimas com estrutura orgânica tradicional ou com estrutura monística e nas sociedades de outros tipos, é possível a *destituição judicial* com fundamento em *justa causa*.

Nalguns casos, a acção judicial é a única via possível para a destituição com fundamento em justa causa (472).
É assim nas sociedades em nome colectivo, quando o gerente-sócio tenha sido designado "por cláusula especial do contrato de sociedade" (art. 191.º, 4) (473), ou quando haja apenas dois sócios (e um deles ou ambos sejam gerentes) – art. 191.º, 7.
É assim também nas sociedades por quotas, quando o gerente a destituir seja sócio com direito especial à gerência

---

(471) Convergentemente, parece, NUNO BARBOSA, *Competência das assembleias de obrigacionistas*, Almedina, Coimbra, 2002, pp. 127-128, n. (316); no mesmo sentido, mais claramente, RICARDO RIBEIRO, *ob. cit.* pp. 816-817. Na França, recorde-se, os membros do conselho de administração são em geral destituíveis *ad nutum*, sem direito a indemnização. Mas este direito é reconhecido – não a anulabilidade da deliberação – quando a destituição apresente carácter abusivo (quando haja abuso de direito). V., p. ex., COZIAN/VIANDIER/DEBOISSY, *ob. cit.*, pp. 236-238.

(472) O processo está previsto no art. 1484.º-B do CPC.

(473) Para a compreensão desta formulação legal, v. RAÚL VENTURA, *Novos estudos sobre sociedades anónimas e sociedades em nome colectivo* cit., p. 326, e JOÃO LABAREDA, *ob. cit.*, pp. 111, ss..

(art. 257.º, 3) (⁴⁷⁴), ou quando haja apenas dois sócios (sendo um ou ambos gerentes) — art. 257.º, 5.

Havendo apenas dois sócios, manda o art. 191.º, 7, que a acção seja intentada por um deles "contra a sociedade" (⁴⁷⁵). Já o art. 257.º, 5, limita-se a dizer que a acção é "intentada pelo outro" (sócio). Contra, parece, o sócio gerente a destituir (⁴⁷⁶).

Para as referidas sociedades anónimas, dispõe o art. 403.º, 3 (⁴⁷⁷): "Um ou mais accionistas titulares de acções correspondentes, pelo menos, a 10% do capital social podem, enquanto não tiver sido convocada a assembleia geral para deliberar sobre o assunto, requerer a destituição judicial de um administrador, com fundamento em justa causa". (⁴⁷⁸) A acção judicial pode ser proposta se e enquanto não tiver sido convocada assembleia geral para deliberar sobre a destituição. Mas pode também ser proposta depois de tal assembleia, se nela se deliberar não destituir o administrador (⁴⁷⁹).

Há outras possibilidades de destituição judicial de administradores de sociedades anónimas — incluindo, agora, as de sistema organizativo de tipo germânico. "A requerimento de qualquer accionista", pode ser destituído administrador

---

(⁴⁷⁴) Cfr. *supra*, n.º 1. 1. do cap. V.

(⁴⁷⁵) Semelhantemente se prescreve no art. 257.º, 4. Mas em ambas as hipóteses deve a acção ser proposta também contra o gerente— v. JOÃO LABAREDA, *ob. cit.*, pp. 122, 127-128.

(⁴⁷⁶) V. RAÚL VENTURA, *Sociedades por quotas* cit., p. 117, JOÃO LABAREDA, *ob. cit.*, pp. 126-127. Diferentemente (a acção deve ser intentada contra a sociedade), Ac. da RG de 22/2/07, CJ, 2007, t. I, p. 286 (com um voto de vencido).

(⁴⁷⁷) Estranhamente, o art. 430.º, 2 (respeitante às sociedades com estrutura orgânica de tipo germânico) não remete para o n.º 3 do art. 403.º.

(⁴⁷⁸) Nas sociedades por quotas, "qualquer sócio" tem o direito de requerer a destituição judicial de gerente (art. 257.º, 4).

(⁴⁷⁹) V. JOÃO LABAREDA, *ob. cit.*, pp. 130, ss..

que tenha abusado de informação (art. 449.º, 4). Por outro lado, em processos de inquérito judicial, promovidos por accionista(s) nos termos dos arts. 292.º, 1, e 450.º, 1, 3, é possível também a destituição (arts. 292.º, 2, a), e 450.º, 1, do CSC e art. 1482.º, 2, do CPC).

A ideia que preside à atribuição a sócios minoritários da faculdade de requerer judicialmente a destituição é o propósito de diminuir o risco de administradores maioritários ou apoiados pela maioria se manterem indevidamente na administração [480].

3. 4. 9. Reeleição de administradores destituídos com justa causa

É lícito *reeleger* um administrador destituído com justa causa (pelo tribunal ou pelos sócios)?

Para duas hipóteses apresenta o CSC outras tantas normas. Se em assembleia geral que aprecia as contas do exercício se deliberar destituir administrador e propor contra ele acção de responsabilidade, não pode o mesmo voltar a ser designado durante a pendência da acção (art. 75.º, 2) [481]. "Durante cinco anos a contar da prática dos factos [abuso de informação] justificativos da destituição [em inquérito judicial], as pessoas destituídas não podem desempenhar cargos na mesma sociedade ou noutra que com ela esteja em relação de domínio ou de grupo" (art. 450.º, 4). Por analogia, esta incompatibilidade por cinco anos valerá igual-

---

[480] É verdade que o administrador-sócio está impedido de votar quando a deliberação incida sobre destituição por justa causa (art. 251.º, 1, f), 384.º, 6, c)). Mas é verdade prática também que os impedidos de votar votam muitas vezes e os seus votos são computados de quando em vez — mormente quando são eles que presidem à assembleia (cfr. os arts. 248.º, 4, 374.º, 4)...

[481] Se o destituído não for condenado na acção de responsabilidade, nada obsta a que seja novamente designado administrador.

mente nos casos em que o administrador é destituído por razões idênticas (abuso de informação) em processo judicial de destituição promovido por accionista(s) (art. 449.º, 4) ou mediante deliberação dos sócios (ou do conselho geral e de supervisão) ([482]).

Fora destas hipóteses, é lícito reeleger o destituído com justa causa "objectiva", se entretanto a incapacidade foi superada (v. g., a doença foi debelada mais cedo do que era previsível, a pessoa adquiriu o saber necessário a uma gestão criteriosa e ordenada). Mas a reeleição já será *impugnável* se o administrador havia sido destituído há relativamente pouco tempo ([483]) por causa de violação grave dos deveres respectivos — os votos a favor da eleição contrariam o dever de lealdade dos sócios, tornando a deliberação anulável (art. 58.º, 1, al. a) ou al. b), consoante as circunstâncias) ([484]).

([482]) Quanto a esta última hipótese, v. tb. RAÚL VENTURA, *Novos estudos...*, p. 87.

Nos EUA, é frequente as leis estaduais estabelecerem que, em caso de destituição judicial (por justa causa), o tribunal pode fixar um período no qual fica proibida a reeleição (cfr. COX / HAZEN, *ob. cit.*, p. 453).

([483]) Talvez seja razoável estabelecer como directriz os cinco anos mencionados no art. 450.º, 4.

([484]) V., em termos equivalentes, SCHNEIDER, *ob. cit.*, pp. 1610-1611, 1624.

ÍNDICE

Notas Prévias III
Abreviaturas VII

PARTE II

Capítulo I
NOÇÃO DE SOCIEDADE E FIGURAS AFINS

1. Sociedade enquanto acto jurídico e enquanto entidade 3
2. Os elementos ou notas essenciais da noção genérica de sociedade 5
   2. 1. Sujeito ou agrupamento de sujeitos (sócios) 6
   2. 2. Substrato patrimonial 7
   2. 3. Objecto da sociedade 8
   2. 4. Fim da sociedade 15
   2. 5. Sujeição a perdas 22
   2. 6. Síntese 23
3. Sociedade e empresa 23
4. Sociedade e figuras (mais ou menos) afins 26
   4. 1. Cooperativas 26
   4. 2. ACEs e AEIE 31
   4. 3. Consórcios 36
   4. 4. Associações em participação 38
5. Notas específicas da noção de sociedade comercial 41
6. Sociedades civis simples e sociedades civis de tipo comercial 44

Capítulo II
TIPOS DE SOCIEDADES COMERCIAIS

1. Para a compreensão da tipicidade societária 51
2. Caracterização geral dos tipos legais societários 52
   2. 1. Responsabilidade dos sócios perante a sociedade e perante os credores sociais 53
   2. 2. Estrutura organizatória 57
   2. 3. Transmissão de participações sociais 61
   2. 4. Número mínimo de sócios 64
   2. 5. Capital social 66

3. Tipos doutrinais societários 67
4. Taxatividade dos tipos legais de sociedades 72
5. Apontamento histórico 75

Capítulo III
CONSTITUIÇÃO DAS SOCIEDADES COMERCIAIS

1. A constituição de sociedades como processo 85
2. Acto constituinte 94
   2. 1. Espécies. Sujeitos 94
   2. 2. Conteúdo 103
   2. 3. Regime das relações societárias anteriores à celebração do contrato de sociedade 117
   2. 4. Regime das relações internas depois da celebração do acto constituinte e antes do registo 121
   2. 5. Regime das relações das sociedades com terceiros depois da celebração do acto constituinte e antes do registo 123
3. Registo do acto constituinte 133
   3. 1. Aspectos da disciplina geral do registo 133
   3. 2. Efeitos do registo 135
4. Publicação do acto constituinte 140
5. Interpretação e integração dos estatutos 142
6. Invalidades do acto constituinte 146
   6. 1. Vícios do acto 146
   6. 2. Vícios parciais e invalidade do acto 150
   6. 3. Consequências da invalidade do acto 153
7. Acordos parassociais 156

Capítulo IV
DA PERSONALIDADE E CAPACIDADE
DAS SOCIEDADES COMERCIAIS

1. Aquisição da personalidade jurídica 161
2. Sentido e limites da personalidade jurídica das sociedades comerciais 163
   2. 1. Questionando a importância da personalidade jurídica 163
   2. 2. Desconsideração da personalidade colectiva (e da subjectividade jurídica) 176
      2. 2. 1. Quadro geral 176
      2. 2. 2. Casos de imputação 179

2. 2. 3. Casos de responsabilidade 180
2. 2. 4. Notas finais 187
3. Capacidade jurídica das sociedades 187
   3. 1. Delimitação da capacidade pelo fim social 187
   3. 2. O objecto social não limita a capacidade 193
   3. 3. Liberalidades e garantias concedidas por sociedades a
         terceiros – o princípio da incapacidade e as excepções 198
4. Capacidade de exercício ou de agir das sociedades 207

Capítulo V
DAS PARTICIPAÇÕES SOCIAIS

1. Noções introdutórias 209
   1. 1. Classificação dos direitos. Direitos especiais 209
   1. 2. Obrigações 219
   1. 3. Unidade da participação social 220
   1. 4. Partes, quotas, acções 223
   1. 5. Valores das participações 226
   1. 6. Divisíveis as partes e quotas, indivisíveis as acções 227
   1. 7. Unidade e pluralidade de participações 230
   1. 8. Modalidades de acções 232
2. Principais direitos e obrigações em que se desdobram as participações sociais 236
   2. 1. Direitos 236
      2. 1. 1. Direito de quinhoar nos lucros (remissão) 236
      2. 1. 2. Direito de participar nas deliberações dos sócios 236
         2. 1. 2. 1. Noção e formas de deliberação 236
         2. 1. 2. 2. Participação plena nas deliberações. Direito de voto .. 242
         2. 1. 2. 3. Participação limitada 250
         2. 1. 2. 4. Representação voluntária de sócios 252
      2. 1. 3. Direito à informação 254
         2. 1. 3. 1. Informação e direitos à informação 254
         2. 1. 3. 2. Administradores-sócios e direito à informação 264
         2. 1. 3. 3. Recusa de informação. Utilização ilícita de informação 265
      2. 1. 4. Direito à designação para os órgãos sociais de administração e de fiscalização 270
   2. 2. Obrigações 271
      2. 2. 1. Obrigação de entrada 271
         2. 2. 1. 1. Entradas possíveis 271

2. 2. 1. 2. Avaliação de entradas. Aquisição de bens a accionistas 275
2. 2. 1. 3. Valor das entradas e valor das participações 278
2. 2. 1. 4. Tempo das entradas 279
2. 2. 1. 5. Meios para o cumprimento de entradas diferidas 285
2. 2. 2. Obrigação de quinhoar nas perdas (remissão) 289
2. 2. 3. Dever de actuação compatível com o interesse social ou/e dever de lealdade 290
   2. 2. 3. 1. Interesse social (interesses sociais) 291
      2. 2. 3. 1. 1. Quadro geral 291
      2. 2. 3. 1. 2. Inviabilidade de uma concepção unitária de interesse social 293
      2. 2. 3. 1. 3. Interesse social e posição ou comportamento dos sócios 296
      2. 2. 3. 1. 4. Interesse social e actuação dos administradores ... 298
      2. 2. 3. 1. 5. Interesse social e "responsabilidade social das empresas" 310
   2. 2. 3. 2. Dever de lealdade dos sócios 312
      2. 2. 3. 2. 1. Noção, manifestações, fundamento 312
      2. 2. 3. 2. 2. Dever de lealdade perante a sociedade e entre os sócios 318
      2. 2. 3. 2. 3. Sanções 320
      2. 2. 3. 2. 4. Dever do sócio único? 321
      2. 2. 3. 2. 5. Abuso de minoria 322
2. 2. 4. Outras obrigações (eventuais) 328
   2. 2. 4. 1. Obrigações de prestações acessórias 328
   2. 2. 4. 2. Obrigações de prestações suplementares 333
   2. 2. 4. 3. Suprimentos 336
      2. 2. 4. 3. 1. Contrato de suprimento 336
      2. 2. 4. 3. 2. Obrigação de suprimentos não fundada em contrato autónomo 342
      2. 2. 4. 3. 3. Suprimentos e contratos reais "quoad constitutionem" 343
      2. 2. 4. 3. 4. Tutela da sociedade e dos credores sociais externos 345
      2. 2. 4. 3. 5. Aplicação da disciplina dos suprimentos à generalidade das sociedades 346
3. As participações sociais como objectos de direitos e de circulação 350
   3. 1. As participações sociais objecto de direitos reais 350
   3. 2. Transmissão das participações sociais 358

3. 2. 1. Transmissão de quotas 358
　3. 2. 1. 1. Transmissão por morte 358
　3. 2. 1. 2. Transmissão entre vivos 366
3. 2. 2. Transmissão de acções 374
　3. 2. 2. 1. Antes da representação por registos em conta ou por títulos 374
　3. 2. 2. 2. Transmissão das acções tituladas e escriturais 377
　3. 2. 2. 3. Limitações estatutárias à transmissão de acções 381
3. 2. 3. Quotas e acções próprias 387
3. 2. 4. Venda de participações sociais e venda de empresas 400
3. 3. Direitos dos credores dos sócios relativamente às participações sociais 406
4. Amortização de participações sociais 408
　4. 1. Amortização de quotas 408
　4. 2. Amortização de acções 416
5. Exoneração de sócios 418
6. Exclusão de sócios 429

Capítulo VI
CAPITAL E PATRIMÓNIO SOCIAIS,
LUCROS, RESERVAS E PERDAS

1. Capital social (noções) 443
2. Património social (em confronto com o capital social) 445
3. Funções do capital social 447
　3. 1. Financiamento da sociedade 447
　3. 2. Ordenação 447
　3. 3. Avaliação económico-financeira da sociedade 449
　3. 4. Garantia para credores sociais 450
4. Lucros 454
　4. 1. Lucro de balanço 455
　4. 2. Lucro de exercício 455
　4. 3. Lucro final ou de liquidação 456
　4. 4. Direito dos sócios a quinhoar nos lucros 456
　　4. 4. 1. Quadro geral 456
　　4. 4. 2. Distribuição de lucros de balanço 462
　　4. 4. 3. Distribuição de lucros de exercício 465
　　4. 4. 4. Distribuição do lucro final 473
　　4. 4. 5. Distribuição de lucros de balanço e de exercício com bens em espécie? 474

4. 4. 6. Adiantamentos sobre lucros 476
4. 4. 7. Transmissão de direito aos lucros e transmissão de participações sociais 479
5. Reservas 481
    5. 1. Noção 481
    5. 2. Reserva legal e reservas equiparadas 482
    5. 3. Reservas estatutárias 483
    5. 4. Reservas livres 484
    5. 5. Reservas ocultas 484
6. Perdas 485
    6. 1. Espécies 485
    6. 2. Obrigação de quinhoar nas perdas 486

Capítulo VII
DOS ÓRGÃOS SOCIAIS

Secção I — Deliberações dos sócios

1. Preliminares 489
2. Deliberações ineficazes 490
    2. 1. Em geral 490
    2. 2. Acta, condição de eficácia das deliberações ? 494
3. Deliberações nulas 507
    3. 1. Deliberações nulas por vícios de procedimento 508
    3. 2. Deliberações nulas por vícios de conteúdo 518
        3. 2. 1. Deliberações contrárias a preceitos legais imperativos 518
        3. 2. 2. Deliberações ofensivas dos bons costumes 523
        3. 2. 3. Deliberações "cujo conteúdo não esteja, por natureza, sujeito a deliberação dos sócios" (o enigma sem chave) 529
        3. 2. 4. "Regime especial" das deliberações de aprovação do relatório de gestão e de documentos de prestação de contas 532
    3. 3. Acção de declaração de nulidade 536
4. Deliberações anuláveis 542
    4. 1. Deliberações ilegais 542
        4. 1. 1. Vícios de procedimento 543
        4. 1. 2. Vícios de conteúdo 552
    4. 2. Deliberações anti-estatutárias 554
    4. 3. Deliberações abusivas 555
    4. 4. Acção anulatória 569

Secção II — Órgãos de administração e representação

1. Modos de designação dos administradores 580
2. Vinculação das sociedades 584
   2. 1. Como actuam vinculativamente as sociedades (generalidades) 584
   2. 2. Requisitos subjectivos 586
       2. 2. 1. Indicação da qualidade de administrador 586
       2. 2. 2. Órgãos de representação plurais 589
           2. 2. 2. 1. Regras legais e derrogações 589
           2. 2. 2. 2. Vigorando (supletiva ou estatutariamente) a conjunção, basta um administrador para a sociedade ficar vinculada? 599
           2. 2. 2. 3. Exercício da representação conjunta (e da representação disjunta) 602
   2. 3. Extensão dos poderes de vinculação 605
       2. 3. 1. Limites legais 605
       2. 3. 2. Limitações estatutárias 608
       2. 3. 3. Limitações resultantes de deliberações dos sócios e de outros órgãos 610
       2. 3. 4. Abusos do poder de vinculação 612
   2. 4. Representação voluntária das sociedades 615
3. Causas extintivas da relação de administração 618
   3. 1. Caducidade 618
   3. 2. Renúncia 623
   3. 3. Acordo revogatório 626
   3. 4. Destituição 626
       3. 4. 1. A regra da livre destituição 626
       3. 4. 2. Noção de justa causa 631
       3. 4. 3. Indemnização por destituição sem justa causa 637
       3. 4. 4. Cláusula estatutária exigindo justa causa 643
       3. 4. 5. Convenção determinando indemnização em qualquer circunstância 643
       3. 4. 6. Destituição por deliberação e a convocatória 644
       3. 4. 7. Deliberações de destituição abusivas? 646
       3. 4. 8. Destituição judicial 649
       3. 4. 9. Reeleição de administradores destituídos com justa causa 651